A History of Religion in Britain: Practice and Belief from Pre-Roman Times to the Present

指　昭博＋並河葉子――監訳

赤江雄一
赤瀬理穂
指　珠恵
戸渡文子
長谷川直子
宮崎　章――訳

イギリス宗教史

前ローマ時代から現代まで

シェリダン・ギリー＋ウィリアム・J・シールズ――編

法政大学出版局

Sheridan Gilley and W. J. Sheils (eds)

A History of Religion in Britain:

Practice and Belief from Pre-Roman Times to the Present

メグとサラに

目次

目次

はしがき

目指すところと実現できたことのあいだにギャップがあるのは常のことである。そして、われわれ編者が、イギリスの宗教史を一巻にまとめた概説書を作ろうと最初に考えてから七年が経過した。この種の企画は、執筆者間の親交から生まれてくるものであるし、そういった親交を必要とするものだ。本書の執筆者が本企画に向けてくれた学識と熱意、執筆の際の手際よさ、そして、本書完成まで、辛抱強く快く待っていただいたことに心から感謝したい。

本書の企画の最初からブラックウェル出版社にたいへんお世話になった。その支援に感謝したい。とくに、編集を助けていただいたギリアン・ブロムリー、迅速に索引を編集してくれたエリザベス・ヴァーリー博士に感謝したい。また、J・P・マッケイ教授には、教授の編著『ケルト社会のキリスト教入門』(エディンバラ、一九八九年刊行)に収録されたグランモア・ウィリアムズ教授の論文を再掲載することを許していただいた。記して感謝したい。

本書のような本は、イギリスのキリスト教や宗教の歴史についての近年の膨大な研究成果がなければ実現できなかっただろう。この主題に関するわれわれの認識を新たにしてくれたし、まだ研究しなければならない課題がどれほどあるかも示してくれた。本書が、イギリスの宗教についての研究の現在の到達点を記録し、将来のさらなる解明への出発点になると確信している。

シェリダン・ギリー/W・J・シールズ

一九九四年、四旬節第四日曜

凡例

一、本書は、Sheridan Gilley and W. J. Sheils（eds）, *A History of Religion in Britain: Practice and Belief from Pre-Roman Times to the Present*（Oxford［England］; Cambridge, Mass.: Blackwell, 1994）の全訳である。
一、訳文中の（ ）、［ ］は原著者によるものである。
一、原文中の（ ）、——については、一部取り外して訳出した。
一、原文中の引用符（クォーテーション）は「 」で括り、大文字で記された文字についても「 」で括った箇所がある。
一、原文中でイタリック体で記された箇所には、原則として傍点を付した。
一、訳者が補足した語句等は〔 〕で示した。
一、邦訳の書誌情報は、できる限り文献一覧に示した。
一、巻末の年表については、一部訳者のほうで追加した。
一、原著の明らかな間違いや体裁の不統一については、訳者の判断で整理した箇所もある。

イギリス宗教史

——前ローマ時代から現代まで

『リンディスファーンの福音書』「マルコの福音書」の巻頭頁

序論

シェリダン・ギリー／W・J・シールズ

本書の目的は、グレート・ブリテン島における宗教の歴史について、その起源から今日にいたるまでを、近年の研究が主として関心を寄せている点を中心に広範に概観しようというものである。この島の歴史の最初期から、その住民の生活にとって、これほど重要であり続けたテーマはそう多くはない。イギリス人の宗教の影響は、イギリスそれ自体の影響力とともに成長し、世界中にその範囲を広げていったのである。

ブリテン島で宗教的な行為がなされたことを示す証拠のうち、現存するもっとも古いものは、記述資料以前のものになる。それをどう解釈するかは、憶測によるか、考古学的な資料に頼らざるをえない。本書の第一章には、そうした資料が山ほど登場する。そこで、マーティン・ヘニッグは、ローマ以前のケルトの宗教と征服者ローマの宗教が融合していったことを論証している。そして、その結果、ルリングストンで見られるように、キリスト教が到来する頃には、古代の神々およびその神殿と新しい神のあいだで、断絶もあったけれども、連続性が見られたことを示すにまでいたっている。

アングロ＝サクソン人の侵入——イングランドの起源は正しくはそう呼ばれるが——によって連続性が途絶えたことはもっとはっきりしている。ジェラルド・ボナーは、アイルランドやローマからの伝道によって、新たなイングランド住民がキリスト教に改宗したことを描いたばかりでなく、『リンディスファーンの福音書』や尊者ベーダの著作に見られたアングロ＝サクソンのキリスト教文化の素晴らしい開花も描いている。この文化的成果が伝道活動自体にもつながり、ボニファティウスやウィリブロルドといった人びとの大陸での説教活動となったが、その後、ヴァイキングの侵攻がそういった初期の成長の多くを破壊してしまった。一〇世紀には、ダンスタンやエゼルウォルドによる修道院復活によって復興されるが、ノルマン征服以前の教会の最上の成果は、アングロ＝サクソンの司教聖人のなかでももっとも魅力的な人物である聖ウルフスタンの経歴が雄弁に物語っている。

ウルフスタンは、アングロ＝サクソン教会の上層にいた聖職者で征服を乗り切った唯一の人物である。しかし、ノルマン人は、こうしたアングロ＝サクソンの教会人が築いた基盤の上に立って、自分たちが引き継いだ教会の司教制度を強化した。しかし、別の見方をすれば、ノルマン人は革新者であり改革者であった。ロザリンド・ヒルは、教会法や大聖堂の組織化へのノルマン人の功績を描いている。こうした改革は主に聖職者が担ったが、別の面では、王族の支援や教会の有力な支持者によって変化がもたらされた。それは、とりわけ修道院の発展育成には重要であった。ベネディクト会は、大陸での改革運動と密接に結びついていたし、一二世紀には、新しい修道会、とくにシトー派が活発に活動した。一三世紀に托鉢修道会がやって来ると、都市での信仰や学問の世界を再活性化させ、説教や著作を通じて教会に多大な影響を及ぼした。一二一五年の第四ラテラノ公会議での教令は、教区に依拠する生活という構造を確立した。それ以外のさまざまなことも決められたが、それらはイングランドではすでに受容されていたことであった。一四世紀の半ばには、イングランドの教会は、西方キリスト教世界の伝統に忠実で、その正統性において際だっていた。

こうした司教区と教区を中心とした生活のように受け継がれてきた構造の強み、それに修道院の活動が、中世末の教会まで引き継がれた。新しい組織や類型が、一般信徒の信心に呼応するかたちで、正統的な宗教活動に豊かな多様性をもたらしたのである。すなわち、兄弟団《フラタニティ》、寄進礼拝堂、聖史劇、隠修士、それに神秘主義者が、全国各地に多数登場した。ただし、ウィクリフやロラード派の人びとはそれらに反対の声を挙げはしたのだが。この時代は、規模の大小を問わず、教会建築が活発な時代でもあった。その成果は今日でもブリテン島の町や田園地帯に美観を添えている。ノーマン・タナーはつぎのように強調する。大衆の宗教活動に関しては、その内に込められたものと意味は、外的なかたちによってもっともよく理解される。とくに、礼拝は、中世末文化のあらゆる局面で、その地域の力強い多様性と豊かな構造を示すのだ、と。

グランモア・ウィリアムズによるウェールズのキリスト教についての叙述は、読者をローマ時代のブリテンのキリスト教にまで引き戻してくれる。その時代の状況はノルマン人の侵入時まで存続した。ノルマン人の侵入はウェールズの教会の伝統を容赦なく断ち切ったが、こうした分断は、中世ウェールズ教会でのベネディクト会とシトー会が果たした、まったく異なった役割にも見られた。一二世紀には、ウェールズの司教区はカンタベリ大司教の管区の管理下に置かれた。宗教改革が到来し、エリザベス一世の時代に長期間にわたって基盤が安定したことで、さらなる分裂がもたらされたが、一方では、ウェールズ語訳聖書をも生み出した。このウェールズ語聖書の文言は人びとの心と言語、文化に浸透し、ついには、ノルマン人によって窒息させられていた征服以前のケルト教会がもたらした成果の一部が息を吹き返すにいたった。

スコットランドでも、国の伝統的な聖人への関心が復活したことが宗教復興を触発した。一二世紀のそれは、スコットランドに新たな修道会がもたらされた時期にあたり、それらの修道会の大部分はフランスと密接に結びついていた。その結果生まれた信仰は、王室によって保護され、奨励された。中世を通じて、宗教に関する王室の影響は重要であった。一四世紀の末には、受難への熱狂的な関心——とりわけ、フランシスコ会の原始会則派と結びついていた——が都市生活の精神面や文化面に浸透し、低地地方やドイツで登場しつつあった信仰の新しい傾向に、多くの点でスコットランドを結びつけた。マイケル・リンチが示すように、中世の終わりには、教会と宮廷はともに、スコットランド社会の文化的ルネサンスの中心に位置していた。

一六世紀の初めには、ブリテン島のさまざまなナショナルな教会が、各々が成熟したかたちで、西方キリスト教世界の主となる組織構造を発展させ、人びとの生活に不可欠なものとなっていた。正統派信仰こそがそのはっきりした特色であり、一般信徒の信仰の地域ごとの力強い伝統が豊かな文化的背景となった。スコットランドでは、そうした伝統に依拠した信心は大陸の新しい動きと結びついていたが、イングランドの大学の人文主義的な学問も、新たな聖書にもとづく献身的な信仰を共有していた。そういった献身的信仰は、ロラード派の信仰の一部でもあり、聖書をブリテン島の俗語に翻訳する企てへと導いた。それは単にウェールズの教会を再活性化したばかりでなく、イングランド、スコットランドの双方で、宗教改革による変化をもたらすのに顕著な役割を果たした。

スコットランドでの改革は、大司教ハミルトンのもとで教会内の運動として始まった。しかし、カトリック改革運動が失敗したこと、ルター派の思想や学者の影響力が現われたことは、カルヴァン主義の勝利の前奏曲にすぎなかった。それでも、最初は、その勝利は不確かなものであって、新しい教会でも監督者が維持された。そうでない場合でも長老派が存在し、教会体制は、ジェイムズ六世のもとで主教（監督）制度復活への道筋が準備され、チャールズ一世によってそれが実行に移された。一六三八年に祈禱書が押しつけられると、それに反対する国民盟約が結ばれ、スコットランドの反乱へと向かった。そのあとにはクロムウェルによる激動の時期が続き、一六六〇年以降は、監督教会と半ば長老派的な混合教会が、一六九〇年の主教制の廃止まで続いた。それ以降、スコットランドでは、主教制は体制教会から排除された。また、教会から分離してゆくという伝統は、福音主義運動の影響もあって、一八世紀には、いくつかの分離派教会を生み出した。その一方で、ナショナルな教会は、旧弊なカルヴァン主義者と新しいタイプの合理主義者である穏健派に分裂した。後者は、改革派の信仰条項に疑問をはさむことなく、寛大にそれらを受け入れた人びとである。教会パトロンの支持を得て、このグループが一八世紀後半に教会をしだいに牛耳るようになった。

イングランドで伝統的な信仰が衰退したのは、スコットランドと同じように、突然のことであった。しかし、改革派の宗教がそれに取って代わるには相当長い時間を要した。宗教改革は、初期の福音主義者が主張したほどには、成功したわけではなかったが、その広まりは、ピューリタン神学者の説教が示唆するほどには限定的でもなかった。むしろ、改革が全国に広まったといえるのは一七世紀になってからであり、その時期でも、改革の性格については異論があった。教会は、神学上はまごうことなくカルヴァン主義的であったが、恩寵についての中心教義に関しては意見の一致を見ていなかった。同様に、礼拝や教会での規律、司牧の性格といったその他の問題についてもさまざまな見解があった。こうした論争についてはのちの章で議論されるが、W・シールズは、カテキズムやその他の庶民が接した宗教的な著作によってわれわれにも明らかな、改革された教会で人びとが共有した要素を思い起こさせてくれる。

このテーマは、イアン・グリーン執筆の章でも追究され、一七世紀の国教会での司牧の効果について概観が語られる。グリーンは、教会の命運について伝統的な叙述が想定してきたほどには、国教会の宗教活動の主流はロード派の聖職者や広教会派の道徳主義といった風潮には影響されなかったと論じ、そうでないとつじつまが合わないと思えることを説明している。すなわち、教会の力の源泉が、突然、武力で打ち倒されながらも、その後、勝利を収め、国民生活にとって不可欠な位置に復活したということである。

しかし、その位置は、結局は一六八九年に承認されることになったプロテスタント非国教徒の多くの教会と並列的に存在することになった。国教会への異議の伝統は、エリザベス時代およびジェイムズ時代の教会での論争に起源を持つが、その支持者は、一六三〇年代のロード的なアルミニウス主義に対処するかたちで数を増やしていった。信仰の幅は、空位期の長老主義の盟約的な共和制の失敗に続く教派《セクト》の急増によって、たいへん大きくなった。そして、王政復古期の成熟したアングリカニズムに呼応して、穏健な長老主義者を疎外することで、ふたたび成長した。こうした状況下でのプロテスタントによる国教への異議の遺産は、多様性と細分化をともないつつも、カンタベリやローマに忠誠を誓う教会と並んで、イングランドのキリスト教信仰の主要素であって、国際プロテスタンティズムの形成に強力に貢献した。

こうした国教反対の流れでは、敵対するグループが自分たちの権威として「内なる光」を持ち出すことがよくあったが、宗教における究極の権威として理性に訴えることが見られるのは、驚くことではないだろう。科学的な方法が教育を受けた階層の活力を引きつけはじめたことも、なおさら驚くに値しない。デイヴィッド・ペイリンは、その担当章で、一七世紀の末から一九世紀初めまでのそうしたアプローチをたどっている。そこでは、自然宗教を唱え、神の啓示を否定した異端的な理神論者と、啓示宗教もまた理性的であることを示そうとした正統派の両方について論じている。これは、キリスト教に反対する考えの近代的なかたちにおいても、また、キリスト教それ自体の内部においても、影響力を今なお維持している伝統である。

宗教の合理的な基盤が探求されたのは、非国教徒が法的に受け入れられたのと同時代のことであったが、ローマ・カトリック教徒は、寛容法の対象からは外されたままであった。宗教改革以降のカトリック信仰の歴史は、カトリックの信者団が中世教会の生き残りにすぎないのか、独自の存在としての新たな復活であるのかについて、歴史家のあいだに活発な議論を引き起こした。一五七〇年代に大陸の神学校からやって来た司祭による再設立と一七七八年の最初の解放法の間に、イングランドのカトリック信仰は、ジェントリが支配するコミュニティ――その最強のものはランカシァにあったが、重要な都市的な様相を呈していた――から、聖職者がその支配の度合いを強めた、大規模な都市会衆のコミュニティへと変貌を遂げた。

一八世紀には、非国教徒の主流は、体制教会の一部とも一緒に、福音主義者や熱心な牧師、信奉者に支援されたカリスマ的な説教師によって再び活性化された。この復活はイギリスでの現象であったが、「大覚醒」として知られる国際的なプロテスタンティズムの張りつめた強さを反映したものでもあった。W・R・ウォードは、こうした経験がイングランド、スコットランド、ウェールズの三地域すべてで異なっている様子を分析している。各々は一七世紀のピューリタニズムにルーツを持つが、ウェールズでの復活は、教会のウェールズ的な性格にも基盤を置いていたし、一方で、スコットランドでは、分離派的な伝統や、カトリック教徒や異端的なハイランドを改宗させるための伝道活動との関係が他所とは異なっていた。また、イングランドの福音主義は、とくにウェスレーのそれは、ある種の精神的な信仰復活を達成するために、自発的な努力に頼るものとして説明するのが一番である。そうした信仰復活は、多くの人びとの目には、機能不全に陥り、法律に縛られた公的教会を凌駕するものと映ったのである。

かくして、一九世紀の初めには、三地域の宗教的な状況は大きく変わっていたし、各地域には体制教会とともに、さまざまな反体制的な伝統があったのである。これらの教会への寛容の度合いはさまざまであったが、いずれの地域でも、増え続ける都市の人びとは、自由な主体的参加《ヴォランタリズム》に宗教復興の源泉を見いだしたのである。

一八〇〇年以降の教会‐国家関係についてのノーマン執筆の章で明らかにされているパラドックスは、そういった関係が弱まってゆきながら、世俗化以上に、非国教主義内部でのヴォランタリズムの強さをどうにかしなくてはならなかった、ということである。国教が廃止されたところ、すなわちアイルランドやウェールズでは、それは宗教自体が弱体化したというよりは、ライバル関係にある宗教伝統の強さを反映していたのである。それで、イングランドでは、とくに宗教に関心があるとは言えないような人びとのあいだでさえ、体制教会への愛着は存続したのである。実際、体制教会の特権、権力、財産が一九世紀に攻撃を受けると、シェリダン・ギリが示したように、それを守ろうと、国教会の歴史上もっとも注目すべき制度的および精神的な復興のひとつが生み出された。その結果、プロテスタントとカトリック、アングリカニズム内部の自由主義的な伝統のあいだに、区分と同様に、活性化と創造的な緊張が生まれたのである。

しかし、そういった復興は、たいていは保守的でミドルクラス的なものであった。教会の大いなる失敗は、世界で最初に工業化した国において、新しい工業労働者の支持を勝ち取ることができなかったことである。ヴィクトリア時代のキリスト教の社会的な限界は、ヘンプトン担当章のテーマである。そこでは、ブリテン、コーンウォール、ウェールズ、ダラムの炭坑、都市のアイルランド人貧民、裏通りの小さな非国教徒の礼拝堂《チャペル》、それに人びとのあいだで活発に活動していた献身的な司祭や牧師などを例に、労働者階級の宗教に対する懐《ポケット》の強靭さを描いている。しかし、労働者階級は、全体としては、きちんと教会へ礼拝に赴くような人びとでも、世俗主義者でもなかった。彼らは、宗教を礼拝よりは倫理の問題であると考えていたのである。労働者階級の人びとは、キリスト教の施設（ただし、学校や日曜学校は例外だろう）や教義ではなく、もっぱらキリスト教エリートやキリスト教的価値観の影響を受けていたのだ。

キリスト教の価値観は、ほぼ教義と同じように、一九世紀のイギリスに登場したミドルクラスの非国教徒の発展の条件をも整えた。ヴィクトリア時代の主流から意識的に逸脱して、会衆派のような諸教会の指導によって発達した価値観が集積されたシステムは、結局は、国民生活のより中心的な位置を獲得することになったのである。ビンフィールドの担当章は、ヴォーン父子の司牧の経歴や四つの会衆の歴史をたどって、気高く、先進的でありながら、伝統への強い思い入れをもつコミュニティの肖像を示してくれる。社会的には権利やシティズンシップの問題に関心を持ち、都市よりは郊外にその関心を向け、正当性を確信しながらも、歴史や神の計画に対する、その個々のメンバーから求められる貢献においては穏健であったのだ。

これが推移を示すものであるなら、シェリダン・ギリーの描くカトリックの姿は、変容の例である。イングランドでのカトリックの伝統は、下からはアイルランド人移民によって、上からは波のように押し寄せたオクスフォードの学識ある改宗者によって、さらにはローマに源を持つ教皇至上主義運動に傾斜して、根底から作り直されたのである。アイルランド人の民族的閉鎖性とイングランド人による好戦的なローマ化志向がカトリック教会内部に緊張を引き起こした。しかし、彼らは一緒になって、ブリテン島でのカトリック信仰の大規模な拡大と地位回復を支え、それは第二ヴァチカン公会議の前まで続いた。

一九世紀のウェールズとスコットランドでの宗教もまた、本書ではキース・ロビンスがそれを跡づけているが、活発な動きがあった。スコットランドでは、一八四三年にスコットランド国教会が分裂し、スコットランド自由教会が組織された。そして、一八四七年には、救済教会と分離派教会が連合長老派として統合し、その結果、各々が自分たちはナショナルな教会であると主張する三つの主要なカルヴァン派教会が存在することになったが、二〇世紀にはそれらのメンバーの大部分は再統一している。ウェールズでは、一八五〇年までには、体制教会は非国教徒——とくにカルヴァン主義的なメソディストの成長によって圧倒されたが、世紀末にはいくらかの失地回復が見られた。しかし、この回復も一九二〇年の国教会制度廃止を回避することはできなかった。二〇世紀後半には、スコットランドでもウェールズでも、世俗化に直面することになったが、遅れていた分、より劇的なものになった。

一九世紀にイギリスの影響力が世界的に広がってゆくと、大規模な海外へのミッションがおこなわれた。植民地に先住民主導の教会を作ろうというプロテスタント諸教会による最初の意気込みはすぐに挫折したので、その結果、一九〇〇年頃には、白人が主導する伝道教会が中心となっていた。そのシステムは第二次世界大戦まで存続し、帝国の衰退によってようやく消えていった。しかし、この発展は、宣教神学と同じように、一方にミッションへの情熱、他方に帝国主義や人種差別主義、西洋の貿易という、複雑でときには矛盾する関係にも多くを負っていた。

こうした大きな宗教変化とともに、ヴィクトリア時代のイギリスには、たしかに小規模だが、影響力はあった世俗主義の運動があった。それは、エドワード・ロイルが示すように、宗教の力に対抗できるだけの力を持っていた。一部の宗教と同じように、その運動も派閥争いがあった。ホリオークとブラッドローに率いられ、イデオロギー的にもまた社会学的にも、教派《デノミネイション》やセクトといってよいのだが、日曜学校や賛美歌歌唱といった、彼らが戦おうとした非国教徒の礼拝堂と同じような儀式をおこなっていた。二〇世紀に世俗化が進むにつれて、明らかに世俗主義的な団体は衰退した。

世俗主義はキリスト教の歴史に限られるものではなく、イギリスでのユダヤ人の歴史を概観したキャンベルの章にも見られる。キャンベルは、ユダヤ人の祖先をノルマン征服後にイングランドに定着した少数のユダヤ人にまでたどっている。彼らは、ときおり迫害されていたのだが、一二九〇年にはエドワード一世によって追放されてしまった。クロムウェルのもとでイングランドへの再入国が認められ、一八、一九世紀を通じて、独自の組織を発展させた。完全に差別から解放されたのは、その後である。ユダヤ教徒コミュニティは、一八八一年以降ロシアから殺到した貧しい難民によって変化した。これは、ある意味で、それ以前のアイルランド人貧民によるカトリック信仰の変容とは異なっていた。そして、彼らは二〇世紀前半の左翼政治に重要な貢献をなした。近年は、支持者のなかには右派へと移る動きも多く見られるし、ユダヤ教徒コミュニティもしだいに、伝統派とリベラル派のあいだで、シナゴーグの連携に分裂が起こっている。対外的には、イギリスのユダヤ教信仰のアイデンティティは、世俗化はもちろんとして、ユダヤ教徒以外との結婚の影響でも脅かされている。

　戦間期を扱った章を担当したミューズは、一九二〇年代初めに礼拝を重視した信仰が新たに注目されたことを指摘し、あらゆる教派の教会人が一般信徒へ広くアピールしようとした様子を描いている。当時、一般信徒の購買力の高まりは、レジャー産業の勃興を促し、それは一部の宗教サークルを狼狽させたのである。しかし、ほかの人びとにとって、礼典主義は刺激となった。教会の社会的・政治的な証しを回復するためにいくつかの試みがなされた。一九三〇年代が進むにつれ、国内では失業の問題が、海外ではファシズムの台頭の問題が、教会指導者の楽観主義を引き締めた。彼らの多くは、性道徳の変化——それは避妊の広まりとも連動した——にも悩まされた。一九三〇年代には一般の人びとのなかで教会へ定期的に出席する人の数が劇的に減少し、そのため、第二次世界大戦勃発時には、国家的な宗教的指導者がいなくなり、いささか驚きであるが、ローマ・カトリックがその空白を埋めようとしたのである。

　アラン・サゲイトが描いた戦後の時代には、教会出席者の減少に直面して、教会一致運動や聖餐崇敬、倫理的・社会的責任、政治的行動主義といった面で、諸教会をひとつにまとめようとする動きが見られた。しかし、こうした新しい提案にもかかわらず、もっと公的な統合計画に到る道筋は、国教徒とメソディストによって模索されたものも含めて、はるかに困難であることがわかった。

　主流であった教会が衰退すると、「周辺の」宗教運動が大きくなった。保守的で、たいていは原理主義的な新しい非国教系教会——アフリカ系カリブ教会、聖霊刷新運動（カリスマ派）、エホバの証人、それにモルモン教——が成長するといういくぶん逆説的な話である。こういった新興教派の信者数は、二〇世紀の末には、伝統的なプロテスタント教会の信者よりも多くなってしまうのである。しかし、自らがキリスト教徒であるという意識は、教会へ行かなくなった人びとのあいだでも依然として高かった。一方で、意識的な無神論者や不可知論者は、教義にとらわれることはないが、少数派のままであった。他方、新しい宗教（たとえば、統一教会やハレ・クリシュナのような）は、その構成員の数に比べて不釣り合いなほどの注目を集めた。一方、過去三〇年間の移民によって、イスラム教やシーク教が、イギリスではじめて大きな人口を擁する宗教運動となった。

バダム教授の見るところ、こういった変化は世俗化と同じものではない。世俗化はアラン・ギルバートの担当章のテーマである。バダムの論じるところでは、たいへん複雑ではあるが、世俗化というのは、近代性との関係でいくつかのレベル、認識レベル、手段レベル、そして表現レベルで生じる過程であり、宗教は、周縁的にせよセクト的にせよ、世俗化への対抗文化として繁栄するものなのである。原理主義的なペンテコステ派やカリスマ派教会の拡張、それにイスラム教コミュニティは、それらの近年の成長についてのこうした分析への反論となるかもしれない。それでも、そうした分析はキリスト教本流に生き残りのための戦略を立てるように促している。どんな国であれ、その創始者から不滅の保証を得たような宗教はないし、キリスト教も例外ではない。キリスト教の第二のミレニアムを迎えた今、イギリスの諸教会に疑問符が突きつけられ、どういった形態でそれらが生き残ることができるのかは不確かなのである。

第Ⅰ部　改宗とキリスト教世界

リーヴォー修道院（シトー会）の礼拝堂址（ヨークシァ）［撮影：指昭博］

第1章　ローマン・ブリテンの宗教

マーティン・ヘニッグ

ブリテンでは、少なくとも紀元前四千年紀にまで遡って宗教活動の痕跡を認めることができる。ストーンヘンジを最大とする印象的な儀式モニュメントや、死者を祀る壮麗な墳墓が造られたことは、新石器時代・青銅器時代の人びとの生活が、神々や神的な力への信仰に支配されていたことを物語る。考古学者たちは、これらの失われた信仰を再構築しようと試みてきたが、それには、われわれが生きている現代の「プリミティヴな」文化との類似性を検討したり、あるいは、現存する遺跡建造物や発掘された人工遺物をもとに推理をめぐらせるという方法がとられた。なぜなら、これらの信仰は、われわれにとってまさしく「失われた」ものだからである。記述史料はおろか伝承さえも、この時代のブリテンに溯りうるものはない。神々や女神たちの名も、祭りの名前もわれわれは知らないのだ。

したがって、ブリテンの宗教史を語るには、ずっと後の鉄器時代から始めなければならない。キリスト誕生の一〇〇年ほど前である。この時代、ブリテンおよび北西ヨーロッパの大部分に居住していたケルト人とその信仰については、量は少ないながらも古典期の史料が情報を伝えてくれている。しかし、ここにも難題がある。ポシドニウス、ディオドルス・シクルス、ユリウス・カエサル、その他の記述者たちは、意識的にしろ無意識にしろ、ケルトの宗教をギリシア・ローマ的な概念に照らして解釈し、説明しているからである。たとえばドルイドは、祭司として機能し供犠を司ったと考えられている人びとだが、ときとして、洗練されたピタゴラス学派の霊魂転生観を持つ哲学者とみなされることがあった。（ただし、古代の記述者たちは、ケルトの宗教には人身御供を含むより野卑な面があったとも述べている。そして、彼らが伝える儀礼的殺人には、裏づけとなる根拠がたしかに存在する。先ごろチェシァのリンダウで発見された、首を絞められ、喉を掻き切られたうえで池に投げ込まれて殺された男の遺体がそれである。）また、泉や森への崇敬が存在したとも記されている。これを裏づけるのは、ローマ時代の地名である。たとえば、アクアエ・アルネメティアエ（現バクストン）という地名は、ネメト（聖なる森）という言葉を含む名を持つ土着の女神がいたこと、その女神ゆかりの聖なる泉があったことを物語っている。ブリテン以外の地域では、鉄器時代の宗教に言及した文書のなかに、いくつかの神々の名、たとえば、エスス、タラヌス、テウタテスといった神々の名が散見される。しかし、これらの神々をとくにブリテンと結びつけるものはない。それでも、ガリアでもブリテンでも同様に、征服以降の碑文にきわめて多様な神々の名が見えることから判断すれば、多くの神々がいたのは間違いないだろう。ただし、そのほとんどは、ごく限られた地域でのみ信仰されていた。交通手段の乏しい時代にあっては、民族間の接触はどうしても不確実なものにならざるをえなかったからである。

ローマ人は、宗教的な意味での伝道者ではなかった。けれども、ローマ帝国支配層の意識に、被支配民を鎮定し、文明化し、秩序をもたらすという願望が吹き込まれるなかで、宗教もまた、これらのプロセスに組み込まれていった。ドルイドは、ローマ支配に対するブリテンの抵抗勢力の中核であったがゆえに、抑圧された。ただし、信仰そのものが途切れることがなかったのは明白である。そのことは、エセックスのハーロウ、ハンプシァのヘイリング諸島、グロスターシァのアレイに見られるような、土着神を祀った聖域の遺構の発掘結果が示すとおりである。一世紀のブリテンにおいて、ローマ人の神殿を地元の人間が攻撃したことがはっきりと記録されている唯一の例は、コルチェスターにある、神格化されたクラウディウス帝（ディウス・クラウディウス）の大神殿の場合である。ローマの皇帝たちは、その死に際して、元老院の布告により神格化される場合があった。この慣行は、真に偉大なる者の魂は、肉体が生を終えたのちに神々の列に加わる、という信仰に呼応したものである。ユリウス・カエサル、アウグストゥス、さらにはブリテンの征服者クラウディウスが、神格化の栄誉に浴した。しかし、タキトゥス（『年代記』一四章三一）の記述によれば、イケニ族の反乱を指導した女王ボウディッカと彼女に従った者たちは、壮大な新神殿を侮辱と感じ、

「永遠の従属を象徴する砦《アルクス・アエテルナエ・ドミナティオニス》」とみなしたという。そして紀元後六一年、神殿は彼らの手によって灰燼に帰した。皇帝神への崇拝が鉄器時代のブリテンで根を下ろしていたとはそもそも考えられないけれども、ボウディッカたちがこれを敵視した理由は、宗教的なものではなく、政治上の問題であった。ローマ人とドルイドの衝突と同じ図式である。それは、ローマ人入植者の傲慢さに起因する対立であって、外来宗教への抵抗ではなかった。時がたち、ローマの支配力がより好意的に受け止められるようになると、その強さを象徴する存在に対して祈りや供物を捧げ、敬意を示すことも、当然と考えられるようになった。つまるところ、「力」のなかにこそ神の存在がもっともよく「見えた」のであり、自明のことながら、ローマ皇帝にはその「力」が備わっていたのである。多くの人にとって、皇帝崇拝は単に日常の宗教行為の一部であって、ほかの神々に対する祈りと一緒に、統治者たる皇帝に内在する神の力（ヌメン）にも合わせて祈るのが、一般的な慣行になっていった。

　宗教が外観においてローマ化したことは、必然的に、宗教慣行のあり方や神々に関する思想のあり方にも大きく影響した。まず第一は、ラテン語が洗練された表現活動の手段となったことである。ラテン語はまさしく文化語であり、ローマ西方世界全体で通用する唯一の教養語であった。いまや、神々への奉納物は、ラテン語碑文を刻んだ奉納祭壇という形になることが多くなった。土着の神々が本来持っていた名前も、ラテン語の神の名と合成され、それによって、すべての神々と女神たちがギリシア・ローマ的な神格と神話を持つことになった。第二に、タキトゥス（『アグリコラ』二一）が記しているように、神殿の建築が、属州の発展に不可欠の要素として奨励された。彼は、フォルム（行政および商取引がおこなわれる広場）やドムス（ブリタニアの土着の支配層が住むローマ風住宅）よりも先に、神殿《テンプルム》の一覧を掲げている。これらの神殿には、完全にローマ風の造りのものもあれば、属州の様式に従った角形あるいは円形の堂《ケルラ》で、しばしば周囲に屋根付き回廊を巡らせたものもあった。しかし、建物の平面構造はどうであれ、すべての神殿が石造（あるいは、少なくとも石の基部を持つ）であり、地中海世界全域のギリシア・ローマ風神殿に見られるような、列柱、ピラスター（付け柱）、ペディメント（三角切妻壁）といった装飾が施されていた。こうしたことは、銅製や銀製の奉納銘板に刻印されたり、石のレリーフに彫られている、「神殿内に立つ神像」の図からわかるのである。

　ローマ化の第三の側面は、神々の姿かたちである。おそらくこれが、その影響の大きさからしてもっとも重要な変化だったといえるだろう。彫刻家が、ローマの神々の誰かをモデルにして神殿に祀る神像を作ったとき、それはすなわち、彼が、あるいはむしろ、彼のパトロンたちが、その神が確実に神殿で崇拝され続けるという確約を与えたことになるからである。たとえばアレイで信仰されていた神は、ローマ以前の資料から戦士神であったと思われ、ローマによる征服後にも小型の剣型奉納物が捧げ続けられていた。しかし、神殿に祀られたこの神の像は、プラクシテレスの作品に倣ったメルクリウス像の姿をしていた。祭壇の奉納神像や青銅製の小神像も、メルクリウスの姿で描かれている。さらに、碑文(鉛製の「呪いの」銘板に彫りつけられた祈願文も含む)を見れば、長く崇拝され続けたこのケルトの神が、ローマ時代にはメルクリウスという名で通っていたのは明らかである。それ以前にこの神が持っていた名前は、失われてしまった。

バースにあった非常に重要な神殿は、スリスという名の土着の女神に捧げられた温泉に隣接して建てられていた。この事例では、女神の名前は失われなかったし、ローマの神々のなかでこの女神に対応すると考えられたミネルウァよりも優位にすら置かれていた。おそらく神殿に祀られていたスリス像の一部だろうと思われる、青銅に金メッキを施した頭部が現存している。そしてこの像が示すのは、スリスがローマ風の外観をまとうなかで、やはり、ある種の治癒神ミネルウァとみなされていたということなのである。ノーサンバランドのカフィートンで出土した銀メッキ製の供物皿の持ち手部分には、いくつかの泉と神殿を統べるミネルウァ像の飾りが付いている。この皿は、バースに関連があると考えたいものであり(ただし、帝国内の他の場所にもミネルウァの泉が存在するけれども)、そこにはたしかに、ローマ人の宗教観が現われている。すなわち、神の力は人間の姿や性格を持つ存在としてイメージされており、それが信者たちとのあいだで契約関係を結ぶというものである。

ケルト人にとって供物は、生け贄にしても他のものにしても、惜しみなく神々に捧げられるべきものであった。これに対して、法的な尺度でものを考えるローマ人は、供犠という行為を、きちんと礼式に則った方法でおこなわれる神々との取引と捉えていた。儀式では、まず最初にヌンクパティオ(宣誓)がおこなわれた。神あるいは女神に恩顧を願い、正義といった神として持つべき徳を思い出させ、自分たちの願いに耳を傾けて下されば必ずお礼をしますと約束するための祈りである。この祈りが聞き届けられたときには、ソルティオ(対価の支払い)をおこなわねばならなかった。生け贄や、彫刻を施した石の祭壇や、その他の供物を捧げることである。これらの完全にローマ風の慣習が、ローマ軍の兵士たちのあいだでもおこなわれていたが、それはまったく驚くにはあたらない。たとえば、毎年一月には、ユピテル神のための祭壇が部隊の指揮官たちによって建てられ、前の年に与えられた加護に感謝し、また今年も助けて下さるようにと願っていた。スコットランド南部、アントニヌスの防壁のところにあるブリッジネスで出土したレリーフには、雄牛、雄羊、雄豚の三獣から成る犠牲（スオウェタウリーリア）が描かれている。その様子は、ローマの多くのレリーフに見られる儀式と同じである。ただ違うのは、儀式を統括するのが、ブリタニアに駐屯していた第二軍団《レギオ》の指揮官であって、皇帝ではないという点であった。さらに、神殿跡の発掘結果や碑文資料が示すように、ローマの宗教慣行は、文民のあいだでも完全に受け入れられていた。

バースはこの点でも、もっとも明確な証拠を提供している。ここには祭司たちがおり、そのうちのひとりは妻とともにバースに埋葬された。ほかにも、ハルスピケース（腸卜者たち）のような神官がいたと思われる（ハルスペクスという名称は明らかにエトルリア起源であり、「腸をじっと見つめる者」を意味する）。彼らは、犠牲獣の内臓を調べることによって神の意志を判断した。（ところで、バースの神殿の領域から出土した牛骨は、実にすべてが雌牛のものであり、女神には雌の動物を捧げるという慣習があったことをうかがわせる。）バースにはまた、グロスターシァのリドニー・パークにいたのと同様の夢占い師もいたようだ。少なくとも一人の人物が、スリスの夢あるいは幻を見たのちに神像を立てているからである。おそらく、夢占い師《インテルプレス》の説明を受けてのことだったのだろう。神殿を訪れた人びとのなかには、傷病の平癒を祈願する兵士もいた。百人隊長のマルクス・アウフィディウス・マクシムスもそのひとりであり、彼に仕える解放奴隷が祭壇を奉納している。この祭壇には、ソルティオを納めるときの決まり文句であるＶＳＬＭの文字が刻まれていた。これは、「ウォトゥム・ソルウィット・リベンス・メリトー（彼は誓約された供物を自ら進んで正当に支払う）」の頭文字である。ガリア出身の石工も、祭壇を奉納している。また、ある女性は、一対の乳房をかたどった象牙のお守りを泉に投げ込んだ。普通の人びともまた、神殿を訪れていた。彼らがどのように祈願していたかは、悪人に盗まれた財産が戻るように、とスリスに祈願する鉛製の銘板が泉から見つかっていたり、大量のコインが捧げ物として投げ込まれていることから想像がつくだろう。バースの神殿は、きわめて壮大で富裕であった。主神殿とそれに付属する祭壇のほかにも、いくつかの浴場やおそらくは劇場があり、トルス（丸屋根付きの円形建築）や、彫刻を施した巨大な仕切り壁も備えていた。この仕切り壁は、神官の団体が奉納したものである。

アレイのウェスト・ヒルにあった神殿は、バースに比べれば非常に簡素であった。それでも、付属の建物群や奉納祭壇があったし、バースでの慣行と同様に、神への祈願文が鉛製の銘板に書き付けられていた。供犠は、神官団によってきちんと統制されていたに違いない。メルクリウス神の祭儀で用いる獣である、山羊、雄羊、若い雄鶏だけが捧げられているからである。この神殿が重視されたのは、限られた地域でだけだったかもしれない。しかし、神域から出土した供犠の痕跡や工芸品を見れば、間違いなく多数の人びとの尊崇を集めていたことがわかる。さらに、ローマ化以前にすでに神域として有名であったことをうかがわせるのが、ニンプスフィールドという教区名である。この地名の前半は、ネメト（聖なる森）に由来するからである。

発掘された諸神殿を比べてみると、建物の形も、祀っている神も、信仰のあり方もみなさまざまである。ウィルトシァのネトルトンでは、アポロにキュノマグロス（犬の君主）などという通り名が付けられていたり、リンカンではマルスがリゴネメトス（聖なる森の王）と呼ばれているのを見ると、ローマ化は皮相的なものにすぎなかったのではないかと考えたくもなる。しかし、それは違うといわなければならない。鉄器時代から信仰され続けてきた神だという認識と、ローマの神だという認識とは、みごとにバランスを取って共存していた。先に引用したふたつの例にしても、アポロが狩猟をたしなむ神であったこと、マルスがまず何よりも豊饒を司る神であったことを想起すべきであろう。また、スリスのようにケルト名のほうが広く通用している場合でも、信仰の内容まで昔のままだということを意味するわけではない。バースの高度に洗練された信仰形態を見ればわかるとおりである。一方、リドニーにあった神殿では、マルスと同一視されることもあるノデンスが祀られていた。この神殿も浴場や大きな宿泊施設を備えていたが、バースに比べればかなり小規模であった。ノデンスは、人体の一部をかたどった奉納物が捧げられたことが示すように、治癒神であったと思われる。そして、これも多数の小像が奉献されていることから推測できるのだが、彼の聖獣は犬であった。犬は、地中海世界においてはときに医神アスクレピオスと関係づけられる動物である。さらに注目すべきことに、リドニーには、エピダウロス〔アスクレピオスの聖域があった古代ギリシアの都市〕と共通する、ある特殊なタイプの建物があった。それは、アバトン（文字どおりの意味は、「近づきがたい」。

つまり、きちんと身を清めた者しか入れないことを指す）と呼ばれる建物で、そこで信者が眠っていると夢で神のお告げを受けたという場所である。リドニー神殿の堂《ケルラ》からは後代のモザイクが出土しているが、それは、プラエポジトゥス・レリギオニス（祭司長）と自称する神官が、礼拝者たちが納めた供物の収益金を用いて作ったものであった。ただし、職人たちを実際に監督するのは夢占い師《インテルプレス》に任されていた。こうした信仰についてわれわれが入手できる証拠は、たしかに、比較的裕福な人びと（供物を納めるだけの経済力がある人びと）や、教養層（ラテン語で記録を残すことのできる人びと）にひどく偏っているけれども、それは致し方ない。それでもなお、ブリテンにおける宗教慣行が多様なのはローマ化が進まなかったからではなく、中央集権的な宗教組織がなかったためだということはできよう。宗教慣行が地方ごとに異なるという、同様の複雑な状況は、『パウサニアスの案内記』に記されたローマ治下のギリシアでも見られたことなのだ。

　人びとはいったい何を神々に求めていたのだろうか。彫刻や碑文を見れば、土地、家畜、それに自分の家族の多産豊饒が非常に重視されていたことがわかる。果物かごを膝に抱え、ときには子どもをつれた三母神の像や、豊饒の角《コルヌコーピア》、舵、車輪を持つフォルトゥナの像、やはり豊饒の角を持つ土地の守り神の像が、それを示している。マルス神もまた、穀物と森の守り神であった。ディアナとシルウァヌスは、狩猟を守護した。新たなローマ世界では商業が発達し、それにともなってメルクリウスの人気が高まったが、この神もまた、羊の多産を司っていた。ミネルウァは治癒神であったけれども、手仕事の守り神でもあった。チチェスターの鍛冶屋の組合は、この町がまだ正式には従属国の一部という地位にあったネロ帝の時代に、早くもネプトゥーヌスとミネルウァの神殿を建設している。そして、「最良《オプティムス》にして最大《マクシムス》の神」ユピテルが、すべてを統括していた。

　時折ではあるが、夢や幻について知る手がかりも残されている。バースのスリス・ミネルウァの例や、リドニーの眠りの家《アバトン》の例（同様の建物は、おそらくネトルトンにもあったと思われる）などである。そこから見えてくるのは、東方ギリシア世界でアエリウス・アリスティデースがアスクレピオスに感じていたのと同種の、神との暖かで個人的な関係であった。ブリテンについては、そのあたりの状況を知りうる文書史料はない。しかし、神殿の祭神像を前にして、あるいは家に設けた祭壇の小神像の前ですら、礼拝者たちが金銭ずくや無感情で神と相対したとは考えられない。彼らが畏怖と尊敬の念を持たなかったなどと、われわれにはいえるはずがないのである。いくつかの神々や女神は、明らかに、人びとに強い畏怖や畏敬の念を抱かせずにはおかなかった。多くは東方起源の神であるが、そのひとりであるバッカスは、ギリシア世界にはミケーネ時代に、ローマへも共和政初期には入っていたと思われる。これらの「神秘宗教の」あるいは「救済者たる」神々とその他の神々とを明確に隔てる神学上の区分はない。小アジア起源の神、ユピテル・ドリケヌスは、とくに軍隊の兵士やその関係者の尊崇を集めていた神であるが、崇拝者たちにしばしば幻影を見せたということ以外、神秘的信仰の発達を示す証拠は見つかっていない。

　バッカスについては、もっと詳細に知ることができる。酒神であるバッカスは、酩酊の興奮を与える神であったことから、宴会には必ず登場した。バッカスの従者であるサテュロス、マイナデス〔バッカスの巫女たち〕、シレノスも、風俗画に繰り返し描かれている。しかし、エウリピデスの身震いするような劇『バッコスの信女』を読んでいただければ、この神の到来が惨事を招きかねないことが分かるだろう。それゆえローマの元老院は、紀元前一八六年に決然としてバッカナリア祭の鎮圧を試みた。けれども、元老院の意図がこの酒神の信仰を根絶することにあったとすれば、それは最初から無理であった。紀元前一世紀にポンペイ郊外の秘儀荘でおこなわれていたような、個別のコレギア（信者の集まり）が各地で存在し続けていたからである。ブリテンでも、コレギアの存在を示す証拠があるが、かなり時期が遅れる（四世紀以降）。たとえば、ロンドンのウォルブルック河畔にあったミトラス神殿の遺跡から出土した三つの大理石彫刻がそうであるが、これらは、神殿がミトラス神の信者によって放棄された後に（つまり、ミトラス神だと確認できる彫像が埋められている時期よりも後に）作られたと思われる。もっとも目を引くのはバッカスとその従者たちの一群を描いた像で、「彷徨える者たちに《ホミニブス・》命を（汝は与え給う）《バギス・ビタム》」という銘刻がある。また、神殿の壁のなかには、調合器を納めた銀製の蓋付き容器が隠されていた。これがミトラス神のものなのか、それともバッカスのものなのかは確定できないが、私は後者だと考えている。納められていた調合器が、幻覚や恍惚状態を起こさせる目的でワインに薬物を混ぜるのに使われたものである可能性が高いからである。もう一カ所、バッカスの信奉者たちの集会所と思われる場所が、ウィルトシァのリトルコートにあった。ここには、三連の丸屋根のついた建物のモザイクがあり、バッカスとその信者のオルフェウスを暗示している。バッカスが特定個人に対して救いを与えるということを、人びとが深く信じていたと思わせる証拠はほかにもある。ケントのホールバラから出土した鉛製の棺は、蓋にこの神の姿が描かれており、さらに特筆すべきことに、グロスターシァのスプーンリー・ウッド荘園の近くにあった墓のひとつに、この神の大理石製小神像が納められていた。他方、広く一般に対しては、バッカスは偉大で恵み深い自然の力を象徴していた。彼と従者たちの像が、サイレンスターにあった巨大な直立柱の柱頭に高浮き彫りされている。さらに、バースのスリス・ミネルウァ神殿の前にあった祭壇にも、ほかの神々とともにバッカスの姿が見える。

バッカスと同様に広く信仰されたのが、大母神キュベレと、その恋人アッティスであった。紀元前三世紀の末に、東方からローマに入った神々である。両神の祭儀は、やがて国家の宗教行事のひとつとして組み込まれていったけれども、そこには、伝統的な宗教とはまったく相容れない、バッカスの秘密祭に通じる特徴が多々見られた。たとえば毎年三月二四日の「血の日《ディエス・サングイニス》」には、男たちがキュベレを讃えながら自らを鞭打ち、なかにはアッティスを偲んで自ら去勢する者すらいた。アッティスがキュベレを裏切ったとき、その報いとして正気を失わされ、自ら体のその部分を切り落とすという行為に及んだからである。ローマ市民は去勢を禁じられていたが、両神の祭儀を執りおこなうために、信仰に身を捧げはするが男性としての能力を犠牲にするにはいたらないような奉仕者の組合が必要だと考えられていた。これらの奉仕者《デンドロフォリ》の役目は、その名が示すように、松の木を運ぶことであった。松は、その下でアッティスが息を引き取ったとされる木であり、三月二二日に祭儀のおこなわれる神殿《メトロオン》に運び込まれた。彼らはしかし、葬儀組合としても機能していた。アッティスとキュベレのものだろうとされる神殿が、ウェルラミウム（セント・オールバンズ）にある。両神がこの地で崇拝されていたことは確かで、ダンスタブルの墓地から出土した壺の銘刻に「ウェルラミウムのデンドロフォリ」とあるのがその証左である。ロンドンにもまた、メトロオンがあった。テムズ川から見つかった遺物には、青銅製のアッティス像だけでなく、アッティスとキュベレの胸像を含む豪華な装飾を施した一対の去勢用締め具も含まれていて、ここではもっと恐ろしい祭儀がおこなわれていたことを生々しく証言している。しかしながら、現時点では、ブリテンでタウロボリウムの儀式がおこなわれた形跡はない。この儀式では、生命力の象徴である犠牲獣の雄牛の血に、信者が文字どおり身を浸すこともあったのだ。

バッカスの場合もそうだったように、キュベレとアッティスの信仰にも、もっと受け入れやすい、表向きの顔があったようだ。それは、興味深いことにブリテンでしか見られない形態なのだが、土着の狩猟神の信仰と結びついたものである。ある系統の神話によれば、アッティスはフリジアの王子で、狩猟中に豚に殺されたのだという。ロンドンとグロスターシァでは、狩りの服装をした、明らかにアッティスだと思われる人物（フリジア帽をかぶっていることでわかる）の彫像やレリーフが発見されている。

ブリテンでは、イシスとその他のエジプトの神々も信仰されていた。アプレイウスの『黄金のろば』を読まれた方なら、イシスが夢や幻影を通じて信者たちと深く縁故を結んでいたことをよくご存じだろう。ロクセター出土のイシス像を彫り込んだ宝石は、特定個人の信者の持ち物であったと考えられるし、ヘレフォードシァのウェルウィン出土の出産のお守りも、分娩という危険をともなう場面で女神に救いを求めたと解釈できるだろう。しかし他方、ロンドンにあったイシス神殿はブリタニア総督によって寄進されており、明らかに公的な宗教儀式のためのものであった。第六軍団の司令官によってヨークに建てられたセラピス神殿についても、同じことがいえる。

閉鎖的な崇拝者集団のモデルにみごとに当てはまる信仰がひとつある。ミトラス教である。ブリテンにおけるミトラス信仰の様子を伝える考古学的資料としては、北方各地の軍宿営地の周辺から発見されたものがもっともよく揃っているけれども、ブリテンのミトラス神殿のなかでもっとも壮麗な例として知られているものは、ロンドンのワルブルック河畔にあった。そこは、兵士たちの庇護を受けており（第二軍団の退役兵たちが寄進した奉納額がその証左である）、おそらくは商人たちにも保護されていた。祭儀をおこなうのは秘伝を受けた人びと、それも男性でなければならず、洞窟《ミトラエア》を模した建物の内部で儀式が挙行された。天地の始まりのとき、若きミトラス神が洞窟のなかで太古の雄牛を殺し、その血からすべての生命が生まれたことを、信者たちはそこで思い起こしたのである。聖職志願者は、教義を身につける過程でいくつもの位階を順に上ってゆかなければならず、つぎの位階に進むたびに、儀式と試練を受ける必要があった。その経験を通して、光明へと向かう精神の旅路をたどりつつあるのだという達成感が、信者たちの心に吹き込まれたに違いない。ミトラス教徒がどのような試練を受けたかを暗示しているのが、カロウバラにあった墓状の穴である。おそらくここで、象徴的な埋葬と再生が演じられたのだろう。一方、ラドチェスターで見つかった祭壇は、ただ単に「神に《デオ》」捧げられたとしか記されていないが、その神は花輪のなかに置かれており、兵士《ミレス》位の儀式を想起させる。この儀式において、秘伝を授かる者は、差し出された花輪を剣の先で拒み、「それは神のなかにある」と述べるのである。ハウスステッズ出土のみごとなレリーフには、「宇宙卵」から生まれるミトラスが描かれ（より一般的には、ミトラスは岩から生まれる）、「永遠時間《サエクラリス》の神」としてのミトラスに呼びかける銘文が添えられている。ワルブルック河畔のミトラエウムには多くの大理石彫刻があったが、そのひとつの銘文に「東から西へ《アブ・オリエンテ・アド・オクシデンテム》」というフレーズが用いられている。これは、キリスト教徒が用いる決まり文句として知られる「アルファからオメガまで」と対比されうるだろう（ただし、これが語源だとは必ずしもいえないが）。ミトラス教の宗教慣行の中心は、信者たちが集い、ミトラエアの通廊に設置されたベンチで共に聖餐をとることであった。そしてこの祝宴こそが、キリスト教徒がミトラス教に対して不快感を抱く理由の最たるものになっていた。キリスト教徒の目には、この慣行が自分たちの聖餐式のパロディーと映ったからである。ロンドンでは、ミトラエウムが攻撃されたことを物語る証拠がある。それはおそらく三一〇年代のことで、前述の銘文が掲げられてからさほどたっていない時期のことであった。

　キリスト教には、これらの信仰と共通する特徴が多々あった。「子羊の血に身を浸す」という言葉は純粋に隠喩的なものであったにせよ、そこには、大母神信仰におけるクリオボリウムの儀式を連想させる響きがある。「御言葉のための去勢」といういい回しも東方宗教的であり、オリゲネスなどはこれを字句どおりに受け取っていた。より一般的な慣習として、これらの諸宗教すべてで記念の儀式や聖餐が見られたが、これとキリスト教の聖餐式とは非常によく似ていた。さらに、あまり強調されることがない共通点として、キリスト教が公的な性格の宗教であったこと、さまざまな奉納物が納められたこと（ウォーター・ニュートンで奉納された銘板から明らかである）、そして、紀元後三一二年の「教会の平和」以後には公式行事として儀式がおこなわれたことがあげられる。

　これに対して、キリスト教に東方諸宗教とは異なる独自の性格を与えたのが、ユダヤ教の遺産である。これによってキリスト教は、多神教の諸宗教から明確に隔てられていた。離散したユダヤ教徒の共同体は、主に東方およびローマにおいて、初期のキリスト教の普及と発展の過程で明らかに重要な役割を果たしていた。この、キリスト教の形成期においてはブリテンが何の意義も持たなかったことは明白だが、三世紀にカェルレオンで殺された殉教者アーロンの名前は、彼がユダヤ教徒の改宗者であったことをうかがわせる。ユダヤ教とは違って、キリスト教は特定民族の宗教ではなかった。キリスト教徒は、ローマ帝国の繁栄の基礎となっていた神々への一般的信仰に加わらなかったがゆえに、反社会的分子とみなされ、散発的な迫害を被ったのである。

カェルレオンの殉教者、ユリウスとアーロンの人物像は明らかになっていない。より多くが分かっているのは、聖アルバヌスである。彼が殺されて埋められた場所は、修道院教会の敷地かその近くだとされており、発掘調査によってそれが実証されつつある。殉教の日付は分かっていない。三世紀初頭のセウェルス帝の治世だとするジョン・モリスの説は今では疑問視されており、アルバヌスの死はおそらく三世紀半ば頃、ディオクレティアヌス帝による迫害のときで、コンスタンティウス・クロルスが命じたと考えられる。エウセビオスは、コンスタンティウスがキリスト教徒迫害に熱心だったわけではないと示唆している。しかし、彼の『教会史』が当のコンスタンティウスの息子〔コンスタンティヌス一世〕のために書かれたものであり、その息子も父と同じく、キリスト教に改宗する前は不滅の太陽神の崇拝者だったのであって、宗教に関して中立的立場を守ったとは考えにくいことを想起すべきであろう。

古代の諸民族の多くは、死体を忌まわしいものと見ていた。しかしキリスト教徒の墓は例外で、なかでもピーター・ブラウン教授が「特別な死者」と呼んだ人びとの墓は崇敬の中心であった。この点で、ウェルラミウム墓地や、コルチェスターやロンドンといったその他のゆかりのある墓地教会でおこなわれていた聖アルバヌス崇敬は、宗教観に根本的な変化があったことをうかがわせる。今日までに発掘されたキリスト教徒の墓地としておそらく最大のものは、ドーチェスター郊外のパウンドベリである。そこにあった墓のうち、いくつかは造りが精巧で、死者記念堂《ケルラエ・メモリアエ》だった可能性がある。東西方向に並び、副葬品がない墓がキリスト教徒のものだと考えられ、パウンドベリでもその他の墓地でもそうした墓が多数存在した。その数は、キリスト教という新しい宗教の広まりを示す貴重な証拠である。

ブリテンには四世紀以前の考古学的証拠はないけれども、それ以降については、しばしば考えられているより多くの証拠が存在している。キリスト教信仰がおこなわれていたことが確実な場所もいくつかあるし（たとえば、ケント州ルリングストンのハウス・チャーチがそうである。そこには、「祈る人」の絵やクリストグラム〔キリストを表わす合わせ文字〕が描かれている）、明らかにキリスト教徒のものである聖具（ウォーター・ニュートン出土の銀製容器など）も見つかっている。しかしながら、ブリテンで見つかる証拠の大半は、かなり特殊なものだといえる。つまり、周辺の異教信仰の慣行と妙に妥協しており、信仰の一部を共有してさえいるように見えるである。ウォーター・ニュートンでは、奉納銘に使われている言葉が異教の神々に捧げ物をする際の文言に似ているだけではなく、多くの神殿でよく見られるような銀箔押しの木の葉型金属板も捧げられていた。ただしその一枚一枚には、異教の神像の代わりに、キリストの名前の最初の二文字を表わすカイとローの合わせ文字が記されている。ヒントン・セント・メアリでは、モザイクの床にカイ・ローの文字を背景にしたキリストの半身像が描かれている。周囲には四つの半円壁画があり、そのひとつには生命の木と鹿を追う三匹の犬が描かれ、詩篇作者ダヴィデを想起させる。「というのも、犬たちが私を取り囲んでしまったからです。邪悪なるものが群れをなして、私を囲い込んでしまいました」（詩篇二二―一六）。隣の部屋でも、側面には犬たちと鹿が描かれているのだが、中央のモチーフは勇士ベレロフォンが天馬ペガススに乗り、怪物キマエラを殺そうとするシーンになっている。この事例だけなら、単なる寓喩として説明できるかもしれない。しかしフランプトンの床面モザイクでは、同じような説明で済ますことは難しい。ここにはカイとローの組み合わせ文字と他のさまざまなモチーフとが共存しており、偉大なる救済神バッカスの画像も二カ所で見られるのである。

　フランプトンは典型的なヴィラとして造られたのではないようなので、モザイク画の題材も、単にパトロンが宗教的に一貫しなかったことを露呈しただけだと考えるのは可能であろう。しかし、彼はキリスト教の「異教化」を試みていたと考えるほうが、より適切な説明だと思われる。このようにキリスト教と異教がいわば共生している状態は、「異教徒であれ《セウ・ゲンティリス》、キリスト教徒であれ《セウ・クリスティアヌス》」という言葉が書かれたバース出土の銘板からもうかがわれる。この文言は、ふたつのグループが同じ期待を持って同一コミュニティ内に共存していることを示すものだからである。セニキアヌスという名の人物が所有していた黄金の指輪が、シルチェスターで発見されている。そこには、輪の部分に「神の内に生きよ」と命じる刻印の文字が刻まれ、宝石をはめる台座の部分にはヴィーナスの頭部が描かれていた。さらに、アレイで出土した小箱の一部には、イサクを犠牲に捧げようとするアブラハム、ヨナと鯨（海の怪物ケトスの姿で描かれている）、キリストと百人隊長、それにキリストと盲目の人の各場面が打ち出し細工で描かれているのだが、この箱は、丁寧に包まれたうえで他の多くの捧げ物と一緒にメルクリウスに奉納されていた。またルリングストンでは、ハウス・チャーチが栄えていた一方で、階下の小部屋では二体の大理石製の古い胸像に捧げ物が納められ続けていた。

　四世紀の大半はキリスト教がローマ帝国の国教であり、異教の神殿は土地を失ったり、四世紀半ばには財宝も失っていたけれども、それにもかかわらず、ローマ時代末期のブリテンにおける目立った宗教活動の痕跡の多くは、異教のものである。大規模なヴィラの所有者たちは、その多くが相変わらず伝統的な異教に忠実であった。ヴィラの床面モザイクには、野獣に囲まれたオルフェウス（ウッドチェスターにもっとも素晴らしい作例がある）や、バッカス（オクスフォードシァのストーンズフィールドのもの）が描かれた。リトルコートでは、屋敷内神殿の床に豪華な秘儀的図像群が描かれており、そのなかにはバッカスとオルフェウスの両方が含まれていたようである。神話に題材を取った一連の床面モザイクは、フランプトンやワイト島のブレイディングでも見られた。これらもまた、マクロビウスが『サトゥルナリア』で示したのと同種の、新プラトン派的教養社会の諸相のひとつである。ブレイディングにある舗道のモザイクには、オルフェウスやバッカスとともに、雄鶏の頭部を持つ奇妙な人物が描かれている。これはおそらくユダヤの神のギリシア・ローマ版で、イアオという名で知られるものであろう。ブレイディングにおいても、異教時代末期の信仰を特色づけるもっとも典型的な人物像は、「聖なる人《ホーリー・マン》」であった。奇跡をおこない、瞑想や恍惚状態によって自らを神の高みにまで引き上げることができた人びとのことである。

ノーフォークのテットフォードにおいて近年発見された、銀の匙と漉し器、金の装飾品からなる宝物は、この世界がきわめて伝統色の濃いものであったことをわれわれに思い起こさせる。匙に刻まれた銘文からわかるように、これらの宝物は、ラティウム由来の古い神であるファウヌスに捧げられていた。ファウヌス神の祭儀は、秘儀宗教の信者たちがおこなう祭りに似たもの、あるいはキリスト教がおこなう聖餐式のようなものであって、自分たちをアグレスティウス（田舎者）とかペルセウェラ（耐える女）などという仲間内での符号《シグナ》で呼ぶ信者の貴族によって執りおこなわれていたと思われる。ファウヌスは、バッカスと同じ世界に属していた。宝物のひとつである黄金製のみごとなベルト・バックルに彫られたレリーフにはサテュロスが描かれており、もしかするとこれがファウヌスの像だと考えられていたのかもしれない。テットフォードの宝物が作られた時期は、三九〇年代頃と推定される。この年代は、ローマン・ブリテンの最末期においてすら、伝統的な信仰の守り手が教養のない僻地の人びとだけではなかったことを示している。

五世紀の最初の数年間に、キリスト教の教会は急速な発展を遂げた。それは、司教区の整備が目覚ましく進んだことによるところが大きい（ブリテンの司教区は、三一四年のアルルの教会会議の時点ですでに存在していたことが知られている)。司教区制度が与える安心感と継続性は、ほかの宗教や世俗の権威では手に入らないものだからである。しかし、ブリテンの教会はときとして異端的でもあったようだ。地中海世界において聖アウグスティヌスとの論争を展開したペラギウスは、もともとはブリテンの人であった。異教徒の隣人と肩を並べて生活していたブリテンのキリスト教徒にとって、恩寵の教義はかなり秘儀的なものに思えたのだろう。四二九年には聖ゲルマヌスがブリテンに来て、おそらくウェルラミウムを訪れている。彼は、異邦人の一団との論争に勝利することによって、そこで信奉されていたペラギウス派「異端」が誤りであることを地元の有力者たちに示した。さらに、世の中はしだいに危険になりつつあった。いまひとりのブリテン人であるパトリックは、奴隷としてアイルランドに送られた。彼は後に、ローマ市民になることのなかった多くのアイルランドの住民をキリスト教に改宗させることになる。五世紀半ばになると、サクソン人をはじめとするゲルマン人たちの手によって、ローマの政治機構だけでなく、ローマ文化までもが手痛く破壊されてしまった。ただし、ブリテン西部の多くの地域は、ローマ帝国とキリスト教に対して若干の忠誠心を持ち続けた人びとによって後に救われたようだ。この「アーサー王時代」の事情を物語るのが、六世紀のギルダスの著作である。ギルダスは、キリスト教会全体に通用する言語としてラテン語を用いた。しかし、ゲルマヌスやパトリックとは違って、ギルダスをローマ人とみなすことはもはやほとんど不可能であろう。

第2章　アングロ゠サクソン期イングランドの宗教

ジェラルド・ボナー

アングロ゠サクソン期のキリスト教について、恣意的かもしれないが都合のよい年代設定をすれば、その始まりは、アウグスティヌス率いるローマの伝道団がエゼルベルト王のケント王国に到着した五九七年、そして終わりは、ハロルド・ゴドウィンソン王がヘイスティングスの戦いで敗死した一〇六六年一〇月一四日ということになるだろう。このように時期を設定してみると、われわれが考察の対象とする期間は四世紀半にも及ぶ。ヘンリ八世の即位から第二次世界大戦終結までの期間よりも、もっと長いのである。真面目に歴史を考察しようと思う者なら、ヘンリ八世から第二次世界大戦までの宗教史を一章で語ろうなどとは決して考えないだろう。しかし、本章ではまさにそういうことをアングロ゠サクソン期に関してやろうとしているのである。たしかに、時代が古ければ社会的・文化的な変化のスピードも遅いとはいえるかもしれない。一〇六六年のイングランド人と五九七年の祖先との文化的な差は、一九四五年のイングランド人と一五〇九年の先達との差ほどには大きくないだろう。しかしそれでも、変化が起こったのは事実だし、ことに宗教に関してはその変化は根本的なものであった。したがって、われわれの議論は印象主義的にならざるをえず、全般的な特徴を述べるのに紙幅をさいて、それ自体歴史的に重要な意味を持っている多くのことを無視するのもやむをえないのである。

五九七年という年は、疑いもなくイングランド史における決定的な転機である。しかしそれは、「イングランド人」を形成する人びとがイングランドに来た年でもないし（彼らの到来はすでに五世紀に始まっていた）、また、彼らのあいだにはじめて宗教が広まった年だというわけでもない。イングランド人は、キリスト教を受容する前から宗教を持っていた。それは広義のチュートン系宗教のひとつで、ドイツとスカンディナヴィアの各地に多様な形態で分布していたのと同系統のものであった。神々の名前もいくつか知られている。ウォードゥン（スカンディナヴィアのオーディンに相当する）、ズーノル（トールに相当する。インド・ヨーロッパ系の神で、どんな敵をも倒す槌を持つ）、それにティウ、あるいはティウァズ（その名は、インド・ヨーロッパ語で「輝く」という意味の語幹 deiw に由来する。古代の天空神で、ウォードゥンやズーノルよりも古い神である）といった神々である。このほか、ウォードゥンの配偶神であり結婚と出産の守護神でもある女神フリガ、あるいはフリッグの名前も知られている。いくつかの古英語の呪文が、キリスト教徒の手で記録されたものながら伝えられており、太陽神や豊饒を司る大地母神への信仰の痕跡を示しているのだが、ここで大地母神とされているのは、おそらくフリガのことであろう。変わり種は春の女神エォステルで、キリスト教最大の祭である復活祭《イースター》にその名を与えることになった。ベーダは、『年代論《デ・テンポリウム・ラティオーネ》』（一五節）において、イングランドの異教徒の一年を詳細に記した貴重な証言を残しており、一年の始まりが一二月二五日であることにもふれている。その日は「主の誕生を祝う日」であり、「もっとも聖なる夜とみなされている」その前夜は、「母たちの夜《モドラネクト》」として知られていた。ここでいう「母たち」とは、ローマン・ブリテンとヨーロッパ大陸で信仰されていた三神一組の母神と同一のものと考えられよう。ベーダはまた、『教会史』のなかで、異教の司祭に課されていた制約にも言及している。種馬に騎乗してはならないとか、武器を携行してはならないといったことである。それぞれの神が崇拝されていた場所がどこかは、地名から知ることができる。ウォードゥンがイングランド全域で崇拝されていたのに対して、ズーノル神崇拝は南部が中心であった。ベーダは、いくつかの異教の神殿について書き残している。ある神殿ではレドワルド王がふたつの祭壇を維持しており、ひとつはキリスト教の礼拝に、もうひとつは異教の供犠に用いられていた。また、ヨーク近郊のグッドマナムにあった神殿では、かつて異教の司祭であったコイフィなる人物がキリスト教に改宗し、自らの新たな忠誠心を示そうとして神殿の堂内に槍を投げ込んだ。これはおそらく、ウォードゥン神への挑戦を儀式的に表わしたものであろう。地名からは、異教の神殿がどこにあったかも推測できる。神殿を意味する「エアルフ（ealh）」、神殿、祭壇、偶像ないし聖域を意味する「ヘアルフ（hearh、あるいはhearg）」、偶像ないし聖域を意味する「ウェオフ（weoh）」といった要素から派生した地名を持つ場所がそうだと考えられるからである（これら三つの要素はそれぞれ、オールカム、ハロウ・オン・ザ・ヒル、ウェイヒルといった地名のなかに見つけることができる）。ノーサンバランドのイーヴァリングでは、考古学者の発掘によってこうした神殿のひとつが実際に姿を現わした。また、考古学的調査の結果、異教の埋葬習慣について知りうる証拠も見つかっている。埋葬のしかたには、火葬と土葬の両方があった。そして、死者とともに副葬品が納められるのが一般的であった。そのうち最大でもっとも有名な例が、サフォークのサトン・フー舟塚であり、そこに納められた細工品にはキリスト教のものと異教のものとが混在していた。副葬品の慣習は、死後の世界の存在が信じられていたことを示唆するものであろう。最後に、キリスト教徒の手になるものではあるが、古英語による文学や美術は、（キプリングの『プークが丘の妖精パック』に登場する）ウェイランド・ザ・スミスのような異教の英雄の名を記憶にとどめている。『デオール *Deor*』〔一〇世紀頃の古英詩〕や古英詩断片『ウォルダー *Waldere*』といった詩に彼の名が現われるほか、八世紀初めにノーサンブリアで作られ、現在は大英博物館に収められている有名な「フランクスの小箱」にも、古典やキリスト教に題材を取った図柄とともに彼の業績が描かれている。

アングロ＝サクソン期の異教に関するわれわれの知識は限られている。異教徒自身が直接書き残した記録はないし、ベーダのようなキリスト教徒の著作者が異教について言及することはあっても、キリスト教を語るときに示すのと同じ共感や理解をもって異教のことを書いたとは思えないからである。とりわけわれわれには分からないことなのだが、できることなら是非知りたいと思うのは、ごく普通の人びとが異教に対して抱いていた愛着が、いかなる性質のものだったかということである。人びとは、自分の信じる宗教に真に帰依していたのだろうか。それとも、宗教上の慣習を守っていてもそれは本質的には形式の問題であって、現世の利益や、来世があるとすればそこでの幸福を保証することが目的だったのだろうか。この問題は、イングランドの人びとがどのようなかたちでキリスト教に改宗したのかを考えるとき、ことさら重くのしかかってくるだろう。表面的には、イングランド人の王がキリスト教徒になると決めた場合にはいつでも、異教は急速にキリスト教に屈したように見えるかもしれない。しかし、その王が死に、後継者がもとの宗教を信奉した場合、異教が復活することもあった。たとえば、東サクソンのサェベルト王が六一六（六一七）年に死んだときの、三人の息子たちの対応がそうであった。ベーダによれば、この息子たちは、父の存命中には「ある程度」偶像崇拝を控えていたけれども、心の底では異教崇拝を続けていた。そして父が亡くなると、キリスト教への敵意を公言するようになり、司教メリトゥスを追放した。その結果、ロンドン司教座では四〇年近くにわたって空位が続き、東サクソン王国はキリスト教世界から一時離れることになる。六五四年には聖ケッドによって改めてキリスト教の伝道がおこなわれたけれども、六六四年に疫病が流行すると、ふたたび異教への揺り戻しが起きた。兄弟であるセッビ（彼はキリスト教信仰を維持した）と共同で東サクソンを治めていたシグヘレ王が、統治下の一部の人びととともに異教に復帰したのである。ベーダによれば、シグヘレは、

彼の国の一部の人びとともに、キリスト教信仰の秘蹟を捨て、背教者となった。なぜなら、王自身も、平民であれ貴族であれ大部分の人びとも、現世の生活を愛しており、未来の生活を求めもしなければ、来世の存在すら信じなかったからである。それで彼らは、放棄された神殿を再建して偶像を崇拝しはじめた。まるで、そうすれば疫病から身を守ることができると信じているかのようであった。

もっと早い時期に宗教間の対話を進めようとしたのがイースト・アングリアのレドワルド王であったが、それは時期尚早であったようだ。レドワルドは、ケントのエゼルベルト王の宮廷で洗礼を受けたが、自国に戻ったのち、妻も貴族たちも改宗させることができず、屈辱的な妥協策をとらなければならなかった。すなわち、同じ建物のなかにキリスト教と異教の祭壇をひとつずつ設けることで、自らの信念と臣下の人びとの信仰との両立を図ったのである。六六四年のウィトビー教会会議の頃までには、少なくとも名目上はイングランドの大半がキリスト教化されていた。しかし、南サクソン（サセックス）王国においては、追放中の六八一年から六八六年までその地に滞在していた聖ウィルフリッドの説教によって、ようやく改宗が実現したのであった。

イングランド改宗の物語が与える印象では、臣下の人びとは、一六世紀のイングランド国民がそうであったように、王の命令に唯々諾々と従って宗教を変えたように見えるかもしれない。しかし、残された証拠をより詳しく調べれば分かるように、改宗の過程はもっと複雑である。たしかにキリスト教は広く受け入れられたし、イングランド人国家

の公式の宗教にもなった。けれども、それで改宗が完了したわけではなく、キリスト教が勝利したのちも異教的慣習が生き続けて、教会と教会に誠実な世俗の支配者たちを悩ませたのである。異教は、人びとが用いていた呪文や習俗といったかたちで名残をとどめていた。そのいくつかは、起源は忘れ去られたものの、近代まで生き残った可能性がある。

イングランド人古来の異教信仰が屈した原因は、異教そのものの根本的な性格に求めうるかもしれない。キリスト教と違って異教は、ひとつの体系的な宗教というよりも、さまざまな宗教の集合体と呼ぶべきものであった。個々の神々はそれぞれ特定の地域だけで崇拝されており、共通の信条を持たなかった。キリスト教とは対照的に、異教は基礎となる神学を持たず、知的水準においてはとくに脆弱であった。ライバルのキリスト教が、神学的・哲学的な世界観に基礎づけられており、また、北方の異民族が破壊の対象としつつも賞賛の念を抱いていたローマ帝国の秩序や古典的伝統を象徴していたことを考えれば、とても太刀打ちできない状況だったといえるかもしれない。

異教徒のなかには、宗教に対して功利主義的な態度を取る者もいたようだ。例として、ベーダの著作に登場する異教の司祭コイフィをあげることができよう。彼は、ノーサンブリア王エドウィンとその評議会がキリスト教受容の賛否を論じていたときに、つぎのように述べた。

あなたの家来のうちでも、私ほど熱心に私たちの神々を崇拝してきた者はいません。それなのに、私よりも多大な利益と名誉をあなたから与えられ、より大きな成功を収めている者がたくさんいるのです。もしも神々に力があれば、もっと進んで私を助けてくれたはずです。私のほうがずっと熱心に神々に仕えてきたことをご存じのはずなのですから。

(この文脈で考えれば、六六四年に東サクソンが異教に回帰した原因が疫病の流行だったとベーダが述べていることは意義深い。人びとは、新たな宗教であるキリスト教では疫病を防げなかったが、旧来の宗教ならできるかもしれないと考えていたようだからである。)しかし、功利主義はさておき、人間の存在というより深遠な問いに対しては、異教は答えを与えることができなかった。それを端的に表わしているのが、ノーサンブリアのある貴族《セイン》の言葉としてベーダが記しているものである。この貴族は、エドウィン王の御前での討論でコイフィのつぎに発言し、そのなかで、人間の一生とは、冬の夜にホールに飛び込んで来て、すぐにまた出て行った雀の飛翔のようなものだといっている。

しばらくのあいだはその雀は部屋のなかにいるので、暴風も冬の大嵐も手が届きません。しかし、平穏な時間はあまりにも短いものです。雀は、冬の嵐から逃れたと思う間もなくふたたび嵐のなかへと飛び去って、視界から消えてしまいます。人間の一生も同じようなもので、ほんの一瞬のはかないものに思えます。そして、人が生まれる前に何があるのかも、死後はどうなるのかも、われわれには何ひとつ分からないのです。もしもこの新しい教えがもっと確かな情報を与えてくれるのであれば、この宗教を受け入れるのが正しいと思われます。


思慮深く繊細な心の持ち主には、旧来の宗教よりもキリスト教の方が、人間の生と死の神秘をよりうまく説明していると思われたのである。

しかしながら、この貴族の発言は、ごく普通のイングランド人の意見を代表するものではないとも考えられる。おそらく、改宗途上にある大衆の心をもっとよく表わしているのは、ベーダの『聖クスベルト伝』に記されているエピソードであろう。クスベルトがまだ若かった頃、タイン川で修道士たちの乗った五つの筏が突風にあおられ、海に流されそうになった。岸辺にいた農夫の一群が修道士たちを見てあざけりはじめたので、クスベルトが諌めたところ、彼らはこう言い返したのである。「あの修道士らのために誰も祈らせるな。奴らの誰にも神が情けをかけぬように。奴らのせいで、昔からのやり方で神々を祀れなくなったのに、新しい神の祀り方は誰も知らないのだから」。名もなきこの農夫たちは、七世紀半ばの改宗者たちの多くが感じていたことを代弁していると考えてよいだろう。彼らは古い神々を捨て、洗礼を受けた。それは疑いもなく、支配者である王（エドウィン、オズワルド、オズウィユのいずれか）の意向に従ったものであった。それなのに、叙階された司祭だけでなく有能な教理問答教師すら不足しているという状況にあって、彼らはほとんど何の対策も講じられないまま放置されたのである。彼らが敵意を抱くのも無理はない。ベーダが伝える言葉が彼らの思いの核心を表わしているとすれば、彼らは古い宗教に執着しているわけではなさそうだが、かといって宗教心がないわけでもなかった。彼らが求めていたのは、旧来の宗教の穴を埋めてくれるものであって、新たな宗教にはまだ十分にその役割が果たせていなかったのである。このような人びとであれば、自分が窮地に陥ったときに異教回帰の誘惑にかられたとしても理解できる。得体の知れないキリスト教の神よりも、よく知っている神々の方がまし、ということなのだ。

イングランド布教という名誉を単一のキリスト教会に帰することは、ローマ教会に対してであれ、アイルランド教会あるいはフランク教会に対してであれ、不可能である。しかし、個人として特筆すべき人物はいる。「イングランド人の使徒」大教皇グレゴリウスである。教皇がローマの奴隷市場でイングランドから連れてこられた一群の少年たちに出会ったという有名な話は、ウィトビーの無名の修道士による最初のグレゴリウス伝に書かれており、また若干の相違はあるがベーダの『イングランド教会史』でも伝えられているもので、やがて伝説化した。グレゴリウスは、五九〇年にローマ教皇に登位したために自らイングランド伝道に赴くことができなくなり、かわりにアウグスティヌスを伝道の指導者として派遣することにしたが、この人選は、歴史に照らしてみればあまり適切とはいえなかったようだ。アウグスティヌスには、残念ながら指導者に求められるべき進取の気性も力量も欠けていたようだからである。しかし幸運なことに、ローマからの伝道団が五九七年の初めにケント王国に上陸したとき、エゼルベルト王は彼らに共感を示した。王は、キリスト教徒のフランク王女と結婚していたので、すでにキリスト教を知っていたのである。結婚時の契約によって、王妃は自らの宗教を信奉することを許され、礼拝堂付き司祭もひとり抱えていた。このような条件に恵まれて、エゼルベルト王の改宗は驚くほど易々とおこなわれ、多数の臣下もそれに従った。五九七年の秋には、アウグスティヌスはガリアに赴き、そこで最初のイングランド司教に叙階されることができた。さらに、教皇グレゴリウスからアレキサンドリア大司教に宛てた五九八年七月の書簡で報告されているところによれば、五九七年のクリスマスには、カンタベリとその周辺で一万人の改宗者が洗礼を受けたのである。

エゼルベルト王は当時のイングランドでもっとも強力な支配者であり、彼の甥にあたる東サクソンのサェベルト王や、イースト・アングリアのレドワルド王が改宗したのも、エゼルベルトの影響であった。ただし、すでに見たように、六一六（六一七）年にサェベルトが没すると、息子たちが異教に回帰して司教メリトゥスを追放した。またレドワルド王も、自身はキリスト教徒となったものの、妻と貴族たちの反対にあって妥協を強いられている。その後、六二五年になると（あるいは、もう少し前の六一九年だった可能性もある）、北方での新たな伝道活動の好機が訪れた。その契機は、ノーサンブリアのエドウィン王が、エゼルベルトの娘であるケント王女エゼルブルガを妻にもらい受けたいと申し出たことであった。このとき、礼拝堂付き司祭としてエゼルブルガに同行することになったのが、パウリヌスである。彼は、六〇一年にケントに来てからアウグスティヌスの補佐を務めていたが、いまやノーサンブリアにおける教会権威の担い手となるべく司教に叙階されていた。そして、彼の話や説教が王の心を動かした結果、エドウィン王は、自分をねらった殺害計画が未然に防がれたことに感謝して、六二六年の復活祭に、生まれたばかりの娘エアンフレッドに洗礼を受けさせると申し出たのである。あとは、エドウィン自身が洗礼を受けるかどうかだが、王がこれについて決断を下す前に、まず評議会の場で問題が諮られた。このことは、たとえ順風満帆の王といえども、宗教を変えるなどという大それた道に一歩を踏み出す前には、人民の支持を得る方法を探るのが得策だと考えていたという証拠であろう。評議会が出した答えは、王に好意的なものであった。すでに述べたように、かつて神官長であったコイフィは、グッドマナムにあった異教神殿をわざわざ冒瀆し、焼き払うように命じた。かくして、六二七年四月一二日の復活祭日に、エドウィンはヨークで洗礼を受けたのである。

ベーダによれば、ノーサンブリアを構成するふたつの王国のうち北側に位置するバーニシアでは、民衆のあいだでキリスト教が熱望されていたので、パウリヌスがイーヴァリングの王宮に三六日間にわたって滞在していたとき、彼は朝から晩まですべての時間を教理問答や洗礼に費やしたのだという。このことは、ブリテンにおいて、イングランド人が住み着いた地域でローマ支配下の時代からキリスト教徒が残存していた可能性があるかどうかという問題を喚起する。もしもそうならば、ローマ教会の伝道団は、少なくともある地域ではまったく無知な聴衆を相手にしなくても済んだことになるだろう。しかし、この問いに答えるには、まずイングランド人による「征服」の性格を明らかにしなければならない。一九世紀の歴史家が概して考えていたように、イングランド人がローマ・ブリトン系住民を殺戮したか、あるいはブリテン西部に追いやったのだとすれば、この問いは自ずから成立しないからである。しかしながら、近年の研究では、もとの住民がそれほど大規模に根絶されたかどうかは疑問だとするものが増えている。果たして、土地を獲得するために先住者を滅ぼせるほど多数のイングランド人が来たといえるだろうか。確かなのは、北方の王国であるバーニシアとデイラが元来は非常に小さな国であったこと、そして、ヨークの南西に位置していたブリトン人の王国であるエルメットが、六一七年以降の早い時期にノーサンブリアのエドウィン王によって併合されるまでは独立を維持していたということである。ほかの場所にも、ブリトン人の存続を示唆するものがある。グロスターシァにウィズィントンという村があるが、そこではブリトン人とイングランド人の住民が、イングランド人の方が優勢ではあったものの、明らかに隣合わせに暮らしていた。また、ケルト風の名前を持つイングランド人がいたこともわかっている。なかでももっとも有名な例は、最初の英語によるキリスト教詩人であるウィトビーのケドモンである。おそらく、両民族間の結婚で、子どもの名前を決めることができたのがブリトン人の母親だったのだろう。ウェールズ人のあいだでは、エドウィン王に洗礼を施したのはウリエンの息子でルーンという名のブリトン人だったという伝承まである。ベーダの伝えるところでは、エドウィンに洗礼を施したのはパウリヌスであり、彼がこのような話について情報を誤るとは思えないので、ベーダよりもこの伝承のほうが正しいと考える理由はない。しかしながら、ベーダの作品から受ける印象よりはもっと友好的な関係が、キリスト教徒のケルト人と異教徒のイングランド人のあいだに存在していた可能性はあるだろう。ノーサンブリアでも、またおそらくは他のイングランド人諸王国でも、しばしば考えられているほど人びとはキリスト教に関して無知ではなかったかもしれないのである。

キリスト教の伝統は、とりわけ北方と西方においては、いくつかの地域で残存していた可能性もあるだろう。しかし、そうだとしても、キリスト教が組織だったかたちで残っていたと考える理由はない。さらに、ローマ・ブリトン系住民の残存を例証するどんな証拠が出てきても、イングランド人が政治的に支配した地域では、英語がケルト語に完全に取って代わったという事実は動かせない。ノルマン人の支配を受けても英語が存続したのとは著しい違いである。ここから明らかなように、イングランド人の勝利は、軍事面だけでなく文化にも及んでいた。その意味では、イングランド人の改宗とは「伝道」の企てだったのであって、「信仰の復興」を目指したものではなかった。

ノーサンブリアにおいてパウリヌスは明らかに成功を収めたが、それも、ハットフィールド・チェイスの戦いでエドウィン王が敗死するまでのことであった。六三二年にドンカスター近郊でおこなわれたこの戦いで、エドウィンは、ウェールズ北部の王国グウィネッズの王でキリスト教徒のカドワロン（カドワラ）の手にかかって殺されたのである。このときカドワロンは、イングランド中央部の王国マーシアの有能な軍司令官であったペンダと同盟を結んでいた。ペンダは、後にマーシアの王となり、つねに異教を強く信奉していたことで知られる人物である。この惨劇の後、ノーサンブリアではエドウィンの後継者となったオズリックとエアンフリスによって異教が復活するが、両者とも六三三年にカドワロンに殺されている。その一年後、エアンフリスの兄弟であるオズワルドが、ハドリアヌスの長城沿いで、ヘクサムからそう遠くないところにあるヘヴンフィールドにおいて、カドワロンに対し決定的な勝利を収めた。この戦いに際して、オズワルドははじめて木製の十字架を旗印として掲げ、万一の場合に神の加護があるよう祈っていた。彼は、エドウィン王の在位中に追放され、今日のスコットランド南西部にいたアイルランド人のもとで亡命生活を送っており、彼らからキリスト教とアイルランド語の知識を得ていたのである。敬虔なキリスト教信者であったオズワルドは、王となった今、エドウィンの政策を継承したいと望んだ。そのためには司教が必要であったが、パウリヌスにその役目を求めることはできなかった。ハットフィールド・チェイスの惨劇の後、彼は王女エアンフレッドの身の安全を守るためにケントに連れ帰り、明らかにその後もケントにいたからである（パウリヌスはロチェスター司教となり、そこで職歴を終えている）。ただ、パウリヌスのもとで助祭を務めていたヤコブスは、北方でのキリスト教を存続させるべく、カタリック付近のある村に残された。彼は、サー・フランク・ステントンによって「ローマ教会の伝道活動におけるひとりの英雄」と称されている。

このような状況で、オズワルドは、聖コルンバが創建したアイオナ島の修道院に司教を求めた。そこから派遣されたのが、アイルランド人の聖エイダンであった。イングランドのキリスト教史のなかでも、もっとも愛された人物のひとりである。彼はリンディスファーン島に本拠を置き、そこから広大な管区をめぐる伝道の旅に出られるようにした。エイダンとオズワルドは、ぴったりと足並みをそろえて共に働いた。限られた英語の知識しかないアイルランド人の説教師のために、折にふれて王が通訳を務めるという幸福な情景が、ベーダによって伝えられている。

アイオナからアイルランド人伝道団を迎えたことで、ノーサンブリアでは、宗教慣習の違いに起因する複雑な状況が長く続いた。とりわけ問題になったのは、修道士の剃髪《トランスラ》の形と、復活祭の日付の算定方法であった。後者は根本的な不和の種となった。なぜならこれは、ノーサンブリアのキリスト教徒が一枚岩でないことを、もっとも目立つかたちで示すものだったからである。復活祭は光の祭りであるので、春分の日を過ぎて最初に満月を迎える週の日曜日に祝われるべきであり、そうすることで、少なくとも理論上は、復活祭日には昼も夜も光に満たされるようにすべきだ、と考える点では意見は一致していた。問題は、この一週間がいつ始まるかであった。アイルランド人は、初期教会にさかのぼる伝統に従って、春分を過ぎて最初の太陰月の一四日から二〇日までならよいと考えていた。しかしながら、教会における一日は、日の出ではなく日没から始まる。したがって、ローマ教会の考え方によれば、太陰月一四日とは、一三日の宵から始まるのであった。つまり、一四日が日曜日である場合、復活祭の儀式は、まだ満月にはなっていない一三日の夜におこなわれることになってしまう。それゆえローマ教会の人びとは、一五日から二一日までを範囲とするべきだと主張したのである。

後代の人が見れば、ほんの些細な事にこだわって、もどかしくて仕方がないと思うだろう（後代の人ばかりではない。すでに五世紀に、ギリシアの教会史家ソクラテス・スコラスティクスが声高に叫んでいる。「救い主と彼の使徒たちは、この祝祭を祝い続けるよう法によってわれわれに申しつけられたわけではない。また新約聖書も、この祝祭を無視しても刑罰を課されたり呪われたりするとはいっていない。ユダヤ人にとってのモーゼの律法とは違うのだ」）。しかし、このような見方は、七世紀の人びとにはまったく思いもよらなかった。誰もが、キリスト教徒はみな同時に復活祭を祝うべきであると思っていたし、ほとんどの人びとが、日付を間違えたりしようものなら不滅の魂が危険にさらされると信じていたのである。オズワルド王治下のノーサンブリアでは、助祭ヤコブス（もちろん彼はローマの慣習に従っていた）の存在に加えて、歴代のノーサンブリア王が、ローマ方式が広まっていた南方のイングランド人諸王国から妻を迎えていたこともあり、復活祭を祝うべき日付をめぐって北方教会内部の分裂が続くことになった。

リンディスファーン島に建設されたエイダンの修道院は、当然のことながらイングランドでもっとも有名な修道院のひとつになった。エイダンはそこで、イングランドの多くの若者を教え育てた。そのなかには、のちにヨーク司教、次いでリッチフィールド司教となったチャドと、「東サクソン人の使徒」ケッドの兄弟も含まれている。エイダンはまた、女性たちの使命にも配慮を忘れなかった。六四八年にエドウィン王の兄弟の孫にあたる聖女ヒルドを招き、ウェア川岸の小さな女子修道院を統括させたのも彼である。ヒルドは、六四九年にはヘイウの後を継いでハートリプール女子修道院長となり、さらに六五七年には有名なウィトビーの二重修道院を設立している。それは、修道士と修道女の両方を収容できる施設であり、ヒルドが修道院長として統括していた。ベーダは、読者に対して、エイダンが正しい（つまりローマ式の）復活祭算定方法をとらなかった点は是認していないと慎重に断っているものの、エイダンの聖性、謙虚さ、司牧にかける熱意に対しては賞賛を惜しまなかった。

しかし、リンディスファーンが有名だったのは、単に祈りの家としてだけではない。ここは、キリスト教美術の制作拠点でもあり、最高水準の装飾入り写本が作られていた。そのなかには、六九八年から七二一年までリンディスファーン司教を務めたイングランド人のエアドフリットによって制作された『リンディスファーンの福音書』（現在は、英国図書館に収められている）や、無名の写字生の作品であるが、作者はウルタンという名のアイルランド人である可能性があると考えられている『ダラムの福音書』（現在は、ダラムのチャプター・ライブラリに収められている）も含まれている。どちらの写本も、文字はアイリッシュ・ハーフ・アンシャル体で書かれている。この書体は、やがてイングランド風の文字（アングロ＝サクソン・ミヌスキュール体）に発展して古英語の記述に用いられるようになるものである。また、いずれの写本にも贅沢な装飾が施されている。これらの写本は、アイルランドとイタリアのキリスト教がイングランドの人びとに影響を与えた結果、ノーサンブリアに類い希なる優れた文化が花開いたことを示すものであろう。

同じ頃、イングランドの他の部分でもキリスト教が地歩を広げていた。イースト・アングリアでは、異教との妥協をはかったレドワルド王の時代や、その息子のエオルプワルド王の時代には、キリスト教が勢力を伸ばす機会はほとんどなかった。エオルプワルドは、キリスト教に改宗したものの、その直後に（六二七年あるいは六二八年）リクベルトという名の異教徒に殺され、その後三年間、王国は異教に逆戻りしていたからである。しかし、六三〇年あるいは六三一年に、エオルプワルドの異父弟で、すでにガリアでキリスト教に改宗していたシグベルトが王位に就き、フェリクスという名のブルグンド人の司教をイースト・アングリアに招いて、国内で信仰を説いてくれるよう求めた。フェリクスはこの招きに応じ、サフォークのダニッジに司教座を置いた。イプスウィッチ近郊にフェリクストウという場所があるが、この地名は、およそ一七年間にわたってこの地に司牧の拠点が置かれていたことを記憶にとどめている。フェリクスの活動を輔佐したのが、フルジーあるいはフルサという名のアイルランド人苦行者であった。彼はイースト・アングリアにやって来て、シグベルト王から放棄された砦のひとつ（おそらく、サフォークのバラ）を住まいとして与えられた。フルジーは伝道者として有能で、多くの人びとを改宗させたが、なんといっても彼の名声を高めたのは、ダンテを先取りしたような異世界幻視の能力であった。彼の話は強烈な印象を与えるものであったので、内容を思い出すといつも汗がにじみ、どんなに寒い時期でもごく薄い着物しか要らないほどであったという。

ウェセックスの改宗は、ビリヌスという名のイタリア人司教によって始められた。ビリヌスがイングランドに渡ったのは、明らかに、ミッドランド地方で福音を説くよう教皇ホノリウス一世に命じられたためであった。しかし彼は、最初に到着したウェセックスの人びとがまだ異教徒であることを知ると、そこからさらにミッドランドへの旅を続けるよりも、時間を惜しんでウェセックスの地で伝道を始める方を選んだ。六三五年、ウェセックスの王キュネギルスが、ビリヌスによって洗礼を施された。このとき、後にキュネギルスの娘婿となるノーサンブリア王オズワルドが、洗礼親を務めている。ビリヌスが六五〇年頃に死去すると、キュネギルスの息子で王位を継いだケンワルフが、アギルベルトという名のフランク人司教を招き、ビリヌスの仕事を継承させた。アギルベルトは、叙階されたのはガリアであったが、当時の神学研究の中心地であったアイルランドで数年を過ごしており、ウェセックス司教となる資質は十分であったと思われる。しかし不幸なことに、アギルベルトは異国の言葉を話すことを嫌ったので、六六〇年、英語を話そうとしない司教への処遇に疲れたケンワルフ王は、王国をふたつの司教区に分け、新たにウィニという名のイングランド人をウィンチェスター司教に任命し、アギルベルトには引き続きドーチェスター・オン・テムズの司教職を任せることにした。けれどもアギルベルトは、司教区の半分を失ったことにひどく立腹してガリアに戻ってしまい、パリ司教となった。その後、理由は分からないがウィニがウィンチェスター司教職を解かれることになり、ケンワルフ王はアギルベルトに復帰を求めた。しかし、アギルベルトはパリ司教職を捨てることを拒み、かわりに甥のレウゼレを送ったので、レウゼレが六七〇年にウィンチェスター司教に叙階された。ウェセックスの教会は、この頃までに基礎を確立し、アングロ゠サクソン後期には大いなる発展を遂げることになる。

中央イングランドの広大な王国マーシアでは、六二六～六三二年のある時期から六五四年までのあいだ、イングランド最後の強大な異教君主であるペンダが支配していた。キリスト教徒のグウィネッズ君主カドワロンと同盟して、六三二年にノーサンブリアのエドウィン王を敗死させたのも、ペンダである。政治上必要であれば、宗教の違いは克服されうるという例であろう。ペンダは、自身は熱心な異教徒であったけれども、キリスト教に対してまったく容赦のない敵意を抱いていたわけではなかった。おそらく戦略上の理由からであろうが、息子ペアダがノーサンブリア王オズウィユの娘アルクフレッドと結婚し、キリスト教徒となることも許している。ペンダが嫌悪し軽蔑したのは、キリスト教信仰を公言しておきながら、それに恥じない生活を送っていない人びとであった。それは誠実な態度であり、後のイングランド人でも大多数は彼と同じように考えるだろう。(ペンダは、彼と同盟したブリトン人カドワロンの所業を見たせいでこうした感情を持った可能性もあるだろう。カドワロンは、エドウィンに勝利した後、イングランド人を皆殺しにするかのごとき残忍さでノーサンブリアを荒らし回ったからである。)マーシアがノーサンブリアに対して抱いていた恐れは、両国のあいだに恒久的な平和はありえないことを意味した。六四一年、ペンダはメイザーフェルト(シュロプシァのオズウェストリ)の戦いでオズワルド王を敗死させた。ノーサンブリア王オズワルドは、ブリトン人とマーシアの軍隊が合流して自国に対抗するのを防ごうとして、この地に遠征してきたのである。異教徒との戦いで命を落としたことで、オズワルドは殉教者として崇敬されるようになった。オズワルド崇敬は、やがてノーサンブリアからイングランド各地に広がり、大陸ヨーロッパにまで達した。一三年後の六五四年、ペンダはオズワルドの後継者であるオズウィユ王と戦うが、彼の命運もそこで尽き、ウィンワェド川の戦い(場所はまだ正確に特定されていないが、現在のリーズ近郊と思われる)で敗れて殺された。

オズウィユ王は、勝利を祝って、幼い娘エルフレッドを神に奉仕させるべく差し出し、広大な土地とともに彼女の身柄をハートリプールの聖女ヒルドに託した。ベーダもそうであったが、エルフレッドもまた、断る機会もないままに神に仕える生活に入っていた者たちのひとりなのである。彼女はまた、その世界で成功を収めようとした点でもベーダと同様であった。六八〇年、エルフレッドはヒルドの後を継いでウィトビー修道院長になっている。彼女の生き方は、アングロ゠サクソン王家の女性たちにしばしば見られた典型的なものであった。自ら選んで入ったにしろ、親の意志で入れられたにしろ、修道院で経歴を積み、世俗の世界に留まっていればおそらく決して得られなかったような名声を手に入れた女性たちである。中世のキリスト教は全般にそうだが、アングロ゠サクソン期のキリスト教においても、修道生活の理想がもっとも重視されていた。

復活祭の日付の算定方法をめぐってノーサンブリア教会内のアイルランド派とローマ派が対立していた論争は、六六四年、ついに決着をつけるべき時を迎えた。エイダンの存命中には、彼への愛と敬意から強いて解決を急ごうとする者はいなかったし、六五一年にエイダンが亡くなり、フィナンが後継者となっても、若干の問題はあったが平和が保たれていた。しかし、フィナンが六六一年に亡くなると、オズウィユ王の息子でノーサンブリア宗主権下にあるデイラの王であったアルクフレッドが、ローマ式算定方法の採用を求めて動きはじめた。アルクフレッドに行動を促したのは、聖ウィルフリッドであった。ノーサンブリア貴族の出身で、各地を旅したのちにリポンの修道院長となり、ローマ方式を熱烈に擁護したことで知られる人物である。復活祭問題に最終決着をつける機会が訪れて、オズウィユ王が喜んだのは間違いない。オズウィユ自身はアイルランド式算定法を守っていたのに対して、ケント育ちの王妃エアンフリッドはローマ方式に固執しており、その結果、国王夫妻の一方が復活祭を祝っているときに、もう一方がまだ四旬節の最中ということもときには起こりえたからである。ウィトビーの聖ヒルドの修道院において開催された教会会議では、両派に自らの主張を述べる機会が与えられ、アイルランド式を擁護する立場でコルマン司教が、ローマ式の側ではウィルフリッドが論壇に立った。結局、オズウィユ王はローマ式を採用することを決め、笑顔でいった。自分は、アイルランド人コルンバよりも聖ペテロに従う方を選ぶ。聖ペテロは天国の鍵を任された人なのだから、と。こうしてノーサンブリア王国は、キリスト教世界の大半が採用していた慣行に従うこととなったのである。コルマン司教は、自分には先達が守ってきた慣行を捨てることはできないとして、後継者を決める手続きが終わるとノーサンブリアを去り、アイルランドに戻った。このとき、アイルランド人、イングランド人を問わず多くの者がコルマンと行動を共にしている。コルマンの後継司教となったのはトゥダであった。彼は、ローマ式慣行に従っていた南アイルランド人から教育を受けており、ノーサンブリアの分裂した慣行を統一するには適任であったと思われる。聖ヒルドや聖クスベルトのように、それまでアイルランド式で復活祭をおこなっていた者たちも、いまやオズウィユ王の決定に従った。

六六九年、新しいカンタベリ大司教がイングランドに到着した。タルソスのギリシア人修道士、テオドロスである。彼の任命は、教皇ウィタリアヌス（六五七～六七二年）の決定によるものであった。本来の大司教候補はイングランド人のウィグヘァルドであり、ケントのエグベルト王とノーサンブリアのオズウィユ王とが一致して選んだ人物であったのだが、聖別を受けるためにローマに送られた際にその地で死亡していた。おそらく、彼を聖別すべきイングランドの司教たちが疫病で亡くなったために、わざわざローマまで出向くことになったのだろう。ウィグヘァルドはローマには無事到着したものの、ほとんどの随行者たちと一緒にそこで疫病に倒れたのである。そこでウィタリアヌスは、イングランドに使いを送ってほかの候補者を選ばせるのではなく、時を惜しんで自ら大司教を選定することにした。最初に選ばれたのは、当時ナポリ修道院の院長を務めていたアフリカ生まれのハドリアヌスであったが、彼はカンタベリ大司教職に就くことを固辞した。ウィタリアヌスが最終的に指名したのがテオドロスである。すでに六六歳という高齢であったけれども、身体は強健で、非常に博学なことで知られていた。六六八年五月、テオドロスは、ハドリアヌス（彼はイングランド行きを逃れることを許されなかった）とベネディクト・ビスコプをともなってローマを出発した。ベネディクト・ビスコプはノーサンブリアの貴族で、以前は有名なレラン島修道院の修道士であったが、キリストを偲ぶ巡礼の旅で三度目のローマ訪問をしていたところであった。

　テオドロスのカンタベリ大司教在任は長期にわたった（彼は六九〇年まで生きている）。ベーダにとって、この期間はイングランド教会の黄金期であった。テオドロスの博識がカンタベリの名声を高めたばかりではなく、彼は教会経営の面でもその手腕と熱意を示し、自らを全イングランドの首座の地位に押し上げた。これは、後のカンタベリ大司教たちがヨーク大司教に対する優位を主張したのを先取りするものである。テオドロスの人となりを劇的に描く好例が、ヨーク司教（大司教ではない。大司教を称するのは、のちのエグベルト［七三二あるいは七三四～七六六年］以降である）であった聖チャドに対する彼の処遇である。彼は、おそらく無効な聖別をおこなったという理由で聖チャドをヨーク司教の座から退かせたのだが、その謙遜な態度に心を打たれてチャドを条件付きでふたたび聖別し、マーシア人のもとへ司教として送った。ところでチャドは、聖エイダンから教わったアイルランド苦行者の慣習に従って、徒歩で管区内を旅するのを常としていた。テオドロスは彼に騎乗してほしいと思い、そのために馬を贈ったけれどもチャドが乗ることを渋っていたので、自らの手でチャドを担ぎ上げて鞍に乗せたという。まもなく七〇歳になろうかという男にしては、まったく大した芸当である。

　しかしながら、いかにも大物というテオドロスの性格は、イングランド教会にとって恩恵であるとともに、争いの種にもなった。たとえば、彼と聖ウィルフリッドとのあいだで長く続いた抗争がそうである。疑いもなく落ち度は双方にあったし、またチャドとは違ってウィルフリッドは、罷免されておとなしく従うようなタイプの人間ではなかった。しかし、六七八年に独断的に解任された司教区の支配権を回復すべく、ウィルフリッドが努力に努力を重ねている姿は、たしかにウィルフリッドの側にもキリスト教徒が最高の理想とする慎みを欠くところがあり、地位に固執しすぎる面もあるけれども、テオドロスもあまり褒められたものではないと思わせるに足りる。テオドロスが六九〇年に亡くなる前にふたりが和解できたのはせめてものことだが、結局ウィルフリッドはヨーク司教位を回復することはなく、七〇九年あるいは七一〇年にヘクサム司教・リポン修道院長として死んだ。彼は偉大な修道院設立者であり、ベネディクト会則のイングランドへの導入も彼に帰されている。しかし、おそらく彼の最大の功績は、追放中の六八一年から六八六年まで滞在していたサセックスをキリスト教に改宗させたことであろう。

ウィルフリッドと好対照をなすのが、禁欲的な聖クスベルトの姿である。彼は、オールド・メルローズ、次いでリポンの修道士からリンディスファーンの副院長となり、その後ファーン諸島で隠修士の生活を送ったのちに、六八五年にリンディスファーン司教となった。彼の司教在位期間は短く、六八七年には司教位を退いて、同年三月二〇日にインナー・ファーンで没している。その遺体は明白な奇跡として腐敗を免れたとされ、それによってクスベルトは後に聖人として人気を集めることになった。しかし、彼の伝記、すなわちベーダが著わした二編とリンディスファーンの無名の修道士による一編を共感をもって読むならば、クスベルトが聖人と崇められるのは当然と思えるし、彼が禁欲的生活を送りながらも司牧者としてきめ細かな配慮を忘れなかったことが分かるだろう。聖ヒルドと同様に彼もまた、アイルランドの伝統にもとづく訓練を受け、ウィトビー教会会議の決定には従いつつも、禁欲生活と他者への配慮という、アイルランドのキリスト教をもっともよく特徴づけるものを守り通すことができた例なのである。

七世紀後半から八世紀に、ノーサンブリアではキリスト教文化が大輪の花を咲かせた。エイダンが設立したリンディスファーンに加えて数多くの修道院が建設され、なかでもベネディクト・ビスコプが設立したウェアマス・ジャロウ修道院はもっとも有名であった。ここはベーダが修道士として過ごした場所であり、リンディスファーン修道院がアイルランド系写本の制作で有名であったのに対して、ローマ風の写本制作の伝統を受け継いでいた。ウェアマス・ジャロウの写字室ではイタリアン・アンシャル体の文字が用いられ、それらは他に類のない円熟の域に達していた。ウェアマス・ジャロウ修道院長ケオルフリッドが教皇グレゴリウス二世に贈るために修道院長ケオルフリットの命で制作された、コデックス・アミアティヌスと呼ばれる有名なラテン語聖書（現在はフィレンツェのラウレンツィアナ図書館に所蔵されている）も、この写字室で書かれたものである。

ウェアマス・ジャロウ修道院には、見事な図書室があった。ベネディクト・ビスコプが何度もヨーロッパ大陸に出かけて入手した書籍の集成である。アングロ＝サクソン期イングランド最高の英知といわれるベーダの偉業も、この図書室があればこそであった。彼の『教会史』なしには、この時期の英国史を語ることなどできなかっただろう。ベーダは並ぶ者なき傑出した学者であったが、しかし、アングロ＝サクソン期にラテン語で著作を残したのは彼ひとりではなかった。ベーダより年長の同時代人であり、マームズベリ修道院長・シャーボーン司教であった聖アルドヘルム（六三九〜七〇九年）はもとより、ほかにも無名の修道士たちがいた。大教皇グレゴリウスの伝記を著わしたウィトビーの修道士、聖クスベルト伝の著者であるリンディスファーンの修道士、修道院長ケオルフリットの伝記を書いたウェアマス・ジャロウの修道士である。さらに、ノーサンブリアのキリスト教文化を評価するうえでは石彫にも触れておかなければならない。なかでも最高傑作とされるのが、ルートウェル（ダムフリースシァ）とビューカースル（カンブリア）の大十字架である。ルートウェルの十字架にはラテン語と古英語による碑文が刻まれており、後者は明らかに『キリストの十字架の夢』という詩からの引用である。それは、詩人がキリストの十字架を見、それが語る物語を聞くという内容で、神の子がカルバリー（ゴルゴタの丘のラテン名）の地でいかにして死と地獄に対峙し、勝利を収めたかが語られている。この短い引用は、また別の分野でもアングロ＝サクソン期イングランドの文化が高い水準に達していたことに気づかせてくれる。自国語によるキリスト教文学である。ゲルマン系諸語で書かれたオリジナルの文学作品としては最古のものであり、なかでもケドモンの詩は、今日知られているもののなかではもっとも初期の例である。さらに、初期イングランド最大の叙事詩である『ベオウルフ』が作られたのもキリスト教的な環境のなかで、おそらくノーサンブリアか、あるいはより可能性が高いのはイースト・アングリアであった。

ベーダは七三五年に亡くなったが、その頃までに全イングランドで司教区制度が確立していた。北部は四つの司教区で構成されていた。ヨーク、ヘクサム、リンディスファーン、それにウィグトンシァのウィットホーンである（最後のウィットホーンは七三一年の少し前に創設された司教区で、五世紀のブリトン人伝道者聖ニニアンの修道院であったカンディダ・カーサの跡地に設置された）。南部には一二の司教区があった。カンタベリ、ロチェスター、セルジー、ウィンチェスター、シャーボーン、ロンドン、ダニッチ、エルマム、ウスター、ヘレフォード、リッチフィールド、リンジー（北部リンカンシァ）である。ビリヌスとアギルベルトがかつて司教を務めていたドーチェスター・アポン・テムズ司教区では、六八〇年頃にはアェトラという名の司教がいた。聖ヒルドの弟子だった人物である。しかし、彼以降は司教位が継承されなかったようで、一〇世紀までは司教座として確立せず、その後一一世紀にはリンカンに移された。また、大司教テオドロスが首座にあったときにレスターにも司教座を創設したが、ここでも明らかに継続性は見られず、七三七年にふたたび司教区が設置された。

七三五年までには修道院も発達した。そこには男子修道院と二重修道院があり、後者では修道士と修道女の両方が女性修道院長のもとで隠遁生活を送っていた。カンタベリ、リミンジ、リンディスファーン、メルローズ、ミンスタ・イン・サネット、ギリング、ウィトビー、リポン、ヘクサム、ラスティンガム、ピーターバラ、チャートシー、バーキング、モンクウェアマス・ジャロウ、ウィンボーン・ミンスタなどに修道院があったことが知られている。しかし、その状況は必ずしも明るいものばかりではなかった。六八一年以降のあるときにコルディンガム修道院が失火で全焼するという事件が起こったが、ベーダはこの火事を、在院者たちが世俗の欲にふけって堕落した罰だとみなしていた。またベーダは、ヨーク司教エグベルトに宛てた有名な書簡（七三四年）のなかで、あくどい貴族が徴税や軍役奉仕を逃れるために設立した欺瞞的な修道院があると嘆いている。それでも、全般的な印象では、修道院の活動は活発で盛んであったといえるだろう。

さらに、ベーダの没年頃には、イングランド人伝道者たちが大陸に渡り、近縁のゲルマン人をキリスト教信仰に導くべく活動を開始していた。アイルランドを起源とし、ノーサンブリアの修道院長エグベルトが主となって企画されたこの伝道活動で、最初に対象とされたのはフリースラントであった。伝道団の偉大な指導者は、「フリースラントの使徒」聖ウィリブロルド（六五八～七三九年）である。最初リポンのウィルフリッドの弟子となり、次いでアイルランドに渡ってエグベルトのもとで教えを受けていた人物で、フリースラントで伝道に携わり、後にユトレヒト大司教となった。ウィリブロルドは、写本制作の中心地として有名になったルクセンブルクのエヒテルナッハ修道院の設立にも関わっている。ウィリブロルドよりもさらに有名なのが、西サクソン人のウィンフリット、もっとよく知られた名前でいえば、「ドイツの使徒」聖ボニファティウス

(六七五頃〜七五四年)である。彼はマインツ大司教となり、後に殉教した。説教師として優れていると同時に、組織作りにも才能を発揮した人で、ドイツで司教座制度を確立しただけでなく、フランク教会の改革をも促した。イングランド人の大陸伝道については、つぎのことがいえるだろう。すなわちこれは、イングランド人が、自らがヨーロッパのキリスト教世界から受容したものを、近縁関係にある異教徒の大陸諸民族に返そうとする試みだったということ、また、ウィリブロルドやボニファティウスが伝道の際に進んで教皇の庇護をうけたことで、中世における教皇権の発展にも寄与したということである。

アングロ゠サクソン教会でおこなわれていた信仰の様子について、われわれの知識は相当なものだともいえるし、同時に限られているともいえる。用いられた典礼の種類はかなり確実に分かるし、教養層の信仰についてもある程度の情報があるけれども、普通の信者が何を考えていたのかとなると、もはや推測するしかない。一般信者の礼拝はラテン語で主導されており、その儀式は、かなり最近までローマ・カトリック教会で使われていたものに類似していた。アウグスティヌスとその一行が用いたのはローマ風の祈りであろうし、ローマ教会の伝道がおこなわれたノーサンブリアや他の王国にもそれらが導入されたのだろう。聖エイダンとアイルランド人伝道者たちが用いた典礼も本質的な部分はよく似たものだったが、ガリアやヒスパニアの典礼に由来する非ローマ的要素が含まれていたと思われる。一方ローマ派の側でも、同様に儀式を追加したりバリエーションを加えることがあったと考えてよいだろう。なぜなら、教皇グレゴリウスがアウグスティヌスに対して、イングランド教会にとって適切だと考えられる場合には、ローマ風の慣行だけでなくガリアの慣行を用いても構わないとお墨付きを与えているからである。

先にも述べたように、礼拝の進め方は、現代のローマ・カトリック教徒が少なくともかなり最近まで慣れ親しんでいたものに近かったと思われる。また、聖職者の祭服も同様であった。ケンブリッジのコーパス・クリスティ・カレッジが所蔵する一〇世紀の手稿本(MS 183)に有名な細密画があるが、そこに描かれた聖クスベルトは、現在の司祭と同じようなカズラと白祭服《アルバ》を着ている。香も焚かれていた。それについては、ベーダの生き生きとした証言がある。ウェアマス・ジャロウの修道院長ケオルフリットが、ローマへの旅に出る前、吊り香炉を手にして別れの礼拝をおこない、信者たちに暇乞いをしたというものである。また、聖ボニファティウスがベーダを「教会のロウソク」と呼んでいることから、ヘクサムの聖ウィルフリッド教会のような大きな聖堂では、堂内が明るく照らされていたことが想像できる。ラテン語を知らないイングランド人農夫がヘクサムでの礼拝に出席したならば、彼はきっと、建物の壮麗さや、綿密に練り上げられた儀式や、聞き慣れない言葉で朗々と響く祈禱式文の詠唱に畏れおののき、敬神の念を強くしたであろう。その感覚は、現代においてスラヴ系の教会のことを知らずに訪れた人が、ロシア正教会の典礼に激しく心を動かされるのに似ている。

それでは、この農夫が小さな教会に入ったときにはどんなふうに感じただろうか。のちの教区教会と祖先となるような、領主の地所に建てられ、ラテン語も十分に使えない地方司祭が聖務を執っている教会である。この問いに答えるのはもっと難しい。おそらく、礼拝に用いられる言語が非常に難解なので、それを聞いた印象は、異教徒だった彼らの先祖が呪文の言葉を聞いたときのようだったかもしれない。しかし、この農夫が信心深い人であれば、たとえ言葉は謎めいていても、礼拝のときに自分がどうすればよいのかや、礼拝の式次第は分かっただろう。幸いにして彼の司祭が、よく分かるように教えたり説教したりできる人であれば(アングロ=サクソン期イングランドには、たしかに優れた説教師たちがいた)、彼は自分が信じる宗教の教義について十分な知識を得ることも可能であったと考えられる。けれども結局のところ、彼の内面の感情や心の奥底にある信念は、永遠にわれわれには分からないままである。

しかしながら、もっと教養のあるアングロ=サクソン期のキリスト教徒が抱いていた宗教的感情については、それを知りうる重要な史料が存在する。ラテン語やアングロ=サクソン語で記された種々の私的な祈りがそれである。これらは運良く手稿本のなかに残っていたもので、初期イングランドにおける宗教が持つ性格の一端を明らかにしてくれる。この種の祈禱文としては、『ナンナミンスタの書』(英国図書館 Harley MS 2965)と『サーンの書』(ケンブリッジ大学図書館 MS Ll.1.10)をはじめ、英国図書館が保管している八世紀あるいはそれ以前に作られた祈禱文集(Royal MS 2.A.XX)や、英国図書館のコットン手稿に収められた一一世紀の祈禱文集(Galba A.XIV と Nero A.II, fos. 3–13)などがある。これらの祈りには、ローマ風の感情を表に出さない簡潔な表現と、アイルランドのキリスト教徒にしばしば見られるような熱烈な(そして言葉数の多い)宗教心とが共存している。また、『ナンナミンスタの書』とコットン手稿ではキリスト中心の考え方が見られ、西洋でのちに典型的な心性となる、神の人間性への帰依を先取りしている。興味深いことに、『教会史』の結びに記されたベーダの祈り(V, 24)にも、同じような考え方が認められる。

慈悲深きイエスよ、私はあなたにお祈りします。あなたは恵み深くも、あなたについて語る御言葉からその甘露を飲み込むことを私にお許し下さいました。それと同じように、私がいつかすべての智の源泉であるあなたのもとに行き、永遠にあなたの面前に立っていられるよう、あなたの優しさをもってお許し下さいますように。

八世紀に書かれたベーダのこの祈りを、一一世紀の英国図書館コットン手稿に収められた祈りのひとつと比べてみてもよいだろう。

この地上から父の御許へお行きになり、この世にあるものを愛された主イエス・キリストよ。私の心が、地のものから離れ、天のものへと向けられますように。移ろいゆくものには目もくれず、天のものだけを望みますように。あなたの愛という炎に燃えていますように。おお、神よ、そのもっとも聖なる手でもって聖使徒たちの足をお洗いになったあなたが、私の心にも聖霊の輝きを注いで清めて下さいますように。そうして、すべてにおいて何よりも、われらが主イエス・キリストよ、あなたを愛することができますように。

八世紀に栄えたイングランドのキリスト教文化は、九世紀になるとデーン人の侵入によって事実上壊滅する。七九三年のリンディスファーン略奪は、その後の一〇〇年間にイングランドの大半が直面する運命の前触れとなったものである。デーン人は、八三五年にシェピー島を荒廃させ、八四二年にはロンドンを略奪した。彼らは、八五四年から八五五年にかけての冬をシェピー島で越し、断続的な略奪にとどまらず永住する構えを見せた。さらに八六五年になるとより大規模なデーン軍がイングランドに上陸し、八六六年にヨークを占領した。ヨーク学校にあった有名な図書館が破滅に追いやられたのも、おそらくこのときの出来事だと思われる。ここは、ベーダの精神的弟子にしてカール大帝の友であり、イングランドでは学校長として、フランク帝国ではヴルガタ聖書の改訂者として知られたアルクイン（七三五頃～八〇四年）を輩出したことで名高い学校であった。ヨークシァから南下したデーン軍は、八六九年あるいは八七〇年にイースト・アングリアのエドムント王を敗死させた。エドムントはその後、殉教者として崇敬されるようになる。デーン人は次いでウェセックスに進軍したが、そこで思わぬ抵抗にあった。迎え撃ったのは、国王エゼルレッド一世とその弟で八七一年に王位を継いだアルフレッドである。デーン人を相手に奮闘したアルフレッドの戦いぶりは、当然の成り行きであろうが、英雄伝説の領域に入った。しかしここで注目したいのは、教会復興者としての彼の業績である。デーン人のウェセックス定住を阻止し、その後八八六年にはアルフレッドとデーン人の指導者グントルムとのあいだで協定が結ばれるなど、政治面でも大きな成果を上げた彼だが、このイングランド国王は、ほかの地域でデーン人が破滅させてしまった文明を、ウェセックスの地で再建しようとしたのである。たしかに、ノーサンブリアにはキリスト教学の伝統が生き残っている場所がひとつあった。ダラム州のチェスター・ル・ストリートの町である。ここはリンディスファーンの修道士たちが移り住んだところで、リンディスファーンの図書館で略奪を免れた残余やウェアマス・ジャロウから持ち出された書物なども避難してきていた。しかしながら、文化的創造力という点ではノーサンブリアはすでに過去のものとなっていた。

当のウェセックスにおいても、状況はさして変わりなかった。アルフレッドが八七一年にウェセックスの王となったとき、「ハンバー川のこちら［南］側では、［ラテン語の］礼拝書を理解したり、ラテン語で書かれた書簡を英語に翻訳したりできる者はほんのわずかしかおらず、ハンバー川の向こう側でも多くはないと思う」と嘆いたという有名な話には多少の誇張があるかもしれないが、たとえそうだとしても、イングランド中部・南部では、恒常的に活動する修道院は九〇〇年までにほぼ完全に姿を消していたと思われる。英雄的な熱血漢であったアルフレッドは、自ら価値があると判断した書物を英訳しようとラテン語を学んだ。この気概は、彼が文化的不毛の地に身を置いていたことを考えれば、よりいっそうの賞賛に値するといえるだろう。

一〇世紀前半のイングランド教会については、ほとんど何も分かっていない。残存する修道院は在俗聖職者の所有となり、どの会則にも従っていなかったようである。しかし一〇世紀後半になると修道院復興運動が起こり、イングランド教会に新たな命を与えた。この運動には、主としてつぎの三人が関わっている。ダンスタン（九〇九頃〜九八八年）、エゼルウォルド（九一二頃〜九八四年）、オズワルド（九九二年没）である。このうちダンスタンは、九四三年にグラストンベリ修道院長に任命され、そこに聖ベネディクト会則に従う共同体を形成した。その後、九五七年にウスター司教となり、九五九年にはロンドン司教も兼任して、九六〇年にはカンタベリ大司教の座に就いた。エゼルウォルドは、院長としてアビンドン修道院を統括しており、そこを模範的な修道院に育てていた。九五七年にウィンチェスター司教となると、オールド・ミンスタとニュー・ミンスタから在俗聖職者を追放し、代わりにアビンドンの修道士たちを送り込んだ。オズワルドは、大陸のフリュリ・シュル・ロワール修道院で改革修道制を学び、その後ウェストベリ・オン・トライム修道院とラムジー修道院で相次いで院長を務め、九六一年にはダンスタンの後を継いでウスター司教となった。九七二年にはヨーク大司教となるが、九九二年に亡くなるまでヨークとともにウスターの司教区も保持していた。

かくして、財政的に恵まれた教区に就任したこれら三人の修道士出身司教を得たことで、エドガー王（九五七年にマーシアおよびノーサンブリアの王、九五九年に全イングランドの王、九七五年頃没）は教会改革を推進することが可能になった。改革の一環として、全イングランド一律に共通の修道規則を遵守させることが盛り込まれており、有名な『レグラリス・コンコルディア』において具体化した。『レグラリス・コンコルディア』とは、イングランドの全修道院が共通して遵守するベネディクト会則の増補版であり、エゼルウォルドが編纂し、おそらく九七三年頃、ウィンチェスターで開かれた教会会議の決定により公布されたものである。ダンスタン、エゼルウォルド、オズワルドの在位期間は長期にわたったので、第二世代の修道士たちを育成することができた。彼らはイングランド中部・南部の修道院で教育を受けた者たちであり（北部では、ノルマン征服以降になってようやく、ウィンシュカムのアルドウィネによって修道院復興運動が始められた）、第二次のデーン人侵入を生き延びることができた。デーン人の第二次侵入は、九七八年のエゼルレッド二世（無思慮王《ジ・アンレディ》）の即位から数年のうちに始まり、三八年後の一〇一六年にデーン人の王クヌートの即位で完成したものである。

クヌートは、スカンディナヴィアのもっとも偉大な軍指揮官のひとりであるけれども、同時にヴァイキングの首長としてはじめて、文明的なキリスト教王の列に連なった人物であった。彼自身、一〇〇三年から一〇二三年までヨーク大司教であったウルフスタンから多大な影響を受けていた。クヌートの見解をよく象徴しているのは、ハイド修道院（かつてのウィンチェスターのニュー・ミンスタ）の『リベル・ヴィタエ』（祈りを捧げるべき対象となる寄進者たちの記録）のなかにある有名な挿絵で、そこにはクヌートと彼の最初の妻であった王妃アェルギフがニュー・ミンスタ修道院に祭壇の十字架を寄進している場面が描かれている。クヌートは一〇二七年にローマを訪れ、ローマ皇帝コンラートの戴冠式に参列した。この訪問の結果が、全臣民が神に負うべきものをすべて支払うよう求める新しい法律の制定であった。そこには、ローマに納められる有名な「ペテロ献金」も含まれる。この税は、かつて状況が許したときにアルフレッドがローマに送ったことがあり、また、アルフレッドの後継者であるエドムントとエドガーも支払いを強制したことがあった。

一〇世紀の修道院復興運動に助けられて、アングロ＝サクソン後期は、キリスト教文化が高水準に達した時期のひとつとなった。たしかにイングランドは、第二のベーダを生むことはなかった。しかしながら、ベーダのごとき人間は、いつの時代であろうと滅多に現われるものではないのである。他方、芸術は繁栄した。九六六年から一〇六六年にかけては、アングロ＝サクソン芸術の黄金期と呼ばれてきた。建築については、残念ながらあまりよく分からない。イングランド人は石造よりも木造の建物を造ることが多かったし、また、ノルマン人が建築に熱心だったということは、当時残っていた教会の多くが壊されて新しい石造の教会に変わったことを意味するからである。それでも壊されずに残った有名な例がひとつある。エセックスのグリーンステッド・バイ・オンガーにある聖アンドリュー教会、通称「桶板教会」である。一一世紀初めにスカンディナヴィア様式で建てられたもので、現存する石造教会でより早い時期のもの、たとえばノーサンプトンシァのアールズ・バートンやダラム州のエスコームであるとか、より時期の下がるグロスターシァのディアハーストやノーサンプトンシァのバーナックといった教会と比較することができるだろう。

写本制作や写本装飾の分野では、アングロ＝サクソン期の最後の一〇〇年間に活躍したイングランドの芸術家たちが、非常に高い水準に達していたが、ノーサンブリアでは、もはや装飾写本の傑作は生まれなかった。ヴァイキングが北方における写本制作の拠点を破壊してしまったためで、素晴らしい作品が見られるのはもっぱら南方であった。おそらく聖ダンスタンのために作られた『ボズワース詩篇』や、『シャーボーン司教式目』、『聖エゼルウォルドの祝禱』、『グリムバルドの福音書』といったものである。インスラ（島嶼）体で書かれた『ボズワース詩篇』を除いて、これらの写本は、いわゆるカロリング小文字で書かれている。かつてアンシャル体がそうであったように、大陸から輸入された書体である。刺繡では、「バイユーの夕ペストリー」がイングランドの芸術家の手になるものであったと考えられる。そして、この偉業を予想させるのが、ウィンチェスターで九〇九年から九一六年までに作られた有名なストラと腕帛である。これらはその後、ダラム州チェスター・ル・ストリートの聖クスベルトの聖堂に贈られた。写本装飾に加えて、こうした刺繍や象牙彫り、金工、彫刻を合わせて考えれば、我々は、同時代の西欧でイングランド以上に芸術に優れていた国はないと、自信を持って言うことができる。そしてまたイングランド人自身も、大陸における八・九世紀の文化復興を可能にしたのは自分たちであり、その結果一〇・一一世紀のオットー朝のもとでドイツの芸術家たちが数々の作品を生み出せたのだと自負していたのではないかと思われるところがある。

これらすべてに加えて、自国語文学も活発であった。九九〇年から九九四年にかけて、オクスフォードシァのエンシャム修道院長であったエルフリックが『カトリック説教集』を編纂した。これは、ラテン教父からの飜訳を集めたふたつの説教集で、教区の司祭たちが聖務をおこなう助けとして編まれており、後代の『説教集』に似たものであった。エルフリックはまた、数年後に『聖者伝』も著わしている。彼の同時代人であるヨーク大司教ウルフスタンは、この時代でもっとも多大な影響力を及ぼした作品の著者である。彼の『イングランド人へのルプスの説教（ルプス〔狼〕はウルフスタンのペンネーム）』は、クヌートとエゼルレッド無思慮王が支配権を争った一〇一四年の危機に際して、イングランド人たちに悔い改めを促したものであった。これらを含む古英語の著作が残っている手稿本が数多く存在するということは、当時、自国の言葉による作品が歓迎されていたことを示している。さらに、これらの手稿本のなかには、一二世紀になっても写しが作られているものがある。この事実は、英語が名誉ある地位から追われ、宮廷や社会で用いられる言語がアングロ・ノルマン語に取って代わられてから相当な年月が過ぎてもなお、イングランド人が自国語の学問を尊重し続けていたという証拠である。

一〇三三年にクヌートが亡くなると、彼の息子であるハロルドが王位を継いだ。一〇四〇年にはハロルドも亡くなり、クヌートと二番目の妻であるノルマンディーのエマとの息子で、ハロルドの異母兄弟にあたるハーディクヌートが後継者となった。しかし、ハーディクヌートも一〇四二年に没したため、彼の異父兄弟であり、クヌートの未亡人エマと彼女の最初の夫であるエゼルレッド無思慮王との息子であるエドワード証聖王が王位を継承した。かくして、信心深いエドワードによって旧ウェセックス王家が復活したのである。彼はノルマンディーで二五年間過ごしており、そのノルマン人贔屓は有名であった。奇妙に思えるかもしれないが、修道士よりも在俗聖職者を司教に任命するという、ウィリアム征服王に継承された慣習を導入したのは、この敬虔な王である。エドワードの治世には、修道院長エゼルウィグが統括するウスターシァのイーヴシャムや、ウルフスタンが治めていたウスターのように卓越した修道院もあったけれども、修道院運動の情熱は以前と比べると冷めつつあった。ウルフスタンはその後、ウスター司教となった（在位一〇六二～一〇九五年）。彼の名声はとても高く、国王ウィリアム一世からも愛顧と尊敬を受けていた。ウルフスタンは、ウィリアム一世とその息子ウィリアム・ルーファスの時代を通じて高い地位にあり続けた数少ないイングランド人のひとりである。彼はまた、その死後、幾多の奇跡譚の主人公となった。ベーダが記した聖人たちの伝記に溯る伝統である。ジョン王がどこに埋葬されたいかと問われたとき、王は、「私は自分の身体と魂を、神と聖ウルフスタンにゆだねる」と答えたという。

中世を通じて、ウルフスタンは聖人としてイングランドで人気を集め続けた。それゆえ彼は、アングロ＝サクソン教会史の結びとして語るにふさわしい人物だといえるだろう。ウルフスタンは保守的な気質で、旅に出ることがなかった。生涯を通じてイングランドを離れることはなかったと思われる。しかし彼は、修道院長としても、また司教としても、この時代の大陸におけるヒルデブラント運動と同様の熱意をもって精力的に活動した。司教区内を入念に巡回し、教会建設を奨励し、さらに（現代人の目から見れば、この点は改革への熱意の表現として若干疑問が残るかもしれないのだが）既婚の聖職者を放逐することによって聖職者の独身制を促そうとした。これは、一〇七四年に教皇グレゴリウス七世が開催したローマ公会議の決定に賛同してのことであるが、ランフランクの対応と比較すれば、ウルフスタンの態度はもっと厳しかった。一〇七六年にランフランクが開いたウィンチェスター教会会議では、独身が求められたのは聖堂参事会員のみで、教区司祭であるとか、城や領主の館にある礼拝堂の司祭には適用されなかったからである。ウルフスタンの業績で現代人にとってより魅力的に思えるのは、アイルランドとのあいだでおこなわれていた奴隷取引の廃止を訴え、成果を上げたことだろう。当時、奴隷輸出港としてその名を汚していたのは、ブリストル港であった。教会と国家によってしばしば禁令が出されたにもかかわらず、奴隷制はそれまでつねにイングランド人のあいだで慣例として容認され続けてきたのであり、神への愛も、国王ウィリアム一世への恐れも、ブリストルの商人たちに自らの同胞を奴隷としてアイルランドへ送るのを止めさせられずにいた。しかしウルフスタンは、何度もブリストルに足を運び、そのつど二カ月から三カ月間滞在して説教を続けることによって、ついにブリストルでの奴隷取引を廃止させた。さらに、ブリストル以外の港もそれに倣うことになったのである。ウルフスタン自身は学者ではなかったけれども、彼の統治下でウスター司教区は、古英語による文学と文化の中心地になった（彼の礼拝堂付き司祭・法顧問であったコルマンが著わしたウルフスタンの伝記は、われわれが知る限りでは一連の古英語文学の最後を飾る作品である。ただし原本は失われており、マームズベリのウィリアムによってラテン語版が採択されている）。ウルフスタンが、ベーダに対して、またウスターの先任司教である聖ダンスタンと聖オズワルドに対して特別な尊敬の念を抱いていたのは、もっともなことであろう。

全体的に見て、このアングロ゠サクソン期イングランド最後の司教は、彼を育んだ伝統がいかなるものであったかを語る代表例とするにふさわしい。しかしその伝統は、いまやノルマン人の到来によって急激な変化を遂げようとしていたのである。

第3章　ノルマン征服から黒死病まで

ロザリンド・ヒル

本章が扱う一〇〇〇年から一三五〇年までの期間、教会はあらゆる人びとにとって重要な存在だった。教会は、幼児洗礼を施し、その子どもをキリスト教徒として受け入れ、結婚を司り、埋葬をおこない、さらにミサを通じて罪の許しの保証を与え、永遠の命への扉をひらいた。教会は、債務者や犯罪人などが逃げ込めば逮捕できない聖域《アジール》を提供し、宣誓と神判を通じて、司法の執行におおいに関わった。教会の聖職者は、学識のある――実際のところは（ラテン語の）読み書きができるだけの――人びとのほとんど唯一の供給源だったし、教会の建物は、近隣の人びとがみな確実に会える唯一の場所だった。教会の富は、王の財政にも大幅に寄与しており、王が手にすることができた軍の大部分を供給することさえできた。したがって、教会と国家のあいだに線引きしようとしたり、イングランド王ヘンリ二世とカンタベリ大司教トマス・ベケットとの争いや、教皇の許可なしに聖職者に課税することを全面的に禁じた教皇勅書「クレリキス・ライコス」に対するエドワード一世の抵抗といった事柄を、王権と教会権力（教皇権）とのあいだの激しい敵対関係のしるしと考える意味はない。これらの事件はまったくそういう類のものではなかった。当時の社会は、現代社会と同様に、未開で無法な状態に容易に逆戻りしてしまう社会だったが、司教と王はそうした社会において秩序と権威をともに象徴しており、このため、互いに相互の支持を必要としていたのである。この同盟関係がなければ、中世盛期に達成されたことは不可能だっただろう。一一世紀にイングランド王、デンマーク王、ノルウェー王を兼任したクヌートの法典は「たしかに、神は自分の主君に十分に忠実な者に慈悲深いであろう」と述べ、同じく一〇世紀末から一一世紀初めのイングランド王エゼルレッド二世は、聖職者が「神と私両方と友好関係を維持することを望んでいるがゆえに」彼らを保護するよう配下の役人に命じている。ノルマン征服以前のイングランドにおいては、世俗裁判権と教会裁判権の区別はなく、王の法が、司祭の行動、結婚の条件、偶像崇拝と迷信の禁止などについて規定していた。一方、教会は宣誓と神判を司っており、それなくして王の司法は成り立たなかった。

ノルマン征服以前のイングランドの教会は、ふたつの大司教区（カンタベリとヨーク）と、その下に置かれた一六の司教区（カーライル司教区は一一三三年まで設立されていなかった）に組織されていた。これらのうちのあるものは後に再編成されることになった。たとえば、司教区の中心であり司教の本拠地である司教座のいくつかは、クレディトンからエクセターへ、セルジーからチチェスターへ、セットフォードからノリッジへというように、大きな都市に移された。司教たちは、互いに利益を共通する問題を論じたり命令を発したりするために、ときには教会会議に集りはしたが、教会会議よりも、王の評議会で会うほうが常だった。司教たちは、王に対する助言者のなかでもっとも影響力をもつ存在だった。ヨーク大司教ウルフスタンは、同時代の社会の罪に対する激烈な非難の書である『イングランド人への「狼《ルプス》」の説教』の著者であったが、それだけでなく、クヌート王の世俗法立案の責を主に担っていた人物でもあったのである。

司教は、例外なくというわけではないが、しばしば修道士であった。キリスト教に改宗した時期にまで遡る伝統によって、修道院と司教座教会は、教育の二大拠点となっていた。ウィンチェスター司教座聖堂とウスター司教座聖堂の場合のように、修道院と司教座教会は一一世紀まで同義語だった場合もいくつかある。とはいえ、司教は、修道士だけでは自らの機能を十全に果たすことができなかったので、高位の在俗聖職者のなかから行政役人を引き抜く必要がつねにあった。ヨークなど、それ以外の司教座聖堂では、それにダラムでも一〇八三年以前には、司教が修道士であっても、司教座聖堂参事会は修道士ではなく在俗聖職者から構成されていた。一〇一四年までには、聖職叙任を受ける候補者たちは、彼らの教師から証明書（推薦書）を提出し、学識と教義に関する考査を受けねばならないとある教会会議において定められた。もし何らかの必要があって、彼らが十分に練達していると認められる前に聖職叙任されなければならない場合には、彼らは自分の教育をできるだけ早く完了すると誓約しなければならなかった。聖職者独身制は、修道士以外の聖職者にはいまだ拘束力を持っていなかった。改革を訴える厳格な者たちはそのことを嘆いたが、彼らがいかに嘆こうが、司教座聖堂からもっともみすぼらしい教区教会にいたるまで、多くの聖職者は結婚しており、彼らの妻たちは世間に認められているだけでなく敬われる存在だった。しかし、改革者たちの訴えが誇張に過ぎたことは確かにしても、司教のある者たちが、世俗の貴族たちとほとんど見分けられないような生活を送っていたことも確実だろう。そうした司教たちに対して、司教ウルフスタンは、吟遊詩人や大酒飲みをともなう宴会を避け、死刑や四肢切除の刑を含む判決にかかわらないよう勧める必要を感じたのだった。

現代のイギリス人が理解している教区のあり方は、一〇世紀末以前のイングランドにはほとんど存在していなかった。イングランドにおけるもっとも初期の教会は「ミンスター」であった。これは、厳密な意味では修道院ではないが、本来は布教活動の拠点として、司教によって送り込まれ、その土地の領主によって保護されていた一団の聖職者であった。少数の人びとは、私的な礼拝堂《チャペル》を建てた。アルフレッド王（八四九〜八九九年）の時代以降、富裕な人びとが自らの地所に教会を設立することはますます一般的になっていった（私的な教会を持つことは、勲功などにより王あるいは主君から封土を与えられた貴族身分である「セイン」を、社会的にはより劣る自由農民から区別するしるしのひとつだった）。そうした教会は、数人の聖職者を擁し、墓地を備えていた主要ミンスターから、野に立つ木造の小さな礼拝堂まで、重要性においてさまざまだった。どのような教会にせよ、その教会を設立した者（パトロン）は、自分の聖職者を選び、養い、したがって彼を蹂躙することができる立場にあった。一例をあげよう。あるパトロンは、自分の聖職者が大きなハシバミの木の下に座って酒を飲むのを好んでいたのを見て、教会の入り口をその木でふさいでしまうぞ、と言い張ったのだった。

司教は、配下の聖職者（少なくともいくつかの司教区ではひとりの助祭長を含む）の助力を得て、司教区内の聖職者たちが正しい生活を送り、司祭職をきちんと務めるようできるかぎり促した。しかし、それは困難な闘いだった。「ノーサンブリアの司祭の法」は、一〇〇六年から一〇二三年の間に発せられたものだが、たとえば、ミサを執りおこなう際に、ワインのかわりにエールを用いること、そして金属の器ではなく木の器を使うことを禁止している。また、司祭に対しては、武装して教会に来たり、最初の妻が生きているあいだに二番目の妻を娶ったり、自分の教区民たちのあいだでおこなわれている異教崇拝を大目に見るべきではないと指導している。デーン人の侵略した期間にはびこった貧困と不安感のなかで、こうしたことがおこったことは想像に難くない。

良き司祭が彼の教区民に対して与えるべき指導は、必然的に、かなり単純なものだった。人びとは、使徒信条と主の祈りを覚えなければならなかった。主の祈りの「なかには、七つの祈願がふくまれており、これらをもって主の祈りを心のなかで唱える者は、それがこの世での人生についてであろうが死後の命についてであろうが、あらゆることについて神に求めるのである」。司祭は、少なくともミサ典書、福音書、詩篇唱集と悔悛規定書（さまざまな罪とそれぞれに応じた贖罪行為の一覧）を持ち、訓戒をおこなうべきであり、もしその能力があるならば説教をしなければならなかった。エルフリックのような学者は、適切な説教についての書物を著わしたが、それがどれほど広範囲に用いられたかは定かでない。赤子には洗礼を受けさせなければならなかった。そうしない場合は重い罰金が科せられた。司祭は、手仕事を学び教えるべきであり（ここに聖ダンスタンの影響をはっきりと見ることができる）、人びとに良識の模範を示さねばならなかった。たとえば、世俗的な衣服を避け、居酒屋には行かず、祭壇をネズミから守り、墓地を犬、馬、そしてとくに豚から守ることである。

一一世紀のイングランドが宗教的な停滞状態にあったと考えるのは誤りである。エドワード証聖王は、ウェストミンスターに新しい壮麗な修道院を建設していたし、「ロムジー礫像」や「チチェスター祭壇画」などは、この時期のすばらしい芸術的伝統を反映している。教会は、単に建造されただけではなく、多くの財産を与えられていた。征服王ウィリアム一世は、ノルマンディーの教会を富ませるために、イングランドの教会にあった荷車二八台分の宝物を送り出したと言われ、イングランドで作られた刺繍入り祭服は、遠くシチリアにまで名を知られていた。それにもかかわらず、イングランドの教会には多少時代遅れのところがあった。教会法の発達は、ロータリンギアの法学学校や、一〇四六年のストリ教会会議後に改革された教皇権と結びつけて語られるが、それらのことがすぐにイギリス海峡の北側で反響を得ることはなかった。ノルマン征服時のカンタベリ大司教スティガンドは、対立教皇によって任命されていた。教会は、いまだ私有されるものと考えられていた。個々の教会を創設した王を筆頭とする俗人領主たちは、その教会に仕える聖職者のための聖職禄を与える責任を持つことになっていたが、この聖職禄は、イングランド法によれば一件の不動産だったのである。ウィリアム一世がいつもそうしていたように指輪と杖を授けて司教を叙任したとき、王の目には、司教叙任は、資産価値の高い封土を〔王から直接、保有地を拝領する〕直接受封者に与えるのと同じこととして映っていたのである。王は信心深く、そして自らを教会を改革する者と自認していたので、自らの魂に関することについては、司教が自分の精神的な父親の役割を果たすことは認めただろう。しかし、大司教ランフランクがウェストミンスターやウィンザーで開いた教会会議の教令を強制できる最終的な権威は、教皇や大司教にではなく自分にあると、王は当然のごとく思っていたのである。自らの布告によって、世俗裁判所と宗教裁判所を分離したのは王だったが、王は、俗人が教会法にかかわり合いにあうのはふさわしくないと感じたからではなく、行政上の都合の問題としてそうしたのだった。王は、古くから守られてきた伝統の問題として、ペテロ献金〔土地保有者から教皇庁に納められた各人年一ペニーの税〕をローマに支払う準備はあった。しかし、それが、教皇は王に対する上位権を有しているという主張を許す慣行であるとは頑強に認めなかった。教皇グレゴリウス七世は、教会改革者を敏感に見分けた人物だったが、この問題についてはそれ以上追求しようとはしなかった。王は、高圧的にスティガンドをカンタベリ大司教から廃位し、自ら後継者を叙任した際に、教皇庁の出すあらゆる改革教令をばかにしていたかもしれないが、結局のところ、その後継者は厳格な教会改革者であり、当時もっとも偉大な教会法学者として有名なランフランクだった。また王は、ヘイスティングスの戦いでは、教皇自身から祝福をあたえられた軍旗のもとで勝利をおさめたが、王とその配下の者は、教皇特使に対して、この戦いでキリスト教徒の血を流した罪（これは「殺すことを意図していたが、失敗して誰も殺せなかった」者にも適用された）にふさわしい贖罪行為を示してくれるように求め、その贖罪をおこなったのである。教会や修道院といった新しい宗教的施設がイングランド中に建てられたが、これは王を筆頭とするノルマン土地保有層がこの贖罪行為を果たしたことを示している。

ヨーク大司教区に対してカンタベリ大司教区が首位性を主張する、最初の第一歩が踏み出されたのは、このウィリアム一世の時代のことだった。グレゴリウス一世は、ケントの聖アウグスティヌスに宛てた書簡のなかで、ヨークとカンタベリというふたつの大司教座のどちらに首位性があるかという問題は、その時々の大司教の年功にもとづいて交替すべきであると定めていた。実際のところ、イングランド王国はウェセックス王家によって統一され、現在のイングランドの北部は長く続いた戦闘で疲弊したために、アングロ＝サクソン時代末期にはカンタベリの優勢が決定的になった。ノルマン征服後、ヨーク側の主張がふたたび粘り強く唱えられた。一〇七二年に、ヨーク大司教トマスは、カンタベリ司教座聖堂において、ランフランクと彼の後継者に対する教会法上の従順を誓ったが、これはただちにイングランド北部で受け入れられることはなく、論争はその後も続いた。一四世紀の半ばに、ヨーク大司教が、十字架を自分の前に掲げてカンタベリ大司教区に最後の介入をおこなった。それに対して、カンタベリ大司教は、生意気な兄弟分であるヨーク大司教が自らと同等の権威を誇示したすべての場所に対して聖務停止令を発したのだった。

ウィリアム一世は、保守的なタイプだったとはいえ、聖職者と教会改革者とは友好的であった。しかし、彼を継いだ王たちはまったくそうではなかった。ウィリアム二世（赤顔王）は、中世の神学者のなかでももっとも偉大な人物のひとりに数えられる大司教アンセルムスと争い、アンセルムスを国外亡命に追いやった。アンセルムスが、教皇グレゴリウス七世の教会改革を厳格に追求しようとする「高グレゴリウス主義」と呼ばれる思想を吸収したのは、この間にイタリアにいる時だった。この思想は、あらゆる世俗王権に対する教皇権の至高権の承認、俗権力からの聖職者の独立、そして俗権による聖職叙任の否認からなっている。ヘンリ一世がアンセルムスをイングランドに呼び戻したとき、彼が持ち帰ったこれらの考えは、イングランド教会に、一二世紀から宗教改革にいたるまで長く影響を及ぼした。しかし、イングランド教会が「高グレゴリウス主義」に染まることは決してなかった。歴代の王たちは、特権証書の冒頭を、「私は、教会を自由にする」という言葉で始めるのを好み、司教選定に介入するのを控えること、そして、聖職者が世俗権のもとで保有する財産に正当に課されるものを除いては、聖職者に対していかなる支払いや奉仕をも強要しないことを約束した。実際には、司教座聖堂参事会は司教を選ぶ選挙を完全に自由におこなうように指導されていたものの、参事会は通常、事前に王が好意的に言及していた候補者を選んだ。また、王は指輪と杖を与える〔司教を自ら叙任する〕権利は放棄していたが、司教となる人物から、彼の司教叙任のまえに、臣従礼を受ける権利は保っていた。あらゆる聖職土地保有者で、王に対する忠誠の誓いを破ったり、彼が王に対して負う騎士役の義務を果たさなかったりすれば、王の裁判所で深刻な問題になることは確かだった。

この王の聖職推挙システムは、実際のところかなりうまく機能していた。王家のなかで高い地位を確保したり、王の創設した大修道院で修道院長を務めると、通常は司教職への道が開けることが多かったため、そうした職位は、司教への修練の場として悪くなかった。一一〇七年から一三五〇年にかけてのイングランドの司教たちは概して、徹底して勤勉であり、行政官としてひじょうに有能で、部下の選択においても賢明な人びとだった。これらの人びとは、卓越した能力を十分に評価されていないことが多いが、公刊された膨大な数の司教令《アクタ》や登録簿《レジスター》からは、イングランドの教会がこれらの人びとにどれほど多くを負ってきたのかが明らかである。しかし、司教たちを誹謗する者もいた。たとえば、セント・オールバンズ修道院の年代記作者マシュー・パリスは、外国人(もっとも、何をもって外国人とするかという彼の基準は多少奇妙なものだったが)をいっさい認めないことを原則としていた。ヘンリ三世の司教たちの何人かは、司教位を得るにあたって王家との関係に多くを負っていたが、パリスは、彼らのことを「その衣服および話しぶりにおいて唾棄すべき人びとである。彼らは、演劇の役者のような顔をして、下品なブーツをはいている」と述べたのである。しかし、パリスの批判は、幾人かの人びと以外にはまったくあてはまらなかった。彼がもっとも忌み嫌った外国人のひとりであるサヴォワのボニファスは一二四五年から一二七〇年の死までカンタベリ大司教の座にあり、実際には優秀であったと思われる。

九つの司教座聖堂(ヨーク、ロンドン、リンカン、チチェスター、ウェルズ、エクセター、ソルズベリ、ヘリフォード、リッチフィールド)の参事会は在俗聖職者から構成されており、修道院としては組織されてはいなかった。こうした司教座聖堂参事会の組織は、ウィリアム一世の治世に遡る。一六世紀の宗教改革でおこった教理における変化にもかかわらず、司教座参事会の組織は一九世紀までほとんど変わらず存続した。この形態は、ノルマン的な慣習に由来するが、全部が丸ごと移入されたのではなく、ヨーク、ロンドン、リンカンという三大中心地での実際の必要性から発達したものである。司教座聖堂参事会員が設置されたのは、彼らの四大役職、すなわち、主席司祭(dean)、儀典長(precentor)、文書主管(chancellor)、財務官(treasurer)を通じて、司教座聖堂の運営にあたり、聖職者の訓練を監督するのと同時に、司教に対する一種の諮問機関としての機能を果たすためだった。それぞれの参事会員の禄は、司教座聖堂の収入に頼っていた。具体的には「聖堂参事会員俸給」を用いていた。これは、通常は、このために割り当てられた教会からの収入を意味していたが、ロンドン司教座であるセント・ポール大聖堂の聖堂参事会員の〔エセックスなどの海岸沿いの土地の一部が、浸食によって「海に失われた」ことによる〕「海失俸給」のように、特別な財源であることもあった。司教座参事会員のなかには（四大役職の保有者がつねに含まれる）、少なくとも一年の三分の二は、その司教座聖堂にいなければならない者もいたが、その必要がない者もいた。聖堂参事会員俸給は、司教区の別の場所で働かなければならない人の俸給として、きわめて合理的に用いることができたのである。たとえば、ヨーク司教区のリッチモンド助祭長の場合がそうであったし、また、教皇庁におけるリンカン司教の公式代理人《プロクター》であったタトウェルのスティーヴンのように、ほかの国で仕える者の俸給としても用いることができた。このように司教座聖堂参事会員が不在である場合には、彼が果たすべき司教座聖堂のさまざまな義務、あるいはその司教座聖堂参事会員の俸給を提供する教区にかかわる義務を果たすために、代理司祭《ヴィカー》が任じられていた。

残りの司教座（カンタベリ、ウィンチェスター、ロチェスター、ノリッジ、イーリー、ウスター、ダラム、カーライル）は、司教座聖堂が修道院の形態を取っている司教座律修参事会だった。たいていは、聖ベネディクト修道会則に従っていたが、カーライルの場合はアウグスティヌス会則に従っていた。こうしたところで、司教座聖堂参事会の義務を果たしたのは、修道院長および上級役職に就く修道士たちだった。司教座聖堂の内陣は、ある意味では、この修道院の私的な礼拝堂だったのである。（カンタベリやウィンチェスターのような司教座聖堂は、内陣に座す律修参事会員と、俗人が入ってくることができる身廊の世俗世界とが、その間に置かれた頑丈な内陣仕切りではっきりと区別されていた。）司教自身は、この修道院の一員ではなかったが、修道院長という名目上の地位に就いていた。宗教改革以後は、これらの司教座聖堂「律修」参事会は、「在俗」参事会に再編された。

一二世紀を通じて、教皇および教皇権の権威は着実に拡大しており、アレクサンドル三世〔在位一一五九〜八一年〕やインノケンティウス三世〔在位一一九八〜一二一六年〕といった教皇の時代にはきわめて強力なものとなっていた。しかしながら、ローマはイングランドからははるか遠かった（ローマへの旅が六週間足らずで終わることは例外的だった）。イングランドの教会は、教義においてはかなり正統的であり、教皇は「キリストの代理者」であり、あらゆる教会権力がそこから由来するところの普遍的教会裁治権者であると認めていた。とはいえ、教皇は実際には遠く離れたところに住んでいた。一二世紀は、教皇となった唯一のイングランド人（ハドリアヌス四世）が選出された時代であったにもかかわらず、ローマは基本的にイングランドの状況をほとんど理解していなかった。教皇は、在地特使（legatus natus）、すなわちイングランドの場合はカンタベリ大司教の権威を上回る権威をもつ教皇全権特使(legates a latere)を任命することができたし、実際にこれを任命することもあった。教会裁判所からはローマに上訴がなされ、ローマで解決されたが、その結果は、実際に判決を適用するためにイングランドの司教たちに差し戻された。教皇は通常、自らの教会法を解釈し執行する権力のいくつかをこうした司教たちに委任していた。その結果、たとえば、非嫡出子として生まれたが、それ以外の点では聖職叙任の資格を満たす男性の場合、彼は多額の資金が必要なローマへの旅をすることなく、自分の司教区の司教から、教会法適用の緩和を認める特免を得て叙任を受けられたのである。イングランドの聖職者たちを巻き込む重大な争いが起こった場合、教皇は、裁判官特使——すなわち、それぞれの場合において教皇の名において決定を下す権限をあたえられた、責任ある地位についている高位教会人——を用いることがますます多くなった。教皇権は最終手段として掲げられねばならなかったが、イングランド管区は、事実上の相当な独立性を享受していた。アレクサンドル三世は、ヘンリ二世とカンタベリ大司教トマス・ベケットとの争いへの介入に消極的で、多くの人びとの耳目を集めた大司教の殺害後ですら、ヘンリ二世をあまり深く追求しなかった。インノケンティウス三世は、大司教選挙をめぐるジョン王とカンタベリ〔司教座聖堂参事会の〕修道士たちとのあいだの争いに介入し、ジョン王が頑固であったので、最終的に彼を破門した。しかし、インノケンティウス三世の如才のない駆け引きはあらためて注目に値する。インノケンティウス三世がカンタベリ大司教候補者として推したのは、スティーヴン・ラングトンだった。ラングトンは、リンカンシァ出身の男で、学問において卓越した評価を得ていたが、行政にも秀でていた。ジョン王は、かなり見苦しい屈服の後でようやく教皇の赦しを得た。

グラティアヌスの『教令集』の発表から第四ラテラノ公会議にかけての教会法の発展は、イングランドのコモン・ローの理論と実践にとどまらず、あらゆる人びとの日常生活に大きな影響を与えることになった。法の研究は一二世紀の学者にとって著しく興味を引くものだった。ヴァカリウスは、早くもヘンリ一世の治世にはオクスフォードで法学についての講義をおこなっており、自分の学生たちのために教科書を書いていた。グラティアヌスの著作に続いて教皇庁やパリやボローニャの法学部の教会法学者たちが彼の著作に書き加え、注釈を付し、議論を深めるのにしたがって、イングランドの教会裁判所の能力も拡大していった。教会裁判所は、聖職者個々人、また彼らの(世俗財産に対するものとしての)教会財産など聖職者に関するあらゆる事柄のみならず、婚姻および遺言にかかわるすべての領域について管轄権を有すると主張したのである。こうした主張をすれば、教会裁判所とコモン・ローおよび封建慣習とのあいだに摩擦が生じるのは当然だった。聖職者（下級聖職者にはさまざまな人びとが含まれていた）が殺人や住居侵入窃盗を犯した場合や、王の猟場の鹿を密猟した場合、とりわけその聖職者がそのような行為を俗人と一緒におこなった場合にはどうすればよいのだろうか。俗人は、王の裁判所で裁かれたうえで、おそらく絞首刑に処されることははっきりしているのだが、聖職者についてはあいまいであった。あるいは、俗人で自らの資金で修道院や教会を創建した者は、その教会や修道院についてどれくらい自分の権利を主張することができるのだろうか。もし、裕福な相続人となっている女性が、王の敵対者と婚約した場合、この婚約を無効にして彼女を王の味方と結婚させ、その財産を確保するために、何かできることはあるのだろうか。このような問題、とりわけ「犯罪を起こす聖職者」の問題が、聖俗両権間の関係を悩ませることになった。そのうえ、教会裁判所は、死刑あるいは四肢切断刑を科すことができなかったので、告発された人物は、もし可能ならば自分が聖職者であると証明して世俗裁判の手から逃げることが、自らの利益になることは明らかであった。これは、大学の学生が活用できると考えた手だった。全体としては、聖俗両裁判権の管轄については、一二世紀の終わりまでに妥当な棲み分けがなされるようになった。すなわち、教会裁判所は、聖職者が絡むすべての事件について管轄権を保持したが、反逆罪や王料林侵犯については王の裁判所が扱うことを暗黙裏に許したのである。不動産に関係する民事訴訟は通常、王の裁判所で扱われた。その不動産をめぐる民事訴訟が、ある教会の運営にあたる聖職者の候補者を立てるという、その教会創立者の権利に関係している場合ですら、王の裁判所で扱われたのである。しかし、その候補として立てられた当人が審査の結果、聖職者としてふさわしくないと認められたり、あるいは文字の読み書きができなかった場合には、司教はその男を聖職者と認定することを拒否することができた。また、川に身を投げて沈むかどうか、あるいは熱された鉄にさわって火傷を負うかどうかによって有罪かどうかを決める神判は、一二世紀の王の法廷では日常的におこなわれていたが、一二一九年には、聖職者にそうした儀式を執りおこなうことを禁止する第四ラテラノ公会議の決定を受けて、おこなわれなくなった。

ノルマン征服後の一世紀間に、イングランドの修道院の数は劇的に増加した。ウィリアム二世を例外として、歴代のイングランド王は、アングロ＝サクソン時代の王たちの伝統に従って、すでに存在していたセント・オールバンズやウェストミンスターといった大規模なベネディクト会修道院に寄進をおこなった。また、王たちは新しい修道院も設立した。その一例は、ウィリアム一世の設立したバトル修道院である。王の配下であるノルマン人諸侯と彼らの妻たちもそうした王を真似たため、数多くの新しい修道院の成長が見られた。ランフランクは、カンタベリのクライスト・チャーチ修道院のために自ら筆をとった改革会則によって、イングランドの修道院の慣習を、大陸の修道院、とりわけベック修道院の改革されたやり方に合わせようとした。しかし、そうした改革会則は広くは採用されず、ほとんどのイングランドの修道院は、一三世紀にベネディクト会総会が発達するまで高い自治性を保ったのである。しかし、イングランドの修道院のいくつかは、フランスの大修道院によって直接植民地化されて、ベック修道院やフルリー修道院などに依存する「娘」修道院となった。これらは後に「外国修道院」として知られるようになる。ほかにも、イングランドにある母修道院に直接依存する小修道院として設立されたものがある。たとえば、タインマス修道院がセント・オールバンズ修道院の娘修道院であったことは、いささか驚きである。

一二世紀の初めから、改革を目指す新たな修道会の影響がイングランドでも感じられるようになったが、クリュニー修道会がイングランドで人気を博したことは決してなかった。おそらく、その修道院分布があまりにもブルゴーニュ地方に偏っていたからか、イングランドでは、ルイス修道院とバーモンジー修道院のふたつだけが、大規模なクリュニー修道会修道院だった。しかし、クリュニー会とは異なり、シトー会はイングランドの教会に絶大な影響を与えた。イングランドでは、一一二八年にウェイヴァリーではじめてシトー会修道院が作られて以降、数多くの同会修道院が設立された。シトー会の成長にはイングランド人スティーヴン・ハーディングの力が大きかった。クレルヴォーの聖ベルナールは、いちどもイングランドを訪れたことはなかったが、イングランドに数多くの友人がいた。有名なのは、リーヴォー修道院長となったエルレッドである。シトー会修道院は、その質素な聖性だけで知られたわけではない。設立経費が比較的低かった。というのは、すでに発展していた荘園や封建地代を受け取る代わりに、修道士が平和に暮らすことのできる「沙漠」（すなわち、それまで未開発）の土地を求めたからである。したがって、未開拓であったか、ウィリアム征服王が略奪した後手つかずの広大な土地が残されていたイングランド北部に、シトー会の大修道院が設立されることになった。そのような土地には、ウェールズとの境界地方もそうだったが、風光明美な場所が多かった。シトー会は、ロマネスク教会の手の込んだ装飾を嫌ったので、ゴシック様式の建築の魅力がひきたった。ゴシック建築は、建築の質素な美においてだけでなく、修道院諸施設の効率的な配置という点でも、注目に値するものだった。

一二世紀イングランドで多くの支持を集めたいまひとつの修道会は、アウグスティヌス律修参事会だった。アウグスティヌス律修参事会員たちは、共住生活を送ってはいたが、厳密にいえば修道士ではなかった。彼らは、使徒たちの共同生活を模範とすることを目的とし、教育と施療院の設立に相当な影響力を持っていた。大規模な「修道院」としては、マートン、レスターのセント・メアリー・ド・プラティス、そしてカーライルの司教座聖堂参事会などがある。しかし、大多数は小規模であり、時がたつにつれ、一般の修道院とそれほど明確な区別はなくなっていった。

カルトゥジア会やプレモントレ会のような他の修道会もイングランドに定着したが、修道院の数はあまり多くなかった。純粋にイングランドで始まった修道会としては、ギルバート会があげられる。これは、一一三一年にセンプリンガムの聖ギルバートによって設立されたが、イングランド東部以外の地域に広がることはなかった。最初の修道院は修道女たちの小さな共同体であり、それにギルバートが、司祭として振る舞うアウグスティヌス律修参事会員たちを加え、さらに修道院内部での雑用のほとんどや農場の運営を担うために、俗人である助修士や助修女が加えられた。男と女は、初期アングロ＝サクソン時代の修道院と同様に、一緒に働くことはなく、別々の回廊に住んでおり、実際には男女が共同生活することはまったくなかった。また、女性は、最終的にはケンブリッジに設立されることになった学生参事会員からなる修道院に加わることもできなかった。いずれにせよ、この時期のイングランドの修道女たちは修道士たちよりもはるかに少なく、大規模な女子修道院はノルマン征服以前からあるエイムズベリ、ロムジー、シャフツベリのようなものだけであった。

修道院は、人びとが人類の真の目的、すなわち「神を讃え、永遠に神を味わうこと」を何ものにも妨げられないで追求する、祈りと瞑想の場所としてつくられた。この生活から、多くの善行が結果的に生まれることもあったが、この世におけるキリスト教徒たちを教え、慰め、癒し、彼らの避難所となることは、修道士の本質的な義務ではなかった。修道院の荘園の効率的な経営に没頭することは、修道士が本来なすべきことからはさらに遠いものだったが、それらは避けて通ることはできなかったし、たいていひじょうにうまくいっていた。当時の世界に対して修道院的生活がなした真の寄与は、社会的便益にではなく、キリストの神性のみならず、その人間性を深く理解するようにキリスト教徒を導く新しい信心の運動に見られる。こうした考え方は、聖アンセルムスと結びつけられるが、精神的な愛という考えと修道院的共同生活の実際上の配慮とを結びつけた聖エルレッドの著作にも見られる(「私が必要とするときに、あなたは針と糸を貸してくれないだろうに、自分の命を私のために与えるなどと言うのは、どういうことだ?」)。修道生活がもたらす社会的便益の多くは、修道士の生活にとっては周辺的な活動からもたらされる。修道院付属学校は、ほとんど、その後修道士となる練修士のためだけに存在していたが、一二世紀のイングランドに生まれた数多くの俗人のための学校の多くは、すでに修道院を擁する都市に位置していた。修道院の写字室は、本の筆写をおこない、本を増やした。現存する叙述史料のほとんどは修道院内で書かれたものである。修道院の来客用宿舎は、巡行中の王から、遠方の巡礼地へ向かう巡礼、窮乏し仕事を求める者といったさまざまな種類の旅行者を収容した。修道士たちの施しは、貧民救済において、唯一ではないにしろ相当に重要な回路だったのである。こうした慈善が医療的事業の分野にまで広がっていたことは不思議ではない。というのは、いくつかの修道院には名高い医者がいたことが知られているからである。そうした医者たちの評判を聞いて、ヘンリ一世のような人びとは彼らに診てもらおうとしたし、貧しい病人のためのロンドンのセント・バーソロミュー病院や、高齢者の保護施設であるノリッジのセント・ポール病院などを創設した者もいた。個人でこうした慈善事業をおこなう人びとはこれらの先例によってさらに促された。その例が、ズーシュ家によって創設されたブラックリーのライ病病院である。最後に、修道院による農場経営は、イングランドの経済、とくに羊毛貿易に対して大きな影響力を振るったことを述べておく。

ノルマン征服以前も以後も、隠修士あるいは独住修士らは、人気があり、大いに敬われていた。こうした宗教的隠遁者たちの数を見積もるのは難しいが、散見される彼らについての言及から、彼らが数多く存在しており、その影響力は相当なものであったことが明らかである。マーケイトのクリスティーナ、フィンクルのゴドリック、ヘイゼルベリのウルフリックといった人びとについて同時代に記された伝記は、隠遁者たち自身の生涯についてだけではなく、宗教的なことにかぎらず世俗的なことを含め、あらゆることがらについての忠告と指導をもとめて、彼らに頼った人びとについても鮮やかな像を示してくれる。その生涯について詳細に知ることができる隠遁者たちのほとんどが、ノルマン人よりもイングランド人あるいはアングロ＝スカンディナヴィア人であり、そのほとんどは、相当に繁栄していた中流階級の家族出身だった（クリスティーナは、有力な市民であった父と、社会的に野心をもった母のあいだにできた娘であり、ゴドリックは成功した商人だった）。とはいえ、隠遁者のなかには、エルレッドの女兄弟や、未亡人となったレスター伯妃ロレッタのように、貴族の女性たちも何人か含まれていた。隠者の庵があれば、それがある村あるいは町には名声が加えられることになった。隠修士は、自らの修道院の独居房を自由に出て行くことができたが、彼らは、しばしば道路や橋の修繕をしたり灯台番をしたりすることで、自らの生活を成り立たせていた。もっとも彼らは、同時に施しを受け取ったし、後援者がいる者もいた。独住修士は、後援者ないしは、その共同体の施しによって養われていた。また、ある者たちは、本を筆写したり、貧者のために衣服を縫ったりしていた証拠がある。彼らの忠告を熱心に求める人びとがいた。クリスティーナは、セント・オールバンズ修道院長との友情を得て、彼の精神的助言者となったと思われる。ウルフリックの評判は高く、イングランド南部中の人びとが彼の助言を求めてやってきた。彼は奇跡をおこなう力をもっていると信じられていたのである。彼は、話すことのできない男をあまりに完璧に治してしまったために、男は英語だけでなくフランス語も流暢に話すことができるようになってしまい、英語しか話すことができないその土地の教区司祭は大いにとまどったと伝えられている。

こうした高い人気は、ときには問題になった。女性独住修士として生きることを望む三人の若い女性のためのガイドとして書かれた『女性独住修士の戒律』は、彼女たちに、窓の外に目をやらず、うわさ話を聞かず、地元の争いに巻き込まれないよう警告している。家畜を収容する共有地の生け垣をめぐる争いに巻き込まれないために、彼女たちは「ネコ以外の動物は飼わない」よう指示されているのである。

ヘンリ三世の即位から一四世紀半ばにかけての期間におけるイングランドの宗教生活の研究はどれも、西方キリスト教世界の改革をめざした大規模な公会議のひとつである一二一五年の第四ラテラノ公会議を考慮にいれねばならない。この公会議では以下のようなことが決定された。すなわち、少なくとも一年に一回は、告白をおこない聖餐を受けることがすべての成人したカトリック教徒の義務であること、教会内で空席となった職位あるいは聖職禄には、三カ月以内に、その適性について審査と適切な監督をうけた人物を補充すべきこと、教会の建物や造作が適切に維持されるべきこと、すべての結婚は、司祭の面前で、しかるべき告示がなされたうえで執りおこなわれるべきこと、そして司教区会議が定期的に開かれるように準備し、規律を保つために巡察を実施することである。さらに、一一九八年以降、教皇記録簿がきちんと残されるようになっていた。この事実から、大司教や司教もローマの教皇庁の前例に従って、自らの記録をつけるよう促されたことがうかがわれる。そうした大司教や司教は、自らの尚書部に訓練された書記をおき、文書を箱や籠のなかに保管したのである。近年の歴史家たちの仕事が明らかにしたように、一二世紀の司教たちが発した大量の司教令《アクタ》を手にすることができるが、そうした記録は、広範囲に散らばった史料から忍耐強く収集されねばならないものだった。一二〇九年から一二三五年までリンカン司教だったウェルズのヒューの時代以降、それぞれの司教が発した司教令の記録が残されるようになった。これらは、完全に発達したかたちでは、司教の名において発せられた公的書簡および司教令の写しのほかに、叙階志願者一覧や、参事会員職（聖職給受給有資格者）、聖職禄付の職、そして、免属になっていない、すなわち司教の監督下にある修道院長職に任じられた人物一覧を掲載していた。教区教会管理司祭一覧が、通常一三世紀から始まっているのは偶然ではない。しかも、教会会議の制定令の写しは、司教を補佐する上級聖職者に配布され、これらの多くが現在も残っている。

こうして記録が保存された結果、この時期のイングランドの教会については、それ以前に比べてはるかに多くのことを知ることができる。改革を訴える者たちは、その社会で問題なことを強調しがちであり、物いわず、控えめで、目立たない大多数を無視する。また、彼らは、彼ら以前の人びとのなしたことを過小評価する傾向がある。大司教管区あるいは司教区の教会会議は、より規則的に開かれるようになっており、司教巡察は、以前よりも頻繁におこなわれるようになっていた。しかし、それらの存在は何ら新しいものではなかった。一二世紀には、助祭長たちや、各地の司教座聖堂参事会長たちは、それぞれの管区において、罪や争いを裁く教会法廷を開いていた。また、結婚式のなかには居酒屋やその他のふさわしくない場所で、厳粛にというよりはお祭り騒ぎのなかでおこなわれるものもあったにせよ、ほとんどの結婚式は、教会の戸口で、司祭の面前でおこなわれるようになっていた。このように定められたのは一二一五年のことだが、以前からそうされていたのである。この規定を含むこの年の第四ラテラノ公会議は、教区司祭の生計の保証という面でも画期をなすと考えられている。早くも一一七〇年には司祭居館が建てられるようになっていたことが知られているが、一三世紀が司教区の歴史において特筆すべき改革の時期だったといえる。そして、その改革は、多数の高度に訓練され、たいていはひじょうに有能な教会の役人によって支えられた、優れた司教たちによるものであった。

これらの司教たちは、並はずれて勤勉な人びとであった。カンタベリ大司教だったスティーヴン・ラングトンやジョン・ペッカム、リンカン司教であったロバート・グロステストといった何人かの司教たちは、いかなる規準に照らしても傑出した学者だった。リンカン司教オリヴァー・サットン（在位一二八〇～一二九九年）やソルズベリ司教ロジャー・マーティヴァル（在位一三一五～一三三〇年）は、大学行政においてとくに秀でていた。何人かの司教たちが司教への昇進を果たしたのは王のおかげだった。たとえば、バースおよびウェルズ司教ロバート・バーネル（在位一二七五～九二年）は、政府の要職で王たちによく仕えた。王たちはそれに司教位を与えることで応えたいと願ったのである。このように行政の場での訓練経験のために、彼らが世俗的なことで頭をいっぱいにしていたというのは当たらない。むしろ、司教になる以前の職務経歴は、彼らに司教区を統べるにあたって必要なエネルギーと周到さを備えさせたと思われる。彼らは、王への奉仕のため、あるいは王の諮問に応えるために呼び出されて司教区を留守にしたときでも、自分の職務を遂行するために、ひじょうに有能な部下を、属司教や役人、総代理《ヴィカー・ジェネラル》、助祭長として立てたようである。

司教座聖堂参事会の面倒をみたのは参事会長《ディーン》だったが、これに対し、司教座聖堂の外にある司教区をみるのが司教の仕事だった。実際に、司教は、三年に一度、司教座聖堂をはじめとして司教区をあまねく巡察・巡検をして問題を矯正することになっていた。これを実施するのは、ヨークやリンカンといった広大な司教区や、カーライルやダラムといった危険な国境に接する司教区では困難があったが、ロチェスターのような小規模な司教区では容易だった。巡察記録の内容は、教会会議の制定令に比べて、短期間で処理される問題が多かったので、巡察記録はほとんど残っていない。しかし、残っている記録からは、司教たちがつねに移動しており、荘園領主の邸宅《マナー・ハウス》や近くの修道院を一時的な拠点にしながら、一週間に三回以上、近隣の教会のどこかに出向いていたことがわかる。司教たちは、その教会に、あらかじめ、その地域のすべての聖職者と、信頼のおける俗人の代表者たちが招集されるように手配していた。そうした場所で、司教は、彼らの不満を聞き、その地域での信仰と行状がどのようなレベルにあるか調査した。また、司教区内にあれば、教皇の免除許可によって司教の管轄外にあった、たとえばクリュニー会系のような修道院でもすべて巡察した。司教は、修正されるべき項目の一覧を作り、自分の指示が適切におこなわれているかどうかを見るために、司教代理を任命したのである。

　教区巡察の場合、調査される対象は、まずそこの教区司祭であり、教区教会だった。教区司祭は、敬虔で勤勉であり、福音書、聖務日課書、詩篇唱集のラテン語を理解でき、関連する部分を俗語で解説できる程度に十分に文字が読めねばならなかった。教区司祭は、説教ができればさらに望ましいとされていた。司祭が説教をする助けとなるように『安らかに眠れ』といった好ましいタイトルがつけられた小さな説教集が存在していた。教区司祭は、司教区会議あるいは助祭長会議において申し渡された指示を理解でき、それを日曜日のミサで教区民に説明できなければならなかった。日曜日のミサは、教区民のほとんどが出席する唯一の機会だったが、そうした機会には、道徳的な訓戒と警告が伝えられただけではなく、公的な発表や聖餐停止の宣告、よき目的のための慈善集金の勧め、幼児の命を守るために、井戸に蓋をせずに、あるいは火を放置したまま、その場を離れないようにという注意なども伝えられた。教区司祭は独身を守るべきとされた（実際は、公には認められないが相互信頼にもとづく内縁関係、それに不品行の事例が明るみに出ることがあった）。また、教会の内陣、教会の書籍、家具、自らの住居に手入れを行き届かせておかねばならなかった。ロウソクと香を欠かさず、聖体と聖水を鍵のかかった容器に入れて保管し、教会の敷地にはきちんと囲いがなされており、物売りや、不法な賭け事、家畜の牧草地に使われないようにしなければならなかった。教区内の領主など教区司祭の有給聖職推挙権を持つ者や他の教区民が、新しい祭服や本を提供したり、火を灯しつづけるためのロウソク基金をつくったりすることによって、教区司祭を経済的に支えることもときにあった。告解によって悔悛した者は、その際にしばしばロウソクを捧げるように司祭に指示されることがあったことは、ロウソク基金には有用だったろう。主任教区司祭《レクター》の生計は、十分の一税、教区所属耕地、そして、教区民からのミサでの伝統的な捧げもの、女性のための産後感謝式や葬式から得られた（葬式代は、しばしば、その亡くなった人の持っていた家畜あるいは動産のなかで二番目に良いもの、というかたちで収められた）、さらに、復活祭での卵やパンといった、慣習によって定まっていた小さな補足的な贈り物もあった。聖堂参事会員、あるいはその他の聖職の俸給を負担する教区では、代理司祭《ヴィカー》が置かれていたが、彼の収入の取り分は、司教によって、一年に五マルク以下と定められていた。年老いた、あるいは病気の教区司祭は（本人の希望でないかぎり）引退させられることなく、彼とその教区に責任をもつ助任司祭が任命された。また、司教巡察の調査は、司教の許可をうけて許された私的な礼拝堂や、死者のための永遠ミサを執りおこなうために設立された寄進礼拝堂をも対象としておこなわれた。

教区民である俗人たちは、主の祈り、アヴェ・マリア、使徒信条を暗記し、十字を切ることができなければならなかった。また、日曜日やその他の重要な祝日にはミサに出席し、定期的に聖餐と告白にあずからなければならなかった。そのために、司祭が、十戒や三つの神学的美徳、および四つの枢要徳、七つの大罪、七つの慈悲の業について説明することになっていた。教区民はさらに、十分の一税を払い、自分たちの赤子を教会で洗礼にあずからせ（あるいは、緊急の場合は、適切な式文を唱えて自分たちで洗礼を授けることもあった）、教会の戸口で証人を前にして結婚しなければならなかった。司祭は、一年に三回か四回、いわゆる「破門期間」に、殺人、強盗、教会泥棒、隣人の土地境界標識の排除、あるいは一二八一年以降はマグナ・カルタの規定に対する違反、などといった罪を犯しながらも、そのことをほかの人に知られていない者すべては破門されているのだ、と公的に宣言することになっていた。こうした一律に適用される破門が、多くの人びとを告白と悔悛に導いたかどうかを判断するのは不可能である。しかし、もし完全に効果がなかったのであれば、それが教会生活のなかで定期的に続けられることはなかっただろう。人びとは、子どもたち、とくに女子に、軽薄な、あるいは不適切な名前をつけて苦しませることがないように警告された。また、樹木や教会が認めていない聖なる泉を崇拝するといった迷信的行為もしないように警告されたが、深刻な異端の痕跡は、イングランドではほとんど見られなかった。

一三世紀には、新しいタイプの修道会が台頭した。托鉢修道士である。イングランドにおいてもっとも顕著な例は、ドミニコ会士とフランシスコ会士だった。従来の修道士とは異なり、托鉢修道士たちは、定住誓願に縛られておらず、彼らの修道宣誓は俗世界の改革に捧げられていた。通常、彼らの修道院は都市に位置しており、それは観照・瞑想的生活の中心としてではなく、法にかなった自らの任務のために俗世界に出て行く拠点として機能していた（この事実によって即座に、従来の修道士たちは、托鉢修道士たちを怪しむべき存在だと考えたのである）。ドミニコ会士たちは、正統的な学びを高い水準でおこない、良い説教者を養成することによって悪魔と戦い、異端を論駁することを目指していた。フランシスコ会の当初の目的は、自ら清貧の生活に身を浸すことで都市の貧民に仕え、彼らを改宗させることだったが、後には、会の慣習を変えて学びにより大きな注意を払うようになった。両修道会とも教皇に直属し、会士たちの募集を司教区の境界を越えておこなうことができた。彼らは司教の監督下に置かれていなかったので、司教が彼らに説教することを認めていない教会以外では、どこでも説教をおこなうことができた。彼らの説教は、市場のある広場に立つ十字架のそばでおこなわれることが多かったが、人気を博していたようである。訓練された説教者である彼らは、人びとを退屈させないコツを知っており、中世文学にあふれんばかりに見いだされる奇妙な話の多くは、托鉢修道士たちの教訓例話に由来している。

托鉢修道士たちは、高い身分の人びとのあいだにも影響力を増していった。王家の人びとが自分たちの聴罪司祭として托鉢修道士を選ぶことが慣習になったのである。托鉢修道士のなかには大司教になった者もいた。深い学識を持っていたリンカン司教グロステストは、アダム・マーシュといった著名な托鉢修道士の学者と親交があり、オクスフォード大学の総長であったときは、自らフランシスコ会士たちに対する講師を務めた。

イングランド人は学問のためにはパリ志向が強かったのだが、イングランドの司教座聖堂付属学校も、一二世紀初期から特筆すべき存在だった。一三世紀に大学の地位を達成したオクスフォードとケンブリッジは、司教座聖堂所在地ではなかったが、それぞれの町は、重要な交易路にかかる橋を有していた。学者は「学びの畑で知恵の真珠を集めていた」とはいえ、直接、経済的な貢献をすることはなかった。それでも、ふたつの町は彼らを支えるには十分に肥沃な土地に位置していた。〔このふたつの大学を監督する〕司教座文書主幹《チャンセラー》の居場所〔リンカン大聖堂〕からそこそこ離れていたことも、このふたつの町の成長を後押ししたようである。オクスフォードは一二世紀前半にはすでに顕著な存在になっていた。ケンブリッジは、当初はノーサンプトンと張り合っていたが、一二〇九年にオクスフォードから学者たちが移動してきて以降発展し、一二五〇年までには名声を博するようになった。オクスフォードもケンブリッジも、正教授とそれ以外の教授たちの団体が自治をおこなう教授主導の大学だった。その長は総長だった。総長は正教授たちによって互選され、司教によって任命された。カリキュラムは中世に一般的であったもので、文芸学部、法学、医学、神学の四学部からなっていた。法学、医学、神学において学問を続ける基礎として、文芸学部の学位の習得が要求されていた。学生は、若くして（一六歳頃）入学し、その時点ですでに教授言語であるラテン語に流暢でなければならなかった。書籍は高額だったため、教育は講義と討論によってなされた。当初住まいはきちんと確保されていなかったが、後に一部の正教授が大きな建物を借り、学生といっしょにそこに住んだ。一三世紀半ば以降は、学寮が創設された。学寮は、慈善の一環として、あるいは寄進礼拝堂付きの遺贈として創設された。ほどなくして修道会士のための学寮も含まれるようになった。総長は、大学のすべての成員に対する管轄権を有しており、ふたりの学監によって補佐されていた。学監の主な任務は、学者・学生たちが〔悪さをしたときに〕世俗裁判所の手に落ちないようにすることだったように思われる。

イングランド教会は、この時期には、西方キリスト教世界の伝統に堅く結びついた、本質的に正統信仰に立つ組織だった。異端はまったくといってよいほど存在せず、教皇の宣告に対する抵抗はあったとしても、それは、教皇の権威に対する疑義よりも、外国人嫌いや教会税の取り立て人に対する嫌悪が原因であった。ソルズベリのジョン、ロバート・グロステスト、オッカムのウィリアムのような偉大な学者たちは、当時の知的世界のなかで高く評価されていた。しかし、イングランド管区を特徴づけた顕著な特質とは、その組織がひじょうに実際的であったことである。わずかな例外はあったにしても、聖職者は、当時も今も人びとの尊敬を集めている。彼らは一生懸命に働き、困難な状況も、たいていの場合はうまく切り抜けてきた。イングランドの教会は、カトリック・キリスト教世界の忠実な一部であり、イングランドの人びとの実践はそれを反映していた。しかし、それは、後の世紀にアングリカンの伝統へとつながってゆく特質のいくつかをすでに示していたのである。

第4章　中世後期の信心

ノーマン・タナー

オクスフォード英語辞典は、信心の定義のひとつを「宗教的義務とその遵守に専心すること、神を崇め、敬虔・宗教的であること」としている。ここで強調されているのは、教会組織という外的形式ではなく内的な宗教生活である。本章についてはこの定義は適当である。というのは、本書全体が教会組織の歴史ではなく宗教の歴史であるし、本章で扱う一三五〇年から一五二〇年までの期間には特別の理由があるからである。その理由とは、中世イングランドの教会の外的構造は一三世紀までにおよそ確立しており、それ以後にはごくわずかな変化しか生じなかったので、教会の外的構造については先の章ですでに述べられたことを繰り返すことになるということである。それは読者には退屈だろう。しかし、教会の外的構造とは違って、民衆信心の領域では中世後期に重要な発展が見られる。したがってこれを本章の中心的な論点としよう。

中世後期イングランドにおける宗教についての概観から始めることが重要である。この時期の全体的枠組みと心性を理解してはじめて、詳細が意味をもつからだ。出発点は、イングランドは西方キリスト教世界の一部だったということである。この事実が基本的文脈をなす。コンスタンティノープルに中心をおく東方教会とローマに中心をおく西方教会の分離は、一〇五四年に双方の教会の指導者が発した、互いを破門する宣告によって公的なものになった。それ以後、ふたつの教会は多かれ少なかれ別の道をたどった。本章で扱う時期の終わり、すなわち一六世紀の宗教改革によって、西方教会自体がカトリック側とプロテスタント側に分裂する。しかし、しばらくのあいだ、つまり、本章で扱う時代においては、イングランドは西方キリスト教世界のなかで不可欠な一部を構成していた。中世後期におけるイングランド教会の独立性について歴史家のあいだで多くの議論がなされているため、この点については強調しておく必要がある。

他国の教会と同様に、イングランドの教会が一四世紀から一五世紀にかけて相当の自律性を享受していたことは確かである。これは、典礼、霊性、信心、学問、教会統治および教会法といった領域で観察され、教皇権からある程度距離をとろうとする動きをともなっていた。西方キリスト教世界は、多くの側面で、国家的、地域的な諸教会の連合体だったといえる。ただし、これは個々の教会が互いから切り離されていたことを意味しない。それらは、それぞれが全体をなすものの一部であり、準自立的ではあるが、基本点を共有し、互いに一体となっていたのである。

地理的領域についていえば、西方キリスト教世界は現在の西欧とほぼ重なっており、それに中欧の一部を加えたものである。ほかの点については非常に異なる。人口についていえば、本章の扱う時期の初めには、この地域の人口は六〇〇〇万人だったと推測されるが、この人口は東方キリスト教世界の人口の半数以下だっただろう。さらに、この数は、黒死病が一三四八年から翌一三四九年に大流行し、さらにその後にも数度流行した結果、劇的に、すなわちおそらく三分の一、あるいはそれ以上も減少し、一五二〇年になるまで、おそらくそれ以前の最大人口にふたたび達することはなかった。それにくわえ、西方キリスト教世界は、世界のうちの小さな一角しか占めていなかった。今日、キリスト教は世界のあらゆる場所に信者をもつ世界的宗教である。この状況は、キリスト教徒たちにある種の自信を与え、キリスト教は拡大しつつある宗教であるという感覚をもたらしてきた。しかし、このような事態は比較的新しく生じたもので、その多くは、一六世紀の「新世界」発見と一九世紀のヨーロッパによる植民地的拡大の結果である。中世後期には、人びとがこのような楽観的な雰囲気にひたることはなかった。中世後期の時点で、キリスト教にはすでに一千年を優にこえる歴史があったが、発展の兆しがあるようにはほとんど見えなかった。実際のところ、当時のキリスト教は、縮小しつつある宗教だった。すなわち、キリスト教世界は——そして西方キリスト教世界についていえばなおさら——一〇〇〇年前、ローマ帝国が終わろうとしていた世紀に占めていた地理的領域よりもおそらく小さかった。北方ヨーロッパおよび中央ヨーロッパにおける領域の獲得は、近東および北アフリカで、おもにはイスラム教勢力に対する莫大な損失で相殺されていた。イスラム教は、キリスト教よりもずっと歴史の浅い宗教だったが、すでにキリスト教よりも広範囲に広がっていた。スペインを除いて拡大を続け、キリスト教世界を脅かし、一四五三年のコンスタンティノープル占領で最高潮に達した。くわえて、北東からの脅威も存在した。モンゴルはブダペストを一二四二年に占領し、その記憶はまだ鮮やかだった。キリスト教世界の最終的な敗北と絶滅は、実際に十分ありうると思われていたに違いない。

また文化的劣等感も存在した。四つの文化あるいは文明がさまざまな点でキリスト教よりも優っているように感じられていた。このうち最初の文明はユダヤ教だった。キリスト教よりもずっと古い宗教であり、いろいろな点でより豊かな文化をもち、ユダヤ教徒は商売と他の領域における才覚で知られていた。第二の文明はイスラム教であり、すでに見たように、キリスト教よりも速く、より広い範囲にわたって拡大を続けていた。イスラム教徒の建築家および美術家は、スペインや中東への旅行者が目にするように、キリスト教徒の建築家・美術家と少なくとも同等の、すぐれた技量をもっていた。また、イスラムの哲学者は、とくにアヴィセンナ、アヴェロエス、そしてその他のアリストテレスの著作への註解者に見られるように、西方の学者たちの羨望の的だった。第三の文明は、古代世界の相続者であり保存者の役割を果たしたコンスタンティノープルという大都市をもつビザンツ文明である。最後の第四の文明はギリシア・ローマの古代世界である。ビザンツ文明を別にすれば、それらははるか以前に消滅してしまっていたが、それにもかかわらず人びとの記憶のなかに強く残り、西洋においては哲学、文学、芸術、政府、法という領野において成し遂げられたことの多くはいまだ超えられていないのだ。一六世紀以降、キリスト教が支配的世界宗教へと発展してゆくにつれて西洋人は知的自信を持つようになり、こうした自信はキリスト教と結びつくようになる。しかし、本章で扱う時代は、西洋人が知的自信——しばしば知的傲慢さ——をもつ以前の時代だった。基本的な時代の雰囲気は、むしろ不安と防衛心によって規定されていた。この時代の人びとの態度と反応の多くは、たとえば、十字軍や異端に対する強迫観念、ユダヤ人の追放など、現代人の目には奇妙で、不必要に攻撃的であるように思われるかもしれないが、この時代の雰囲気という文脈のなかで考えなければならない。病みやすく脅かされやすい人びとは、しばしばそのように振る舞うものである。

こういった不安の感情は一四世紀と一五世紀の天災とさまざまな危機によってその度合いを増し、中世後期は、前章で取り上げられた時代よりも深刻で差し迫った問題を抱える時代となった。たび重なる黒死病の襲来がもたらした災厄についてはすでに言及したが、さらに数度の非常に厳しい飢饉があり、くわえて気候が悪化した。これは、ワインをつくるためのブドウ栽培がイングランドでは一四世紀に止まったという事実に反映されている。一三三七年から一四五三年までの間、イングランドとフランスは百年戦争とそれにともなう政治不安と経済的必要性にがんじがらめになっていた。それに加え、教会政治上の危機と学問的な危機が生じたのである。一三〇五年に、教皇はローマにあった古くからの座所からフランスのアヴィニョンへ移動し、そこに一三七七年まで留まることになった。この成り行きは、とくに、この時期の後半にフランスと戦争状態にあったイングランドにとって不愉快な出来事だった。これに続いて、教会大分裂が一三七八年から一四一七年まで続くことになる。この間、西方キリスト教世界は、ふたり、後には三人の教皇のあいだで忠誠を引き裂かれ、さらにその状況は一四四九年まで続く公会議運動によっても引き続くことになる。すなわち、教会大分裂後、教皇権はようやくふたたびひとつに統合されたが、教会における至上権を教皇が握るのか、公会議が握るのかという問題をめぐって、一連の公会議派と争ったのである。本章の扱う時代は、アレクサンドル四世とユリウス二世といった俗物で不道徳な教皇たちによって終わりを告げた。

この制度的な分裂状態は、一二世紀から一三世紀にかけて知性の統合の挫折をもたらした。すなわち、トマス・アクイナスらの注目すべき成功によって達成されたキリスト教信仰と哲学的理性との調和に対する疑問が投げかけられるようになり、最終的にはこの調和は砕け散ったのである。この過程において重要な人物は、スコットランド出身のドゥンス・スコトゥスとイングランドはサリー州出身のオッカムのウィリアムである。ふたりともフランシスコ会士であり、オクスフォード大学の学生であると同時に教師でもあった。

また、ふたたび異端が出現した。イングランドにおけるジョン・ウィクリフとロラード派、ボヘミアにおけるヤン・フスとその信奉者たちである。中世後期の危機にはほかに以下のものもあげられるだろう。すなわち、さまざまな修道会の活動が明らかに停滞するようになったこと、美術に見られる死に対する強迫観念、トマス・ア・ケンピスの『キリストに倣いて』に見られる信心における反知性主義である。この時代を覆った強い陰鬱さを指摘する者もいる。とくにフランスの歴史家はしばしば、多くの要素が集まって根本的なアイデンティティの危機をもたらすという

「結合危機」について語る。しかしながら、これは大げさにすぎるだろう。人間は逆境においてもきわめて辛抱強い存在であり、以下で見るように、中世後期のイングランドでも人びとは力強く生きていた。この時代の性格としては、ペシミズムというよりも、ほとんど意識されない不安定さの感覚といったほうが適当だと思われるが、一六世紀以後に支配的になる拡張主義的な風潮とは著しい対照をなす。以上述べたことが、一三五〇年以降の時代にイングランドがおかれていた世界であり、本章の残りの部分についての基本的枠組みである。

イングランドは、一三〇〇年にはおよそ五〇〇万人の人口を誇っていたが、人口は黒死病とその度重なる襲来によっておそらく三〇〇万人にまで縮小し、一四五〇年頃以降ふたたびゆっくりと増加していった。当時は人口のうち九割は農村部に住み、一割だけが都市に住んでいた。今日とはほぼ正反対である。したがって、ここで扱われているのは基本的に農村社会であり、都市社会ではない。これは、民衆宗教を考えるにあたって重要な意味をもつ。また、キリスト教が、本章の論じる時代までにイングランドでは古い宗教となっていたという事実は重要である。キリスト教は、ローマ帝国による占領以来この国に存在しており、一〇世紀のデーン人入植者の改宗以降はほとんど唯一の宗教であった。ユダヤ教徒は一二九〇年にこの国から追放されていた。ここからふたつの重要な点が導かれる。第一に、ここで問題になっているのは過去から受け継がれた宗教の状況であり、この事実が不可避的にもたらす複雑な事情がともなっていることである。第二は、イングランドは単一宗教社会だったという事実であり、現代のイングランドのような多元主義の社会ではなかったことである。現代社会においてキリスト教は、多数ある宗教のうちのひとつに過ぎず、宗教はさまざまなほかの人間生活の諸側面――スポーツ、教育、政治、労働――のうちのひとつであるに過ぎない。しかし、中世後期のイングランドにおいてキリスト教は事実上唯一の宗教であり、生活のあらゆる側面に浸透していたのである。その役割は近年にいたるまでのポーランドや北部ポルトガルにおけるカトリシズムの役割、あるいは今日のイスラム国家におけるイスラム教の役割に類似している。

ここでいうキリスト教とはどのようなものだったのだろうか。この問いに答えるために、この時代の主な宗教制度と宗教活動を描くところから始めるのがよいだろう。なかでも、教区が出発点としてふさわしい。農村部のほとんどの人びとにとって、教区こそがもっとも身近な教会制度だっただろう。その重要性については前章ですでに述べられているが、同じことは本章で扱う時代にも当てはまる。教区がつねに活気にあふれていたことは、一四世紀から一六世紀にかけてイングランド中で見られた、教区教会の特筆に値する改築事業に表われている。この時期にほとんどの教区教会が、後期イングランド・ゴシック様式あるいは垂直様式といわれるスタイルにしたがって改築され、規模も大きくなり、壮麗な建物に生まれ変わった。実際のところ、われわれが今日、中世の教区教会として目にしているもののほとんどはこの時代のものである。改築はもちろんそれ自体が信心の表われであったが、教会のなかでおこなわれたあらゆる活動の重要性も示している。その活動とは、何よりもまず礼拝および秘蹟といった公的な行事を意味していたが、その他の幅広い活動をも含んでいた。信心会、同職ギルド、教会堂内の寄進礼拝所は、特定教区教会に付属していることが多かった。隠修士や隠修女も教区教会に活動の本拠を置くことが珍しくなかった。これらすべてにおいて、教区教会は地域共同体の大きな中心であった。教区教会は、世俗的なものも含めた活動の中心地となっていたのである。もっとも教会当局はそれを制限しようとしたのだが。とくに中世後期において、教区教会はおそらく燃えるような色彩で彩られていたはずである。この点は強調するに値する。というのは、現代人は中世の教会を簡素で装飾のないものと考えがちだからである。しかし、そうした質素な厳格さは、概して多くの像や壁画、そしてステンドグラスの窓を破壊した一六世紀の宗教改革とその後の結果である。上塗りされた漆喰をとりのぞくと――サリーのチャルドンやオクスフォードシァのサウス・リーの教会の場合のように――宗教改革以前には教区教会の壁の多くの部分が聖書や聖人伝から採られた場面を描いた宗教画でおおわれていたのが分かる。同様に、ウィリアム・ダウジングの『日記』を一読すれば、一七世紀半ばのピューリタン革命の期間に彼がイギリスの教会でおこなった聖像破壊を詳しく知ることができる。それでも、注意深く観察すれば、たとえば、ノーフォークの多くの教会では、内陣仕切の羽目板に絵が描かれているのがわかる。これらの美術作品は、信心の表現と教会の装飾であるばかりでなく、それらが描く聖書やそのほかの著作の場面を通じて俗人たちに宗教教育をほどこす手段でもあった。最後に、教区システムの頂点には、壮大な司教座聖堂（大聖堂）が存在した。大聖堂はイングランドを区画していた一七司教区のそれぞれにつき、ひとつか、ときにはふたつ建てられた。司教座聖堂は、以上に述べたことすべての舞台であったが、壮麗ではあるが、おそらく教区教会でおこなわれる活動に比べれば、親密さをあまり感じさせないで執りおこなわれる司教区レベルの活動の場でもあった。

あらゆる教区には、教区民の精神的な保護監督者――よく使われる言葉では「魂の救済」――に公に任じられた司祭が少なくともひとりいた。あるいは、いることになっていた。ここで、中世後期イングランドの宗教的景観の第二の特徴が扱われることになる。聖職者と修道会である。すでに先の数章で論じられているが、そこで述べられていることは本章の扱う時代にもおおよそあてはまる。組織という点では大幅な変化はなかった。イングランドは引き続き、それぞれ大司教を戴くカンタベリとヨークというふたつの大司教区に分かれていた。カンタベリ大司教区は一四の司教区から、ヨーク大司教区は三司教区からなっていた。司教区はさらに助祭長管区（archdeaconries）、地域監督区（deaneries）、そして最終的には九〇〇〇ほどの教区にわかれていた。一三世紀までに設立されたさまざまな修道会は引き続き存在したが、新たに設立された修道会がこの時期にまったくなかったことは、この時代の弱さだったとみなされるかもしれない。唯一、記すべき重要な発展は、あらゆる修道会のなかでももっとも厳格なカルトゥジア会の修道院の数が、一三世紀末から一五世紀までのあいだに三から九へと増加したことである。全般的な数字をあげれば、イングランドの修道士の数は、一三〇〇年に（およそ一〇〇〇の修道院で）一万四〇〇〇人ほどであり、黒死病以来少なくとも三分の一は減少し、その後ゆっくりと増加し、一五二〇年には一万人ほどになった。この総数におそらく二倍ほどの数の（修道士以外の聖職者である）在俗聖職者を加えるべきだろう。ということは、九〇〇〇ほどの教区のそれぞれに平均してふたりの司祭がおり、教会組織と大学に属する者や大学より下の学校で教師として仕える者、さらに裕福な家族お抱えの司祭、ギルドおよび信心会付き司祭として仕える者などが多数いた。寄進礼拝堂付きの司祭が相当数いて、特定の所属を持たない聖職者もわずかながらおり、さらに司祭として叙階されるのを待つ数多くの聖職者が多数いたということになる。こうした数字によれば、イングランドの男性人口のおよそ五〇分の一（成人男子に限ればその割合は大きくなる）が在俗聖職者か修道士だったということになる。他方、この時代、神に仕える女性の数は、近年とは対照的にずっと小さい。修道女の数は一三〇〇年には三〇〇〇人ほどであり、黒死病の後、その数は急速に減り、その後ゆっくりと増えて一五二〇年には二〇〇〇人ほどになったと推算されている。

在俗聖職者と修道士は、かなりの割合の人びとが選択した生活様式という意味でも、彼らが俗人に対して及ぼした影響力という意味でも、民衆宗教の不可欠な要素だった。

したがって、聖職者の宗教と俗人の信心を並べて、人為的に対照させることには慎重でなければならない。結局のところ、在俗聖職者と修道士は誰でも、人生の最初の一五年から二〇年を俗人として過ごしていたのであり、そのほとんどは、その後の人生を通じて俗人世界と密接に（密接すぎるともいえるだろうが）接触を保っていた。この意味で、聖職者と修道士は、世俗キリスト教の表われとその程度が強まったものであって、世俗キリスト教に対置される存在ではない。しかし、歴史家のあいだでは、彼らの生活様式がこの時代に堕落したかどうかについて、かなりの論争がなされてきた。聖職者数が減少したことは前述したが、人口全体の減少の割合に比べて、減少度が著しく高かったこと示す根拠はない。素行と規律について、巡察記録はあらゆる種類の過失があったことを示している。これは無視できない証拠であるが、私たちは、難しい仕事についている数多くの弱い人間を扱っているのであり、一定の失敗は予想の範囲内であることに留意すべきである。そうした問題が、この時代の前の時代、あるいは後の時代よりも深刻だったとか、あるいは広範囲に広がっていた、などというのは自明なことではまったくない。たしかに、今ふれた巡察記録や、チョーサーやラングランドの作品に見られるように、そして暴力が実際に使われたという意味では、一三八一年と一四五〇年の民衆反乱で聖職者が殺されたことからわかるように、反聖職者感情は中世後期のイングランドにおける重要な特徴だった。しかし全体としてみれば、大陸ヨーロッパのほとんどの地域と比べても、それほど強くなかったように思われる。傾向として、抗議は聖職者と修道会の改革を訴えていたのであり、その廃止を訴えていたのではなかった。一般的に、イングランドにおいては、俗人と在俗聖職者・修道士とのあいだには、多くのレベルで協力関係にあり、その関係は敵対的というよりも相補的なものだった。

教区、在俗聖職者、そして諸修道会は、中世後期のイングランドにおいてキリスト教の「旧秩序」、すなわち、イングランドで一三五〇年までには確立していた宗教諸制度を体現するものであった。それらは、中世後期を通じて大きな影響力を持ち、活気を保ちつづけていたが、この時代には宗教に関して新たな発展が見られた。これらのうちには、中世後期、まったく新しく出てきたものもあったが、それ以前から存在はしていたが、この時期に花を咲かせ、この時代に特有の特徴を備えていたものもあった。ほとんどの場合、イングランドはヨーロッパの他の地域で生じていた発展をなぞるものであり、それはイングランドが西方キリスト教世界の一部であったことを強調する。しかし、とくにイングランド的な特徴が見られる場合もある。そうした新しい動きのほとんどは俗人に関するもので、イングランドにおいても、ヨーロッパの他地域と同様に、中世後期はとりわけ俗人信心の時代だったということを裏書きする。

そうした新しい諸制度のなかでもっともよく知られているものは、おそらく、同職ギルドと信心会（兄弟会）だろう。いくつかは、イングランドでも一三〇〇年よりもずっと以前から存在していたが、黄金時代は一四世紀と一五世紀であった。同職ギルドは、都市における、同職の職人や商人の集まりである。その第一の目的は、各手工業や商業の社会的、経済的規制であったが、そうした組合はほとんどすべてが宗教的な側面をあわせ持っていた。信心会も同様の宗教的活動をおこなっていたが、通常、活動の本拠を商工業者の組織ではなく、教区教会か修道院に置いていた。ギルドや信心会の中心的な特徴は、年一度のそのギルド、あるいは信心会の「日」であり、その「日」は、一般的にそのギルドあるいは信心会の守護聖人の祝日であった。その日にはさまざまな宗教的、社会的な活動がなされる。通常、そのギルドあるいは信心会の物故者と現会員のすべてのためのミサ、そのほかの宗教的祈禱、最後に成員の宴会で締めくくられた。多くのギルドや信心会は、メンバーの病気や貧窮などの困難に対する備えを持っており、なかには自分たち専用の施療院を備えている場合もあった。彼らは都市の行列や宗教行列に参加し、同職ギルドは通常、キリストの生誕・受難・復活を題材とする聖史劇の上演の責任を担っていた。こうした聖史劇のほぼ完全なテキストが今日までに四つ——コヴェントリ、ヨーク、チェスター、そしてもうひとつは出所不明——残っている。同様の聖史劇はほかにも数多く存在したことが知られている。それぞれの聖史劇は、旧約聖書と新約聖書の物語を驚くほど深く表現している一二から五〇の劇からなっている。聖史劇の全体は、通常、聖霊降臨祭《ペンテコステ》か聖体祝日のどちらか一日に上演された。それぞれの劇は、町のさまざまな場所で繰り返し演じることができるように、動く台車の上で演じられることが多かった。それぞれの同職ギルドは、ひとつずつ特定の劇に責任を持っていた。上演の日は都市生活にとって華やかな日だったに違いなく、聖史劇は周辺の農村から多くの人びとを引きつける見世物になっていただろう。おそらく、いくつかの劇は後日、地域のより小さな町や村で再演されただろう。そうした町や村の多くでは、デヴォンのアッシュバートンのように、教区ギルドの手で、その村独自の幕間狂言が演じられた。ギルドや信心会は、これに限らずさまざまなかたちで農村にも影響を与えたと思われるが、基本的には都市的な存在だった。

礼拝の寄進《チャントリー》は、中世後期を特徴づけるもうひとつの存在である。本質的に、これは、さまざまな人――とくに煉獄にいる魂――のためにミサや他の祈りを唱える、あるいは詠唱《チャント》することだった。これは、これによってミサや祈りの御利益がさまざまな人びとに及ぶという信念にもとづいていた。礼拝の寄進は、聖職者団体の設置というかたちをとることも可能であった。たとえば、ヘンリ五世やフランスとの百年戦争のなかで死んだイングランド人の魂のために祈らせるとともに、学術機関をつくるという目的で、一四三八年にカンタベリ大司教が四〇人の司祭のために設立したオクスフォードのオール・ソウルズ・カレッジのような大学学寮などである。それほど壮大なものでなくても、教区教会や司教座聖堂の内部によく特別に設けられた礼拝所の祭壇で、その礼拝所の設立者とその家族のために、ひとりの司祭が毎日ミサを「永続的」にあげるというかたちをとることもあった（したがってこれは「永続的」寄進礼拝所と呼ばれる）。これには、ウォリックのボーフォート・チャペルや、ヨークのグッドラムゲイトにあるホーリー・トリニティ教会内部の簡素なホルム・チャペルなどの例がある。また、死者への祈りは、ある職人が遺言書のなかで自分の魂のために六回だけミサを挙げてくれるように頼む、といったものもあった。ミサを執りおこなうのは司祭であったが、寄進礼拝の設立者・寄進者である俗人は、ほかの面で大きな決定権を持っていた。たとえば、ミサの回数、日時、さらにミサや別のときに捧げられるさまざまな追加的な祈りについてさえ決めることができた。つまり、寄進礼拝は、当時の西方キリスト教世界全体で大幅に増大した聖体〔聖餐式においてキリストの血と体を示すパンと葡萄酒〕に対する崇敬のあり方を示す、俗人信心の一側面だったのである。一六世紀にヘンリ八世によって寄進礼拝堂の解散が命じられたが、その直前のロンドンには、セント・ポール大聖堂だけで四四の永続的寄進礼拝堂があり、ロンドンの教区教会にはさらに一八六あったという。また、一五世紀半ばのヨークには少なくとも二〇〇人の寄進礼拝堂専属の司祭がいたようである。宗教改革者たちがすかさず指摘したように、不必要にミサの数が増やされ、ミサが売買されているような外観を呈するなど、明らかに濫用された側面があった。しかし、寄進礼拝所は、そこでの礼拝における美と健全な神学を表わしてもいた。聖餐式を基礎として、イエス・キリストの苦しみと死と復活が重要であることを知らしめるものだったし、普通は、設立者自身のためばかりでなく、その友人や隣人にとっても精神的な慈善の行為であったからである。それに、寄進礼拝所は、司教座聖堂や教区教会での礼拝に光彩を添え、多彩にするものであり、専属司祭たちは教区教会の仕事を積極的に支援したのである。

隠修士や独住修士は、少なくとも七世紀からイングランドに存在していたが、中世後期になって著しく増加したようである。実際、彼らの数は、大陸ヨーロッパのほとんどの国と比べても著しく多かった。独住修士（隠者）は、男性も女性も、普通は教区教会か修道院に付属する庵で独居し、もっぱら祈りに専念していた。もっとも、通常はある種の労働をおこなうとともに、多くは人びとの相談相手にもなっていた。隠修士もまた、祈りの生活に専念する独住者だったが、彼らは特定の場所に居を定めることはなく、そのほとんど全員が男性であった。隠修士には、市門の管理などの公的な任務に携わる者もいたが、土地から土地へと自由に移動する者もいたようである。こうした旅は、ほかの人に成り代わっての贖罪としておこなう場合もあった。たとえば、一四二九年に、リチャード・ファーニーという名の隠修士は、ノリッジのある商人の遺言書のなかで四〇ポンドを遺贈されたが、それは「私のためにローマに巡礼し、大きな輪を描いてローマを一五回周り、さらにエルサレムに赴いて、本物の巡礼がするように両方の町で為すべきことを為すため」であった。残念なことに、リチャードがこの申し込みを受けたかどうかを史料は語っていない。

ロンドン、ヨーク、ノリッジのような大きな都市では、おそらくどの時期でも、六人ほどの隠修士および独住修士らが住んでいただろう。一三五〇年から一五二〇年までの期間を全部合わせると、こうした人びとが数百人いたことが知られており、男女比は半々であった。ほとんどは俗人だったが、なかには、修道女、修道士、托鉢修道士、司祭で、それぞれの修道院や教区からいわば一時的に出向してきた者もいた。多くの女性独住修士は、宗教と女性の関わりの重要な側面であり、こうした女性は、修道女の数の少なさを部分的には十分に補う存在だった。実際、こうした隠遁の生を送る者たちのなかでもっとも有名な人物が、『神の愛の啓示』という霊的著作の古典を著わした女性独住修士であったノリッジのジュリアンだった。こうした人びとは、通常、死にいたるまでその独住修士としての生活形態を守り抜くという誓いをたてることを期待されていた。それは、明らかに非常に困難な宗教的使命であり、ほとんどの人は中年になってから志した。しかし、わずかながら若者もいた。たとえば、神秘的著作の著者として知られるリチャード・ロールは、一八歳のときに隠修士となっていたようである。

隠修士や独住修士は、修道会という伝統的な枠組みの外でキリスト教的生活に専心する試みを代表している。そのもうひとつ別のやり方が「ベギン」たちである。これは、独居によるのではなく共住共同体によるもので、これらの俗人女性の共同体――彼女たちは言い伝え上の創始者であるランベール・ル・ベーグにちなんでベギンと呼ばれた――は、元来は女子修道院ではなく、普通の家に住んでいたが、現在のベルギー・オランダにあたる北海沿岸低地帯で非常に数多く見られた。しかしながら、イングランドでは、ほとんど見られなかった。わずかに、ベギンの可能性がある共同体がノリッジにふたつ三つあったのが知られているのみである。イングランドにベギンが存在しなかったことは特記すべきことである。隠修士や独住修士らが並はずれてイングランドに多かったことと合わせて考えると、イングランドにおける信心には、孤独・独居を好む控えめな要素がすでに存在していたことを示唆する。

中世後期イングランドにおける巡礼は、チョーサーの『カンタベリ物語』によって不朽のものとなっている。巡礼は一六世紀の初頭にはおそらく衰退しつつあったが、本章で扱っている期間のほとんどの間、広く見られた重要な信仰のかたちだった。個々の巡礼地の運命はさまざまであった。宗教的信心と社交的物見遊山が混じり合っているという意味で、巡礼は中世の宗教、すなわち宗教が生活のなかに織り込まれるというあり方を典型的に示している。巡礼の旅の目的地は、各地の土地の聖人の巡礼地や、カンタベリの聖トマス・ベケットやウォルシンガムの聖マリアといった全国的な巡礼地のみならず、エルサレムやローマ、スペインのサンティアゴ・デ・コンポステラといった海外の大きな巡礼地のこともあった。キングス・リンの商人の妻であり、エキセントリックだが非常に信心深かったマージョリー・ケンプは、一四一三年から一四三三年までの間に、前述した三つの海外巡礼地のすべてを訪れただけでなく、ドイツやノルウェーの巡礼地、さらにイングランドの他の巡礼地にも旅している。ローマの聖トマス・ホスピスはイングランドからの巡礼の宿であったが、このホスピスの記録は、一四七九年から一五一四年までに一年あたり二〇〇人以上の巡礼を記録している。他方、聖なる旅のもうひとつ別の形態であった聖地奪回のための十字軍は、間違いなく衰退期にあった。十字軍は理想としてはある程度の重要性を保ってはいたが、一二九一年に聖地におけるキリスト教徒最後の拠点であったアッコンの陥落とともに、十字軍の成功はありえないと思われるようになったのである。十字軍は一六世紀に入って以降も招集され続けたが、イングランドから参加した人はほとんどおらず、十字軍は現実というよりももはや想像の世界のものといってよかった。エルサレム奪取およびリチャード一世の時代はとうに過ぎ去っていた。十字軍を招集する必要を感じながらも、その十字軍は失敗に終わったことが、この時期のキリスト教世界を覆った不安のひとつの要因であった。

以上が、中世後期イングランドにおける宗教活動と宗教制度の主なものである。ほかにも以下で述べるように、教育や慈善事業的な、あるいは現代人が社会的と分類するような活動や制度はあるが、中世の人びとにはどれも本質的に宗教的な要素を含んでいた。教育については、オクスフォードとケンブリッジが、それぞれ一〇〇〇人から一五〇〇人ほどの学生を抱える、イングランドにおけるふたつだけの大学であり続けた。両大学とも一五世紀から一六世紀初めには、以前より多くの俗人が大学に入学するようになったが、基本的には聖職者の教育を目的として存在した。それに加え、数百の学校が知られているが、実際にはもっと多くの学校が存在しただろう。これらの学校での教育は俗人の出世にとって重要なものになっていったが、宗教は学校における中心的要素であり続け、生徒の多くは聖職者への道を辿ったのである。女子についていえば、可能性はより限られていた。隣人への慈善行為は基本的な宗教的義務であり、国中に五〇〇を超える病院が存在したことが知られている。ほとんどは都市にあり、都市の成長がこれらの施設を必要とするようになった一二世紀か一三世紀に創設されていた。医療に関する知識は乏しかったため、病院は、現代でいう病気の治療のためというよりも、病者や老人、それに社会の周縁に追いやられた人びとの世話をするものだったと考えるべきである。最後に、仕事や家族、日常生活に触れると、これらもまた、教区を見れば分かるのだが、結婚式の執り行ないやその他の通過儀礼に始まり、聖なる祝日やそのほかの祝祭の運営にいたるまで、さまざまなレベルでキリスト教に影響を受けていたのである。

以上述べたこの時代の宗教的制度・活動の概略は、本章のおもな関心である宗教の内的側面の考察に必要な前置きである。中世の人びとにとって、宗教の公的側面と内面的な側面の区別は、現代人と比べるとはるかに曖昧であった。というのは、ほとんどの人びとが読み書きできなかったため、われわれのようには、観念的な思考をしなかったからである。また、中世後期のイングランドが単一宗教社会であったことを反映して、現代人のように個別に私的な行動をとるのではなく、より一体的で公的な行動が多かったからである。中世の人びとは、行動によって考え、自らを表現した。したがって、彼らの外的活動こそが、彼らの内的信心へと導く鍵であった。実際、ほとんどの活動がそういったものであったのだ。したがって、彼らの作り上げた制度や行動を真剣に取り上げ、それらがこの時代の信心の大部分を集約していることを理解することが重要である。

現代的な意味での私的で知的な信仰は、きわめて副次的にしか存在しなかった。これは、中世の宗教の評判を貶めているのではなく、単に、それが今日とは非常に違ったかたちで学ばれ、実践されていた、というだけのことである。どの程度の知的な信心を持つのかは、読み書きの能力に大きく左右された。聖職者のなかで少数ではあったが大学で学んだものは、少なくともある程度の学識があったと考えてよい。この時代には、俗人のあいだでも識字率が上昇しつつあったのは間違いないが、それでも文字が読めるのは限られた人びとであった。彼らが読んで、祈りのために用いた本はといえば、悲しいことに、聖書の完全な英語訳は一般的には入手不可能であった。唯一の英訳、ウィクリフ派版聖書は、異端とされた教説を唱えたジョン・ウィクリフとの関連ゆえ、教会当局によって発禁に処された。聖書がさまざまなかたちで存在したことは確かである。教会の用いた聖書であるラテン語のヴルガタ聖書があったし、多くの本には聖書から英語で抜粋したものが含まれていた。また、ほとんどの宗教的著作には聖書への言及がなされていたし、聖書のメッセージは教会における典礼、壁画、ステンドグラス、聖史劇、その他、数多くの方法で伝達されていた。したがって、中世後期のキリスト教が非聖書的だったと考えるのは誤っている。それでも、教会公認の英語訳聖書が存在しなかったことは、イングランド人の信心にとって明らかに負の影響をもたらした。もっとも人気があった本は、ミサ典書や聖務日課を含む時禱書、その他の祈禱書だった。これらは、典礼をたどるのはもちろん、声に出して唱える祈りと黙禱を組み合わせるのにも用いられた。聖人伝や神秘主義者の著作も流布していた。このような本が人びとに朗読されることも多かったことが分かっている。

ここで、同時代のもっとも重要な神秘的著作のうち、四つがイングランドで生まれたことは注目に値する。リチャード・ロールとノリッジのジュリアンにはすでに言及した。このふたりにウォルター・ヒルトンと、『無知の雲』を著わした氏名未詳の著者を加えねばならない。また、大学の学問の世界が存在した。大学が民衆信心にどれほどの影響を与えたのかについては議論のあるところである。実際のところ、大学の神学については抽象的過ぎて日常の宗教との接点が十分でないとの批判がこの時期にはしばしば見られた。前述したように、信仰と理性のある種の乖離と、宗教における反知性主義が存在した。もっとも、これはあまり誇張されるべきではない。

ここまで本章では、イングランドをほぼ一体のものとして論じてきたが、この国のさまざまな差異に目を向けることも必要である。都市と農村の違いにはすでに触れた。また、都市と農村ほど明確に論じることは難しいが、地域間の違いも存在した。すなわち、イングランドは、さまざまな意味でそれぞれが独自の性格をもつ地域の連合体だったのであり、宗教に関わる状況についてもそれは明らかである。まず、リンカンには、ソルズベリ、ヨーク、ヘレフォード、ノリッジ、地方毎の典礼様式が存在した。もっとも、本章で扱っている時代までには、ソルズベリの典礼様式（通常、この町のラテン語名にちなんで「セーラム」典礼様式と呼ばれた）が、イングランド全体において優勢な典礼様式となっていた。異なった地域ではそれぞれにさまざまな聖史劇群が上演された。各地域はそれぞれの中心都市を擁し、その地域の宗教的中心となっていた。イングランド北部にはヨーク、イースト・アングリアにはノリッジ、南東部にはロンドンなどである。それぞれの地域は信心という点において特徴的な要素をもっていたように思われる。ノリッジとヨークに代表されるイースト・アングリアとイングランド北部の一部には、一種（礼典や儀式を重んじる）高教会的で、ほとんどバロック的といえるような宗教文化があった。また、ロラード派の中心がロンドン、コヴェントリ、レスターにあったことが示すように、イングランド南東部と中部には自制的でピューリタン的な宗教文化があった。ひとつの地域のなかですら、教区民と教区司祭の関心と能力、そのほかの要素によって、ある村と別の村とのあいだには著しい違いがあっただろう。最後には、年齢、気性、生活状況、個人の選択などにおける個々人による違いという永遠の問題が存在した。

これらの個人の性格的な違いは、さらなる追究に値する。宗教制度と宗教活動は多岐にわたっていたことから、ほとんどの人が自分の嗜好や気質に合ったものを選択できた。すなわち、活動的で活気に溢れた性質の人びとにふさわしい活動がある一方、より観照的な性質の人にはそれに見合うものがあり、また女性にこそ適したものもあった。人びとは、それぞれに見合った方法でこれらの機会に参加した。すべてにかかわることなど誰にもできなかったが、それが求められていたわけでもなかった。最低限必要なことは——おもには教区における義務——はあったにせよ、それさえ満たせば、かなりの選択の自由があった。そうした選択の幅を示す一方の極を代表するのが、マージョリー・ケンプだった。彼女は、驚くべき情熱で当時の宗教のありとあらゆる活動に関わった。彼女は、遠方への巡礼に赴き、説教と礼拝に頻繁に出席し、（だれかに読み聞かせてもらうことで）宗教書について幅広く知っており、一四人の子どもを育てた後のことだが、自分の夫とともに貞潔の誓いを立てた。しかし彼女でさえ異端の告発を受けることになった。彼女があまりにも活動的だと考えられたことも理由のひとつだろう。他方、より限られた範囲で、深く宗教的な生活を送った人びともいた。そうした例として、隠修士リチャード・ロール、あるいは女性独住修士であったノリッジのジュリアンがあげられる。しかし、ジョン・ウィクリフやオッカムのウィリアムのような人びとは、ある特定の立場に深くかかわり、ほかの人びとに対して批判的だった。キリスト教そのものを完全に否定した人びとについての証拠はあまりないのだが、そういう人びともいたように思われる。そうした見解を持っていることが明らかになって訴追された場合、人びとは証拠を残すことを避けたはずである。たしかに、魔術あるいはオカルト的な実践は相変わらず存在したし、伝統的キリスト教の神秘的な要素が、ときには誤って魔術的な意味を帯びることもあった。このように、幅広い宗教活動が存在し、熱心に実践されていたという事実は、これらすべてがたかだか五〇〇万人の人口のなかでのことだったことを考えれば、この時代が著しく宗教的な時代であったことを示している。にもかかわらず、これらの活動は個々人の文脈に即して考える必要がある。すなわち、信心全体は、実際には多くの非常に多様で複雑な諸個人からなっているのであり、彼らを、そのあたりを歩いている平均的な男あるいは女というかたちには単純化できないのである。

中世後期の信心については、ジョン・ウィクリフについてもう少し言及しておかねば十分なものとはいえない。彼は、中世後期にイングランド教会が生んだおそらくもっとも影響力のある人物だったし、イングランドから発し、当局によって訴追されることになる唯一の異端運動をその追随者とともに始めた人物だった。ウィクリフは一三三〇年前後におそらくヨークシァで生まれた。彼はオクスフォード大学で学び、聖職者に叙任され、その後の人生のほとんどすべてを同大学で教師として過ごした。一三八一年にレスターシァのラターワースの教区司祭として引退し、そこで三年後に死んだ。彼は、当時のイングランドにおける指導的な哲学者だったが、彼が現在も知られているのは、おもに、彼が教会と袂を分かったためである。その始まりは、聖職者の法外な蓄財、司教や司祭が握る政治的権力などの教会に見られるさまざまな悪弊に対する批判だった。しかし、ウィクリフはさらに数多くのキリスト教の教義自体——とりわけ聖体拝領やその他の秘蹟と教会の権威に関する教義——に対する批判を続けたのである。この教義に関する批判こそが彼の公的な断罪を招いた。もっとも、この断罪にもとづいた具体的な措置は、彼の死後までとられなかった。ウィクリフは聖書の重要性を強調し、聖書の英語翻訳を促した。ただ、現在では、後に作り出された英語版聖書には直接関与はしていなかっただろうと考えられている。彼は、のちにロラードと呼ばれるようになる一群の支持者に取り囲まれていた。ロラードというのは蔑称だった（この語 lollard は明らかにオランダ語のロレン（lollen）、すなわち「もごもご言う」という語から派生しており、放浪者あるいは宗教的変人を意味していた）。当初、このウィクリフの支持者はほとんどオクスフォードの教授たちだったが、彼の存命中に彼の影響力はさらに幅広いものとなっていた。後にこの運動はイングランドの大部分に、さらには社会のほとんどあらゆる階層に広がった。しかし、支持の度合いは大幅に異なり、彼らはつねに少数者に留まった。ロラード派は、サー・ジョン・オールドカスルによって率いられて反乱に巻き込まれたが、失敗に終わり、その後この運動は直接的な影響力を失った。しかし、一四九〇年頃以降、小規模ながら復興を遂げたとする証拠が存在する。

ウィクリフおよびロラード派は、当時の教会の強さと弱さの両方を示している。イングランドの教会がウィクリフを断罪するのをためらったという事実は、当時それを受け入れるだけの寛容さがまだあったこと、そして現在考えられている以上に多様な見解が正統的教義の枠内で受け入れられていたことを示している。実際、一四〇一年にウィリアム・ソートリーがロラード派からの最初の殉教者となったとき、それは、一二四六年以降で最初の異端の罪で処刑されたイングランド人だったのである。これは注目に値する年月の隔たりであり、同時期の他のたいていのヨーロッパ諸国とは対照的に寛容であったことを示すという点で、イングランドはこの事実を誇るべきだろう。イングランドはずっと後に、まさに宗教的寛容さという点で高く評価されることになったが、すでに中世に起源があったというわけである。しかしながら、ウィクリフと多くのロラード派の人びとの攻撃は執拗で過激なものとなり、度を越してしまった。そして不幸なことに教会当局は反対方向に過剰に反応してしまった。一五世紀および一六世紀初頭において一〇〇人以上のロラード派の人びとが火刑に処され、ウィクリフの支持者と反対者とでは、宗教的な見解はほぼ二極化してしまった。これは、健全な改革や新しい動きが、教会当局によって十分に促されない、あるいは大目にさえ見てもらえないことから、宗教生活のある種の沈滞を招いた。本章で述べたさまざまな宗教的活動の大部分は、地方あるいは個人の主導が発端となったものであって、改革のために公的に組織されてはいなかったため、なおさらそうである。ウィクリフは、一六世紀におけるイングランド宗教改革の直接の要因ではなかったが、間接的な役割を果たした。彼の極端な見解を受け入れたのは比較的少数にすぎなかったが、世論の全体的な雰囲気は、彼が述べた内容に影響を受けたのである。そうした意味で、彼は土台を準備した、イングランド宗教改革の「あかつきの星」といえるだろう。

この章を締めくくるのは難しい。中世後期イングランドにおける信心は、多様で複雑な現象であり、しかもここでは長期にわたる時代を扱っている。少なくとも本章では、それが多様で複雑であることを明らかにしたし、物事を単純化しようとすれば、その時代の人びとを平凡でつまらない存在に見せてしまうことになる、ということもはっきり示したつもりである。以下、歴史家による研究と彼らの論争に見られる近年の動向をいくつか指摘して、本章を閉じたい。もっとも古い論争のうちのふたつは、イングランド教会の独立性をめぐる論争と、中世後期にあったとされる堕落が宗教改革を引き起こし、改革を正当化したのかどうかという論争である。ときにこれらの論争は、プロテスタントの歴史家とローマ・カトリック側の歴史家が、それぞれの宗教的立場に有利な歴史を書こうとする意図を込めていたため、かなりの偏見・先入観に満ちたものだった。しかし、近年の歴史家は両方の論争の議論の幅を広げてきた。

まず、第一のイングランド教会の独立性をめぐる問題については、イングランドの人びとにとって、教皇権以外にも、西方キリスト教世界全体、地域、都市、農村、教区というように、数多くの判断の基準や忠誠心のよりどころが存在したことが強調されている。したがって、教皇権との関係だけに注意を払いすぎることは、当時の状況をゆがめて理解することになる。第二の宗教的堕落の問題については、教会制度内には堕落した部分が存在していたが、民衆宗教という点では著しく活気に溢れた状況があったことが示され、したがって、一六世紀のイングランドの宗教は、宗教改革と対抗宗教改革のいずれも、中世後期の宗教に対する反発であるのと同じほど、中世後期の宗教のなかに起源をもち、そこから生まれてきたと見なければならない。ほとんどの歴史家は、一四世紀のイングランドについてのウィリアム・パンティンの評価に同意し、それを一五世紀から一六世紀初期にまで当てはめようとするだろう。すなわち、パンティンによれば「この時代のすべての欠点や醜聞——しかもそれは多かった——にもかかわらず、この時代は、同時に深く宗教的な時代だった」のである。実際、ほとんどの歴史家は、ほかの多くの中世後期のヨーロッパ諸国よりも、イングランドの教会はずっとまともな状態であったと認めるだろう。たとえば、枢機卿ウルジーは、その不道徳さと明らかに特権を濫用したという点でイングランドにおいては例外的な人物だったかもしれないが、彼のような人物は、同時代のフランス、ドイツ、イタリアではきわめてありふれた存在であっただろう。

最近の歴史家のもうひとつの動向は、教会の制度的側面から離れ、近年の優れた歴史家エイモン・ダフィが「伝統的宗教」と呼ぶ、民衆宗教の研究へと向かうものである。これは「外的」宗教よりも「内的」宗教を探ろうとする試みであり、通常は教会史に対する「下から」のアプローチをともなっている。「下からの」アプローチというのは、司教や教会当局といった制度的教会から始まる初期のキリスト教とは異なって、草の根レベルの普通のキリスト教信者から始め、普通の信徒にとって中世後期の宗教が持っていた意味を探り、多少なりとも、そこから信者の信仰を推し測ろうと試みる方法のことである。本章はこの潮流を反映している。しかし、本章ですでに言及したことではあるが、注意すべき点がふたつある。いずれの場合も、ふたつの局面があたかも対立項であるかのように、はっきりと線引きしてはならない。まず、中世後期イングランドのように、ほとんど読み書きができなかった人びとにとっては、信心とは、おもに外的に表われる宗教的な行為であり、それらを超えた、あるいはそれらと異質なものではなかったということである。つぎに、より古い、どちらかといえば聖職者側の宗教は、より新しい、どちらかといえば俗人の方を向いた宗教とは、たいていは相補的な関係にあったのであり、敵対していたわけではない、ということである。

中世後期のイングランドは、素晴らしい教会や司教座聖堂という遺産のかたちで現代の私たちの前に今なお存在しているが、現代人の心には、「未知の世界」のままの部分もある。幅広い領域における精神の働きと高い知的・文学的・神秘的・芸術的成果を兼ね備えた、この多様で豊穣な世界の精神をふたたび捉えることは、私たちの感受性にとってもひとつの挑戦である。しかし、この時代が残してくれた精神と遺物について熟考するとき、その価値を疑う者は誰もいないだろう。

第5章　中世のウェールズと宗教改革

グランモア・ウィリアムズ

ケルト教会

あらためていう必要もないことだが、キリスト教は、ウェールズ人の始原的ケルト文化遺産のいかなる一部分でもなかった。キリスト教は、ローマ帝国の商人と兵士たちによってグレート・ブリテン島に持ちこまれたのであり、ローマ帝政期には、都市の宗教にとどまっていた。そして、ブリテン島のなかでも、ウェールズには都市はほとんど存在していなかったのである。ローマ帝国が衰退し、ローマの兵士たちはブリテン島を去ったが、キリスト教は間違いなく生き残った。その証拠は、カエルウェントといったローマ都市や、スラントウィット・メイジャーに残るローマ風邸宅の考古学的な記録、そしてオーセールの司教であった聖ゲルマヌス（三七八頃～?四四八年）の伝道の記録に見ることができる。聖ゲルマヌスは、五世紀にブリテン島にやって来て、この地の出身である異端ペラギウスの追随者たちを見つけるや彼らと戦い、圧倒的な勝利をおさめた。ほかにも、五世紀に著作をものしたブリテン島生まれの者のなかで、その著書が現在にまで残っている唯一の人物であるギルダスは、自著のなかで、読者がキリスト教徒であることを前提として語りかけている。そうした読者のうち、とくに支配階級の人びとは、たとえ著しく罪深く、異教徒のような行ないをしていたとしても、基本的には、すでに長いあいだキリスト教徒だったのである。

それにもかかわらず、ウェールズの人びとの宗教史において、もっとも目を引き、長い期間にわたって生き延びた特徴のひとつは、「ケルト的キリスト教」がウェールズの人びとに対して及ぼした深い衝撃である。これは、五世紀から七、八世紀にかけてウェールズ人のあいだで活躍した「ケルト聖人」たちの活動の遺産だった。熱狂的にあちこちを回りながら伝道した彼らは、主には修道士だったが、当時ケルト諸語を話していた地域——アイルランド、スコットランド西部、マン島、イングランド北部の一部、ウェールズ、コーンウォール、それにブルターニュ——とかかわりを持っていた。これらの地域の大部分は、今日でもそのほとんどがケルト的な地域とみなされている。巡回説教者・伝道者として修道士たちが与えた刺激こそが、キリスト教信仰を人びとのあいだに大いに広げ強めた要因であった。彼らは、すでに存在していたキリスト教の伝統を継承しただけではなく、フランスを経由してブリテン島に広がった東方キリスト教での禁欲の理想を自分たちのただなかに導入したことによって、輝くような刺激を受けたのである。それは、宗教的、文化的な輸入であり、その存在は考古学的調査によって東地中海起源の高品質な陶器が見つかったことで確認できる。同じキリスト教徒の仲間たちが、異教を信じるアングロ゠サクソン人たちの圧力を受けるようになっていたブリテン島の一部地域から、西に向かって移動しつつあった。「ケルト聖人」たちの動きは、こうしたキリスト教徒の到来によっても強められたかもしれない。たしかに、異教を奉じ野蛮なアングロ゠サクソン人たちに対して、自分たちはキリスト教徒として優越しているのだというブリトン人の強烈な意識は、以後長く存在し続けたのである。

ケルト聖人たちに関する情報は乏しく、不確かなものである。彼らの事績を詳述するのが目的であると称する聖人伝は、ブルターニュに位置するドルの聖サムソンの七世紀の伝記など一、二の例外を除けば、彼らの死後、五〇〇年から六〇〇年たつまで文字で記録されることはなかった。聖人伝のなかには、フラガヴァルフ（一〇五六～一〇九九年）が著わした『聖デイヴィッド伝』のように、口承によって数世紀にわたって伝えられた初期の情報の断片を含んでいるものもあるが、そのなかには、あまりにも多くの伝説や奇跡譚や聖人伝的神話譚が散りばめられているため、どれが聖人たちの本当におこなった事績なのかはっきりさせるのは極度に難しくなっている。幾人かのケルト聖人たち、とくに、聖イスティッドあるいは聖ダヴリックといったウェールズ南東部の聖人たちは、学問を積んでいたという伝承に結びつけられている。聖カドックと聖デイヴィッドといった少数の聖人はよく知られ、広く崇敬されていた。数多くの教会がこうした聖人のために建てられていたが、そうした教会はウェールズ以外のケルト地域にも見られた。それに比較すると、そのほかの聖人たちの人気はもっと地域的に限定されていた。往々にしてその聖人のために建てられた教会は一箇所しかなく、この聖人の記憶は、その教会を中心とした場所でのみ伝えられていたのである。そのような聖人の例として、聖クラソをあげることができる。彼は、今はスラングラソという地名でしか記憶に残っていない。しかし、こうした地方の聖人たちは、それぞれ崇敬される範囲は小さくても、全体としてみれば広範囲にわたる人気を誇っていた。それを強く印象づけるのは、「教会」を意味するスラン（Llan）という要素が、その教会が捧げられた聖人の名前と組み合わされている古いウェールズの地名であり、非常に数多く存在する。たとえば、スランデイロ（Llandeilo）は「聖テイロ（Teilo）の教会」という意味の地名であり、スラントリサント（Llantrisant）は「三人の聖人の教会」を意味する。これらの地名すべてが、それぞれが記念する聖人の生きていた時代にまで遡るわけではなく、その多くは、当該の聖人たちが死んだ後になって付けられたものである。すなわち、中世という時代において、ある教会がある聖人に対して献堂されていたとしても、ある時点で、別の聖人に対して献堂し直されることはありえた。教会と聖人との関係は不変ではなかったのである。しかし、このような地名の命名のしかたが、聖人に人びとが惹きつけられたことを示していることに変わりはない。聖人の人気は、中世を通じてのみならず、その後も生き残ったのである。これらの地方聖人は、正式に列聖されて教皇権によって認められたものではなかったが、彼らは、指導力や高い精神性、そして奇跡をおこなう力にもとづいて、尋常ではない聖性を有する存在としての輝かしい評判を得ていた。

こうした地方の聖人の多くは、修道士のような生活様式を選んでいた。五世紀以降、修道規則に従って生活していた人びとがいたことを示す信頼できる証拠が存在する。修道院的なものの数は、五五〇年頃から六五〇年までの間に大幅に増加したようだ。この時期は、人びとが国外に旅して、新しい地域に新しい教会を創設する動きが特徴であった。熱心な者たちのなかには、しばしば、ペンブルックシァの海岸の沖合にあるコルディー島や、アングルシー島の沖にあるセント・サイアリオル島などには、隠修士のように独居するか、あるいは仲間たちと小グループで住む者がいた。非常に早い時代から、一一世紀にフラガヴァルフが著わした『聖デイヴィッド伝』にいたるまでの時代にかけての史料で現在まで残っているものは、こうした人びとの多くは、共住しているかどうかにかかわらず、質素な生活と自己犠牲を重んじていたことを示唆している。これらの初期の修道士たち、とくに隠修士たちの禁欲的な理想は、キリスト教徒の完徳の鑑として、何世紀も後も掲げられていたのである。五世紀あるいは六世紀以降、長いあいだ、ウェールズの教会において修道院が重要かつ顕著な役割を果たしていたことを疑う余地はない。たしかに、アイルランドと比べると、ウェールズの修道院の役割の重要性はいくぶん低かったが、それでも、ほかの数多くの国において修道院が果たした役割と比べると、その重要性が高かったことは確かである。

しかし、修道院的要素が重要であったにもかかわらず、司教の影響力と権威が発揮される余地も相当に大きかった。セント・デイヴィッズ修道院やスランデイロ・ヴァウル修道院といった指導的地位にあったいくつかの修道院には、修道院長がいただけではなく、その修道院の所在地を管轄する司教も居住していたのである。「修道院のなかに、司教座を置くことは、不適当なことではなかった。とくに九世紀から一〇世紀までには、司教座と修道院のあいだには何らの区別もなされていなかったからである」とウェンディ・デイヴィス教授が述べるとおりである。大陸ヨーロッパおよびイングランドでは、グレゴリウス改革以降、司教と司教に管轄される在俗聖職者が妻帯することはしだいに難しくなったが、ウェールズではその時期においても妻帯は通常のことであり、聖職者の結婚は、それが宗教改革によって法的に許されるようになる前でも一般的であった。ウェールズの聖職者のあいだでは、ノルマン征服以前には、聖職者である父親の聖職禄を相続権によって息子が相続、あるいは世襲することはめずらしいことではなかった。もちろん、偏見を排するために触れておくと、セント・デイヴィッズ司教スリエン（一〇一一～九一年）の一族やスランダフ司教区のスランカルヴァン家のように、教会内の地位だけでなく物質的な富も備えた、いくつかの聖職者の家系は、評価に値する学識と人柄を兼ね備えた人物を連綿と輩出していたのである。

これらの司教たちが治めた教会行政組織とその管轄範囲がどのようなものだったかは簡単にはわからない。ノルマン征服以前に存在した司教区の数すら明らかではないのである。ウェールズ南部だけで、多ければ七つの司教区が存在したかもしれない。そのなかには、セント・デイヴィッズやスランダフだけでなく、前述のスランデイロ・ヴァウルやスランバダルンのような中心地も含まれる。しかし、ウェールズ北部については、ノルマン征服以前にも存在した痕跡のある司教区は、これまでに、バンゴルとスランエイル（後のセント・アサフ）というふたつしかない。後述するアサーの著作やそのほかの著作に見られる若干の証拠によれば、セント・デイヴィッズの歴代司教は、それ以外の司教区の司教たちと比べると、とび抜けた存在だった。とはいえ、それは、セント・デイヴィッズが制度的に保証された大司教区を成していたということではなかった。セント・デイヴィッズは、司教区としては同等であるが、そのなかでより大きな名誉を与えられていたにすぎない。ノルマン征服以前のほとんどの期間において、司教と当該司教区でこの司教の権威を認める聖職者たちとのつながりは、聖人たちがその多くを創設した「母」教会と、その同じ聖人か聖人に従った者のひとりが後に創設した「娘」教会とのつながりというかたちをとっており、この「娘」教会は「母」教会に対して依存関係にあった。したがって、たとえば、グラモーガンの数多くの教会は、聖イスティッドによって創設されたスラントウィット・メイジャー〔「聖イスティッドの大教会」という意味に由来する地名〕の教会を「母」教会と認めていた。また、ウェールズ中部のほかの教会は、聖パダルンが創設したスランバダルンの教会を「母」教会として仰ぎ見ていたのである。さらに、ウェールズ北西部の教会は、クランノグにあった聖ベイノの教会の「娘」教会という位置づけであった。

しかし、「ケルト」時代の終わり、すなわち一〇世紀から一一世紀までに、司教区の体制は、「母」教会対個々の「娘」教会というかたちから、より領域的な組織へと徐々に移行していった形跡が見られる。数多くの修道院は存在し続けはしたが、いまや、それらを覆う司教の権威のもとに置かれることになったのである。

　よく知られた大きな教会のいくつかは、聖域を求めて逃れてきた人びとに対して大幅な保護《ナウズ》権を行使していた。彼らは、熱心にそうした権力を振るい、守ろうとしたのである。というのは、それらは、世俗権力と競うにあたって彼らが手にしていたもっとも有効な武器だったからである。たとえば、『聖デイヴィッド伝』によると、聖デイヴィッドの保護は「あらゆる強盗、殺人者、罪人、そして聖デイヴィッドに捧げられた土地が位置するあらゆる王国とあらゆる地域において、あちこちへ逃げ回るあらゆる人に適用されるべき」ことを、ブリテン教会の全司教が認めているというのである。さらに「いかなる王も長老も総督も、司教や修道院長や聖人でさえ、聖デイヴィッドに優先して保護を与えることはさせてはならない」とも付け加える。こうした権威は、ケルトの聖人たちの何人かが、彼らの敵を呪う強力な力能を有していると考えられていたことと堅く結びついていた。たとえば、聖カドックは、地面に強盗を飲み込ませたとか、あるいは、グウィネッズ王フリンとその部下たちを盲目にしたと信じられていたのである。

この暗い時代に教会がどの程度学問の伝統を維持できたのかについて確実にいえることはほとんどない。しかし、無知な俗人や、八世紀から一二世紀の多くの指導的教会に荒廃をもたらしたスカンディナヴィアからやってきた侵略者たちの野蛮な猛襲といった、あらゆる有害な圧力にもかかわらず、学問の成果の一部は守られていたことを示す証拠は残っている。本章で扱う時代の初期に、博識だった聖イスティッド（四七五〜五二五年頃）は、ウェールズ南東部に位置するスラントウィット・メイジャーに有名な学校を設立した。この南東ウェールズ地域は、ローマ帝国の文明化の非常に強い力の影響下にあった。聖イスティッドは、いかなるブリトン人よりも、旧約聖書と新約聖書、それに他のあらゆる種類の学問と文芸についての深い知識を持っていたといわれていた。そして、近隣のみならず遠方からも学問の弟子を引きつけることに成功した。たとえば、ドルの聖サムソン（四八五頃〜五六五年）や六世紀に活躍したギルダス、そしてひょっとすると、前述のグウィネッズ王フリンの父であるグウィネッズ王マエルグン・グウィネッズ（五四七年頃没）なども聖イスティッドの弟子に数えられる。このように、ウェールズ南東部は例外的な水準にまで達したが、ウェールズ南西部の教会や修道院はそうではない。ただ、そうだとしても、ウェールズ西部出身で、セント・デイヴィッズ司教の息子だったアサー（九〇九年没）が、イングランドのウェセックスの王であるアルフレッド大王の宮廷の学問水準を引き上げるために招かれたことは忘れてはならない。同様に、ウェールズ北西部のグウィネッズの聖職者たちは、アイルランドや大陸の学者たちと密接な連絡を維持していた。こういったセント・デイヴィッズ司教スリエンの一族のような名家が達成した知的な成果こそが、意気阻喪させるような困難な文化状況にもかかわらず、ウェールズの教会において学問の高度な伝統が当時の最良の聖職者たちによって命脈をつないでいたことを印象的に示す証拠である。

ラテン語およびウェールズ語で書かれた文芸と教会とのあいだには深い関係があったが、これは驚くべきことではない。今日まで残っているウェールズ語で書かれた最初期の作品として、ウェールズ人聖職者によって著わされ、聖三位一体に捧げられた『エングラニオン』（四行連詩）がある。これは、一〇世紀の写本（ユウェンクス写本）〔現在ケンブリッジ大学が所蔵しマタイの福音書を叙事詩にしたユウェンクス（四世紀）の著作を含む〕から見つかったものである。また、一〇世紀の古ウェールズ語の予言的な詩である『アルメス・プラダイン』は、ウェールズの同胞に対して、聖デイヴィッドが愛国的統一と宗教的熱意の焦点であると訴えている。彩色写本やそのほかの初期キリスト教芸術の例は比較的稀だが、イングランド、スタッフォードシァのリッチフィールドにある聖チャド教会で見ることができる『聖チャドの福音書』がウェールズと関係していることは間違いない。この種のもののなかでももっとも重要なのは、四五〇から五〇〇個ある初期キリスト教時代（五世紀～一一世紀）の石碑である。五世紀から六世紀初期のものは、ラテン語のアルファベットとローマの文体の影響を示しているが、なかには、オガム文字〔古アイルランド語の碑文字〕のアルファベットとアイルランドの様式で作られているものもある。九世紀から一一世紀の石碑は、彫刻をほどこされた高い石の十字架であり、幾何学的なパターンと入念な石彫がケルトの人びとに好まれたことを示している。ただし、それらも、アイルランドに渡ったサクソン人の様式の影響と無縁というわけではない。

現在まで残っている証拠が乏しいので、人びとのあいだに広がっていたキリスト教の信仰および実践がどのような性質のものだったのかを見定めるのはたいへん困難である。同じキリスト教といっても、どの部分が強調されていたのかは、数世紀の間に大幅に変化したことは確かである。また、ウェールズの地域ごとに宗教的態度にはっきりとした違いがあった可能性もある。たとえば、ウェールズのなかでも南東部はほかの地域と比べて、隣接するイングランドの諸地域との関係がはるかに密接であった。それとは反対に、ウェールズ北部のグウィネッズでは、アイルランドやアイルランドの聖職者と密な繋がりを保つ傾向があった。しかし、キリスト教信仰および慣習について一般化できるかぎりでいえば、おそらく以下のような特徴を強調できるだろう。

教会が人びとに与えることができたもののなかでもっとも魅力的であったのは、信じる者たちに対して、地上における短い生において困難と不確実性に悩まされていても、永遠の命という報いが与えられると約束したことである。前述したユウェンクス写本の『エングラニオン』は、これについての神の力を生き生きと描写しており、その神の力は、教会によって仲介されるものとして描かれている。

「この世界は、明るい旋律の歌で表現することはできない。たとえ、草木が『ああ、真実なる主よ』と歌うとしても。……この世の驚異をなされた神は、私たちを救うであろう。いや、救われたのである。聖なる三位一体を賛美することができないほどの苦労などは存在しない」。真のキリスト教徒を特徴づける道徳的な特質はますます強調されている。そうした道徳的特質の代表的なものとして、人類の三つの枢要な敵である、この世と肉体、そして悪魔によって引き起こされる大罪に抵抗すること、キリスト教徒の中心的美徳である献身と謙遜と愛を身につけることが挙げられる。これらが、聖人伝に描かれた聖人のような信仰の英雄が示したとされる賞賛すべき特質だった。聖人伝が書き記されるようになった一〇世紀から一一世紀までもそうだったが、同じ特質は、その後の一二世紀から一三世紀の宮廷詩人たちや、一四世紀から一六世紀にかけてカウィッズという〔子音反復を主とする〕詩型を用いた詩人たちが書いた作品でも強く強調されることになるだろう。

民衆信心において圧倒的な存在であったのは、聖人たちだった。ほかのヨーロッパの国々と同じようにウェールズでも、聖母マリア、使徒ペテロ、大天使ミカエルといったキリスト教においてとくに有名な存在はよく知られていたが、ウェールズの人びとの心にとりわけ大きな位置を占めていたのは、聖デイヴィッドや聖ベイノあるいは聖カドックといったウェールズ独自の聖人だった。そのほかに、その地方の外ではほとんどその存在すら知られていないような聖人たちも数多くいた。世俗の英雄たちや半神半人といった存在に重きをおき、国を守り導くにあたって、彼らの超人間的な能力に頼っていた時代には、キリスト教教会が、神によって特別に祝福され、神から奇跡的な権威を与えられ、教会のために戦う人びとである聖人を生み出したとしても不思議ではない。ローマ帝国の崩壊後の残骸から、ウェールズの人びとの未来が形づくられようとしていた時代に、そのような聖人は、通常、王家あるいは貴族の末裔であり、世俗の英雄たちが示すのと同じ高い指導力と不屈の精神、そして堅い決意を持っていた。聖人たちは、自らの才能を人である王にではなく、天の王である神に用いられるために差し出したという点で、世俗の英雄よりも上位に立っていた。神は、聖人たちが自らを差し出した見返りに、彼らにことのほか目をかけている印として特別な力を与えてくれた。聖人たちは、神に与えられた能力を用いるとき、自分たちを敬ってくれたウェールズの人びとを思い起こしたことだろう。

聖人の超自然的な力は、本人が死んでずいぶん経った後も、彼がその聖なる人生で愛した場所に生き続けていると信じられていた。聖人に結びつけられる聖遺物は、その保管場所では強烈な自慢の種であり、崇敬の対象となった。とりわけ、聖人の遺骨は聖遺物のなかでも重要視された。聖カドックの遺骨には、奇跡をおこない、悪魔を追い散らし、広範囲にわたって豊作と多産をもたらす力があると考えられていた。聖人の遺骨は、当該の教会が「人びとの魂の救済にかかわる権威を持っていることを証明するもの」

であっただけでなく、その聖人が「死後も存在し続け、彼が属していた共同体とその所有物を守っていること」を示すものであった。すくなくとも六世紀という早い時期から、ギルダスの証言によって知ることができるように、聖遺物を収め保護するために特別な礼拝施設が作られており、そうした施設は関連づけられていた教会そのものよりも重要な存在になった。一般の男女の多くが、自分たちの死後、聖人の御利益にあずかることを望み、聖人の発する聖性にできるだけ近い場所に葬られたいと望んだのは、驚くべきことではない。アングルシーのベデデルン近くのアルヴリンといった場所でおこなわれた初期の聖地の発掘調査によれば、焦点となる中心部の周囲に埋葬が非常に数多く集中している。聖人の遺骨だけが敬意を持って保存されたわけではない。聖人に密接にかかわるもの、たとえば、ベル、司教杖、祭壇、泉や書物でさえ大切に秘蔵された。聖カドックのベルは、ギルダスによって作られたといわれているが、スランカルヴァンに保存されており、ギルダスが作ったというもうひとつのベルは、スラントウィット・メイジャーで保管されていた。このふたつのベルには、ともに超自然的な力が備わっているとされていたのである。バグランで保管されていた司教杖の真鍮の頭部は、一六九〇年になっても、「病人に驚くべき効果を示す聖遺物」であったと、当時の有名なウェールズ人学者、エドワード・スイドは記している。聖人と結びつけられていた聖なる泉も、数世紀の間、弱った肉体を癒したい人びとに頼りとされてきたし、ホーリーウェルの聖ウィニフリッドの泉には今日でも巡礼を集める魅力がある。

聖人と聖遺物との関連において聖なる場所とされたそのような場所が、数多くの人びとをひきつけたのは当然のことである。彼らは、聖人の記憶を崇敬するため、自分たちの肉体と精神の健康を求めて、あるいは奇跡を目にしたいという好奇心や欲望にかられてやってきた。熱心な人びとが、エルサレムやローマといったはるか遠くのキリスト教にとって重要な記念すべき場所へと巡礼の旅をするのは珍しいことではなかった。伝承によれば、聖デイヴィッドがおこなった巡礼行のなかでもっとも有名なのは、エルサレムへの巡礼行である。聖デイヴィッドは、エルサレムで、エルサレム総大司教によって司教に任じられたと信じられていたのである。しかし、それほど熱心ではない信仰者にとっては、それ以外にも、セント・デイヴィッズやバードジー島といった、比較的容易に行くことができる巡礼地あるいは特別な礼拝施設があった。こうした所は、何千もの聖人の埋葬地として神聖な場所とされており、非常に多くの巡礼者を引きつけたのである。

ウェールズでは、ノルマン人の来襲後となる一二世紀までは、教区制がしかれていなかったようである。しかし、ウェールズでも、低地のより人口の多い地域では、コーンウォールと同じように、ノルマン時代以前に創建された教会が相当数存在していた。おそらくこれらの教会が一二世紀に教区を司る教区教会へ転用され、ウェールズに教区制が全面的に導入されたのである。この初期の時代に、これらの教区教会に仕えた司祭たちと、その土地の人びととの関係について確かなことを述べるのは難しい。司祭たちは、教区の人びとに対してどの程度の司牧あるいは指導をおこなったのか、そして教区の人びとは、どれほど頻繁にあるいは規則的に教区教会での礼拝に参加したのか、といったことを示す証拠はほとんど残っていないからである。しかし、聖職者は幼児洗礼を授け、死者を葬るように配慮していたようである。幼児の洗礼と死者の埋葬は、司祭の仕事のなかでもっとも重要なものと考えられた二大要素である。また、施しを与え、贖罪の業をおこなうことの必要性が相当に強調されたようでもある。しかし、少ない人口で、しかも散居し、貧しく、文字を読むことができず、度重なる内紛のみならず外部からの来襲や侵略や攻撃にもさらされていたウェールズの人びとが「集団的キリスト教徒」だったということはできるだろう。「集団的キリスト教徒」とは、邪悪なものから自分たちを守り、死後の世界における自らの救いを確かなものとするのに必要なすべてをおこなうために、自分たちがより頼みとする聖人たちの力と、自分たちの聖職者が執りおこなう典礼に信を置いた人びとである。

ウェールズのケルト的キリスト教全般に見られる態度として、ほかにもいくつか特徴があった。それらに焦点を当ててみよう。第一に、ウェールズ人は、キリストの直弟子である使徒の時代、すなわち非常に早い時期にキリスト教に改宗し（彼らはそのように考えていた）、自分たちのキリスト教がイングランドとは別個にもたらされたことに揺るぎない誇りを抱いていた。彼らは、このふたつの「事実」をウェールズの人びとの祖である初期ブリトン人に対して神が与えた好意の明らかなしるしとみなしていたのである。第二に、彼らは、イングランドで非常に長いあいだ異教の野蛮人のままでいたアングロ＝サクソン人の伝統とは対照的に、土着民としての自分たち、すなわちブリトン人の伝統の優越性を強く信じていた。第三に、彼らは、自らの過去を、自分たちのなかから生まれた聖人たちの栄光ある偉業に結びつけた。そうした聖人の聖性と超自然的な偉業の記録は、ウェールズのさまざまな地域の歴史と民話と伝説に堅く編み込まれていった。第四に、ウェールズの人びとは、神が自分たちのためにとっておいた、ある大きな聖なる使命を果たすべく、神の手によって守護されているという希望を抱き続けた。ノルマン征服後の数百年間、彼らのこうした信念は苛酷な力で浸食されることになった。しかし、弱体化し変化した面もあるが、この信念は、たわめられながらも砕けることなく、中世の終わり、さらにはそれを越えて生き延びたのである。

ノルマン征服と中世の教会

一一世紀末以降、ノルマン人たちはウェールズの諸地域を蚕食しはじめた。そのとき、彼らは、当然のことながら、自分たちの勢力拡大のために、教会を支配しようとした。ウェールズの教会は、いまだに著しくケルト的な教会体制として性格づけられており、その規律と諸制度はノルマン人に親しみのあるものとは相当異なっていると感じられた。侵略者であるノルマン人にとって、これらは、どうしようもない場合を除いて、許容することができない状況だったのである。ノルマン人が慣れ親しんでいたのは、ノルマン人戦士や貴族出身の司教たち、そしてグレゴリウス改革を主導していた教皇権による教会改革の刺激を受けていた修道院の、上流階層出身の修道院長たちが指導する教会のあり方だった。そして、ノルマン人は、自分たちのことを、実際的であるが同時に敬虔だと考えていた。彼らはしばしば残忍かつ世俗的であったが、そうした自分たちの好戦性と教会を支配下におく政治的必要とを、教会改革の導入という体裁の良い使命感に包み込むことができたのである。

ノルマン人の領主たちは、個々に、ウェールズの南部と東部――すなわち、ウェールズとイングランドとの「境界」地域――を少しずつ征服しつつあったが、教会に自分たちの力を及ぼす必要を認識していたのは、そのような領主たちだけではなかった。彼らの背後には、ノルマン人であるイングランド王やカンタベリ大司教がいた。彼らは、ウェールズの教会を自分たちの影響下に置くことの戦略的重要性に、少なくとも気づいてはいたのである。

ウェールズの教会を完全に従属させてゆくプロセスの第一歩は、ウェールズの司教たちの選定にあたって主導権を得て、カンタベリ大司教への忠誠を確保することだった。それまで、ウェールズの司教たちはカンタベリ大司教の権威からは独立していたのである。しかし、一一〇七年に、イスランダフ最初のノルマン人司教であるウルバヌスは、イングランドの主席司教であるカンタベリ大司教に忠誠誓約をおこなうようはじめて促された。これは、将来にわたる前例をつくった決定的な一歩だった。一二世紀中葉までに、ウェールズの四司教区のすべての司教たちが、同様の忠誠誓約をおこなうよう圧力を加えられることになった。こうして、ウェールズの教会をイングランド王とカンタベリ大司教の支配下に置くための、最初の決定的な一歩が踏み出されたのである。これは、ウェールズの教会と人びとにとって、重要な帰結をはらんだ変化であり、その広がりと規模において、一六世紀のプロテスタント宗教改革や一八世紀のメソディストの信仰復興運動によってもたらされた変化にも匹敵する。

新たに選ばれた司教たちは、それぞれの司教区の組織と財産と規律に、広範囲にわたる変化を導入した。司教の権威は、前述のように、かつては司教とそれぞれの教会とのあいだで個別的に結ばれていた「母－娘」関係にもとづいて行使されていたが、これを大きく変えて、司教の権威は、地理的境界を明確にし、領域的に区分された司教区内で、一律に行使されるようにしたのである。これは、競合する司教たちのあいだで、所有権および管轄権をめぐる激しい議論と紛争なしには達成できない戦術だった。こうして、新しい領域として定義された司教区のなかで、そのほかの教会組織の境界がはじめて設定されることになった。司教区をいくつかに区分けした地域監督区《ルーラル・ディーン》や助祭長区が生まれた。地域監督区は、領域的には、世俗行政単位である郡《クムド》あるいは州《カントレヴ》に重なるものであり、助祭長区は、メイリオニッズやブラヘイニオッグといった以前の王国あるいは領域に重なるかたちで設定された。また、司教区の下位組織にあたる教区も新たに設定されたが、これは複雑で遅々とした過程をたどり、ウェールズ北部では一四世紀にもなってようやく完了した。これらの教区の聖職者（教区司祭や教区司祭代理）を支えるために、教会十分の一税がはじめて制度的に導入された。

こうした教会制度の再構築あるいは再組織化のなかで、ケルト教会のもっとも特徴的な部分はばっさりと切り捨てられた。ノルマン人にとって、教会がケルト聖人に捧げられているのは奇異で到底受け入れられるものではなく、それらを根絶し、自分たちに馴染みのある聖人たちに改めて教会を奉献し直そうとしたのである。さらに、ノルマン人は、彼らの到来以前のケルト教会でいう「母」教会に付属し、通常世襲によって引き継がれた参事会員団体（clas, 複数形は clasau）をできるかぎり解体しようとしたのである。この参事会員に割り当てられていた設立基礎財産は、ノルマン人たちの恩顧を得ていたイングランドや大陸の修道院に譲渡された。ウェールズ南西部に位置する教会は、かなり早い時期にノルマン人の支配下に置かれるようになっていたため、この影響を強く受けた。聖イスティッドによってスラントウィット・メイジャーに設立されたり、あるいは聖カドックによってスランカルヴァンに設立されたような由緒ある参事会は廃止され、その財産は、イングランドのテュークスベリやグロスターの大修道院の手に渡ったのである。

古いケルト的な参事会廃止のために取られた段階的措置は、大陸に広がっていたタイプ、すなわちラテン的な修道院をウェールズに導入することと密接に結びついていた。こうした修道院としてウェールズで最初に設立されたのは、ノルマン人の承認を受けた、イングランドか大陸の修道院の分院だった。これらは、チェプストウ、モンマス、ブレコン、カーディフといったノルマン人の領主権の中心をなす城塞にほど近く、ノルマン人化された地域の周縁に位置しているが、それはこれらの修道院が、ノルマン人のウェールズ支配の道具として、ほとんど城塞と同じ役割を果たしていたことを示している。これらの修道院はどれも、ベネディクト会則を守るベネディクト会修道院だったが、ウェールズ人の君公が短期間であったにせよ支配できた地域では、ひとつも存続することができなかった。ウェールズの人びとにとって、中世を通じて、ベネディクト会修道院とは、入植した異国人のものであって、そこの修道士たちはウェールズ以外から集められたのである。

このノルマン人による新たな領域支配組織にはもうひとつの目的があった。より厳格な教会規律の導入への地ならしである。その実効性を高めるうえで鍵となる教会の役職は、助祭長と地域監督だった。こうした教会職についた者は通常はウェールズの出身で、司祭や一般の俗人と直接接触する関係だった。しかし、彼らの任務は容易なものではなかった。任務を進めることは難しく、妥協と失敗はつきものであった。とくに彼らのつまずきになったのは、聖職者の独身制だった。ウェールズ人の聖職者の多くは、妻帯を禁じる教会法にもかかわらず、長年尊重されてきた慣習にしたがって、宗教改革の時代にいたるまで、妻帯を続けた。一六世紀ウェールズの司教でもっとも有名な人物は、カトリックのウィリアム・グリン（在位一五五五～一五五八年）、プロテスタントのリチャード・デイヴィス（在位一五六〇～一五八一年）だが、ふたりとも妻帯聖職者の息子であった。

ノルマン征服がウェールズの教会にもたらした恩恵もある。ウェールズの教会は、カトリック教会全体から孤立しがちな傾向にあった。以前は、ウェールズの教会は自律性をもっていたとしても、その代償として、停滞という危険を支払っていたのである。しかし、ノルマンの到来は、そのような孤立を解消し、ウェールズの教会を、大陸から勢いよく流れてくる新しい改革の流れにさらしたことは、決定的な意味をもった。後世への影響のなかでもっとも重要な点は、ウェールズの聖職者たちが、中世キリスト教の中心であったグレゴリウス改革によって刷新された教皇権と、それ以前よりもはるかに密接な関係を結ぶようになったことである。もっとも活動的で熱心な聖職者は、ウェールズ人であれノルマン人であれ、指導と助言を求めてローマへと向かった。ウェールズでの教会組織と教会統治の変容を下支えする原動力の多くはローマからもたらされたのである。

　ただし、ノルマン人がもたらした変化は深甚で広範囲に及ぶものだったが、彼らの到来以前から存在していたウェールズの教会の特質は、完全に埋もれてしまう性質のものではなかった。古いやり方は粘り強く擁護され、新しいやり方に対しては頑固な抵抗があった。たとえば、ウェールズの教会に対するカンタベリ大司教の監督権は、最終的にはウェールズで受け入れられることになったが、それは、それまでにウェールズの司教たちが享受していた自立性を保持しようとする、敵意に満ち緊迫した争いを経てはじめて可能となったのである。北部のグウィネッズ君公領では、これを治める世俗権力である君公は、オワイン・グウィネッズ〔グウィネッズ王〕（一一三七～一一七〇年）の例に倣って、バンゴル司教区を自らのものとみなし、カンタベリ大司教の権威が同司教区に及ぶことを認めたがらなかった。ウェールズ南部では、セント・デイヴィッズは大司教座とみなされるべきである、という主張がなされ、さらに深刻な論争の種となった。ウェールズのジェラルド（ギラルドゥス・カンブレンシス）は、ノルマン人の血を引く人物であったが、セント・デイヴィッズはウェールズの首府大司教座とみなされる権利があると主張した人びとのなかで、もっとも強力な論陣を張る人物として前面に出ることになった。彼は、一一七六年から四半世紀ものあいだ、セント・デイヴィッズの権利の尊重を訴える必死の訴えを続けた。結局、この運動は失敗に終わったのだが、中世でもっとも筆が速く、弁も立つ執筆家のひとりであるジェラルドは、その全力を尽くして、時節が彼の主張にとって順風であっても、逆風が吹いているときも、セント・デイヴィッズでもイングランドでも、王の宮廷でも教皇庁でも、聖職者にも俗人にも、自らの意見を訴えたのである。

　こうした抵抗に加えて、ノルマン人が教会組織の上層部の相当な部分を占めていたにしても、彼らは数のうえであまりに少数にとどまったので、ノルマン人たちは、草の根レベルの、そしてもう少し上層の地元生まれの聖職者を活用するという選択肢を選ばざるをえなかった。多くのウェールズの人びとは、最良の信仰のあり方にかなっていると思われる変化を受け入れることを嫌ったわけではなかった。なかでも教皇権を進んで認めたことは特筆されるべきである。それによって、ウェールズをもっと共感をもって扱うべきだという主張に対して教皇の支持を引き出すことに成功した。たとえば、一二七四年に、七人のウェールズ人のシトー会修道院長は、〔エドワード一世に対して反乱を起こした〕グウィネッズ君公ルウェリン・アプ・グリフィズへの支持を求める書簡を教皇グレゴリウス一〇世に送り、ある程度は成功したのである。

元来ウェールズ人の聖人に捧げられていた教会について、そのウェールズ人の聖人を崇敬対象から排除するか、もしくは格下げしたいというノルマン人の狙いについては前述したとおりである。これに対して、ウェールズ人はウェールズ人の聖人をなんとか保持しようと珍しく粘りを見せた。セント・デイヴィッド司教座聖堂は、聖デイヴィッドに奉献されていたが、ノルマン人はそれと並んで、聖アンドルー（アンデレ）を持ち込んだようである。しかし、巡礼地として人びとを引きつけ、愛国的な忠誠心を獲得し、勝ち残ったのは、ウェールズ人デウィ（聖デイヴィッド）であって、聖アンデレは人びとの信仰からはほとんど消えてしまった。同様にスランダフでも、その司教座も司教区も、完全にノルマン人の支配下に入ったが、そこで長期にわたって人びとを引きつけることになったのは、テイロ、ダヴリッグ、エイゾグウィという三人のウェールズ人の聖人に捧げられた聖堂だった。

大陸の形式で設立された修道院においてさえ、ノルマン人はすべて思うとおりにできたわけではなかった。ノルマン人が支援して創設したベネディクト会修道院が失敗に帰したのとは対照的に、シトー会は、ウェールズの人びとのあいだで顕著な成功を収めた。たしかに、シトー会がウェールズに最初に入ってきたのはノルマン人の庇護の下でのことだったし、ティンターン修道院やベイジングワーク修道院などごく少数のシトー会修道院は、つねに親ノルマンであった。しかし、シトー会という修道会自体は、ウェールズの人びとの目には、外国からの征服勢力とは映らなかった。城塞や都市の外縁にしがみついている、征服者の臆病な手下などとは違って、シトー会は、山や荒地といった人里離れた未開拓地を、とくに、ノルマン人の手が及んでいない、もともとウェールズの領主によって治められていた地域（pura Wallia）に求めて出て行った。シトー会は、荒地での隠棲と手を使った労働、厳しい規律と自己犠牲を強調したが、それらはケルト聖人の修道生活の無垢の理想を甦らせるものと受けとめられた。農業という面では、シトー会士たちとその土地の人びととのあいだには、これまで考えられてきた以上に大きな摩擦が存在していたが、それでも、シトー会が採用した牧畜による農業は、おおむね、ウェールズで広くおこなわれていた農業にスムーズに適合した。シトー会修道院は、きちんとした祈りと礼拝がおこなわれ、学問を育む場所であり、文学的著作や年代記を著わす者や、歴史的使命や愛国的精神に突き動かされて活動する者の支援者であり、農業技術や家畜飼育、家畜管理や羊毛生産、さらには家畜の品種改良や金属技術の先駆者でもあった。このような貢献によって、シトー会士たちは、君公から庶民にいたるまで人びとの好感を得たのである。ストラタ・フロリダ、アベルコヌウィ、ヴァリ・クルシス、マルガム、ヘンディグウィン・アル・ダーヴといったシトー会修道院の名前は、中世ウェールズのキリスト教史の宝として輝いている。

一三世紀になって、フランシスコ会やドミニコ会に代表される托鉢修道会が新しく誕生した。ウェールズの人びとは、これらをシトー会と同様にあたたかく迎えた。こうした托鉢修道会は、当時もっとも高名であった学者や司教を輩出した。典型的な人物として、ドミニコ会士でセント・アサフ司教となったアニアン・ズィー（アニアン二世、司教在位一二六八〜一二九三年）があげられる。彼は、君公たちや戦士たちを輩出した王家の後裔であり、ウェールズ人修道院長やイングランド人司教、イングランド王エドワード一世やルウェリン・アプ・グリフィズなどに対して、教会を代表する司教としての自らの権利を主張する覚悟があった。指導的立場にいたもうひとりの托鉢修道士は、ウェールズのジョンである。彼は、オクスフォードとパリの両大学でフランシスコ会の正教授となるほど卓越した人物であった。また、多作な著述家であり、ほかの説教者が説教集を著わすための参考書として彼が書いた概説書は、その種ではもっとも広く用いられたもののひとつである。ジョンは、学びに対する渇望に突き動かされた数多くの若いウェールズ人聖職者のひとりであった。修道士、在俗聖職者を合わせたウェールズ人聖職者は、大学――とくにオクスフォード大学――に進むものが増えていった。

聖職者の学問は、ラテン語とラテン語で書かれた文献に抵抗のない、高度な教育を受けたエリートの小集団だけに限られていたわけではない。中世ウェールズの教会の特筆に値する成果のひとつは、高度な教育を受けていない聖職者や俗人でも理解できた俗語で相当量の文献が著述されたことである。聖書の一部がウェールズ語に訳され、使徒信条や、より人口に膾炙していた賛歌や祈禱文、聖人伝や信心書、そして神秘主義的な著作も同様にウェールズ語に訳された。このようにウェールズ語散文に翻訳されたものを、ウェールズの詩人たちがよく知っていたことは、彼らの詩文にも明らかである。そうした詩文の多くは宗教的主題に関するものだった。主題の数は少なく単純で、何度も繰り返し現われる。なかでも主なものとして、三位一体である神の賛美、キリストの受難、そして来るべき最後の審判と地獄に対する怖れをあげることができる。このうち最後のものは、おそらくもっとも執拗に繰り返され、人びとに怖れを引き起こした主題であり、人の命の短さとはかなさと、この世の名誉と富にこだわる人の虚栄心、定期的に罪の告白をおこなうことの必要性、聖処女マリアと諸聖人に対する崇敬の功徳などについて強調するものだった。これらすべてが、中世という時代の価値観と、前述したようなケルト教会の心性とのあいだに、強い連続性があったことを示している。

中世教会の最後の局面

カトリック教会は、一四世紀から一五世紀の途中までという長い期間続いた大変動を経験することになったが、それらは教会に負の結果を残した。この時代を困難なものにした大きな原因のいくつかは、ウェールズのみならず、西方キリスト教会全体に影響を及ぼすものだった。しかし、ここでは以下のようにごく簡単にしか触れることができない。もっとも深刻なものは、教皇がフランス王権の強い影響のもとでローマからアヴィニョンに移された「教皇のアヴィニョン捕囚」と、その後ローマとアヴィニョンに教皇が並立した教会大分裂である。このふたつの結果として、教皇権の道徳的・精神的・実質的権威が失墜した。さらに、一三世紀にトマス・アクイナスらによって成し遂げられた哲学と神学の総合が破綻して論争や異端が現われ、深刻な分裂が生じたこと、諸修道会の宗教的熱意が冷めていったこと、黒死病に代表される人口学的危機と経済的衰退によって経済的社会的な混乱がもたらされたことなどがあげられる。

そのほか、イングランドとウェールズにより直接的な影響を与えた事件もあった。その筆頭は、一二八二年から翌年にかけてエドワード一世がおこなったウェールズの最終的な征服である。これ以後、ウェールズの教会の利益は、征服以前よりももっと徹底したかたちで、イングランドの国家的利益に従属させられる傾向を強め、これは一四世紀になるといっそう加速した。エドワード一世は、一四世紀に入ると、自らの上級役人をほとんどすべて聖職者から調達するようになり、そうして自らに仕えた聖職者に、教会内の昇進によって、すなわち司教職やそのほかの収入を与えるかたちで報いた。かくして、このような聖職者が行政官や政治家としての役割を負わされてゆく傾向がますます強くなっていった。これは、彼らは司教に任じられておりながら、自らが担当する司教区に留まることがなかったことを意味している。つまり、司教の本務である司教区の人びとに対する司牧や宗教的指導ができなかった、ということでもある。これはウェールズに限った問題ではなかったが、ウェールズではいっそう深刻であった。というのは、エドワード一世は、もっとも高額の聖職禄をもたらすウェールズ内の教会職にウェールズ人聖職者を任命しなかったからである。教皇権は、一時的には教皇直任という手段でウェールズ人を昇進させることにより、地元の人びとの利益を保護しようと試みた。しかし、教会大分裂のなか、ローマの教皇権はイングランド王権の支持を確保しておくためにイングランド王権に取り入る必要があった。そのため、ウェールズにおける司教の任命は、名目的には教皇直任のかたちをとってはいたが、一四世紀末までには、実質的にはイングランド王権の思うままとなったのである。ウェールズ人聖職者が教会組織内の指導的職位から排除されたことの問題は、ウェールズ人の怒りと不満を募らせることになり、それはグリンダウァの反乱（一四〇〇～一四一五年頃）となって表われた。

この時代における混乱のいまひとつの大きな要因は、フランスとの百年戦争の終わりがいつまでも見えないことだった。こうした状況のために、イングランド王は、聖職叙任を思いのままにして、教会の富を国家の利益のためにいっそう徹底的に利用しようとした。百年戦争は、ウェールズにおいて指導的な役割を担っていたシトー会にも打撃を与えた。シトー会修道院は、フランスにある母修道院から長期にわたって連絡を絶たれ、その結果、修道会としての規律と道徳的規範がゆるんでしまったのである。

教会にとってのさらなる災難は、黒死病（一三四八～一三五〇年）と、それに続いて一三六一年、一三六九年、その後もつぎつぎと襲ってきた疫病である。聖職者の土地は荒れ、収入はひどく落ち込んだ。より深刻だったのは、激減した聖職者を補おうとするあまり欠員補充を急いだため、聖職者の質に相当なムラが生じたことである。修道院の被害も甚大で、修道士や托鉢修道会士の数は大幅に減少した後、以前の水準にまで回復することはなく、彼らが学問や文芸に果たしていた役割も停滞した。

こうした問題がすべて、当時の厳しい経済状況をいっそう悪化させた。一四世紀末までに、ウェールズの教会と聖職者は以前と比べて著しく窮乏していた。彼らが直面していた深刻な経済問題や収入の減少を示すものはいたるところにある。聖職者たちは、増える一方の債務と、目減りするばかりの収入に適応するために、あらゆる方策にうったえることを余儀なくされた。そうした手段のほとんどは、たとえ経済的な困難を一時的に緩和できたにしても、教会のためにはならなかった。たとえば、ひとりの聖職者が複数の教区の教区司祭を兼任し、それぞれの教区に代わりの司祭をおいて、自らは別の教区に居住するといったことが、在俗聖職者のあいだでますます一般的になった。修道院はといえば、所属する修道士たちの数を意図的に抑えつつ、他方では、いくつもの教区の土地収入を得る権利を自らのものとして、司祭の住居や土地を賃貸しすることまでおこなっていた。あらゆる種類の聖職者が、生活のためには、贖宥状の制限をもっと緩めて販売し、そこから得られる収入に依存せざるをえなくなっていた。俗人と同じように、聖職者も、悪化しつつある社会的経済的状況からの過酷な圧力のもとにあると認識していた。ウェールズの聖職者の多くは、ウェールズの俗人たちと同じように、イングランドの支配体制を苦々しく思い、反抗的なムードを共有しており、自分たちが抱える問題は、ほとんど全部イングランド人の領主たちが元凶だと考える傾向があった。反乱に「点火」するには一瞬の火花さえあればよかったのである。

その火花は、一四〇〇年にオウェン・グリンダウァが反乱の旗をかかげたときにもたらされた。国家と教会の問題について、グリンダウァは、俗人と聖職者の両方に広く共有されていた、昔からの素朴な愛国心に訴えることができた。一四〇六年にペンナルでグリンダウァと彼の参謀たちが会合し、その後の方針を示した「ペンナル書簡」のなかで、古くからあるつぎのような主張が復活した。すなわち、ウェールズの教会は、カンタベリ大司教管区から独立した大司教区を形成して、セント・デイヴィッズがその大司教座となるべきこと。この大司教座がウェールズの利益に資するようにウェールズの教会内の顕職の任命をすべて掌握すること。そしていうまでもなく、ウェールズはイングランドから独立した君主を持つべきこと、である。さらに、グリンダウァは、かつてはウェールズに対して同情的だった教皇権とのつながりをふたたび確立しようとした。グリンダウァの場合、ウェールズに対して同情的な教皇とは、教会大分裂においてイングランドが支持していたローマ教皇ではなく、アヴィニョン教皇を意味していた。グリンダウァの狙いは、アヴィニョン教皇と対イングランド同盟を結び、それを梃子にウェールズに大司教区を創設し、さらにふたつの大学をウェールズに創設することだった。くわえて、グリンダウァは、自らの君公国の利益のために、さまざまなウェールズの聖職者たちの愛国的な情熱と野心に火をつけた。グリンダウァの主張は味方となった人びとの支持を得た。それによって、司教ジョン・トレヴァーやグルフィド・ヨングといったウェールズの高位聖職者たちだけでなく、数多くの教区司祭やさらに地位の低い聖職者や学生、シトー会士やフランシスコ会士といった、ウェールズの伝統を守る人びとと連携することができた。さらに彼は、イングランドの支配者層に対する批判者として有名なロラード派のウォルター・ブルートからよりいっそうの支援をとりつけることにも成功した。

独立国家とそれと重なる大司教区を有する教会をウェールズにもたらそうとするグリンダウァの野心的なもくろみは、興奮に満ちあふれたわずか一年か二年のあいだは、実現可能であるかのように見えた。しかし、遅くとも一四〇八年か一四〇九年までには、彼の遠大な試みのすべては、不名誉な失敗に向かって急速に破綻しつつあることが明らかであった。この間、蜂起によって、ウェールズの教会は甚大な損害を被っていた。教会の建物と土地は深刻な被害を受け、完全に破壊されていたものもあったし、祈りと典礼の業も途絶し、聖職者たちの規律はゆるみ、学問と文学は低迷をきわめていた。マルガム修道院は、一四一二年には「完全に破壊されたため、その修道院長と修道士たちは、浮浪者のようにさまよわなければならなかった」と記録されている。グリンダウァの反乱が終結した時点で、ウェールズの教会の大部分は、こうした窮乏を免れなかった。反乱後の嘆かわしい状態は、一五六七年にはじめて出版されたウェールズ語訳の新約聖書の序文で記されているように、反乱から一世紀半後ですら人びとの記憶に残されていた。この序文を書いたセント・デイヴィッズ司教リチャード・デイヴィスは、「当時、ウェールズのいたるところで町や司教館や修道院や教会が燃え落ちたとき、ウェールズはどれだけの本（写本）の破壊を被ったのだろうか」とグリンダウァと彼の敵がもたらした損害に沈痛な嘆きをもらしている。

しかし、一四世紀の、そしてとりわけ一五世紀の混乱がいかに痛みに満ち破壊的なものであったとしても、ウェールズの教会は、めざましい復興を成し遂げることができた。一五〇〇年までには、物的にはほぼ回復していた。教会の保有する財産からの収入は、ほぼ以前の水準に戻り、すでに一四世紀には始まっていた時代の変化に対応するために必要な調整措置がより推進されていった。その頃には、高位聖職者たちが、複数の教区の聖職禄を同時に保有することは普通のことになっていた。そうした聖職者のほとんどはウェールズ人ではなく、彼らが教区に居住することはなかった。数多くの修道院は、自らが保有する世俗財産や教会財産のほとんどを賃貸しして、そこから得られる収入によってゆったりと心地よく存続することで満足していた。修道院には、病人や老人の面倒を看て、旅人をもてなし、貧者に施しをおこなうなど、慈善をおこなう役割があったが、この時代には、それらはおこなわれているとしても、その規模は急速に縮小していった。托鉢修道士たちは、かつては旅をしながら説教をするなど積極的な司牧活動に従事していたが、今ではその熱心さの多くは失われ、自らの修道院に閉じこもるようになっていた。

ウェールズの教会が物質的な豊かさを回復したことは、大きな波のように押し寄せた教会の増築・改装・装飾などの教会建築の動きにみることができる。この動きは、一五世紀後半から一六世紀の宗教改革にいたるまでの期間に特徴的であったが、この時代には、新しく聖母マリアに捧げられた礼拝堂や、通路や塔が建てられ、窓が拡張され、窓がはめられ、キリストやマリアの新しい像が掲げられた。とくに、それらの像が取り付けられた優美かつ精巧な内陣仕切りやその上の桟敷が作られた。こうした建築の多くは、それがしつらえられた教会に、多くの信徒たちを足繁く通わせることを狙っていた。そうした建築は、まったく新規におこなわれた場合もあったし、混乱以前のものが復活した場合もあった。たとえば、トレメイルヒオンやブレコンの教会に作られた有名な内陣仕切りや、ロンダ地方にあるペン・フリースの聖母マリア像や、ホーリーウェルの聖グウェンヴレウィ〔聖ウィニフリッドのこと〕の像は、数多くの信仰者を近郊からも遠方からも引きつける磁石のような魅力の源となった。

ウェールズの教会の復興のもうひとつの兆候は、宗教散文詩と宗教韻文詩の興隆であり、これは当時のウェールズにおいて開花した文芸一般のとくに目を引く特徴をなした。かつて神的なものの概念は、人間の手の届かない、荘厳で全能な宇宙の支配者かつ裁判官というものとして描かれていた。そういったものは、この新しいウェールズの宗教詩に登場しないわけではないが、いまや強調されるのは、三位一体である神の第二位格、すなわち〔神の子〕キリストの人間性であった。それは、罪深く、しかも恩知らずにふるまうことの多い人間のために十字架で苦しんだキリストの苦悶として表現されたのである。こうした神的なものにおける人間性の強調は、聖母マリアに対する態度にも見ることができるかもしれない。すなわち、聖母マリアを描くにあたっては、彼女の優しさや愛情、そして最後の審判において彼女が示す罪人に対する憐れみといった女性的な性格がとくに強調されたのである。同様に、目立って強調されたのは、諸聖人、とくにウェールズ出身の聖人と彼らにまつわる聖なる場所のもつ「力」であり、そうした聖人たちは、彼らを熱心にあがめる者のために奇跡をおこない、祝福を及ぼす力を保持しつづけたという点である。これらの馴染み深いモチーフとならんで、ますます強調されるようになったのは、富と放縦という油断のならない誘惑に抗い、肉欲と高慢と好色という、より深刻な罪を避ける必要性である。これらの罪はすべて、韻文詩化された中世の説教の流儀にしたがって容赦なく非難されるようになった。説教に題材をとった韻文詩は、ショーン・ケント（一三六七頃〜一四三〇年頃）によって人口に膾炙した。彼は、後世のピューリタンに見られるような自制心と厳格さ、そしてこの世のものならざる聖性をもつ詩人であり、非常に人気があった。教会でのミサに出席すること、十分の一税をきちんと払うこと、キリスト教の神秘のしるしとしてとくに重要な儀式である秘蹟を重んじることも、穏やかに推奨された。しかし、おそらく、もっともしつこく繰り返されたものは、人間の末期の四つの事柄——死、審判、天国、地獄——に対する圧倒的な関心、そして赦されなかった罪に対する罰として、筆舌に尽くしがたい苦しみのなかで永遠に過ごさなければならないかもしれないという底知れぬ怖れであった。

宗教改革の始まりに際して、教会は、少なくとも表面的には、一四世紀から一五世紀にかけての試練と混乱からじゅうぶんに回復していたとしても、いまだに脆弱な面も併せ持っていた。第一に、ウェールズの教会の聖職者に問題があることは明らかだった。ウェールズにある四つの司教区のほとんどすべての司教と、高職に就いていた聖職者の大部分は、その教会の職務を王の善意によって得た、イングランド王に使える者、もしくは王のお気に入りであって、王が命じ望むものが何であれ、それに反対して行動することをためらう人びとであった。彼らのほとんどは、ウェールズ人ではなく、ウェールズにはいなかった。そして彼らは、大学で神学ではなく法学を修めた行政官であって、本来の職務であるはずの人びとの魂を司牧する者ではなかった。こうした聖職者とほとんどの教区聖職者たちのあいだ、そして地元の俗人とのあいだには、貧富、利害、態度、文化、言語のそれぞれについて大きな違いがあった。これらの司教区の管理監督は、貧しくて人口が少ないだけでなく、不便な場所にあり、人びとはまばらにしか住んでいなかったので、気まぐれにしかおこなわれず、まったく不十分なものだった。ウェールズの人びとの大部分は読み書きができず、ウェールズ語しか話すことができなかった。教区民とともに暮らしていた下級聖職者も、まともに教育を受けておらず、ろくに報酬を支払われてもいなかった。ましてや、教区民に対して高い道徳性の見本を示し、教義についての指導をおこなうことなどまずできなかったので、そうした下級聖職者の存在によって、人びとの信仰と道徳が向上することはなかった。一五四六年に、信心深く学問を積んだエラスムス的な人文主義者であるブレコンのサー・ジョン・プライス（一五〇二頃〜一五五五年）が、はじめてのウェールズ語での印刷本である『アン・ア・シブル・フン *Yny Lhyvyr Hwnn*』（この書名は、冒頭の「この本では」という言葉からとられている）の序文で、ウェールズの聖職者たちを厳しく批判したことは驚くにあたらない。プライスの批判とは、ウェールズの聖職者は、もっとも基本的な教義を教えるという義務すら果たしていないというものであり、そうした状況を改善するために、彼は自分でこの信仰の手引き書を出版しなければならないと思ったのである。

教区の在俗聖職者たちの質があまり高くなかったために生じた、このような教会生活の諸問題をいっそう悪化させたのは、かつては信心と学びの尖兵として存在していた修道会の堕落である。以前は説教をおこない、人びとの罪の告白を聴き、ラテン語とウェールズ語の文学を広めることに熱心に活動していたフランシスコ会やドミニコ会などの托鉢修道士はいまや非常に消極的になり、その影響力は低下していた。同様に、ベネディクト会やシトー会などの修道士は、一世紀以上ものあいだ、その数を減らしており、かつて数世紀にわたってそれぞれの修道会を突き動かしてきた熱意と活気のほとんどを失っていた。彼らは、まるで不労所得生活者《ランティエ》のように、余暇にみち、快適で静かな生活を送ることに満足していたようだ。彼らも托鉢修道士も、人びとの宗教的熱情を呼び覚ましたり、注目を集めるような模範を示そうなどとは、もはや思ってもいなかったし、その能力もなかった。このように聖職者が理想とダイナミズムを失っていたことは明らかであり、ウェールズにおける宗教生活と文学における創造的な動きを突き動かした原動力の大部分は、聖職者から、教育を受けた少数の信心深い俗人たちへと移行していたようだ。

民衆の信仰および信心の問題としては、神の恩寵を受けるために、人びとはますます外面的な手段に頼るようになっていたことがある。そうした外面的な信心のあり方は、たいていは、道徳性について思いをめぐらしたり、信仰について真に理解しようとしたりすることから切り離されていたようだ。男も女も、自らが犯した罪によって地獄に堕ちてしまわないように罪の赦しを求めたが、そのために、キリスト教の教えに従って振る舞いや信仰を正そうとするよりも、ミサの数を増やしたり、祈禱文をひたすら繰り返したり、聖人を盲目的に崇敬したり、聖人たちの聖遺物をまるで偶像のように崇めたり、巡礼に行ったり、贖宥状を商品のように売り買いしたり、といった外面的な行為にもっぱら頼っていたのである。たとえば〔内面的な信仰を強調する〕「新しい信心《デヴォティオ・モデルナ》」、カトリック的人文主義、それに修道生活の改革といった、当時のより進歩的な信心の潮流は、ウェールズではほとんど顧みられなかった。ウェールズの人びとは、多くが〔個人として自覚したのではなく〕集団的なキリスト教徒のままであり、彼らのために秘蹟を司り典礼をおこなうことを聖職者に任せておくことに満足していたのである。その聖職者の多くも、こうした俗人とあまり変わることはなかった。当時の宗教は、ほとんどが伝統的な実践と思いこみの集合から成り立っていた。それらは、疑問もなく受け入れられていたが、ぼんやりとしか理解されていなかった。確信ではなく、慣習こそが人びとの信仰におけるもっとも強力な要素であり、それは何世紀ものあいだ、変わることはなかった。そのため、すぐに訪れることになる宗教改革の嵐に直面したときに、人びとには、新しいものを受け入れる心構えも、旧習を守る備えもできていなかったのである。

宗教改革

宗教改革の波はウェールズに、ふたつの段階に分かれて押し寄せた。ふたつを隔てたのは、カトリックの信仰を奉じたメアリ一世の治世の五年間（一五五三〜一五五八年）である。一五二七年頃から一五五三年までの第一の段階には、ヘンリ八世とエドワード六世の治世に導入された教会のあり方の刷新があった。一五五八年から一六〇三年までの第二の段階では、エリザベス一世によって宗教改革に恒久的な基盤がもたらされた。

ヘンリ八世の政策は、教皇とイングランドおよびウェールズとの繋がりを断ち切り、イングランド王を教会の首長とし、修道院を解散させ、巡礼たちの信仰を集めた巡礼地の多くを破壊し、注意深くいくつかの教義を変えようとこころみた。これらが将来にもたらした帰結は幅広い分野にわたって強い影響力を持つものであったにせよ、全体としてみれば、日常的な宗教のあり方に対して及ぼした変化は驚くほど小さかった。中世の典礼はほとんど手つかずのままで、建前上はまだ独身を守っていた聖職者によって相変わらずラテン語でおこなわれていた。したがって、実態は、教皇のいない教皇主義とでもいうべき状況だった。ウェールズでは、ヘンリ八世は力強く人気のある王であり、彼のとる行動は、ウェールズの指導者層であるところのジェントリに受け入れられて、ほとんど抵抗にあうことがなかった。後に宗教改革を激しく攻撃することになるショーン・ブルウィノグのような保守的な詩人たちですら、ヘンリ八世がもたらした変化を肯定的に受け入れたのである。

　しかし、エドワード六世のもたらした変化は、同じようには歓迎されなかった。その政策は、いくつかの方向性において、ヘンリ八世の政策よりもずっと急進的なものであった。第一には、教区教会の装備や外観のうち、人びとが慣れ親しみ愛してきたもののほとんどが取り去られたことである。主祭壇、キリストや聖人の像、聖遺物を収めた容器、聖職者の祭服、教会内の装飾、宝物、内陣仕切りや内陣仕切りの上に設けられた桟敷、〔教会内の〕寄進礼拝所、ギルド、信心会（兄弟団）、ろうそくや香などが取り除かれ、教区教会を丸裸にしてしまった。これを見たある詩人は怒って、教会が「納屋のようになってしまった」と抗議した。さらに、聖人を崇敬することや、数珠（ロザリオ）を持ち歩くこと、ミサの際に跪くこと、胸を叩くこと、死者の魂の救いのために祈ること、聖金曜日〔キリストが磔刑にされた日〕に「四つんばいで十字架へむかって這い、十字架に口づけする」儀式やその他の似たような宗教的慣例が禁じられた。第二は、中世におこなわれていた典礼が、一五四九年に法で定められた『共通祈禱書』に盛り込まれた改革派の礼拝に変えられたことである。この祈禱書は暫定的なものだったが、一五五二年の改訂によっていっそうプロテスタント的となった礼拝が定められたのである。『共通祈禱書』が英語で記されていたという事実は、ウェールズでは人びとの心証をよりいっそう悪くした。ウェールズの多くの地域では、英語はラテン語ほどには通じなかったし、英語は尊ぶに値しない言語だったからである。教会に対する忠実さをつねに誇りとしてきたウェールズの人びとは、圧倒的な外部の力によって、自分たちが異端にされてしまうと考えた。しかも、イングランドが作り出した異端であった。ある詩人は、この憎むべき新しい宗教体制を軽蔑しつつ「サクソン人の信仰《フィーズ・サエソン》」という言葉で切り捨てた。第三には、聖職者が正式に妻帯することが許されたことである。ただ、ウェールズでは、もともと多くの聖職者が事実上妻帯しており、そうした「妻」は「炉端の付き添い」と呼ばれていたので、正式な妻帯許可によって目立って大きな変化は起きることはなかった。

　このように、エドワード六世の治世には、ほとんど宗教革命といってよい変化が引き起こされた。その変化は、ウェールズにおいてはきわめて不人気であった。宗教改革が、教区教会やその内装、聖職者、祭壇、聖人、礼拝に用いられる言語に影響を及ぼし、祝祭や実践に変更をもたらすようになるにつれ、数多くの詩人はこれらに対して一貫して反対の声を上げるようになった。セント・デイヴィッズ司教であったプロテスタントのロバート・フェラーは、ウェールズの人びとが古いやりかたに固執し、急速で味気ない変化に強情に抵抗し続けていることに触れているが、これは同じことについて書き記した数多くの同時代人の一例にすぎない。フェラーが怖れたのは、「人びとの恨み」と彼が呼ぶものがあまりにも熱く強いものであったために、それが反乱を招くのではないかということであった。もちろん、少数の人びとは新しいやり方を受け入れた。しかし、王家における自分たちの保護者とみなしたメアリ一世が、一五五四年に、教皇の側、すなわちカトリックに復帰したことを歓迎した人のほうがはるかに多かったと思われる。

　その後、エリザベス一世の長い治世のほとんどの間、保守主義と日和見主義が頑固に残り続けたことが報告されている。エリザベスの治世が一六〇三年に終わるまで、さらにその後も、プロテスタントは、人びとが無知であり、染みついた慣習を捨てねばならないという確信を欠き、そうしたがらないことについて雄弁に書き記している。ウェールズ人のプロテスタント聖職者であったヒウ・レウィスは、一五九五年という時期になっても、聖職者たちは「鳴らない鐘」「枡の下のロウソク」〔マタイ福音書による能力を表に出さないたとえ〕のような存在であり、その結果、六〇歳以上の年老いた人ですら、生まれたばかりの子どもほどにも自分たちの信仰について語ることができないと論評したのである。こうした論評はあるけれども、エリザベス時代の教会は、通常認められているよりも、とくに文字の読み書きができる社会層に対しては深く持続的な影響を与えたことは確かである。成功の理由はいくつかあげられる。まず政治的・社会的な理由であって、支配階層である土地持ちジェントリ層に対する教会の訴求力である。これは重要ではあるが、本章ではこれ以上触れないでおこう。本章の目的にとってより関係が深いのは、つぎに述べる、宗教的・文化的なふたつの主要な問題である。すなわち、ひとつは、宗教改革を推し進めた人びとが打ち出したウェールズ宗教史の再解釈であり、いまひとつは、聖書と『共通祈禱書』のウェールズ語への翻訳である。

　ウェールズの歴史をもっとも完全なかたちで巧みに改訂したのは、セント・デイヴィッズ司教リチャード・デイヴイスが『ウエールズへの書簡《エピストル・アット・ア・ケンブリ》』のなかで描いたものである。

これは後世強い影響力をもつことになった。彼は、この「書簡」を一五六七年に出た新約聖書のウェールズ語訳に序文として付した。この翻訳事業は、ウィリアム・セイルズベリ、トマス・ヒーエット、そしてリチャード・デイヴィス自身によって推し進められたものである。この「書簡」は、宗教改革の歴史叙述の一般的な流れをウェールズの歴史に想像力豊かに当てはめたものである。他地域の宗教改革者と同様にデイヴィスが確信していたのは、宗教改革は、新たにでっちあげられた異端などではなく、イエス・キリストと初代教会でイエスに従った人びとが打ち立て、その後の教皇とその手先がもたらした堕落によっても汚されることのなかった、キリスト教の教えと信仰の純粋さへの回帰だということである。ウェールズに関する限り、彼は、ウェールズで堅く信じられてきた数々のことがらを述べているが、それらにプロテスタント的な一工夫を加えたのである。ウェールズには、ブリテン島の人びとが最初にキリスト教に改宗したのは、アリマタヤのヨセフ〔イエスの遺体を引き取り埋葬した弟子〕によってであるという信仰があったが、デイヴィスは愛情を込めてそれに言及している。アリマタヤのヨセフは、キリスト教信仰を、福音書に記されている純粋さを保ったまま、ブリテン島に植えつけたというのである。デイヴィスによれば、ウェールズの人びとはその後、その信仰を損なうことなく汚すことなく、ローマ帝国下における迫害や、ペラギウスやそのほかの異端や、アングロ＝サクソン人の異教に抵抗しながら保ち続けてきたのである。彼らが抵抗してきたもののなかでもっとも重要なのは、教皇の扇動する迷信によって堕落させられ、カンタベリのアウグスティヌスがローマ教皇の使節としてイングランドにもたらした類のキリスト教である。ウェールズの人びとが最終的にローマ・カトリック教会の迷信と偶像崇拝の泥沼にひきずりこまれたのは、イングランドの武力によって、イングランドの堕落した教皇主義を受け入れるよう強いられた結果である。しかし、デイヴィスによれば、いまや不幸な無知と偶像崇拝的な迷信にみちた数世紀がおわり、「福音の第二の開花」と彼が呼ぶものによって、真実と光の領域にふたたび導かれ戻るのである。このようにデイヴィスが再構築した歴史の語り口は、以下の三つの点で、ウェールズの人びとの多くに訴えるものがあり、強い影響力を発揮した。第一は、ウェールズの人びととの歴史のなかでもっとも古く、もっとも尊ばれてきた主題に宗教改革を結びつけた点である。第二には、宗教改革の教説は古くからの信仰と歴史に根を持たない新しく急に出てきた異端説であるという、当時流布していた考えに対してはっきりと反駁し、逆に、宗教改革は、ブリテン島におけるもっとも古く、もっとも栄光にみちたキリスト教の時代にその根をもっていることを示そうとしたという点である。第三に、それは、宗教改革の教説は、ウェールズの外から来たイングランド人の信じるものであり、ウェールズに理解を示さないイングランドの政府の無神経な独断的な命令によってウェールズ人に押しつけられたものだという批判に、正面から応答していることである。デイヴィスの本によれば、もともと、教皇の主張するキリスト教こそが、サクソン人という敵によってウェールズに押しつけられたものだ、ということになる。デイヴィスは彼の著作のすべてで、宗教改革こそが、神がウェールズの人びととウェールズ語をこれまで保ってくれた最大の目的なのだという考えを、あからさまではないが、示唆している。

ウェールズの人びとは、自分たちの歴史を書き直すことに誘惑を感じていたが、カトリックの信仰を弁護する人びとも同じ誘惑を感じていた。エリザベスの治世にウェールズ語で出版されたカトリック信仰擁護の著作のなかでもっとも注目に値するのは、一五八五年刊の『キリスト教徒の鏡《ア・ドリッヒ・クリストノゴル》』であるが、作者不詳のこの本で著者はデイヴィスに反撃を加えている。この人物が力を注いでいるのは、宗教改革という背信行為によって、それ以前のウェールズにおけるキリスト教の歴史がいかにゆがんだものにされたかを明らかにすることである。『キリスト教徒の鏡』の著者は、アリマタヤのヨセフによるブリテン島の改宗を、もっとも記憶されるべき過去の出来事のひとつと考える点で、デイヴィスと一致している。しかし、ブリテン島には最初期にもうひとりの改宗者がいることも強調する。すなわち、ブリテン島の人びとをキリスト教に改宗させるために伝道者を送ってくれるように教皇に書き送った、コエルの子ルシウス王である。さらに、ローマ帝国皇帝で最初のキリスト教徒となったコンスタンティヌス帝は、教皇によってキリスト教信仰に導かれたブリトン人だったと述べる。『キリスト教徒の鏡』の著者は、ウェールズの人びとが古い時代のウェールズの聖人に誇りを抱くのはもっともだが、そのようなウェールズの聖人のすべてはカトリックの伝統に立って揺るぎなかったことを示そうとした。ウェールズは過去にはかくも栄光に満ちた状態にあったのに、なんということか、一五八〇年代までに事態は劇的に悪化してしまった、というわけである。この時代になると、ウェールズの全州において、動物のように暮らし、キリストとキリスト教についての知識は野蛮な動物とほとんどかわるところがないような住民もいるのだが、宗教改革者たちは、ウェールズの人びとは、すばらしいもののためにとっておかれたというが、そのすばらしいものとは実はこうしたことなのだ。このように、デイヴィスとこの不詳のカトリック論者の文書合戦は、過去のウェールズでの信仰のあり方については、そのまま現在のウェールズの人びとの魂の救済をめぐる戦いの主要部分を成すのだ、という認識で一致していたことを明快に示している。

宗教改革者の中心的な主張のひとつは、ブリトン人〔ウェールズ人の祖〕は、聖書の権威にもとづいて揺るぎない生活を営んでいたのであり、自分たちの言葉で書かれた聖書を非常に尊重していた、ということである。したがって、宗教改革者たちにとっての最優先事項は、ウェールズ語に訳された聖書を「回復」することだった。エリザベス治世の最初の一〇年に、デイヴィスとウィリアム・セイルズベリは、ウェールズの人びとに新しい聖書の翻訳を届けるために、不眠不休で奮闘した。一五六三年の議会制定法は、聖書と『共通祈禱書』を一五六七年までにウェールズ語に翻訳し、その後、住民がもっぱらウェールズ語を使っている教区すべてで公的な礼拝に用いるべし、と定めた。それにしたがって、新約聖書と『共通祈禱書』のウェールズ語訳は一五六七年に出版された。二一年後、ウィリアム・モーガンが旧約聖書も含めた聖書全巻の標準となるウェールズ語訳を世に出した。これらの翻訳活動は、宗教改革が時代を画する大勝利であったことを示すものであり、長期的にみてウェールズの人びとの生活にとって計り知れない価値をもたらすものとなった。宗教的な面では、ほぼ単一言語民であるウェールズの人びとは、これらのウェールズ語訳によって、宗教改革の教説と礼拝の意味を知り、それに現実性を感じるようになった。ウェールズ語という言語にとっても、この言語が二〇世紀にいたるまで存続し、活力を保ち続けるのに、この翻訳ほど大きく寄与した要素はほかにない。ウェールズ語文学についても、聖書と『共通祈禱書』という、将来も依拠することができる基準と模範を得て、多大な恩恵を受けた。聖書と『共通祈禱書』は、他とはっきりと区別されたウェールズの「国意識《ナショナリティ》」を支えるうえで、その貢献はほかの要素に劣るものではなかった。

ほかの国と同様、ウェールズでも、聖書が自国語に翻訳されることは、宗教改革成功のカギとなった。宗教改革は、一六世紀末の時点ではまだ道なかばであったが、最終的な勝利への道を確実にたどりつつあった。宗教改革者たちは、ウェールズの人びとのあいだに古くからあった愛国心という台木に、自分たちの理想を接ぎ木した。そして、ウェールズのもっともよい部分、もっとも古い時代にさかのぼる部分、そしてウェールズに特有の部分と、宗教改革は本質的に連続していることを強調し、目覚ましい成功をおさめた。かれらは、自分たちはウェールズでのキリスト教の最古の起源と繋がっているという信念に訴えた。すなわち、キリスト教への最初の改宗が神の加護の印であったように、こんどは、宗教改革こそが、神の加護が続いていることを新たに保証する印であることを確認したのである。宗教改革者たちは、宗教改革は聖書の権威にもとづいた当初の純粋なキリスト教への回帰であると強調し、キリストの弟子たちが形成した初代教会の自律性と、初代教会を導いた教会指導者たちの美徳を賞賛した。彼らが強調したのは、神はある目的のためにウェールズの人びとを取り分けておいたのだという古くからの信仰だった。そして、その目的の成就こそが、ウェールズ語における「福音の第二の開花」、すなわちテューダー王朝という回復されたブリトン人（すなわちウェールズ人）の王権によって権威づけられた聖書のウェールズ語訳であった。それは、もしブリトン民族の古来の栄光の真の再生がどこかであるとするなら、ここウェールズで起こっているのであり、それが何時なのかというなら、まさに今なのだ、というわけである。これは、ケルトの理想の再活性化として顕著なもので、全体としては成功とみなしてよいものだった。教育を受けた階層の人びとの多くは、こうしたケルトの理想を心の底から受け入れたのである。その理由のひとつとして、このケルトの理想が、王権の後ろ盾によって、テューダー王朝と国家に対する忠誠という政治的な立場に、あまりにもなめらかに接合されたという点があげられる。だが、すでに見たように、カトリックの対抗宗教改革者も、断固としてウェールズの人びとをカトリック信仰につなぎとめるために、ラテン語だけでなくウェールズ語を活用していたし、カトリックの政治体制もウェールズの人びとの忠誠を勝ちとることを望んでいた。そして、こうしたカトリックの改革者や政治体制も、プロテスタントの歴史象と同じくらい説得力のあるカトリックの歴史像というものを提供していた。したがって、数世紀にわたり、教会と国家においてプロテスタント体制が続いてきたということが、プロテスタント版の歴史像が「必然」であるかのように思わせているのである。

第6章　中世スコットランドの宗教生活

マイケル・リンチ

一五六五年、スコットランドでのカトリック復活を目指して、ローマ教皇から援助金を得るために、スコットランド女王メアリ・ステュアートの命によってローマへ派遣されたダンブレーン司教は、教皇ピウス五世に長時間にわたる歴史の講義をおこなった。そこで彼は、ウィクトル一世が教皇に就任して以来、一三六四年間途切れることなく、歴代のスコットランド王は、教皇に代わって教会を保護し教義を擁護してきたのだと主張した。この内容は、非常に博学な教会法の法律家ボルドレッド・ビセットが一三〇一年に書いた文章とほぼ同じであった。そのときビセットは、スコットランド人はイングランド人よりも四〇〇年以上も前にキリスト教に改宗し、イングランド人が異教に陥っている間に、スコットランドを支配したキリスト教徒の王は三六代を下らない、と教皇に説いた。少なくともこの四〇〇年の歴史の典拠は、教皇ウィクトルと同じく怪しいが、それでも、これらの永続性のある歴史神話のなかに本質的な事実もあった。すなわち、教皇権とスコットランド王位は長く特別な関係にあり、スコットランド王が自身の権力を確立するために教皇権に頼っていたのと同じように、スコットランド教会（Scottish Church）の出現は歴世のスコットランド王に多くを負っていたのである。

聖職者の当初の役割は、国王付きの魔術師や書記であった。奇術は王の即位や戦争に勝利した際に披露された。エイダン・マックグラインは、五七四年に聖コルンバによってダルリアダの国王へと聖別されたのち繁栄したが、孫のドムナル・ブレックは、アイオナへの忠誠を守るという一族の誓いを破ったために、災厄に見舞われ続けて、六四二年の死にいたった、と伝えられる。八世紀までには、聖職者は王を養成する役割を担う者になっていた。王の系譜に関する伝説の発生と、国王の周囲に積極的に活動する聖職者が出現する時期が一致するのは偶然ではない。聖職者は、利益と勝利をもたらす者、という王の役割についての従来の観念を強化するのと同時に、王権に対する新しい認識を広めた。この官僚階級は、高貴なる王権の擁護者、演出家としての役目を自ら作りだした。コルンバとアドムナンは、キリスト教が記録するにふさわしい、すなわち、ユダとイスラエルの王のように、ダルリアダ人とピクト人の上王と関係を持った。八・九世紀におけるピクト人の支配者の下での異なる民族の統合は、学識者らの手による王の系譜の編集と同様に、聖人の異なる伝統を育むことになった。

聖人は生まれるのではなく、創られるのである。生前よりも死後のほうが力を持っており、ひとたび聖人としての賞賛を得るや、彼らは将来にわたってキリストに仕える下僕となった。おそらくスコットランドでもっとも有名な四聖人、ニニアン、コルンバ、アドムナン（コルンバの聖人伝作者のなかでもっとも重要な人物）とケンティガーンは、死後数十年のうちに全員が崇拝の対象となった。しかし、その後、一二、一三世紀、そして一五世紀にもういちど、と二度にわたって、聖人伝の新たな流行に合うように、あるいは同時期の教会政治の必要性に合うように、生まれ変わった聖人として、彼ら全員が作り直された。彼らとその他の初期スコットランドの伝道者についてわれわれが知っている情報は、何世代もの伝記作家と聖人伝作者の仮想と彼らがその伝記を書こうとした動機と深く結びついている。中世スコットランドの年代記作家には、長い系図をたどって、現在の王の地位を証明しようという意図があった。中世に初期教会の年代記を書いた者の関心は、長く、困難で、平坦にはゆくことなどまずなかったキリスト教発展の物語を、わずか数人の聖人の崇拝へと組み込むことにあった。宗教の中枢は、人びとの信望を集めるべき場所であるので、創建伝説を必要とした。そのためしばしば聖人が再発見された。たとえば、グラスゴーの場合、六一二年に没してから一世紀もたたないで祭り上げられたのが、ケンティガーンであった。彼とニニアンは、グラスゴーの大聖堂教会が再建、拡張された一五世紀にも、新たな聖性が付与されて、再登板させられるのである。

初期教会

スコットランドへの最初の伝道者はニニアンであった。彼は、おそらく五世紀後半にスコットランド南西部にキリスト教を広めた。そして、有名なカンディダ・カーサ（白い家）修道院に司教座を置いたのがホイットホーンであった。七世紀にニニアン崇拝の最初の復興があったとみられるが、それは西部ではなくむしろ東部においてであった。その多くは、地域ごとの見解を抑えるために、ロジアンにも宗教的なルーツを見つけ出すか、作り出そうという、新しいノーサンブリア教会の伝道の産物であった。ピクトの王ネフタンの治世（七〇六～七二四年）までには、もとからあったニニアンへの崇拝が、新しい聖ペトロ崇拝導入のための準備として用いられた。とくにアンガスとメアンズ、マーとブキャンでは、ニニアンへの献堂は、聖ペトロへの献堂と横並びにあり、すでにいくつかの教会は「ローマ様式にしたがって」石で建てられていた。

コルンバは、もとはダルリアダのスコット人の使徒であり、現在のアーガイルと西部島嶼部最南端を活動の拠点としていたが、その崇敬の広がりは、目覚しいどころではなかった。五九七年に没した後、二世紀を経ないうちに、彼は「スコット人の王国」として集約されることになるピクト人、スコット人、ブリトン人、その他部族による同盟の聖人としての名声を得ることになった。アイルランドの王族の血筋にあたるコルンバは、五六三年にアイルランドからスコットランドに赴き、五七〇年代初頭になってはじめてアイオナ島に定住したようである。生前における彼の活動は、南はオウ湖から北はスカイ島までのスコットランド西部沿岸に集中していた。彼は、ダルリアダ王たちの相談に乗り、宗教的な保護者であったことはあるが、後にベーダが述べたような、ピクト人へのキリスト教伝道者では決してなかった。彼は、インバネス近くの北ピクト人の王ブレディの王居をいちど訪れたが、それは福音の伝道ではなく、むしろ奇術と献上物によって異教の王を感銘させるための遠征であった。彼が没して九〇年ほど後、六九〇年頃に書かれたアドムナンの『聖コルンバ伝』には、修道院長と巡礼者としてふたつの顔を持つコルンバが描かれている。アイオナはこの両方にとってうってつけだった。このコルンバの多忙ではあったにせよ仮の住処、すなわち「ブリタニア海の小さき孤島」は、アドムナンが描いた清貧の聖者の舞台として作り直され、今日でさえ深く心に響く不滅性と普遍性を与えてくれる。アドムナンの目をとおした預言者、伝道者、巡礼者としてのコルンバ像は説得力がある。それは、アイルランド教会だけではなく、西キリスト教世界全体の聖者のなかにおいても、コルンバを際立たせることを意図して描かれたからである。

アドムナンの『聖コルンバ伝』は、その著述自体が信心の実践そのものであったが、同時に当時の政治的な意図を巧みに潜ませた文書であった。というのも、この作品が書かれたのは、ウィトビーの教会会議（六六四年）から二五年しかたっていない時期であった。その教会会議で、アイオナの指導的な位置が、アイオナによってキリスト教を広められた地のひとつから挑戦を受けたのである。その挑戦者が、六三〇年代にリンディスファーンで始まったばかりのノーサンブリアの教会であった。結果としてアドムナンもまた、死後数十年以内に、聖人のような地位を獲得することになった。早くも七二七年には、彼の遺物は携帯用聖遺物箱に納められ、アイオナの小さな島を越えて、移送されはじめた。遺物の保存からわかるように、公的に採用されたアドムナン崇敬は、もとのコルンバ崇拝を完全に模したものであった。コルンバの遺物を納める家の形をした携帯用聖遺物箱、有名な「ブレク・ベノホ」は、後には、どういうわけか、アバディーンシァのモニマスクと結びつくのだが、コルンバ以降の教会のシンボルとして、もっともわかりやすく効力のあるものとなった。ダルリアダ人の王だけではなく、後のスコット人の王もまた、モニマスクの聖遺物箱やその他のコルンバの表象を戦に携えてゆくことになる。九〇三年と九一八年のヴァイキングとの戦いに、スコット人の王の軍勢は、コルンバの牧杖を携えていったようだ。ブレク・ベノホは、一三一四年の［イングランド軍を破った］バノックバーンの戦いにおいて、ロバート・ブルース軍の先頭に立って持ち運ばれることさえあった。しかし一三一四年に、スコットランドの軍隊が持っていった守護聖人の印は、ひとつではなくふたつあり、もうひとつは聖アンドルーの旗だった。このふたりの国家的聖人への崇敬は、バノックバーンの戦いの五世紀前、ピクト王国の複雑な政治状況が続くなかで始まっていた。

八世紀初頭まで、ピクト教会はひとつの伝統にもとづく習慣や聖人ではなく、三つの伝統を利用していた。すなわち、ニニアンまで遡るローマ支配時代のブリトン人の伝統、新しくローマからもたらされた聖ペトロ崇敬、そして強力で急速に人気を獲得した聖コルンバゆかりの地アイオナである。八世紀も後になると、ピクト教会の聖人たちのなかに、新たにもっと異国的な使徒アンドルー（アンデレ）が加わることになった。聖ルール（レグルス）が、スコットランドに聖アンドルーの遺物を運ぶように、天使から告げられたという伝説が生まれたが、それはコルンバの聖遺物とともに、ピクト人の教会から発生したと考えられるスコット人の教会のふたつの表象となった。ピクト王コンスタンティンの長い治世（七八九～八二〇年）には、王の公的な支援によって種々の教会芸術が花開いた。ピクトの王が、キリスト教を公認したローマ皇帝コンスタンティヌスの流儀を真似て、自分たちを神が定めた教会の保護者と考えるようになったのは驚くことではない。ピクト王によるコンスタンティヌス崇敬の採用は（七八九年から九九七年の間、少なくとも四人の王が採用したといわれる）、七五〇年頃から始まった西ヨーロッパでの流行を反映している。西ヨーロッパでは王の至高権と神への近さがいっそう密接に関連していたが、とりわけカール大帝の統治がそうであった。

ピクト王の援助で作られた宗教的な像のなかでもっとも印象的なのは、聖アンドルーの墓櫃で、それはライオンのあごを広げている聖デイヴィッドを描いている（同じスタイルのものはミーグルにあるライオンのいる洞窟内のダニエルを描いたものである）。それは『ケルズの書』のなかのモティーフとも共通点があり、おそらく八世紀後半にアイオナで始まったのだろう。この石造の聖櫃すなわち石棺は、長さ約六フィートで、羽目板と角柱は精巧に彫られており、一八三三年に、後に大聖堂となったその構内を掘っていた労働者が発見したのだが、何の目的で作られたか明らかではない。おそらくアンドルー本人、またはスコットランドにその使徒の骨を運んだという伝説のあるレグルスの聖遺物を入れるものだったと思われる。それはブレク・ベノホとは決定的な違いがある。コルンバの聖遺物容器は、「ブリタニア海の小さき孤島」アイオナの隅から隅まで持ち運べるように設計されたものであった。七世紀と八世紀において、拠点とするアイオナからコルンバの聖遺物を抱えてアイリッシュ海を幾度となく往復する荒々しい旅は、忠実な信者のあいだに聖人信仰が広まってゆく過程の一部であった。それとは対照的に、聖アンドルーの石棺は、伝道というよりは、確固たる威厳の中心に据えられた教会を示唆する。それは汎ケルト的な教会というよりむしろ、連帯したピクト人とスコット人の王たちの教会を暗示している。

八〇七年には、アイオナはヴァイキングの脅威から遠ざかっていたが、コルンバ崇拝は依然として強く、廃れてはいなかった。ケネス・マカルピンの治世（八四三～八五八年頃）であった八四〇年代に、コルンバのさまざまな表象は、それまでの「ブリタニア海の小さき孤島」アイオナを離れ、より安全な場所を求めて西へ東へと分けられた。今日『ケルズの書』として知られているのは、アイオナからケルズの新しい修道院へ運ばれたものであり、「バトラー」〔「聖コルンバのカタック」とも〕として知られる聖詩篇の断簡もまたアイルランドへと渡った。ブレク・ベノホは、コルンバの牧杖と同じく東へと運ばれた。彼の聖遺物自体は、八四九年に、その頃には姉妹修道院のような関係にあったケルズとダンケルドに分割された。スコットランドにおけるコルンバ崇拝は、ケネス・マカルピンが西に向かったのにともなって、彼が築いた王都と宗教の中心地であるダンケルドへと向かった。

ケネスがおこなったことは、もはや先代のピクト王が始めたプロセスの継続ではなかった。ケネスとその後継者のもとで出現しつつあったスコット人の王国のふたつの宗教の中心地は、ダンケルドとセント・アンドルーズにあり、各々は異なる聖人の伝統にしたがって慎重に祀られた。それはスコットランドの問題に対する、じつにスコットランド的な解決策であった。九、一〇世紀に見られる王権の特徴といえるのは、教会と同様に、その複合性であった。ピクト人の王の治世末期に顕著だった聖ペトロとコンスタンティヌス崇敬を発展させたのは、要職にあった聖職者たちであったに違いない。それとは対照的に、新しいマカルピンの王朝では、文化的発展はなぜか見られなかった。『ケルズの書』に匹敵するような、非常に装飾的な彫刻または写本は、この時期以後は存在しない。八四〇年から一〇五〇年までのマカルピン朝とその王国が役割を果たしたのは、主として文字文化の創造に違いない。驚くことではないが、この教会の二重のイメージ——つまりピクト人とスコット人の——も教会組織に反映されている。八世紀におけるアイルランド教会での禁欲主義の復活、つまりコルンバのような巡礼の清廉さへの回帰は、ピクト人の世界にも影響を与えた。その後の二世紀の間に、「ケーリ・デー（神の僕）」という新しい共同体が設立されたが、それらはもはやリーヴェン湖の島のような小さな拠点に留まってはいなかった。それらはキルリモントやダンケルドといった、王の保護を受けた宗教の中心地に拠点を置いた。通常「カルディ」と呼ばれる彼らは、コルンバ以降の教会におけるケルト復興の象徴であり、分裂してしまった「ブリタニア海の小さき孤島」アイオナの生き残りであった。独特な国家教会の確固たる基盤が、すでに築かれていた。教会と王の密接な結びつき、ふたつの国民的聖人崇敬の統合、キリスト教徒の王が果たすべき義務の新たなヴィジョンは、すべて八世紀に確立し、九世紀に強固なものとなった。この、ひとつにまとまった国民の教会には、コルンバとアンドルー、アドムナンとニニアンの崇敬のように、ローマとケルトの伝統、〔ケルト系キリスト教の〕修道院長と〔ローマ系キリスト教の」司教が共存したのである。

つぎに国家教会の姿が改変されるのは、一二、一三世紀のことで、やはり、マルカム三世(在位一〇五八～一〇九三年)の継承者による新しい王朝の成立によってであった。マルカム治世に対する伝統的な見方は、彼の二番目の妻マーガレットが王に与えた影響に負うところが大きい。マーガレットについては、彼女の聴罪師であったベネディクト会大修院長テュルゴが書いたスコットランド君主の最初の「公的」な伝記に登場するのだが、当時、実際にあったことと崇敬――しかもふたつの――を区別することは困難である。彼女のスコットランド到着から間もなく、彼女とマルカムが結婚した居城のあるダンファームリンに、ロマネスク様式の小さな教会が建てられ、彼女の要請によって、ベネディクト会小修道院設立の中心となるべく、カンタベリの修道会本部大修院から三人のベネディクト会士が派遣された。スコットランドではそのあと追随するものはなかったが、それでも、それは慎ましいながらも、重要な一歩であった。現存する非常に大きく装飾を排した建物の建造は、彼女の末息子デイヴィッドの治世、一一二八年の再建設にまで遡ることができる。しかし、ヨーロッパの修道院制度の拡大は、一二世紀のスコットランドとはかなり事情を異にし、ベネディクト会ではなく、アウグスティヌス修道会、あるいは改革派ベネディクト会のシトー会とティロン修道会に代表される別の修道会派によるものだった。マーガレットの没後二〇数年が経過して執筆されたテュルゴの『伝記』は、信心深い女性の信仰と活動がおこなわれた数ある場所のひとつとしてしか、ダンファームリンには触れていない。キリスト教に改宗したばかりのハンガリーで過ごした幼少の頃から、「謹直な生活」と「神の戒律に従い昼夜の」瞑想に身を捧げていたので、彼女の個人的な信仰は、ダンファームリンと同様に、新たな王家による聖アンドルー崇拝とリーヴェン湖の隠修士の支援にそのはけ口を見つけた。テュルゴは、彼女が一年を通して二四人の貧民を援助し、九人の捨てられた孤児を日々世話し、四旬節と降臨節の時季には六人の貧民の足を洗い、居城の広間で三〇〇人に食事を与えた様子を記している。

バイリンガルの王とは異なり、ゲール語を解さない王妃という衝撃は、王宮の側近の範囲ではそれなりであったにしても、それより外部に対しては和らげられたに違いない。テュルゴによると、マーガレットの改革――四旬節の断食遵守のさらなる規律化、「こんなに粗野な儀式は知らない」といったミサのやり方の停止、禁じられた親等内での婚姻の禁止――はすべて、他所の普遍教会でおこなわれていた確立したやり方に近い線で、スコットランドに持ち込まれたものであったが、それ以外の、聖職者の独身生活と修道院の共同生活における厳格な規則の遵守といった、より重要と考えられる問題については手つかずのままだった。しかしながら、マーガレットが自分の子どもたちに多大な影響を与えたことは疑いない。息子たちの著しい篤信こそが、「鞭を惜しまない」という格言を堅く信じた彼女の真の遺産であった。だがそれは、彼女の死後一五〇年が経過した頃の第二のマーガレット崇敬流行によって作られたものであり、そこでは、まず敬虔な息子デイヴィッドが強調された。マーガレット王妃の地位をスコットランド史、あるいはスコットランドのキリスト教史における重要な転換期として高く評価することは、一二五〇年から歴史を逆に読むようなものである。それこそが、いまや聖人に列せられたマーガレットが、アレグザンダー三世の就任式と組み合わせるという用意周到な機会に、ダンファームリンに正式に移葬されたときに、マクマルカム朝の年代記編者が意図したことであった。

中世教会

一二五〇年六月一九日、マルカム・カンモアの妃マーガレットの遺骸は、ダンファームリン修道院の墓所から、大祭壇の近くに新たに作られた礼拝堂に移された。ローマへの請願から約五年後に、マーガレットはスコットランドで最初の（そして唯一の）王室出身の聖人となった。アレグザンダー二世はその目で見ることはなかったが、その式典は彼にとって偉業であった。彼の治世において、スコットランド教会は完成形に達していたのである。そのキャンペーンを組織した聖職者はデイヴィッド・バーナムであったが、彼は王室の腹心の臣であり、一〇九三年以来セント・アンドルーズ司教（一二三九～一二五三年）となったはじめてのスコットランド生まれのスコット人だった。一二四九年七月にアレグザンダーが没し、その五日後におこなわれた彼の一一歳の息子の就任式——これは正式な塗油の儀式と戴冠に近いものであった（それらがはじめて執りおこなわれたのは、一三三一年になってからで、デイヴィッド二世の即位においてであった）——、二カ月後のマーガレットの列聖と翌年の列聖式、それらすべては、マルカム家だけではなく、スコットランド教会、そして教会と国家とのあいだの新しい成熟した関係の時代が到来したことを告げる証であった。

一一九二年に、スコットランド教会は新たな地位を与えられていた。その年、教皇ケレスティヌス三世（在位一一九一～一一九八年）が大勅書「クム・ウニウェルシ」のなかで、ギャロウェイ（ヨークの管轄下にあった）を除くスコットランドすべての司教区は、カンタベリ、ダラムあるいはヨークではなく、教皇権の翼下に入るローマの「特別な娘」という地位を享受すべきであると明言したのである。しかし、デイヴィッド一世（在位一一二四～一一五三年）とマルカム四世（在位一一五三～一一六五年）治世の請願にもかかわらず、教皇はスコットランドの王に塗油と戴冠の完全な典礼を認めて、セント・アンドルーズに大司教の地位を与えることには一貫して消極的であった。獅子王ウィリアム（在位一一六五～一二一四年）治世に、スコット人の王の出自に関する伝説が復興し、聖アンドルー崇拝がさらに精巧なものになったことは偶然ではない。マルカム王朝と教会がお互いに強い依存関係にあったことをはっきり示すのは、スコット人、ピクト人、ブリトン人に共通する出自を、ファラオの娘であるスコッタに辿った『ピクト年代記』――マルカム王朝に写本が作られた――と、一一六〇年代に建造が始まった新しいセント・アンドルーズ大聖堂である。この大聖堂は、全長三二〇フィート、翼廊が一六八フィートと、王国内のどの教会よりもはるかに大きかった。国王、教会と国民の織り合わさったアイデンティティ――イスラエルの子に由来し、コルンバの時代以来、王家の血を引く聖職者と関連し、今では第二の国民的聖人によってまた違ったかたちを示した――は、ほぼ完成していた。

一〇、一一世紀に着実に広まったアンドルー崇敬は、一二世紀には新たな手が加えられた。マーガレット王妃が、セント・アンドルーズへの巡礼のために、クィーンズフェリーからフォース湾を渡るかの有名な無料船を運行させるよりも一世紀以上も前の九五〇年代には、当時はまだ「キルリモンド」と呼ばれていたセント・アンドルーズの聖堂が、すでに巡礼の中心地として人気があったことを示す十分な証拠がある。つまり、聖アンドルーはスコットランド全土、さらには国外にも名が通っていたのである。九五二年にコンスタンティン二世はここで隠遁生活に入り、アエドと呼ばれるアイルランド王子が九六五年の巡礼の途中に、ここで息絶えた。一一世紀までに、その古い地名は使徒自身の名前に取って替わられた。

聖アンドルーは後にマルカム王朝の守護聖人になるが――以前、コルンバがマカルピン家の守護聖人になったように――、すべてが聖アンドルー崇敬に置き換えられたわけではなかった。使徒への巡礼の守護聖人としても、アイオナの再建者としても、マーガレット王妃は、死後も長きにわたって名声を保った。マルカム・カンモアの息子ドナルド・バンは父の遺骨を一一〇五年頃にダンケルドからアイオナへ移し、一一〇七年以降、スコットランド王はセント・アンドルーズではなく、通例ダンファームリンに埋葬された。このように、一二世紀にさまざまなかたちで導入されたコルンバとケルト教会、聖アンドルーと西方キリスト教世界の同一化は、決して完全なものではなかった。アールズ・フェリーとして知られるノース・ベリクとアードロス間のフォース湾を渡るセント・アンドルーズ巡礼の第二ルートを確立したのは、一二世紀中葉にスコットランド人最初の貴族となったファイフ伯ダンカンの労であった。世俗政治と同じように、新旧のバランスが教会内部——組織と同様、信仰と聖人に関しても——で取られた。それは混成した人びとのための混成した教会だった。

コルンバの参謀が、九一八年に共通の敵と戦うために「アルバナイク」(スコットランドの人びと)というピクト人とスコット人の混合軍を認めたように、使徒の権威は徐々に築かれていった。セント・アンドルーズ主教のウィリアム・フレイザー(在位一二七九～一二九七年)の時代には、伝説はスコットランドの人びと、つまり「ピクト人、スコット人、デーン人、ノルウェー人」すべての上に立つ使徒の権威を強調していた。一二七九年までに、セント・アンドルーズ主教の紋章には、十字架にかけられた聖アンドルーの像が用いられるようになっており、一二八六年には「同胞スコット人の統率者アンドルー」の伝説をともない、「王国の守護者」の紋章にも聖アンドルーが登場した。バノックバーンで四年前に「神の祝福を受けた王国の守護者アンドルーのおかげでスコットランドの人びとに重要な勝利がもたらされたこと」に対して全国民が感謝の祈りを捧げる儀式によって聖アンドルーズ大聖堂が献堂された一三一八年までには、使徒である聖人と国民の同一化が完了した。

一三二〇年のアーブロースの宣言において、スコットランド国家のアイデンティティはひとつ駒を進めた。スコットランド人の地位もブルースの評判も、「われわれの守護聖人にして保護者である」アンドルーという試金石よって証明された。これは教皇あてに書かれた文書であるが、スコットランドにおいては、教会とスコットランド王の両者はそれぞれのアイデンティティを、いまだ人びとの連合なるものの牧者と統率者であると認識していた。アングロ・ノルマン家の子孫の封建領主であり、ゲール語を話すケルト人の王でもあったロバート・ブルースは、スコットランド教会のふたつのシンボル、コルンバのブレク・ベノホとアンドルーの斜め十字の旗をバノックバーンの戦場へと携えたのである。

新しい修道会の創設とその導入という点で、中世教会史のなかでももっとも動的な世紀であった一二世紀に、聖書に登場する聖人や大陸の聖人が数多く新たに取り入れられた。王が新しく設けた自治都市での変化は他に抜きん出ていた。そこでは新しい教会区が、聖メアリ（ベリク、ダンディー、グラスゴー、ハディントン）、聖ニコラス（アバディーン、ラナーク、レンフルー）、あるいは聖ジャイルズ（エディンバラ、エルギン）などに献じられた。しかし、一一世紀に北ヨーロッパ沿岸地域で人気のあった聖クレメントへの献堂（ダンディーとアバディーン近くの漁港フィティーの両方で見られた）などいくらかの古いタイプの献堂もあった。一二世紀に書かれた、あるいは書き直されたスコットランドの聖人伝の影響を受けて、献堂はいたる所でさらに交雑したものになった。農村部の教区教会においてペテロの弟アンデレ（アンドルー）は、ケンティガーン、ニニアン、聖マーハー、そして聖サーフと対抗しなければならなかった。ケルト、あるいはその他の初期聖人に対する地域毎の崇敬は、国の聖人としての聖アンドルーの崇敬と同じように、中世初期の教会の一部であったのだ。

一二、一三世紀におけるスコットランド教会の複合アイデンティティは、マルカム王朝と貴族の両者における変化する雑種性を反映していた。それはまた教会内部、とくに教区つき聖職者のあいだで生じていた継続性と変化の衝突を覆い隠してもいた。マルカムとマーガレットと同じ一〇九三年にフォサッドが没した後、著名なアングロ・ノルマン司教が途切れなく現われたが、なかでももっとも傑出していたのは、聖ルールの教会を大聖堂と小修道院へと拡張するのを指揮し、おそらく死を前に司教座の新設をも計画していたスクーンの聖アウグスティヌス修道会士ロバート（在位一一二四〜一一五九年）と、巨大な司教管区の再編に成功したウィリアム・マルヴォワサン（在位一二〇二〜一二三八年）である。一二世紀においては、司教位にある生粋のスコットランド人の存在は希で、ほとんどがアングロ・フレンチ系であった。

この時期のスコットランドの聖堂教会は、組織と組成の手本にするために、当然のことながらイングランドの聖堂教会へ注意を向けていた。マリでは、リンカン大聖堂を参考にして一二一二年に聖堂教会を設立したが、それははじめての有能なマリ司教、リンカンのリチャード（在位一一八七〜一二〇三年）を手本にして進められたと考えられている。グラスゴーはすでにソルズベリのものを採用しており、一二五〇年代にはダンケルドがそれにならった。セント・アンドルーズにおけるイングランドの司教区改革の影響は、一二三八年に突然に終幕を迎えたわけではない。というのは、バーナムはマルヴォワソン家のメンバーであり、自分の司教区をリンカン司教ロバート・グロステスト〔在位一二三五～一二五三年〕の成果に沿って運営しようと、専門的に管理をおこなう小グループの進展を模範にしていた。結果として、礼拝におけるソルズベリ式典礼は、完全ではないにしても、そのときまでに広く受容されていた。しかし一二五〇年までに、新しいタイプの聖職者が出現していた。司教は王の家臣、あるいは貴族の血族か被保護者のどちらかである傾向がますます強くなっていた。アレグザンダー三世（在位一二四九～一二八六年）の援助とコミンの庇護力は、一三世紀末における在俗教会の聖職禄の構造にまで及んでいた。アレグザンダー三世の治世までには、スコットランド教会の聖職の大半がスコットランド人によって占められた。

一二世紀のうちに創設された聖アウグスティヌス修道会、シトー会、プレモントレ修道会といった新しい改革派修道会はすべてフランスで生まれたが、イングランドに設立されていた娘修道院経由でスコットランドに紹介された。第一世代のなかで、フランスの修道院本部から修道士が直接やって来たのは、シャルトル近くのティロンにあったティロン修道会のみだった。その出所が直接的であるにしろないにしろ、あらゆるスコットランドの修道院が「ややフランス的」といわれる所以がここにある。ティロン修道会の大修院長のように、シトー会の長はブルゴーニュのシトーでおこなわれる全大修院長の定例会議へ出席することが義務づけられていた。かわりに娘修道院を毎年視察することが、あらゆる修道会の修道院本部の大修院長の義務であった。シトー修道会のように接触を制度的におこなう修道会は稀であったけれども、修道院の世界には国境はなかった。シトー会は、一二七三年までに、少なくとも一三人の修道士と一〇人を超える信徒修道士を擁する修道院を、イングランドとの国境地域のメルローズからアーガイルのサデルやマリのキンロスとのあいだに少なくとも一一は擁していた。シトー会は、畜羊に適した大規模な未開墾地を譲渡されていることが多かったので、一三世紀にはスコットランド第一の港であったベリックに倉庫を所有していた一五の修道院のうちの四つがシトー会の修道院であった。スコットランドの羊毛量の約五パーセントを抑えていたシトー会の組織は、実際に取引をおこなう事業活動をその四修道院に許可した。都市のなかで修道会が土地を所有することに制限がなかったために、スコットランドではイングランド以上に密接な経済的関係が社会と修道院のあいだに築かれた。

聖アウグスティヌス修道会の俗世への関わりは、異なるかたちをとった。クリュニー会、ティロン修道会や一三世紀に〔ブルゴーニュに〕登場したヴァリスコール修道会のように閉鎖的でなかった聖アウグスティヌス修道会は、俗人の世界に赴くことを第一使命とし、通常は、彼らの修道院に割り当てられた教区教会で聖務をおこなっていた。また彼らは隠修士的性質が強かったが、その性質が「神の僕」という古い共同体の継承と改良に適していた。それらはフォース湾のインチコム、またはメンティース湖のインチマホームのような隔絶された場所に据えられることが多かった。ティロン修道会をデイヴィッド一世の私有の修道会とするなら、一二世紀末以前にその衣鉢を継ぎ、エディンバラ近くのホリルード、スターリングのフォース川対岸にあったカンバスケネス、セント・アンドルーズといった王室の中心地、あるいはその近くに拠点を置いていたのが聖アウグスティヌス修道会であった。一二〇〇年から一四五〇年の間、聖アウグスティヌス会ほど王居の近くにあった修道会はなかった。

アレグザンダー二世の時代(一二一四~一二四九年)に、これも王家の保護によって、ふたつの托鉢修道会——ドミニコ会(ブラック・フライアーズ)とフランシスコ会(グレイ・フライアーズ)——が導入されたことも、スコットランドの中世教会が活力あるものだったことを示している。このふたつの修道会は、創設後二〇年たたないうちにスコットランドへ伝わったことになる。一三世紀末には早くも一二のドミニコ会修道院と六つのフランシスコ会修道院があり、それらのほとんどが主要な町のはずれに位置し、そこで説教をしたり、教義を教え、施しをおこなうなどの活動をおこなっていたようである。そして、その他の托鉢修道会——とくにカルメル会(ホワイト・フライアーズ)と三位一体修道会(レッド・フライアーズ)——が続いた。これらの修道会は、すでに隠れないものになっていた一三世紀におけるキリスト教分派のかたちと符合するものであった。それらは意図して国際的なものに見せていたが、職にあった者の大部分はその土地の人間であった。一二五〇年代には、フランシスコ会に独立した管区を創設しようとする動きが現われたが、一四八三年に最終的に設立されるまでには紆余曲折があった。ドミニコ会では、一四八一年まで名目上イングランド教会管区の一部にあったが、早い時期から権限の委譲を主張する傾向があった。一二八九年に教皇の認可状によって、スコットランド内のあらゆる修道会が、外国人をその長にすることを禁止されたことは、修道士のあいだでナショナリズムの意識が増大していたことを示している。

一三世紀は多くの普通の教区司祭にも変化をもたらしたが、そのすべてが彼らにとって好ましいというわけではなかった。一三〇〇年までには、全体の六〇パーセントを超える教区教会が、十分の一税のすべて、あるいはその一部を、別の教会組織——通常は修道院か司教座聖堂参事会——に供用させられていた。この数字は一六世紀までに八五パーセントに達したと思われる。すでに一二五〇年までに、それらの一部がケルソーやドライバラなどの大修道院や新しい大聖堂といった壮大な建造物、あるいはセント・アンドルーズやグラスゴーといった新興の司教座の運営に支払われたことが明らかになっていた。それによって、自ら聖職禄を有する教区司祭《レクター》に代わり、給与を受ける代理司祭《ヴィカー》が仕える教会区がしだいに増えていた。ここではまだ、宗教改革前夜ほどの打撃は与えていなかったのは確かである。宗教改革前には、教会での通常の聖務の多くが、聖職禄保持者の代わりに雇われた補助司祭《キュレイト》によって遂行されていた。しかし、中世後期の教会での「歩兵」が、さまざまな類の礼拝堂付き司祭になったり、十分な報酬も受けず、職の保証もなく、転職を繰り返すといった状況へ向かう過程はすでに始まっていたのである。偉大な聖職者たち——司教に選ばれる以前に、二二もの教区主任司祭の収入と聖堂参事会報酬を持っていたといわれる一三世紀末のグラスゴー司教ウィリアム・ウィシャートから、一五世紀末に自らのアバディーン司教区に自分の一族を登用した著名な司教エルフィンストンにいたるまで——のあいだには兼任や縁故が潜み、その裏では短期契約であちこちを渡り歩く、薄給の労働者がいたことは忘れてはいけない。

後期中世教会——聖職者と国王

一四世紀末から一五世紀になると、教区司祭は貧窮に陥っていた。一三世紀には、給金受給司祭（教区の十分の一税を受け取るのではなく、固定の給金のみを受けていた者）は年間一〇マーク（一マークは三分の二ポンドだった）、礼拝堂付き司祭は五ポンドを受給していた。一四世紀にはそのような受給司祭に最低一〇ポンドが支払われることになっていたが、大抵は支払われなかった。教会当局の意向としては、教区聖職者の収入を、自由土地保有者や農民と同程度に維持しておきたかったようである。こういった農村社会の主体であった人びとは、一〇ポンドの年収がある場合には、議会から軍役として騎馬武装することを求められた。彼らの地位は一七世紀の改革派教会の牧師の地位とは異なっていた。一七世紀の牧師の収入は、会衆に属する大地主レアド（ジェントリ）や永代租借地所有者、大規模な借地農場経営者の収入と同レベルであった。しかも、中世末期のスコットランドは物価の暴騰に見舞われたため、実際には、教区司祭の収入はさらに減少した。教会は教義上の危機に瀕するより遥か以前に、経済的危機に直面した。

中世教会の欠点は、明らかになるのに時間を要したが、その責任がどこにあったのかを明確にあげることは困難である。血縁が重視される社会において、縁故重視は当然の流れであった。聖職禄の兼領は、教会システムの風土病といってよく、一二、一三世紀には、教会のかなりの部分に浸透していた。人材の面はもちろん財務においても、高位聖職者の中枢にも、また修道院にも、大聖堂参事会にも入り込んでいたのである。貧窮にありながら威信のある建造物を建てようという計画は、中世に特有というわけではなかった。エルギン大聖堂の劇的な美しさは、「王国の装飾、神の国の栄光、外国人の喜悦」と描写されるに値する。そのような司教たちが、一般の人びとにキリストの教えをもたらすことに、何にもまして関心を持っていたことは疑う余地がないだろう。一三世紀スコットランド教会の法規は、通常の教区生活はどのようなものであったかを示す証拠を大量に提供してくれるが、そこには、秘蹟を施し、教義を教えることへの関心があふれ、一六世紀あるいは二〇世紀にもってきても適切なものであっただろう。教区司祭は「聖なる教父たちと聖書から受け継いだ厳格な手順をふむカトリック教義の敬虔な儀式をもって」秘蹟を執行し、一方、教区民は「自分たちの子どもに同じ教義を説き、キリスト教信仰を持ち続けるように彼らに教えること」を促された。それは教区司祭の大半が畏敬の念をもって職務を遂行したことの表われである。しかしながら、一五世紀から一六世紀初頭には、彼らの収入が減少したことで、下位の聖職者の層において手痛い損失があったことは疑う余地がないだろう。この責任は、主として通常の教区組織に十分な資金を回すことができなかった聖職位階制度にあるのだが、聖職推挙権を持っていた俗人にも責任がある。こうした俗人は、共住聖職者団体、修道院病院、あるいは信徒が設立したその他の施設のために、礼拝堂付き司祭を最低限の賃金で雇っていたのである。俗人は、自分たちの魂の救済のためにもっと多くのことがなされることは期待したが、以前と同じほどには支払いたくはなかったし、支払うことができない場合もあった。

国の教会として変則的な状態が続いたこと、とくに教皇の保護下にありながら、一四七二年にセント・アンドルーズが大司教位に昇格するまで、首座大司教を欠いたことは、ふたつの影響があった。それはスコットランドと教皇庁間の非常に緊密な連絡を促進し、スコットランドの教会と国王の両代表は、ローマにおいて巧みに陳情運動をおこなう術を発達させた。しかしそれはまた、教会人事にスコットランド王が強い関心を示すという結果をも招いた。一二二五年以降の、スコットランド教会のスコットランド管区会議の発展は、大司教ではなく管理委員が長を務めたので、この傾向に拍車をかけることになった。これらの管区会議は、その力を、ローマが予測していたであろう以上に、大きく発展させたようだ。その発展というのは、宗教改革前夜の一五四九年、一五五二年、一五五九年に開かれた教会会議は「反教皇」を表明したものであると、一部の歴史家たちが考えたくなるようなものであった。

これら教会会議は、教会の階層的組織内に団結心という明確な意識を醸成することになり、独立戦争中にスコットランドの大義をローマなどで主張するにあたって、実際的な効果をもたらしたと考えられる。長引くイングランドとの戦争は多くの者の忠誠心を試すことになったが、スコットランドの司教の大半は、スコットランド社会の他の層では考えられないほど堅固な見解を持っていた。一三〇六年二月にダンフリーズのグレイ・フライアーズの教会でロバート・ブルースが神聖を汚してジョン・クミンを殺害したことに対し、聖職者のほとんどが進んで見て見ぬふりをしたことは驚くべきことかもしれない。だが、彼らには、イングランドの支配によって得るものよりも、失うもののほうが多かったのである。彼らが支持したのはその男ブルース——彼は、少なくとも一三一四年まで、政治的な面でと同じように、聖職者とも係争中であった——よりは、むしろその動機であった。彼らのナショナリズムは学識にもとづいており、また自己の利益を考えたものであった。それは、彼らに対する管轄権を主張して、二世紀あるいはそれ以上にわたって断続的に繰り返された、イングランド教会の各方面からの権利要求に対応するなかで生まれてきたものであった。また、たいていの管区では、被保護者と血族とが堅く団結した関係にあり、それが中間層を結びつけていたので、貧困層はほとんど存在しなかった。

一三〇九年以降、教皇庁がローマからアヴィニョンへ移行されると、イングランド・スコットランド戦争以来の流れに拍車がかかった。一三世紀にはスコットランド人学生はオクスフォードかケンブリッジに行くことが多かったが、一四世紀になるとパリ、オルレアン、ルーヴァン、ケルンの大学が好まれるようになった。新しいコスモポリタン的なナショナリズムは、結果として、指導的立場のスコットランド人聖職者に影響を及ぼした。アヴィニョンの教皇権による人事への統制強化は、聖職禄獲得をめぐる争いを煽り、野心を抱く若いスコットランド人を、恩顧を得るためにアヴィニョンの聖職推挙権保有者に接近させた。このため、新たに聖職禄を得るための必要経費がかさむようになったために、聖職禄から享受できる収入が減ることになった。それらの結果、聖職者の制度全体にわたって影響が出た。増大する経費は人びとの負担となり、さらに多くの教区教会の歳入が私物化された。「司祭用住居」付きの受給司祭は、十分の一税もいくらかはもらっていて、自分を年金受給司祭くらいに思っていたかもしれないが、物価上昇とポンドの下落の時期に固定給では、生活をどうにか立てるためには、ほかの手段に頼らざるをえなかった。国全体が一世紀に及んだ断続的な武力衝突の衝撃からなかなか抜け出せなかったこと、一三七〇年代における短い回復期の後にやって来た貿易不振、そして聖職禄にかかる教皇の取り分という新たな経費、それらが結びつくと、スコットランド教会全体を衰えさせることはなかったにせよ、聖職禄からの収益を手にした者と彼らから給金を受け取って教区で働く者との格差をはっきりと浮かび上がらせた。

ローマとアヴィニョンの教皇の対立が引き起こした教会大分裂（一三七八～一四一七年）は、まずスコットランドとフランスの関係を強化した。アヴィニョン教皇に対するスコットランド教会の確固たる忠誠心――ヨーロッパのなかでも、スコットランドはベネディクト一三世（在位一三九四～一四一七年）に忠誠を示した唯一の王国だった――は、数多くの重要な結果をもたらした。もっとも注目に値するのは、スコットランド初の大学の創設であった。一四〇八年にベネディクトがフランスから追放されたことにより、それ以前にフランスの大学で教鞭をとっていた多くの教師がスコットランドに帰国した。一四一二年までに彼らはセント・アンドルーズに学校を設立し、その翌年には大学としての地位と学位授与権に必要な保護と特権を認めた六つの大勅書をベネディクトから授かった。スコットランドでの支援を維持したいと考えていたアヴィニョン教皇からの気前のよい恩恵授与は、教会人と俗人、両方の期待をさらに膨らませていたが、それらの期待は、一四一七年にマルティヌス五世の復位によってしぼんでしまった。マルティヌス五世は、教皇の収入に関する旧来の権利や完全な共通礼拝を回復することを切望していた。これがジェイムズ一世と教皇のあいだでの、一四二四年以降の激しい軋轢の背景であった。復位した王はその名をあげようと躍起になっていたし、教皇は、自らの権威を守ることに汲々としていた。一世紀以上にわたって続くことになる枠組みがここに出来上がったのである。ジェイムズ一世からジェイムズ五世にいたる国王は誰もが、ローマからの不当な要求に不満を並べ、聖職叙任権制度の専門的事項を徹底的に調べ上げて、抜け道を利用しようと努めた。議会は、新たに教会の上に立つ世俗権威という味を知ってしまうと、さらに攻撃的になった。そして、議会は、ステュアート家の君主以上に、旧来のものであれ新しいものであれ、教会に対する王の諸権利を擁護した。

一四七二年、セント・アンドルーズに初代大司教が任命された。パトリック・グラハムという思いもよらない人物——彼は教皇特使の権限をも授けられた——によって、スコットランド人の大司教が突然に出現したことは、皮肉なことに、教皇との関係に、一四二〇年代以上に深刻な危機をもたらした。この信用のおけない幾分哀れな人物が一四七八年に罷免されたことは、面白くない話ではあっても、国王にとって重大な勝利であった。彼の後任ウィリアム・シェブス（在位一四七八〜一四九七年）は、学者や司牧者としてよりも、行政官としての能力で知られた廷臣であったが、シクストゥス六世によるグラハムの任命と同じように、才能にあふれる教会への任命としては、皮肉なものであった。ジェイムズ三世（在位一四六〇〜一四八八年）と教皇たちは一四七〇年代と一四八〇年代にかけて、どちらもスコットランド教会の支配力を失う危険を冒すことはできないという現実を認識することになった。ほかの財源は枯渇し、国王は以前にもまして教会からの歳入に頼るようになっていた。そして一五世紀における王の権威の再編は、国王が手腕に長けた行政官や法律家にますます依存する状況を生み出した。そういった役人のなかで、トップにいたのが、パリとオルレアンで教会法とローマ法の両方の教育を受け、ジェイムズ三世のもとで大法官を務めたウィリアム・エルフィンストンであった。

王と教皇権のあいだの抗争は、インノケンティウス八世という融和主義の教皇の就任によって解決された。一年もたたないうちに、伝統的なローマ教皇の好意の印である「黄金のバラ」飾りがもたらされ、一四八七年には面子を保つかたちで妥協がはかられた。その年には、聖職禄からの取り分について、王の「謙虚な嘆願」を受理することを教皇に強制はしなかったが、すべての主な聖職禄と修道院長職について、欠員が出た場合、八カ月の間、国王がその収入を得ることは認められた。国王による聖職推挙権は容認されなかったが、未来の王と議会がつけ込める可能性の扉は開いたままにされた。一五三五年には、教皇は、スコットランドでヘンリ八世の真似をされるのを恐れて、推挙権を認め、指名の猶予期間をきっかり一二カ月に延長した。

後期中世教会——学問と法

一四一二年にセント・アンドルーズに大学が設立されるまで、スコットランドには大学が存在しなかった。その後、セント・アンドルーズで一四五〇年に神学と哲学教育のためのカレッジ（セント・サルベイター）が、グラスゴーで一四五一年に学芸カレッジ、アバディーンでは、一四九五年にセント・メアリ・カレッジ（キングズ・カレッジ）が創設された。セント・メアリは、一五〇五年のその第二の創設といえる改組に際して、意欲的にも四学部〔神学・法学・医学・学芸〕の設置を目論んでいた。そのほかに、間をおかずしてセント・アンドルーズ大学でのカレッジ創設が続いた。セント・レオナードは、「貧しい聖職者のカレッジ」として、パリのモンテギュ・カレッジの禁欲的規範をモデルにして一五一三年に創設され、聖アウグスティヌス派の信仰を拠り所としていた。セント・メアリは、一五二五年にまず検討され、一五三八年に正式に設立され、一五四四年に改組されたが、一五四〇年代末から一五五〇年代には、教会の内部改革運動の中心となった。これらすべての大学設立は、聖職者の寄付と司教たちの活動によるもので、司教たちは自分たちの管区の中心に大学を設置した。

高等教育について国が計画したに等しいこういった大学設立の影響——エルフィンストンは、自分の大学は「父祖の地の栄光」のために建てたものだといっている——は、一見したところより、広範でもあり、また狭くもあった。高位聖職者の地位を得た者の多くは、長期にわたって大学卒業者であったし、ステュアート朝の王のもとで大きくなっていた統治行政職に就いたのも彼らであった。しかし新大学のカリキュラムは、意欲的な計画にもかかわらず、もっぱら教養学芸に重点を置いたままであった。神学研究は不完全で、医学や法学研究は取るに足らないものだった。一四五〇年以前には、新しいセント・アンドルーズ大学の卒業生は年間で一〇名を超えておらず、世紀後半で、グラスゴーとあわせても約三〇人、一五四〇年代でも、全大学で年間総数一〇〇人を超えていなかったらしく、大卒者の数は依然として限られていた。その大半はやはり聖職者だった。ほかと同様、セント・レオナードは自らを「神学校」と考えていた。研究の追究をさらに望むもっとも有能で野心に溢れていた者たち——通常、教会での出世手段として、専門知識として選ばれたのが教会法とローマ法であった——は、相変わらず海外へ向かい、西ヨーロッパの主要大学を目指した。

これは新しい傾向ではなかった。それまで何世紀にもわたり、スコットランド人は国外の学問の中心地へと旅立っていた。一二六五年から一二九四年の間、三〇人以上のスコットランド人が法学研究の一大中心であったボローニャで学んだことが知られており、それ以上の人数がオクスフォードとパリへ向かったと考えられる。しかし、アヴィニヨンに教皇庁が置かれた影響で、一四世紀には、フランスがスコットランド人の聖職者と学生のメッカになっていた。イタリアとイングランドの大学は人気が衰えた。一三五〇年以降の一〇〇年で、フランスとの強固な関係が確立したが、聖職者ほど多方面での活動から成果を得ようとしていたグループはなかった。彼らは、パリやオルレアン、アヴィニョンで訓練を受け、学び、請願し、運動していた。一五世紀の第二四半世紀までには、ルーヴァン大学が創立され、ブルージュが主要港として重要であり続けたこともあって、フランドルとの強い文化的関係も定着していた。

当時のもっとも有名な哲学者であったヨハネス・ドゥンス・スコトゥス（一三〇八年没）のように、多くの大学関係者が国外で名を上げた理由は、彼らがスコットランドの外でキャリアを積むことを選んだからであるが、彼の場合はオクスフォードとパリであった。一五世紀から一六世紀初頭にかけて大学が新設されたことは、学者の頭脳流出に歯止めをかけるうえで、少なからぬ成果をあげた。ヘクター・ボイスは、エルフィンストンによってパリのモンテギュ・カレッジから勧誘され、アバディーン大学の初代学長となったが、偉大なエラスムスと親友であり、新学問に心酔していた。それに、パリ大学にいる間には全欧でその名声を謳われたジョン・メイジャーは、帰国して一五三四年にサルベイター・カレッジの学寮長になった。

中世の教育システムのうち、その他ふたつの部門のことは、あまり知られていない。グラマー・スクールと種々の「小さな」聖歌学校や俗語教育をおこなった学校である。ドゥンス・スコトゥスはハディントンのグラマー・スクールに通った。大学教育の急成長に影響を受け、それと並行してグラマー・スクールの数が増加したようだが、そのほとんどが都市に本拠を置いていた。多くの学校は、大聖堂やさまざまな聖堂参事会の管轄下にある教会と関係を持っていたが、一三八〇年代以後、急速にその数を増やしていた。また、キンロスのシトー会大修道院のように、修道院学校を併設し、その門戸を開いて少年を多く取り込んだ修道院もあった。神学か学芸を教える「読師」を独自に抱えた托鉢修道院もあり、一四二〇年にはエアのドミニコ会修道院には古典の指導教師がいた。それによって領主や自由土地所有者の子弟に「神に捧げられたラテン語」の習得を促進することになる教育法が議会を通過した一四九六年までには、国の行政官と法律家に対する需要が増えたことで、人材供給量を追い越してしまう恐れがあったかもしれない。一六世紀の間、グラマー・スクールと大学への国からの干渉が強まったが、これらの学校で教えられたカリキュラムは一五〇〇年も一四〇〇年もほとんど同じであった。

中世スコットランドには、必ずしも教区の学校ではなかったが、さらに異なる種類の学校がたくさん存在した。そのなかでもっとも簡単にたどってみることができるのは、大聖堂と聖堂参事会教会に付属した聖歌学校である。それは、一五世紀に教会音楽への関心が復活したことを反映したものであった。また、「英語」の読みを教える学校が、都市にも農村地域にもあった。そこでは基礎のみが教えられ、おそらくそのほとんどが男子向けだった。また、女子を対象とした小さな学校もあったようだ。こうした学校の運営には女性や修道女が携わっている例もあり、裁縫学校と言われることも珍しくなかった。多くのレアドが、自分たちの子弟と、おそらく親族や借地人の子弟を対象とした私設学校を運営していたとみられる。これら基礎を教える学校で教鞭をとっていたのは、ほとんどの場合、さまざまな礼拝堂付き司祭であった。彼らは、もうひとつの仕事で乏しい収入を補いたいと考えていたのである。プロテスタントによる宗教改革の影響は、この種の学校教育に強く表われた。それでも、一五六〇年以後、全国的な基礎教育制度の確立ではなく、むしろ整理統合がおこなわれた。多くの場合、学校は新設されるのではなく、再設または再編された。

中世後期の教会における指導的人物のほとんどは法学教育を受けており、彼らが一五世紀に法を成文化する試みを数度にわたって推進したようである。大陸法裁判所の中心をなす高等民事裁判所は、一世紀以上かけてゆっくりとかたちをなし、最終的には、一五三二年に、一五人の有給判事を備えて設立された。八人の聖職者と九人の俗人からなるこの混成組織は、その時代を体現したものである。貧民の救済や教育の提供、新しい教会団体や礼拝堂などの司祭の任用推薦権、そしてとくに法律など、多くの領域において、聖職者の専門知識と豊かな経験はつねにきわめて重要であったが、俗人の要求は増え、推薦権とそのコントロールのあり方は新しい段階にあった。こういった余分な多くの要求が、聖職者と社会の関係と同じように、教会と国家の関係を、これまで以上に密接に関連づけることになったが、その経費には、教区教会の十分の一税を充当せざるをえなかったのは皮肉である。まだ異端からの深刻な攻撃を受けているわけではなかったが、自らに課した、あるいは社会が生み出した新たな要求によって無数の傷を受けて、教区制度は血を流していたのである。

教会は衰退していたか

一五世紀後半はパラドックスの時代であった。国王はそれまで以上に聖職禄の推挙権を掌握していたが、その一方で、とくに一四九〇年代には、議会などで教皇権の批判が聞かれた。一四九二年にふたつ目の大司教区がグラスゴーに設けられると、それは議会を刺激し、ローマでの高位聖職者の対立抗争の代償として押しつけられた「王国にとって計り知れない損害」に対する抗議を引き起こした。しかし、ジェイムズ六世がグラスゴー側の主張の第一の支持者であったため、その対立関係の大半は国王自らがつくったものだった。教会は経済的危機に陥ってはいたけれども、強烈な宗教的覚醒の時代でもあった。

一四世紀には地域や初期の聖人に対する興味は薄れていたが、一五世紀の第二四半世紀以降、それが明らかに復活した。これは、反イングランド意識の愛国主義とスコットランドの聖人再興を組み合わせた『スコットランド年代記』を著わしたウォルター・バウアの時代だった。インチコムのアウグスティヌス修道会の大修道院長であったバウアは、その島の大修道院をコルンバに捧げる信仰の中心地に転換した。また彼と同時代を生きた別のアウグスティヌス修道会の（セント・アンドルーズの）修道院長ジェイムズ・ホルデンストンは、この使徒に捧げられた大聖堂の復興者であると同時に、テインの聖ドゥサックを聖者の列に加えようと、早くから活動した運動家でもあった。時を同じくして、グラスゴー司教ウィリアム・ローダーは、聖マンゴ（聖ケンティガーン）の聖遺物箱を彼の大聖堂のなかで目立つ場所へ移動させる許可の請願を一四二〇年に教皇に出していた。

同世紀も後になって、グラスゴーの聖テヌー、エディンバラ近郊レスルリグの聖トリデュアナ、コールディンガムの聖エッバといったあまり有名ではない聖人に対する興味の復活はすべて、国民の歴史的記憶が新たに刻まれるようになったことを示すものであった。この動きは、国民の祈禱書と呼ばれるものによって頂点に達した。すなわち、アバディーンの司教ウィリアム・エルフィンストンによってまとめられた『アバディーン聖務日課書』である。これは、現存するスコットランドの印刷本のなかでもっとも古いもののひとつで、一五一〇年にエディンバラのウォルター・チェップマンとアンドルー・ミラーによって製作された。

そこには七〇を超えるスコットランドの聖人が登場し、彼らすべての聖人祝日と各々の歴史が記されている。しかし、エルフィンストンの祈禱書は、イングランドのソルズベリ式典礼に取って代わることを意図したものであったが、その時期にしては偏狭なプロパガンダ冊子をはるかに超える内容であった。そこには、「雪の聖マリア」といった、当時ヨーロッパで流行していた新しい祈禱の主なものはほとんど掲載されていた。ただ、『聖務日課書』は新機軸を打ち出したものではなく、まずスコットランド聖人の再興があり、後に「慰めの聖母マリア」といったヨーロッパでのマリア信仰や聖家族信仰があった世紀の掉尾を飾るものであった。また、「五つの聖痕」や「イエスのもっとも聖なる御名」といったキリストの受難に焦点を合わせた大陸の信仰を取り入れて、一五世紀後半における新しい流行を集約したものでもあった。これらの多くは、「聖血」のように（それはエディンバラの商人ギルドが所有していた「フエターニア旗」に今なお見ることができる）、フランドルから直接持ち込まれていた。スコットランドの信仰の歴史は、中世スコットランド史と同じように、ナショナリストと大陸志向派のふたつの影響の混合物であった。

この宗教生活の活性化には多くの道筋があり、それらすべてが同じ方向を指していたわけではない。年代記編者ウォルター・バウアが同世紀の初めに述べたように、ミサは「生きる者の救済と亡き者の贖罪」を意図したものだとされていた。一四〇〇年から一五五〇年にかけて設立された約五五の聖堂参事会教会の主な機能は、煉獄にいる時間を短縮するために、死者への祈りをおこなうことだった。しかしながら、このことは、社会におけるすべての身分の者の心を動かす痛切な要求でもあった。これら教会のうちのふたつ、エディンバラのレスルリグとホーリー・トリニティは、国王が建てたものであった。いくつかの教会は、エディンバラのセント・ジャイルズとセント・アンドルーズのホーリー・トリニティが格好の例であるが、大規模な再建、都市民による長期にわたる嘆願と相当な額の出資の結果、聖堂参事会教会としての地位が認められた自治都市の教区教会で、一六世紀にはさらに多くの教会が続いた。ハディントンのセント・メアリズやスターリングのホーリー・ルードなどがそれに含まれる。しかしながら、聖堂参事会教会の大半は、貴族または荘園領主の支援によって建てられたものであった。たとえば、カニンガム家が伯爵位を得る前の一四〇三年に地元に建てたキルモールス教会、ジェイムズ二世の大臣クライトン卿によって一四四九年に建てられたクライトン教会などである。なかでももっとも世に知られた教会はロスリン教会で、一四四六年の創建がこうした建築支援の一世紀への序曲であったという事実だけでなく、その精巧な建築という点で無比であり、死の踊りの彫刻と謎に包まれた「見習工の支柱」などの内装が非常に素晴らしい点でも、こうした教会の典型である。しかし、現存する礼拝堂は、大規模な建築計画の第一段階にすぎない。宗教改革のせいで中途で中止されたからである。これらの創建のほとんどは、厳粛な時代における篤信の常套的な表現であった。王国内で最大の自治都市エディンバラにあるセント・ジャイルズは、一四四六年にはおおよそ二〇人の聖職者を擁していたが、もっと典型的であったのは、エアシァの農村部にあったキルモールス教会で、一四一三年に六人の礼拝堂付き司祭を抱えていた。両者とも一年に五から一〇ポンドの経費を要した。

聖堂参事会教会の創設の波を、ミサが「何よりも死者のためのミサ」となった印として捉えてよいのだろうか。それは中世後期における信仰のあり方に対する視野の狭い見方であろう。死者のための祈りは、これとは別のふたつの信仰のかたちをとった願いとは区別する必要がある。そのうちのひとつ、新たなロザリオへの人気は、それ自体、聖母マリアへ捧げられた一連の信仰の一部であったが、北ヨーロッパ中に広がり、その時代のほかのものとまったく同じようにフランドル経由でスコットランドに達した。見事なアーバスノット『時禱書』は、アーバスノット教区の受給代理司祭であったジェイムズ・シッボルドが、自分の教会で使うために一四八〇年頃に編纂したものであるが、赤い数珠とピンクのローズカットの石でできた五連のロザリオに囲まれた「悲しみの聖母」のイメージを示している。『時禱書』は通常、富裕者(とりわけ貴婦人)の高価な私的典礼用詩篇集であるが、ロザリオ自体は社会のあらゆる層に行き渡った信仰のかたちである。ジェイムズ三世と四世は特注の高価な金の数珠を持っていたし、エディンバラの商人ギルドの「聖血信心会」のために、一五二〇年頃に製作された凝ったタペストリー製の「フェターニア旗」にもロザリオが描かれている。一五七九年にはバンフシァのタリフの市で、安価な違法ロザリオが販売されていた。長きに渡ってスコットランドにおけるローマ・カトリックの特徴となっている聖母マリア信仰は、一五世紀にその起源を辿ることができる。

この時期におけるもうひとつの重要な信仰対象は「受難」だった。「受難を想起することは聖母への信仰以上に素晴らしく、すべては彼のための聖なる祈り」と、ある一五世紀末の著作が述べている。現存するもののなかでもっとも重要な、宗教改革以前のスコットランド人の信心を詠った写本集(アランデル写本二八五)の冒頭三つの小品すべてが、受難についての懺悔であることは偶然ではない。その三つとは、宮廷詩人で礼拝堂付き司祭であったウィリアム・ダンバーによる『告解表』、エディンバラ近郊インヴァリースのトゥリス家の一員と考えられるフランシスコ会原始会則派の修道士トゥリスのウィリアムの『罪深き者の瞑想』、そしてグラスゴー大学を卒業したウォルター・ケネディの『キリストの受難』である。マリア崇拝とは異なり、受難の崇拝は後にプロテスタントの信仰としても採用されることになるが、それ以前はプロテスタントの信心というものではなかった。『瞑想』は、とくにジェイムズ四世（在位一四八八〜一五一三年）のために執筆された。おそらくは、一四八八年の反乱での父の死に自分が関与したことの贖罪として、毎年復活祭の季節に鉄のベルトを締めて瞑想にふけった際に使用されたのだろう。しかしながら、これらの信仰詩は、より大きな信仰運動の一部で、やはり低地地方に起源を持つキリストの聖血や五つの聖痕への崇敬にも例を見ることができる。長い四旬節の期間が何のための準備であったのかといえば、たいていの庶民にとっては、おそらく復活祭に毎年おこなわれる聖体拝領のお祝いで、これは、大衆による受難のさまざまな表現に多くを負っていた。たとえば、受難劇は一五世紀後半に数々の自治都市で上演されていたし、教会の壁には、アンガスのファウルズ・イースター教会に残っているような、キリストの磔刑と最後の審判の図が描かれた。また、ロザリオの私的な儀式もおこなわれた。これらすべては、同じ執心の変形であり、それは生ける者の魂の救済であった。

中世末期カトリックの精神は、一般的には受難への信仰と聖母への信仰のあいだに心理的な壁を作ろうとはしなかったと思われる。聖堂参事会教会では通常、朝の五時か六時に、聖母担当の司祭が挙げる「聖母マリアのミサ」をもって礼拝が始まった。その後一〇時間から一二時間のあいだに、さまざまな請願のミサがおこなわれた。『アバディーン聖務日課書』には、土曜日に聖母マリアの定期的な記念ミサがあったが、これはもっと大きな教会において毎週木曜日の朝に、キリストの御名、聖血あるいは聖体に捧げられた祭壇で聖体のミサを執りおこなう習慣と対置されるものであったことは疑いない。それは、一年でもっとも大きなふたつの祝祭、聖体祝日と聖母被昇天を忘れないようにさせるものであった。

しかしながら、もっと定期的におこなわれたのは、崇敬対象として聖体を公開する儀式であった。「いばらの冠」、「五つの聖痕」、そして「聖母への同情」といった新しい祝祭は、同じ方向を示していた。これらの祝われ方はさまざまであったかもしれない。ひとつのやり方は、イングランドでも同じであったのだが、ソルズベリ式典礼を反映したもので、祭壇のひとつの上に、小箱または聖体容器に収めた聖体を吊るすというものであった。また別の方法は、広くヨーロッパ、とくに低地諸国でおこなわれていたものであるが、装飾を施した壁戸棚または聖器棚を用いるもので、スコットランドでは「秘蹟の堂」として知られるが、それによって聖体をつねに公開することが可能になった。これは、一五世紀までスコットランドではもっとも一般的なやり方であった。さまざまな種類の教会——ケネディ司教の記念として一四六〇年代にセント・アンドルーズのセント・サルベイター聖堂参事会教会に作られた絢爛豪華な例から、もっとも小さな教区教会まで多岐にわたる——でおこなわれたであろう礼拝次第がある。三五ほどの例をたどることができるが、その大半はテイ川の東部と北部に残っており、すべてが一四四六年以降に作られ、そして注目すべきは、その半分は一五〇〇年以降のものである。一六世紀前半にも途切れることなく聖体への人びとの信仰が存在したことを示すもっとも良い例であるが、これはフランドルやラインラントのものに酷似していた。ファウルズ・イースターの小さな聖堂参事会教会に、オークに描かれた大きな壁画パネルが現存しているのは驚くべきことであるが、これは一四五三年頃の作で、キリスト磔刑と受胎告知の図が描かれている。このパネルは、キリストの受難崇拝と聖体崇敬のあいだの密接な関係を知る糸口を与えてくれるが、それはスコットランドにおける中世末期の信仰の中心的な特徴であった。その聖器棚は、教会全体のなかでも人びとの注視の的であっただろう。

この時期を特徴づける新たなる典礼の復活を刺激した主因は何だったのか、主な仲介役は誰だったのか。グラスゴーのブラケーダーやアバディーンのエルフィンストンのような司教が重要であり、エルフィンストンの場合、その影響は彼の大聖堂を超えて管区内の多くの小さな教区教会にまで及んだ。聖職推薦権を持つ俗人は、一五世紀の「新」貴族から新しく合同した自治都市のギルドにいたるまで、以前にも増して重要な存在となっていた。低地諸国からやってきた人びとを例にとれば、その多くが、出自を見ると、商人の場合、ブルージュ、ミデルブルグ、あるいはフェールという主要港を通ずる貿易に従事しており、聖職者の場合、ルーヴァン、またはケルンを経由してきていた。

この時期、都市社会は急速に変化していたが、自治都市の教会ほど変化が顕著なところはなかった。自治都市は各々、依然としてひとつの教区教会しか持っていなかったが、人口は増加していた。ダンディーは、一四八〇年代に四五〇〇人の会衆を擁し、それらはスコットランドの自治都市教会のなかでは最大のセント・メアリ教会に収容された。また、都市の教区の多くが近郊の田園地域へと領域を大幅に広げ、町と田園地域を結びつけた。ハディントンのセント・メアリ教会の規模は、「都市」教区には農村部分が相当あったことをよく示していた。スコットランドにおける同職ギルドの組織化は遅れた——それは一四七四年から一五三〇年にかけて主要都市で始まった——が、この発展も、聖堂参事会教会の新設と、煉獄にかかわる信仰や個々の聖人への崇敬の両方に表われている。自治都市という地域共同体全体をなす、唯一のキリスト教世界はそのままだったが、都市社会の新しい構成要素はそれぞれに適切な場所が与えられた。都市社会における聖職位階制が持つ意味は、新しい聖体行列儀式——これが最初に確認されるのは一四四〇年代のアバディーンにおいてであり、あらゆるギルドを従えた行列のなかで、聖体にもっとも近い場所が最上位者のポジションだった——に象徴された。その劇やパジェントの詳細についてはほとんどわかっていないのだが、それらは一四七五年以後の半世紀を特徴づける都市の新しい信仰のなかでも、異彩を放っていたことは疑いがない。

自治都市の大きな教会では、ギルドは自分たちが新たに法人格を得たしるしとして特定の聖人に祭壇を奉献したが、それに仕える礼拝堂付き司祭を雇うための資金調達が必要であっただろう。都市の権力者による礼拝堂付き司祭の監督はほとんどあらゆる面にわたり、ミサの対象や回数、時間にさえ及んだ。こうした市民によって精緻に作り上げられた信仰は、宗教改革の前夜においてもまだ盛んであった。一五五七年頃になっても、パースの皮革商が彼らの守護聖人であるバルトロマイ(バーソロミュー)の絵を新たに注文していた。その二年後に、ジョン・ノックスが説教した後で暴徒が都市内の教会を荒らすということが起こったが、その絵は彼らの目を逃れた唯一の祭壇背後の壁飾りだった。自治都市の教会は、一六世紀初頭までに消滅するどころか、増大する信徒の要望に応えて、「スコットランド教会(ecclesia Scoticana)」というべきものに近いかたちになったと考えられる。一五三〇年代以後のプロテスタントの数の急増に関しては、都市では、ダンディーとおそらくはパースを除いて、その勢いは弱かった。一五六一年においてプロテスタントの数がその人口の五分の一を下回っていたノリッジやエディンバラのような都市の場合、中世末期のカトリック信心の中心地であったのが、宗教改革のあと一、二世代をかけて、急進的プロテスタントの実験場へと移行したと思われる。

自治都市では人びとに広まっていた信仰を示す十分な証

拠があるが、一六世紀においてさえ、巡礼というかたちをとった敬神が衰えることなく続いていたことはよく知られている。一四〇〇年以前、王の一族や貴族にとっては、コンポステラやローマという西ヨーロッパの聖地への巡礼が一般的であった。スコットランドの聖人を再発見した時代であった一五世紀には、セント・アンドルーズ、ホイットホーンのニニアンやテインの聖ドゥサックという国内の聖地が王の保護を受けた。しかし、その傾向は必ずしも国内に目を向けた新たな信仰のあらわれだと理解すべきではない。というのは、精力的に巡礼をしていたのは、ジェイムズ二世、三世、四世が外国から迎えた妻たちであったからである。息子を出産したことに対する神への感謝表明としてデンマークのマーガレットが一四七三年にホイットホーンへ赴いたことが、その始まりと考えられる。続いて、その息子がジェイムズ四世として即位した後に定期的にホイットホーンを巡礼していたのだが、彼はときには遠くスターリングからでも徒歩で訪れた。スコットランドの聖地のなかでも相当な長距離になるテインからホイットホーンへの旅は、彼の治世における一般的な巡礼のなかで、新たな地位を獲得したようである。これを含め、そのほかに二〇かそこらある名の知れた巡礼地がどの程度人気があったのかを示す史料はほとんどない。イースト・ロジアンのホワイトカークにあるハマーの聖母巡礼地は、一三世紀後半に認定された聖泉で、人気という点では二番手であったが、一四一三年に一万五六五三人もの巡礼者があったと推測されている。正確な数字がどうであれ、一四三〇年にジェイムズ一世が巡礼者を収容する建物を建てていたことは事実である。新しい信仰の表現方法として巡礼が強く求められ続けられたことは、一五三二年にロレトの聖母のために建てられたムッセルバラの聖堂に対して、グレンケアン伯爵のようなプロテスタントの批判勢力が攻撃したことによっても確認することができる。同様に、宗教改革以前の時期の数々の証拠は、人びとの信仰が衰退していたのではなく、むしろ大きくなっていたことを示唆している。

このように反対の方向を指し示しているかのような複雑な時期に、『罪深き者の瞑想』の著者であるトゥリスのウィリアムは、時代の典型的な例として格好の存在である。彼の詩は、一五六〇年以降、プロテスタント的なものとして引用された。これも、正統的なカトリック信仰が新しい使い方に転用された例である。レアド家系の出と考えられるウィリアムは、フランシスコ托鉢修道会の新たな分派である原始会則派に属していた。原始会則派は、北ヨーロッパにおけるその分派の上級管区として、ケルンに改革運動の中心を置いていた。一三〇〇年以降に創設された主要な修道院は、パースのカルトゥジア会修道院（一四二九年）だけであったが、一四五五年頃にゲルドルのメアリがスコットランドに原始会則派を持ち込んでから五〇年のうちに、九つもの原始会則派の修道院が設立された。エディンバラ、パース、セント・アンドルーズといった王の保護下の中心都市に修道院をもった原始会則派は、ステュアート家のお気に入りの修道会になった。ゲルドルのメアリは少なくとも四つの修道院をつくり、彼女の孫息子ジェイムズ四世は自らを原始会則派の「子であり擁護者」と称した。主要自治都市と同じく、主要三大学すべてにも拠点を置き、ジェイムズ四世の治世から大規模な建造が進められていたスターリング城にも隣接して修道院を建て、さらに、オリファント家やシートン家のような有力貴族と関係を持っていたことは、彼らの地位がその時代において実に重要な役割を果たしたことを示している。それは、厳格で質素な生活を送りながら、伝道に努めることを理想とする信条を持ち続ける集団であり、その修道士は、学識者や王宮と結びつき、さらに貴族と都市の双方から支援され、王国の三身分と密接な関係にあった。

フランシスコ会原始会則派は、フランドルやラインラント、フランスの文化的・宗教的な影響がスコットランドに流入することになった数多い窓口のなかのひとつだった。教会建築（聖堂参事会教会にもっとも顕著に見られる）、聖人、信仰儀式、教会音楽に新たに加わった洗練、そしてルーヴァンやケルン、パリでの大学における学問から引き続き受けた影響、これらすべてが、フランスや低地諸国との関係の重要性を証明している。教会は依然として、スコットランドとヨーロッパ大陸とのつながりを育むうえで、スコットランド社会のなかでもっとも重要な役割を果たしていた。スコットランドでは、中世末期に異端の存在を示す証拠はほとんどなく、プロテスタント思想を最初に流入させたのは、皮肉にも長く培われてきたヨーロッパの影響を運ぶルートであった。

改革と宗教改革

高位聖職者のあいだに協調がなかったにもかかわらず、一五世紀末の四半世紀から後には、ローマとその「特別な娘」といった親密な関係が回復した。その関係というのは、通常の、それこそ日々の仕事の流れといった面もあった。すなわち、特別免除、贖宥、聖職禄の任命などで、それらは一五五九年までは監督を受けない状態が続いた。それはまた、歳入と聖職禄管理をめぐって対立しあう勢力の争いでもあった。しかし一五四〇年代と一五五〇年代には、スコットランド教会の状況に関してローマからつぎつぎと疑問が向けられ、それを視察するために教皇の使節による一連の訪問（一五四三、一五五二、一五五九年）があった。一五五〇年代までには、教会の内部改革に関するふたつの提案がなされた。ひとつは、一五四九、一五五二、一五五九年の教会会議に見られたもので、スコットランド管区自体の努力の成果であった。それは、その頃には間違いなくカトリック改革の中心地として知れ渡っていたセント・アンドルーズに発するものであった。もうひとつは、一五五六年にセルモネータ枢機卿が立案したもので、「法廷《クリア》」の設置であったが、ともに一五五九年から一五六〇年にかけての出来事（宗教改革）によって消えてしまった。教会の明白な落ち度が何であれ、教会は自らの欠点をよくわかっていたのだ。

宗教改革以前の教会がどのような状態にあったかを簡単に概括するのは困難である。というのは、それがスコットランド特有の問題と新しい方向へ進んでゆく指導的な力の寄せ集めだったからである。修道会の構成員――修道士、律修聖堂参事会員、托鉢修道士――の状態は修道会によって異なっていたが、ときとして修道院ごとに異なることさえあった。修道院は、沈滞して一六世紀社会が必要としたものからかけ離れていたとしばしば非難されていたが、ある現代の歴史家によって二重の打撃を与えられた。すなわち、歴史家はふたつの印象的な表現で決めつけた。施設としては、各々の修道院は「財産を所有する団体」としてのみ生き残ってきたのであり、そのなかで暮らす者たちについての「もっとも忌むべき事実」は、彼らが「どちらの側であれ、宗教改革においてほとんど何の役割も果たさなかった」というわけである。これは修道士に新しい役割を振り当てたのかもしれない。修道士は、宗教論争における突撃部隊としては訓練されてはいなかったのである。彼らは、プロテスタントの立場でも、またカトリックの立場でも、福音を説くのには不向きだった。福音の伝道という武器を装備したのは、托鉢修道士、なかでも説教修道士（ドミニコ会）だった。彼らは対抗者として手ごわいどころではなかった。なにしろ、プロテスタントの伝道者を自分たちの領域に取り込んだのだから。一五五九年に教会集会《コングリゲイション》が多くの托鉢修道士を解任の対象にした理由は、このためだったかもしれない。

イングランドでは、トマス・クロムウェルの意を受けた者が、一五三六年の修道院解散の口実を見つけるべく、精神的な腐敗と性的堕落を理由としてすでに修道院を一掃していた。彼らはプロテスタントのプロパガンダ活動を引き起こすのに十二分の材料を見つけたのである。それとは対照的に、スコットランドの修道院は、道徳的な堕落状態にはほど遠かったように見える。それでも修道院は困難な状況にあった。修道生活におけるその当時の変化のなかで最大のものは、修道院の長として他から推挙された者が増えてきたことである。この傾向は、一六世紀初頭に始まり、一五六〇年までの二〇年間にピークに達したが、よくいわれるほどひどく修道院を傷つけたわけではないかもしれない。ジェイムズ五世が指名したもっとも恥ずべき者でさえ――一五三四年から一五四一年にかけて非嫡子四人が五つの修道院に任命された――厳密にいえば全員少なくとも聖職者ではあった。多くの歴史家がいってきたように、推薦制度が修道院の世俗化を推し進めるということにはならなかった。なぜなら、推挙された者の半数以上は司教だったからである。それ以上に重要であったのは、貴族の子息であれジェイムズ五世の数多い息子であれ、新しく推挙された者は、みな等しく経済的に切迫して、自分たちの修道院を存続させるために修道院財産を処分したということである。推薦制度が修道士に新たな切迫感を与えることはほとんどなかったけれども、おそらく致命的な傷も彼らに与えなかっただろう。それどころか、多くの修道院では伝統的な信仰が盛んであり、新たな修道志願者の数が増加する兆しが見られた。一五五〇年代には、若者が修道院から集団で出て行くのではなく、集団で修道院に集まっていた。これらすべては、修道院の穏やかな復活という語に要約されるかもしれない。修道院に危機があったとするならば、宗教的というよりむしろ経済的なものだった。

　これらの成果の代償は、一五世紀の成果の多くと同じで、通常の教区の制度がさらに犠牲となった、ということであった。新大学の創設すべてと聖堂参事会教会の多くは、教区の十分の一税収入から資金を得る仕組みによって資金を得ていた。このときまでに、全教区の八五パーセントが、自分たちの歳入のいくらか、あるいはすべてを横取りされていた。この制度は一二世紀に新しい教区制度が出現して以来ずっと中世教会と共にあったが、それは、一六世紀における改革の追求が悪循環をもたらしたことを意味した。抜け出そうとすればさらに悪弊に拍車をかけるという貧困の循環を生み出したのである。教区司祭は減少する収入を増やそうと、聖職を兼務し不在を決め込むか、あるいは教区民に負担を押しつけて反感を買うかであった。その影響は、かつて考えられたほどには、ひどくはなかったかもしれない。十分な収入を得ていない代理司祭《ヴィカー》と補助司祭《キュレイト》は、たいていは、彼らの司牧者としての義務に熱心にあたっており、その結果、この時期のヨーロッパのほかの地域で見られたような教区聖職者に向けられた反聖職者的な攻撃はほとんどなかった。それでも、教会は根本的な整備を必要としていた。宗教改革は、こうした正統的ではあるが、いっこうに効果の上がらない改革の試みのお株を奪い、自らに取り込んだのである。

第Ⅱ部　改革・復興・啓蒙

ヨーク大聖堂内の墓碑。宗教改革後、上流階級を中心に、豪華な墓を作ることが流行となった。
［撮影：指昭博］

第7章　スコットランドの教会——宗教改革から教会分裂まで

ジェイムズ・K・カメロン

プロテスタンティズムの台頭　一五二五〜一五五九年

ジョン・ノックスは晩年に著わした『スコットランド宗教改革史』において、イングランドでのロラード派を信奉したスコットランド人に宗教改革の発端をたどり、それが、異端的堕落を弾圧しようとする審問者の試みが後には駆逐されてしまうことになる中世教会への反対派の出現を証明するものだと考えた。しかし、異端がいたとはいえ、「一五二〇年以前のスコットランドは正統信仰の国であった」という一般論に反論はできない。西方キリスト教世界のほかの地域と同様に、聖職者の暮らしぶりや教会の寄付強請という負担の増大に不満が高まっていたが、宗教がもたらしてくれる慰藉への関心がなくなるといった徴候は、ほとんど、あるいはまったく見られなかった。差し迫った危機の前兆は、規模が大きく幾分規制の緩い修道院——そこではしばしば王族や貴族が「委託されて」聖職禄を受けた——を支えるために、教区教会の聖職禄をほぼ完全に占有私物化したことが原因となっておきた教区レベルでの教会の衰弱に見ることができる。同じように、共住的な聖職者団体——最初は革新的であったが、短命に終わった宗教的な覚醒——や、聖職者の教育水準を引き上げる必要を教会が認識した結果、前世紀〔一五世紀〕に生まれた大学やカレッジの弱体化にも危機の前兆は感知される。したがって、教区レベルでの教会の聖務の質は悪く、教区司祭はたいてい無学で必然的に貪欲であり、貧困者は無視されるか抑圧された。商人たちの信仰心がいくつかの立派な教会建築というかたちで表われていたパース、スターリング、ダンディー、アバディーンのような自治都市を除けば、たいていの場合、教区教会は軽視され、荒廃した状態にすらあった。

教区レベルでの教会の状態が改革を必要としていたとすれば、高位聖職者、とくに教皇との合意に従って、実質的に君主が任命した司教についても同様のことがいえるだろう。彼らの多くが、有力な家門出身で、司教を兼職し、その振る舞いは、道徳の面で、高貴なる聖職位に似つかわしくないことがたびたびあった。彼らは宗教より政治に携わることに精力的で、広範な権力行使に慣れていた。これはとくにセント・アンドルーズとグラスゴーの大司教に関していえることであり、一六世紀の第二四半世紀の間、彼らは教会と国家の両方において支配的立場にあった。

ヨーロッパ大陸において、修道会と托鉢修道会が、総体的に精神的退廃をみていたという事実は、スコットランドにおいても同様だった。イングランドとの国境周辺の大修道院は度重なる軍隊の侵攻に悩まされ、他地域の大修道院も、多くの場合、信仰に活気を失っていた。フランシスコ会も没落していたが、ドミニコ会では、比較的少数ではあるけれども信仰復興の兆しがあった。しかしながら、当時の宗教活動におそらくもっとも熱心な興味を示し、一部の指導者だけではなく、相当数の優れた教区司祭も改革運動に関わることになったのはアウグスティヌス会であった。

ルター派の運動がヨーロッパ大陸で勢いを増すと、スコットランドでも新教義に対する認識が広まり、動揺が起こりはじめた。一五二五年の議会法以後、ルターが著わした書物の輸入は港で禁止されたが、東海岸の教育・商業の中心地では、その勢いが止められたり、あるいは改革への関心の高まりが抑えられたりすることはほとんどなかった。パトリック・ハミルトンは、ルター派の異端として一五二八年にセント・アンドルーズで殉教した。彼は最初パリとルーヴァンで学び、その後、新設のマールブルグ大学で学ぶためにセント・アンドルーズを離れたのだが、おそらくセント・アンドルーズで、人びとのルター派への関心に感化されたのだろう。マールブルグ大学では、ルターの教義内容を取り入れた論文を公に擁護したのだが、そのことは、彼がどの程度新しい神学を理解していたかの証拠である。ハミルトンの死はスコットランドの宗教界に衝撃を与え、これによって改革を起こすための改宗者を相当数獲得することになった。ある者は処刑され、ある者は国外へ逃れたが、改革にいたる準備は着々と進み、ジョン・ジョンソンの『心安まる訓戒』やジョン・ガウの『天の王国への正しき道』などのパンフレット、そしてヨーロッパ大陸の印刷所から亡命者によって持ち込まれたプロテスタントのプロパガンダ冊子と並んで、ティンダル訳の『新約聖書』の流布が追い風となった。

教会と政府の関係を密接にし、さらにフランスと同盟を結ぶという、スコットランドの統率者たちの政治的策略は、一五四二年にヘンリ八世の報復的侵攻によって自分たちの若き王（ジェイムズ五世）を奪われたにもかかわらず、貴族のなかに親イングランド派の出現を許す結果になり、その貴族たちはやがてプロテスタンティズムの擁護者になった。幼くしてスコットランド君主となったメアリ女王の治世初期のごくわずかな間に、ヘンリ八世がおこなったような改革が遂行される可能性もないわけではなかった。政治を司る者たちはイングランド寄りの政策の一端として、自国語で書かれた聖書の所有を議会法によって許可した。政府の目的が何であれ、また彼らをプロテスタントとは断言できそうにないが、その活動は、改革を模索し「異端」書とパンフレットを広めた者たちにかなりの勇気を与えた。こうした表面上は好ましい政治情勢は、プロテスタント派の活動を回復・再開させるバックグランドを提供し、東部のダンディーとアンガス、南西部のエアー、そしてロジアンの特定の地域を中心として、一五四四年と一五四五年には、かなり自由に活動が展開された。これに対し、デイヴィッド・ビートン枢機卿は新たな一斉迫害を始め、その一環として一五四六年三月に宗教改革者ジョージ・ウィシャートを処刑するという厳しい報復をもって対抗した。このときまでに政府は、ビートン枢機卿の影響のもとで、ふたたび親フランス政策を採っていた。イングランドとヨーロッパ大陸、とくにスイスでプロテスタンティズムを経験したウィシャートの活動は、ルター派の影響がしだいに弱まり、より戦闘的な改革派の展望と計画が台頭していたことを示すものであった。この戦闘的改革派は、後にジョン・ノックスの名と結びつくが、ノックスはウィシャートの最晩年の親友であった。

同年（一五四六年）のビートン枢機卿殺害は、「痛烈な宿恨」と宗教対立に原因の一端があった。ビートンの後継者ジョン・ハミルトン（アラン家当主の異母兄弟）のセント・アンドルーズ大司教着任が延期されているあいだ、不安定な「休戦」――とくにセント・アンドルーズで見られた――は、ヨーロッパ大陸とイングランドで起こっている出来事と併せて、何ら改革が講じられなかった場合に起こりうる危機について、聖職者らの不安を掻き立てた。すでに偶像破壊運動がスコットランド中で起こっていた。ハミルトン大司教は、彼の前任者が創始し、ドミニコ会の影響が強かったセント・メアリーズ・カレッジの再建に着手し、聖職者の教育水準の引き上げと、異端勢力増幅の阻止に努めた。その頃の彼は、ケルン大司教ヘルマン・フォン・ウィートと、トリエント公会議が実行したカトリック改革計画に影響を受けていたように思われる。彼はドイツの例に倣って、地方教会会議を開催したのだろう（一五四九、一五五二、一五五九年）。この会議の主たる目的は、聖職権乱用の排除と、当時トリエントで支持されていた路線に一致する改革計画の採用であった。また彼は教会会議の支持を得て、聖職者が庶民に教えを説く助けとなるよう、俗語による教理問答集を作成していた。おそらくセント・メアリーズ・カレッジから広まったと考えられるこの作品は、グルーパーの『エンキリディオン』（ケルン公会議のミサ典礼文とともに印刷された）にいくらか負うところがあり、その教理問答集は秘蹟重視の教えに関して伝統を重んじてはいるが、教皇権に言及していない点は意味深長である。

こうした保守的な改革への努力は、オークニーの司教ロバート・レイドといった学者だけでなく、神学者、指導的な托鉢修道士や聖堂参事会員からも支持されたが、結局のところ遅すぎたのである。かりにスコットランド教会会議の規定集が、たとえばサー・デイヴィッド・リンジの詩といった同時代の文学のように、聖職者たちの状態や貧困者に対する教会の抑圧がどれほどであったかを反映していたとしても、徹底的な改革を大幅に遅らせることが可能だったとは思えない。しかし、保守派の希望であったカトリック改革が、一五五〇年代においてですら無駄であったと考えるのは間違いであろう。

プロテスタント改革は、（徹底的ではないにしても）迫害が続いたにもかかわらず、ウィシャートの死後一五年もの間、その歩みを持続した。同じ頃、スコットランド女王メアリの母親であるギーズのメアリが、外国軍を後ろ盾に一五五四年からおこなった親フランス統治に対し、それに反対する政治的勢力が着実に力を増していた。党派がかたちを成しはじめていたのである。荘園領主や商人階級の多くから支援を受けたプロテスタントの主張は、政治に不満を持つ貴族の主張と融合した。それら貴族のなかには、すでにプロテスタンティズムを容認し、若きメアリ女王がフランスにいるあいだ、自分たちの伝統的な統治権がその母によって「簒奪」されているという事実を理解しはじめた者もいた。フランスの利益のために、ギーズのメアリは、当初は宗教的寛容政策をとっていた。ジョン・ノックスは、一五四六年のセント・アンドルーズ城におけるビートン殺害に荷担してフランス軍に捕らえられ、エドワード六世治世に、しばらくイングランド教会で働いた後、ヨーロッパ大陸へ亡命していた。そのノックスが、一五五五年に一時的にスコットランドに舞い戻り、改革運動に新しいエネルギーを注入した。二年後、プロテスタント派の有力貴族数名――後に「会衆指導派」と呼ばれる――が、宗教上の「共同盟約」あるいは「盟約」をもって団結し、「もっとも神聖な福音を守り、推進し、確立するため」、そして「忠実な牧師にキリストの福音書と信者のための秘蹟を、純粋かつ誠実に聖職者として務めさせることに可能な限り取り組むことを、すべての力、富、そして自分たちの命をかけて誓った」。W・クロフト・ディキンソンはこの局面をつぎのように要約した。「改革派教会がおのずと明らかになりつつあった。説教者と公然とかかわりを持つプロテスタント派の貴族もおり、なかには自分の屋敷に説教者を擁する者もいた。指導的立場にある説教者は、さらなる世俗の援助が期待できることがわかった」。

一五五八年にスコットランド女王メアリがフランス皇太子と結婚すると、スコットランドがフランスの属州として統治される可能性がさらに増した。時同じくして、イングランドでのエリザベスの即位とプロテスタンティズム繁栄の復活は、スコットランドの反フランス派に政治支援の望みをもたらした。とくに、フランソワとメアリが、メアリのイングランド王位継承権を即座に主張したことは、この期待を高めた。だが、国際的に見ても、プロテスタンティズムのプロテスタンティズムの将来は危機に瀕していた。フランスとスペインのあいだに和平が結ばれたことで、この両国連合軍が、ヨーロッパ大陸とイギリスにおけるプロテスタンティズムの排除に向けて進軍して来るかもしれなかった。スコットランドが西仏合同カトリック軍によるイングランド攻撃のための後方支援戦線となるのではないか、という可能性が強く意識され、とくにイングランドでその危惧は強かった。どんなに嫌でも、エリザベス女王は自分の利益のために、フランスのカトリック派支配――これは明らかに反プロテスタント的となった――と敵対するスコットランドのプロテスタント貴族とそれを支援する領主や自治都市を援助しなければならなかった。ジョン・ノックスが貴族の要請で帰国し、一五五九年初夏には、すでに改革は革命へと変わっていた。東海岸のダンディーやモントローズ、西海岸のエアなどの主要自治都市の地方行政官の全面的な協力を得て、教会集会《キルク・セッション》〔牧師、平信徒の代表、長老からなる集まり〕を備えたプロテスタント会衆が組織された。自治都市の経済・社会活動の回復と社会構造の変化は、改革派の思想を根付かせ、そこから必要な援助を得られる土壌を提供した。大司教座都市であり、スコットランド最古かつ最大の大学所在地であるセント・アンドルーズにおいてでさえ、市民と大学関係者の多くから支持を勝ち取り、改革派の会衆が組織された。教会は「清め」られ、軍の赴くところすべての修道院が略奪された。ギーズのメアリは政治権力を奪われ、王国の「大協議会」に移行された。だが最終的な勝利と戦いの終結には、陸・海ともにイングランド軍の存在が必要であった。一五六〇年七月に締結されたイングランドとフランスのエディンバラ条約をもって勝利は確実となった。エリザベスはフランスからその王位を承認され、フランスはスコットランドからの軍の撤退に応じて、三身分（上級聖職議員、貴族議員、下院議員）による会議が開かれることになった。しかし宗教の問題については触れられず、未決のままであった。ほかの事案と合わせて、それはフランスにいるフランソワとメアリに面会することになった三身分から選出された委員に付託されることになった。

間違いなくプロテスタント派は多くを獲得したが、なすべきことは山積みだった。政治的反フランス派として、会衆指導層は一五六〇年以前から変革を画策していた。女王はスコットランドにいなかったので、極度に動揺した状態にあるカトリック教会を助けることはできなかっただろうが、大義はまだ失われていなかった。未来は、どの党派が全国から支援を得ることができるのか、そして何より、来るべき議会に出席するのが誰であるのかにかかっていた。

改革された教会　一五六〇～一六三八年

議会の準備段階で、大協議会は、一五六〇年七月のイングランドとフランスとの条約締結以前にすでに、教会の聖職指導層六人に、「スコットランド信条」と「規律の書」を作成するように権限を委任し、それらのなかに教会の改革案を盛り込むよう求めた。任命されたなかの二人、セント・アンドルーズのアウグスティヌス会修道院副長代理ジョン・ウィンラムとセント・メアリーズ・カレッジ学長兼セント・アンドルーズ大学理事のジョン・ダグラスは、一五五九年までは旧教会の信奉者であって、一五四二年から一五五九年までの間、地方評議会が推した保守改革計画の支持者であった。教会と大学における新組織は、この二人の存在によって、旧組織の影響を色濃く残すことになった。イングランドで宗教改革を体験したジョン・スポティズウッドとジョン・ウィロックは、スコットランドの改革もイングランド教会のそれと同様の路線で進められるだろうと考えていた。ジョン・ロウはローマから戻ったばかりで、新しい学問に深く感化されていた。一五五九年以来、説教で強力な影響を及ぼしていたジョン・ノックスは、イングランド、フランス、ドイツ、スイスとくにジュネーヴ――そこでは、イングランド亡命者の会衆指導者であった――からプロテスタンティズムに関する詳しい知識を持ち帰っていた。六人の協同作業者全員が、数日のうちに自分たちの構想を打ち出した。

一五六〇年八月、議会が開かれた。それまでと異なり出席率は高かった。ハミルトン家の当主で王位推定相続人でもあったシャテルロー公が、名ばかりではあったがプロテスタント貴族のリーダーとなった。彼の異母兄弟、ジョン・ハミルトンは主席司教でセント・アンドルーズ大司教だったが、どちらに与するかを迷い、決めかねているようだった。女王自らが統治に復帰する可能性は低いと思われていたので、教会制度の改革の動きを統制下に置くことがハミルトン家の関心どころであった。しかし、領主代表と自治都市代表を増員した議会は、教皇の権力と管轄権を難なく退け、法令集から「異端」に対するあらゆる差別規定を一掃した。また躊躇することなく、厳しい処罰をもってミサを禁止した。教義の多くをカルヴァンに、一部はブーツァに負う「スコットランド信条」は、司教側からも――出席者はまばらであった――反対されることなく各派から承認され、法令集に加えられた。しかし、「規律の書」に関しては、激しい反対と拒絶にあった。これは、教会行政をもっぱら「ジュネーヴ改革派」的な組織を基礎にして再構築することを目指したものであったが、このような組織は、すでに多くの自治都市に定着しており、フランスのプロテスタントもそれに倣っていた。「第一規律の書」にはもっと検討を加えるべきだという理由として真っ先にあげられたのは、いつも、教会の伝統的な財産――とくに十分の一税――はしっかり擁護すべきだという主張であった。しかし、初期のこの段階においては、おそらく旧体制を解体することには躊躇があったのだろう。少なくとも指導者の一部は、イングランドを手本とした改革を考えていた。そうすれば教会をめぐる事態の展開に関して指導権を維持できていただろうし、イングランドの支援を失ってしまうという危険を冒すこともなかっただろう。その年の秋から初冬に改定された「規律の書」は、政府に再提出され、一五六一年一月には多くの貴族などから承認を得た。この新しい内容でも、以前の主張は何ら緩和されていなかったが、〔承認を得たのは〕おそらくは、このときは、国を一〇に分割して各地域に監督をおく計画が提案されたからであろう。ただし、この計画は、数年後には簡単に元の主教区組織と教区組織に戻せるようなものであった。その間、厳しい経済的圧迫にもかかわらず、改革派教会は「規律の書」に従って教会の組織化を進めた。

新組織はできたが、同時に、旧体系の大部分も残された。改宗を拒んだ司教や他の聖職者も（多くの者が改宗しなかったのであるが）、聖職禄の保有を許され、剥奪されることはなかった。だが議会法に従い、彼らはあらゆる聖務の執行を禁止された。これはスコットランドにおける宗教改革が、イングランドのものと非常に異なる点である。改宗した聖職者と高位聖職者は、そのまま自動的には職務に留まることはできず、司牧を行うことを認められるには、まずは改革派教会を納得させる必要があった。とはいいながらも、改革派教会は、旧教会の司祭であった人物を、新教会の牧師として大量に採用しなければならなかった。教育のある俗人からはもちろん、とりわけアウグスティヌス会からの採用が多かった。実際のところ、一五六一年の時点では、改革派教会組織の未来は安泰からほど遠く、未亡人となったメアリ女王が同年に帰国しなかったら、それは保守改革の色合いがより濃く、イングランド寄りの方針を持つハミルトン家とその貴族たちの肩にかかっていたであろう。

　波乱に満ちたメアリ・ステュアートの不幸な六年の統治のあいだ、女王とその相談役たちは、改革派教会とその指導者を打破することも十分に抑制することもできず、多くの人びとを改革派教会と対立させた。改革派教会は、女王からは、女王の自由になる聖職禄からの収入のうちの三分の一という、ごくわずかな財源しか認められず、それを頼りにやって行かざるをえなかったのだが、それでも改革派教会は地歩を築いていった。牧師や誦読者のいる会衆が、その他の自治都市や多くの地方の教区にどんどんと設立された。本質的には改革派的な体制がとられたが、それは、もっぱら一五六〇年以前に収めた成果を多く取り入れたものであった。教会の全般的な業務と規定作成を大量に処理するために、あらゆる国民の階層を代表した全国集会または総会が定期的に開かれた。同時に教会は、教会総会〔改革派教会の最高議決機関〕において、「規律の書」とそれにもとづく統治機構を議会が承認するように繰り返し求め、教会管轄権は教会固有の権利であると主張し、管轄区分のための線引きを要請した。任命された監督はわずか五人だったが、各地域の主要都市のひとつから国の大部分の宗教面を監督した。さらに必要な地域に会衆を組織するには、その選任は重要で、毎年の巡回者総会によって選ばれた。礼拝は「共通礼拝規定書」の採用によって完全に再編されたが、それはノックスがジュネーヴのイングランド人会衆で使っていたものにほぼ倣っていた。教会規律は、教会集会によって共同体のあらゆる階層に対して厳しく課せられた。その集会は、毎年選任される長老と牧師で構成され、ときには監督や巡回者の助けを借りていた。さらに、改革者のもっとも遠大な提案のひとつが完遂すべく着手された。すなわち、教育の恩恵を享受すべき国中すべての人への、あらゆるレベルでの教育の提供である。すべての教区に学校教師を置き、監督がいる町では、さらに上級の大学の学部へ進学準備をする男子のための「教養学校」を設けるのである。そして中世に創立された三大学の完全なる改組があった。ところが、メアリがイングランドへ逃れ、彼女の幼い息子が王位を継承してスコットランド王ジェイムズ六世――後のイングランド王ジェイムズ一世――となった後にも、この計画の先行きは不透明なままであった。

新しい治世において、内乱後の国王と政府に緊急に必要とされたのは、強固さと安定であり、国家に承認され経済的に裏打ちされた教会であった。議会での最初の決議事項のなかには、一五六〇年のプロテスタント立法の再制定があったが、そこにはスコットランド信条を登録するにあたってふたたび成文化することが含まれていた。しかし、こんどもまた「規律の書」は承認を得ることに失敗した。独立した教会管轄権行使に関する教会側の主張――容認が示唆されていたのだが――が伸展すると、政府は弱体化し、争いさえ生じるのではないかという懸念があったことは驚くことではない。国家にとってもっと受け入れやすい教会統治形態にする見返りに、切望されていた経済的援助が用意された。すでに述べたように、旧教会体制はあちこちに残ったが、（改革派の聖職者ではない）聖職録保持者が死亡していなくなってゆくと、その聖職録――とくに教区教会の聖職録――を教会に回収して、牧師の支援のために使うべきだ、という要求が高まった。その手続きは、議会によってつぎのように定められた。空席が生じると、聖職推挙権保有者《パトロン》が適切な候補者を監督に推挙し、監督がその候補者が聖務につくことと聖職録の取得を認めるのである。国王は圧倒的に多くの聖職推挙権を持っていたので、この推挙権者の法的な権利を行使することで、教会――とくに会衆――が聖職者に対して行使していた支配を弱める効果があっただろう。

完全には批准されなかったのだが、国家と教会の双方が必要としたので、「リース協約」として知られる一五七二年の合意にいたった。すなわち、空席になる主教区は、君主によって主教として任命された牧師が補充するが、その後は再設置された牧師総会が審査して任命することになった。教会に関する事柄においては、「主教」が教会総会の支配下に置かれるように、しかし同時に、議会における教会代表者としての伝統的な地位を確保できるよう努力がなされた。その案には、少なくとも以前の収入の一部はそのまま保持できるという、教会にとっての明白な利益が記されており、かなりの経済的保障が見込まれた。しかしながら、国王が主教を通じて教会に対して権力を行使し、さらに、教会行政を担う部局、とくに議会の直前に定期的に開かれ、国事に熱心な関心を示すことが多かった教会総会で、教会が自律性を拡大しようとするのを抑える手段を国王に与えてしまう可能性があった。

　主教制の再導入によって、政府が自分の利益のために主教の歳入を吸い上げようとしていることがすぐに露見していなければ、協約は成果を出していたかもしれない。さらには、教会が改革の基本理念から離れていることは多くの目に明らかであり、とくに牧師の問題は顕著だった。国王は賢明とはいえない任命——露骨な権力濫用とまではいえないにしても——をあまりに多くおこない、そのおかげで教会は教会総会において、改革派教会なのに「今まさに主教がいる」という根本的問題を突きつけられることになった。審議と討論のすえ、一五七八年に教会は、「第二規律の書」を作成して承認した。そこでは、主教は教会内に存在しているが、神の御言葉にはもとづいていないと記されていた。くわえて第二の書は、教会組織の基本原則として、牧師、教師、長老、執事の四つの職制を据えた。牧師、教師、長老から成る階層的な教会役員会《コート》が教会統治を司り、その権威は、国家ではなく教会の長であるキリストから直接与えられたものとされた。教会役員会の倫理・精神規律によれば、すべては人を区別しない「良心と宗教に関する」事柄であった。同時に、教会は古来の教会財産権を主張した。

　たとえ「第一規律の書」の条項に従って、随所に記された「実践《エクササイズ》」あるいは「予言」といった用語を大幅に置き換えて、長老会の設置を承認したとしても、達成困難で神権政治的な傾向にある、こうした計画を手放しで容認することは、国家にとってはどう見ても危険だっただろう。一五六〇年の改革原則への回帰が、長老制（これはフランスのものと類似する）を組織させたかのようだった。この長老制というのは、もはや主教には地位がなく、教会役員会、とくに教会総会を通じて、国家の力が優勢でない場合には、それと並び立つような統治力を持つ危険を孕んでいた。一五九六年アンドルー・メルヴィルは、スコットランドには二人の王とふたつの王国が存在し、キリストの王国である教会においては、国王はその「一構成員にすぎない」、と国王に向かって躊躇なく述べた。これより遡ること一二年、若き国王は「暗黒法」を議会で通して教会を制御しようとした。その法律は、教会財産に国王権力を行使して教会権力の増幅を阻止すること、教会のあらゆる判断には国王の承認を得ることを条件とすること、国王の許可を受けない総会開催を禁止すること、などを企図していた。国王の長期計画は、主教が掌握する教会統治の確立であった。しかし一方で国王は、大法官メイトランドの助言のもと、教会の統治形態を承認せよという教会の要求に応じ、一五九二年には議会法で認可された。そうすることで国王はイングランド王位継承権を主張できる強い立場に立てるだろう——国王がその継承者であることはもはや明らかだった——と大法官は信じていたのである。

以後一〇年間、教会は長老主義体制を強化する機会を得た。教会を建設して長老会を設置し、躍進を遂げた。それにもかかわらず、国王の方針——これはローマ・カトリック教徒に対して寛大すぎるように見えた——は教会への警告であって、数人の改革派教会の牧師が説教壇で腹蔵なく国王を批判したことを受け、国王は、教会総会の統制を図り、アンドルー・メルヴィルと長老派を黙らせることで教会権力を制限しようと決意した。イングランド王位を揺ぎないものにすると、一六一〇年にジェイムズは「宗教の保持と浄化における」国王至上権を教会総会に承認させ、国王が総会招集の職責を負うといった位階制の導入を認めさせた。教会とは「神によって選ばれた公権力者〔国王〕の神聖な機関」であると考えるような主教を新たに任命することによって、教会を支配し、そして、ある程度は、スコットランド王国をも支配すること、それが彼の思惑だった。

一六一〇年から一六三八年にかけ、教会はジョン・スポティズウッド、ウィリアム・カウパー、コースのジョン・フォーブスといった卓越した主教を擁した。当時彼らの著作はヨーロッパ大陸で評価を得ており、彼らのカルヴァン主義は「同胞ピューリタンの信仰ほど厳格ではない」と評された。しばらくは主教による統治が許容されていたが、教会制度をもっとイングランドの制度に近づけようとする国王の意図を黙認しようという態度が見られると、しばらく鳴りをひそめていた反感がふたたび頭をもたげはじめた。王にとって重要なのは二王国の王位ではなく連合であり、その目的を果たすため、スコットランド議会を通じて一六一八年に「パースの五箇条」を制定させた。この法は、それまで聖餐は聖卓で座ったまま受けていたのに対して、聖餐式や病者のための非公式聖餐、必要に応じた内々の洗礼、主教による堅信式と五祝祭——クリスマス、聖金曜日、復活祭、キリスト昇天祭、聖霊降臨祭——の儀式において跪くことを規定した。これらの「新制度」が「ローマ・カトリック的」とみなされたのは無理もない。しかも、実際のところは正反対なのだが、教会の宗教的権限の破壊とみなされた。「新制度」は「神のお召命により余（国王）が持つ生得の力であり、それによって、余は教会外の物事を処理する能力を持つ。それは、余の臣民に真の宗教を広めるのに好都合で有益と考えてのことである」という法文とともに提案され、受け入れを迫られた。宗教上の事柄に王権神授説を適用することは、広範にわたる影響があっただろう。多くの者は、そこに示された新たな要求に対してではなく、ただその要求の根拠とそれらが導入されるやり方に対して異議を唱えたのである。

一〇年もたたないうちに、教会に代わって本来の独立した教会管轄を主張しようとする新しい統率者たちが現われはじめた。それゆえ、チャールズ一世が、父親の策であった教会支配を継承して、勅許状の権威だけを頼りに、教会に「教会法規集」と新しい礼拝式文を認めさせて、使用させようとしたところ、宗教的でもあり政治的でもある反乱同然の抵抗にあったのである。それ以前に、王は教会の代表として教会の財政状態をより安定した基盤（依然として教会はそこから利益を得ていた）に乗せようと試みていたが、礼拝式文導入の計画について、スコットランド情勢に配慮のない、後にカンタベリ大主教となるウィリアム・ロードの助言に従ってしまった。一六三六年に定められた教会法規と教会制度の主たる目的は、聖職者の生活をコントロールし、聖書にもとづかず「カトリック的」であるとして長いあいだ放棄されていた儀式を導入することであった。「共通祈禱書」（一六三七年）は、イングランドの祈禱書に拠るところが多く、イングランドの場合と同様に「カトリック的」とみなす者もいたが、「この王国において、余（国王）が……神の公的礼拝での使用にふさわしいと思う唯一のかたち」として、教会に押しつけられることになった。多くの人びとが、反カトリック感情とローマ・カトリックへの恐れを抱いていたことは間違いない。また一方で、アレグザンダー・ヘンダーソンやジョージ・ギレスピー、サミュエル・ラザフォードといった人びとにとっては、総会における裁可を得ようともせずに、宗教的な問題に国王が権力を振るうことは、教会と議会の両方を脅かすものであった。

教会と盟約派　一六三八〜一六八九年

国王がとった教会政策への反応は素早く、そして劇的であった。一五五〇年代後半のように、自分たちの利益と社会秩序が危機にあったとき、国の指導的な人びとが頼みとしたのは、厳粛なる「盟約」、すなわち契約の締結であった。ウォリストンの法律家アーチボルド・ジョンストンと、牧師アレグザンダー・ヘンダーソンは、国王の方針に反する人びとの誘いに応じて、有名な「国民盟約」を彼らの反撃策として一六三八年に結んだ。ジェイムズ六世が署名した、徹底した反ローマ主義的な一五八一年の信条が前面に押し出され、再確認された。そして一五六〇年以来の議会法が、ローマ教会に対抗し、改革派に与するものとして通過した。最終的には、最近新たに導入された改変に抵抗し、「真の改革された宗教」を擁護するために、盟約に署名した人びとが厳粛なる責務を負った。同時に、「国王の主権、人格、権威」を進んで支持することが約束された。国民の熱狂のなか、一六三八年二月二八日から数日の間に、エディンバラの貴顕、貴族、牧師、都市選出代議士、庶民が盟約に署名し、その写しがスコットランド各地に送られた。国王は自由教会総会を一一月にグラスゴーで招集することに同意した。そこでは長老派とピューリタンが優位を占め、反対勢力はすぐに退けられるか除名された。教会総会は「ひとつの会衆に対してひとりの牧師だけを認め、それ以外の監督者はすべて」認めなかったが、反対意見はひとりだけであった。国王側委員は教会総会を解散させようと企てたが失敗し、教会総会は、さまざまな「決議」で、国家との関係において改革派教会の基本原則を主張することを続けた。それはつまり、教会は国家から独立しており、超俗的（すなわち、モラルと宗教上の）問題に判断を下すために、神の御言葉どおりに自律した統治機構と独自の権力を有し、俗世の政体には融合することができないという原則である。最後の一撃として、教会総会は「この国民の教会《キルク》は、教会総会を毎年招集し開催する権限と自由を持つ」と宣言し、「国王が別途招集するのでなければ」つぎの会議の日程を設定する権限にまで踏み込んだ。忠誠と謀反のあいだの境界はいまだはっきりしたものではなかったので、国王は自分の助言者を拒絶する策を講ずることがまだ可能であった。盟約派は分離主義者であるといった見解は言下に否定されただろうが、しかし、国王チャールズの目には、彼らは軍隊の力で制圧しなければならない反逆者として映っていた。

イングランド議会の手による国王処刑に終わった争いの歴史は、教会史というよりむしろ政治史に属するだろう。一六四一年に国王がスコットランドの主教制廃止を受諾しても、国王は信頼できるなどとは納得せず、スコットランド教会の権利を擁護する人びとは、イングランドでの国王に反対する政治的勢力を支持した。イングランドにおいて長老主義を認めさせる見返りとして、「厳粛なる同盟と盟約」派は、一六四三年にイングランド議会を援助した。

同時に、イングランド議会は教会の教義と組織基盤の修正を決定していた。議会はそのために議会法の提案をしようと神学者会議をウェストミンスターに招集した。出席を乞われると、教会総会はアレグザンダー・ヘンダーソン、ロバート・ベイリー、サミュエル・ラザフォードとジョージ・ギレスピーを含むもっとも有能な指導者や神学者たちを委員として送り込んだ。これによって会議は「ウェストミンスター信条」、「大小教理問答」、「礼拝指針」と「長老主義政治基準」を打ち出した。躊躇がないわけではなかったが、このカルヴァン主義の強い信条と教理問答はスコットランドの教会総会によって承認され、その後、一五六〇年の「スコットランド信条」と、それまで多くの神学教育の基礎をなしていた「ハイデルベルク教理問答」に取って代わった。一五六四年の「共通礼拝規定書」は、この「礼拝指針」に置き換えられた。ウェストミンスター信条が承認される際、教会は行政長の同意なく「キリストから受けた生来の力によって」教会総会を開催することができるのだ、と教会総会は主張した。一六九〇年にスコットランド議会がウェストミンスター信条を批准したときも、この点は撤回されなかった。その後数世紀にわたり、これらの文書は教会とスコットランドの信仰生活に絶大な影響を及ぼすこととなった。この信条は今なお信仰の準規範となっている。

一六四三年以降、スコットランドの事柄は、教会のことも世俗のことも、盟約派指導層の手中にあり、彼らの極端なピューリタン的要求は意見の衝突を引き起こしはじめた。一六四六年に、チャールズ一世がスコットランドに避難を求めた際、チャールズ一世復位に関わった者は徹底的に追放され、盟約派は弱体化していた。そのため、一六四九年にチャールズ二世が処刑された父親の後を継いでエディンバラで国王宣言した時も、彼らはクロムウェルの報復による侵攻に対抗できなかった。教会役員会は完全に分裂した。「抗議派」は、教会と国家における官職のあらゆるポジションから盟約派に属さない者をすべて締め出すことを望み、職権を持つ者全員に盟約派への署名を強要した。これに対し、「決議派」はもっと穏健な要求を行うことになった。ウスターにおいてクロムウェルがチャールズ二世に勝利し、国王がヨーロッパ大陸へ逃亡したため、スコットランドは共和軍に軍事占拠を許すことになった。教会は派閥分裂したままであった。「抗議派」は教会自律のために頑強に戦った。政府が介入し、教会総会の開催を禁止した。この段階における「盟約」運動は、党派争いにうつつを抜かし、自らを損ねていたのである。教会の特権、そして教会役員会と裁判所の権力に関する角逐は、信仰のその他の中心的教義を犠牲にして、スコットランド人にとってもっとも重要な教会論を作らせることとなった。それは「国民教会史における英雄時代」として、多くの国民文学と多く人びと心のなかに何年にもわたって登場することになる。

　一六六〇年のチャールズ二世復位にあたり、後のセント・アンドルーズ大主教ジェイムズ・シャープなどのより穏健な「決議派」数名が重要な役割を果たした。当初、国王はスコットランドにおける長老制の保持を認めるだろう、と考えられていた。しかし、やがて王には別の策があることが明らかになった。反王党派で名の知れた人物は処刑の対象となったが、そのなかにはスターリング主教で「決議派」のリーダー、ジェイムズ・ガスリーと、国民盟約を作り、一六三八年に教会総会書記を務めたウォリストンのジョンストンが含まれていた。『国王の法』の著者で、セント・アンドルーズ大学メアリ・カレッジの学長であったサミュエル・ラザフォードは、教会権利と宗規を徹底して擁護した人物であったが、途中で自然死していなければ、同様の最期を遂げただろう。すぐに明らかになったのだが、国王至上権の復活は、長老主義的な体制の受け入れではなく、「国王の父や祖父の統治下にあったこの王国内で設立された」頃の「教義と信仰の厳格さにおいて真に改革されたプロテスタント教会」への回復を意味した。主教制は復活したが、しかし、国王に「集会《セッション》、長老会《プレスビテリ》、教会会議《シノッド》による現在の統治」を認めさせるための準備が進められた。一六六三年に議会は、大主教、主教、大聖堂主席司祭、大執事、それに長老会議長からなる、聖職者のみの全国的な教会会議《シノッド》を設立したにもかかわらず、教会総会は招集されなかった。聖職推薦者《パトロン》の牧師推挙権――一六四九年に議会によって廃止されていた――が、ふたたび復活し、国王至上権が効力を持ち出した。短期間だけ見れば、長老会と主教が共存するという実験は成功したかのようだった。あまり偏狭で狂信的な見解を持たない者の支持も増えていたので、国家が服従を押しつけ迫害に固執したことで流れを変えていなければ、実験は成功していたかもしれない。

　ピューリタンの教えに傾倒する何百という牧師は、政府案に従うより自らの聖職禄を辞することを選んだ。南西部の長老主義が根強い地域では、丘で礼拝をおこなう者が多くいた。これらの秘密礼拝集会に対して軍隊が派遣されたが、武装抵抗に遭うことになった。主教は、その大部分が政府の抑圧方針を支持した。一六七九年の「狂気の盟約派」によるシャープ大主教殺害は反乱勃発の引き金となったが、徹底的に鎮圧された。国王の弟でローマ・カトリック教徒であるヨーク公ジェイムズの王位継承の可能性を懸念した南部の長老派は、神から認められた契約と長老教会統治の権利を守るために、リチャード・カメロンのもとに結集した。ふたたび戦争が起こると、約一〇年にわたって残酷な迫害——一六八〇〜一六八八年の「殺戮の時代」——が続き、「スコットランドの人びとの心に拭い去ることのできない傷」を残した。しかし、カメロン派の過激な見解は、長老派すべてを代弁するものではなかった。

一六八五年のチャールズ二世の死にともない、ローマ・カトリック教徒のジェイムズ七世がスコットランド国王としての即位宣言をしたが、フランスのルイ一四世はその年にナントの勅令を廃止していた。ジェイムズは、スコットランドで自分と同じ宗教を信じる人びとに対する刑法の廃止に傾いた。国王布告によって、ジェイムズは、主教制のもとにある聖職者による礼拝には参加しないであろう長老派にいくらかの譲歩を認め、カトリック教徒取り締まりのための法律を一時停止した——ただし、秘密礼拝は免除対象から外された。ジェイムズ二世のイングランド統治の失敗はスコットランドの多くの者に喜びをもたらし、主教に鬱積した敵意をあらわにした。彼らはステュアート朝専制政治の支持者の最たるものと見られていたのである。

一六八九年三月、代表者会議は、ウィリアムとメアリをスコットランド国王・女王であると宣言した。そのつぎの議会には、主教は出席しなかった。そして、「教会制度における長老より上の高位聖職と上級職は、この国にとって厄介で我慢ならない不平のもとであったし、いまもそうである。そして大部分の国民の意に反している。それらは長老派がローマ教皇の教会を改編したものであり、廃止されるべきである」と主張された。お互いが受け入れられる基盤の上に教会と国家の関係を築こうとした奮闘はようやく終わりが見えてきた。そして、それはスコットランドの新しい支配者が直面する最重要課題になろうとしていた。

約一三〇年のあいだ、教会は、（教会の）精神的自律を守ることにエネルギーの大半を費やした。同時に、改革派教会の信仰を国中で確立し、教区に牧師と教育指導者を配置し、教会建造物を修繕したり新たに建設したり、地方と国レベルで厳格な教会規律の執行を引き続き進めていった。大学教育関連の発展も著しく、それは主に教会の必要性に応じたものであったが、また政府の要望にもかなった。世俗と教会の共同委員会は、スコットランドで中世に設立された三大学を頻繁に訪問した。グラスゴー大学（一四五〇年創設）は、主としてアンドルー・メルヴィルの指揮のもと、一五七七年に完全に再編され、活力を取り戻した。セント・アンドルーズ大学（一四一一年創設）も、その二年後に再編された。大学内でもっとも新しいカレッジであるセント・メアリーズ（一五三八年創設）は、神学カレッジに変わったが、これは聖書の言葉にも神学にも精通する高度な教養を身につけた牧師を、教会へ供給することを意図していた。一五八〇年にグラスゴーからアンドルー・メルヴィルが呼ばれ、学長に就任した。アバディーン大学も再編され、ジュネーヴ学派とフランスのプロテスタント学派の系統に属するふたつの「大学」あるいはカレッジが、教会主導によって創設された。一五八八年のエディンバラ・カレッジ、一五九三年のニュー・アバディーンのマーシャル・カレッジである。

教会の多くの者がプロテスタント学問の発展に大きく寄与し、彼らの著作は国際的評価を得た。エディンバラ大学初代学長ロバート・ロロックは、契約神学に関する著作と注釈の数々によって名を知られ、それらはテオドール・ド・ベーズから賞賛を受けた。トロッホリグのロバート・ボイドはとくにフランスで人気があり、ラザフォードは低地地方で高い評価を得た。主教派指導者のなかで最高位に位置するのは、まるで聖人のように学識のあるレイトン主教をおいてほかにない。彼が不朽の名声を得たのは、とくに「ペテロ第一の手紙」の注釈によってであった。コースのジョン・フォーブスは、「アバディーンの博士たち」として知られる高名な北部の学者グループのなかでももっとも著名であった。彼は『教会制度論』に加えて興味深い『平和の神学』の著者であり、そのなかで長老派と主教派の和解策を模索し、ヨーロッパ大陸での師であるドイツの神学者ダヴィッド・パレウスとユグノーのフランシスクス・ユニウスの教えの例を奉じた。この時代にヨーロッパ大陸で学んだスコットランド人学者や哲学者、神学者は多数いたが、その後に教師として留まり、とくにフランスのプロテスタント高等教育機関で活躍した者も多かった。なかでももっとも著名で影響力を持った学者は、ジョン・カメロンであった。

アンドルー・メルヴィルは、スコットランドの大学に、スコラ哲学に反対した一六世紀フランスの哲学者ペトルス・ラムスの哲学を紹介した中心人物であった。その哲学は大学において深い影響を及ぼしたが、けして排他的なものではなかった。初期には、カルヴァンの『キリスト教綱要』やジュネーヴでの教理問答、その後は「ハイデルベルク教理問答」が神学教育の基礎を成していた。セント・アンドルーズでメルヴィルを継いだピスカテールの弟子のロバート・ホウィは、ヘルボーンでピスカテールが解釈したように契約神学の教えを説いた。アルミニウス主義の問題については、長老派は、主教制擁護者はカルヴァン正統派の支持者たりえないと主張した。ウェストミンスター神学者会議での神学討論において、スコットランド人委員は信条と教理問答の作成に貢献した。かくして改革派の基礎が強固に固められていた。数年先んじて、教会の関心は、その多くを理神論と唯理主義（合理主義）に対する理論武装に向けられることになった。

啓蒙時代の教会　一六八九～一八四三年

一五六七年と同じく一六九〇年の時点でも、ウィリアム三世治下のスコットランドにおいて君主がもっとも必要としたことは、統治を維持するための強固さと安定性だった。というのも、国内ではカトリックのジャコバイトによる反動、海外ではフランスの制圧に直面していたからである。教会問題担当の国王顧問長ウィリアム・カーステアーズは、神学教育の一部をユトレヒト大学で受けていたが、今日でも「法による国教会の設計者」と呼ばれている。スコットランドの主教たちは革命を拒否したため、一六九〇年に議会法で長老主義教会を国教会に制定する以外、国王には選択の余地はなかった。国王が長老派への強硬策を放棄したこと、また即位後初の教会総会に向けて「中庸とは宗教が命じるもの」であり、「近隣の教会があなたがたに期待しているものである」というメッセージを強調したことは、多くの人びとを失望させたに違いない。しかし、宗教論争に対する新しい態度が促され、結果として、セクト主義的な狂信は、小さなグループに限定されることになった。そういったグループは、後に分離派教会のなかの強硬派となり、盟約派の話題は聞かれなくなる一方であった。主教制を支持した教区聖職者や新君主への忠誠を宣誓しなかったような教区聖職者の多くは、教会当局の手で排除された。一七〇五年以後も、スコットランドに留まった臣従を拒否した主教たちは、老王位僭称者ジェイムズ八世を正当な王として支持した。彼らにとっては、今日のスコットランド聖公会はそれとは別物だろう。というのは、それは一七六六年までは完全には組織されていなかったからである。

名誉革命体制によって教会は教会総会を取り戻した。それによって、教会の国家的責任という意識をより強めていった。その責任意識は、その後の歴史のなかでもっとも重要な特徴のひとつとなり、一八世紀初頭に、全国いたるところに十分な数の牧師を配備するためになされた努力に表われている。しかし国家自体はすぐに繁栄したわけではなく、とくに海外での貿易投機事業が低調であった。経済の逼迫と、アン女王没後の王位継承者はプロテスタントである必要があったことが、一七〇七年のイングランドとスコットランドの議会合同の主要因と考えられている。合同条約で、スコットランドは独自の法体系、スコットランドのプロテスタンティズムと「スコットランド王国における教会の唯一の統治機構」である長老主義教会の統治権の保持が確約された。これ以後、国王が教会を支配し命令しようと画策するといった旧来型の教会と国家の問題は、もはや起こりえなくなった。ただし、一七一二年に連合王国議会が聖職推挙権を復活した――その要請はそれまでなかった――ことは、スコットランドを警戒させ、将来の衝突の種を蒔いたのではあるが。

名誉革命体制によって、カルヴァン派の神学によるウェストミンスター信条が教会教義として定められ、これを受けて牧師と教師には文字どおり従順が求められた。しかし数年のうちに、教会には不安が充満しはじめた。南のイングランドではカルヴァン主義の勢力が衰え、それを足がかりに成長したカルヴァン主義に敵対する新しい学派が、いまやスコットランドに浸透しようとしていた。一六九六年の教会総会において、「キリスト教不信や無神論に走る有害な考えを抱き、広める者」に対抗する法律が制定された。教会員は「理神論者」と「真の清い宗教を破壊し、あざ笑う」者に注意するよう警告された。唯理主義（合理論）が人びとにその存在を現わしはじめていた。啓蒙が国際的な風潮へと拡大してゆくなかで、正統説の規準を変更しようという考えに傾きそうな者に歯止めをかけるだけの力が長老教会にはまだ残されていた。一七二〇年代に、エドワード・フィッシャーの『近代神学の心髄』――そこでは、信仰は主に経験と感情の反応によって定義されている――が評判を取ったのをきっかけに、論争が起こった。対するに、当時の正統派カルヴァン主義では、セント・アンドルーズ大学のセント・メアリーズ・カレッジ校長であった神学教授ジョン・ハドウの言葉によれば、信仰とは「神の真理への、聖書に記された神の証言への知的な同意」である、と純粋に知的な用語で定義された。ハドウたちは、「心髄者」あるいは「福音主義者」は――彼らはそのように呼ばれるようになっていた――信仰至上主義（無律法主義）の傾向があり、総会が正統説の立場から非難するのも当然だと公言したのだが、「救済に必要な行為」として知的で倫理的な要件が求められることを強調することで、かえって彼ら自身が理性主義へと導く道を用意していることには気づいていなかった。数年もたたないうちに、エディンバラとライデンで教育を受けたグラスゴー大学の神学教授ジョン・サイムソンが、異端の嫌疑をかけられた。長期にわたる調査――その間、教会法廷は、それまで無縁であったような難解な形而上的思索に没頭した――の後、「教会における建設的リベラリズムの真のパイオニア」であるサイムソンは異端の罪は逃れたものの、引き続き教壇に立つことは許されなかった。彼は「啓示と惜しみない恩寵の有効性」を犠牲にして、「自然の理性」にこだわり「すぎたのだ」と判断された。サイムソンは、神学を教会がつねに取り上げるべき活動であると考え、そして、理性の助けを得て、教会は信仰の新しい表現のかたちを模索し続けなくてはならないと主張した。彼をはっきりと異端とは宣告できなかったことで、教会は内部にふたつの派――ひとつはカルヴァン主義を緩やかに解釈し、もう一方は、厳格に適用する傾向がある――が存在することが明らかになった。

新しい神学へ向かう気分が出現したことを示すさらなる証拠は、サイムソンの弟子のひとり、セント・アンドルーズ大学の神学・教会史学教授アーチボルド・キャンベルの著作に見ることができる。『十二使徒は狂信者ではなかったことを立証するための論説』（ロンドン、一七三〇年）のなかで、彼は、イングランドの理神論者、とくにティンダルの攻撃に対して啓示の必然性という理を説いて抗弁を試みた。彼がどの点においても、絶対的に正しい本（聖書）または絶対的に正しい慣習（聖伝）、あるいは絶対的に正しい組織の権威に訴えないで、ただ「断固とした信念としての道理と宗教」に訴えていることは重要である。彼を異端と宣言する企てが失敗したことは、教会のなかで「啓蒙された」意見が力を持ち、教条主義から理性主義へと重点が完全に移った証左である。それにもかかわらず、総会において教会当局は用心を続け、説教の際には、信仰の教義と戒律の道徳義務を遵奉する必要性――「理性の信念だけでなく、それ以上に、とくに啓示という信念から」――を強調することを牧師に推奨した。

一八世紀前半の神学論争は教会のなかに種々の党派が存在したことの表われであり、教会は寛容法と聖職者推挙法の影響にうまく対処していかなければならなかった。啓蒙の流れに逆らう者は、聖職者推挙法の反対派である傾向があった。一七一二年の法案可決から一七八四年まで、毎年、教会は教会総会において「教会にとって荷厄介で有害な」法としてそれを糾弾した。それは、多くの人にとって、かつての忌まわしい日々の記憶と結びついていた。その法が施行されると、教会の自由を制限する可能性が潜在的にあり、なかでも牧師を確保する際に行使される個々の会衆の自由採用権が制限される可能性があった。会衆あるいは長老会は、簡単には聖職禄受給候補者を拒否することはできず、したがって会衆からの要請はその重みの多くを失った。しかも、長老会が拒否する場合はいつでも、教会総会は〔自らが選んだ聖職者の〕就任を実現するために干渉し、「強力な」委員を任命することが可能だった。一七三二年に教会総会は、教会のその他のレベルではほとんど賛同がないまま、実質上会衆のメンバーが牧師の指名に口を出せないようにする法律を通過させたが、これは教会が社会と経済動向の変化を見誤った証拠である。この法に臆することなく反感を示し続けた咎で、スターリングの牧師のひとりエブニーザ・アースキンは教会法廷によって譴責された。最終的には、彼と三人の仲間の牧師は独立した長老会を組織するために教会を去り、一七三七年にはあらたに四人が加わった。「裁判の証言」において、彼らは、先の失敗に終わった「異端」事件で明らかになった啓蒙流布の風潮に嫌悪感を示すなどして抗弁した。彼らの免職は、きっかり三年後に下された。聖職者推挙法再施行の結果、教会と国家の問題がふたたび浮上し、盟約派への関心が希薄になっていることや、自由化傾向にある神学に支持が高まっていることに対する懸念によって、その問題は厄介なものになっていた。

一八世紀後半を通じ、聖職推挙権と神学の進展という両方の問題によって教会では混乱が続いた。穏健派が聖職推挙権を絶対的に支持したしたことで、一七六二年には新たな分離を招き、分離した人びとは「救済長老会」を結成することになった。そのような争いは教会の活力を損ねるだけであった。「穏健派」のグループは、文化、学問、社会生活に支配的な影響を及ぼしたが、彼らは、啓蒙、とくにスコットランド哲学の発展の影響を強く受けていた。痛烈に非難したにもかかわらず、彼らは卓越した哲学者デイヴィッド・ヒュームに対する破門宣告が可決されるのを阻止し、それによって哲学的探求の自由を促進した。事実、ウィリアム・リーチマン、トマス・レイド、ジョージ・キャンベル、ジェイムズ・ビーティー、アレグザンダー・ジェラルド、ウィリアム・ロバートソンといった牧師が、当時の哲学研究において指導的役割を果たした。ロバートソンは、『皇帝カール五世統治史』（一七六九年）でよく知られるが、彼は史学史のなかでも抜きんでた地位にある。彼は、二五年ものあいだ教会の穏健派指導者として広く知られ、彼の時代におけるもっとも優れた聖職者であった。

時代のいぶきは、スコットランド説教師にも深く作用した。説教が高雅で洗練されていると有名な説教者はあまたいたが、なかでももっとも影響力があったのはヒュー・ブレアであった。彼の説教は「洗練され、非常に簡潔で、つねに教訓的」で、道徳的題材と思慮深い美徳の強化に特有の重みを置いていると考えられた。信者席の人びとは、「人間性を育成し」、「人間は生来平等であることを想起するように説かれた。「道理のまなざし」への訴えと、宗教知識の重要性がしばしば力説された。中庸は繰り返し使われる題材だった。「理性と達成可能なもので自己を満たしなさい」、「人間の生活と幸福に対する考えを和らげるよう自己の精神を鍛えなさい」がそれだった。しかしながら、教会がウェストミンスター文書のカルヴァン主義に囚われていることについて異議を唱える試みはなかった。この点については、一八世紀も終わりに近づく頃、セント・アンドルーズのジョージ・ヒルがその代表人物として登場した。彼の死後、一八二五年に出版された『神学講義』は神学指導の標準的な書物となり、古いオランダの概説書に取って代わった。ヒルは、人間の知識の増大を心配の種としてではなく信仰の確立と防御の手段と考え、「宗教の補助役」として「広範にわたる情報と啓発された批判」を歓迎した。したがって、「神の御言葉の合理的説明」である聖書批判は、「人間の知識の真の礎」として歓迎された。自然宗教唱道者とともに、彼は福音書を「自然宗教の再公示」とみなす所までいたった。ただし、道徳律に背いた者に希望を用意することに関しては、自然宗教には明らかに欠陥があると主張している。啓蒙が神学思想に深甚な影響を及ぼしたことは疑う余地はないが、信仰基準に対する教会の固執を揺るがすことはなかった。

しかし、穏健主義は、聖職者推挙制度と手を結ぶことで、信仰の福音主義的性質を損なっていると考える者が教会内部に存在した。事実、一七四二年のカンバスラングのように、スコットランドの諸地域で「信仰復興運動」の明白な証拠が見られた。敬虔主義的な祈禱会が結成されはじめた。イングランドの福音伝道者ジョージ・ホイットフィールドがスコットランドを訪れ、一七四一年から一七六八年にかけて主要都市に頻繁に足を運んだ。ジョン・ウェスレーもスコットランドをまわったが、そのアルミニウス主義的な傾向のために、あまり成功しなかった。これらの「宣教師」の来訪は、力を強め、穏健派の知性偏重主義に立ち向かいはじめていたスコットランドの福音主義を刺激した。イングランドと同様に、福音主義協会がつぎつぎに誕生したが、教会の公式の参加はなかった。ジェイムズとロバートのホルデン兄弟は裕福な出自を利用して全国各地をまわって福音を説いたが、「無許可の説教」をおこなったために、一七九九年には教会法廷に訴えられた。既存の教会統治機構と規律を無視したかのような彼らの伝道は、教会側すべての怒りを買い、早急に抑制するよう要求された。ホルデン兄弟は、スコットランド国教会外の会衆派教会主義とバプティスト教会に将来の展望を開くことになるが、教会内でも、エディンバラのセント・ジョージ教会のアンドルー・トムソンの指導のもと、福音主義の炎は以前に増して明るく燃えはじめていた。一八一〇年以後、彼は雑誌

『キリスト教指導者』を使って、やがて国教会で主導権を握ることになる福音主義者のグループを組織していった。

新しい産業主義、人口の急増と著しい都市の発達、経済状況の変化をともなったこの世紀は、教会に多くの新しい挑戦を突きつけたことだろう。教会の過去の問題が、装いも新たにふたたび登場した。一六世紀と一七世紀における根本的な問題、とくに教会と国家の関係と、教会諸事を自己処理するために教会が本来持つ自由に関する問題は、教会の分裂にまでいたってしまった。教義問題については、哲学と神学の発達、そして聖書解釈の新たな批判的アプローチが、啓蒙主義の影響で容易に受け入れられた。国民教会的な性格と責任を保持する一方で、スコットランド教会は、ほかの教会と教派の出現と成長に対し、さらに寛容な態度をとらなければならなくなった。海外での宣教活動においては、教会は一段と領土拡張論者になり、そのリーダーシップをとることになる。二〇世紀前半までに、教会はスコットランド長老派間の統一を取り戻し、キリスト教諸教派の再結束を目指した議論において主導的役割を果たすまでになった。すべての教会活動の最前線において、教会が基本的に引き継ぐべきとみなされているもの、すなわち国民の宗教的、教育的、精神的繁栄に対する責任を持ち続けることを目指したといえるだろう。

第8章　イングランドの宗教改革　一五二〇～一六四〇年

W・J・シールズ

　中世末イングランドにおいて、建築や絵画、演劇などで地域ごとの伝統を生み出し、活気に満ちていた多様な信仰活動は、一五二〇年にもなると疲弊の兆候を示しはじめていた。修道生活を志す人びとの数が減少していたばかりでなく、たとえばコヴェントリといった都市での宗教劇や宗教行列のような、地域での民衆の信仰の表現も支持を失いつつあった。こういった傾向は、当時の経済状態になにがしかの原因があった。修道士志望減少の場合は、学問を修めた者が世俗の専門職に就くことができる機会が拡大していたこと、都市の行列が人気を失ったのは、厳しい財政状態が都市の商人に重くのしかかっていたことを明らかに示している。しかし、こういった要因よりも重要であったのが、社会の一部に宗教的志向の変化が起こっていたことであった。ウィクリフによって、小農のあいだではこういった変化が早くから見られたし、一四九〇年にロラード派が集団防衛を図ろうとしたことで新たな迫害を招いてからのちは、表立ってではないが、教会組織によっても認識されていた。一六世紀初めには、より裕福な地主や商人といった俗人のあいだでも、教育を受ける機会が広がったおかげで、学識を備えた者が増え、しだいに、それまで守ってきた信心にも、人文主義や福音主義にもとづいた批判を向けるようになっていった。そういった批判は、大陸での学問のいくつかの中心地で生み出されたものであった。

　したがって、伝統的な信心は厳しい検討にさらされたのだが、大部分の人びとはそういった信仰を強く抱き続けていた。人びとが聖体拝領や死者のためのミサに愛着を持っていたことは、彼らの遺言状が雄弁に物語っている。信心から俗人が遺贈したお金は、受禄聖職者の助けとなるような、司祭の増員や寄進礼拝堂やフラタニティの維持など、教区での司牧のためにおおいに役立った。しかし、このことは俗人が、そういった奉仕の担い手として、教区の事柄に関してより大きな発言力を求めていた、ということを意味する。そして、この点で、たとえオーソドックスな信仰であっても、人びとを教え導く特権を守ろうとする教会と対立する原因となる可能性があった。実のところ、ヘンリ八世が離婚を勝ち取ることができず、司法権の問題で教皇と袂を分かつことを決意したときに、改革へと突き動かす要因となったのは、信仰心というよりは、教会の諸特権であった。一五三〇年代における国の制度の改変は、結果的に国王をイングランド教会の首長としたが、伝統的な信心のあり方への攻撃をともなってもいた。こういった方針は、宮廷内の小規模ではあるが大きな影響力をもったグループによって推進された。それは、新しい王妃アン・ブリンとトマス・クロムウェルの周辺にいたグループで、彼らは福音主義や人文主義の立場からの教会批判を支援した。こういった人びとにはケンブリッジ大学出身者がいたが、彼らは一五二〇年代にケンブリッジでルター派の理念を学んでいた。大陸経験のある者も数名はいたが、大部分の者は、トマス・スターキーのように、本質的には正統教義の立場から批判の声を上げていた。

一五三〇年代初頭の状況では、国王が神学的には正統教義の立場を強固に守っていたため、期待できるのはここまでであった。トマス・ビルニーのような歯に衣着せぬプロテスタントの初期の指導者たちは異端として死に追いやられたが、それは同じくプロテスタントであったウィリアム・ティンダルの著作を広めるのにかかわった咎で火刑にされたのである。ティンダルは大陸に逃れていて、そこで聖書の英訳を刊行していた。ティンダル自身もまた、一五三六年に殉教の憂き目にあった。しかし、英訳聖書は状況の変化を示す指標であった。一五三七年には、国王の承認を得た翻訳が登場し、翌年には、すべての教区教会はその聖書を一部備えるべきことが勅令で命じられた。一五三九年には公的な翻訳が出版され、一五四〇年には、個人使用向けに、より廉価な版が刊行された。この聖書は、福音主義者の重要な業績である。彼らは、トマス・クランマーという代表的な人物のもと、謎の多い存在ではあるが、教会内でも一勢力として台頭していた。事実、一五三六年の大主教区聖職者会議での説教は、もっとも著名な福音主義者のひとり、ヒュー・ラティマーによって執りおこなわれた。その説教で、ラティマーは伝統的な信心を根底から攻撃した。煉獄や死者のためのミサが問題にされ、同様に、聖人の祝日や聖餐にもとづかない儀式の有効性が攻撃された。また、聖像や巡礼もつぎのように切り捨てられた。「しかし、ほかのどこでもなく、ある一カ所でだけ神を求めることができるのだと、また、ほかのどこよりも、ある一カ所であなたのいうことを聞いて下さるのだと、また、聖像のない場所よりもある所でいっそう神が耳を傾けてくれる、などと考えるのは誤った信仰であり、偶像崇拝であり、聖像礼拝なのだ」。

改革者たちは、一〇箇条の公表により、この大主教区会議で教義再検討の第一歩を踏み出した。一〇箇条は厳格に正統的なものであったが、ふたつの重要な例外があった。まず、秘蹟の数が七つから救済にとって重要と考えられた三つ——洗礼、改悛（告解）、聖餐——に減らされた。もうひとつは、聖餐に関する条項が曖昧な表現にされ、正統教義派の解釈にもルター派の解釈にも理解できるようにしていた点である。同じ年の国王指令が、これらの条項とラティマーによる伝統的な信心のあり方への批判を是認した。聖職者は、俗人が度のすぎた伝統的信心の活動に向かうのを止めさせ、貧者への施しの効用は精神的なものでしかないことを強調して、社会的福音といえるような徳目を説教することを求められた。しかし、これらの指令や一五三八年の指令が、ヘンリ治世下で改革者たちが成し遂げることができた成果の頂点であった。保守派は、数ではつねに改革派を上回っていたので、改革者の成果の大部分をすぐにでもひっくり返すことができた。一五三七年には、保守派は、『主教の書』において、秘蹟の数を伝統的な七つに戻したし、一五三九年には「六箇条」が出され、聖餐における伝統的な教義である化体説が復活し、聖餐における俗人への〔パンとワインの〕両種陪餐の必要性が否定された。聖職者には独身であることが求められ、個人のためのミサや秘密告解が勧められた。この「六箇条」は保守派の勝利であり、この後のヘンリの治世での公的な宗教の枠組みとなった。

政府内では敗れはしたものの、一五三〇年代の緊張対立、それに、何より、英訳聖書の存在が、俗人の一部に宗教に関して色いろと考えさせ、疑問を抱かせるような風潮を生み出していた。大多数の人びとにとっては、修道院の解散がもっとも劇的なインパクトを与えただろう。ファウンテンズ・アビィといった大規模な修道院が一掃されたような田園地帯ばかりでなく、托鉢修道士が地域の信仰の中心にいることが多かった都市部においても事情は同じであった。多くの人びとの目には、こういった強力な団体が消え去ったことは、きっと教会は今までより弱々しいものになったと映ったに違いないし、修道院が代表していた祈りや礼拝の生活への疑念が生じたことは間違いないが、社会的な側面でも、精神的な面と同様に、その影響がすぐに現われたことは、はっきりと感じられただろう。反聖像キャンペーンは、たとえば、ロンドンの聖マーガレット・パッテンス教会の内陣仕切桟敷《ルード・スクリーン》といったような、すばらしい教会内装飾を破壊してしまった。しかし、全体としては、こういった信仰の対象となっていた聖像は地域の誇りの源であったため、それらを批判する人びとよりは、守ろうとする人びとの方が多かった。遺言で死者のためのミサを希望することも、ロンドンですら続いていたけれども、礼拝寄進やより永続的な追善供養のための遺贈は、一五四〇年までには劇的に減少した。これは信仰のあり方に変化があったことを示しているが、人生の節目ごとに設定された秘蹟や、その秘蹟を俗人に授けるための儀式は、形式的にも言葉の面でも、変わることはなかった。当然、教区教会はおおかたの人びとの礼拝の中心的な場であり続けたし、そういった連続性は教区で聖務を執りおこなう聖職者にも見られた。

したがって、一六世紀の前半、改革派の宗教は、その大部分が教会の公的な枠組みの外にあった。ロラード派は、イングランド南東部に散在する特定の地域で生き残っていた。そういった地域のなかでもっとも重要なのは、チルターン、ケント、イースト・アングリア、それにロンドンで、とくにロンドンは、お互い離れていたグループが接触するための場を提供した。ロラード派の教義は、キリスト教的人文主義者が体制教会に対して向けた批判のなかにも反映されていた。また、一五一六年にロンドン司教によってロラード派であるとして告訴されたロンドン商人リチャード・ハンが受けたひどい仕打ちは、そういった議論に説得力を持たせるのに大いに役立った。しかし、コレットのような人文主義者は、正統派にとどまった。それでも、一五二〇年以降、ルター派の文書がイギリスへ入ってきていたことは確かであるし、学者のサークル――とくに、ケンブリッジの若い学者のグループのあいだ――で正統教義からはずれた異端的見解が広まっていたこともはっきりしている。こういった見解は、イースト・アングリアでも見られたが、もっとも重要であったのはロンドンであった。そこでは、以前ロラード派によって支えられていた福音主義の伝統が、一五二〇年代になると「キリスト教徒同胞会」として知られる熱心な信者グループによって維持されていた。ロンドン商人の親族間のつながりや、商取引でのネットワーク、それに加えて商人のもとで働く徒弟たちの親族、ネットワークが、首都でのプロテスタントの足場を築くのに役立った。それらのプロテスタントは、公的な教区の枠組みにとらわれることなく、まったく別個に存在したし、一五四〇年以降の困難な時期にグループが存続できたことに、決定的に重要な役割を果たしたことが明らかになっている。当時、保守派が支配的となり、まだまだ未熟なプロテスタント教会の存続はきわめて危うかったのである。ロンドン以外では、教会当局の追求を逃れることはそう簡単ではなかった。ただし、ブリストルやカンタベリといった町では、福音主義的なパトロンが説教活動のための場を設けるのに腐心してくれた。こういった町や、大陸と定期的な行き来のあったライやハルといった港町で、ルター派の思想は足がかりを得ることができた。田園地帯では事態はもっと困難であった。ケントでは、クロムウェルやクランマーの影響が、ジェントリや大学のあいだに成果を生みだしていたし、とくにケンブリッジのセント・ジョンとトリニティの両カレッジは、地方からやって来たジェントリの家柄の学生に、福音主義への強い関心を抱かせてはいたけれども、全体としてみれば、田園地帯では、プロテスタントの広がりは、たいへん層の薄いものであった。ただしこれは、何も生じなかったということではない。プロテスタントによる活発な議論は、当局の関心を引いた。とくに、インといった場所での議論はことさらであった。また、そういった所がよく議論の場となったのである。たとえば、ノーサンプトンの「鐘亭」では、伝統的な信仰のあり方をあざけるような内容の幕間狂言劇が上演された。また、現存している俗人の遺言書の前書きにみられる宗教的内容を集成してみると、多くの州で、聖母マリアや聖人への信仰が一五三〇年代初め頃から下降線をたどっていることがわかる。

しかし、伝統的な信心のあり方の凋落は、確信的なプロテスタンティズムの台頭を意味したのではない。それは、政府によって積極的にプロテスタント政策が進められたエドワード六世の時代を待たなくてはならなかった。エドワード時代の六年間に見られた神学面での革新は、礼拝のあり方の全面的な改変をともなった。そうした変化のなかでも以下に示す三点は、あまり教養のない俗人にさえも、その見聞を記録しておこうと思わせたに違いない。まず、寄進礼拝堂と宗教的フラタニティの解散によって、礼拝堂や祭壇、聖像、それらに付随する諸々の装飾が撤去されたため、教会の内装が一変した。第二に、礼拝の用語が〔ラテン語から〕英語に変わったことは、必ずしも内容を理解していたとは限らないにしても、俗人が儀式に関与する度合いを高めたに違いない。そして、三点目として、俗人にも両種陪餐が認められたことは、聖職者の独身規定が無くなったこととともに、中世の教会において司祭の生活に求められていた、俗人とのあいだに区別があるという意識を弱めた。より注意深い人びとの目には、これらの変化は、より本質的な神学の変更を示すものであることがわかっただろう。そういった変更は、第一点目（内装の変化）については、煉獄という観念が排され、敬虔な活動は、地上において「戦い続ける教会」と天国にある「勝利した教会」とを橋渡しする効果がある、といった考えも否定されたことに端的に表われていたし、第二の点（英語での礼拝）は、聖書の文言を英語に翻訳することで、宗教の基盤が聖書にあることを強調したことに明らかであった。第三に関しては、聖職者の機能について、秘蹟が占める比重を軽くし、俗人との垣根も低くする方向へと変化させた。いまや、俗人信者は誰もが司祭の機能のなにがしかを分かち持っていたのである。

こうした根底からの変化は、批判を受けずには済まなかったし、局地的とはいえ、伝統的習慣――とくにラテン語でのミサ――を守ろうとする、激しい抵抗もあった。しかし、全体としては、こういった変化は甘受された。これは、すでに記したように、伝統的な信仰への執着が弱まっていたせいでもあるだろう。しかし、より重要なのは、こうした変化を伝統的な装いで包み込んだ、政府の施策の注意深さであった。大陸の改革者とは違って、第一共通祈禱書での礼拝儀式の骨格は、ミサのそれに近かった。そして、聖餐式についての中心教義は、化体説（全質変化）を否定しつつも、この秘蹟における「神秘的な存在」の考えを残していた。そのため、スティーヴン・ガードナーのような筋金入りの保守派ですら、これは伝統的な聖体拝領の教義を、完全に表明しているとは言えないにしても、暗に意味するものと認めることができたのである。地方にその宗教政策を押しつけるには、政府の力に限界があったことも、これらの変化が受け入れられるのに、かえって役立った。事実、プロテスタンティズムの広がりは、依然としてゆっくりしたものであり、わずかであった。しかし、もはや隠れる必要がなくなったことは重要な違いであったし、この短い治世の間に、大きな進展が見られたのである。プロテスタンティズムの普及に決定的な役割を果たしたのは大学であった。ランカシァ出身のジェントルマン、ジョン・ブラッドフォードがはじめてこの改革思想に触れたのがケンブリッジであった。彼はその思想を家族や故郷に伝えることになる。大学の影響はイースト・アングリアでも見られた。聖職者やジェントリばかりでなく、都市でも影響が見られた。そういった都市のひとつ、イプスウィッチでは、一五五一年以降、市の費用で説教者を雇用していた。二人の著名な改革者が大陸からやって来たことは、大学内の改革者の意気を高めた。一五四八年にオクスフォードにやって来たピーター・マータと、翌年ケンブリッジにやって来たシュトラスブルクの偉大な神学者マーティン・ブーツァである。イングランドの改革者を、スイスでの教会をモデルにしたさらなる改革へと動かしていったのはブーツァであった。とりわけ、彼が聖職叙任規定を改訂したことは重要である。そこで、彼は、聖職者になるためには、何よりも説教の能力が重要であることを強調した。引き続いて、一五五二年の共通祈禱書で、伝統的な祭服を廃し、祭壇を教会の身廊部、すなわち信者たちの真中に置き、さらに聖餐において、実際にであれ神秘的にであれ、神がそこに存在することを示すような文言を削除して、スイス・モデルの改革を押し進めたのである。共通祈禱書が導入されたのは、エドワードの治世が残り一年になってからであったため、すぐに現われた影響は多くはなかった。より重要なのは、ブーツァが若い学者たちに及ぼした影響であった。彼らはエリザベス時代になって教会で重要な地位を占めるようになる。こうした優れた神学者との接触は、当時のイングランドのプロテスタンティズムを国際的なものにしたが、外国から逃れてきた人びとや貿易商人による信者集団からも、より直接的に知識が得られた。そういった集団は、五〇〇〇人を超える規模であったロンドンや、それよりは小規模な都市ではあるが、コルチェスターやサウサンプトンなどにも存在した。

エドワード時代の諸改革は、重要ではあるが、その寿命は短く、一五五三年のメアリの即位によって、カトリックが復活した。しかし、メアリは伝統的な教会の機構にもとづく信仰の多くを復活することはできなかった。改革者たちはふたたび排除されたが、メアリ時代において彼らが歩んだ歴史が、つぎの三つの点で、すでにエドワード時代にどれだけの成果が成し遂げられていたかを映し出し、将来の発展を指し示すことになった。まず、外国の神学者との接触が、多くの学識者、とくに若い世代に、ヨーロッパでの改革教会の伝統についての知識を直接伝えていたので、聖俗合わせて八〇〇人もの人びとが、シュトラスブルクや、ジュネーヴ、その他の地へ亡命する道を選び、そこで、自ら、司教制度にもとづかない教会やより急進的なプロテスタントの儀式を経験した。第二に、国内では、ヘンリ時代に生まれ——もしくは、それより前、ロラード派とともに生まれて——、教会の外部で成長していた会衆主義の伝統が迫害の時代に真価を発揮した。ロンドンでの指導的な俗人のグループは、プロテスタントたちが説教や礼拝のために集まることのできる隠れ家——ときには、ロザーハイスのジーザス号のように、船の場合もあった——を供給した。また、たとえば、セヴァーン渓谷の村々のように田園地帯でも同じようなグループが存在した。エセックスでは、「森や納屋、そのほか寂しい場所」で会合がもたれたが、コルチェスターにあった「キングス・ヘッド亭」に置かれた本拠がよく知られている。そこには官憲に追われた聖職者がかくまわれたし、俗人がほかの同志と接触するためにやって来た。ランカシァでは、地域のジェントリによって夜間集会が組織されていた。このように、プロテスタンティズムの初めからの伝統であった会衆ごとの独立が強化された。第三に、三〇〇人を越えるプロテスタントがその信仰故に処刑されたことで、メアリの治世は、イングランドのプロテスタントにとって英雄的な時代となった。これら処刑者のなかには、クランマーやラティマーのような、その活動と新しい宗教が分かちがたく結びついていた先の時代の偉大な指導者が含まれていたが、処刑者の大部分は下層の人びとであり、その多くは南東部の州の出身であった。こういった信仰の保持は、プロテスタントの理念が改革の第一世代の人びとに与えた影響をよく示すものであった。しかし、その後の歴史にとって、彼らの殉教史が確立されたことも重要であった。一五六三年に初版が出た、ジョン・フォックスによって巧みに年代記とされた『殉教者の書』である。

一五五八年のメアリの死は、カトリック復活に幕を引いた。新しいエリザベスの治世は、それ以前の二〇年間の宗教的な不安定状態に新たな安定をもたらすための模索を始めた。その落としどころは当然プロテスタント的なものになるはずであったが、どういったプロテスタンティズムになるかは、いまだ不確定であった。亡命者、殉教者、会衆主義それぞれが残したものに、メアリ時代から改革者が受け継いだ要素があるのだが、それらは新しい教会に重要な影響を及ぼすものであった。しかし、まず当面の仕事は、教会制度と教義体系の確立であった。エリザベスがこれらにどういった決着をつけたのか、また、それを実現するために取った手段については、これまでずっと議論の対象であった。それに必然的に付随する政治的な駆け引きは本書の中心的な関心ではないが、保守勢力と改革勢力のバランスを巧みにとる必要があった、とだけ付言しておくべきだろう。官職に関しては、保守派の方が大きな権力を握っていたことは明らかであったのだ。それゆえに、エリザベスのつけた決着は、多くの同時代人には妥協の産物に思われたし、事実そのとおりであったが、一部のより急進的な人びとの目には一時的なものに映っただろう。ただし、実際にはそうはならず、永続することになったのだが。復活された教会がその後示すことになる緊迫した状態の原因をたどってみると、多くがその形成時の状況に行きつく。

近年の研究は、女王とその側近、とくにウィリアム・セシルが、事態を決着に持ってゆく過程で果たした役割を再評価している。以前は、これとは対照的に、庶民院内の急進的な議員の影響力の方を強調していたのである。エリザベスは、即位して一カ月以内に、「宗教とその儀式」に関する改革を約束した国王勅令を発している。しかし、そこでは、ライセンスをえないで説教をおこなうことは、「宗教をめぐって無益な論争」を引き起こすとして、禁じられていた。こうした説教は、たいていはプロテスタントがおこなっていたもので、とくに首都ロンドンで多かった。このように議会外での議論の取り締りに乗り出してから改変を達成し、その改変に法的な効力を与えるために体制側は議会に矛先を向けた。一五五九年の四月には、国王至上法と礼拝統一法が議会を通過した。しかし、まったく議論がなかったわけではない。第一に、国王の称号を決めなくてはならなかった。ヘンリ八世は「首長」という称号を採用したし、エリザベスの法案でも、最初はその称号に倣っていた。しかし、より急進的な改革者たちに対応するため、また、保守派にも譲歩して、国王至上法が法令集に記載される頃には、称号は「至上の統治者」に変更されていた。この法によって、メアリ時代に復活されていた異端処刑法も廃止され、聖餐においてプロテスタントのやり方である両種陪餐が認められた。礼拝統一法は、採用されるべき礼拝の形式を定めようというものであったが、エドワード六世時代の法律をほぼそのまま引き継いでいた。しかし、一五五二年の統一法とは、ふたつの点で重要な相違があった。第一に、一五四九年の第一共通祈禱書で規定されていた礼拝用装飾備品の使用規定が残された。これは、急進派が「教皇派的」であるとみなしていた部分であった。第二に、聖餐を記念的なものとみなすプロテスタントの考えと、「われらが主イエス・キリストの肉体は、汝のために与えられ、かの肉体と魂を永遠の生において維持されている。キリストが汝のために死したことを想起しつつ、これを取り、食せ。そして、感謝しつつ、信仰により汝の心の内でイエスを受け入れよ」という式文によって、神がそこに実在するのだ、という伝統的な考えの融合を試みて、聖餐において唱える文言が、ふたつのエドワード時代の祈禱書を折衷したものになった。こういった妥協は熱心な改革派——とりわけ、大陸の改革派教会と接触を持った人びと——の反発を招いた。それでも、貴族院での賛成多数を得るために、まさにそのためだけに、伝統的な要素がかなり残された。そのおかげで、これらふたつの法律は議会を通過することになった。しかし、将来の国教会の亀裂の種は、礼拝統一法の前文のなかに播かれていた。そこでは、伝統的な礼拝用装飾備品に言及して、「それに関して別途の指示がなされるまで」用いられるべし、という文言が、さらなる改変があるという期待を抱かせたのである。この約束は、公刊された祈禱書の序文にも繰り返されていた。

法制化は変革にとってその半分にすぎなかった。もう半分、その実施が残っていた。その保守的な調子にもかかわらず、この決着がプロテスタントの方を向いているのは明らかだったので、メアリ時代からの主教たちはその全員が辞職してしまった。おかげで、政府は教会をリードするために確信的な改革派を任命する機会を得た。なかには監督制度の教会で働くことに躊躇する者もあったが、そういった懸念を十分に打ち消すことができるほど、彼らが必要とされたのである。もっとも、トマス・サンプソンのような、より急進的な亡命帰りの何人かは、主教位に就くよりも、大学のポストを選んだ。普通の聖職者にとって、事態はより混沌としていた。政府も利用できる者を使わざるをえなかった。つまり、たいていの教区聖職者をその地位にとどめることができるだろうと考えたのだが、事実そのとおりになった。しかし、こういった聖職者の多くは司牧に関しては伝統的な訓練を受けてきた人びとで、宗教改革の理念には馴染まなかったし、自分たちの伝統的な礼拝に強い愛着を持っていた。当然、彼らに改革を人びとに伝える役割は期待できなかった。彼らの大部分、さらには、大部分の教区民にとって、司牧活動や、秘蹟を施すこと、困ったときに慰めと支援を与えることが、聖職者の主要な仕事であった。政府が戦略的に試みようとしたのは、大学で説教の訓練を受けた新しい世代の聖職者が人びとに福音を伝えることができるようになるまでの間、宗教のこの側面を維持することであった。かくして、エリザベスの治世の初め頃には、教派内、教派間のいずれにおいても、非常に多様なものが混在していたのである。たとえば、改革派のグリンダルがロンドン主教からヨークの大主教になった一五七〇年、ヨークでは保守派が強力であったため、ロンドンでの経験をもったグリンダルの目には、北部はまるで「イングランド教会の一部というよりは別の教会」と映った。ロンドンでグリンダルが直面していた主な困難は、むしろ儀式に残るカトリック的な要素を排除しようというプロテスタント急進派への対応であったのだから。こうした両極端のあいだに、おそらくはそれがもっとも一般的であったはずの、ウィリアム・シェパードのような聖職者がいた。シェパードは元修道士で、一五四一年から一五八六年のその死まで、ずっとエセックスのヘイドン教区で代理受給司祭《ヴィカー》であり続けた。彼の教区民に対する司牧態度は、教区民一人ひとりへのチャリティや教区内の社会生活を快適にするためにちょっとした工夫をするといった穏やかな仕事にうかがい知ることができるが、旧来の宗教的世界から新しい世界へと移行しやすくしてくれる「体制に順応しようとする一連の経験」といったものの現われであった。こうしたことは多くの教区で見られたことだろう。宗教改革には、それを生み出そうとした人びととともに、その誕生を助ける産婆も必要であった。

ところが、そうした宗教改革を推進しようとした人びとは、一五五九年の法律の上に体制教会を築かなくてはならなかったし、その教義の大枠の全体像を示す必要があった。同じ一五五九年に出された国王指令によって、聖職者の結婚がふたたび合法的なものとされ、教会から聖像や旧来の儀式を飾り立てていた道具類を撤去することが求められ、祭壇の代わりに聖卓を置くように指示された。こうした要請は、エリザベス体制がプロテスタント的なものであったことを強調しているかのようであるが、それでも、一部の人びと、とくにトマス・リーヴァのように大陸の改革派教会を見てきた者などには、まだまだ不十分に感じられた。リーヴァは有能で、影響力もあったが、監督制の教会の内部に完全に入って活動するよりも、つかず離れずの立場を取ることを選んだ。彼も若いときには、コヴェントリの都市説教者として活動したことがあった。そのポストは会衆が出資しあって維持していたもので、秘蹟にかかわる聖務をおこなうことはその仕事には含まれなかった。教会の人材への要求は大きかったので、一五六一年には、リーヴァは大執事職に就くように説得された。しかし、彼は秘蹟をともなうような教会のあり方からは距離を置くようにしていた。同じように、彼と一緒に亡命していたダラムの主席司祭であったウィリアム・ホイッティンガムも、秘蹟にかかわることを敬遠していた。この二人は、そのほかの何人かとともに、「反キリストやその配下のローマのごろつきと完全に縁を切った敬虔な説教者」として知られるようになり、主教たちとは一線を画した。主教たちは、その多くは彼らと同じように元亡命者であったのだが、「現世的な尊敬を受け入れ、それを容認した」というわけである。この改革のふたつの基準の区別が出来上がったのは一五六四年で、一五六三年の教会会議で、教会の教義の基礎として信仰条項が公的に採用されたのが契機となった。

ルターの考えは改革初期には重要な位置を占めていたのだが、六三年に採用された教義は、むしろ多くをスイスの改革者に負っていた。とくに「予定と選び」について述べた条項が含まれていた。それは、「［永遠の］生へと運命を予定することは神の永遠の目的である。それによって、つねに神は、悪態や非難から自由に、神がキリストにおいて人類から選んだ人びとに判決を下されるのである」という文言で始まっていた。この基本的な教義は、広範な人びとの同意を得るように意図されていたが、それでも、礼拝や教会の秩序について、どういったやり方でこの神学的な立場を表明すべきか、という点で見解の相違が生じた。一五五九年の法制化には将来の変更の含みもあったが、女王がその法律に書かれたとおりの文言にこだわることに決したことが明らかになった。儀礼にさらなる変更を加えようという試みが教会会議でなされたが、退けられ、主にエドワード時代のものを基礎にした三八の条項が可決された。問題の中心にあったのは、聖餐に関するもので、いまだ未解決であった。そして、秘蹟において霊的な存在を認めるが、聖餐を受ける者の信仰心をも強調するといった文言が同意されて、「三九箇条」が議会の承認を得るのは、ようやく一五七一年になってからである。

一五六〇年代に改革者のあいだで意見の相違が見られたのは、礼拝儀式に関する問題であった。とりわけ、礼拝時の祭服サープリスの使用に関してである。主教たちにとっては、サープリスの着用はどちらでもよかったのだが、品格のある見栄えと統一感から、着用が求められたのである。しかし、より急進的な改革者にとっては、サープリスは反キリスト配下の「ローマのごろつき」の悪弊でしかなかったので、拒否すべきであったし、一〇〇歩譲っても、どちらでもかまわない問題として、良心に配慮して、押しつけるべきではないものであった。一五六五年、女王の要請で、大主教パーカーは規定に合わない儀式の挙行を取り締まった。そして、そのほかの規定のなかで、サープリスの着用も定められた。一五六六年のイースター前夜、一一〇人の聖職者が宮廷に召喚されて体制に服するように迫られた。うち三七人は――そのなかには殉教史家ジョン・フォックスのような著名人もいたが――拒否したため、その職務を停止された。こうして、教会暦のもっとも重要な祝日に、ロンドンにあった教区の三分の一で、聖職者がその地位を剥奪されたのだが、これらの聖職者の多くは、彼らの会衆の目には、もっとも精勤な説教師と映っていた。この後、各々が大陸の指導的神学者を奉じた党派間で、パンフレットの激しい応酬が起こった。その結果、主教たちの見解が勝利を収め、八人の聖職禄を受けていた聖職者と数名の補助司祭《キュレイト》がその職を奪われた。もっとも、そのなかには、その後すぐにロンドンから離れた土地で聖職禄を得た者もいた。それでも、彼らの多くは、さらなる改革への希望を持ち続けたし、その考えは有力者の一部にも共感を得ていた。主教のなかにも、サープリスの強制には抵抗を感じる者もいたし、アシュビー・ドゥ・ラ・ズーシュの教区司祭《レクター》であったアンソニー・ギルビーのような地方の重要な聖職者もまた、反対した。ギルビーはアシュビーを若くて熱心な司牧者の教育・指導の中心地としていたのである。

祭服論争の結果、ロンドンの少なくともひとつの会衆が、メアリ時代の先例に倣って、教会から離脱した。そして、司牧者と長老によって指導される教会組織のかたちを採用した。そのやり方は、ロンドンにあったフランスからのプロテスタント亡命者のやり方をまねたものであった。これが、その後半世紀にわたって宗教史上マイナーではあるが重要な問題であり続ける分離派につながってゆく流れの始まりである。要は、多くの人びとにとって、教会から分離するかどうかは、完全には改革されていない教会の内部にどこまで留まることができるか、という問題であった。一五八〇年代のブラウン派のような人びとは、教会内に留まることを選んだピューリタンによってなされた体制への批判におおむね同調したけれども、自らはより高度な会衆の独立を維持しようとした。しかしそれ以外にも、ケンブリッジシァにあった秘密組織「ファミリー・オヴ・ラブ」のような小さなグループもあった。そうしたグループは神学的にはまったく別のものに基盤を置いていた。分離主義は、主教たちはもちろんピューリタンからも非難されたし、処刑された指導者もいたが、一七世紀になると、とくに内戦期の緊張状態のなかでその伝統を成長させていった。先のことはともかく、一六世紀の文脈では、一五六〇年代のプランバーズ・ホール会衆の重要性は、教会秩序の問題にかかわるものであった。主教と体制教会の内部で台頭してきたその批判者との対立がまさにこの問題であったのだ。

一五七〇年代にトマス・カートライトがケンブリッジでおこなった一連の講義は、主教制が聖書に根拠のないものであるとして批判して、スイスをモデルとし、そしてその頃スコットランドでも採用されたような、長老制的な教会のかたちを主張した。このため、カートライトはケンブリッジを追われ、ジュネーヴへと移らざるをえなかったが、若い神学者には彼の考えに共鳴する者が現われたし、一五六六年に聖職禄剝奪の憂き目にあっていた者からも支持が寄せられた。こういった人びとは、ジョン・フィールドによって組織され、有力俗人の支持を得て、一五七一年には、共通祈禱書から、サープリスの条項を含め、彼らが問題であると考えた儀式に関する文言をすべて削除することを求める法案を議会に提出した。しかし、議会の同意は得られなかったし、急進的な主導者は起訴された。それでも、一五七二年にカートライトが帰国し、新しい議会が招集されると、急進派は、王位をめぐるカトリックの陰謀発覚の余波をかって、新たな手段を講じた。今回のキャンペーンは、主教を「反キリスト的で悪魔的、聖書に反する」ものと呼ぶなど、かなり攻撃的なものであった。彼らが主張したのは、会衆が自らの聖職者を選ぶような教会システムで、そこでは、聖職は会衆の魂の世話をする司牧者と、説教というもっとも大切な司牧責任を負う教師に区分された。教区では、こういった聖職者を長老と執事がサポートするが、長老は人びとの規律を監督し、執事は司牧の仕事を補佐するというものである。その地域の教導師《ミニスター》たちは、重要方針を決め、神学上の難題に裁可を下し、お互いの活動を相互に監督するために、定期的に「クラシス（教会総会）」で会合することになるが、そのクラシスは選ばれた議長が指導した。かくして、こうしたクラシスの役職者が、主教や教会法廷、およびその役職者、大聖堂の高位聖職者、教区委員といった主教制を支える役職者に取って代わることになるのであった。しかし、長老主義は、その達成度合いに違いはあれ、その後の議会でも多数派を得ることができなかった。それでも、しばしば制限を受けたものの、ロンドンだけではなく地方で影響力のある聖職者やジェントリの支持を受け続けた。一五八〇年代には、短期間ではあるが、ミッドランド諸州で、非公式なクラシスが聖職者によって組織されたが、その地域で長老制が確立されたことを示す証拠はほとんどない。これらのクラシスの大部分は、その活動を聖職者の仕事を案配することに限定して、規律にかかわる事柄は敬遠した。それらが扱った司牧関係の仕事でもっと急を要したのが説教であった。さらに問題であったのは、教区によっては説教がおこなわれていなかったことである。

クランマーの「聖職授任式目」の頃から、説教は聖職者の機能のなかでも重要視されてきた。しかし、一五七〇年代もかなり進むまでは、ふさわしい聖職者の人材不足がこの重要事の実現を阻み、願望のままになっていた。しかし、時がたっても、多くの教区に説教のできる聖職者がいないということは、ピューリタンの攻撃の的になったし、主教たちにとっても遺憾な事柄であった。地域の聖職者が相互に助け合い、励まし合うといった、非公式な練習は、一五七〇年代の初めには多くの地域で実施されていたし、そこで説教を聞こうとする俗人が出席することもしばしばあった。急進派が音頭を取って、主教たちにも承認されていたが、こういった集会はついに女王の不興をかうこととなった。一五七四年に、評判の高かったピューリタンの集会であったサウサムでの急進的な説教が契機となって、こうした集会は禁止された。その後も、集会は、聖職者が新しい技能を習得したり、俗人のあいだに根強かった迷信や保守的な思想に対応するために役立つと考えられていたので、多くの集会が断続的に続けられたが、それらは当局と急進派の不安定な妥協の産物であった。しかも、大学が聖職につく卒業生をどんどん育成しはじめると、さらにその不安定さが増した。ピューリタンにとって、説教とは改革的な司牧のもっとも重要な要素であったが、多くの俗人が説教がおこなわれていない教区教会を見限っていたため、たくさんの法が前提として依拠していた教会の本質たる教区制度にとって脅威となっていた。説教ができない聖職者は、説教ができる聖職者から、司牧者として不適切であると非難され、この問題は一五八〇年代半ば以降、聖職者間に亀裂を生じさせはじめていた。制度的に、十分な説教師を供給できなかったことは、俗人が地域ごとに自分たちでお金を出し合うことで宗教の問題に関してイニシアティブを取ることも可能にした。そういったことは、宗教ギルドの解散以降にはなかったことであった。イプスウィッチやコヴェントリの例にはすでに触れたが、一五七〇年代以降は、それ以外にも多くの都市で、自治体が説教を準備した。初めの頃には、説教とともに預言もともなうことが多かった。ノーサンプトンのように特定の個人を雇用することもあったが、こういった説教のための準備金は、たいていは、市場の立つ日におこなわれることが多かった一連の説教の費用にだけ用いられ、聖職者も近隣から招かれた。このように、一五九〇年代には、多くの場所で、改革派的な司牧の主たる機能であった説教は、教会制度からの支援ではなく、個人であれ団体や会衆であれ、俗人のサポートが頼りであった。そういった場合、説教の内容に俗人が口出しするのは当然であった。

一五五九年体制のカルヴァン的な性格は、時とともに強化された。それで、イングランド宗教改革史のある指導的な研究者は、一七世紀初頭におけるその重要性をつぎのように述べている。「カルヴァン主義は、ジェイムズ時代の教会の神学にとってのセメントのようなものとみなしうる。……体制服従者と穏健なピューリタンを結びつける共通の、事態を改善に導く絆である」。その神学の中心にあったのは、予定説であった。それを議論することで、地上における目に見える教会と楽園にいる目に見えない選ばれた者との関係についての古くから議論されてきた問題がふたたび現われたのである。つまるところ、この問題に関しての見解の根本的な相違は、一五七〇年代のカートライトと大主教ホイットギフトのあいだでおこなわれた論争に見ることができる。カートライトは、目に見える教会のメンバーをその敬虔な生活スタイルによって彼らが選ばれていることがはっきりとわかる人びとだけに限定したかったのに対して、ホイットギフトは、テオドール・ベザの言葉に従って、選ばれし人びとと地獄行きの決まった人びととの区別は、現世においては不可能であることを強調し、もっと多くの人びとを包含するようなキリスト教徒の共同体を支持した。双方の考えともカルヴァン主義的な神学で説明できるとされてきたが、近年は、「経験的予定主義」と「信条的予定主義」という用語で区別されている。前者の場合、その主張の核心は、その支持者の救済観は、神に選ばれた者とそれ以外の者を分かつ敬虔さという姿を取ってこの世で現われるというものである。より厳格に表現するなら、教会の規律を遵守することでその区別が具体的なかたちで現われてくる、というものであった。こうした立場は、論理的には分離主義に行き着くが、そうした道を歩む者はほとんどいなかった。というのは、一七世紀には、経験的予定主義は会衆全体の敬虔さではなく、個人のそれを推し進める方向に照準を合わせていたのである。かくして、敬虔なる人びとは、それがヨークシァのハックネスのマーガレット・ホビーのようなジェントルマン階級の女性であれ、エクセターのイグナチアス・ジョーダインのような都市上層階級であれ、ネーミア・ウォリントンのようなロンドンの貧しい職人であれ、彼ら自身の個人的な救済、および、彼らのハウスホールド、家族、友人の救済を、大衆とは距離を置いて、しかしながら完全には分離することなく、追求できたのだ。彼らは「敬虔なる人びと」として知られるようになるし、お互いにもそう呼び合ったが、人口に膾炙した「ピューリタン」という名称ほどには侮蔑的な響きはなかった。この呼称は、トーニーが「真のイングランド宗教改革」と呼び、研究者が近年「カルヴァン主義者の合意」として描く改革に与えられたブランドであった。それは規律の信仰であり、ウォリントンがそのノートに記したように、「キリスト教徒であることは容易なことではない。それは、聖書を読むことでもなければ、キリストへの信仰を誇ることでもない。それらは良いことではあるのだが、その人が完全なキリスト教徒であることを証明するものではない。それらと生活とが一致しなくてはならないのだ」。そうした一致は個人の行動に、外から見えるかたちで現われる必要があった。また、マーガレット・ホビーが日々実践したように、きちんきちんと祈り、聖書を読むことで維持されるものであった。そして、一六三七年にボートンでのロード・モンタギューの事例に見られるように、頻繁に説教に出席して、そのあとで、ハウスホールド内や友人たちのあいだで、説教者が取り上げたテーマやテキストを復唱したり、議論することで維持されるものであった。こうした説教をおこなう説教師は、地域のジェントリから金銭的な支援を受けている場合が多かった。そして、説教者が、社会の改革をおこなう責務を負うべきであると考えたのは、治安判事として地域行政を担うこうした地域のジェントリひとりひとりであった。こうして、エクセターやノーサンプトンといった都市では、市参事会が、住民に安息日を守るように規律を押しつけようとし、市民の生活モラルの規律化を図り、さらに、説教への出席を守らせようとした。農村地域では、たとえばサフォークのデナムのルークノール家のような治安判事を務めるジェントリが、ミニチュア版の敬虔なコモンウェルスを実現するために、聖職者と協力している。また、たとえばエセックスのターリングのような、そうした大地主が居住していない教区では、比較的裕福な農場経営者が同じようなことを実現しようと努力している。そして、貧しい人びとの浪費、とくに酒場での無駄遣いを、教区教会を動かして、止めさせようと努めている。

一五八〇年以降、多くのコミュニティで、いかなるレベルであれ、敬虔な規律はエリートであることの証明となった。そして、その頃、膨大な数の説教書が出版されたことが、こういった状況が文化的に圧倒的なものになっていたことを証明している。それは禁欲的な信仰であって、伝統的な信仰では主要な位置を占めた視覚的な、また芝居がかった要素を嫌った。そして、読むにせよ聞くにせよ、聖書に書かれている文言に意識を集中した。そういった性格のせいで、改革派の宗教は門外漢には近寄りがたいものであった。その結果、多くのコミュニティで、改革派の宗教がやって来ると社会に亀裂が生じ、選びを強調したカルヴァン主義の恩寵論がその分裂をさらに強めることになった。現存する説教書の多くは、敬虔な生き方を「悪の双子の姉妹である不敬とカトリック」に心奪われた信仰なき大衆に包囲されたなかで信仰の守りを固める生活として表現している。一五八〇年代にまでには、説教だけでは人びとに宗教改革を正しく理解させられないことや、伝統的な信心も根強いことが明らかになってきた。いかに人びとが宗教改革について無知であったり、無関心であったかは、キース・トマスの『宗教と魔術の衰退』にしかるべく跡づけられている。この著作は、いまだに福音主義化の限界を的確に示してくれる書物である。初期の改革者たちが、説教に力を注げば効果が現われるという楽天的な見通しを持っていたことは間違いない。そして、事実、それは政府の支持を求めるうえで、必要な戦術であった。そうした見通しは、何世代もの歴史家の解釈にも影響した。歴史家たちは宗教改革を近代のプロテスタント国家へいたる当然の歩みであり、しかも、きわめてスムーズに移行したものとみなした。キース・トマスの著作の影響を受けて、また、博捜された地方史料に下支えされて、近年の研究は、従来の見解とは対照的に、改革が及んだ範囲は限定的で、断片的なものであったことに焦点を合わせている。たとえばスケアズブリックの著作や近年のE・ダフィによる重要な研究のように、多くの地域社会では宗教改革が浸透できないこともあったという面を強調する。こうした見解は、一五八〇年代までについては当を得たものといえる。しかし、それ以降となると、初期ステュアート朝の神学者が人びとの信心のなさを嘆く声を簡単に鵜呑みにしないように注意しなくてはいけない。そういった神学者がおこなった説教は、すでに改革思想を受け入れた人びとや政府内の支持者に向けたものであった。したがって、不満の表明であり、かつ国家によるさらなる努力を焚きつけるものという、ふたつの面を持っていた。一五八〇年代以降、説教を人びとの元に届けるためのもうひとつの戦略が編み出された。そして、その後の半世紀、教理問答書が洪水のように出版されたのである。教理問答書は信仰のごく基本的な教義だけを扱うもので、たとえレベルは高くなくても、最低限のプロテスタント信仰を理解した人びとを生み出すのに効果を発揮したことは、イアン・グリーンの研究が示すとおりである。しかも、教理問答は、その性格上、改革諸宗派内で意見の一致をみた内容をもっぱら扱い、ピューリタンと体制宗教を区別してしまうような事柄には触れなかった。

そうした区別は、すでに経験主義的なカルヴァン主義と信条的カルヴァン主義の区分を論じた際に、敬虔なる者は経験主義的な見解に固執する者の代表的な存在として、すでに言及した。信条的カルヴァン主義者にとっては、選ばれた者と破滅を運命づけられた者とを分かつものは、永遠のなかに存在するのであって、現世に存在するものとして教会に反映するものではなかった。たしかに、教会は真の信仰の要素を備えているべきではあるが、ひとたびそれらが備わるなら、それ以外の、正しい召命に反しないような事柄、たとえば儀式といったものは、為政者の裁量に任せるべきであって、為政者への服従はキリスト教徒の義務であった。まさに、現世における教会が救済に必ずしも必要ではない要素を含む可能性があるように、教会には、その行動からは選ばれていることがはっきりとわからないような人びとも含まれるのである。もちろん、その許容範囲にも限界はあり、偶像崇拝者といった類の者は破門という罰を科されることになる。しかし、この種の考えを採るカルヴァン主義者にとって、教会は全国民に奉仕する存在となりうるものであった。こういった人びとを教会に包含しようという伝統は、宗教改革の初期にはつねに存在していたが、リチャード・フッカーの著作、すなわち一五九〇年代に刊行された国教会擁護の書である『教会法理論』において改めて神学的に規定された。この書物がどの程度革新的なものであったのかについては、歴史家のあいだでも意見の一致をみていないし、ステュアート朝初期に国教会を分裂させることになる恩寵や教会に関するアルミニウス主義の教義とのかかわりについても、見解は一致していない。主教制を「神の法にもとづく」ものとして擁護し、礼拝における秘蹟の要素を改めて強調したことは、ジェイムズ一世の時代には好意的に受け止められ、一六二〇年代にはウィリアム・ロードと協同した有能で強力なグループが教会の支配を握った。その後の一〇年間、彼らの考えを教区教会――とりわけ都市部の教区――に押し広めていこうとしたが、この試みは改革宗派内で保たれていた妥協を破壊してしまうことになった。地方においてアルミニウス主義が拒絶され、一六四〇年代に主教制が廃止されたことは、ロードとその協同者たちが、一時的には強力であったにせよ、じつは少数派にすぎなかったことを示している。しかし、だからといって、彼らの考えが多くの穏健なピューリタンも共有していた司牧の伝統に則っていたという事実を隠してはならない。改革宗派が司牧を重視するということは、ジョージ・ハーバートの『地方聖職者《カントリー・パーソン》』において、もっとも雄弁に語られている。その書物では、理想の司牧者が、教区民のあいだでの近隣付き合いやチャリティの中心的存在として描かれている。ハーバート自身はアルミニウス主義者であったが、一六三〇年代に書かれた彼の著作は、あらゆる教派の聖職者にとって、もっとも人気のあるマニュアルとなったのである。

これらの聖職者は、フッカーもピューリタンも同じように、こぞって人びとの無知を嘆いたが、しかし、すでに述べたように、彼らは人びとに絶望していたわけではなかった。カルヴァン主義者のフランシス・インマンは、一六二二年の著作でつぎのように述べている。

多くの貧しい奉公人や日雇い労働者がいる。商人や職人もたくさんいる。体力も衰え、記憶も定かでなくなっている老人もたくさんいる。これらの人びとのなかには、文字を読むことをまったく習わなかった者も、ほとんど読めない者もいる。彼らの大部分は、長い文章を学ぶような時間はほとんどなかったし、これからもないだろう。つまりは、彼らの頭のなかは俗事や虚栄でいっぱいなのだ。しかし、そうした彼らも皆、数日の後には、永遠の至福にいたるか、もしくは、終わりのない苦しみを受けることになる不滅の魂を持っている。こういった人びとのための配慮が必要なのだ……。

リチャード・バクスターは、その自伝で、信仰に目覚めた人びととそれ以外の大衆の関係の両面を見せてくれる。彼の若い頃の生き生きとした家族の生活描写から、彼の両親が、その敬虔な生活スタイルについて、人びとから野次馬的に悩まされていたことがわかる。そして歴史家は、その描写を、分極化した近世社会でのピューリタニズムの中心的な役割を示すものとして利用してきた。しかし、一六四〇年代のキダミンスターの教区民についてのバクスターの評言は、人びとの宗教心について、いささか異なった分析を示してくれる。そこで彼は、「学識ある神学教授」から「虚飾の生活を送る者」までの一二のカテゴリーに区分し、さらに多くの中間的な区分もおこなっている。バクスターは、人びとの多くが、嘆かわしいことに、改革派宗教が説くことをまったく知らないままであると考えた一方で、そういった人びとでも教理問答の文言は知っており、自分たちの生活を改善し、神に仕えることとの必要性を理解していることは認識していた。実際、彼の区分リストの第九番目に位置したのは、「まずまずの知識を持ってはいるが……怠惰で飲んだくれの仲間と一緒にいる」人びとであった。これは、バクスターにとって、非難というよりは遺憾の思いであった。「まずまずの知識」という表現は、民衆のあいだでの宗教改革の成功と限界の両方をよく示している。

こうした人びとの信仰は、いまだに歴史家には捉えがたいものである。しかし、教区教会への愛着と、信仰の芽生えのようなものが人びとのなかにあったことは間違いない。宗教的なテーマを扱ったチャップブックを通じて、人びとの信仰心を明らかにしようという試みが、最近エイモン・ダフィによってなされた。チャップブックは、一七世紀半ばのイングランドでは、すでに人びとに受け入れられていたメディアであった。ダフィの結論がはっきりと示すのは、人びとが行ないに依拠する救済を福音にもとづいて拒否していたこと、人びとが活力のある信仰を求めていたこと、そして「社会正義やチャリティ、神の貧者の尊さ……そして何よりも、懺悔の許しを記した福音、さらには、イングランドのピューリタニズムがもっとも大切なものと考えた恩寵に強く惹かれていたこと」であった。

バクスターの証言やチャップブックの資料からわかることは、たとえ、カルヴァン主義にかなり傾倒していた者にはその事実が理解できなかったにしても、ローマとの分裂から一世紀ほど経過していたイングランド社会では、プロテスタンティズムが深く浸透していたということである。サー・トマス・モアにとっての天国と、ジョン・ミルトンの楽園とは、そこにいたる手段はかなり違ったものになっていた。また、一六三〇年代に市が開いた講演に出席したヨークの市参事会員たちは、一五三〇年代に聖体祝日行列に参加した彼らの祖父とは、かなり違った宗教理解をしていた。そして、人びとは、人生行路の導きを秘蹟や聖人に求めるのではなく、十戒や聖書に求めたのである。

一五五九年に定められた体制は、カルヴァン派の教会にとって、信仰の本質的な中身よりは、枠組みを与えただけであった。そのため、その後の一世紀、枠組みのなかでの分裂や緊張関係が、最終的には内戦にいたることになったし、教会の体制としての地位を揺るがせることになった。しかし、そうした分裂は、識字層や信仰に入れ込んでいる人びとを活性化することになったが、民衆への福音教化のゆっくりとした過程をわかりにくいものにしてしまった。犂の祝福といった伝統的な祝祭がまだ祝われていたし、多くの教会で、まだ旧来の信仰の名残りが見られた。たとえば、デヴォンの木彫を施した内陣仕切桟敷やイースト・アングリアの壁画パネルなどである。しかし、こういったものは、敬虔なプロテスタントには心配の種であったけれども、一六〇〇年以降も、信仰の一部であると同時に、その地域の誇りであり、慣習でもあった。いまだに改革による変化を十分に達成していない「信仰の暗黒地域」が存在したように、地域差があった。しかし、一六四〇年にもなれば、国民と民衆の大多数は、疑いもなくプロテスタントであった。にもかかわらず、国民としてその経験を共有してはいるのだが、その経験が意味するものが何であるかについてまだ意見の一致を見ていなかったし、見解は分かれたままであった。それでも、多くの同時代人が存在すると考えていたような、プロテスタンティズムとカトリック、もしくは敬虔なる者とそうでない人びとといった類の社会内の大きな分裂はなかった（もちろん、敬虔とはいえない人びとは存在したが）。むしろ分裂が存在したのはプロテスタンティズムそれ自体の内部にであった。

第9章　ステュアート・ハノーヴァ朝イングランドのアングリカニズム

イアン・グリーン

アングリカニズムという用語は、一九世紀中盤にイングランド国教会の役割が見直されるまであまり使われていなかった。それ以来、少なくとも四通りの異なる解釈で、近世に対して用いられてきた。一九世紀後期から二〇世紀前期までの間、保守的な監督主義者たちは、自分たちにとって教会の歴史的核心を構成するもの、つまり英語礼拝への忠誠、秘蹟への高い評価、伝統の尊重、そして自己の見解をはっきりと表明した聖職者を表わすときに用いた。彼らは、一六世紀の混乱期や彼らには水準が低下していたと思われた一八世紀の教会ではなく、リチャード・フッカーやランスロット・アンドルーズの時代からジェレミー・テイラーやトマス・ケンの時代を念入りに選んで焦点を絞った。しかし、一九五〇年代から一九七〇年代までは、ピューリタンの信条とははっきり異なるとして、アングリカニズムを「エリザベスの決着」において具体化された信条や慣習と同一視する新しい使用が発展した。しかし、この解釈は多くの点で問題に直面する。つまり、とくにローマ・カトリックや分離主義への敵対心という点では、多くの聖職者や穏健なピューリタンたちは、対立していたというよりはむしろ互いに協力していたからだ。さらに近年では、ほかのふたつの見解が登場してきた。双方とも古い見解に戻ったものだが、その方向は異なっている。ピーター・レイクは、フッカーやアンドルーズといった人びとが、典礼主義的で、権威主義的、孤立的な（一六二〇年代になれば、「アルミニウス主義」と呼ばれることになる）アングリカニズムを「発明した」のだと論じ、コンラッド・ラッセルもこの考えを支持した。それらは、二重予定説や説教、教化の重要性を強調するウィリアム・パーキンスやジョージ・アボットといった国教会の「敬虔」で強固なカルヴァン主義的なメンバーによって形成された正統説を標榜する主張への、対抗を意図して作り上げられたというわけである。その後、ジョン・スパーは、空位期や王政復古期に監督制に与したとして苦難を受けたヘンリ・ハモンドやジョン・ブラムホール、ジェレミー・テイラーなどが、国教会の歴史的な性格をもっとカトリック的に理解しようとすること、二重予定説の教義に暗に含まれる人間の役割の軽視に対抗する新しい道徳的神学、そして教会の礼拝や秘蹟を通じて信心深い人なら手にすることができるきわめて敬虔な生活を新たに強調すること、こういったことを特徴とする独特なアングリカニズムを「発明」したのだと論じた。しかし、一六八九年の寛容法や一七一四年からのホイッグ党による覇権確立の後、スパーによれば、国教会はさらに現実的になり、またその教義はより合理的に、そして儀式は形式的な面を弱めたのである。

これらの異論を成立させるものが何であるのかは、まだ明確ではないが、たいていは考察する資料の性格しだいである。ある主要な祭日に国王が聖餐を受ける前に、アンドルーズがおこなった説教を見るなら、秘蹟がたいそう重視されているのがわかるだろう。それはちょうど、名声の確立した学者の論争的な文書や新進の大学の神学者の学者ぶった振る舞いを見てみると、仲間のプロテスタントとの比較的小さな相違点すらが、もはや修復できないほどの亀裂にまで分裂しているように見える地点まで拡大していると見てしまうのと同じである。

一方でまた、より教育のある聖職者が、自分たちよりも知識の少ない会衆に、使徒信条や十戒、主の祈りにまとめられているようなキリスト教徒の信仰の基本について説明しようとしていた方法を調べれば、国教徒とピューリタン、カルヴァン主義者とアルミニウス派、そして高教会派と広教会派、それぞれのあいだに、はるかに多くの意見の一致があったことがわかるだろう。また、教会の礼拝に現われている祈りや誓言、秘蹟のあいだのバランスや、大聖堂やファッショナブルなロンドンの教会の外で実際におこなわれていた儀式からは、どこか「信心深い人びと」と高教会の理念のあいだにあるパターンを見ることができる。同じように、祈禱書の馴染み深い韻律、主の晩餐の祝典、それに「通過儀礼」が、多くの農村教区で、俗人によって大切にされるようになった様子からは、ウィリアム・パーキンスやウィリアム・ローのような人が思い描いたよりも質素ではあったが、信仰と敬虔の痕跡をみてとることができる。

以下、本章では、まず、一七世紀、一八世紀において、高い教育を受けていた国教会のメンバーが共通して持っていたと思われる見解を考察し、その後、これらの公にされていた見解が教区での実際の行動とどれだけ一致していたのかを考察する。

一七、一八世紀に国教会によって教えられていた基本的な教義は、エドワード時代の改革やエリザベスの決着から受け継いだものとほとんど同じであった。それらは、共通祈禱書、一五四九年の小教理問答集、一五七一年の三九箇条、それに一五四七年と一五六三年の二巻からなる公式説教集に表明されている。イングランドの教会は、ほとんどの場合「お上による改革」の枠内で明らかにうまくやっていたが、その見解には、大陸のプロテスタント主義からいくぶんはみ出る部分があった。たとえば、階層制度と教会規律の古い体系の多くを容認していたことや秘蹟の性格に対する特有の見解をもっていた点である。一六世紀中頃の主要な聖職者たちによって明確に述べられているように、予定説や義認に対する公的な理解は、ルター派かカルヴァン派どちらかの見解を正確に反映していたというよりはむしろそのふたつにまたがっていた。この一六世紀中頃の教理全体から後の権威ある教義を予想したいところだが、それはあまり賢明ではないだろう。一五四七年から一五七一年の祈禱式文集は、大陸やイングランドの改革者たちの思想がまだ融合している時代に書かれた。つまり他所と同様、イングランド教会が占める位置の潜在的な重要性が完全に仕上げられる少し前であった。したがって、教理のもっとも明確な声明書である三九箇条の著者は、信仰の基本を述べて、最後の項目まで信じるべきものを記述するというよりは、むしろ信じるべきではないものに対して警告しようとした。また礼拝式文、教理問答集、説教や信仰箇条に書かれている教理に関しては、エドワード朝やエリザベス朝において、従順な聖職者たちが、定められた位置からあまり遠くに漂い離れてゆくのを防ぐための錨として理解されるべきであろう。イングランド教会に深く身を捧げた者たちは、これらの祈禱式文集に例外規定を申し立てたことも否定できないが、一五五〇年もしくは一六〇〇年から一八〇〇年までの期間において、「アングリカン」といったものがあったとすれば、それは、たいていの場合、はじめにあった規範からあまり遠くには逸脱しなかった人びとのことだろう。国教会の神学における実質的な発展とは、ほとんどの場合、こうした元々の規範の拡充か改良、もしくは比較的限定的な変化を意味した。

イングランドの初期プロテスタント教会に特徴的なのは、組織立った神学ではなく、一六世紀後半から一七世紀後半の間に発展した神学的な方法論だったということは、これまで説得力を持って論じられてきた。この方法論には三つの要素があった。聖書の権威、理性の使用、そして古代に訴えることである。つまり、聖書はつねに主要な位置にあったが、それは、聖書の正確な翻訳に対する初期の関心によって十分に明らかになっていたし、教会の公的な式文が聖書の文言にもとづいていることや聖書を読むことの重要性を強調することによっても十分に明らかになっていた。しかし、実際にははっきりとは述べられていなかったり、文章として記述されていない場合には、神によって人間に与えられた理性の力を使うことや、最初の六、七世紀の間に教会が経験したことに注意を向けることはさしつかえないと考えられていた。その当時、ほかの主要なプロテスタント教会で使われていた方法論もあまり異なるところはなく、ドイツやスイスで活動していた多くの神学者たちのあいだでは、教父学への同様の関心やスコラ的な手法の明確な復興があった。しかし、イングランドの聖職者たちはおそらく伝統や理性を利用することについてあまり後ろめたさを感じなかった。たとえば、リチャード・フッカーやロバート・スタンダーソンが理性を、そしてランスロット・アンドルーズ、ヘンリ・ハモンド、そしてジョン・コジンが古代といったように、イングランドの思想家たちはそれぞれ異なった点を重視したようだ。またほかの課題があればそちらに目を向けた。しかし、つねにある種のバランスは保たれ、聖書の基本主義から逸脱したり、衒学的な説明法や伝統を極端に尊重することが優勢になることはなかった。

この神学的方法論の結果のひとつであり、また新教義を守ろうとする初期の試みのひとつは、疑問や不一致のありえない（そして、ほかのほとんどのプロテスタントたちのあいだでも大方の一致があったであろう）信仰の基本的な部分と、信仰にとって非本質的なことや見解の相違とを相互に区別することであった。後者に関しては、思弁的な事柄のため、そこにはあまり時間をかけずに、異なった見解を持つ人びとを寛大に扱うことが賢明であった。この基本と非本質的なものとの区分は、一部の人びとの抵抗を受けた。そういった人びとの論理では、自分たちを教会の周縁や教会の外へ追いやる傾向があったし、これらの区分を受け入れた人びとにとっても、その分岐線をどこに引くかは、たいていの場合そう簡単ではなかった。それでも、少なくともそのような区別をおこなうことを受け入れると決めた人びとにとっては、イングランドの主教制を擁護する者と海外の穏健派プロテスタントとのあいだばかりでなく、たいていのイングランドの国教徒のあいだでも、多くの事柄についてお互いの見解が相違するという事態を平和的に受け入れることができた。

ステュアート時代に多くの論議があった分野は、救済の教義についてである。この論議はふたつの主要な側面を持つ。予定説と信仰義認の本質である。まず最初の主要な異議は、後に「カルヴァン主義」として知られるものから始まった。ただし、ケンダルやクリフォード、ワイヤー、ホワイトらによる最近の研究は、神の判決の本質、キリストによる贖罪の及ぶ範囲、神による選びを確実に受ける最良の方法、それに神の恩寵の契約に関わる条件など、多くの問題について、「カルヴァン主義者」の見解は単独でも一様でもない、ということを示している。同様に、後期エリザベス朝や初期ステュアート朝の「カルヴァン主義」は、多くの点で、カルヴァン自身というよりもむしろ、ハイデルベルクの神学者であるテオドール・ベザやウィリアム・パーキンスの復興スコラ学に帰せられる。一五八〇年代から一六二〇年代にかけて、地位の高い学者や聖職者たちは、一五九五年のランベス信条同様、一五七一年の三九箇条をカルヴァン主義的に修正しようと全力を尽くした。しかし、すべての人びとが、信仰や予見される罪にかかわらず、二重予定説を信じるべきだと、そして、抵抗できない完全な神の慈悲を信じるべきだと強く主張したこれらの試みは成功しなかった。その原因の一部は、王権が圧力団体のいうがままになることを望まなかったことにあったし、また一部には、ジョン・ヘイルズがいっているように、ほかの聖職者たちは、厳格なカルヴァン主義者が認めたよりも、そのような事柄について「不確かさ」があると考えていたからである。厳格なカルヴァン主義者は、一六二〇年代から一六三〇年代にかけて、彼らの対抗勢力に「アルミニウス派」のレッテルを貼って応戦した。この（一六一九年のドルトレヒト宗教会議で糾弾されたオランダのアルミニウスの著書にもとづく）「アルミニウス派」という名称は、神学的には誤用であり、強い政治的非難を接ぎ木したような言葉である。すなわち「アルミニウス派」は、カトリック支持派、ハプスブルク家支持派、専制主義者、そして聖職権主義者であると非難された。この時期におけるイングランドの「アルミニウス説」の存在を示そうと努力がなされてきたが、当時からふたつ以上の用途を持つ性質やでたらめなレッテル貼りによって阻まれているのが現状である。

その状況は、少なくとも、穏健派が一致できるような教義があったり、彼らに過激派を避けるようにさせたいくつかの現実的考慮があったという点で、単純な「カルヴァン主義者／アルミニウス主義者」の区分よりも明らかに複雑である。しかし、さらに加えてつぎの三つの点に気づくだろう。ひとつ目は、当時のベストセラーであった教理問答集を調べた結果、厳格なカルヴァン主義と結びつく典型的な教義は、初級レベルの教育のみならず、中級レベルでも、あまり教えられていなかったことがわかっている。この事実は、一六世紀に大陸でおこなわれていたことと、二重予定説について大学でおこなわれていた討論を制限することにイングランドの権力者が力を入れていたことの両方と関係している。ふたつ目には、初期ステュアート時代の平均的な教区聖職者や教育を受けた俗人たちが、これらの問題をどれだけ重要であると考えていたかははっきりしないが、彼らの典型的な読書傾向から判断すると、祈りや宗教儀礼の事柄により深い興味を抱いていたように思える。おそらくは、ジュネーヴ聖書にある欄外注の重要性は、かなり誇張されてきたようである。三つ目に、神が見捨てることには区別がないこと、償い、そして究極の救済といった問題については、学識のある主教制主義者の大多数が、厳密な意味では厳格カルヴァン派でなかったことはほぼ間違いないし、一六六〇年までには、彼らはそれ以外に二重予定説をも拒否するようになったようだ。たとえば、ピーター・ヘイリンのような人びとは公然とまた挑発的に拒絶したし、ティロットソンやバーネットなどは、その話題は避けるか、あるいはバランスの取れた統合を試みるほうがよいと感じていたようである。キリストがすべての人びとのために死んだこと、神の恵みには抵抗できること、それに、神霊の助けをかりて神の恵みに答えることができた人は救われ、逆にそうでない人は救われないだろうといった教えを「アルミニウス派」と呼ぶことは、それがアルミニウスの教え（および後期ルター派の思想）に対応しているという点で容認することができる。しかし、クランマーや他の初期のイングランドの改革者の見解をより字義とおりに解釈する限りでは、この教義を「アングリカニズム」と呼ぶこともまた可能だろう。

頻繁に討論された――少なくとも印刷物でも繰り返して――救済論のふたつ目の領域は、信仰義認の本質である。後期ステュアート朝と初期ハノーヴァ朝の宗教の特徴のひとつは「道徳主義」、つまり行ないの正しさによって救済にいたろうとすることへたち還ることで、義認におけるキリストの役割を段々と小さなものにしてしまう危険をはらんだ「聖なる生活」の強調である。「道徳主義者」は、「苦痛のないキリスト教」を生み出すために、福音書の必要性を低下させたともいわれている。この議論を証明するために、おそらくはヘンリ・ハモンド、ジェレミー・テイラーやジョージ・ブルたちの「道徳的」著書が引用されるが、そこでは、信仰、悔恨、そして従順は義認の前になければならないとされている。また、人間の善をおこなう能力を高めるために、神学にさらに合理的なアプローチをするようになり、それゆえキリストの役割を道徳のお手本へと貶めてしまったといわれる、いわゆる「広教会主義者《ラティテュードメン》」（ジョン・ウィルキンズ、サイモン・パトリック、エドワード・スティリングフリート、ジョン・ティロットソンなど）も引き合いに出される。

たしかに、王政復古期の聖職者たちは、人びとが、カルヴァン主義的な思想にもとづいて、神によって選ばれた人は、すでに前から神によってはっきりと義と定められており、したがって、それ以降は善良である必要はない、と考えてしまうのではないかと懸念した。また彼らは、人びとが「罪と思い上がりの高波」と彼らが考えたものに出くわすのではないかとも懸念し、その結果、一七世紀の後半には、道徳律が重要視されたことは間違いない。それは、リチャード・アレストリーの『人間の義務のすべて』やジェレミー・テイラーの『聖なる生活』などの作品に例を見ることができる。しかし、公的な教義が大きく変化したと考えることは、誇張があり誤解を招きやすい。「道徳主義者」は宗教改革の教義に異議を唱えていたのだ、という見解は、衰退しつつあった厳格カルヴァン派団体の当時の主張にほぼ全面的にもとづいたものである。これらの非難は、神学的に攻撃して痛い目に遭わせてやろうとして、後世の著述家たちがしばしば繰り返したものであった。事実、たとえば、義認をキリストの正しさに帰納させるなど、いくつかの点においては、ハモンド、ブル、そしてスティリングフリートたちは、彼らの批判者たち以上に、イングランドの初期のプロテスタンティズムに近かったようだ。それ以外では、彼らは、神学者を何世代にもわたって苦しめてきた〔信仰によってのみ義とされると説く〕パウロと〔行ないによる義を認める〕ヤコブの相反する意見を調和させようとした点で革新的だった。彼らの著書をよく考察すると、彼らの反対者と同じように、義認がまったくの無償の恩恵であるということや、救済の実現には「行ない」は価値がないことを彼らがまさしく確信していたということがわかる。

彼らが異なっていたところは、帰負の教義を懐疑し、義認を一生かかる聖化の過程の前にあるひとつの出来事とみなすような考えを拒否していることだ。そうではなくて、彼らは義認と聖化はひとつの連続するものの一部であると強調した。すなわち、先にある神の恵みを通して、悔い改めて信じる者は、義認されるだろう。そして、さらなる恩寵によって、よりよい生活を送ることを求めるだろう、と。しかし、彼らがふたたび罪を犯したとき、「主の祈り」の第五の祈りにあるように、彼らはふたたび許しを請うて祈らなければならなかった。イングランドのプロテスタンティズムは、聖化に関しては、儀式書とより単純なかたちの宗教指導の両方において、救済の手段としてではなく信仰の成果として、敬虔な生活や善行の実行の必要性をつねに強く訴えた。こうした考えは一七世紀から一八世紀にかけてずっと続いた。実際、一七世紀には、穏健なカルヴァン主義者や多くの非カルヴァン主義者が、神と契約を交わした者をキリストが救い、そのように契約を交わした者は神の意思に従い、神を崇拝する義務があるのだという、恩寵の契約についての教義をたいへん強調するようになった。「道徳主義者」と呼ばれた人びとは、恩寵の契約において、キリスト教の教えは人間が耐えられないほど過酷ではないといったかもしれないが、彼らがそれを容易なように振る舞っていなかったことは確かである。

一九世紀半ばの時点から振り返って見た人びと、とくに高教会派すなわちアングロ・カトリック的な立場の人びとにとっては、しばしば「チャールズ時代の神学者」とされる、アンドルーズ、ロード、コジン、ソーンダイク、そしてテイラーといった「アングリカニズム」の面々の特徴としては、秘蹟の重要性をより高く評価したこと、教会生活における礼拝形式、とくに「共通祈禱書」の価値を「比類ないもの」として、そこにより高い見識を認めたこと、また、人びとが神を崇敬するのに役立つとして、儀式や教会のデザインおよび装備品の重要性を確信していたこと、などがあげられよう。そのような見解は、後期テューダー朝よりもステュアート朝の聖職者の書物や活動においてより明確であるが、公的にも、教区レベルでも、これらの見解や実践は、広く一般的に採用されることはなかった。監督主義の教義には、〔聖餐のパンやブドウ酒に〕キリストが現在するという教義に傾いた（しかしながら、寸前でとどまった）聖餐についての見解も、またそれらは記念であるという教説に傾いた見解をも、受け入れる余地があった。つまり、すべての「アングリカン」の見解が一致していたのは、キリストは存在するということ、聖餐は単なる記憶の儀式というよりはむしろ信仰を受け入れた者へ利益を与える秘蹟である、ということであった。同様に、イングランド教会は、洗礼に関してもある程度の見解の差違を含んでいたため、大多数のメンバーがカトリックの「迷信」へ反感を弱めることなく、ほかの時代や地域から借りた儀式、教会の調度類や礼拝についての理念を利用することができた。しかし実際は、俗人の保守的な態度や資金不足のために、新しい儀式や調度類の導入が遅れた農村地域もあっただろう。

　イングランド国教会の外にいる古くからの敵対者や新しいライバルからの異議を撃退する必要性から「アングリカン」の自己意識もさらに研ぎ澄まされた。本章で考察している期間の大半、とくに一六三〇年代から一六九〇年代は、カトリックの教義がまだ重大な脅威として受け止められていたので、ウィリアム・チリングワース、ウィリアム・ロード、ジョン・ブラムホール、ジョン・コジン、ダニエル・ブレヴィント、ウィリアム・ロイド、ジョン・ティロットソン、ウィリアム・シャーロック、そしてトマス・コーマーなどの説教や著書に見られるように、非常に多くのアングリカンの弁明がカトリックの教義を撃退するのに向けられた。一七三八年になっても、ジャコバイト侵入の可能性がまだあったので、エドマンド・ギブソン主教は『ローマ・カトリック教の防止』といった過去の小冊子の選集を復刻した。これら論争的な作品には、あまり新しい箇所はなかったが、彼らの作品は、一部の人びとにとってはプロテスタント非国教徒よりもカトリックに近い位置にあると思われていた教会の行政、教義、そして儀式などを「アングリカン」たちが引き続き支持していたことを示している。その後も続いたプロテスタント非国教徒からの異議に対するアングリカンの敵意のある反応は、ほんのわずか弱まったにすぎなかった。ギブソンの『ローマ・カトリック教の防止』に相当する非国教徒への反論は、一六八五年に出版された浩瀚な『非国教徒をイングランド国教会の聖体拝領へ復帰させるために最近書かれた実例と論文』という作品であった。トマス・ベネットにより編集され、『非国教徒の分離の口実に対する回答』として知られる短縮版は、一七〇〇年から一七二八年の間、そこそこのベストセラーだった。いくつかの「事例」は、昔のピューリタンの異議に対するエリザベス朝とジェイムズ一世時代の答弁の再現だった。ほかの事例は、バプティストなどからの信者の洗礼をめぐる新しい異議を、またクウェイカーからの神への啓示をめぐる新たな異議を取り扱っている。これらのエッセイで興味深いのは、その質や人気だけでなく、著者にサイモン・パトリックやエドワード・スティリングフリートといった、いわゆる「広教会主義者」やヘンリ・コンプトン、ジョージ・ヒックス、そしてジョン・シャープのような保守的な聖職者たちが含まれていたことである。実際、少なくとも一六八九年以前は、「広教会派《ラティテューディナリアン》」と呼ばれた人びとの多くは、同僚の聖職者たちとは神学において大きく違っていたという以上に、穏健な非国教徒を説き伏せるために公的見解や公的な振る舞いで譲歩することは好まなかった。たしかに、一七世紀初頭の「アルミニウス主義」のように、そう見る人の目には「広教会派」が存在するものとして映ったといえるかもしれない。はじめは、いくつかの問題において非国教徒と高教会派双方の怒りを引き起こしたような、似たようなバックグラウンド、経験、考え方を持つ集団があったが、後には、ホイッグ党のもとで働く覚悟の実用主義者《プラグマティスト》がいた。しかし彼らのことは、最初のグループのあるメンバーが提示したレッテル、つまり「穏健聖職者」と呼ぶ方がよいだろう。

無神論、ソッツィーニ派、アリウス主義、そして理神論などのように、イングランドにおいては比較的新しい、もしくはそれまでさほど重要ではなかった思想の広まりは、もっと深刻な問題を引き起こした。もっとも、これらの思想も、実際はかつて思われていたほど危険ではなかったかもしれないのだが。一八世紀の「理性の時代」を世俗主義や反聖職者主義、無宗教の発展と結びつけることは、歴史家にとってかつては一般的であった。しかし、近年では、「啓蒙主義」はヨーロッパのキリスト教教会の「内部」に快適な場所を見いだしたといわれている。それゆえに、シェリダン・ギリーがいうように、啓蒙主義は「宗教に対する反抗ではなく、キリスト教それ自体の歴史の、曖昧ではあるが創造的な局面として」見られるべきかもしれない。すでに見たように、理性は一六世紀や一七世紀初頭に採用された神学的方法において広く認められた要素であった。そして一七世紀には、テュー・サークルのメンバーやケンブリッジのプラトン主義者、それに、いわゆる「広教会派」を含む多くのイングランドの聖職者たちは、人間の理性とは「神のろうそく」、つまり最善の結果のために使うことが義務である神からの贈り物だと考えただろう。しかし、このことによって彼らが、人間の理性には、神の恩寵の助けなしで、すべての問題を解く能力があるのだとか、もしくは、もはや信仰の必要性はないのだ、といった結論に達したわけではなかった。神学者や科学者たちは、ほかの方法によって明らかにされてきたものを捨て去ったり、疑ったりすることなく、神の目的を理解するための手段として自然の研究をいっそう強調することができた。また学者たちは、キリスト教の本質的な真実に対する信仰を捨てることなく、聖書や奇跡の研究に批判的なアプローチをとることができた。しかしこのような両立はいつも簡単なものではなかった。つまり、手を引いて旧来のように信仰や啓示を強調しつづけた聖職者がいた一方で、ほかの思想家たちは、彼らの「スコラ的」で形而上学的な面を拒絶したいという熱意から、神の神性、三位一体の存在、もしくは何らかのかたちでの神の啓示、そして神の存在すらも懐疑するにいたった。しかしそのバランスが一方に極端に傾くと、主流の神学者たちはそれを再調整しようと介入した。ジョン・ティロットソンやリチャード・ベントレイは無神論者に対して神の存在を証明したし、ベントレイやダニエル・ウォーターランドは、ソッツィーニ派信徒やアリウス主義者たちに対してキリストの神性や三位一体における正統派の立場を主張した。一方で、ジョージ・バークリー、ベントレイ、ジョセフ・バトラー、ウォーターランド、そしてウィリアム・ローといった多様な聖職者たちが、神の啓示と理性の両方に問いかける必要性を強調することで、理神論者たちがいたったような極端な考えを否定した。ソッツィーニ主義や理神論を深刻な脅威としたのは、支持者の数ではなく、そのなかの多くが、教育を受けた教会のエリートたちだったことである。すなわち、彼らを負かすには多大な努力を要したのだ。一八〇〇年になると、また別の大きな変化が始まったため、さらに懸念が拡大したが、この段階では、多くの人びとは、教義に対するより深刻な異議は、封じ込められたか打ち負かされたと感じていた。

ここで教会行政や教会‐国家関係における公の状況に目を向けてみると、一五六〇年代までにイングランドに作られた政治経済的環境は、宗教的環境と同様、新旧のユニークな混合にもとづいていたことがわかる。しかし、ほかの領域ではすでに検討されているように、イングランドの監督教会支持者たちは、多くの異議をものともしない熱心な支持者であり、かつ創意に富む擁護者であったことがわかった。ピューリタン中傷者に対するエリザベス朝教会の緻密かつ説得力のある弁明として、リチャード・フッカーの『教会政治理法論』が、最初でもっとも偉大なアングリカニズムの著作としてしばしば絶賛された。初期ステュアート朝、とくにロードのもとでは、防衛は一時的に攻撃へと変わった。すなわち、教会の指導者は、彼らが宗教改革中やそれ以後も不当にも遠ざけられていたと感じていた権利や財産を積極的に主張するようになった。彼らはまた、教義を決定するために聖職会議で教会の権力を主張し、ただ単に便宜性や歴史的な理由だけではなく、彼らによれば神の権利によって行使される監督制度の必要性のためにも権利を強く主張した。一六三〇年代、王権が宗教を統一することを重要視し、すべての権力を行使していたとき、ロード派の者は明らかに君主を支持していたが、その一方で、それまで王族や監督派権力の支持者であったほかの聖職者や俗人は君主から離れはじめた。ロード派は、神学や儀式の問題において比較的保守的であったことや、スコットランド人やアイルランド人とのあいだに問題が増え、イングランド国民のあいだでは「教皇支持者」に対する激しい恐れ（一部は画策されたものであったが）が広まった際に、高慢で謹厳なチャールズ一世と引き続きつながっていた。そのために彼らが支払うことになった代償は、チャールズの非妥協的な性格のスケープゴートにされることだった。ロードは処刑され、監督主義や教会裁判所が廃止され、何百もの教区聖職者が追放され、礼拝儀式は法律で禁止された。そして、一六四〇年代に本当の革命派――軍隊とその急進的な同盟者――が権力を握り、大内乱を引き起こした「血塗られた男」として、また、戦いの最中に神が何度も見放した人物として、チャールズ一世を処刑してしまう前にもかかわらず、教会のかなりの財産が押収された。

しかし、ピューリタン支配の時代のおかげで、確信的な監督主義者たちは、自分たちがまさに固執した教会組織の問題に焦点を合わせて考えることができた。そして、ヘンリ・ハモンド、ジョン・ブラムホールやハーバート・ソーンダイクといった人びとによって生み出された弁明の多くは、監督主義の役割や歴史的根源について、それ以後何十年ものあいだイングランド国教会を特徴づけることになる思想を擁護するものであった。一六六〇年代初頭には、物質的な損害はすぐに埋め合わされたが、あらゆる非国教徒をただ単に不要とみなすだけではなく異常なものとみなす傾向のように、さらにその後も引き継がれたものもあった。一六三〇年代の聖職者の主張を押し通すことには、さらに大きな警戒があったが、内戦以前よりもさらに強い言葉で神への従順の義務を説こうとする用意も出来ていた。宗教改革を反キリスト教勢力に対する神の力による決定的な新局面打開とみなすことでエリザベス朝や初期ステュアート朝の教会を支持するといった、歴史を預言的な刻印のもとで理解することが見限られ、その代わりに強力な「神意主義」が登場した。それは、王政復古時に君主政や監督制度の復活があったこと、また疫病や陰謀から相次いで国が救われたことを、これはイングランド人への神の特別な配慮の一環とみなすものであった。さらにこれらの見解は、内戦以前に「アングリカン」と呼ばれた人びとだけでなく、ロードに懐疑的ではあったが、ロードの失脚後の政治、社会、宗教的動乱にも嫌気がさした人びとの多くにも支持されていたようである。

教会と国家の関係における第二の難局は、一六八五年から一六八九年にかけて起こった。そこにはふたつの要素があった。ひとつは、自分もその一員であるカトリック教徒にある程度の機会平等を確保しようというジェイムズ二世のキャンペーンであり、それは激しい抵抗を受けることとなった。もうひとつは、ジェイムズの予期せぬ退位であり、それはもっと大きなダメージとなった。一六八九年には、一六八五年の即位以来ジェイムズに対して忠誠の誓いをとっていた、規模は小さいながら著名で熱狂的な少数派の人びとは、王政復古以来、誠実に人に教えてきた、神に任命された権力には服従すべし、という原則を破ることはできないと感じた。ウィリアムとメアリに新たに忠誠を誓うことができなかった結果、これらの非宣誓者たちはその地位を辞するか、もしくは剝奪された。その後の数十年のあいだ、彼らの多くは、忠誠を宣誓した人びとの多くには、辛辣にこのことを想起させる存在として、制約はあったが、別個の教会を形成した。一六八九年には、また別のさらに強烈な国教会への打撃があった。つまり、ジェイムズ二世のトロイの木馬——カトリックに対する寛容をも受け入れるなら信仰の自由を認める——に抵抗した穏健派のプロテスタント非国教徒たちが、制限付きではあるが、国教会の外側での信仰の自由を認める寛容法によって報われたのである。

ステュアート朝、ハノーヴァ朝時代における教会‐国家関係についてのいまひとつの問題は、さほど劇的ではなかったが、もっと長く続くものであった。たとえば、国教会の長である国王が宗派の完全に誠実なメンバーではないかもしれないという事実を受け入れたこと、君主や政治的圧力団体から宗教的少数派への譲歩要求への対応、王政復古時に聖職者の自主課税権がなかったこと、一六八九年と一七一七年に聖職会議が停止されたこと、日常生活の多くの領域における教会裁判所の司法権の縮小などである。後期ステュアート時代、主教たちは、以前よりもその助言は軽視されはしたが、政策のなかの特定項目に対して強い疑念がない限り、大臣たちが国王の業務をやり抜くのを助けるために、上院につねに出席することが期待される、という逆説的な立場を受けいれる必要があった。

たとえば、一六九〇年代の臣従宣誓拒否者の離脱といった、先ほどあげた問題のいくつかは、結局はいつの間に消えていった。ほかの問題は、カトリック教徒は将来の国王やその配偶者になれない——イングランド国教会への完全な献身が保証できないので——ことをうたった一七〇一年の王位継承法の規定のような議会法の制定によって、少なくとも部分的には解消された。それでも、教会やその支持者たちが処理しなければならない難問が残った。ジェイムズ二世が教会への従順を利用しようとしたよりも以前になされていたように、教会は、神が定めた権力に消極的にでも服従すべきことを人びとに説き続けるべきだろうか。イングランドの聖職者たちは、基本的には神の定めた君主に従い続け、反抗には反対したが、エラストゥス主義よりはむしろ、教会と国家のあいだに何らかの意図を持った同盟が結ばれることを懸念した。教会は、一六八九年の寛容法を、永久的和解とみなすべきなのか、それとも一時的な和解と考えるべきなのか。監督主義者たちはみな分離主義に対してかたくなに反対していたが、一六八九年以降は、非国教主義の明らかに急激な成長に直面して、ひとつの国家、ひとつの教会の原理にたち戻り、分離主義に対抗する積極的な新しい運動を起こすことがきわめて重要であると感じる者もいた。その一方で、弾圧よりもむしろ説得政策を採用することによって非国教徒に打ち勝つ努力をすべきだと考える者もいた。前者の考え方をとった人びとは、フランシス・アタベリに指揮され、聖職会議の復活を先導した「高教会」陣営と結びつく傾向があった。また彼らは、一六八九年以降の数十年間、国教会の権力を支持した自分たちの確固とした立場を認める証左として、トーリー党を支持する傾向もあった。一方で、後者の見解をとった人びとは、しばしば「低教会派の人びと」または「広教会派」と呼ばれ、トーリーがジャコバイト主義に深く染まったときに、プロテスタントによる王位継承に揺るぎない支持を示したという理由で、ホイッグに対して通例は好意的だった。

一七一〇年のサッシュヴァレル博士の裁判や、一七一七年のバンガー論争のときのように、このふたつのグループ間の敵意は、突然、激しい怒りに変わった。しかし「高教会」や「低教会」という名称は、近世のたいていの呼称のレッテル貼りと同じように、誤解を招きやすいものである。これらの呼び名は、典型というよりも、むしろアタベリのような活動的で野心的な政治家たちが推進した極端さを象徴するので、これらの「党派」に注目しすぎると、ノッティンガムやバーネット、シャープ、ウェイク、ギブソンといった多様な「アングリカン」を、少なくとも教会と国家を守りたいという願いにおいて結びつけていた多くの共通の基盤がわかりにくくなるだろう。彼らは、教会と国家の利害は同じなのだと真摯に考えていたのである。ホイッグの大臣たちの推薦によって一七一四年以降に任命された高位聖職者の多くは、彼らの上司にとって明らかに無難だった。しかし、現在までに書かれたほとんどの監督派の伝記は、少なくとも一八世紀中頃までは、主教たちは第一に良心的な聖職者であり、ついで政治家や行政官である、といった存在としての能力があったことを示している。ホイッグとトーリーの教会－国家関係の見解の違いが、アン女王時代ほどには顕著ではなかったという事実もそのことを助けた。よくいわれることだが、教区司祭の大部分が忠実なトーリーというわけではなかったことも事実だろう。また、後期ステュアート朝や初期ハノーヴァ朝の議会選挙や聖職会議選挙に参加した人びとのかなり多数がトーリーに投票したことも事実である。しかし、このことは、少なくともたいていの議会選挙には、聖職者の大多数がまったく参加していなかったという点を覆い隠してしてしまう。おそらくは、この大多数の聖職者は、ひどく貧しかったため投票できなかったか、またはおそらく、その時代の聖職者の日記や書簡に記されているように、聖職者は議会メンバーになることはできないのだから、自分たちが世俗政治にかかわることはふさわしくないという古い考えに固執していたのだろう。たとえウォルポール時代の教区聖職者の多くがトーリーだったにしても、旧来の非国教徒が泡沫のように消え去り、昔の不和の確執が燃え尽きてしまったように、その傾倒も消えていった可能性はある。

ジョナサン・クラークのいうように、一八世紀の教会は、その時代の貴族階級と同じように、イングランドのアンシャン・レジームを支えた柱のひとつとして描くことができる。スパーもまた、近年、「ジョージ三世の時代には、イングランド国教会は」、一七世紀初頭以後のどの時代よりも「政治的に強力な地主階級とのさらなる利害と見解の一致をみた」と述べている。実際、彼らの社会的背景、収入、そして生活様式から見ると、一八世紀後半の聖職者の上層部は、以前に比べて貴族やジェントリに近かった。また国教会は戴冠式や王族の葬儀のような国家的儀式において先導的な役割を果たした。たとえば、チャールズ一世の殉教やチャールズ二世の王政復古を記念する説教も執りおこなわれた。また、その時代の政治秩序や裁判組織を守り、社会階層や富の不平等は神の意思であると説き、その一方で、上位の者が下位の者に対して持つ義務や責任を強調した。しかしながら、この見解は本質的には一六世紀の「お上による」――イングランドの場合にはエラストゥス主義な――宗教改革にもとづくものであった。ステュアート・ハノーヴァ朝の聖職者たちは、大部分はエリザベス朝に受け入れられていた教会と国家に関する見解を単に洗練させたか、拡大したか、もしくは潤色したにすぎなかった。しかし、それもまた、一六世紀半ばに起源を持ち、それ以後二世紀半の間に多くの異議に対応するかたちで修正された教義、信仰、教会組織についての見解の共通する基礎にもとづいた「アングリカン的」統合と呼ばれるものの一例なのである。

「アングリカニズム」が意味するものを理解するには、その理論と同様に実践も見なければならない。これは単純なことではない。なぜなら近世のほとんどのあいだ、ウィンチェスターやカンタベリのような主教区とカーライルやチェスターのような主教区のあいだには際だった差違があったからである。主教や聖堂参事会がその職務を執行するのに必要な基本財産、教区聖職禄の数、規模、そして豊かさ、下級聖職者の教育水準や聖職者と平民の比率といったことである。また、平均的な農村での教会で見られた礼拝の形式や頻度、それに説教のスタイルと、大聖堂や大学の礼拝堂、都会にある上流人向きの教会などで見られたもののあいだにはさまざまな違いがあった。それに、初等教育を受けた人びとに対するメッセージとより高度な教育を受けた人びとに伝えられるものとのあいだには、微妙だが明確な違いがしばしば見られた。司牧者がその問題を解決するために力を入れた点にも多様性があった。たとえば、一六三〇年代には、主教や大執事は、宗教的行事や教会の内装において最低限の服従基準を守らせることをとくに重要視した。また、宗教改革からアン女王の治世まで、とくにロンドンでは、説教をおこなったり各種協会や学校を設立することによって不道徳を制御し宗教的無関心をなくすことに関心が高まった。一七三〇年代以降、小規模ながらも数を増やしていた一群の聖職者が、国民をキリスト教に再改宗させようと熱心に活動した。そして、一八世紀終盤には、多くの主教たちが、敬虔さをいっそう増すための手段として、礼拝の頻度を増やそうと努めた。しかし、これらの差異や多様性を誇張しすぎてはいけない。ステュアート・ハノーヴァ朝時代、教区アングリカニズム、もしくは祈禱書アングリカニズムと呼ばれたものの中核は、おそらくは、ほとんど変化しなかったのである。

このアングリカニズムの核心は祈禱書にあった。この祈禱書は、作られてから二世紀半のあいだほとんど改正されなかった。その礼拝次第はアングリカンの原則の多くを具体化したもので、英語での祈りや信仰のあり方を規定し、しかるべき秘蹟を執りおこなう必要性に応じたものであった。また、聖書の朗読、讃美歌、聖歌などを所定の順番に配した聖句や「心を慰める言葉」、そしてまた礼拝のなかに配されるその他の聖書の文言に焦点が置かれた。さらに、アングリカニズムを最初期のキリスト教と結びつける諸信条を繰り返し使用した。毎週毎週、教区のアングリカニズムは、この慣れ親しんだ形式での礼拝を中心に回ったが、何より、洗礼、結婚、そして埋葬のような通過儀礼では、ことさらであっただろう。反対して破門にあった者から判断すると、一六四〇年代までには、祈禱書はすでに平民の多くに受け入れられていたようだ。宗教改革以前よりも絵やシンボルの使用は少なかったが、教区教会や教会の境内は、アングリカンが重視する事項を反映した、人びとに訴える力の大きな多くのイメージをまだ残していた。たとえば、国王ジェイムズによるふたつ折り版《フォリオ》の欽定英訳聖書が置かれた聖書朗読台、聖職者が福音書を説いた説教壇、最新版の大判の「共通祈禱書」が置かれた朗読机である。壁には、すべての人が教理問答で学ばなければならない使徒行伝、十戒、そして主の祈りが記されたパネルが掲げられ、礼拝用の聖皿は、古いものを取り替えたり補充されたりした。聖餐のときにパンとワイン両方を受け取るために拝領者がひざまずく箇所に設けられた手すり柵に、子どもが洗礼を受ける質素な洗礼盤。境内の増え続ける墓石にはしかるべき文言が刻まれた。そして、教区民の喜びや悲しみを表わすために鳴らす塔の新しい鐘。美しく飾られたロードやコジンの礼拝堂やレンやホークスムーアの新古典主義の逸品などではなく、中世以来の教区教会を改装したものが標準的なものであった。ヴィクトリア時代に「改修」されなかった教会のひとつを訪れるなら、言葉で描写する以上に、教区でのアングリカニズムについて多くを語ってくれるだろう。

また、教区聖職者の活動的なメンバーによって用意され、一七世紀初頭から一九世紀初頭にかけて大量に販売あるいは配布された教理問答集やパンフレット、信仰の手引き書を通しても、さらに理解を深めることができる。公認された信仰の本質は、そうした教化手段のなかでもっともシンプルなもの——問答による基本的な口頭での教育、キリスト教教義が記されている片面刷りの大判印刷物、娯楽と教育を結びつけた対話、廉価版で出版された簡単な説教、そして認定された聖句や道徳規範が書かれた選集など——に凝縮して抽出されており、識字能力の乏しい者やまったく読み書きのできない教区民たちに、もっとも大きな影響を及ぼすと考えられた方法で提供された。教理問答をおこなう者やより高い教育を受けた者の助けとなるような問答的講話や説教、聖餐を受けようとしている信者の助けになるような祈禱文集や黙想文集、道徳的ジレンマや精神的問題についての公開書状、改心、道徳論、それにより良い人生と死について書かれた論文など——こうした、さらに高度ではあるが、まだ中級者向けのかたちで、アングリカニズムの基本的な教義が、より高い教育を受けた人びとや社会の有閑層にアピールするような方法でさらに説明された。こうしたかたちの教育に影響を受けた人びとはあまりいなかったようだが、近世における識字率の発達や、印刷術の急速な広がり、また、その後の地方での書籍販売業者や図書館のネットワーク形成があったので、それらのどれとも接触しないでいることは難しかっただろう。

アングリカンの教理問答を担った人びとがつねに強調していたように、彼らの運動は、すべての人びとが理解できるような方法で信仰のエッセンスを繰り返し説くことによってつぎの世代の宗教の基盤を築くものであった。すなわち、使徒行伝（神学の要点）、モーセの十戒（義務の規定）、主の祈り（祈りの模範）、そして秘蹟（信仰の証拠と神のわれわれに対する慈悲の印とそれが伝わってくる経路）の説明である。一六〇四年に増補され、一六六一年にもわずかな修正を施されたエドワード六世時代の最初の祈禱書に印刷された短い教理問答集は、もっとも一般的に用いられたものであったが、共通祈禱書だけでなく、一〇年ごとに何万冊も印刷されたふたつの小さな著作『教理問答付きＡＢＣ』や『初級読本と教理問答』にも載せられた。これがシェイクスピアが学んだ教理問答集であったということは、彼の作品にある表現からわかる。そしてさらに二世紀の後、若き日のワーズワースが習得したことも明らかだ。学びや「私をおつくりになった主なる神……神の子たるキリストは私を救い……精霊なる神は私を清めたもうた」の簡潔な表現にあるように、ある程度、学びやすかったようだ。しかし、いくつかの答えは長すぎたし、「聖別」といった専門用語に説明がなかったので、これらの問題を解決するために、熱心な聖職者たちが一六〇〇年から一八〇〇年の間、一〇〇を超える説明や解説や補遺を出版したが、ほかにもどれほど多くが手稿として書かれながらも未刊行に終わったのかは定かでない。これらのなかで、一六八九年から一八〇四年の間に二八回も出版されたジョン・ウィリアムズの『聖句からの引証付き教会問答集要解』や英国だけでも一七〇一年から一八二〇年の間に五八回も版を重ねた（ウェールズ語版とアイルランド語版もあった）ジョン・ルイスの『聖句からの引証付き、問答形式で説明された教会問答集』のふたつが著名である。これらの飛び抜けた売り上げは、慈善学校で利用するように勧められていたこともあったかもしれないが、それ以外の点では、当時、安定した売れ行きを示していた他の作品とあまり変わらなかった。

問答形式での教育は、若者や年配の回心者が堅信礼や聖餐式に備えるためのものでもあった。堅信礼は、一七世紀後半以降、俗人と聖職者の双方に高く支持され、一八世紀にはまた別の小冊子の解説書で取り上げられた。一方で、聖餐式は、聖餐式前に執りおこなう特別な教理問答集やその手引書のさらに爆発的な普及を勢いづけた。俗人が適切に聖餐式の準備をしているかどうかに関心を示したのは、ロード派や高教会派だけではなかった。これらの作品のほとんどは、より実践的な面を考慮して、人びとが誤ったためらいや怠惰から聖餐を受けないことがないように説き勧め、自省を助け、そして、聖餐を受けるときやその前後にどう振る舞えばいいのかを教えることを意図したものであった。これらの小冊子のなかには、後期エリザベス朝から初期ステュアート朝に人気があった、賢い聖職者もしくは教育のある俗人と、無知な教区民もしくはいささか鈍い教区民とのあいだの仮想の会話という手法を採用するものもあった。この手法は、たとえば一七〇四年から一八〇七年の間に二四版を数えたウィリアム・フリートウッドの『分別のある聖餐受領者』にも見ることができる。高い教育を受けた人びとのための手引書はさらに普及していた。ジェレミー・ダイク初期のベストセラーである、『尊敬に値する聖餐受領者』は教育に重点をおいていたが、後にもっとも人気となったタイプは、聖餐を受ける前の数日間に使用するための数多くの祈り、瞑想、「叫び」、聖歌や賛美歌と教育の要素を織り交ぜたものだった。たとえば、G・Bというイニシャルによる著者の『聖餐拝受のための一週間の準備』は、一七五〇年代までに五〇版を売り上げた。現在残っているいくつかの刊本の見返しに記された書き込みから、それらの多くが両親かまたは名付け親が堅信礼のときに若者に与えたものであったことがわかる。しかし売り上げの規模や、ジョン・イヴリンのような献身的な国教徒の行動からは、大人も頻繁に使用していたことがわかる。

祈りは、聖餐式の前の週だけではなく、毎日の義務と考えられていた。もっとも簡単なレベルでは、この義務は「主の祈り」を理解して唱えることができることとされた。それは、教理問答や学校教育、または教会の礼拝で頻繁に繰り返し唱えることで上達するものであった。主の祈り(それに使徒信経や十戒)の知識は、結婚したり名付け親となるために不可欠とされた。さらに高い教養をもち時間に余裕のある俗人向けには、聖餐式の手引書よりも大規模に、多数の出版物が洪水のように刊行された。宗教改革が始まってからの最初の一世紀間は、信心の手助けとなる手だてには事欠かなかったのだが、ヘンリ・ヴァレンタインの『個人でおこなう祈り』(一六三一年から一七〇六年の間に二七版)のように、国内で書かれた著作の割合がしだいに増えていった。また、このジャンルでつねに人気があったのは、ウィリアム・ハウエルが著わした、コンパクトな小品『聖堂だけでなく家や私室でも使える共通祈禱書の最良の手引書』(一七五八年までに二一版)やロバート・ネルソンによって作成された浩瀚な『イングランド国教会の祝日や断食のための手引き』(一八二六年までに三六版)であり、これらは学校用に簡約にされたものも制作された。「共通祈禱書」やアンドルーズ、ロード、コジンといったアングリカンの指導者と連携したような祈りの本は一七世紀後半にとてもよく売れたが、それ以外のベストセラー、たとえば、アベドニゴ・セラーズの『敬虔なる手引き書』やベンジャミン・ジェンクスの『熱心な信者のための祈禱集』（いずれも一八世紀に二〇回以上の再版）には、そのような〔アングリカン聖職者との〕関係はなかった。これらの手引書には、高教会派が古代もしくは東方の典礼に寄せた関心に影響を受けたものはあまりなかった。つまり、司牧への関心がそれを上回っていたということである。

これらの作品の多くは携帯に便利な判型で出版され、公的な場面でも私的な場でも使えるように祈りを収録していた。また社会で高い地位にいる者だけではなく、孤児、使用人、「田舎育ちの人」、兵隊、船員、「世の中の貧しくて身分の低い者」や入牢者が唱えるための祈りをも収めていた。「あらゆる種類の人びとのため」に作られた『キリスト教徒の忠告者』では、著者ジョン・ラウレットは明らかに広範な読者層を期待していた。一方で、ウィリアム・バーキットの『貧者の助け』や、使用人ために書かれたキリスト教知識普及協会（SPCK）の小パンフレット、それに、選集本のなかに収められたよく知られた宗教詩やお決まりの聖句や言葉は、明らかに身分の低い人びとに向けられたものだった。しかし、これらの、またそれ以外の教導手段がどれほどの影響力を持っていたかについてははっきりしたことは分からない。ただ、少なくとも、こういった書籍があまねく行き渡っていたことは、教育を受けたアングリカンにこういった問題に強い関心を持つ人びとが数多くいたことを示している。また一方で、こうした書籍の多様性からは、一六世紀後半には限られた手段しかなかったのが、明らかに事態が進展していることがわかる。

イングランド国教会は、そのメッセージを多くの人に伝えようとしたが、旧式な教区のシステムと人口移動に妨げられてしまった。人口が急速に増加した地域では、教区民がいちどにほぼ全員が出席するような場合には、多くの教会は小さすぎた。しかし、十分の一税や聖職推挙権の保有者（そこには多くの上位の聖職者も含まれる）は、新しい教区を別に作るために既存の教区を分割することに反対することが多かった。なぜなら、新教区はライバルとなる可能性があったからである。逆に人口過疎地域では、多くの教会は大きすぎて、建築の維持管理をしたり、十分な額の収入を確保したり、また常勤の教区司祭を置くことを保証できるだけの経済的余裕のある教区民はほとんどいなかった。そのような場合には、教区司祭は、学校で教えるといった限定的に許された副業で収入を補填するか、もしくは、ある一八世紀の補助司祭がいったように、「やりくりのための唯一の手段」として、ふたつの聖職禄を持つこともできた。一八世紀初期に聖職兼任が急増した事は確かである。しかし、この種の聖職兼任が、金持ちや縁故のある者が異なる地区でふたつの収入の良い聖職禄を持つことを可能にしたのだ、という批判があったのも当然ではあるのだが、その一方で、ふたつの貧しい聖職禄――たいていはお互い近接し、隣接することも多かった――を組み合わせるのが、一七、一八世紀ではもっと一般的な慣習だったということが近年の研究からわかっている。このシステムは明らかに理想からはほど遠かったが、裕福な聖職兼任者は、自分の教区のひとつに常任の補助司祭をおく義務があった事実や(教区によっては、教区民は、聖職兼任者よりも、補助司祭の方を気に入っていたようだ)、それより貧しい聖職兼任者でも、兼任教区を合わせても他の平均的な一教区の広さに満たない場合、ひとりで複数の教区の世話をしていたと思われる、といった事実から、実害は限定的であった。

また近年の研究によって、とくに後期ステュアート朝と初期ハノーヴァ朝では、当然地域や年代によって相違はあったようだが、聖職者の義務遂行はかつて理解されていたほどダラダラしたものではなかった、ということも明らかにされている。一七世紀では、主教によって聖職叙任候補者には高い教育水準や道徳基準が求められたし、多くの司牧上の課題や増加する行政上の仕事量、さらには限られた収入といった、多くの教区聖職者が直面した問題があり、強い使命感を持たない人びとにその職につくのを思いとどまらせたことは明らかであろう。一八世紀後半になると、聖職者の収入は上がったし、大学教育の費用が高かったので、学生の大半はジェントルマン階級か聖職禄を得た司祭の息子に限られたため、多くの人びとは強い使命感というよりは、むしろ両親に無理矢理押しつけられたか裕福な地位を期待して、その職業についていたようだ。それでも、聖職者の職件乱用や職務放棄については、十分立証された事例は記録にほとんど残っておらず、また、ポートワインをがぶ飲みしたり、キツネ狩りに興じるといった、同時代や後世に批判的に描かれた「スクワーソン(地主兼司祭)」の姿を考慮しても、全体的な評価は変わらないのは驚きである。一七、一八世紀を通じてイングランドで平均的に執りおこなわれたのは、毎日曜の二回の礼拝(貧しい聖職兼任者の場合は、それぞれの教会で一回ずつ)、年四回の聖餐式(都会の教区や一八世紀末の一部の地方教区では、六から一二回)、求めがあれば執りおこなう誕生や結婚、死など人生の節目の儀式、さらには、四旬節とミクルマスの間におこなわれた一連の堅信礼(部分的な場合も全部をおこなう場合もあった)であった。これは、一九世紀に理想とされたものと比べると少なかったかもしれないが、近世の聖職者は、霊的な面に重心を置く牧師よりも、ほかにやるべき仕事が多かったのである。社会問題が厳しいものになることが多かった時代においては、彼らは中央や地方政治の調査官として統計を集めたり貧民救済を管理したり、または治安判事として活動することを求められることも多くなった。そのほかにも、当時のヴォランタリ・ソサエティや慈善団体の代理人、学校経営者、金貸し、無給の公証人、医者、そして、(ウッドフォード師の経験から判断すると)獣医までもが彼らに求められた仕事であった。皮肉にも、教育の向上、より良い生まれ、高収入、それに一部の聖職者に課された役割の拡大は、一八世紀後半までには、さらにジェントリ化した聖職者と彼らの教区民とのあいだに、それ以前よりももっと高い壁を作ってしまったのかもしれない。それでも、一七〇二年にリチャード・ゴフが描いたミドル村にいたような補助司祭や、一八七〇年台にラドノーシァにいたフランシス・キルバートのような地位の低い聖職者にとって、こういったことがどれほど不利に働いたのかは定かではない。

国教会聖職者の努力に対して俗人がどう反応したのかを推測することは難しい。一六〇三年の聖餐受領者についての報告書、一六七六年の主教コンプトンによる調査、そして一八世紀の中頃におこなわれた推計からすると、人口の大部分は国教会を奉じていたようだ。しかし、個々の教区に関する研究によると、教会に規則的に出席していたのは少数であり、聖餐を受けた者はたったの一〇パーセントだけ、というようなこともときにはあったようだ。しかし、ヨーロッパの他地域と同じように、出席率には大きな幅があり、それは集落の大きさや形態(住居が散在する小村を含む大きな教区では、出席率が低いのが普通だった)、人口の流動性(人の入れ替わりが激しい教区ほど出席者は少なかった)、主な職業(牧畜従事者、船員、鉱夫は農業労働者よりも出席頻度は低かった)や、村の名士たちの姿勢(自分たちの使用人や小作人に出席させようとした者もあれば、そうでない者もあった)によって決まった。さらに、不規則な出席率が、そのまま誕生や結婚、死といった際の儀式を無しで済まそうとか、または教会を中心とした村の行事に参加したくないといった願望を意味するわけではなかった。教会が理想としたものに比べると、俗人の宗教義務の受け入れは、えり好みがあり実際的だったようだが、彼らが不真面目だったかというと必ずしもそうでもない。たとえ、自分の村で公示しなくてはならなかった結婚予告をせずに、近隣の教区で秘密結婚を挙げなくてはならない場合でも、通常は、たいていのカップルは教会での結婚式の必要性は認めていたようである。現在知られている限りでは、たとえ名付け親の選定が教会の決めた条件によって覆されることがあったとしても、ほとんどの親たちは、自分たちの子どもが洗礼を受けることを希望していた。また、たとえ一部の人びとが、堅信礼を、信仰の表明というよりも、むしろ堅信礼志願者に与えられる主教の祝福や施しの分け前をもらう機会と考えていたにしても、やはり堅信礼は必要なものと考えられていた。遺言状を書く場合、たいていの人は簡単な信仰表明から始めた。そして、病気が致命的な状態になると、親族はしかるべき儀式がおこなわれて教会付属の墓地に死者が埋葬されることを願った。しかし、聖職者が押しつけた古い葬儀習慣に苛立ちを感じた者もいただろう。おそらく、俗人と聖職者の認識の違いを示すもっとも良い例は聖餐式であった。教区聖職者のコメントや、そのような状況を和らげるために発行された小冊子によると、聖職者は、しかるべき準備をせずに聖餐を受けることの危険について警告し、また聖餐後に新しい生活を送ろうとすることの重要性を強調して、明らかに多くの俗人を遠ざけていた。俗人のなかには、秘蹟を受けることは、ただ抱負だけではなく、もう二度と罪を犯さないという「神との約束」を含むと思い込み、この約束への違反による地獄での罰を恐れ、聖餐を臨終になるまで受けない者もいたのだ。つまり信仰の欠如ではなく、彼らのような罪人には秘蹟は神聖すぎるという確信が、聖餐式参加率の低さの理由であったかもしれない。

教区レベルでのアングリカニズムが支持されていたことや、また少なくともその教義が浸透していたことを示すものはほかにもある。初期ステュアート朝には、祈禱書に定められた礼拝の一部を省いたとして、聖職者を訴えた会衆があったが、一六四〇年代には、自分たちの教区聖職者や祈禱書、教会の調度品をピューリタンの攻撃から守ろうとしたのである。また、アン女王基金によって貧しい聖職禄の収入を上げようという取り組みを支持した人びともあれば、宗教的不満だけでなく、社会的政治的不満にも駆り立てられて「王と教会」暴動に加わった人びともいた。また、一七世紀に、ジェントリ階級を震撼させるほどに激しく韻律詩篇を歌っていた身分の低い教会出席者もいれば、つぎの世紀には再結成された聖歌隊や村の楽団や地方の鳴鐘者チームに入った人びともいた。人びとが話していた言葉もまた、英語研究者によると、教会や学校でいつも繰り返されていた儀式、説教、教理問答に影響を受けていた。

しかしながら、一九世紀初頭までには、国教会が直面する困難は大きくなっていた。おそらく一八世紀の後半には、一部の聖職者の熱意が冷めてしまい、地方によっては、教区民の数と教会の座席数の不均衡が著しくなった。メソディストのような競合するグループの急速な発展や、アイルランド移民の流入によって促進されたカトリックの復興があった。これらのグループはともに、一九世紀前半には、教会での宗派バランスを傾かせることになった。教会内の熱心な人びとは、さらなる運動を要求し、教会外の批判者は、アングリカンを支える「聖職の仕組み」の基盤を攻撃し、聖職兼任のような悪習の改革を求めた。一八世紀末から一九世紀初頭には、個々の改革者や改善を進めようという集団もあったが、大規模な改革に着手するには、教会はあまりにも内部がバラバラであり、その機能やおそらくは意志をも欠いていたのである。一八二八年から一八二九年の間に、多くの教会指導者たちが非国教徒やカトリック教徒への大幅な寛容を容認することに対して異義を唱え、一八三二年に選挙法改革に反対したとき、彼らは、急進派の攻撃やホイッグの非難の的となった。そして、改革が押しつけられる結果となったのである。そこで国教会は、それ以前の三世紀の間、国レベルでも教区レベルでも、少なからず認められていた、かつての地位や影響力を回復するのは、不可能ではないにしても、むずかしいことを悟っただろう。

第10章　急進派と非国教会　一六〇〇〜一七五〇年

マイケル・マレット

　本章の主題である教会や教派の顕著な特徴は、分裂、分離、多様性といった事柄である。この時期、教会からの離脱はそれ自体、一般的に混乱、転覆をともなう過激なことみなされた。なぜなら、政府の支援を受けた主要教会から袂を分った宗教グループは、それぞれの政治社会において、社会の構成員がみんな単一の教会のメンバーであることで、また承認を受けることで、団結していた社会規律と政治秩序の結合を解いてしまう脅威となったからである。この教会、政府、そして社会の相互浸透は、宗教支配が高度に発展し、臣民の役割と教会構成員の役割が結果的に混合した国家によく見られ、また、宗教改革後のイングランドとウェールズにおいてとくに顕著であった。しかし最初から、「急進的な」反対者は、新約聖書、とくに「使徒行伝」で示される理想的な教会の再現を求めて国の教会を捨て去ったのである。

　一五五九年の法律（礼拝統一法と国王至上法）によって創立されたイングランド国教会は、見方によっては、新約聖書に示される教会を模したものとはいえなかった。今日の歴史家はエリザベス朝国教会の改革性やプロテスタント性を強調する傾向がある。しかし当時の人びとにとっては、「エクレシア・アングリカーナ（イングランド教会）」と呼ばれた組織は、聖書にもとづいたものでも、また十二使徒につながる教会でもなく、廃止されたばかりの「カトリック教会」の特色を残したものだった。イングランド国教会を批判した者たちは、ジャン・カルヴァン（一五〇九〜一五六四年）に率いられた聖書信仰復興や、彼の創設になる広範な評価を得ていたジュネーヴの新しい使徒的な教会によって知的にまとまっていた。しかし、イングランドでの分離派出現へのカルヴァンの影響は直接的ではなかった。カルヴァン自身はセクト的な教会や分離派的な教会という考えを嫌っていた。しかし彼の考えた改革派教会は、ほかの教会を判断するための規範となった。一五五九年に設立されたイングランド国教会は、カルヴァンが育成し、ジュネーヴ教会やフランス、スコットランド、オランダなどのその姉妹教会で採用された聖書にもとづいた基準によって「敬虔な」批判者たちが調査して、不十分だとされた。しかし、カルヴァン主義者は教会における分離という考えを嫌い、包括的で規律的、社会的な教会を大切にした。結局、ほとんどのイングランド教会の熱狂的なカルヴァン主義的な監視人はその教会にとどまった。彼らは内側から批判したが、少なくとも「半分は改革され」いつか完全に改革されるかもしれない教会から離れることはなかった。

それほど忍耐強くなく、苛立ちをつのらせた人びともいた。イングランドには、ウィクリフとロラード派にまで溯る、非合法な秘密礼拝集会所や、非服従的な分派の伝統があった。この伝統は、メアリ治世期（一五五三〜一五五八年）にふたたび目を覚し、この時期の、とくに地下活動をおこなったロンドンの分離派教会は、後にエリザベス・ステュアート朝の分離主義の前例となった。影響力のある有力な分離主義の理論家であったフランシス・ジョンソン（一五六二〜一六一七年）は、分離した非国教徒のために、メアリ時代のプロテスタント――もちろん国が支持していた教会からの分離であった――の役割を主張した。「なぜなら彼ら（メアリ時代の殉教者）は、そのとき国の他の人びとから分離していた。つまり自発的にキリストの福音に従ったからである」と。したがって、プロテスタントの名を名乗るものすべてに崇められたメアリ時代の殉教者という分離派の例とつながることが、そうでなければ「分裂」を恐れて避けられたかもしれない分離行動に道徳的な権威を与えたのである。

エリザベス朝においては、思想的な理由で分離主義を構想した者でも、未完成ではあるが体制となっている教会を放棄するという急進的かつ危険な立場に走った者はほとんどいなかった。徹底した改革をおこなっていない、という理由で国教会を批判したカルヴァン主義の原理に立つ者も、分離に対しては難色を示し、敬虔な世俗の行政官の援助で行使された教会の規律を非常に重要視した。また、おそらく理論面以外にも、分離急進主義を避ける理由があった。初期分離主義の知的原動力を形成した学識のあるケンブリッジの教師のあいだでは、良好な聖職者としてのキャリアが見込めるかどうかについて当然不安があった。それどころか、一五九三年の分離主義の先導者たちのように投獄や処刑の可能性、もしくは亡命を余儀なくされる可能性すらあった。ピューリタンがはっきりと国教会を批判してから最終的に教会から分離するまでの過程は、ゆっくりとしており、またやむをえない選択の結果であった。これは、エリザベス朝末期やジェイムズ一世時代の分離派指導者のキャリアにも明らかである。エリザベス朝の非国教主義の巨頭ヘンリ・バロウ（一五九三年処刑）、ジョン・グリーンウッド（一五九三年処刑）らは刑死し、ロバート・ブラウン（一六三三年死去）の場合は結局国教会に帰順した。国教会から分離することにともなう危険や道徳的な問題から（典型的な分離派教会の誓約には、「いかに［分離が］代償を払わなければならなくとも」という表現が用いられているが）、国教会に対する不満だけでは個人や団体を分離へと動かすことができるとは限らなかった。分離した者は、単に国教会の否認だけではなく、自発的に「集まった」教会の積極的な魅力、それに「原始教会の使徒的な制度に忠実であること」や聖人との交わりの理想によって動かされたのである。

　イングランドにおける初期の分離主義のもっとも重要かつ創造的な指導者のひとりであり、またエリザベス時代とジェイムズ一世時代の架け橋となりながら、最後は処刑されたヘンリ・バロウの衣鉢を受け継いだのは、ヨークシァ出身でケンブリッジに学んだ聖職者フランシス・ジョンソンである。ある記述によると、国教会の罪を内側から批判する立場から分離主義へと進むことについて、ジョンソンにためらいがあったのはたしかなようである。ジョンソンの弟子であるブラッドフォード〔プリマス植民地の指導者〕によれば、分離主義の考え方への転換に関して、ジョンソンは、本来は破棄を命じられていたヘンリ・バロウの作品を読んだことによって分離主義に傾倒して、バロウに従う小さな集まりの牧師となったとはっきりと述べられている（おそらくは作り話であろうが）。一五九三年の分離主義者取り締まり法が制定された後、アムステルダムへ会衆を率いて亡命し、そこでグループを立て直した。エリザベス朝とジェイムズ一世の時代の分離主義者は、男女ともに率直で一徹、そして勇ましく、考えをクリアに表明する傾向にあった。結局、まず最初に不完全な教会から彼らを分離させるにいたったのは、彼らの強い意見や彼らの求める高い基準だった。こうした特性のために会の統率が困難になった。とりわけフランシス・ジョンソンは、兄弟のジョージと私的な事柄（おもにフランシスの妻の浪費）で激しく口論したり、会衆のオランダ人支援者と論争し、またグループ内では、会衆における権威や聖職者の役割をめぐって討論しながら会衆を率いていった。ジョンソンと会衆の論争は宗教改革後のイングランドの急進主義ではもっとも早く、かつ、もっとも先鋭なものであった。

分離主義が積極的に望んだ結果であったというよりは、むしろやむなく受け入れざるをえない結果であったことは、もうひとりの主要な分離主義者ジョン・スミス（一五七〇?～一六一二年）の経歴にも明らかである。スミスは、もとはジョンソンと同じくケンブリッジ出身の国教会批判者であり、彼自身の意向に反して分離主義へと向かうことになった一六〇六年になっても、基本的には国教会に忠誠を誓い、教会内に留まろうとしていたのである。もっとも国教会に満足しているとは言いがたかったのだが。リンカンでの説教の経歴を持つスミスは、リンカンシァ、ノッティンガムシァ、それに南ヨークシァ地域で開かれていた分離派の集会と関係を持つようになった。この集会は一七世紀初頭に形成されたもので、ゲインズバラとスクルービーを拠点に、以前ケンブリッジの教師であったジョン・ロビンソンと接点を持っていた。こうしたイングランド中部地方の分離主義者たちは、迫害によってネーデルラントへと追いやられてしまった。

一六一〇年までには、寛容主義に立つオランダ人プロテスタントは、多くのイングランドからの分離主義者難民を受け入れた。たとえばレイデンでは、ジョン・ロビンソンが、教会生活における一般庶民の役割を強調し、約三〇〇人の国外追放されたイングランド人コミュニティを比較的平安に取り仕切った。アムステルダムでは、フランシス・ジョンソンが強固なカルヴァン主義の原則と自治集会における司牧者と長老の権威を主張した。また同じくアムステルダムでは、ジョンソン一派に反対する他の亡命者たちの牧師として、ジョン・スミスが超急進的な傾向を示しはじめ、一七世紀イングランドの宗教左派の父とみなされるようになった。急速な発展をみたスミスの考える急進的な聖職者のあり方には、つぎのような特徴が含まれていた。聖職者だけに司牧を認めることの実質的な廃止、完全に霊的・内発的で聖書を用いない信仰へのアプローチ、教会のメンバーになれる範囲を純化して制限することなどである。一六〇九年より少し前、スミスは歴史的教会に対する敵対的な態度を強め、イングランドの「カトリック的」教会で自らが受けた洗礼を認めない姿勢を取るようになり、さらにはアムステルダムで彼自身が再洗礼を受けて、センセーションを起こした。そのような行動によってイングランドの急進的な宗教に新しい側面が加えられ、イギリスのバプティスト教会はその基本綱領を得たのである。再洗礼主義、とりわけ自己洗礼は、宗教改革時代のヨーロッパにおいて深い疑念の目で見られた。これはドイツ、ミュンスターの町を一五三〇年代に襲った社会的・性的な急進主義と彼らが関係していたからなおさらであった。ジョン・スミスに関してはこれらの狂信者とはほとんど共通点はなかったが、彼の再洗礼は革命的な行動であった。なぜなら教会のメンバーになる資格を極度に個人的なものとして、従来の国教会からの全面的な分離表明よりもさらに決定的な声明をイングランドの分離派グループへ導入したからである。信者の洗礼は、任意の完全主義的な教会の原理にもとづいて秘蹟とされたので、一七世紀のヨーロッパにおいて一般的に理解されていたような社会を解体してしまう恐れがあった。

ネーデルラントにおけるイングランド人の分離派教会は、一七世紀初めの数十年間はとても活気に満ち創造性に富んだものだった。一六二〇年までには、リンカンシァに起源をもつレイデンの活発な分派が、アメリカに信者のコミュニティを形成するために、新たに人びとを送り出した。「ピルグリム・ファザーズ」である。ネーデルラントのイングランド分離派は、実際に亡命に参加することはなかった。彼らも、同時代の同胞が抱いていた外国人嫌いの性格を持っており、端的にいえば、彼らのうち幾人かは、イングランドで敬虔な宗教を推進する義務を負っていると感じていた。したがって、ここからはバプティストの確立と修正分離派の発展とともに、ネーデルラントではなく、イングランド自体における、急進的教派の新しい発展を見てゆこう。

ジョン・スミスが進めた急進主義は、亡命分離派コミュニティのふたりの大物指導者を、比較的保守的な立場に引き戻した。たとえば、スミスが会衆内での民主主義を高く評価したことへの反発として、一六一七年に死去するより前、フランシス・ジョンソンは依然として聖職者と長老の権力を強調し、一方では、同時に、ローマ教会さえも含めて、歴史的教会の有効性も認知していた。また同様に、リンカンシァのベテラン分離派牧師のジョン・ロビンソンは、一六二五年に死去する前に、説教で神の言葉を聞くためにアングリカンの会衆と一緒になることの妥当性を支持した。これは、イングランドでの宗教的急進主義におけるつぎの重要な発展へと導いた。ただし、これは、実際にはある意味で退行的な発展でもある「半分離主義」であった。

その現象を見る前に、ネーデルラントにおいて一六世紀末に設立され、一七世紀初頭に繁栄を迎えたイングランド人亡命者による分離派コミュニティが、イングランドの急進的なプロテスタンティズムの理論と実践、そしてその生活に重要な貢献をしたことに注意しなければならない。まず、亡命場所に集まったコミュニティの存在そのものが、分離派が「分離している」という基本的な意識——「私の民よ、彼女から離れ去れ」（「ヨハネの黙示録」一八章四節）——に明白な表現を与えた。ネーデルラントの自由な環境において、少数だが強い確信に満ちたイングランドの分離派は、とりわけ一六一〇年頃までその急進主義を強め、聖職者のあり方についてもっとも野心のある試みを果たすことができた。とくにジョン・スミスは、彼の自己洗礼という驚異的な行為において（彼自身、それが持つ急進的な意味にはしりごみした）、教会生活に歴史的継続性はないこと、宗教改革の理論的な帰結は分離であること、そして結局のところ教会は個人から成り立つということを世に示した。

一六一二年のスミスの死後、その弟子たち（歴史的教会を拒否した点においてはスミス自身よりも「急進的」であった）は、ノッティンガムシァの大地主トマス・ヘルウィズ（一六一六年死去）の指導のもとイングランドに戻る。この団体は後に「ジェネラル・バプティスト」として知られるようになったが、その神学的立場は、非カルヴァン主義的、つまり魂の救済は万人に許されているという非予定説をとった。小さな教派は、数え上げれば、おそらく一五〇はあったが、一六二五年までにロンドン、中部地方、そして西部地方でそれぞれグループ化して、連合の基礎を形成していた。後で見るように、信者の洗礼に基盤を置いたこれらの教会は、一六四〇年代にイングランドの急進的宗教がふたたび覚醒した際に主導的な役割を果たすこととなった。

オクスフォード出身で、もとは不本意ながらも分離派となったヘンリ・ジェイコブ（一五六三頃〜一六二四年）は、フランシス・ジョンソンやジョン・ロビンソンと連携して、保守的な傾向を強めた。彼は、ネーデルラントでしばらく過ごした後、一六一六年にイングランドに戻り、仲間とある種折衷的な分離派を立てた。これは、基本的に国教会を少なくとも部分的には改革された教会と認知する。そのうえで、国教会は、会衆教会主義にのっとって組織された真の教会や宗教団体と「ときどきコミュニケーションできる」ものとしている。反対派グループを国教会への態度によって相対的に急進派か保守派かを判断するなら、スミスやヘルウィズとその弟子たちに代表される妥協を許さない姿勢とは異なり、ジェイコブは、国教会に反対するイングランドのプロテスタントのなかでより慎重な傾向を示すグループの先頭に立っていたといえるだろう。

「半分離主義」の比較的保守的な見解は、一六三〇年代、ロードのもとで変化していた国教会の性格に影響を受け、ヘンリ・ジェイコブ的な母教会は分裂し、そのメンバーのなかには信者の洗礼について非妥協的な分派行動をとる者がでた。彼らの救済神学は、先に述べたジェネラル・バプティストのそれとは異なり、カルヴァン主義的で選択的であった。この新しいバプティストの運動は、救済は〔選ばれた者だけが救われるという〕限定的なものであるという見解を取ったので、「パティキュラ・バプティスト」として知られている。つまりイングランドの急進的宗教グループのリストにもうひとつの団体が追加されたことになる。

パティキュラ・バプティストは、一六三〇年代、そして一六四〇年代と一六五〇年代に、これまたとても興味深い特徴を示した。これまで、分離派の登場を検討するにあたり、大学（とくにケンブリッジ）で教育を受けた聖職者の影響に焦点をあわせてきたが、こんどは比較的出自が低く、高い教育を受けていない俗人の役割が大きくなっていったことに注意する必要がある。一六四〇年代の急進的な宗教の世俗主義を予期した新しい俗人と大衆のイニシアティブの例は、パティキュラ・バプティストの創始者たち、すなわちロンドン出身のボタン製造者のサミュエル・イートンと靴職人のジョン・スピルスベリであった。実際、とくに小売商や手工芸職人といった俗人は、イングランドの宗教分離派のコミュニティのメンバーのなかではつねに前面に立っていたが、それまでは聖職者の指導を受け入れていた。たとえば、ネーデルラントで大学にポストを得ていたジョン・ロビンソンやウィリアム・エイムズなどの牧師がいたので、亡命分離派コミュニティでは、聖職者による学問的な指導があったことは明白だった。しかし非合法的な教会では、一六三〇年代にロードに対する反聖職者主義的な反発がおこったことで、反学問主義の誕生が促進され、一六四〇年代には、政治的な民主主義運動の実現を助けた。

一六四〇年までに、ヘンリ・ジェイコブの半分離的な伝統での「節度ある急進主義」は制御されるどころか、これから見るように、一六四〇から一六五〇年代にかけての独立教会主義でふたたび表面化することになった。しかし同時に、イデオロギー的に分裂した一六三〇年代のイングランドは、非妥協的な宗教的急進主義の傾向が強まり、内戦期の特徴である分派セクトが多く生み出されることになった。一六二〇年代、一六三〇年代のイギリスを調査すると、コヴェントリ、グレートヤーマス、ティヴァートン、ソルズベリ、ボストン、ノリッジ、リンカン、そしてもちろんロンドンなどに分離主義者の組織があったことがわかる。それらのなかには、ウェスト・ライディング（ヨークシァ西部）のグリンドルトンにいたロジャー・ブレアリが育成した内面化した霊的な宗教のような、その地域にだけ見られた興味深い発展もあった。これらのあちこちに散在していた小さな分離主義者は新約聖書に深く傾倒しており、彼らの熱心で長時間にわたる礼拝の核心も新約聖書の重視にあった。そこから、前例がないわけではないが、一七世紀としては驚嘆に値する考えが生まれてきた。この考えには、平和主義や、スミスが力を入れた寛容の励行も（ときに）含まれていた。議論の余地はあるが、新約聖書を重視していた非国教徒のグループの急進的な側面が顕著であったのは、主に教会それ自体の理論であった。彼らの教会論では、教会を社会的に包括的な制度としてではなく、むしろ盟約によって結ばれた団体として肯定的にとらえており、こうした見方は分離主義者のなかでしだいに主流になっていった。エリザベス時代の分離派は、ある特定の改革が不完全な教会から、不本意ながらも、離反を始める傾向にあった。社会的な教会の構成員は包括的で政治社会と範囲・対象が同じであるという原則に対する拒否は後になって出てきたものである。エリザベス時代に分離派を創始した者たちは、しだいに国家による宗教の監督や改革を信じるようになった。その後、分離主義は、一七世紀に発展したように、自主的《ヴォランタリ》な契約にもとづき「目に見える聖人」によって構成された、国家の支配を受けない、新約聖書にもとづく真の教会の唯一のモデルを、分離派会衆のなかに求めるようになった。この自主的な原則からは、分離派の聖職者であることが、一七世紀の一般世論にとってはいかに衝撃的であったかや、近代社会において教会のメンバーであることの原則をどれほど先取りしていたのかが見て取れる。実際、いくつかの点で、一七世紀分離派の教会論は、今日においてさえ、一部の教派にとっては挑戦的なものである。というのは、ジョン・スミスのように、超分離主義は、教会を歴史的伝統ではなくむしろ契約によって形成されたものとみなし、国家や聖職者の階層制度、教会集会などではなく、個々の会衆の合意に決定権を認めていたからである。

急進主義が進展すると、昨日の闘士は今日の順応主義者としてとり残されてしまう傾向があった。エリザベス朝では、トマス・カートライト（一五三五～一六〇三年）の長老主義の要綱は、急進主義から一歩進んだ位置にあったように思えるかもしれない。しかし、数十年わたるイングランドのピューリタニズムの豊かな成長に続いて、国教会が内戦で崩壊した後、一六四〇年代になってイングランド（またはイングランド、スコットランド両方）の長老主義は、イングランドとウェールズ、スコットランド、それにアイルランドで、唯一の承認された教会を信仰し、宗教的独占を強調することや、ピラミッド型に組織され、社会を包括している国家教会における聖職者のリーダーシップを主張することで、ピューリタン保守主義の典型となった。長老制教会の規律だけを排他的に求めることに対しては、ヘンリ・ジェイコブの半分離主義の後継者として新たに登場した中心党派、「独立派」が反対した。この「長老派」と「独立派」の境界ははっきりとしたものではなく、たとえば、両派は本質的にカルヴァン主義の神学説を共有し、ある種の国家教会へのこだわりをもっていた。しかし、当時の人びとは、「長老派」と「独立派」という言葉がはっきりと対立した教会の原則を意味するものだ、ということを正確に理解していた。

長老派にとっての好機、つまり古典的なカルヴァン主義がイングランドの公式宗教として確立する唯一のチャンスは、一六四二年の内戦勃発の後にやってきた。王党派があっというまに勝利する可能性があったので、議会は協力者を求めざるをえない状況になり、また「敵の敵は味方」の信条にしたがって、国の宗教改革を防衛するために、一六三八年以降チャールズ一世と戦争していたスコットランド人と協定を結んだ。その代償として、一六四三年に、イングランド議会はスコットランドと「厳粛なる同盟と盟約」を結んだ。これは、イングランドにおいて、聖職者が支配し、規律主義的で独占的な、スコットランド式の長老派の厳格な規律を採用することを議会に誓わせるというものであった。しかし、ヘンリ・ヴェイン（子）に代表されるイングランドの反聖職者主義がその契約の調子を弱めたので、ロンドンでのスコットランド長老派の代表であったロバート・ベイリーが、それは「不十分なエラストゥス主義の長老主義」――骨抜きで、スコットランドのモデルと比較すれば、国家に従属したもの――と不満をいったというのは本当である。しかし、一六四〇年代から一六五〇年代にかけてのイングランドでは、標準的な長老主義が、とくにロードの儀式主義者の悪影響を嫌い、「敬虔なる者の支配」の確立を誓って純化された国家教会の規律を望んだ保守的なピューリタンたちのなかで、とくに支持されていたことは間違いない。

議会の保護下で、一六四三年から長老派が支配した神学者の集会、ウェストミンスター会議は、トマス・カートライトがかつて夢見たようなある種の厳格なジュネーヴ政策をイングランドに適用した（またそうすることを望まれた）ような教会組織と礼拝様式、信条の導入を始めた。つまり、イングランドは最終的に「もっともよく改革された教会」のひとつとなるというわけである。しかし長老派の計画は、ジェイコブ派教会やその分派などのグループのなかで一六二〇年代、一六三〇年代を通して育まれたさまざまな形態のピューリタン主義の形成を考慮していなかった。

一六四三年までに、イングランドのピューリタンは、長老主義のモデルから予想されるよりもはるかに、（教義、組織、そして宗教それぞれの側面で）さまざまな要素が交じり合ってできていた。たとえば、トルミーによれば、準分離主義者、半分離主義者、厳格な分離主義者、独立派――それ自体が幅広い範疇であり、アングリカンの高教会政策や「ロード時代」の抑制によって徹底的に疎外されたグループをも含む――が区別される。くわえて、内戦が勃発する頃までには、新ユダヤ主義の「トラスク派」や、中世の信仰伝統に影響を受けたジョン・エベラルドといった神秘主義者のような、周縁的で泡沫的な集団などと並んで、明確に異なるふたつのバプティストの教会連合があった。しかし長老主義の厳格さは、「異端、分離、異教……の根絶」をめざして、こうしたほかの教派との戦いに備えたという一面もあったようだ。長老主義は、ウェストミンスター会議では少数派であったが、こうした統一を求めたため、分離派や半分離派の伝統に根ざしたリベラルな抗議運動をひき起こした。

独立派での聖職者の指導権は、一六四三年から一六四七年までの容赦のない長老主義の実施に対して反対行動をとったウェストミンスター会議の小さなグループにあった。一六四四年の『弁明』の著者たち（ウィリアム・ブリッジ、ジェレミー・バロウズ、トマス・グッドウィン、フィリップ・ナイおよびシドラック・シンプソン）、つまり独立派の大義の代弁者たちは、ヘンリ・ジェイコブの穏健な会衆教会という方針の後継者だった。もともとネーデルラントに亡命していた、これらの「擁護論者」は、自らを絶対的「ブラウン派」分離主義と「権威ある長老派政府」の中間グループとみなしていた。基本的に聖職や学問については長老派と見解を共有し、共通のカルヴァン主義神学を支持しており、擁護論者の一派は、正統長老派との相違を最小限にするよう試みる一方、（より広範な教会のなかで）個々の会衆組織の独自性と（少なくとも彼ら自身のグループにとって）ある程度の信仰の自由と寛容の必要性を強調した。

もちろん擁護論者に代表される「独立派」がみな分離主義者や「非国教徒」であったわけではない。しかし、分離派は全員が独立派であった。ここで注目しなければならないのは、分離派の独立教会主義を支持する者たちは、実際の人数は少なくても多様で、一六四〇年代から一六五〇年代にかけての真の「急進論者」だったことだ。「ブラウン主義者、再洗礼派、アリウス主義者、トラスク派、ファミリスト教派〔一六・一七世紀の神秘主義者「ファミリー・オヴ・ラブ」の信者〕、快楽主義者、無律法主義者、そしてその他」は、実際にどのくらいの人数が存在したかどうかはわからないが、保守派やとくに長老派とレッテルを貼られたより保守的なピューリタンたちにとって脅威であった。こういったセクトが、分派やそれが示す社会的・教義的脅威の恐ろしくも浩瀚な目録である『ガングリーナ』(一六四六年)を著わした権威主義的なピューリタン牧師のトマス・エドワーズに素材を提供したのである。伝道者のなかでも、エドワーズや彼の仲間は、独立派の穏健な急進主義が分派を生み出す過激派の急進主義を生んだのだと主張し、非難した。長老派は、自らの分離論者と国教会との関係があったので、この非難を取り上げるには用心が必要であった。

エドワードのような保守的論者の作品からは、まったく根拠のない恐れの強さや虚言が人間行動にもたらす効果を読み取ることができる。出来事はまるで真実であるかのように幻想によって誇張されるものだ。『ガングリーナ』などのプロパガンダのなかでは、分離主義は、(a)その数のうえでの重要性から脅威であり、(b)革命的な過激派や道徳的自由の信奉者なので危険であると述べられている。これらの像のなかにはどんな真実や虚像があるのだろうか。

まず数の点に関してはそれほどややこしくない。宗教分離派の人数統計には、グループの数は多く、会衆は多種多様でありながら、支持者の数は少なかった、という矛盾が含まれている。イングランドのプロテスタント分離派の歴史のなかで主要な局面を成したふたつのグループ、すなわちネーデルラントでの亡命者の共同体とロンドンにあったジェイコブ派の教会を考察すると、継続的に分裂する傾向があったことが明確にわかる。たとえばジェイコブ派教会は、一六四二年までに八つもの分派をつくりだし、一六四〇年以降は、急進派の常勤ではない聖職者が急速に増えたので、常勤の聖職者を抱えられるだけの規模の信者を集めなくても、小さな分派を形成することができるようになった。信徒集団の数は驚異的で、パティキュラ・バプティストは一六六〇年までに二五〇以上もの分派を持っており、この数がトマス・エドワーズの恐れをあおったことは確かであろう。しかし、メンバーが一八人しかいない信者集団もあり、マックグレゴールの計算によれば、会派の合計人数は人口の〇・五パーセントにも満たなかった。分離派の温床である首都でさえも、非国教徒は人数的にもとるに足らず、地域住民のあいだでも不人気であったようだ。

「分派主義者」は数というより、所在や影響力、傾倒具合、また過激主義が危険視される要因であったようだ。たとえば、首都に群がっていた無政府主義の狂信者は、ニューモデル軍に入り込み、風変わりな教義を抱き、よく考え抜かれた革命戦略を持っていた。エドワーズのプロパガンダの大部分はこのような非難からなっていた。エドワーズによれば、セクトの非国教徒は、エドワーズが忌むべき宗教寛容とみなしたものを通して、行政官と宗教のつながりを引き離してしまう恐れがあった。つまり、彼らはキリスト教を蝕み、無神論を擁護し、家族を危険にさらし、あらゆるかたちの不道徳に勝手気ままに耽るのである。

このような主張にもいくらかの真実があったことは確かだろう。たとえば、後で見るように、分離主義が教会と国家のつながりを絶ち切ったというのは事実であった。戦時の際には、道徳的価値観が議論の対象とされるのが常であり、とくに内戦ではその傾向が強いようだ。さらに内乱期のイングランドでは、報道検閲が事実上、一時的に停止されたために、じつに多様な意見があふれ出した。無律法主義者もそういったなかのひとつであったが、彼らは、神と結びついているキリスト教徒を束縛するものとして道徳律を否定するにいたった。しかし、この純粋に神学的な無律法主義が実際によからぬ行為に及んでいたかどうかについては疑問が残る。また、ある程度会員と組織に継続性をもって現実に活動した教派に目を向けると、急進グループのなかでエドワーズにターゲットにされていたのは、むしろ道徳至上主義の傾向があったことがわかる。実際、彼らは強固な反聖職者主義の立場をとっていたため、エドワーズのような人間を公然と非難し、十分の一税とともに礼拝における形式主義や過剰に学問的な神学研究を非難していた。しかし、道徳の問題となると、マックグレゴールが示すように、「自由恩寵」といった教義は、「選びの不滅」という超カルヴァン主義的な信念であるが、どのようにしても道徳崩壊にはつながらなかった。つまりは、完全に逆であったのだ。バプティストは、同時代の人びとには、ほかのあらゆる過激主義へといたる通路とみなされていたが、カルヴァン的であれ(「パティキュラ・バプティスト」)、非カルヴァン的(「ジェネラル・バプティスト」)であれ、どちらも熱心で厳格な人びとであった。

ベドフォードシァの鋳掛屋ジョン・バニヤン(一六二八〜一六八八年)は、バプティストの教会生活や分派の社会的出自の特徴を典型的に示している。われわれにとっては、大衆文化とピューリタン教義の古典的な融合である『天路歴程』(第一部一六七八年、第二部一六八四年刊)で今なお馴染み深い人物である。彼は一六五〇年代に改宗し、その後は事実上、活動的なバプティスト－独立派の説教者であったが、教会を組織し、牧師としても活動した。ほぼ独学のバニヤンは、一般的に『天路歴程』に見られるような娯楽的な要素を欠いているといわれる壮大な一連の著書のなかで、決定論的なカルヴァン主義者や宗教改革の救済論を辛辣に非難している。すなわち、信仰義認論や、神の恩寵を受ける手段としての善行をまったく認めないこと、極端な予定説などである。

　バプティストは、自分たちを同時代の分離急進主義の原型であるとしていたが、その社会的・政治的原則は、苦しい生活状況から逃れようともがく職人や小規模農業経営者といった勤勉な「中間層《ミドリング・ソート》」の小市民的な運動に見られる見解そのものであった。彼らは独占に疑義を呈し、逆に小規模の資産を尊重した。裕福であるか貧困であるかを問わず怠惰やわがままをさげすみ、反聖職者主義（十分の一税の廃止の要求に主に表現されている）をとると同時に反学問主義的でもあった。このような政治的な基本姿勢は、レヴェラーズの改革プログラムから生み出されたものであった。レヴェラーズは、議会軍のなかで不満から生まれた党派で、自分たちがもともといた分派や社会階級の民主的な流儀を維持していた。共和主義者は自由保有者による民主主義を求めたが、レヴェラーズは、頻繁に議会を開催すること、小規模な製造業者や商人、独立自営の農業経営者に有利になるように選挙権を再分配することを要求した。しかしながらレヴェラーズのプログラムはどれも変革を実現できなかった。

　レヴェラーズの民主政治は根本的には宗教分派に由来するが、一六四〇年代には、集まった諸教会が宗教を優先させたために、レヴェラーズが目指す世俗的な目的との衝突を招いた。セクト主義者は、自分たちが内向きの孤立主義者なのか、それともイングランドを変革するために身を捧げたピューリタン武闘派なのかがはっきり分かっていなかったため、分派の政治活動は限定的なものにとどまった。また宗教左派のなかには、政治的好戦性の可能性からは距離を置いて、彼らを急進的な革命家と描こうとした多くのプロパガンダに影響を受けたものもいたようだ。バプティストは、急進運動や救世主再臨待望にとらわれていたにもかかわらず、とくに指名議会（一六五三年の残部議会の崩壊後に召集された千年王国的な思想を持った臨時議会）の頃、近世ヨーロッパの論争でももっともやっかいなもののひとつに悩まされていた。プロテスタントにとってのローマとの戦いにおける「アンチ・キリスト」と同じような存在であったのが、宗教破壊活動分子に反対するキャンペーンをおこなった保守派にとっては、一六世紀の再洗礼派ヤン・ファン・レイデンであった。一五三〇年代にドイツのミュンスターを全体主義的なコミューンにした、かの悪魔的・性的な手段を用いた人物である。このような輩が彼らの先駆者だといわれながらも、イングランドのバプティストの指導者たちは、終わりを迎えつつあったピューリタン革命のなかで、慎重に身を処していた。

しかしセクトは、内戦や空位時代のイングランドで進行中であった実際的な革命的変化――一元的な社会の崩壊であり、国家の世俗化、宗教の「私化」――のなかで、つねに、また必然的に前面に立っていた。ピューリタン革命の転換期である一六五三年に提案された法律、とりわけ〔宗教的儀式によらない〕民事婚の導入と、強制的な十分の一税の廃止により、イングランドはヨーロッパ初の特定宗派にもとづかない社会へと向かった。この著しい変化は、近代ヨーロッパで「非キリスト教化」によって起こったのとは違って、むしろ「聖者」の側での、非常に強力なキリスト教信仰によって起こったのである。

内戦前のブリテン島が宗教的にどの程度統一されていたのかを正確に把握するのは難しい。たとえば、イングランドとウェールズでは、法律によってすべての人が最寄りの教区教会に礼拝に行くことを求めていたが、ロンドンの急進派キャサリン・チドレイが不満をもらしているように、この礼拝はこの時点になってもまだ、一五世紀に一般的であったカトリックのお祈りの様相を呈していることもあったようだ。しかし、こうした宗教的統一は、ますます多様化し複雑になる社会のなかで崩れはじめていた。一六四〇年以前には、セクトがこの溶解プロセスの先駆けとなり、その後、一六四〇年代、一六五〇年代にさらに拍車がかけられた。そして、一六六〇年以降、社会における宗教の一致の再構築が試みられるが、宗教的に一枚岩の社会は、一六八九年の寛容法によって著しいダメージを受けたのは間違いない。

もちろん、寛容は一元的な共同体における主な解決策だったが、同時に、そういった一元的な共同体はもはや存在しないということを法的に認知することでもあった。一六五〇年代、実際に獲得された寛容という基準に照らして、十分の一税が問題となった。この問題をめぐって、宗教は社会的なものではなく個人的なものであるとする世俗的な社会を求めて水面下の戦いがおこなわれたのだ。さらに、分離主義者の「信者たちの洗礼」（これは分離主義の論理的結果であった）を要求する声が高まり、キリスト教社会の概念を拒否する兆候となった。一七世紀中盤の非国教徒を「急進的」にしたのは、財産を侵害される脅威でも、政治的民主主義でも、道徳的混乱や千年王国思想でもなかった。真の意味で一七世紀の宗教的急進主義を革命的なものにしたのは、何世紀にもわたって続けられてきたキリスト教国家のもとでのキリスト教社会の追求を、セクトが自発的に放棄したことであった。

一七世紀の宗教多様性は過去との断絶をもたらしたが、

その断絶は、前世紀のイングランド宗教改革の結果として起こったものではなかった。テューダー朝の宗教改革は信条の統一に関する基本的前提のみならず、初期教会の多くの実用的な慣例事項を保持した。洗礼の問題はこの連続と断絶の問題に焦点を当てるためにとくに役立つ。エリザベス時代の分離派による洗礼に関する疑問は、ジョン・スミスによって明確にされ、さらに一六四〇年代、一六五〇年代の非国教徒たちによってさらに追究されたが、それらは過去との連続性を脅かす危険性があった。ほぼすべての人がイングランド国教会で施される洗礼を受け入れることは、分離に向かう力を静め、イングランド国教会（そして論理的には、その祖先であるローマをも）を正当な教会として絶対的に支持することに等しかった。逆にいえば、歴史的教会を通さないかぎり、使徒から受け継がれた洗礼（それに聖職者も）はまずありえなかった。唯一の代案は、非常に急進的ではあるが、新たに聖霊が降臨したり、新たに別の洗礼者ヨハネが出現して、すべてが作り変えられること。そして、それまでは、すべての既存の教会の「儀式」を中止するというものであった。同時代の人びとが「シーカー（求道者）」と呼んだきわめて急進的な人びとは、そのような教会の新しい始まりを待っていたのである。

新しい奇跡的な啓示を待つ「シーカー」の姿勢は、一六四〇年代、一六五〇年代にみられた期待の一部であり、その頂点として、かれらのメシア信仰が指名議会に影響を与えた。しかしこのシーカーの態度は、期待と同様に幻滅の産物であったのかもしれない。一六四九年のチャールズ一世の処刑という褒められない出来事の後、キリストの王国をイングランドに確立できなかったことに対する失望があったことは間違いない。そしてまた、セクトや寄り集まった教会内部での息苦しい厳格さや些細なことにこだわる傾向がいっそう強まってゆくことに対する幻滅もあっただろう。執拗なまでの聖書主義や、祝福に関する、また洗礼における〔全身を水に浸す〕浸礼か〔頭部に水をかける〕灌水礼かの作法をめぐる論争によってバプティストのコミュニティが乱されると、「あいまいさ」の必要性を強く感じる人びとが現われてきた。ここで「シーカー」の立場を考えなくてはならないが、その形式を持たない性質のために、ひとつのセクトとして定義するのは困難である。当時敵意を抱いていた人びとは、シーカーはひとつのセクトとして存在していたと実際に信じていたようだ。その理由のひとつは、マックグレゴールがいうように、支持する組織があるからこそ、イデオロギーを持つことができるのだ、というものである。実際、啓蒙されることを求めてグループが集会をおこなっていたという証拠があるが、その一部は、かつてシーカーであって、その後クウェイカーの教えに真理を見いだしていたことが後にわかったクウェイカーの指導者から、遡及するかたちで得られたものである。「シーカー教会」というものは存在しなかった。この言葉自体矛盾があっただろう。シーカーの個人主義（その支持者はひとつひとつの独立した存在であるとみなされた）は、ピューリタン分離主義の論理的結果であり、また一方で、シーカーのあいまいさこそが、分離派が各々自分たちの無謬性を主張して果てしなく対立するという事態への究極の反応だった。

近年の歴史書は、一六四〇年代、一六五〇年代の急進的な非国教徒の範囲や組織力を軽視する傾向が強い。しかし、民衆文化と結びついた伝統的な宗教の力に注意しなくてはならないだろう。とくに内戦期や空位期におけるピューリタンの厳粛さに対する反発についてはその必要がある。本章では、急進教会の少数派としての性格を指摘しようとしてきた。ランターズ〔一七世紀中頃の無戒律主義の一派とされた〕などのように、反感を抱いた宣伝者の敵対的な妄想のなかにしか団体としてはほとんど存在していなかったものもあった。しかし、数のうえでは重要ではなかったとはいえ、この革命的な時期に、イングランドでは、急進的で周縁的な活動に驚異的な多様さや理論的大胆さが存在したことは否定できない。ランターズやシーカーは、当時の人びとの目にだけ映ったお化けのようなもので、学問的な精査によって、実質上、消えてしまったのかもしれないが、驚くほど長続きしたマグルトン派などの他のセクトは、実際に存在したことがはっきりと証明された。とりわけクウェイカーはこの革命的な時代における急進主義が継続する際の受け皿となっていった。

キリスト教の聖職者の身分は、それ自体の信仰と組織の権威主義とはつねに切り離して考えられなければならない。一六四〇年代、一六五〇年代に日の当たる場所へと移った分離主義は、主教や長老の専制に対して異議をとなえるようになる。しかし、バプティストの俗人男性による長老職でさえも、ほかの官僚的な聖職者と同様に独裁者的でありえたし、教会の道徳や教義と異なる意見をとる者を除名したり、女性の役割に厳格な制限を設定するために聖書からの引用文を使い分けたりもした。長老となるのは裕福な製造業者や商人であることが多く、たとえばロンドンのバプティストの主要人物であったウィリアム・キフィン（一六一六～一七〇一年）は、バプティストのなかの急進的傾向を抑えるために、経済力と聖職の力を結びつけた。さらに聖書を自分たちの唯一の拠り所としたか、またはそうすると公言したバプティスのようなセクトでは、識字能力の必要性がとくに強調された。集会における権力は、異議を唱える者に対して聖書を引き合いに出し、そこから議論を展開させることができた識字能力のある男性長老に集中したようである。また選択神学が、予定説的な見解に従ったセクト内のエリートたちへの権力の集中を促したことは間違いないだろう。しかしここでは、（女性が多くを占めた）無学か少ししか識字能力のない庶民に対して、セクトのエリートが合法的に権力を象徴する道具として聖書をいかにして使うようになったかに注目してみたい。聖書を学んだセクト指導者たちが普通の教会員の見解や行動を批判するために聖書を利用したので、普通の教会員は憤激し、反聖書的な行動へと発展したようである。一例をあげると、「無価値なものだと見下した」聖書の成句を踏みつけたバプティストの女性もいた。このように聖書が新たな抑圧的な力と感じていた人びとにとって、クウェイカーの考えはそういった抑圧からの解放となった。

クウェイカーの思想は、一七世紀のブリテン島に現われたもっとも急進的な組織的宗教運動であった。しかし、その運動も後になると、寡頭的な指導、潜在的な聖職者尊重、杓子定規な規則重視、形式主義といった、分離派教会であっても影響を免れなかった、徐々に忍びよる停滞状態に落ち込んだことは確かである。初期クウェイカーは、より広範囲な地域に分布していた点で、バプティストなどの他の左派団体とは異なっていた。柔軟で細胞のような構造を持ち、儀式や聖職者を避けていたことから、それまで宗教的には無視されてきた北部諸州の特別な需要に対応するのにうってつけであった。初期のクウェイカーは、ロンドン、ブリストル、その他の町や都市にも勢力をのばしていたが、少なくともクウェイカーが都市志向になってゆく一八世紀までは、都市だけでなく、農村にもみられた。要因のひとつは、おそらく十分の一税の要求から逃れるためであっただろう。というのは、クウェイカーは十分の一税の支払いを頑強に拒否したのである。

内戦期の他のどのセクトよりも、クウェイカーはそのあり方でも人数でも大衆運動に近かった。実際、一六五〇年代の権力者たちは、クウェイカーが国を奪取するのではないかとヒステリックなまでに恐れ、それに応じた対応を取った。最初期のクウェイカーは、おそらく六万人ほどとみられ、ほかのセクトのメンバーと同じような、セクト特有の社会的背景を持っていた。彼らは勤勉な農場労働者、職人、小規模な小売商といった、伝統的な「中間層《ミドリング・ソート》」で、ジェントリ階級の人はほとんどいなかった。彼らは他セクトに属した自分たちの先駆者の社会的・政治的テーマを取り上げ、十分の一税を拒否する姿勢をいっそう強めた。彼らはジェネラル・バプティストの救済についてオープンで反選択的な見解を共有し、さらにそれを拡大して、すべての男女が入信できる可能性を提供した。しかし彼らの主張は、バプティストなどの他のセクトに見られた神学研究や聖書崇拝に満足できない、敬虔でいくぶん禁欲的な男女に主に向けられ、そのなかから多くの支持者を得た。聖書はそれを解釈する特権階級の護符であるとして、特別な位置から引き下げたクウェイカーの態度には、民主主義と平等主義をみることができる。運動の先導的な創始者であるジョージ・フォックス（一六二四〜一六九一年）などのクウェイカーにとって、聖書はなじみ深いものだったが、その権威という点では、すべての男女を啓発することができるような直接的なひらめきといった、インスピレーションをもたらしてくれる他の源と同列のものとしてとらえられていたようだ。

このような教義が可能にした束縛からの解放は、初期クウェイカーの中だけにとどまってはいなかった。彼らは、従来からの十分の一税への抵抗から、財産保有のさらなる平等化の要求にいたるまで、さまざまな主張のなかに見られる彼らが基本と考える前提から、社会的な影響を生み出した。その主張には、正当な値段や賃金の要求、先駆的な平和主義、怠惰な貧乏よりは怠惰な金持ちへの軽蔑、そして、すべての人を同じように扱う単純で率直な、むしろぶっきらぼうにもとれる北部のやり方などがあった。彼らの服装や、儀礼を排した挨拶、お辞儀を辛辣に拒否する態度は、厳格な社会階層が話し方や身のこなしの細かい規範に縛られ、マナーが非常に重視された社会であった一七世紀イングランドでは、とりわけショッキングなものであった。

地方行政官、軍士官、一六五〇年代の多様な「国教会」聖職者、議会——こういった「権力者たち」は、クウェイカーの脅威にさんざん悩まされた。彼らの恐怖は、保守的な反発を強めることになったが、それは、一六五〇年の不敬法によって口火を切られ、一六六〇年の国教徒の君主の王政復古において結実することになる一〇年間にわたって続くものとなった。保守派にとって大きな衝撃となったのは、著名なクウェイカーであるジェイムズ・ネイラー（一六一七〜一六六〇年）が、一六五九年にブリストルに入る際、シュロの聖日スタイルで自分自身をキリストに似せたことだった。一六五九年にクウェイカーによるクーデタの可能性が実際にあったのかどうかについて、いまや独立派や長老派とともに一部のバプティストの代弁者をも含む「保守主義者」は、あったと考えたのである。これらのグループは、さまざまな態度をもって（仕方なく、または歓迎して、または自ら進んで）伝統的な秩序の象徴、つまり国王の復帰を迎えるようになる。聖者の革命は、宗教的急進派と社会再建主義者のあいだの致命的かつ本質的な不和によって崩壊し、幕を閉じた。

一六六〇年前後のわずか数カ月のうちに、ピューリタンの教派は支配する側から服従する側へと移行した。一六六二年の末までに、権威的で非セクト的な国家教会という原則を守ろうとしたカルヴァン主義者であった長老派は、自分たちが嫌悪してきたセクトの新たなひとつになるかもしれないという事態に直面した。一六六〇年以降国教会に戻らなかったさらに保守的なピューリタンが加わり、いまや分離派の諸教会は、敬虔なる者による支配を手放さざるをえなかったし、それどころか自分たちが存在する許しを求めなければならなかった。一六五九年から一六八九年までの、彼らの歴史にとってつぎの決定的な期間、すなわちふたつの革命のあいだの三〇年間、非体制派の諸教会は、英雄的に迫害に耐えた。彼らは断続的に執行猶予を獲得し、最終的には、名ばかりではあったが、寛容を得た。

おそらくクウェイカー主義とは、宗教的反対派が敗北をうまく乗り切るために備えたかたちだったのだろう。第一に、個々の信者の精神のなかにキリストがやって来るというクウェイカーの考え、悪に対する精神的な「子羊の戦い」を信じること、そして、一六六〇年以降の平和主義の全面的な受け入れ、これらは、彼らが非現実的な千年王国思想や行動主義になってしまったものを放棄、もしくは内面化したことを示すものであった。第二に、クウェイカーは見事な組織をもち、消極的ではあったが分別にもとづき権力に断固と異議を唱えたことにより、一六六〇年以降の抑圧に対して、抵抗とまではいかなくとも、耐えることはできた。クウェイカー主義は、一六五〇年代にバプティストのあいだにそれほどまでに浸透したのだが、主に消極的抵抗の技術を採用したことで、一六六〇年から一六八九年の間に急進的な非国教徒が生き残るための手段となったのだ。

王政復古と名誉革命のあいだの数十年間、イングランドは、宗教的不寛容と一元的社会の実現を試みた。これ以降このような試みは見られなくなるが、この試みは困難をともなうものだった。ヨーロッパのふたつの国、フランスとオランダ共和国は、宗教の相違を公的に認めており、オランダは経済的成功を収め、また宗教多様性を肯定的に支持した。ヨーロッパ、とくにイングランドでは、宗教の自由はしだいに支持されるようになっていた。しかし一六六〇年以降、イングランドでは、政治的な配慮から、非国教徒に対する寛容は否認または延期されることになった。プロテスタント急進派は、国王を処刑し、王党派ジェントリに犠牲者を出すことになる内戦を引き起こし、さらに、道徳的・社会的混乱をもたらしたように思われていた。その結果として、一六六〇年に王政が復活して以降、保守的な反動の重要な一部として、組織的な宗教的寛容がもたらされた。この王政復古期のイングランドでは、長老派自らが周縁的なセクトをうまく処理して抑圧の手助けをした。しかし、合意の条件により、一六六二年までに長老派は国教会の高教会派のやり方を受け入れるか、それとも追放されて弾圧されるかの選択を余儀なくされ、政府による反対者迫害のための仕組みが設けられた。

一七世紀は、社会のなかで宗教的一致の必要が自明とされた時代と多元性と無関心の時代である現代の狭間にあった移行段階といえる世紀で、寛容に関するあらゆる理論的・実際的問題に直面した。クロムウェルの寛容な政権下でも、クウェイカーは他教派に対して攻撃的な行動をとり、宗教的寛容と公共秩序の関係の困難さを示すこともあった。さらに、イングランドのプロテスタントのあいだには、宗教的自由が「ローマ・カトリック教」への扉を開くのではないかという懸念があった。王党派が優勢であった議会は、王政復古期のアングリカンの高揚した意識を持っていたが、空位期の苦難の記憶も併せ持っていたため、宗教的に一体であるというエリザベス朝社会の夢を復活させるために、そのために用意・計画した立法で、寛容をめぐるあらゆる困難を解決した。リチャード・バクスターのようなピューリタン系の聖職者の期待に反して、一六六二年の統一法は、イングランド国教会に礼拝式文を課したが、これは一世紀にわたるピューリタンの不満を無視したものであった。教区の聖職禄保有者は、この礼拝を自分たちの地位を保つための代価として無条件で受け入れなくてはならなかった。その結果、一六六二年末までに二〇〇〇人以上の聖職者たちが教会を離れ、それ以降に登場する組織された非国教教派を指導する聖職者となった者が多かった。さらに一六六〇年代のクラレンドン法典として知られる法律は、とくに都市において、非国教徒からそうした指導者を奪おうとした。

イングランドの宗教団体の分類は一六六〇年以降徐々に単純になってゆくという見方もできる。様式や個性はそれまでよりも狭く定められることになったが、国家教会であると主張できるのはただひとつだけだった。つまり、一九世紀のある非国教徒の歴史家がイングランド国教会をそう呼ぶことを好んだように、「国教セクト」である。この体制教会の外側にあったのはセクトや教派だけであった。さらに保守的なピューリタンは、一六六二年に悲惨なジレンマに直面する。すなわち、儀式的で階層的な教会に従うか、そこから分かれてセクトの地位に甘んじるかである。リチャード・バクスター（一六一五〜一六九一年）の一連の作品には、敬虔なる人びと、つまりもっとも「配慮に満ちた良識」を持った男女のもっとも誠実な考え方が、学識豊かにたっぷりと述べられている。長老派やバクスターのように「長老派」と呼ばれるのさえ拒んだ人びとよりも、さらに急進的な立場をとったのが、一般的にセクトとしてのアイデンティティに思想的に満足していたグループである。独立制をとった会衆派は理論家としてジョン・オーウェン（一六一六〜一六八三年）を擁し、バプティストにはベンジャミン・キーチ（一六四〇〜一七〇四年）、そしてクウェイカーにはロバート・バークレイ（一六四八〜一六九〇年）がそれぞれいた。しかしいまや、各グループはそれぞれの神学や教会研究の領域を開拓しており、将来に向けての主要な作業は、グループ間の境界線を無理にでも作り上げることであったが、おそらくは融合へ向けてのあらゆる機会を模索していた。

長老派と独立派という非国教徒の二大組織間の融合は、両者とも今ではセクト的な性格を共有していたという事実によってそれなりに助長された。新ロード主義的な国教会に包括されるよりも、改革派教会としての原則を選んだ長老派は、ヘンリ・ジェイコブの時代から流行していた折衷的な独立教会制をいまや断念せざるをえなくなった会衆派と同じセクトの型に押し込められてしまった。ピューリタンのさらに保守的な後継者ですら、国教会からの分離に関する留保条件の多くを断念したので、大きな改革派グループは互いに歩み寄りはじめた。しかしそれでも、彼らが〔非国教徒を国教会に取り込もうとする〕「包括」政策を受け入れていたことや、〔官職に就くために国教会の礼拝に出席する〕「便宜的国教信奉」を実行していたことに見られるように、長老派は、体制教会にふたたび包括されたいという思いを持ち続けていたようである。それでも、非国教徒全体の同盟や最大集団間の融合と連携の可能性は、一六六〇年以降の課題となった。一六七五年にブリストルのセクトが、絶えず集会を続けることで当局を妨害するという作戦に合意したように、同盟は便宜上生み出されたものかもしれなかった。事実、一六七〇年代は、長老派と独立派の密な宗教協定にとっては前途有望な時期であり、一六九一年の「幸福なる連合」の先触れとなった。この融合は国レベルでは崩壊したが、いくつかの地域——とくにデヴォン——で生き残った。

一六六一年から一六八九年の迫害の期間は、そのもっとも厳しい段階を一六六〇年代と一六八〇年代の前半に迎えたが、この時期に急進派諸教会は新たな特徴であるヒロイズムを帯び、そして冒険物語の気配すら漂わせた。これまで敬虔なる人びとは、突飛な行動でとくに目立つというわけではなかったが、王政復古期に入ると国中からはらはらするような機知に飛んだ冒険話があふれだした。非国教徒の苦境が、人びとが彼らに抱いたイメージにどう作用したのかは、ほとんどが憶測の領域となる。一六六三年までは、非国教徒に対する刑罰法は、多くの人びとにとっては、当然のものと思われたに違いない。というのは、一六六一年の首都でのヴェナーら第五王国派の蜂起から、一六六三年のリーズ近郊でのファーンレイ・ウッドの陰謀にいたる、急進的な非国教徒による一連の向こう見ずなテロリスト暴動を考えれば、それも当然といえるだろう。秘密礼拝集会は暴動の温床となると広く信じられていたので、法と秩序を守る側にとっては、そのような行動は一六六四年と一六七〇年の秘密礼拝集会法における特別条項を正当化するものであった。しかし、非国教徒の礼拝集会を苦境に追いやったことは、一七世紀イングランドの人びとのあいだに、法の犠牲者に対するよくある同情を引き起こした。ひどい罰金や投獄、勤勉な職人の商売道具の差し押え、未亡人いじめ、子どもが両親の信仰のために被害を受ける、といったことに対して当然の反感があった。ベドフォードのような町では、宗教刑罰法を実施しようとしたなら住民がいなくなってしまっただろう。非国教徒の逆境に対する人びとの同情（ある種の大衆の寛容のイデオロギー）は、イングランドの自由を妨害し、利己的で評判の悪い密告者を富ませた秘密礼拝集会法への反感を同時に生み出した。そこで突然、国王チャールズ二世によって、法からセクトの信者を救う試みがもっと強力になされた。なぜ国王がこのような提案を非国教徒に対しておこなったのかは定かではない。王が宗教に対して無関心だったからかもしれないし、寛容に関与することで自らの名誉を高められると感じたからかもしれない。もしくは、自らがセクトの擁護者として働くことでその政治的基盤を広げようとしたからかもしれないし、またあるいは、プロテスタント非国教徒に寛容を提供することによって、カトリック教徒にも寛容を与えようとしたからかもしれない。一六六二年とその一〇年後の二回、間違いなく国制的には非合法であったが、国王大権のみにもとづいて、チャールズはプロテスタント非国教徒が平穏に礼拝くらいはおこなうことを許可した。

王のこの対応に引き続いて、寛容を求める声（国教徒が支配的であった議会からはほとんどなかったが）は高まり、この問題は、チャールズ二世の治世（一六六〇～一六八五年）のみならず、ジェイムズ二世の治世（一六八五～一六八八年）においても、さらに付帯する条件がなかったわけではないが、政治の最重要課題となった。チャールズ二世はカトリック同調者であり、またジェイムズ二世は熱心なカトリック信者であった。つまり彼らの非国教徒への寛容は、非国教徒の最大の恐れの対象であるカトリックへの寛容を含んでいた。ジェイムズの甘言を、ぼんやりとした疑いの目で見る者もいれば、大いに懸念しながら見る者もいたが、それ以外の非国教徒は好意的に応じた。たとえば、ウィリアム・ペンはクウェイカーに国王を支持するよう説得している。結局は、ジェイムズの王位放棄と廃位の後、一六八九年の法律で、議会は、法にもとづくものではあるが、制限付きの寛容を提供した。

一六八九年の寛容法によって存在することを認めさせたプロテスタント非国教徒は、エリザベス朝のカルヴァン派のピューリタンを起源としている。もともとイングランドのピューリタニズムは国教会の改革を完成させることと、イングランド社会全体の改革を完成させることを企てていた。一六四〇年代から一六五〇年代にかけてピューリタニズムが権力を持った時期、その運動は実際にイングランドの社会を掌握し、敬虔なる道徳を人びとに課し、大衆文化を作り直すための機会を与えられていた。しかし、一六六〇年以降、ピューリタニズムのセクト化が不可避となると、「古き良き大義」の擁護者は公共の生活を掌握する機会を永遠に失ってしまった。しかし、一六九〇年代に登場した「道徳改革」のための諸団体が、ピューリタニズムの社会倫理への関心に似たものを示した。一六六〇年以降、とくに一六八九年以降、ピューリタニズムは公の舞台から実質上どんなかたちであれ退くが、これは一七世紀後半から一八世紀の非国教徒は、他人よりも自分たちの道徳状態に関心があったことを示している。しかし、ピューリタニズムは非国教徒となったが、かつての干渉主義のすべてを失ったわけではなかった。彼らの他者に対する強い関心は、小さな教会として家族生活を営むことや、会衆内での過ちを教会エリートが正すことに変わった。しかし、根っからの非国教徒が規律を守ろうとする性格は、まず自己の本性を制御するための活動を続けることに向けられた。

ピューリタン、非国教徒の特徴は、高度に構築された時間秩序のなかで機能した。彼らの厳しい時間管理――クウェイカーの商人は、値段交渉で時間を無駄にしないで節約するために固定価格を導入した――は、人生の短さに対する鋭い感覚から発生したものだった。一週間は厳しく精力的な礼拝の安息日と宗教指導で始まった。休養は非国教徒の優先事項リストのなかでは高い順位にはなかった。非国教徒にとっての安息日は、仕事に精を出す週日の幕開けであり、週日には、家庭内で祈りを捧げ、敬虔に聖書を朗読し、説教を思い起こし、時間を制限あるものとして管理し、自身の行動を常時反省し、そして娯楽、食物、飲み物、睡眠には多くを費やさなかった。このような生活によって、自分自身の私生活や仕事を合理的に管理する自主性を身につけた人びとにとっては、それはきっと「喜びのない」生活スタイルなどではなかっただろう。非国教徒は自分の人生に責任をもつ能力を持っていたので、そのメンバーは、われわれなら偶然やアクシデントと考えるようなものから、心理的に保護されていたのだろう。ピューリタンの系譜に連なるすべてのグループが共有した神の無限の力に対する強い思いは、実際に、単なる事故の存在を認めていない。つまり、彼らにとって不幸は神意の表われであった。不幸を避けるためには自分や家族と神のあいだに厳格な契約が不可欠だった。たとえば、疫病を避けるには家族の祈りは絶対に不可欠であった。間違いなく、非国教徒の契約における重要な特徴——ビジネスへの適応、時間管理、分別、節制、消費節約——は、不幸や少なくとも経済的な災難を遠ざけることに役立っただろう。かなり神経症気味で、絶えず活動をし、つねに宥和を求めるといった「非国教徒の態度」は、純粋に実利主義の観点から見ると、危機時代におけるある種の生存のメカニズムであったのだろう。

本章のような表題のもとで非国教徒の教育に対するアプローチを狭義・広義の両見地から見てみるのも意味があるだろう。一六六二年以降、非国教徒はイングランドの大学(スコットランドを除く)から厳重に締め出されていた。オクスブリッジが改革されていない状況であったので、その当時、それはそれほど大きな損失ではなかった。その後、彼らは非国教の高等教育機関を自ら設立した。早くも一六九〇年頃には、二三校が運営されており、さらに同時期、各地にクウェイカー・スクールが開校している。これらの個々の学校は、教師が死亡したり、追放されることで危機にさらされたかもしれないし、アン女王治世下での保守《トーリー》反動のときのように、システム全体が攻撃にさらされたかもしれないが、非国教徒は、柔軟で彼らの信仰心から切り離すことができない実質上不滅の教育システムを持っていた。その中核には、ピューリタンの伝統の二本柱である安息日と説教があった。エセックスのピューリタン、ジョン・ロジャーの回想は、多数の信者仲間の説教熱の典型——ことによれば極端な例かもしれないが——を示しているかもしれない。彼らは耳から聞いた説教を事細かに書き記し、記憶し、そしてこの記憶にとどめた豊富な蓄えを思い返すことを、多少執拗ではあるが、毎週規則的に繰り返していた。こういったかたちの伝統は、非国教徒の家庭内の日課のなかで保たれていった。たとえば、土曜日の夜、説教について論じる講習会をおこなったり、説教中にノートをとり、その内容を一語一句そのまま思い出して、訪問牧師の質問に対して答えることなどである。イングランドとウェールズの非国教徒にとっての説教は、ヨーロッパのユダヤ教徒コミュニティにとってのタルムード研究と同じだった。つまりメンタル・トレーニングの目覚ましいシステムの核心となっていたのである。

良心の咎め、自己反省、そして感受性は、多くのピューリタンや非国教徒の日記や自叙伝に見られる特徴であるが、こういったことは、特定の宗教的伝統においては、人びとが他人の感性や感情的に必要としているものを敏感に汲み取ることに役立っていたかもしれない。また同様に、結婚のあり方の改善や平等化も促進しただろう。たとえば、オリバー・ヘイウッド（一六三〇～一七〇二年）のような非国教徒の聖職者の自叙伝回想録には、妻の権利に対する思いやりから悩んでいる様子を見て取ることができる。

同時に、たとえばピューリタンの家族を教室、その家族の父親を先生とするなら、妻と娘たちは祈りをリードした。クウェイカーほど男女平等を志向した非国教徒はほかにはなかった。もっとも、クウェイカーのあいだでさえ、女性の役割は紋切り型で制限されたものになりがちではあったが、クウェイカーの女性たちは女性集会や女性の司牧者を持ち、同時に婚姻における女性の同意を強く主張した。女性の権利に関してクウェイカーが推し進めたことは、ロンドンのキャサリン・チドレイやブリストルのドロシー・ハザードを生みだしたピューリタンや分離派の伝統のなかにあったのである。

一七二〇年頃までには、ハノーヴァ朝の成立によって寛容が確立され、非国教徒の統計的な状況を推し測ることができるようになった。その数は二〇〇万というデフォーの大雑把でいささか期待を込めた推測とはかけ離れていたが、非国教徒が、国富の大部分、少なくともその金融や商業の富を買い占めたという彼の確信に満ちた言葉は、人数推計に比べると当を得たものであった。この頃までに非国教徒の数は落ち着き、イングランド全体で約三三万、すなわち全人口五五〇万のうち六パーセント強と推定される。長老派は、人口全体の三パーセント強を占めており、その他の非国教徒全部を合わせた数を上回っていた。独立派（会衆派）は人口全体のほぼ一パーセント程度、一方で、その他「主要な」教派（パティキュラ・バプティスト、ジェネラル・バプティスト、そしてクウェイカー）は、全国で一パーセントを超えるものはなかった。しかしながら、クウェイカーは、高度に発展した組織力を備えていたので、集会の数では最多であった。非国教徒の分布、それに非国教徒に含まれる諸グループの分布は一様ではなかった。一般的に非国教徒は都市的で、年月を経てさらにその傾向を強めていった。長老派は、北西部や南西部では最大勢力を持ち、会衆派は（ウェールズの中央部と南部にあった彼らの定着地は別にして）南東部と中央アングリアに、バプティストは（ウェールズは別にして）一般的にはハンバー川からブリストル海峡を結ぶ線の南と東に、そしてクウェイカーはカンブリアにその拠点をもっていたが、国中に薄く均等に分布していた。

少数派の運動としての非国教主義の姿はたしかに目立っていたが、非国教徒の存在はサマセットの織布産業の中心地やノッティンガム、ブリストルなど特定の地域で目立っていた。長老派がもっとも力をもっていた中心地のひとつエクセターでは、非国教徒は寛容法の範囲を拡大するための宣伝活動を整え、教派間の協力に向けて動きながら、その信徒数を増やしていたが、そのとき主要な教派間にひどい不和が生じた。実際、非国教徒の諸教会は数的な統合や政治的信頼だけでなく、とくにアイザック・ワッツ（一六七四～一七四八年）作の賛美歌で知られるように、礼拝の創造性でもその活力を示していた。しかし、非国教徒はキリスト教を「合理化」する学問的な動きから孤立したまま、というわけにはいかなかった。寛容法は、ユニテリアンを適用対象から除外していた。一六四〇年代と一六五〇年代に、あらゆる教義上の混乱を経て、文字どおり正統派の守護者であった長老派が、最後にはキリスト教にとってもっとも有害な「異端」の食い物にされることを予期した者はほとんどいなかったが、激烈な反非国教主義の聖職者ヘンリ・サッシュヴァレル（一六七四～一七二四年）は、それを予見していた。

ユニテリアンは、その率直な見解によって、一八世紀の非国教主義を、あるいは少なくとも長老派とジェネラル・バプティストを、選り分けた。ユニテリアンは、エクセターの聖職者ジェイムズ・ピアースの非三位一体神学に始まり、一七一六年以降発展していったものであった。ユニテリアンの理念は、一七五〇年まで、またそれ以降も発展してゆくが、ユニテリアンの理念を持った牧師がそのことをあえて公言しなかったことがその発展の理由であろう。アリウス派の理念も、キリストと父なる神にはわずかながらも関係があるとする見解をとっており、完全なユニテリアン、すなわち「ソッツィーニ派」の教義までは達していなかった。またカルヴァン主義の特徴のひとつである予定説から離れた新アルミニウス主義も人気を集めていたが、それは権威あるリチャード・バクスターによって育てられたものであった。このイングランド非国教徒の最大教派が直面した教義上の危機は、イングランドの宗教的急進主義の思想的基盤であったカルヴァン主義からの撤退だけではなく、新たに流行した合理主義や人道主義からの攻撃を受け、地獄を信じるといったような古代の特徴をともなった伝統的なキリスト教学の衰退やあるいはキリスト教自体の明確な衰えの産物でもあった。

この章が扱った期間のうち最後の二〇年間には、非国教主義は衰退の兆候を現わしはじめた。衰退とは、一七三〇年の『非国教徒の関心の衰退の原因に関する研究』のような同年代の著作で使われている言葉である。非国教徒にとっての問題の一端は「流行」であった。彼らの特徴であった「熱意」——ロンドンのクウェイカーは一七三一年に彼らの「熱意の冷め」を嘆いている——は、理性の時代において流行遅れとなった。理性の時代は、前世紀に大きな混乱の原因となった「宗教的狂信」を非難したのである。その衰退を数字で示すなら、いくつかのセクト自体が、その抑圧的な教義によってメンバーを失ったように、自らの最大の敵であった。そのためクウェイカーは、一六七〇年代から一七九〇年代にかけて、どの一〇年をとっても、歯止めのきかないメンバー数の減少に悩まされていた。一八世紀における非国教主義の「衰退」はもちろん誇張されているかもしれない。なぜならば、熱心な伝道活動によって信者を増やし続けようとしたのはクウェイカーだけではなかったからである。しかし少なくとも、ノーサンプトンの会衆派フィリップ・ドッドリッジ（一七〇二～一七五一年）のような著名な牧師の作品を除いて、ジョージ王朝時代までには、ある種の活気や創造性が非国教徒から消えてしまったのは明白である。福音主義の復活というかたちをとってその活気は戻ってくるが、その運動の源はもっぱら国教会であった。それについては、本書の後の章で取り上げる。

第11章　イングランドでの理性的宗教

デイヴィッド・A・ペイリン

信仰においては、権威というものは、権威として受け入れられている限りにおいて、権威を持つ。ひとたび、権威とされているものが、なぜそれが受け入れられているのか、を疑問に思われたり、決定事項を最終的に裁決する人物に疑問を抱かれたりすると、権威というものは、もはや信仰について最終判断をおこなう場ではなくなってしまう。その理由は、そういった疑問は、それを権威づけ、そして権威的にそれを解釈することのできる上級の権威を必要とするからである。したがって、論争では、両者が無条件で権威であると認めている（もしくは認めるべき）何ものかに〔事の当否を〕確認・照会できるのである。一七、一八世紀イングランドの思慮深い人びとは、そういった最終的な権威を、信仰に関しても、理性に求めるようになっていった。

理性に訴えることになる背景を生み出した要因は三つあった。まず、宗教的熱狂や偏狭な考えをコントロールしなければならないという意識が高まってきたこと。宗教的熱狂者のような信念を持たない人びとは、熱狂者が抱く確信の正しさを、胡散臭く思ったばかりでなく、それらが面白くも何ともない場合、熱狂者の見るからに限りのない自惚れにすぐに嫌気を感じてしまった。ウィリアム・ペンが国王の面前で脱帽するのを拒否したことは、人びとの気に障る奇矯な振る舞いとみなされただろうが、伝えられていることが正しければ、裸で通りに出てきたという初期クウェイカーの預言者の姿は、間違いなく驚きだっただろう（cf. Leslie: II, 268f）。しかし、もっと大きな混乱を引き起こしたのは、信心とその実践について他人に教えることを神の権威に求めたことである。「福音の下僕」ジョン・ハントが自著『神の永遠の定め』を「私がそれを受け取った御方、すなわち『王の王』」に献呈した際、彼は自分の作品が最高のステイタスにあるといいたかったのだ（Hunt: iii）。同じような意識で、ジョージ・フォックスは「キリスト教世界のすべての王、君公、統治者」のみならず、「トルコ人」や「中国の皇帝」にも宛てた書簡を公にした。いまや「神こそが規範となる」ので、彼らが自分たちの責務を忘れることがないようにと（Fox: 208）。人びとも、抑制のきかなくなった宗教的信念は、現実に迫害をもたらすだろうと気づいていた。イギリスでの経験（メアリ時代やエリザベス時代の「殉教者」や〔一六六二年の統一法に反対して多くの聖職者が職を辞した〕「大追放」の記憶）以上に、大陸からの情報や迫害を逃れてきたユグノーなどの移民を見たおかげで、このことに気づいたのである。

第二に、きわめて知的なことになるが、懐疑論と無信仰の挑戦である。イングランドでは、「名誉革命」までは、そういった考えの広まりはきわめて限定的であった。名誉革命後であれば、ヒューームやギボン、それに加えてブラントやトーランド、コリンズ、ウルストン、ペインといったやや小粒の論者がいたけれども、より極端なかたちでの懐疑論は、実際にその考えが表明されるや、それを上回る攻撃を受けた。人びとが急進的な懐疑論を知っていたのは、全体としては、モンテーニュやピエール・シャロン、ピエール・ベール、ラ・メトリ、ヴォルテールといった大陸の著作者の作品を通じてであった。さらに、ジョン・フローリオによるモンテーニュの『エッセイ』の翻訳（一六〇三年）（モンテーニュの「レイモン・スボンの弁護」に見られる、人間の論理的思考への自負に対する懐疑論の立場からの攻撃を併載している）やトマス・ホッブスの『リヴァイアサン』（一六五一年）、ルクレティウスの『自然の本性について』のトマス・クリーチによる注解付き翻訳（一六八二年）といった作品が出版されていたにしても、懐疑的な態度や「無神論」的な考えに向けられた数多くの攻撃は、そういった素性のはっきりした出版物よりも、匿名で正体不明の、おそらくは、コーヒーハウスに集うサークルでやり取りされていたと噂されたようなかなり荒っぽい意見への反論であった。いずれにせよ、多くの人びとにとって、広く行き渡った信仰の徹底的な否定をおおっぴらに公言することは、社会を害する行為に思えただろう。「地獄の業火《ヘル・ファイア》」クラブの放蕩者たちは、イングランドでは、彼ら自身がもっていた縁故のおかげで、また社会があまり熱狂的ではなかったこともあり、迫害から逃れられたかもしれないが、スコットランドでは、一六九七年になっても、道徳的には健全であるが、賢明とはいえない学生トマス・エイケンヘッドが、エディンバラの牧師たちに情状酌量を拒まれて、神を冒瀆した廉で絞首刑に処せられている。

第三の――そして、イングランドの理性的宗教の発達を理解するうえでもっとも重要であり、かつ信仰への疑問を発するにいたる理由のひとつである――要因は、一六世紀に始まった宗教論争が、事柄を決する際に伝統的な権威に依拠していた確信を揺るがせてしまったことである。多くの論争を解決するためにそういった権威に訴えることが明らかに無理になって、どこかに、最終的な判断を出してくれそうな、より上位の権威がほかにあるのかどうかが問われるようになったのである。たいていの人びとは、最終判断を下してくれる権威であると勝手に主張していたもの、すなわち、聖書の教えや伝統的にキリスト教の信条に表明された内容、教会の決定事項、それに経験から得られたこと、などを引き合いに出し続けたけれども、事態をもっとよく理解していた人びとは、多くの場合、それでは合意を見いだすことはできないことを理解していた。たとえ、議論している両派で、規準となる権威として何が受け入れられるかについて合意がなされていても、そして、聖書や信条、教会とその指導者、それにこれまでの経験の相対的な状況について共通認識があったにしても、その受け入れられた権威が何を定めるのか、誰がその意味を決めるのかについては、やっかいな不一致は起こりえたし、実際に起こった。キリストが「これは私の体である」といったこと、さらに、この文言が聖餐の教義の中心的な部分であることは合意できても、何の解決にもならなかったのである。つまり、問題はこの文言がどう理解されるかということであった。

聖書の場合、それが神の啓示を書き記したものであるという共通した合意は、同時に、誰が正しい解釈を決める権威を持つのか――ローマに拠点を置く教会の長であるのか、それともほかの団体であるのか――また、結論について先入見を持たずに、争点をどう決めるのか、といった点について意見の対立が生じた。それは暴力沙汰になることもしばしばであった。イングランドでは、プロテスタントであれカトリックであれ、トマス・ガイスの「聖書の文言は、知識と恩寵を得るための定められた手段である」とか、聖書に記されていることのほかに、信仰や道徳規範を決めるような「別個の神からの啓示などは必要ない」(Guyse: 110)といった原則に異を唱えようという者は稀であったし、実際にそこまで自意識過剰な信仰を持つ者もいなかった。それでも、この原則を実践に移すとなると簡単ではないことを理解する信者もいた。ジェレミー・テイラーが「権威的にほかの人間の良心に命じることなく、預言を自由に認める大いなる必要性」を論じたのはそういうわけであった。彼がそういった行為を正しいと認めたのは、解釈しようとする際の「われわれの敬虔な努力」こそが、聖書に書かれている多くの文言の意味を決定する絶対間違いのない確かな方法をわれわれは持たないことを示している、という理由である（Taylor: 73）。ジョン・ロックはさらに率直であった。実際には、各セクトは、聖書解釈の根拠となりキリスト教信仰の基盤であると断じるような権威を頭から決めてかかっていたので、その結果、「聖書の言葉は、ロウで作られた鼻のように、別々の社会でまったく逆の正統性に合うように、好きなように曲げられた」というわけである（Locke: III, 190）。しかし、こうした認識にもかかわらず、ロックも、『聖書にあらわれたキリスト教の合理性』で、「書き記された神の言葉」の「単純平明な意味の中立的な」読みであると主張するものをあいかわらず提示している（ibid.: 3）。ほかの多くの論者と同じように、ロックも明らかに、彼の非難が自分自身の著作にも適応されることには思いいたっていなかったのだ！

こうして、思慮深い信者は、自分たちが、表向きよりももっと熱心な狂信者や、その疑念が分別ある信仰を脅かしそうな懐疑論者、さらに自分たちの伝統的権威へ訴えても信仰や行ないに関しての不一致を解消する満足のゆく方法を得られないことに気づいた信者からの迷惑な攻撃に直面していることがわかった。その結果、人びとが最終判断を求めなくてはならないのは「理性」に対してである、という確信が大きくなっていた。そこで、狂信者や懐疑論者、論争家（狂信者には懐疑論者のように見え、懐疑論者には狂信者に見えただろうが、彼らが出した結論は論争を引き起こすものであったことは間違いない）に対応して、イングランドの思索的な信仰者は、「理性的な信仰」と認められうるものの本質や中身について、そして、理性の規準に則って信仰を判断することが正当であるのか否かについて、長期にわたって議論することになった。本章では、チャーベリのハーバートからウィリアム・ペイリーにかけての時代に、ときに混乱し、しばしば活気に満ち、つねに重要であった、この一神教信仰の基盤についての論議にかなり重要な貢献をした幾人かについて簡単に触れてみよう。

初代チャーベリのハーバート男爵、エドワード・チャーベリ（一五八三？～一六四八年）は、冒険家であり外交官、歴史家、詩人、神学者にしてイングランドで最初に形而上学や比較宗教学について著作を残したひとりである。自分のことしか考えない聖職者の振る舞いに深い疑問を抱き、大陸での宗教紛争やイングランドでの宗派対立を見て心を痛め、彼は懐疑論や宗教的ないがみ合いがもたらす問題への、ある激烈な解決法を提示した。理性に照らして、あらゆる人びとが真実であると考えるに違いないある種の基本的な理念を確立しようとしたのである。その理念によって、どんな個人（とくに俗人）でも、教会当局が勧める教義について判断が下せるだろう、というわけである。

彼の立場の基本は『真実について』で確立された。ハーバートがフランス大使であったときに完成し、一六二四年パリで初版が刊行された作品である。この著作は「すべての良識ある偏見を持たない読者に捧げ」られた（Herbert 1937, title page）。「あらゆる普通の人間のなかに存在する真実を追究するという、人間共通の本性」を明らかにしようとした形而上学的な論文であったが、認識論的、心理学的、方法論的な思索と結びついていた。したがって「普遍的に受け入れられる真実にかかわっている」というわけであった（ibid.: 71）。この探究の結果として、ハーバートは、神の啓示によって人間に授けられた、それゆえに一人ひとりの個人のなかに潜んでいる、ある種の「共通の観念」というものが存在すると主張した。意識の領域に持ち込まれると、これらの共通観念は、真の理解の性質や内容を決めてしまうような規範的な原則をもたらすのである。それらに依拠すれば、人びとは懐疑論や教条主義、信仰中心主義の間違いを回避できるだろう。『真実について』の終わり近くで、ハーバートは、彼が宗教的理解にとっての共通観念であると考えたものを示している。すなわち、（一）「至高なる神が存在する」、（二）「この最高の神は崇拝されるべきである」、（三）「徳と敬虔の結びつき」は「宗教的な行ないのなかでもっとも重要な部分である」、（四）悪は「悔悟によって償われなくてはならない」、（五）「現世の後に報いと処罰がある」（ibid.: 291–300）である。

ハーバートによれば、これら五つのポイントは、「それによって本当のカトリック教会すなわち普遍教会が築かれる」根幹的な教義をなすものであった。その教会は、「あらゆる場所で、あらゆる人びとを」しかるべく包み込むもので、万人の救済の源であり、「それだけで、神の普遍的な啓示、すなわち自然の英知を明らかにする」ものであった。理性の教えに従おうとする分別ある人びとの経験によって、こういった真実に「到達することはあらゆる人間に可能であるし、これまでもいつも可能であった」ことが確認されるだろう（ibid.: 303ff）。ハーバートは天啓が現実にあることを否定しない。しかし、「実際に明らかにされていること」に気づくよう「おおいに注意」しなくてはならないことを強調する（ibid.: 308）。したがって、天啓を経験したということの信憑性や過去に天啓を受けたのだと主張する教えの信憑性に、理性的な保証を与えるためのある種のテストを定めた。

ハーバートは、正真正銘の宗教であるならば理性によって性格を認識できることについて、ふたつの方法で理解を深めた。『俗人の宗教について』で、（祈りの助けを得て）理性を働かせれば、ある個人が、帰依することを求めてきている複数の信仰のどちらが正しいかを決めることができる、と彼は論じている。受け入れられることになる信仰は、共通観念にほとんどといってよいほど合致する信仰である。すなわち、『俗人の宗教について』で「神の愛と怒り、隣人への慈善、悔悟、より良い生活への希望」と要約されている宗教である（Herbert 1944: 101）。啓示によって与えられたと主張され、伝統によって伝えられ、司祭によって教えられてきた教義は、それらが理性が認めるものと一致する限りにおいて、受け入れられるのである。『非キリスト教徒の宗教について』と『教師と生徒の会話』の両著作において、ハーバートは、宗教の共通観念において受け入れられる真理ならば万人に認められる、という自分の主張が正しいことを示そうとした。反対の証拠を示しているように思えることは、真理を象徴的に表明していると考えるべきものを誤解しているか、もしくは聖職者の政略による堕落であると退けられた。彼は、「最良の偉大な神の普遍的な啓示」は、救済の手段があらゆる人間に有効であることを保証していると確信していた（Herbert 1705: 6f）。

それで、ハーバートは神と人間性についての真理を見極めることを理性に期待した。そうすれば、偏狭な考えや懐疑論の誤謬、伝統的な権威に訴えても結論が出ないといったことを避けることができるというわけである。その後の議論は、現実的というよりは、かなり楽観的であるといえるかもしれないと確信して、「教師」は「生徒」につぎのように明言する。すなわち、宗教信仰に関しても、他と同じように、われわれが自分たちの理解の基盤とするのは、理性の活用である。それは神がわれわれに共通の光として下さったものであり、それによってわれわれを導いてくださるものだ。そして、それを捨て去ってもよい理由はまずない。捨て去ることは、ロウソクで勉強しようとして、窓を閉めて陽の光を遮ってしまうようなものなのだ。したがって、それは神が人類の誰のもとにでも降りてきてくださる道を教えてくれる。その結果、……われわれが神を認知し、知るようにと、神がわれわれの理性のなかを照らしてくれた同じ光以上に間違いのない道はないことをわれわれに示してくれる。……そうして、神

へと接近する他のすべての道は暗いばかりか、危険でもあることを示してくれる。（Herbert 1768: 2f）

これは理性へのアピールであり、理性が確立できるものへの自信である。それは、後に見るように、ほかの者が、その後一世紀半かけて、さまざまな方途で発展させてゆくことになるものであった。

理性が本物の信仰を決定する要因であると認める際に採用される方法は、理性的に熟考することがあらゆる宗教的な洞察の源であると考えるわけではない。むしろ、こうした洞察の源は伝統的に聖書や伝承、それに教会によってもたらされるのであり、理性はその正しさを保証するものであり、意味を読み取るためのもの、というわけである。その場合、ある段階では、そういった「権威」の基本的な重要性がずっと承認され続けているように見えるかもしれない。しかしながら、権威の立場は徐々に弱体化しており、もはや最終的な決定を下すようなものではないのは自ずと明らかであった。それらがどんな権威を持っているのか、何を信じるように正当に求めることができるのか、それらを決めるのは理性なのだ。

理性的な信仰をこのように理解した例は、ウィリアム・チリングワース（一六〇二～一六四四年）の著作に見られる。チリングワースは、宗教について議論することを楽しんだ。二〇代半ばにして、彼は国教会を捨ててローマ・カトリックに改宗したが、カトリック教会だけが、信仰に関して唯一の至高で絶対確実な、かつ普遍的な権威を提供するというのがその理由であった。しかし、ウィリアム・ロードとの書簡のやり取りやローマのカトリック神学校での経験が、彼自身のいうところの「疑念を抱いた教皇尊崇者」（Chillingworth: 220）へと変化させ、結局は、国教会に復帰した。おそらく、彼を世に知らしめることになったのは、『プロテスタントの宗教――救済への安全な道』における「聖書が、聖書のみが、プロテスタントの宗教なのです」（ibid.: 271）との表明である。それでも、彼の立場は非合理的な聖書主義者とは遠く隔たっていた。彼は、聖書は「神の言葉」であり、真の信仰の基盤であることは「十分に確か」であると考えたが（ibid.: 271f）、その内容に関しては慎重に選別しながら接した。彼は、個々の人は、自分が正しい解釈であると判断することに従って信仰すべきであると主張する。それ以外に服従しなければならないような、より高次の権威は存在しないのである。われわれは別の権威に服さなければならないと主張する人びとは、「その権威を信じるより強力な理由」があることを示す必要がある。しかし、そうするためには、やはり最終的な裁定者として理性を認めざるをえないのである（ibid.: 69）。さらに、証拠が示している以上に過大な確信をもって物事を信じることを人に期待するのは、「不当で、理にかなっていない」ばかりでなく、そんな風に信じることは「不可能」なのだ（ibid.: 240）。チリングワースの判断では、これは神の意志にかなっている。彼は「真理と誤りを区別できるように、神はわれわれに理性を与えたと確信」していた。彼が危惧するのは、理性が指示することを拒む者が、神は「愚者が捧げた生け贄」を受け付けないと考えるのではないかということである（ibid.: 69; cf. 71f）。

「ケンブリッジ・プラトニスト」として知られる、かなり多様な神学思想家や宗教思想家のグループを特徴づけているのは、理性の最終的な権威を認識するいくぶん違ったやり方である。このグループは一七世紀の中頃に盛んであったが、そのメンバーの何人かは、正しい宗教理解の基本的な内容を見極めるために、人間の理性の力や理性の重要性に基本的な信頼を置く——とくに理性それ自体について深く考えることによって——という点でつながっていた。これは、理性を、誰でも自分の内部に見いだすことができる「主のロウソク」として肯定するという彼らの態度に表われている。たとえば、ベンジャミン・ウィッチコートは、ものごとの理に立脚した、そして「理性によって証明できる」、神と人類についての確かな真実があることをはっきりと肯定した（Whichcote: 2nd edn, 41, 46）。同様に、ナサニエル・カルヴァーウェルは、理性によって人は「自然の法則」を作るのではない。むしろ、神が意図したように、神の実在と神が作り上げたものの両方を発見するのだ、と考えた（Culverwel: 1st edn, 56）。したがって、神は「理性に従って」行動し、「かくも高貴な創造物である人間がその理性に従って神を真似るのをご覧になるのが好き」なので、われわれは、理性が命じるままに、とくに「神性の疑うべくもない真理」を受け入れることで、「宗教の最良の位置で」行動するのである（ibid.: 1st edn, 98, 138）。

ケンブリッジ・プラトニストが正しい一神教信仰の内容を発見し、それを承認するうえでの理性の役割を認めたからといって、彼らがそういった信仰には、啓示によって知らしめられた真理が入り込む余地がない、と考えていたというわけではない。たとえば、ウィッチコートは、人間の理性の範囲を超えた事柄について知らせてくれるような、神の啓示によって示される真理もあることを認めている（cf. Whichcote: 2nd edn, 41）。そうした真理は、人間の理性が感じることができることと矛盾するわけではなく、むしろ、感知できる範囲を拡げてくれる。こうして、ウィッチコートは、それらを「偏りのない理性に適うものであり」、まったく矛盾しないものであるとする（ibid.: 2nd edn, 46; cf. 2nd edn, 102）。カルヴァーウェルも、「神が明らかにすることは何であれ、真理でなければならない」ことを認める。しかし、彼はつぎのようにも指摘する。神は、「自然」のなかにあって理性によって認識される真理と、「神霊」によって知らしめられる真理の両方の源であるので、それらのあいだに矛盾はない（Culverwel: 1st edn, 138）。矛盾が生じるように見えるのは、明らかにそこに誤りがあるからであり、何が真理であるのかを見分けるためには理性を用いなくてはならないのだ。また別のケンブリッジ・プラトニスト、ジョン・ノリスがいうように、「理性の光は、間違いなく啓示の光として神からもたらされる」ので、「哲学として間違っているものは、神学として正しいことはありえない」のである。したがって、神は、真理の根拠となる存在であるので、理性に反することを示すことも、理性によって正しいと思われないことを信じるように求めることもできない。信仰は、人類それ自体が理性に従うような「理性的な被造物」であることを求めるのである（Norris: 197）。

一七世紀のイングランドで、しだいに理性が正しい信仰の試金石とみなされていった様子を示すのに適したほかの著作のひとつに、あるチェスター主教の手になるものがある。この主教は、月に住めるかどうかといったことについても思索をめぐらしているのだが、王立協会の初代会長となっている。また、ウスター主教の著作もある。彼はたいへん心の広い人物であったが、それでもローマ・カトリック教徒やソッツィーニ派との論争に加わり、理性的なキリスト教信仰に関するジョン・ロックの理解についての、三位一体説的には満足ゆく説明に異議を申し立てた。前者（チェスター主教）は、ジョン・ウィルキンスで、自然神学を強力に押し立てて、懐疑論者や狂信者の敵対的な議論（ウィルキンスはこうした論議が不信心の主な原因になると考えていた）に応戦した。『自然宗教の原則と責務』（公刊は死後の一六七八年）の目的は、彼によれば「自然宗教の原則の合理性と信頼性を証明すること」であった。すなわち、「神聖なるもの」の存在と働きの合理性と信頼性であるが、それは、誰でも「啓示の助けがなくても」「思索と経験によって向上させれば、単なる理性の原則によっても知ることができる」のだ（Wilkins: 39）。この目的を実現するために、ウィルキンスは　神の存在と特質を肯定する議論を最初にもってきた（その根拠は、「諸国民の共通した合意」であり、世界の起源、「あらゆる自然物」を律する「仕組み」、それに賢明なる神の摂理が「あらゆるものを統べている」という経験である。（cf. ibid.: 40ff）。そして彼は続けて、「課せられた責務」に従うという「賢明さ」がこの「自然宗教」に仕込まれていると指摘する。というのは、そういった服従が、現世でも来世でも、至上の幸福をもたらしてくれるからである。一方、彼は、最終章で、この著作はこれまで明らかになっているキリスト教の教義を低く評価するものではないことを強調する（cf. ibid.: 394ff）。彼の第一の関心は、理性が、われわれが「自然宗教の」原則を受け入れるように導いてくれること、そして、自己利益を図ることで、われわれは責務を果たすようにし向けられる、ということを示すことにある。そうすることによってのみ、われわれの理解は満足のゆくものとなり、「真の幸福」が促進されるのである（ibid.: 392）。

エドワード・スティリングフリートは、ウィリアム三世とメアリ二世によってウスター主教に任命されたが、彼も同様に、「信仰」を受け入れることは「理性的な行為」であると主張した。信仰とはそういったものであるので、信仰が依って立つ「合理的な基盤」以上には、信仰は「強力ではありえない」（Stillingfleet 1673: 377, 395）。しかしながら、スティリングフリートは、ウィルキンス同様、神の実在についての基本的な信仰が理性に適っていること、そして無神論が「明白な間違い」であることを証明するために議論をふっかけたが（Stillingfleet 1702: 252）、彼の数多くの著作の主要な関心は、キリスト教教義の合理性を、聖書にもとづくものとして確立することであった。一方で彼は、啓示によって知られ、聖書に記されている「霊的な真理」を受け入れようとしない人びとに論駁している。この点では、彼は「神の精神」はこうした神聖なるものへの洞察に「かくも強力で説得力のある根拠」を与えてくれるので、それらを「はっきりと認め」ないのは許しがたいことであると考えていた（ibid.: 161）。こういった根拠はたいてい「新約聖書で報告されている事実」について書き記された記録から来ていたので、スティリングフリートは『理神論者への書簡』のなかで、彼の敵対者が、カエサルやリウィウスのような古代の歴史家の報告に対するのと同じ類の承認を、「福音の歴史」に与えてくれさえすればよいのだ、と願っている（Stillingfleet 1677: 27）。他方、聖書の文言の正しい意味を決定する高圧的な権威を主張するローマ・カトリックに対しては、神が人びとに「能力」を与えてくださったので、人は「理性的な被造物」として扱われるのだ、とスティリングフリートは論じた。したがって、個々の人間は、聖書の文言が「救済への正しい道」であると明言していることについて、自分自身で「判断する能力」とともに「［判断する］権利と自由」を持っているのである（Stillingfleet 1688: 40, 71）。繰り返していえば、理性がそれらを統括する権威であると考えられている。啓示は、三位一体説の場合のように、理性が知りうることを「超える」事柄を明らかにし、それゆえに「神秘」に分類されるのがふさわしいのではあるが、しかるべく示されたことが何であるのか、啓示に含まれていることが何であるのかを見極めなくてはならないのは理性なのだ、とスティリングフリートは主張した（cf. Stillingfleet 1697: 230ff, 262ff, 288ff）。

しかし、理性の規範を定め古典化したのはジョン・ロックである。その規範は、数十年間かけて構築されてきたものであり、その後一世紀以上にわたって神学議論を導くことになった。『人間悟性論』でロックは、「理性について」と題した章を、信仰とは「心がはっきりと承認すること」であり、理性が真実であると判断したことによって律せられ、それゆえに理性に反することはできないものである、と主張した。

何らの信じる理由もなく信じる者は、自分自身の幻想に心を奪われているのだろう。しかし、それでは、必要な真理の探究もなければ、創造主へのしかるべき敬服もない。創造主は、理性的な被造物としての責務を果たすために人に与えた洞察力を使わせたいのだ。……人はものごとを承認する権利を自分で統御し、自分でそうすべきと思うように判断するので、どんな場合であれ、どんなことであれ、理性が指し示すままに信じたり、信じなかったりするのである。そうしない者は、自分自身の内なる光に背くのであり、明白な証しや蓋然性の高いものを探し、それに従うためだけに与えられている能力を誤用している。（Locke: I, 435）

すぐに述べるように、ごくわずかな例外はあっても、最終的な権威としての理性についてのこの見解が妥当であることは自明とみなされた。その結果、それ以降の信仰についての議論は、たいていは、この規準がどのように当てはまるのか、それを適応した際の結果はどうなるのか、といったことであった。

ロック自身は、理性の規範を正しく適用することは、神の実在とたしかに明らかにされた真理の両方の信頼性を立証すると考えた。『悟性論』の前の方で、人びとは生まれながらに神の観念を持っているという見解に反対して（cf. ibid.: I, 33ff）、神の観念が、「無限」もしくは完璧を計るための特質というわれわれが持っている理念（「それはないよりは持っていた方がよいものである」）を「拡大する」

ことでいかに構築されるかを議論している（ibid.: I, 182）。著作後半の章では、「神の存在についてわれわれが知ること」についてが論じられている。ロックによれば、今日、宇宙論として一般に知られるものについて、彼が抱いているイメージを考えるなら、神の実在は「確かで明白な真理」であり、「その証拠は、（間違いでなければ）数学的な確かさ」であることを示す。「我々の感覚によって直接知ることのできるような事象とは対照的に、「理性が見いだすのは、疑う余地のまったくない真理である」（ibid.: I, 389f）。このように理性による洞察によって認識できる神についての真理が増えることは、神が啓示によって人間に示すこととは別である。しかし、神の啓示によって示されることが、われわれの自然な理解では足りない部分を正してくれる一方で、それらが神によって与えられたものであるという、理性的に納得できる証拠によって保証される必要がある。さらには、啓示は「理性を越えた」事柄を明らかにしてはくれるのだが、もし、理性が真実であると認めることに明らかに反した事柄を示そうとしているならば、それらは偽りとして拒否しなくてはならない（cf. ibid.: I, 439）。神は「理性こそが、あらゆることについて、われわれの最終的な判断の拠り所であり、導きである」ことを望んでいる。したがって「神が超自然的な光で心を照らすときも、自然に合致することを消し去りはしない」（ibid.: I, 445）。このように理性は、神性について信じるべきことを確認し、統御するのである。

『キリスト教の合理性』においてロックは、彼がキリスト教信仰の基本的な構成要素であると考えるものを指摘している。それは、「主であり王である、永遠なる、目に見えない神」の実在を認め、イエスが「神によって定められた救世主であり、王」であることを認めることから成っていた。そういった承認は、この王への「忠誠」というかたちを取って行動として表現されるが、キリスト教徒であるために、また「永遠の生という報い」を確実にするために「絶対必要な」なすべてであった（ibid.: III, 148af）。聖書に記された証言を解釈すれば、キリスト教が「平明で、単純で、道理に適った……あらゆる状況と受容者にふさわしい」ものであることが示されている（ibid.: III, 122）。

ロックの考えた理性的キリスト教信仰は、人によっては、とんでもなく不適切なものに思えた。エドワード・スティリングフリートは、理性の規範という考えは受け入れたが、ロックが三位一体説を否定していると非難した。ジョン・エドワーズは、その規範そのものを攻撃し、ロックをソッツィーニ派であると非難した。それらは、ロックが自分の立場の「正当性を立証しよう」としたこと（cf. ibid.: III,

101ff）への非難であった。その後の数十年間、「理性的な信仰」の性質と内容についての論争は、悠長な神学者も論争に参加したことは察しのとおりであるが、たいていはののしり合いになり、白熱することもしょっちゅうであった。

論争に加わった思想家グループのひとつは、普通「理神論者」と渾名されている。この呼称はたいてい侮蔑的に用いられたのだが、その説明・定義となるとはっきりしない。その名称を与えられない他のグループや個人と重複する部分が大きかったし、理神論者と呼ばれる者のなかでも、考え方にはかなりの相違があった。たとえば、ジョン・ティロットソンは、サンクロフトの罷免によって一六九一年にカンタベリ大主教に任命された人物であるが、理神論者といえるかどうかは議論のあるところである。彼はたいへん人気を博した説教をおこなっているが、その人気の理由は、キリスト教信仰を合理的に解説したためであった。彼の説教は、彼の死後一六九四年に刊行されて、たいへんよく売れた。しかし、その内容は、急進的な批評家アンソニー・コリンズによって、〔理神論者の〕シンパであるといわれてしまうようなものであった。いくぶん偏ってはいるが、コリンズは、ティロットソンを周知の「イングランドの全自由思想家（つまりは理神論者）の長」であると呼んだ（Collins 1713: 143）。理神論者間に見解の相違があったことは、当時「理神論」という考えがさまざまに定義されたことによく表われている。

たとえば、スティリングフリートの『理神論者への書簡』は、「神の存在と摂理」を認めるが、「聖書の文言とキリスト教の教えをあまり評価しない」人びとに向けて書かれている（Stillingfleet 1677: A3）。一方、ジョン・レイノルズの『理神論者への書簡三通』は、神の実在と人間と神性との関係を明らかにするのには「理性の光」や「神の御技」で十分であるという理由で、「超自然的な（もしくは、いわゆる啓示された）宗教の原理から離れてしまった」人びとに向けたものであった（Reynolds: I）。また、サミュエル・クラークは理神論者を四種類に区分した。まず、神は存在するが、「自身は世界の統治には関わらない」と考える者。第二には、「神の存在」と「神の摂理」は認めるが、「神は人間活動の道徳的な善悪には関知しない」と考える者。第三には、神に帰されるべき事柄を「正しく感知している」ように見えるが、実際には実質的な中身がないと考えるにいたり、「人間の霊魂の不滅という考えに疑問を抱いている者。第四は、クラークが「これだけが真の理神論者」とする者で、「神と人間性について正しい考えを持っているが、あらゆる啓示を否定し、「自然の光によって明らかにされたことだけを」信じる人びとである

(Clarke: 159, 164, 167, 169f)。最後に、ダニエル・ウォーターランドの見解（一七三二年におこなわれた大執事による告発で表明されたもの）に触れよう。すなわち、現今の理神論は、実際には無神論を偽装しているのであって、「〔唯物論的な〕エピクロス主義や〔霊魂不滅を否定した〕サドカイ主義、ゾロアスター教の復活に他ならない」し、それは「自由思想や無信仰」を隠す覆いなのだ。ウォーターランドの見解では、それは、神や神の摂理、不滅性、未来の審判についての信仰が不確実なので、「マホメット教」や「異教」よりも劣るものである（Waterland: V, 66f）。

したがって、「理神論」という用語は、蔑称として用いられたのである。そういったレッテルを貼られた人びとは、批判者たちから、理性の規範をあまりに極端に適用しており、それゆえに少なくとも信仰心が足りないのだ、とみなされた。しかし、いわゆる「理神論者」たち自身が、その理解する内容に相当な幅があったことは興味深い。理性の規範という言葉を、伝統的な信仰を蝕むものであると、もっぱら否定的に用いる者もいたのである。アンソニー・クラークは『自由思想について』で、それらが神にえこひいきをさせるものだといった理由で、啓示や救済といった神の活動についての聖書にもとづく信仰を批判している（cf. Collins: 30）。その一方で彼は、後に著わした『キリスト教の基盤と理由について』では、預言の実現といわれるものにもとづいた聖書の啓示の信憑性についての議論が十分満足のゆくものでないことを強調している。その他の急進的な批判者たちは、さまざまな観点から伝統的な信仰を批判した。チャールズ・ブラントは、何にもまして、聖職者の政略にともなう堕落を攻撃した。トマス・ウルストンは、一連の小冊子で、「イエスの奇跡の多くの文字どおりの話は、福音史家によって記録されているように、不合理で、ありえなくて、信じがたいものを示している」という主張を詳しく述べて、信者を驚かせた（Woolstone: 4）。ソルズベリ出身の手袋職人トマス・チャブは、自分自身の常識を聖書に当てはめて、「使徒の書簡は神から霊感を受けて書かれたものではなく」「ほかの人間と同じように間違う可能性のある各著者の判断の産物である」という結論を導き出した（Chubb: 46）。

しかし、「理神論者」のなかには、ほかにもっと積極的に——でもたいていは見落とされているが——神学思想に貢献したものもいる。ジョン・トーランドの『不可思議ではないキリスト教』は、三位一体的な神の本質といったキリスト教教義の擁護を、広い範囲で弱体化させた。この種の擁護論では、考えられないことであっても「神秘」が明らかにされたものとして信じることができると論じられていた。しかしトーランドは、キリスト教の起源としての啓示を否定はしないが（cf. Toland: xxvi, 47）、信仰が、信仰内容を理解することはもちろん、啓示で示されたと考えられる教義も信頼できると受け入れることも前提としていると指摘している。たとえば、「これがブリクトリである、というものを知らなければ、ブリクトリと呼ばれる何ものかが自然に存在する」という主張に同意することは、理屈に合わないだろう、というわけである。オーソドックスな信者は、トーランドが「矛盾と神秘は、何も語らないことのふたつの確固たる方法にすぎない」（ibid.: 128, 134）と示唆したことにとまどい、激高した者もいた。ウィリアム・ウォラストンは、神は人間に「推理力」を使うべく与えたと仮定して、啓示の助けがなくても見極めることができると、「どんな異教の哲学者も考えたような」「自然の宗教」を描こうとした（Wollaston: 210f）。その結果は、根本的には倫理的な一神教であった。しかし、ウォラストンが、そのように見いだされたものが、啓示によって十分に増強されうると考えたのに対して、マシュー・ティンダルは、神の揺るぎない知恵や正義、完璧さを正しく認識することが、理性的に考えれば人間が神について知る必要のあるすべてがいつでも手に入る、ということにつながると主張した。「最初の創造から、われわれの誰もの心に書き込まれた自然と理性の宗教がある」のだ。それを参照すれば、「いかなる制度を取る宗教」も判断されうる（Tindal: 52）。したがって、真の信仰として、キリスト教は「天地創造と同じだけの古さをもち」、その明らかにされたエッセンスであると考えられる福音は「自然の宗教の再表明なのである」（Tindal: title）。このように、ティンダルは信仰を神の啓示の普遍性と合致する方法で理解しようとした。

しかし、信仰の合理性を精査しようとしたほかの多くの者たちは、伝統的な正統説に異を唱える気はなかったし、敵対することもなかった。たとえば、あるグループは、さまざまな方法で、神の実在についての基本的な信仰が間違いないことを、合理的に示そうとした。大陸でデカルトやライプニッツが示したような存在論の議論とは対照的に、イングランドでは、神の実在に関する議論は帰納法のかたちを取るのが普通であった。ジョン・レイは、「全能の創造主の存在と能力」の証拠として、星々からモグラのしっぽやラクダの足にいたるまでの自然の秩序を徹底的に議論した（Ray: 1st edn, 14）。人間の場合は、「神の恩恵」は一人ひとりに、二本の手、ふたつの目が与えられているが、それが単に便利さのためでなく、片方を失ったときの「保証」として与えられていること、特徴のある顔をしているので「悪人」がすぐにわかる（！）、といったことにうかがえる。レイによれば、そういった観察は、「神の知恵や神性についての恥ずべき議論ではない」（ibid.: 2nd den, 14, 20）。同じような議論は、それ以外の多くの論者のなかで、ウィリアム・デラムによってもなされている。その『宇宙神学』で、デラムは「天国を概観することで神の存在と特性」を明示するのだと主張しているばかりでなく、最新の科学研究が明らかにした「天国にある体の驚異的な大きさや数の多さを考えるうえでの」道徳的な指針を見いだしている。そういった考察は、われわれに「この世界を過大評価しないように、われわれの心を……豊かさや、名誉、快楽に過剰に向けないように」と教えている（Derham 1738: title, 238）。他方『物理神学』でデラムは、「われわれの水陸からなる地球」を広範囲に概観することから、それ〔地球〕は、「限りなく賢明で力強い創造主」の実在を示し、かつ「われわれをしかるべき感謝の念と称賛の心持ちへと高揚させる」と結論している（Derham 1723: 3, 432）。

もっとはっきりと形而上的な思索は、サミュエル・クラークと主教ジョージ・バークリーによって進められた神の実在についての議論に見られる。クラークは、一七〇四年のボイル講義で、「正しい理性の争う余地のない原理から」論じて、基本的な一神教信仰が理性的なものであり、数学的な合理性の明晰さと確定性に限りなく近いものであることを示そうとした（Clarke: 6; cf. preface）。彼の事例の基本は、「何ものかは、永遠なる悠久から実際に存在した」に違いない、という偶然性から必然へいたる宇宙論的な議論のかたちを取る（ibid.: 9）。この必然的に存在する「何ものか」は、しかし、物質世界では識別されえないのである（cf. ibid.: 23）。それは、ひとつの、単純で、永遠なる、不変の、独立した、無限で、どこにでも存在するものとして考えられなくてはならない（cf. ibid.: 45ff）。そして、クラークは「盲目で非知性的な必要性」の実在を強調することしかできない演繹的な論法から、一神教の神の完璧さを、この「独立的な存在」に由来している世界の特徴から推察する帰納的な論法へと転換する（ibid.: 51）。バークリーは、宇宙論的議論についての理想主義者的な立場から出発している。存在することとは「感知されるか、もしくは知られる」という命題を基礎に、彼は、あらゆるものは「ある永遠なる精神の心のなかに存在すると」認められるべきであると主張した（Berkeley: I, 89）。しかし、バークリーは、クラークのように、その存在が実証されている神も「唯一で、永遠で、限りなく賢明で、良好かつ完璧な」ものとみなされるべきであることを示すためには、自分の宇宙論的な議論を帰納法的な思考によって補強する必要を感じた（ibid.: I, 143）。

また別の一群の著作は、神の実在や自然の道徳性の問題以上に、啓示されたといわれる教義と戒めを認めることが理性的に正しいことを証明するという問題に注意を払った。ロック以降のキリスト教信仰の内容と合理性についての論争がもっとも白熱し、もっとも広い範囲に広がり、もっとも多くの著述家を巻き込んだのが、この問題である。これらの論争には、はっきりと三つの問題点が含まれている。まずは、神の本質や意志を明らかにするような洞察が必要なことを示すべきだと考える者がいた。彼らは、そのため、神や人間生活の正しい振る舞いについて人が知る必要のあることはすべて、自然の理性だけで認識できるので、啓示は不要であるという急進的な見解に応えてさまざまな議論を展開した。ひとつの反論は、そういった事柄について原則的には知りうるとしても、実際上は、「宗教やモラルに関しては、無知蒙昧や堕落の状態に人間が落ち込んでいる」ために感知されないかもしれないというものである(Leland 1754–5: I, 413)。また別の反論は、救済となる信仰は、自然には知ることのできない事柄についての知識を含んでいるというものである。たとえば、サミュエル・クラークは、救済となる信仰は、「自然の光の否定しがたい欠陥を補うために」神の意志の啓示が必要であると考えた(Clarke: 317)。なにしろ、もっとも賢明な哲学者でさえ、自分自身の理性を働かすだけでは、なぜ神が世界を作ったのか、どのように神は世界を治めているのか、人間が堕落した状態にある理由やその性質、そして何よりも、罪深き人びとが「それでもふたたび神の恩寵に与り、幸福を期待することができる方法」を見いだすことはできなかったのだから(ibid.: 295)。自然に知ることができることは、それ自体が、神が「はじめから」神の意志を知らせようとした「もともとの啓示」の産物であると考えた者も、その後にもさらに啓示が必要であると主張した。ジョン・リーランドがいうように、「人はもともと宗教的な創造物としてデザインされている」ということは、人が「宗教について教えるための神の啓示を必要として」いないということを意味しない。というのは、「人間の無視や堕落によって」もともとは明らかにされていた「真の原初的な宗教」がかなり失われてしまったからである(Leland 1754–5: II, 348ff)。それゆえに、神がこれらの事柄を、神が意図した者に明らかにすることは、神の創造の完璧さを否定するものではなく、神の恩寵の印なのだ、と主張されている。

第二の問題点は、神の啓示の記録を信頼できるのか、その信憑性を証明する証拠はあるのか、というものである。ほとんどの著者にとって、これは何よりも、何がなされ、何と語られたのか、について聖書が報告する内容、とくに権威ある規範となる福音書に述べられている内容の歴史的な正確さの問題であった。たとえばジョン・コニービアは、規範となる福音書の信頼性について投げかけられた疑問に答えて、「新約聖書のいくつかの歴史的な書は、その時代に書き記されたのだと一般にいわれているまさにその時代に書かれたものであり、また、当該事件を目撃した当事者、もしくはそういった当事者から情報を得た人によって書かれたのだ」と論じている。それらの著述者は、自分の記述に「偽りを記そうという誘惑に惑わされることのない、もっとも純真で徳の高い人びと」であった。しかも、彼らが伝えてくれることは、もともと、その事柄が起こって「数年以内に」、「それらの出来事が起きたといわれるまさにその場所で」公にされたことである。それでも、「確立した宗教にかなりの変更」をもたらすおそれがあるので、「もっとも厳しい質問」がそれらの真偽に対して向けられるべきであることは疑いようがないが、間違いがそこに見つからなかったなら、かえってそのおかげで「たいへん多くの人びとが、すぐさまキリスト教信仰を受け入れるのだ」。最終的に、「われわれは、記されたことが、改変されずに、正確に」現在に伝えられていると「考えるこれ以上ない理由」をもっている（Conybeare: 14f）。もっと演劇的なのは、トマス・シャーロックが、ウルストンたちによって投げかけられた、イエスの復活に関する使徒の記録についての疑問に答えたものである。すなわち、彼は使徒たちを、「イエスの復活の件について、誤った証拠を提示した」廉で判事と陪審団の前で審問しているのである。陳述がおこなわれた後、陪審員の長は判決を言い渡す。「無罪」と（Sherlock: 109）。この手の議論は今日では説得力があるとは思えないが、これらの討議は近代の聖書研究の発達に重要な貢献をしたのである。

しかし、啓示の必要性と聖書に記録されていることの信頼性を示すことで、ことが終わったわけではなかった。もし、啓示された教義や訓戒を認めることが、理性の規範に従って正しいと証明されるなら、第三の、そして決定的な、問題が未解決のまま残った。啓示であると主張されるものが、神から発せられ、それを明らかにするよう正式に認められた人や出来事を経由して届いた本物であることを証明する方法を見つける必要がある、ということである。この点について、もっとも頻繁に広く議論されたのが、奇跡による啓示であった。奇跡的な力は、自然に達成できるものを本質的に越えているという理由で、それらを示している人は神からその力を与えられたに違いない、と論じられた。悪魔的な力も同じようにそれを使う者を用意するかもしれないという主張に対しては、モーセとファラオの魔術師の戦いが示すように、神が与えた力はそれ以外の超自然的な源から生じた力に明らかに勝るのだ、と論じられた。これを根拠に、奇跡を働く人びと、もしくは、何よりもイエスの復活の事例に見られるように、奇跡の対象となった人びとは、そのことによって彼らが明らかにしている神の本質や意志について、神のお墨付きを得ていることを示していると考えられた。同じように取り上げられた同様の神の本質をめぐるほかのふたつの議論は、ひとつは預言についてで(未来の出来事を予知する者は、その洞察を神から得ているに違いない)、もうひとつはキリスト教の広がりについて(キリスト教の広がりについてのかなりロマンチックな見解では、この信仰がこれほどに広範にかくも早く広がったのは、神の支援があってこそ可能であった、とよく主張された)であった。しかし、こういった啓示の信憑性の「証拠」は、さらなる議論を引き起こすことになった。というのは、そこでの原則も証拠もともに異論の生じる余地があったからである。そういった正しいことを証明している出来事の証拠の信頼性だけでなく、「奇跡」を満足のゆくように概念規定できるのかどうかも問われたのである。

こうして、一部は、啓示の「外から見える証拠」について出された疑問の結果として、一部は、ほかの論拠でそれらを増補するために、三つの「内的な」証拠も提出された。これら三つの証拠とされた根拠は、イエスの地位(イエスは、悪人もしくは狂人であったとみなされることはありえないので、イエスが自分は何であるかを語ったとおりの存在である。すなわち、神の救世主である)、イエスの教えの素晴らしさ(そのような素晴らしい洞察は、神によって霊感を得たものであったに違いない)、それに啓示での教えによって人間に与えられた大いなる利益であった。こういった議論は、疑問を抱く人びとよりも、信じる人びとにとってより説得力があっただろう。それでも、啓示されたことを認めることは、理性によっても正しいと判断できるのだと、疑念を持つ者を説得する助けになったのは明らかである。さらに、外から見てわかるような啓示の印よりも、内的な特質を強調する人びとは、啓示で知らされたことを、超自然的な状態についての教義としてよりは、分別のあるモラルとして解釈する傾向があったことは注目される。

したがって、前向きに、何らかのかたちでキリスト教信仰を理性的に守ろうとする人びとは、つぎのようなサミュエル・クラークの見解を支持した。

キリスト教の啓示が、実際に直接神からわれわれに送られたということは、多くの絶対確実な印や奇跡によって、はっきりと素直に分かる。それらの印や奇跡は、その実施者が神の委託を受けている証拠として、人前でおこなうものである。それ自体熟慮された教義の偉大なる素晴らしさや合理性は別にして……、神はわれわれみんなにその宗教が真理であることの証拠を与えて下さった。事物の本質にはその証拠が備わっており、その証拠を神が与えて下さること、もしくは、人間がそれを期待することは理に適っているのである。（Clarke: 372, 446）

消極的な立場としては、その内容に問題があるからとキリスト教信仰の啓示された要素を認めるのを拒みながら、他方で、神の実在についての自然神学の見識を受け入れるというのでは、急進派の主張には一貫性が欠けている、といった『宗教のアナロジー』でのジョセフ・バトラーによる議論があった。慎重に考えてみると、前者に付随する問題は、後者に付随する問題と似ているし、どちらが重大というものでもない。したがって、「蓋然性はまさに人生の導きである」と考えて、バトラーは、神の実在を受け入れる者が、「自然宗教に同等の重きを置く」という別の異論があるのに、「啓示への異議を主張することは理屈に合わない」（Butler: iv, 406）と結論した。それは、神の実在を信じることは理性的にも正当と認められると確信している人びとを納得させるかもしれない議論である。この結論は、デイヴィッド・ヒュームの例に見られるように、自然神学によって進められた神の実在を信じることについての議論が合理性に欠けたままであるときにも破綻する。

しかし、理性の規範を適応することが、何を信じ、おこなうべきかを決めるのにふさわしい方法であると誰もが納得したわけではない。「理性的な宗教」という考えはほとんど言葉の矛盾であるとみなす者もいた。また、宗教信仰の事柄に理性という論理的な有効範囲を設定することには注意深く制限を加えるべきである、と考える者もいた。それゆえに、宗教の本質や教義の内容、それに理性の能力について考えることは、信仰を理性による判断にゆだねることの妥当性をさまざまに問う方向へと向かった。このように理性の規範が最終的には優越するという考えに挑戦する人びとは少数ではあったが、彼らの考えには興味深いものもあり、無視すべきではない。

ジョン・エドワーズは、ロックが示したような「合理的な」キリスト教に対し、ロックを「刈り込まれたキリスト教を導入して」、「このあまりに浅薄な時代の人びとに、古いキリスト教を自分自身のために作った……新しい考えに取り替え」させたと批判して、何度か厳しい攻撃を加えている（Edwards: 247）。エドワーズは、キリスト教の唯一の権威は聖書であると考えた。キリスト教のあらゆることは理性の審査に服すべし、と考える者は、「不合理なまでに人間の理性を称揚し」、聖書を通じて伝えられる「啓示された宗教の創造者〔である神〕を中傷している」のである（ibid.: 134）。人間の理性による判断は、限定された実地経験できる事柄に限定されるべきで、神の領域はその能力を超えたところにある。「われわれの承認と信仰を決めるのには」、聖書に記された「神の生の言葉」という絶対間違いのない啓示で十分である（ibid.: 139）。エドワーズの理解する宗教における理性の役割とは、啓示の規範と呼べるものを明示し、定めることであった。

聖書における啓示は真理の宝庫であると断じ、理性の規範としての権威を否定した極端なケースは、ジョン・ハッチンソンの著作に見られる。彼の「聖句哲学」によれば、創世記はすべての人びとに神がモーセを通じて啓示したことを示している。とりわけ、「自然と呼ばれるものの実際の知識の源」なのである（Hutchinson: 2）。そのうえ、創世記は、神が「完璧な理念」を表現するために「作った」言語で書かれており、神が「間違いなく選び、用いた」特定の言葉を使っている（ibid.: xxix）。その結果、聖書の文言は「救済にとっても、哲学にとっても十分なものである」（ibid.: 50）。信者は、ニュートンやその他の輩が理性によって発見したと主張しているようなことではなく、神がモーセを通じて明らかにしたことを信頼しなくてはならないのだ。

信仰と理性の関係についてのもう少し穏やかな見解は、教義の考察を進めて、信仰の事柄について理性の規範が及ぶ範囲について問うた多数の神学者の著作に見られる。エドマンド・ギブソンは、ロンドン主教区に宛てて書いた『第二司牧書簡』において、「無垢の状態での理性の力」が実際上どんなものであれ、「理性の力と能力」は「人間の性質の堕落した現状」しだいであり、霊的な問題を決定するような基礎的な証拠を欠き、「救済に必要十分な導きを」与えることができないと主張している（Gibson: 94, 98）。「理性の強さ」や真理を求める心において、「古代の哲学者」は今日の人びとに劣っていたようには思えないが、それでも、彼らが知っていると主張したことや彼らがはっきりと認識しなかったこと、それに彼らの意見が一致しなかった点について考えてみると、理性を宗教の導きとするのは、きわめて不十分であることがはっきりするのである（ibid.: 102; cf. 102ff）。

別の神学者たちは、神性の性質や人間の知識の性格が、宗教的な事柄についての理性の権威を制限すると論じている。ウィリアム・ロウは、神の活動は、神の本質の「不可知性や完璧さ」に準じて「適切で合理的」なので、「われわれの理解を超えて」いると表現した（Law: II, 65）。人間の特質と神の特質のあいだにはよく似た点もあるのだが、人間の理性が神の本質や行動を推測してよい、というようなものではない（ibid.: II, 91）。ピーター・ブラウンの主張にも同じような理解が基調になっている。すなわち、神について語る際の唯一正当な方法は、間接的に、神自身がご自身を知らしめるために選ばれたアナロジーを用いる場合だけである。そして、たとえその場合でも、これらのアナロジーを、神の本質について推論するために前提として用いようとするのは正当と認められない（cf. Browne: 283f, 114f）。無限を有限の表現で捉えられるような「関係や類似性」など存在しないので、理性的に考えれば、「有限のものが無限を理解できる」方法はない、ということはわかるが、それでも、信仰は、神が啓示で明らかにしようと選んだことは、しかるべく「われわれの知性に順応している」と信じるのである（ibid.: 31f）。ジョン・エリスは巧みにロックを自分の反対の立場に置こうとした。エリスの論じるところでは、われわれの考えが感覚や思索からもたらされると考えるロックが正しいとするなら、「もっとも高度な心」であっても、「永遠で、全知全能で、無限の叡智であり、幸福なる存在」を正しく心に描くことができる方法などはない。それなのに、「自然がなしえないことを、神の恩寵と慈悲はもたしてくれた」。アダムの時代からこのかた、神は「啓示と霊感と指示によって」神性を人間の「有限の知」でも認識できるようにしてきたのだ（Ellis 1743: 33; 1747: 438f）。

本物の信仰とその実践を、理性の規範などという流行りの判断基準から守るために、さまざまな方法を試みてきた者もいたが、そうした判断基準を用いること自体が、少なくとも、すぐにわかるように、キリスト教の有神論に関するかぎりは、理性的な信仰というロック主義者の理想はまず実現できないことを示している、と考える者もいた。この点では、デイヴィッド・ヒュームの著作が——宗教に関する見解にはオリジナルなものはほとんど無いのだが——神についての啓示された自然な真理を認めることは合理的に正当なものと認められることを示そうとして、議論の批判を鮮やかに要約している。とくに、ヒュームの『人間本性論』と『人間の悟性について』は、「思弁的な哲学の論考は素晴らしいが、おそらくはあまり実のない問いかけである」ということ（Hume 1962: 134）、そして、理性を現実的に評価するなら、現実についての基本的な真理を知らせてくれる理性の能力について、当然の懐疑論にいたるだろうことを示している。ヒュームの『自然宗教に関する対話』では、信仰が「病者の夢」や「人間の姿をした猿のやんちゃな気まぐれ」とみなされることは理に適っているだろう（Hume 1956: 75）、そして、一神論は「隷属と服従」にふさわしい道徳を吹き込むのだ、と結論づけている（ibid.: 52）。エッセイ「奇跡について」では、「いかなる人間の証言も、奇跡を証明したり、奇跡を宗教のシステムの基盤とする」には不十分であると論じて（Hume 1962: 127）、啓示が真正であることを示す印として、もっとも広く知られ、もっとも強力なものとみなされていたもの〔奇跡〕を根底から否定した。エッセイ「特別な神意と未来」でヒュームは、たとえ結果から原因を探る議論が有効であったとしても、「ものごとの現状は、災難と無秩序に満ちており」それを生み出した神にそれ相応の原因を期しても許されると指摘している（ibid.: 147）。そして、「自殺について」では、家を建てたり、土地を耕したり、海を航海したりすることで、自然に干渉することが不敬でないとすれば、「苦痛や悲しみ」のためにもはや生けるものに希望がない場合は、その命を終わらせることはよくないと考えるべきではない、と主張している（Hume 1903: 592）。

これらを集約すると、ヒュームの分析は、それ以前の数十年間に、信仰の理性による正当化を示そうと試みて進展していた議論への包括的な脅威となったのである。ヒュームは、いくつかの文章で、彼の理性的な評価によって、「われわれのもっとも聖なる宗教は、信仰の上に築かれているのであって、理性の上にではない」ことが証明されているのだ、と明言している（Hume 1962: 130）。したがって、哲学的な懐疑論は、「穏当な、信仰心のあるキリスト教徒であるための最初の、そしてもっとも重要なステップである」（Hume 1935: 282）。もちろんこれらの言葉は皮肉であることは、まず間違いない。ヒュームは、根底から理性と切り離された信仰に関する見解を受け入れるには、あまりに当の理性主義の時代の子であったように思える。ヒュームの著作を真面目に受け取った人は、神やキリスト教の啓示を信じることが理性に適っていると明言されていることには、満足できなかっただろう。ロックは理性の規範を採用した結果については楽観的であったのに対して、ヒュームが理性の性格やその有効範囲、それに信仰が正当である理由とされていることを改めて査定し直したことは、この規範を適応しても、すべての宗教的な信仰を解消してはじめて、宗教論争が解決する（！）、ということを示唆しているようである。

しかし、ヒュームの見解は、啓示された真理を認めることと自然神学から導かれたことが理性の規範に適うことを示すことを目指していた議論に終止符を打つことはなかった。リーランドはヒュームを「洗練され、鋭敏な著作者であり、われわれの前に登場したキリスト教にとってもっとも危険な敵のひとり」と評したが（Leland 1756: 80）、ヒュームを無分別なまでに懐疑的（cf. Leland 1754–5: II, 2, 15）として、また名声を求める論争家として退けることは、彼の議論に向き合おうとするよりも簡単であった。かくして、キリスト教信仰が理性に適っているかを見極め、その正しさを示そうという試みは、提起されては論駁されることがなおも続いた。しかも、たいていは以前と同じやり方で。

一八世紀の末、トマス・ペインとウィリアム・ペイリーがこの問題に取り組んだ。ペインは『理性の時代』で、「全能なる者はこれまで人間に何でも伝えてきた……創造という作業で自らをあまねく示したのとはまた違った方法で。そして、それによって、悪行に対してわれわれ自身に嫌悪を感じ、善行への天意を感じるのだ」といった考えを否定した。啓示を求めることは、大いなる悪行を正当化するためであったと主張して、ペインはキリスト教をつぎのように糾弾した。「これまで考え出された宗教のあらゆるシステムのうち、このキリスト教と呼ばれるもの以上に、全能者への侮蔑であり、人間にとって有害で、理性に反し、自己矛盾しているものはない。信心するには馬鹿げており、納得するのはとても無理で……心を萎えさせ、無神論者や狂信者だけを生み出す」と。ペインが勧めるのは、「純粋で単純な理神論」であり、それは、天地創造にその聖書を見いだし、この世界にある神の御業を学ぶことでたくさんの神の知恵を得るのである（Paine: 128f, 133）。

ペイリーは、何を信じるのが理性的かについて、まったく別の理解を示した。一七九四年にペイリーの『キリスト教の証拠についての見解』が刊行された。この本の前半で彼は、奇跡にもとづく議論へのヒュームの反駁を論じて（cf. Paley: III, 3f）、「キリスト教徒の奇跡を直に目撃した」と主張する者は、自分たちの証言の故に苦難を受ける準備も、新しい行動規範を受け入れる準備も出来ているので、間違いなく信用できることを証明しようとしている（ibid.: III, 9）。後半では、ペイリーがキリスト教の真理の「補助的証拠」と呼ぶものが取り上げられる。たとえば、預言、福音に示されるモラル、イエスの性格、それにキリスト教の伝播、といったことにもとづいて論じられてきたことである。そして、こういった議論へのさまざまな広く知られていた疑義への反論に充てられている。八年後、彼の『自然神学』が出版される。この書物は、時計のアナロジーで始まり、時計の「あらゆる仕掛けとデザインが」それを作った人の知性の高さを示すように、「自然の仕組みの途方もない複雑さや精妙さ、不思議さ」が、神の存在を指し示している（ibid.: IV, 12）。一世紀前に繰り広げられた同様の議論のように、こうした作品の大部分は、自然誌の叙述がかなりの分量を占めてはいるが、議論のもっとも肝心な主張には、短いながらも、たとえばヒュームが『自然宗教に関する対話』で提起したような類の反論にきちんと向き合おうとする箇所を含んでいる（cf. ibid.: IV, 2ff）。しかし、自然の不思議を検討する目的は、単に好奇心を満たそうとか、遠く離れたところにいる神の実在を示そうというのではなかった。ペイリーにとって、精巧に作られた「ハサミムシの羽の付け根」を調べることは、神が創造の「ごく微細な部分」にまで注意を払っていることを」われわれに気づかせるためであった。したがって、「われわれは、自分たちが忘れ去られたり、見落とされたり、無視されてしまうのではないか」と心配することはない、と知るべきなのである（ibid.: IV, 355）。

　ハサミムシについてあれこれ考えることが楽しくなったところで、本章はもう終わりである。チャーベリのハーバートからペイリーまで長い道のりであったし、それと同様に、ペイリーから現代までも長い。これらの議論の活況、多様性、そして洞察の深さにもかかわらず、何を信じるのが理に適っているのかという問題は、いまだ未解決なのである。

参照文献

Berkeley, George, 1843, *The Works*, ed. G. N. Wright, 2 vols, London.

[Browne, Peter], 1737, *The Procedure, Extent, and Limitis of Human Understanding*, London.

Butler, Josheph, 1765, *The Analogy of Religion Natural and Revealed to the Constitution and Course of Nature*, 5th edn, London.

Chillingworth, William, 1719, *The Works*, 7th edn, London.

Chubb, Thomas, 1734, *Four Tracts*, London.

Clarke, Samuel, 1732, *A Discourse Concerning the Being and Atributes of God, The Obligations of Natural Religion, and the Truth and Certainty of the Christian Revelation*, 8th edn, London.

[Collins, Anthony], 1713, *A Discourse of Free-Thinking*, London.

Conybeare, John, 1812, 'The Nature, Possiblity, and Certainty of Miracles Set Forth; and the Truth of the Christian Religion Proved from Thence', repr. in vol. II of *Enchiridion Theologicum*, ed. John [Randolf] Lord Bishop of London, new edn, Oxford.

Culverwel, Nathanael, 1661, *An Elegant, and Learned Discourse Of the Light of Nature: With several other Treatises*, London.

Derham, William, 1738, *Astro-Theology: Or, A Demonstration of the Being and Attributes of God, from a Survey of the Heavens*, 7th edn, London.

Derham, William, 1723, *Physico-Theology: Or, A Demonstration of the Being and Attributes of God from His Works of Creation*, 6th edn, London.

Edwards, John, 1697, *The Socinian Creed: Or, A Brief Account of the Professed Tenents and Doctrines of the Foreign and English Socinians*, London.

[Ellis John], 1743, *Some Berief Considerations upon Mr Locke's Hypothesis, That the Knowledge of God is attainable by Ideas of Reflexion. Wherein is Demonstrated Upon his own Principles, That the Knowledge of God is not attainable by Ideas of Reflexion*, London.

Ellis, John, 1747, *The Knowledge of Divine Things from Revelation, Not from Reason or Nature*, 2nd edn, London.

Fox, George, 1706, *Gospel-Truth Demonstrated, In a Collection of Doctrinal Books*, London.

[Gibson, Edmund], 1732, *The Bishop of London's Three Pastral Letters*, London.

Guyse, John, 1724, *The Standing Use of the Scripture to all the Purposes of a Divine Revelation*, London.

Herbert, Edward, Lord Herbert of Cherbury, 1705, *The Antient Religion of the Gentiles, and Causes of their Errors Consider'd*, trans. William Lewis, London.

Herbert, Edward, Lord Herbert of Cherbury, 1768, *A Dialogue between A Tutor and his Pupil*, London.

Herbert, Edward, Lord Herbert of Cherbury, 1937, *De Veritate*, trans. and intr. M. H. Carré, Bristol.

Herbert, Edward, Lord Herbert of Cherbury, 1944, *De Religione Laici*, ed. and trans. H. R. Hutcheson, New Haven.

Hume, David, 1903, *Essays, Moral, Political and Literary*, London.

Hume, David, 1935, *Dialogues concerning Natural Religion*, ed. N. K. Smith, Oxford.

Hume, David, 1956, *The Natural History of Religion*, ed. H. E. Root, London.

Hume, David, 1962, *Enquiries Concerning the Human Understanding and Concerning the Principles of Morals*, ed. L. A.Selby-Bigg, 2nd edn, Oxford.

Hunt, John, 1704, *The Saints Treasury: Or, A Discourse concerning the Glory and Excellency of the Person of Christ*, London.

[Hutchinson, John], 1724, 1727, *Moses's Principia*, Part I 1724, Part II 1727, London.

Law, William, 1892, *The Works*, Brockenhurst.

Leland, John, 1754, 1755, *A View of the Principal Deistical Writers that have Appeared in England in the last and present Century; with Observations upon them*, 2 vols, London.

Leland, John, 1756, *A Supplement to the First and Second Volumes of the View of the Deistical Writers*, 3rd edn, London.

Leslie, Charles, 1721, *The Theological Works*, London.

Locke, John, 1768, *Works*, 4 vols, 7th edn, London.

Norris, John, 1728, *An Account of Reason and Faith: In Relation to the Mysteries of Christianity*, London.

Paley, William, 1837, *The Works*, 5 vols, London.

Paine, Thomas, 1891, *Complete Theological Works*, London.

Ray, John, 1692, *The Wisdom of God Manifested in the Works of the Creation*, 2nd edn, London.

Reynolds, John, 1725, *Three Letters to the Deist*, London.

[Sherlock, Thomas], 1729, *The Tryal of the Witnesses of the Resurrection of Jesus*, London.

Stillingfleet, Edward, 1673, *A Second Discourse in Vindication of the Protestant Grounds of Faith Againt the Pretence of Infallibility In the Roman Church*, London.

[Stillingfleet, Edward], 1677, *A Letter to a Deist, In Answer to several Objections against the Truth and Authority of the Scriptures*, London.

Stillingfleet, Edward, 1688, *A Discourse Concerning the Nature and Grounds of the Certainty of Faith*, London.

[Stillingfleet], Edward Lord Bishop of Worcester, 1697, *A Discourse in Vindication of the Doctrine of the Trinity with An Answer to the Late Socinian Objections*, London.

Stillingfleet, Edward, 1702, *Origines Sacrae: Or, A Rational Account of the Grounds of Natural and Revealed Religion*, 7th edn, Cambridge.

Taylor, Jeremy, 1647, *A Discourse of the Liberty of Prophesying, Shewing the Unreasonableness of prescribing to other mens Faith, and Iniquity of persecuting differing opinions*, London.

[Tindal, Matthew], 1731, *Christianity as Old as the Creation: Or, The Gospel, A Republication of the Religion of Nature*, London.

Toland, John, 1702, *Christianity not Mysterious: Or, A Treatise Shewing, That there is nothing in the Gospel Contrary to Reason, Nor Above it: And that no Christian Doctrine can be properly call'd A Mystery*, London.

Waterland, Daniel, 1843, *The Works*, ed. W. Van Mildert, 6 vols, 2nd edn, Oxford.

Whichcote, Benjamin, 1753, *Moral and Religious Aphorisms....now republished....by Samuel Salter, to which are added Eight Lettters: which passed between Dr. Whichcote....and Dr. Tuckney*, London.

[Wilkins], John, Bishop of Chester, 1678, *Of the Principles and Duties of Natural Religion*, London.

Wollaston, William, 1726, *The Religion of Nature Delineated*, London.

Woolston, Thomas, 1727, *A Discourse of the Miracles of our Saviour*, London.

第12章　宗教改革から解放までのカトリック信仰

W・J・シールズ

一五五九年の宗教体制は、保守的な様相を示してはいたが、本質的にはプロテスタント的なものであった。そのため、メアリ時代の主教は、ひとりの例外を除いて、それを受け入れることができずに全員が辞任してしまった。それから後、一八二九年のカトリック解放法まで、イングランドとウェールズのカトリック教徒は、さまざまな宗教的、法的な抑圧のもとで生きてゆくことになる。その抑圧の仕組みは、エリザベスの即位から半世紀の間に作り上げられたもので、プロテスタント体制が、国内からの支持も不確実で、大陸のカトリック勢力からの軍事的な脅威を切実に感じていた、といった時代の産物であった。したがって、宗教体制を定めた法律には、「教皇支持者の迷信」に対するプロテスタントの強い嫌悪感が現われているばかりか、カトリック教徒の忠誠心への疑いの念が反映していた。この時期のカトリシズムの歴史や、カトリック信者とそのプロテスタントの隣人たちや支配層とのかかわりの歴史を述べてゆく前に、まず法的な枠組みがどうなっていたのかを示しておく必要があるだろう。

カトリック教徒と法律

一五五九年の統一法は、所属の教区教会へやって来ない者に一二ペンスの罰金を科したことはよく知られているが、ミサに対してはとくに規定は設けていない。ミサ禁止は、ミサを執りおこなった司祭、およびそれを斡旋した俗人は、誰であれ死罪に処し、出席者には一〇〇マルクの罰金を科することを規定した一五六三年の法律によって定められた。この法律は、一五六〇年代末まではほとんど死文化していたのだが、一五七〇年にエリザベスを破門する教皇の大勅書が出され、さらにスコットランド女王メアリ周辺の人物による陰謀があったことで、一五七一年に議会が反教皇法を成立させた。しかし、女王はカトリック教徒への厳罰を求める声に抵抗していた。それでも、一五七〇年代の末には、亡命して大陸の神学校で訓練を受けたイングランド人司祭が帰国し、人びとの改宗に成功を収めると、そうもってておれなくなった。一五八一年の議会は、そういった司祭の活動を反逆罪と同等とみなし、カトリック信仰を国王への忠誠拒否の容疑と結びつけた。同時に、教会に出席しない者には毎月二〇ポンドという、さらに重い罰金を科した。四年後には、イングランドとウェールズのカトリックの司祭は誰であれ、司祭であるというだけで、反逆罪を宣告され、司祭をかくまった俗人も処刑されることになった。この法律はエリザベス時代の「対カトリック」政策が最高潮に達したものであった。もっとも、治世後半には、金銭面でさらに締め上げる規定がなされたのではあるが。

ジェイムズ一世の即位に際してカトリック教徒が抱いた希望はすぐに打ち砕かれた。一六〇四年の末までに、国教忌避者に対しふたたび科料がなされた。一六〇五年の火薬陰謀事件は、「政治的な行動を取るというカトリック信仰のエリザベス時代的な伝統の最後の企て」であったが、その失敗によって法規制はさらに厳しくなった。カトリック教徒の移住は制限され、国王への忠誠の宣誓も求められ、さらに、国教忌避者の土地の三分の二を没収する権利が国王に与えられた。しかし、この最後の条項は、実際にはあまり効果がなかったし、ジェイムズの治世末までには、ふたたび国王の政策はカトリックにもっと好意的なものになったように見えた。チャールズ一世のもとでは、カトリック教徒も宮廷で恩顧に預かったし、宮廷には教皇からの使節もやって来ていた。こうしたカトリックへの処遇は、とくに妃ヘンリエッタ・マライアの宮廷で顕著であった。しかし、それ以外の場所では、カトリック教徒は国王と議会の抗争に巻き込まれることになる。財政に行き詰まったため、国王はさらに精力的に国教忌避者への科料を取り立て、そこからの収入は一六三一年から一六四〇年までの間に五倍にまでふくれあがった。その一方で、宮廷内のカトリック教徒が国王へおよぼす影響が、ジェントリや人びとの反カトリック感情を強めることになった。一六三〇年代には、陰謀の噂が各地に広まっていたし、陰謀へのイエズス会の関与が取りざたされることも多かった。さらに、民衆読み物でそうしたステレオタイプが繰り返され、国教忌避者への攻撃がなされた。とくに大きな都市で顕著で、アイルランドでの反乱を受けて、一六四〇年から一六四二年にかけてその緊張は頂点に達した。

議会における反カトリック意識は、内戦のあいだ国教忌避者が国王側についたことによってさらに強められた。一六四〇年代末には、法律でカトリック信仰放棄の宣誓がとくに求められ、カトリックの地主に対してはさらなる罰金が科された。そのため、彼らはその所有地の五分の四を没収されてしまうことになった。護国卿政権下では、科料の取り立ては緩和された。そして、王政復古とともに、カトリック教徒の立場の全般的な改善がさらに進むことが期待できた。ヘンリエッタ・マライアは息子チャールズ二世とともに帰国したが、チャールズは一六六二年にはカトリック教徒の妃を迎えた。宗教への王の寛容な態度は、一六七二年に「信仰自由宣言」へと向かうことになるが、この宣言は一六七四年に議会が「審査法」を通したため、否定されてしまった。審査法では、すべての官職保有者は国教会の聖餐を受けることを求められ、とくに化体説を否定することが求められた。この頃までには、つぎの王位継承者であった王弟のジェイムズがカトリック教徒であることは周知のことになっていた。そして、一六七〇年代の末、いわゆる「教皇主義者の陰謀」を契機に迫害が復活することになる。この動きは、ジェイムズを王位から排除しようという国制にかかわる闘争へとつながっていったが、結局は、一六八五年にジェイムズは即位した。新王は、カトリック教徒を公的な場から排除する障壁となっていた諸法を廃止しようとするが、議会の猛烈な反発にあったため、国王大権にもとづく「信仰自由宣言」の発布によって対処するしかなかった。しかし、そうしたやり方は国制の危機と捉えられ、その危機の解消は、ジェイムズの排除と彼の娘メアリおよび夫であったプロテスタントのオラニェ公ウィレムの即位によってなされた。彼らの治世には、カトリック教徒へのさらなる制限が加えられ、カトリック教徒は一六八九年の「寛容法」の対象からも除外された。一六九五年の法律によって、カトリック教徒は専門職《プロフェッション》への道も閉ざされてしまった。同じ頃、一六九二年に二倍の地租が課されるなど、カトリックの地主はさらなる科料の対象とされていた。

一七一五年と一七四五年のジャコバイトの蜂起は、人びとにカトリックへの疑念を呼び覚ましはしたが、カトリック教徒を直接の対象としたさらなる重大な立法処置はなされなかった。一七一六年以降、カトリック教徒の土地も登記されることになっていたが、一七五三年のハードウィック結婚法では〔カトリックの〕司祭による結婚は法的に無効と定めていた。結婚法の趣旨は、〔結婚をめぐる〕法規定をはっきりさせることにあり、カトリック教徒を不利な立場に置こうとしたものではなかった。カトリック教徒は、この頃までには、これまで彼らが被ってきた制限の一部を解除することを意図した立法を期待することができるようになっていた。一七七八年の最初のカトリック救済法では、忠誠の宣誓とセットになっていたが、カトリックの司祭が密告者に告発されることはなくなり、俗人信徒は自分の名義で土地を相続することが許された。一七九一年には、カトリックの礼拝所が登記できるようになり、カトリック教徒が専門職に就くこともふたたび認められるようになった。すなわち、カトリック解放への最初の歩みが始まり、カトリック教徒のコミュニティも、これまでは、いつもがんじがらめであったわけではないものの、法で定められた公的な枠組みで色分けされていたのが、それ以外の社会とより自由に関係を取り結ぶことができるようになった。

生き残りか成長か

一五五九年に確立したプロテスタント体制のあり方は、議会では賛否が拮抗していたが、地方でも各地で、とくに旧来の信仰への忠誠が、庶民ばかりでなく地主やジェントリのあいだにも残っていた北部や西部地域でも同様であった。しかしながら、問題は、この旧信仰への忠誠が、伝統的な儀式への庶民の素朴な愛着から、メアリ時代の主教に見られるような普遍教会への学問に裏打ちされた帰依まで、たいへん幅の広いものであったということである。そのため、一五八〇年になっても残る宗教面での保守的感情の特徴を明らかにするのはむずかしい。それでも、伝統的な考えが、それがどの種のものであれ、広く維持されていたことは間違いないといえる。議論の対象となるべきは、そういった伝統的な考えが、一六世紀の末に大陸で訓練を受けた宣教師の第一世代のもとで登場してきたカトリック信仰とどのような関係にあったのか、ということである。

伝統的なカトリック信仰の歴史は、一五三〇年代の国の宗教であった時点から、ジェントリ頼みの、社会の本流から外れた、マイノリティの宗教へとしだいに凋落してゆく過程として描かれてきた。そこで聖務をおこなうのは、信仰のために英雄的な苦難を被ることが多い聖職者であった。こうした理解は、カトリックの歴史家に一般的であったばかりでなく、A・G・ディケンズといったような著名な宗教改革史家にも共有されていた。ディケンズは、プロテスタントによる福音主義化に直面して、カトリック信仰は急速に衰えたと考えた。こうして、イングランドとウェールズのカトリック教徒は、同時代の論争書でもしばしば述べられているように、中世教会の残滓にすぎないという理解ができあがった。この中世からの連続性を強調する見方は、一九七五年にジョン・ボッシーが『イングランドのカトリック共同体　一五七〇～一八五〇年』を公刊したことでひっくり返された。ボッシーはこの書物で、一五三〇年代の崩壊によって中世末の教会は終焉を迎えたのであり、カトリックの宣教がもたらした信仰は新たに生み出されたものであった、と論じた。こうして、宗教改革後のカトリック信仰の歴史は、衰退ではなく、成長発展の歴史として捉えられた。その成長をもたらしたのが、ドゥエイで訓練を受けた神学校出身の司祭であり、一五八〇年以降は、イエズス会士であった。これらの若者、とくに大陸で訓練され、伝道の熱意にあふれ、さらに対抗宗教改革の精神による司牧の先駆であったイエズス会士は、教会ヒエラルヒーの枠組みのなかで高いレベルでの個人的な信心および家庭内での敬虔な行ないを求める信仰をイングランドにもたらした。イエズス会のこれらの先駆的な行ないは、多くの点で、ホイットギフトのようなプロテスタント改革者求めるものとそれほど違ってはいなかった。したがって、一六世紀末の宣教に従事したカトリック教徒は、彼らの祖父たちが慣れ親しんだ宗教から遠く離れていたことでは、国教会に従ったプロテスタントたちとほとんど変わらなかったのである。

カトリック信仰の歴史における断絶についてのこの説は、各々別個の理由から、マクグラスとヘイグの挑戦を受けた。マクグラスの主張はつぎのようになる。メアリ時代のカトリックの復活は、再活性化された聖職者を生み出したのであり、その多くはエリザベス時代の初期にも伝統的な信仰を維持していた。若者を外国へ送り出すばかりでなく、彼らが戻ってきておこなう宣教のための地盤も準備していた。したがって、ボッシーが考える以上に連続性は大きかったし、若い宣教師に関してはなおさらで、彼らはイングランド人の学者に教育されたが、その学者の多くはメアリ時代に大学にポストを得ていた人びとで、一五六〇年代に亡命していたのだった。そこから、彼らは、イングランドで生じたことについて外国の読者に向けて発信し、かつ故国のカトリック教徒を励ますために、カトリック擁護の論争的な著作を生み出していた。一五六〇年代におけるこうした聖職者の活動は、体制に〔表面的に〕服従したカトリック信仰を生み出す効果があった。そうした信仰にもとづいて「内心ではカトリック信仰を抱き、可能であればミサにもあずかる多くの俗人が、カトリック教会から分離した〔国教会の」教会にもしばしば出かけた」。こうした基盤の上に、後年、カトリックの宣教活動がなされたわけである。

ヘイグもまた、メアリ時代の聖職者によってもたらされた継続性を強調する。とくに神学校へ渡った者を数多く排出したランカシァでは、継続性は顕著であった。しかし、それに加えて、ヘイグは、宣教の努力が根本的に間違った方向へと向かってゆく、その後のカトリック・コミュニティの歴史をたどってゆく。すなわち、宣教活動はジェントリの世帯に集中してしまい、地域的にもとくに南東部やロンドンに集中し、それ以外の領域は無視されてしまった。たとえばランカシァでは、伝統的な信仰が生き残っていたので、民衆の信仰を再活性化しうる基盤があったにもかかわらず、無視されたのである。この見解では、宗教改革後のカトリック信仰は成長の物語などではなく、「領主の教派」への引きこもりにすぎなかった。このパターンは、一八世紀に人口構成が変化してようやく変わったのである。

継続性についての議論は、一七世紀初めの国教忌避者の地理的な分布についての考察によっても支持された。一七世紀初めの国教忌避者の数は、遺言書を史料として判断するなら、一六世紀初頭に伝統的な信心が根強く残っていた地域にとくに多かったのである。したがって、イングランド北部では、聖職者の不足がカトリック教徒の減少の原因であると非難されたチェシァは例外として、相当数のカトリック・コミュニティが存在した。それらは、ダービーシァの例のように、大地主家族の所領や借地人を基盤としたり、リトル・クロスビーのブランデル家のようなもっと弱小なジェントリのあいだにも根を張っていた。ブランデル家の所領は、「そこには、およそ四〇軒ほどの家があるが、カトリックではない家は一軒もない」と評され、よく知られていた。ヨークシァのノース・ライディングでは、一六三〇年代にはジェントリの影響力がいくぶん弱まっていたが、それでもカトリック会衆の規模は拡大を続けていた。これらの地域は大陸の神学校へ渡る人材は供給し続けたけれども、自分たちのもとに聖職者が十二分に供給されるわけではないことは、承知の上のことであった。対照的に南部諸州では、トレシャム家のようなカトリック地主は、借地人と悶着を起こして、一五八〇年代末には、自分たちだけの小さなコミュニティに引きこもってしまった。同じような事例はサフォークにも見られた。つまり、司祭がたくさんいる地域では、カトリックは人びとが寄り合っておこなう礼拝や生活の場から後退したといえるのである。宣教師たちの努力は国教忌避者の分布状況にはほとんど影響しなかったといわれている。

このパターンの例外がロンドンであった。宣教組織の中心としてのロンドンの重要性は、時とともにますます大きくなった。ものすごい人口増加や国民生活のなかでの重要性の高まり、それらがロンドンを、カトリック教徒にとってばかりでなく、それ以外の非国教徒の集団にとっても、重要な中心地にした。ここには法学院や大使館の礼拝堂、のちにはヘンリエッタ・マライアの宮廷があり、それらすべてが司祭を抱えて、カトリックのジェントリのために礼拝の機会を提供していた。また、首都において継続性を維持するのに重要であったのが、聖職者を維持し、聖職者と地方の国教忌避者の別のグループとの橋渡しをしたロンドンの小売商人とその妻たちの働きであった。一六世紀の末以降、首都は、このように宣教活動とカトリック・コミュニティの支援に中心的な役割を果たした。

一方、ボッシーは、カトリック集団の形成には、高地地域で他所から離れていることが重要であったと強調して、国教忌避者の登場には、地理的な分布よりは、取り巻く状況が重要であったと指摘している。そういいながらも、彼は広範な地理的パターンという枠組みでの例外も示している。北部の西ヨークシァの都市化した織物産業地域やダービーシァの鉛鉱山地域では国教忌避者は見あたらず、ニュー・フォレストや西サセックスではカトリック信仰をしっかり守っている人びとがいた。こうしたパターンを数値化する作業は、まだ推論の域にとどまっている――実際、どのように定義して、どう記録されているのかという問題のために、一六〇〇年以前に関してはほとんど不可能である――が、一七世紀初頭以降の数値からは、宣教師による礼拝を恒常的に受けていた人びとの数は、三万から四万くらいで、それが一六四一年には六万人にまで増えていることがわかる。「恒常的」というのが鍵となる部分で、興隆と衰退を議論する際に中心となる論点である。というのは、こうした人びとに加えて、それ以外に司祭との接触があまりない、もしくはまったくない、あるいは、あってもせいぜい〔エリザベス即位時に〕聖職禄を剝奪されたメアリ時代からの生き残りの司祭としかないカトリック教徒がいたからである。そういった人びとは、「教会での酒宴《チャーチ・エール》」に参加し、ラテン語の祈禱書を使用して、聖人崇敬を続けながら、変幻自在の捉えどころのない状況のなかにとけ込んでおり、彼らと宣教活動との関係はよくわからないし、漠然としたものであった。それでも、一六〇〇年頃になれば、宣教活動は、聖職者との接触がそこそこある人びとを中心に考えておこなわれるようになっていた。カトリック信仰の未来を託されたのは、このしっかりした信者集団である。そこでのカトリック信仰の性格は、宣教活動における主要なパートナーであった聖職者とジェントリによって決まることになった。

カトリック聖職者

ウィリアム・アレンの指導のもと、一五六八年にドゥエイに神学校が設立されたことで、宗教改革後のカトリックの宣教活動が始まったといえる。最初は、イングランドにやって来る司祭もそれほど多くはなく、一五七五年までに、わずか一一人であった。しかし、すぐにペースは上がって、一五八〇年には総数一〇〇名になっていた。この草創期には組織がなかったので、司祭たちはあちこちを巡回せざるをえなかったし、頼る仲間もいなかった。彼らの活動はたいていは既知のシンパの支援の及ぶ範囲に限られており、しかも彼らの出身地であることが多かった。一五八〇年にイエズス会士がやって来ると、とくにロバート・パーソンズの到来によって、状況は変化することになった。まず、一五八一年の宗教会議では、国教会の礼拝へ出席することは罪深いことであると非難した。それによって、国教忌避の問題は、俗人のなかにあった「表向き国教会の礼拝に参加するカトリック教徒」とは相容れないものであるということが明白にされた。第二に、宣教活動をどう指導するかの問題が議論された。とりあえずの結論は、大陸側の組織をもっと大きくし、そこでパーソンズがルーアンからイングランドへ向けて宣教師を送り出す手配をする、というものであった。これによって司祭がつぎつぎとやって来ることが可能になったが、彼らの安全は保証の限りではなかった。一五八六年までに、三〇人以上が処刑され、それに加えて五〇名が牢獄へ送られている。政府はその年に起きたバビントン陰謀事件を利用して、体制や近隣社会と平穏に折り合っていこうとしているジェントリとエリザベス女王を廃するために活発に活動しているジェントリのあいだにくさびを打ち込んで、すべてのカトリック教徒の忠誠心に揺さぶりをかけてきた。一五八〇年代末には、国際情勢から国教忌避者への圧力は強まったが、その頃には、イエズス会士によって組織された聖職者のネットワークがかたちを取りはじめていた。

ロンドンは地域組織の中心に位置していたが、そうした地域の組織は、とくに、逮捕されたり牢屋へ送られたりして司祭が急にいなくなってしまいそうな場合、安全な屋敷(たいていはジェントリの所有になる)からの支援に依存していた。一五八八年、ウィスベックの牢に入れられていた司祭たちのあいだで組織に関する最初の大きな対立が生じた。それは権威の問題にかかわるもので、イエズス会士と平信徒の日常的な世話をし多数を占めていた在俗司祭とのあいだの対立であった。在俗司祭たちは、過去との連続性をはっきりと示すことができるようにと、司教区の確立を求めていた。もともとパーソンズもこの考え方であって、任命された司教たちが、上級司祭たちと一緒に働くことを求めていた。こうした計画はローマの支持を得ることができず、結局、パーソンズはさらに、その権限は限定的だが、イエズス会とともに活動する上級司祭を任命するように、という提案をおこない、それが受けいれられた。一五九八年にジョージ・ブラックウェルがそのポストに任命されたが、すぐに世俗司祭たちから反発を受けた。在俗司祭のなかにはローマに訴え出る者もあったし、それとは別に一三人の司祭たちからなる小さなグループは、体制とうまく折り合いをつけてゆくことを求めて、一六〇三年に「忠誠の宣言」を出した。人数的には、彼らは宣教活動の文脈ではたいしたことはないが、彼らが表明した見解はたいへん重要である。社会のなかではっきりと区別される宗教的な集団とは何なのか、という政治的な忠誠にかかわる悩ましい問題にまさに触れていたからである。そうした区別は、司祭たちが、彼らに付き従う信者が体制教会である国教会と妥協しないようにしようと決定したために生じたことであった。この頃から、カトリック教徒はステュアート朝の国王たちからの好意を期待できたろうし、実際、宮廷に支持者や改宗者もいたのだが、聖職者たちの任務は彼らの信者とともにあることであったし、そのためにこそ彼らは組織されていたのである。

先述のように、国教忌避者の数は、一七世紀の前半に五〇パーセント以上も増えていた。これは聖職者数の増加割合を超えるものであった。とくにイエズス会士のいる地域で顕著であったが、国内にいたイエズス会士の数は、一六四一年には一七一人で、その三分の二がミッドランドや南東部、もしくはロンドンで活動していた。組織化への志向が強かったのは、イエズス会士であった。一六二三年には、その数は、イングランドに別個の管区を、ロンドンを拠点にし、管区長を置いて、立てるのに十分なものになっていた。管区長は宣教活動の財政面や司祭の配置、司祭の宗教的な内面の育成を監督した。管区は一二の地区に区分され、各々がひとりの監督者のもとに置かれたが、この枠組みは一八世紀の半ばまで、区割りと名称のわずかな変更があっただけで、そのまま存続した。区の名称について興味深いのは、たとえば北西部の聖アロイシウス区のように、もともとの地区名がこの宣教活動が国際的に推進されていたことを反映したものであったことを示している点である。一方で、後に名付けられた場合には、リンカンシァの聖ヒュー区のように、その地域の伝統や過去の継承に大いに配慮したものになっている。これは、イエズス会へのジェントリの影響力がしだいに大きくなっていたことを反映している。

在俗司祭のなかに組織を作ることは、そうは簡単にいかなかったし、はじめの頃は、上級司祭の地位が不安定であったため、組織も混乱していた。上級司祭には、管区長がイエズス会士に対して持ったのと同じような、在俗司祭に対する権威はなかった。そして、イエズス会士が上級司祭の権威には服さないことを主張したため、聖職者はふたつのグループに分かれ、対立するにいたった。しかも、俗人カトリック教徒の有力者たちの在俗司祭への評価は低かった。有力層の多くは、イエズス会士を自分の屋敷内の専属司祭として抱えていたのである。一六〇七年から上級司祭となったジョージ・バークヘッドは、修道会系の司祭への統制をおこなうことができる権威ある人物をローマに求めた。とくに、宣教の財政面での統制を求めたのだが、うまくいかなかった。それでも、一六二三年になって、ひとりの司教が任命された。ウィリアム・ビショップは、カルケドン司教区という、名前だけの司教区の司教に推挙されたが、彼がイングランドで過ごした数カ月のあいだに、四〇人からの在俗司祭の事柄を扱う参事会を作ることで、在俗司祭の組織の基礎を置いた。その参事会は、地区毎の総代理や大助祭によってサポートされていた。また、司教は、その頃イングランドへやって来たベネディクト会士については、国内で活動している六〇人の修道士に自主権を認めて、緩やかな監督にとどめることで、懐柔した。ベネディクト会士の一部は政府との融和を強調し、国教会との接触すらも主張していたのである。オーガスティン・ベーカーのような人物を通じて、ベネディクト会士はカトリック共同体の内部での瞑想的な生活に深甚な影響を与えることになった。その他の修道会との関係は相変わらずうまくいかなかった。イエズス会とばかりでなく、新たに設立された聖処女マリア会（IBVM, The Institute of the Blessed Virgin Mary）とも対立した。聖処女マリア会は、ヨークシァの一女性メアリ・ウォードが設立した女子修道会で、主にロンドンで、いったんは信仰を捨てたカトリック教徒をもういちど信仰に引き戻す活動をおこなっており、学校や教理問答をおこなう施設を運営していた。こうした齟齬は、この組織が国際的に成功していることへの教皇の嫌悪感を反映したものであった。結局、この会は一六三〇年に解散させられた。イングランドにとってもっと重要であったのが、イエズス会士と俗人の関係であった。

新しい司教リチャード・スミスは、一六二五年にイングランドへやって来たが、この国の全カトリック教徒の「宗教的な父であり司牧者」としての自らの立場を確立することに取りかかった。彼は、トリエント公会議で定められた信仰条項をたてに、イエズス会士の自主権への攻撃を始めた。その規定では、規則への拘束・緩和を認める権限を教区司祭や司教の認可を得た者に限定していた。教区制度にもとづく組織が今はないので、スミスは、自分が信者の告解を聞く司祭をすべて統括することを主張した。そうして、司祭と俗人の関係がもっとも良好になったところで彼の権威を認めさせた。そういったやり方に対し、修道会からばかりか、俗人の支援者からも反発が起こった。俗人支援者は、自分たち自身の告解司祭を選ぶことが許されなくなるのではないか、という危惧を抱いたのである。スミスは宣教活動の財政面を統括することもふたたび主張した。俗人に対しては、宣教活動全体への支援をするように求め、個々の聖職者への金銭授与を禁止し、さらに、資金を再分配するために各地の大助祭がその権威をもって集めるべき金額を設定した。こうした主張は、トリエント公会議の取り決めにきちんともとづいたものであったし、理論上は、緊急に必要とされていた宣教活動資金の再分配を実現するはずであった。しかし、実際には、それらはイングランドの実情にまったくそぐわないものであった。イングランドでは、一世代以上も、精力的なイエズス会士の自治やジェントリの独自の動きが支配的であったのだ。結婚や遺言の検認、その他の教会法にかかわる領域において「当たり前の」権限を行使するのだというスミスの主張の矛先はジェントリにも向けられた。これは、多くの国教忌避者が国教会のシステムとどうにかうまくやって、そこからある種の法的な保護も受けていたような生き方への脅威であった。指導的な立場にあるカトリックの俗人たちは反発して、スミスを反逆者と非難した。そのためスミスは、一六二九年には一時的にフランスへと逃れなくてはならなかったし、結局は一六三一年に亡命することになった。

スミスがイングランドを去ったことは、イングランドのカトリック教徒のあいだに修道会的な階層秩序を作り上げようという試みが、ジェイムズ二世の即位までは、終息したことを示す。権限をめぐる指導的なイエズス会士と俗人との関係は、なおも対立的なものであったが、こうしたことを、一六八五年以前に宣教活動に従事していた司祭の大部分が経験したわけでは必ずしもなかったことを強調しておくのは大切である。大多数の司祭は、たとえばオクスフォードシァのストーナー家のようなジェントリの屋敷内で働いているか、もしくは北ヨークシァのムーア（荒れ地）に散在する農村で活動しており、彼らのもとにいる人びとのための宗教的な要求に応えるという、さらに切実な司牧活動に従事する必要から、組織をめぐる対立とは距離を置いていていたのである。

カトリックの俗人

すでに述べたように、一五六〇年から一六六〇年にかけての時期に、カトリック信仰の生き残りや復活、それにその性格に対して、俗人が果たした役割がきわめて大きかったことは、当時の状況から間違いない。イングランド各地で、旧来の宗教にもとづく伝統的な信仰への強い愛着があったことは、いまでは異論のないところである。そして、西部や北部地方の地域研究によって、それらの社会では、ヘイグがいうところの「形式張らない、農民のカトリック信仰」である、カトリックの文化が、人目を忍ぶわけでもなく、一五八〇年代まで残っていたことが明らかにされている。それらの特徴は、ラテン語の祈禱書、伝統的なミサの挙行、地域の聖地への巡礼、それにまじないによる病気治癒であったが、ときにはよく知られた悪魔払い《エクソシズム》としても現われた。こうしたカトリック信仰が育成されるためには聖職者の支えが必要であった。史料の示すところでは、司祭がいない場合には、そうした信仰は枯死してしまった。まさにこれは、カンバーランドとダラムという伝統が根強く残っていたふたつの州に当てはまった。ダラムの封建的なカトリック信仰は、一五六〇年代には明らかに存在していたが、一六世紀の末には死滅していた。一方、カーライルでも、エリザベス時代初期の主教は、その地で挙げられるミサの多さやジェントリがカトリック教徒を保護していることに不満を漏らしていたが、一六〇〇年代になると、穏健な国教忌避者が八〇名ほど主教区の記録には載るが、もはや問題ではなかった。こうした史料を見る限りでは、宣教活動によって育成された信仰ではなく、むしろ伝統的な信心こそが、一五六〇年から一六六〇年のあいだのカトリック信仰の典型である、といったヘイグの見解を支持するのはむずかしい。

それでも、伝統的な信心の場合、コミュニティの生活において、おこなわなければならないことがあった。とりわけ、潔斎日の遵守や祭日のお祝いといった事柄においてははっきりしている。いずれの場合も、俗人の方が聖職者よりも、熱心であった。一七世紀の初め、レディ・モンタギューは、彼女の最後の病気の際に、告解司祭と医師から、灰の水曜日に肉を食べるようにと勧められたことにショックを受けた。「そんなことは、彼女がこれまでいちどもやったことがないことであった」。そして、ロバート・パーソンズは、彼が見るところの「金曜日や徹夜祈願、四旬節の際にパンと水だけで暮らしたりする類の、外面的な行ない」に過度に依存しているとして、俗人のいささか狂信的といえる仲間を批判した。そういった自己否定的な行ないは、食べ物に事欠かないジェントリのあいだによく見られたもので、国教忌避者のなかでも、自意識過剰気味の家庭内信心のかたちであった。聖祝日も、その日にはミサに預かる義務があったし、その日の祝い方も違ったので、カトリック教徒であることが露わになってしまった。この面については、一部の聖職者は、プロテスタント聖職者の安息日遵守という考えと共通するものをもっていたが、少なくとも一六五〇年代までは、クリスマスといった祝祭日には、たいていは劇や音楽、ダンスがつきものであった。五〇年代以降は、夜の祝宴は隣接する日に移されて祝い続けられたとはいえ、聖祝日それ自体については、より謹厳な規律が支配的になった。

こうした特徴的な信心のかたちは、孤立無縁でない場合にうまく生き残ることができたので、そのことが、聖職者が金銭的な支援を危急に必要としていたことと相まって、明らかにジェントリの屋敷がカトリックの育成にとって最適の場所となった。それで、宣教活動の初期から、カトリックのジェントリが指導的な役割を果たすことが通常のことになった。ジェントリたちは、聖職者の雇用者もしくは支援者として、仲間のカトリック教徒に自邸での礼拝に参加する機会を与えたり、各地を巡回する聖職者に休息所を提供し、さらに、追及の手が伸びたときには、聖職者を保護した。たとえばハロウデンのヴォー家のような大きな屋敷も、リトル・クロスビーのブランデル家のようなもっと小さな屋敷も、その名称はカトリック信仰への忠誠の伝統と同義語となり、それは何世代にもわたって受け継がれた。このことは、典型ではないにしても、重要なことであった。一方では、迫害と財産継承法によって、確実に個々のカトリック教徒がつぎつぎと国教会へ帰順していたが、他方では、カトリックへの改宗によって国教忌避者が新たに生み出されていた。世代によって宗旨を変えることや兄弟姉妹で宗派が異なることも普通に見られた。ヨークシァのメイネル家のような強力な国教忌避の家でさえ、カトリックの聖職者や修道女を生み出すと同時に、プロテスタントも生み出しているのである。聖職者になろうという意識の面から考えると、少なくとも一六二〇年より前には、たとえばドロシー・ローソンのような、女性家長が継続性を維持するのに重要であったことに、ボッシーは注目している。多くの聖職者が、父親は国教徒で母親が教皇支持者という家庭の出身であったからである。こうした女性の役割は、この時期のカトリック信仰の家庭内的な性格をさらに際だたせる。

ジェントリは、宣教活動のはじめから、聖職者の金銭的な支援の主要な担い手であった。たいていは、個々の聖職者を自宅内の礼拝堂付き司祭として雇用するといったかたちで、最初の殉教者となったカスバート・メインもそうした司祭のひとりであった。一六一六年までに、このパターンは広くおこなわれるようになっていたが、司祭の生活はたいてい孤独なものであった。追っ手から身を隠し、彼を世話する担当になっていた使用人やミサや告解のためにやって来る人びととしか会うことはなかったのである。保護してくれている家庭との関係もそう簡単ではなかった。たとえば、金銭面で面倒をみてもらっているという立場と、宗教的な権威とのバランスには微妙なものがあった。さらに、こうして家庭内に落ち着いてしまうと、神学校が学生に教え込んだ宣教活動の使命との折り合いをつけることはそう簡単ではなかった。ジョン・ジェラードやジェイムズ・ポラードなどのように、自分たちの保護者であるジェントリの家庭の改革に優れた手腕を発揮した司祭もいたし、レディ・モンタギューの屋敷のように、大規模な世帯で、八〇人もの信者の世話をおこなった司祭もいた。そうはいっても、これらは例外に過ぎない。一六六〇年以降ともなれば間違いなく、保護者たちが聖職者に尊敬の念を持たないという不満が一般的になった。彼らは聖職者に「家庭内の差配や、親族および近隣の者への態度、取引のやり方などに口出しするな」と命じたのである。

カトリックの生活のなかにあったのは、もちろん、ミサであった。宣教活動の初期には、聖餐の際には退席することで、教皇支持者が国教会の礼拝に出席することも珍しくはなかった。しかし、時がたつにつれて、カトリックの司祭たちは公的な礼拝にはまったく出席しないようにと主張した。この完全分離へ向かう傾向は、地域の官職や公的な場からカトリック教徒をしだいに閉め出してゆくという政府の方針によっても、ジェントリのあいだで強まることになった。それでも、完全にカトリック教徒が分離することはなかった。ヨークシァのヘーゼルウッドとカールトンにあったヴァヴァソア家とステイプルトン家が建てた礼拝堂は、国教会の教区礼拝堂としても機能していたのである。一六二〇年代のランカシァでは、カトリック教徒は、礼拝からの帰り道で、教会から出てきたプロテスタントと出会うように、自分たちの礼拝を設定していたといわれる。それでも、ミサは、私的な会衆のための私的な集まりであるのが普通で、部外者が出席できるのは、招待された場合だけであった。そうした招待には、朝食や階層に応じたそれ以外の社交も含まれていた。それで、一六二〇年代のウズゴドビィの状況は、つぎのようなものであった。

毎日曜には、扉を閉ざして、みんながミサに出席した。すべての日曜と祝日に、説教を聞き、教理問答をおこない、信仰についての教えを受けた。平日には、たいていは二回のミサをおこなった。一回は朝の六時に使用人のためにおこなわれ、もう一回は、最初のミサに出席できなかった人のために、八時におこなわれた。

すべてのカトリック家庭に日曜ごとに司祭がいるわけではなかった。それで、そうした状況では、ミサの時間には、個人個人で祈りを唱えたり、みんなで祈禱をおこなうなどするのが、カトリック教徒の習慣となっていった。そのための特別な手引き書も刊行されていた。こうした活動は、読み書き能力とある程度の時間的余裕が必要なことが多かったので、とくにジェントリに頼った信仰に適したものであった。

ジェントリの屋敷が田園地域にあったことはたいへん重要であったが、ロンドンにはこのことは当てはまらない。ロンドンで宣教活動が組織され、そこでのカトリック教徒の数は急速に増加していった。地主たちのタウン・ハウスがしばしばミサの場所として提供されたことはもちろんである。しかし、大使館やロンドンの職人たちの家も重要であった。大使館員は定期的に宮廷と接触していたし、さらに、ステュアート朝のすべての国王の妃がカトリックであったことに注目することも大切である。一六三二年にヘンリエッタ・マライアのために新しい礼拝堂が作られたとき、その祝典には二〇〇〇人が出席した。しかしながら、その頃には、また、チャールズ二世のもとでも、宮廷内でのカトリック信仰は、国教忌避者のコミュニティにとっては、ありがたくもあり迷惑でもあるといった、二面的なものであった。カトリック教徒に向けられた社会的な制約を緩和するためにはあまり機能しなかった一方で、議会での強烈な反教皇感情を引き起こしてしまったのである。国王の政策への疑念からのカトリック教徒への襲撃事件は、一六三〇年代では、数件しか発生していないが、一六七〇年代末の「教皇主義者の陰謀」による恐慌では、迫害が続発することになった。つまり、宮廷内のカトリック信仰は、地方に住むカトリック教徒の生活状況を改善するというより、いっそうむずかしい状況に置くことになったのである。そして、対抗宗教改革の文化的・芸術的な刺激を受け入れる窓口を用意したことを別にすれば、宮廷内でのカトリック信仰はたいして重要な意味を持たなかった。

　貴族やジェントリの階層よりも下には、農民や職人のコミュニティがあった。ジェントリがその借地人に及ぼす影響についてはすでに述べたが、一七世紀半ばのイースト・アングリアといったような地域ごとの研究は、都市住民や農民に国教忌避者がいるのは、カトリックのジェントリもいる場合だけであったことを示している。このように、ジェントリの影響力は依然として大きかった。しかし、平民のカトリック教徒は数としてはたいしたものではなかった。ダラムやノーサンバランドの国教忌避者についての近年の研究は、少なくとも六〇パーセントは非ジェントルマンであったことを示している。しかし、その大部分は職人や貧しい階層ではなく、ヨーマンであった。ヨークシァでも、国教忌避者に占める庶民の割合は大きくなっており、そのなかに女性が占める割合も顕著であった。もちろん、こうした人びとで、宣教活動を支えるといった重要な貢献ができた者はそれほど多くはなかった。一六四一年では、各州に数十人から数百人といったところである。例外的なのはランカシァで、八〇〇〇人以上の非ジェントリ層のカトリック教徒が記録されている。ランカシァでは、一六三九年に、五〇人の司祭が八二か所のミサをおこなう拠点で聖務をおこなっていた。そのうち七か所はジェントリの保護を受けていなかった。これは控えめな数字だが、一七〇〇年までには、ジェントリの保護下にないミサの拠点が、一部のカトリック教徒にとっての、ジェントリの家庭に代わるものとして機能していた。そうしたジェントリとは無縁の拠点は、農家のなかにあったり、ミサのために特別にしつらえた建物のなかにあることが多かった。そうした場所では、ミサはいっそう社会的なイベントとなった。聖体拝領を受ける少数の人は午前八時頃にやって来て、その後朝食を食べるために帰宅した。それ以外の者は、日曜の晴れ着を着て、午前一〇時頃にやって来て、拠点の近くに家をもつ家族と一緒に昼食をとるまでそこにいた。午後には、子どものための教理問答がおこなわれ、帰宅する前に、ロザリオの祈りと夕べの祈りが唱えられた。

　一七世紀を通じて、司祭を金銭的に支援したり、司祭となる人材を供給するという両面で、ジェントリがカトリックの共同体を支える大黒柱ではあった。また、カトリック信仰が維持される環境を整えることにも、ジェントリが大きな影響を及ぼしたのではあったのだが、それでも、農村の――とくに北部の――コミュニティの貢献や、やって来たばかりの宣教師に最初の避難所を提供したり、首都を訪れたカトリックのジェントリと接触するためのネットワークを用意したロンドンの小売り商や女性の存在を無視しては、近世のカトリック教徒の姿を描いたものとして完全とはいえないのである。

停滞と変化

一七世紀初めに見られたカトリック教徒の増加は、カトリック教徒のコミュニティのために活動する司祭の存在がますます大きくなったにもかかわらず、一六五〇年以降には持続しなかった。これは、ある程度は、宣教活動の当初の影響力に対するジェントリ世帯の勝利を反映している。しかし、改宗者が減少した要因のすべてがカトリックのコミュニティ内部にあったわけではなかった。内戦に際して、かなりの割合の国教忌避者の地主が国王の側に与した。議会側が勝利したことで、これらの地主の土地財産は、穏健なカトリックであれ、教皇支持者であれ、経済的にたいへん厳しい圧迫を受けることになった。その結果、世を挙げての宗教的な大混乱とともに、ジェントリのなかには国教会の礼拝に出席する者も現われたし、ついにはプロテスタントに改宗する者もいた。それに加えて、カトリック教徒の経済的な窮乏は、聖職者や聖職者を養成する神学校への支援がじり貧になってしまうことを意味した。そのため、多くの神学校は借金を抱えることになった。宣教活動内部の問題も重大であった。権限の問題は、けっして満足のゆくようには解決されなかったし、一六三一年のスミスの出国以降も、在俗司祭の総会は依然として、カトリック教会を復興させ、その内部で司教が統括することを強く求めようとした。こうした実行不可能な計画は、在俗司祭たちに亀裂を生み、宣教活動を弱体化させたことは間違いない。しかし、一六四六年に国教会が廃止されたのち、俗人信徒への統制と指示を確実にする手段として司教制度を考えようという議論が一部の指導的なカトリックのあいだで復活した。その結果、司祭総会は、ジョン・サージェントの指導のもと、クロムウェル体制との協調路線を採ることになった。その大部分が王党派であったカトリックのジェントリから俗人信徒をさらに引き離すことになる方針である。かくして、王政復古時には、カトリックの共同体は、俗人メンバーの減少と聖職者の深刻な分裂に特徴づけられた激動の時代を経験することになる。したがって、新しい体制がもたらしてくれたチャンスをものにすることができなかったことは、驚くことではなかった。

チャールズ二世は、その亡命生活の大部分をカトリック国フランスで過ごした。それで、彼の宮廷はその首都のファッショナブルな世界での経験を反映しだした。芸術の分野でも科学者でも、卓越した人物のかなりの数がカトリック教徒であった。たとえば、劇作家のウィリアム・ウィッチャリーや統計学者ゴーント少佐である。宮廷それ自体の周辺では、フランスやイタリア出身の芸術家や工芸家を雇用することがますます多くなり、貴族の一部にも、亡命期間中に、カトリック信仰に関心を寄せたり、カトリック教徒の妻を迎えたりする者がいた。しかし、こうした首都的でコスモポリタンなカトリック信仰は、気まぐれで壊れやすいものであった。そのため、フランス人のポーツマス公爵夫人が王の愛人であったような宮廷の気風は、ジェントリの家庭内で維持された信心のあり方とは正反対なものであった。カトリックの共同体は明らかに分裂し、指導者を欠く状態であった。

フィリップ・ハワードは、王家とも近い関係にある古い家柄の貴族の一員で、ドメニコ修道会の司祭として教皇との外交にも従事したことのある人物であったが、カトリック共同体の清新な指導者としての期待を集めた。しかし、国王がカトリック教徒への寛容策を実現できなかったため、一六七三年にイングランドを離れてしまう。政治的意識を持った国民のあいだでの教皇信奉への恐れと「教皇主義者の陰謀」事件の際の迫害は、一六六五年から一六八五年までのあいだの時期を、宗教改革後のカトリックにとって運命のどん底にしてしまった。改宗者が離れてゆき、ボッシーが指摘したように、一六八〇年代になると、カトリックの共同体は将来への期待をほとんど持てなくなった。それでも、サージェントの解任とジェイムズ二世の即位は、やっかいな権威の問題を解決する機会となった。一六八五年に、ドゥエイの元学長であった司教ジョン・レイバーンがイングランドへ帰国すると、教皇代理の役目が復活した。彼は、各々を総代理が統括する四つの管区に宣教活動を再組織し、各管区の行政を助けるために地区助祭を置いて、宣教活動の財政処理面での改善をおこなった。この大枠は、一六八八年にジェイムズが廃位される前にきちんと定まり、詳細についてはそのあと二〇年間をかけて整備された。これらの組織変更は、活気をもたらすような、聖職者の新しい人材確保のパターンとも合致していた。このパターンにより、ジェントリ主導のあり方が弱まることになった。

一六六〇年以降は、衰退ではないにしても、停滞の時期であったことは間違いない。それでも、ジェイムズが短期間でも王位についたチャンスを捉えた変化の時期でもあった。聖職者の分裂は収まり、権威の問題は解決され、ジェントリの支配は弱まった。そして、聖処女マリア会の帰還のように、新しい宗教的な指導が活気づいた。ついには、カトリック信仰は地方の都市共同体にまで浸透しはじめた。

たとえ、名誉革命後の時期が、カトリック教徒に楽観的な見通しを与えなかったにしても、コミュニティそれ自体は、希望の種となる再調整を経験したのである。

一八世紀

一六八八年以降カトリック信仰は衰退したという、指導的な司祭であったジョゼフ・ベリントンが当時下した判断は、ニューマンが、よく知られた「第二の春」説教で、一八世紀のカトリック信仰を「霧や黄昏のなかにぼんやりと見えるような」こびりついた残滓と巧みに表現したことで、さらに強化された。宮廷ではプロテスタント信仰が支配的になったし、ジェントリが戦列から離れたために地方の伝道活動が困難になったことなどで、その影響力に陰りが見られたのはたしかである。しかし、カトリック教徒の数は、劇的な増加とはいかなくても、着実に増えていたのである。正確な数値を確定するのはむずかしいけれども、一七〇〇年頃には六万人から七万人くらいの規模であったのが、一七七八年の最初の救済法の頃には、八万人を超えるまでに大きくなっている。この穏やかな成長は、カトリック共同体の性格に本質的な変化を引き起こすことになった。一八世紀の中頃、カトリック教徒の四分の一はロンドンに住んでいたのである。こうした変化には、すでに述べた組織の改革の結果として生じた部分もあったし、社会の変化への対応という部分もあった。社会の変化は、カトリック教徒と同じように、それ以外の非国教徒のグループにも影響を及ぼしていた。

四管区の確立や財政的な自立への動きは、管区の担当となっていた司教たちに、数が減ってきていた聖職者をより効果的に配置することを可能にした。そうした自立は、聖職者の再活性化にも役だった。聖職者の宣教への意識は、ジョン・ゴターの敬虔で教示的な著作によって実践活動へと鼓舞された。ゴターは、一六八〇年代にロンドンの会衆のために聖務をおこなっていたが、ジェイムズ二世時代に論争家として指導的な役割を果たし、名誉革命の後には、ワークワースに隠棲を余儀なくされた。彼はその時間を有効に使って、フランシスコ・サレジオの霊的精神にもとづいた教理問答と祈禱についての著作を書き上げた。そこでは、深い信仰に満たされてこの世界に生きることが強調されている。それは、貧者に深い共感を寄せる霊的精神であり、改心へといたるものであったが、ステュアート朝の宮廷を魅了したようなバロック的なカトリック信仰の現われではなく、協調的な信仰を育んだ。それは、「カトリックの生活様式を、合理性と秩序、努力を価値観とする時代にはっきりと適合するように再構築する」チャンスをもたらした。ジャコバイトについて語ることでカトリックの忠誠心への疑念がまだよみがえるような時期に、そして、カトリック教徒に課された経済的な負担や職業上の障壁が強化された時期に、この宣教活動の新しいヴィジョンは重要であった。

しかし、このヴィジョンを実行に移すにはまだ課題があった。それはリチャード・チャロナーが担うことになる。彼は、彼の母親が家政婦として働いていたワークワースのカトリック家庭で成長し、一七〇四年にゴタ一によってドゥエイへ送り出された。チャロナーがドゥエイで過ごした時期は、学校も順調に拡大していた時期であり、一七二〇年には、彼はそこの副学長となった。しかしながら、規模の拡大は知的活動の成長とは一致していなかった。ジャンセニストの論争に巻き込まれたことは、ゴター の著作に暗に示されている穏健な宣教活動の目的にうまく合うように精神を形づくることで、精励と服従という保守的な徳目を強調するような雰囲気を強めることになった。チャロナーは、一七三〇年になるまでイングランドに帰国しなかったが、帰国後はロンドンに落ち着いた。ロンドンには多様なカトリック教徒がいた。ウェスト・エンドの大使館の礼拝堂に出入りするジェントリもいれば、コヴェント・ガーデン周辺には商売人や専門職の人びとがいた。労働者や織工、ドックの労働者は、たいていはアイルランド人であったが、イースト・エンドやサザークにいた。シティには、プロテスタントがしばしば訪れては礼拝の音楽を鑑賞するようなファッショナブルな教会もあれば、極貧の人びとのためのミサの拠点であった屋根裏部屋(パブの上にあることが多かった)もあった。この両極端のあいだには、実に多様な中間段階があったし、ゴターの著作の実践的な信仰や当時の他宗派に特徴的な信仰にも刺激された慈善や施しも定期的におこなわれていた。

チャロナー、それに彼の同僚モンノー・ハーヴェイが、ロンドンの貧民に対して聖務をおこなったことで、一七三〇年代には「教皇支持者の驚くべき増加」と記されるまでの成果を上げた。ハーヴェイが執りおこなった改宗は、七年間に九〇件以上あったが、その記録は、彼らが活動していた当時の状況をよく示している。最大のグループは、結婚を機に改宗したもので、一五名いる。それ以外は、近親者を通じての改宗であった。雇用者と被雇用者、もしくは地主と借地人といった、それ以外のつながりもまた影響力が大きかった。つまり、「会衆」が改宗を支える重要な役割を果たしていたような社会的・宗教的に緊密なコミュニティといった印象である。彼らは集まって信仰をともにする共同体を形成するとともに、学校を設立し、貧しい人びとや病人に施しをおこなった。このせわしなくつねに変化している状況のなかで、チャロナーは、その組織力によって、すぐに宣教活動のもっとも重要な、「あらゆる宗派の人びとから頻繁に相談を受ける」司祭のひとりとなった。彼は一七四一年には司教に任じられ、ロンドン管区の有能な指導者となった。一七四一〜一七四二年に彼がおこなった巡察では、俗人の堅信礼が復活された。また、不適切な司祭を排除したり、パトロンにそうした司祭を解雇するように説得することもあったし、聖職者の集まりを毎週開き、彼らの研修やその信仰生活を維持する手助けをした。こうして、五〇年以上にわたって、個々人の良心にかかわる司牧活動を監督した。そうしたことが、たとえ、彼の保守的な性格やジェントリとの確執のために、彼のもとにいた信者たちのニーズに応えることがうまくいかないような場合であっても、彼を俗人にとって大切な助言者としたのである。

カトリック会衆は地方の都市にも登場してきた。流行の先端地であったバースでは、ひとりのベネディクト会士が聖務をおこなっていた。彼は、バースで保養していたジェントリのために活動していたが、そうすることで、バースを、全国各地からやって来るカトリック教徒の地主たちの集会地としたのである。一七五三年以降に刊行されたガイドブックには、温泉の施設のひとつとしてカトリックの礼拝所が載っている。バースには、多くの裕福とはいえない教皇支持者も暮らしていたが、その多くはジェントリ相手の商売に雇われていた。他所では、職人の会衆が記録されているところもある。たとえばダラムでは、カトリック教徒が「おおっぴらにミサに出かけても」悶着は起こらなかった。リンカンでは、一七二〇年代に毎週日曜日の夕方に「公開集会」がおこなわれていた。バーミンガムでは、一七二五年から一七三七年のあいだに、フランシスコ会によって四三名の改宗者を生んでいる。ブリストルでは仕立屋と靴屋、ウスターでは商店主、ウォルヴァーハンプトンでは金属細工師の会衆があった。しだいにミサの拠点は都市部に置かれるようになった。礼拝堂ではなくても、ジェントリのタウン・ハウスがその場所となった。カントリ・ハウスではなく、都市での宣教活動が、その周囲の農村地帯のカトリック教徒を束ねる中心的な役割を担うようになった。ソルズベリでの宣教活動の拠点が、近隣のウィルトンの敷物織工のための聖務も執りおこなった。バースとブリストルの礼拝所は、ともに、一五マイルも離れた所からやって来るカトリック教徒を受け入れていた。依然として巡回伝道は、山地でのカトリックの生活を特徴づけるものであった。たとえばヨークシァでは、六八もの村や集落を巡回していた。それでも、多くの場合、都市では会衆が人びとのあいだに根付いていたし、ほかの非国教徒集団とも提携した社会的な施設を持っていた。こうして、一八世紀の後半には、カトリック教徒は社会全体のなかに安全な場所をしだいに確保していった。それは、ほかのマイノリティとは区別はされたが、著しく異なるわけではなかったし、全国レベルでの要求にも、地域限定のニーズにも適合した組織構造を持っていた。彼らの生活文化は、ミサによって支えられていたが、お祈りの本などを販売する書籍商の数が増えたことや、チャロナーの『ブリタニア・サンクタ』のような著作にも助けられた。チャロナーのこの書物は、カトリックのコミュニティに自分たちの歴史を認識させ、当時の社会のなかでの自分たちの立場を説明しようとするものであった。

カトリック教徒は、寛容法の対象から除外されていることで、それ以外の非国教徒とは違っていたこと、それに、彼らの上にはステュアート朝の影がかかっていたことを忘れてはならない、といわれてきた。たしかに、一七一五年以降、カトリック教徒はスケープゴートにされ、財産も没収されたが、この手の懲罰は一七四五年の反乱の後には繰り返されなかった。そのときも、カトリック教徒は、公的な迫害というよりは、むしろ暴徒による散発的で組織されていない攻撃の対象とされたのであった。一七六七年から一七七一年のあいだにも、ロンドンのカトリック教徒は、まだまだ攻撃で悩まされ続けた。この時期、一五人の司祭が訴追され、少なくとも四カ所のミサ拠点が閉鎖された。しかし、これは一七七八年の救済法成立以前にカトリック共同体がこうむった最後の大きな混乱であった。しかし、救済法それ自体はさらなる攻撃の契機となった。一七八〇年に、ジョージ・ゴードン卿に率いられたプロテスタント協会が法律の廃止を求めたのである。大規模な示威運動は、六月の初めにはゴードン卿の手に負えなくなり、一週間にわたる暴動を引き起こした。この暴動で首都のカトリックの財産や礼拝所が破壊された。

この「ゴードン暴動」は、始まりというよりは、むしろ終焉を示すものであった。また、宗教的な偏見の発露であると同時に、豊かなカトリック教徒や大使館の礼拝堂に対する社会的反発の現われでもあった。カトリックのコミュニティは王国内の工業地域で成長を続けていた。たとえば、バーミンガムでは一七八六年と一八〇九年に、裕福な実業家の支援で、礼拝堂が建てられているし、ニューカスルでは、市内にも、ブリスやゲイツヘッド、ノースシールズ、ヘクサムといった近郊にも、ミサをおこなう建物があった。しかし、最大の成長を遂げたのは、伝統的にカトリックの拠点であったランカシァで、そこでの強力な地盤が、増大する人口に見合う教会を建てることを可能にした。人口増がとくに顕著であったのはアイルランド人で、ときには旧来からあったカトリックの伝統を圧倒して脅かすまでになった。ウィガン、リヴァプール、マンチェスター、プレストンの四つの都市では、一八一〇年にそこにあった八つの礼拝所に属するカトリック教徒の数はおよそ二万二〇〇〇人で、三〇年前の五倍に増えていた。一八二〇年になると、その数字はさらに一万増え、一八三四年の推計では、総人数は五万一〇〇〇人とされている。その内、三万人以上がアイルランド人かその子孫であった。ロンドンでも、一八〇〇年以降、カトリック共同体に占めるアイルランド人の割合は大きくなっている。ただ、この人口流入が生じたのは、都市での宣教活動を基盤とした旧来のカトリック住民が半世紀にわたって成長し、耐えてきた後であったし、一七七〇年以降、アイルランド人によってコミュニティが大きくなり、変質してはいったのだけれども、アイルランド人によって圧倒されるということは決してなかった。一八二九年のカトリック解放法によって、イングランドとウェールズのカトリック共同体が、その未来を築くことになるのは、二〇〇年以上も守ってきた彼ら自身の基盤の上にであったのだ。

第13章　一八世紀イギリスにおける福音主義の復活

W・R・ウォード

一八世紀の他の優れた産物と同じく、啓蒙と経済学、福音主義の復活は一八世紀よりも一九世紀にはるかに大きな影響をあたえることになった。その源流は他と同じくイギリスがより広い世界にかかわりを持つようになったことと関係している。イングランドの伝統的な勢力、ルター派、改革派とトーリー高教会派は、それぞれ自分たちだけでより強固なプロテスタント信仰共同体的な国家《コンフェッショナル・ステート》を確立できるという妄想にとらわれていた。しかし、一八世紀になる頃には、信仰共同体的な国家は困難な状況に陥っていた。どこの国王も宮廷も、新しい手法に切り替えてきていたし、信仰復興にかける人びとに限らず、信仰に篤い人たちもおおむね似たような状況にあった。宗教的な復興は、ハプスブルク領のプロテスタント・マイノリティのあいだで始まった。ウェストファリア条約体制の下で、そのほとんどが教会を持たず、国家の敵対的な姿勢に対峙せざるをえなかったのだ。彼らには、改革するか、存在を消滅させるかのどちらかしか選択の余地はなかった。彼らの努力が英語圏における信仰復興の地ならしをしたのである。しかしながら、中央ヨーロッパ同様イギリスでも、古くからプロテスタントが恐れてきた、ローマ・カトリック教会が武力による勝利を収めるのではないかという懸念が改革を後押しした。一七四五年のジャコバイトの反乱の結果について、ドイツではたいへん心配していた。というのも、イギリスは、ライスワイク和約とユトレヒト条約の維持を保証してくれる存在の一角であったからだ。それで、もし一七五六年に七年戦争が始まった際に、ハウェル・ハリスがイングランド東部を防衛するための義勇兵を募っていたとしても、チューリッヒの市参事会は市の門を閉じ、大砲や武器弾薬をもちだしていたであろう。というのは、フリードリヒ二世が勝ち残ってくれることだけが、カトリック勢力の侵攻、そして、カトリック諸州からの積年の報復からチューリッヒを守ってくれる唯一の道であるとわかっていたからからだ。カトリックという魔物がいつまでも存続しているということ自体が、結局のところ、国際的な協約などの人間の力に頼ったところで問題は解決しないことの証左であり、信仰の篤い人びとに新たな戦略を模索させることになった。

たしかに政治家は、貧困と混乱を収拾し、国家や地方、宗教的な少数派を同化させるために、国民総生産を増やすことを目的とする新しい戦略を積極的に推し進めたが、一連の政策は、対抗宗教改革期の伝統主義者にとっても重要な宗教上の結果をもたらすことになった。ただし、そのほとんどは快いものではなかった。イングランドでは、ただでさえ脆弱な国家の政策推進能力が、空位期間や革命のために、さらに大きく制限されることになったが、新しい政策が必要であることは十分に認識されていた。プロテスタントによる王位継承が危機に瀕すると、国教会のメンバーは、目的のためには手段を選ばないことを見せつけた。契約の原理はすでにビジネスの世界で当たり前のものになっており、国家にも浸透しはじめていたが、教会にも影響が及びはじめた。これは、教会を完璧な社会と考える自信家たちにとっては好ましくないものであったが、ウェールズとスコットランドの同化という難しい問題に取り組むために教会と国家が協調しはじめるにあたって、不可欠となった新たな仕組みであった。

ウェールズの人びとの状況は、シュレジエン（シロンスク）のプロテスタントのポーランド人が置かれていた状況と農奴であった上ラウジッツのソルブ人とヴェンド人の状況との中間といえばよいだろう。シュレジエンのプロテスタントは、ドイツ人とカトリック双方からの抑圧に苦しんでいたが、上ラウジッツでは、ドイツ人と敬虔主義の支配者たちがソルブ人とヴェンド人に諸権利を認めることを決定した。これらの大陸の情勢はどちらも、ハレの敬虔主義者H・フランケ（一六六三～一七二七年）が築いた大きな基盤にのっとった理念やプロパガンダ、宗教的な霊感にもとづいていた。一七世紀の終わり、ウェールズの教会は貧しかったし、組織も脆弱であった。しかも、聖職者統治の面でも、教区における説教においてもイングランド化が進んでいた。この教区での説教という、歓迎されざる外来の要素は、一八世紀の初めにはどんどん増殖していたようである。ジョン・ペンリ（一五六三～一五九三年）やヴァヴァソア・パウエル（一六一七〜一六七〇年）といった伝説的ピューリタンによる、ウェールズ巡回説教だけが、聞くに値する説教であると考えられて、古くからのウェールズの記憶が活性化した。一八世紀初頭になると、一七一六年にスランダウローの主任司祭になったグリフィス・ジョーンズ（一六八二〜一七六一年）のようなまた別のピューリタンが現われた。ジョーンズは叙階されるのに苦労したが、彼が任にあたりはじめた頃は、野外で多くの聴衆に向かって説教するのは難しかったので、思い切り太鼓を打ち鳴らしながら、原罪と悔い改めの必要性を説いていた。しかし、忘れてならないのは、ジョーンズはピューリタンであっても、一八世紀的な特色を備えたピューリタンであったということである。彼は、ジョン・ロックのいう簡潔さや明快さを重視したため、ウェールズ語での説教を奨励した。また、キリスト教知識普及協会（SPCK）のメンバーとしても積極的に活動し、一七二〇年および一七二七年の新版聖書の作成も支援した。さらに、インドのデンマーク領トランケバールへの伝道に参加しようと応募したし、ハレ基金の活動についてもよく理解していた。SPCKがもっとも力を注いだ活動のひとつが、ウェールズに学校を作ることであったが、一七三〇年代初めにはこうした気運は終息していたので、グリフィス・ジョーンズは「巡回学校」の設立に向かった。スコットランドで聖餐式が執りおこなわれる時期のように、その地域での就業率が下がる時期に合わせて、一回あたり三カ月間、通常は冬季に開かれるもので、昼間働いている人たちのために夜間の教室も併設されていた。生徒たちはウェールズ語聖書の読み方や、教会の教理問答を学んだ。一七三一年から一七三七年のあいだに三七の学校が設立され、二四〇〇名の生徒を抱えるまでになった。校長たちの教育はジョーンズがスランダウローでおこなった。ジョーンズが亡くなった一七六一年には、明らかにハレの敬虔主義を意識したと思われる「ウェールズの敬虔」と題された学校の年次報告によると、三四九五校が設立されていて、一五万八〇〇〇人以上の生徒が学んだと記されている。しかも、ジョーンズのパトロンであった、ペンブルックシァのピクトン・カスルのサー・ジョン・フィリップ（一六六六?〜一七三七年）は、SPCKの初期から亡くなるまで最有力メンバーであり、多くの宗教結社でも精力的な活動を展開した人物で、のちにジョーンズの義兄弟となった人物であった。彼は、一七一八年のウェールズ、イングランド、スコットランドをめぐる巡回説教の旅にジョーンズをともない、ハレのフランケやヌーシャテルのオスターヴァルドといった、自分の国際的なネットワークにジョーンズも引き入れたばかりでなく、宮廷のW・

ベーム、のちにはオクスフォードのウェスレーやホイットフィールドなど、当時ジョンが経済的に支援していた人びとにも引き合わせた。一七三五年、ジョーンズはダニエル・ロウランドの回心を支援したが、ロウランドも「ウェールズの大覚醒」となる動きも、ジョーンズが意図していたものとは必ずしも一致しないということがほどなく明らかとなった。その背景について、ここで簡単に振り返るほうがよいだろう。

学校は、SPCKによるウェールズの文明化と同化のための唯一の道具であったわけではないし、主要な手段ですらなかったかもしれない。ウェールズ語出版物は急速に増加していた。一五四六年から一六六〇年の間に、一〇八点のウェールズ語の本が刊行された。一六六〇年から一七三〇年になると、わかっているだけで少なくとも五四五点あり、少なくともその四分の三は一七〇〇年以後に出版されたものである。これは、SPCKやシュルーズベリ(一六九六年以後)、トレフェダイン(一七一八年以後)、カーマーゼン(一七二一年以後)などにあった出版社の出版点数の総数である。ほぼ半数は、英語からの翻訳であった。これは、SPCKの意向を反映したものであった。つまり、ウェールズ語の出版物は、短期的にはウェールズ語しか理解しないウェールズ人の魂の救済に役立つであろうが、慈善学校が新たな世代を育成しつつあり、彼らの天国に至る道はより広く、安全なイングランド文明の道をたどるべきであるというものである。出版物の大半は、宗教的な散文や詩であり、宗教的なものもそうでないものも、(必需品である暦を含めて)出版物の多くは家族、とくに家長を対象としていた。この点は重要である。というのも、イングランドでは、行政からの宗教上の働きかけは依然としてほぼすべて教区単位であったのに対して、ウェールズではプロパガンダはより自然な共同体に向けられていた。そこでは、家長が聖職者のように重要な役割を期待されていた(一六九五年時点で、家族の四四パーセントは一六歳以下であったと推定されている)。一八〇九年、ウェスレー派の神学者ジャベッツ・バンティング(一七七九〜一八五八年)はダラムの炭坑からの手紙を受け取った。そこには当地でのメソディストの信仰復興運動が、新しいメンバーを「個人単位でなく家族単位」でひきつけている状況が書かれていた。一七三〇年までには、ウェールズでの信仰復興運動も同じ道をたどることを期待できた。実際、信仰復興が起こったとき、ウェールズではまず、農場の台所に礼拝をする場という機能を加えたために、ウェールズの共同体の拡散的な傾向が強まった。次いで、ウェールズの農村に礼拝所があちこちに設けられた。いまでも荒涼とした場所にぽつんと建っている礼拝堂が、たいていは農場と農場を結ぶ結節点となっており、教区の核となっている中心的村落を避けているのである。

この奔流のようなプロパガンダは、連合の恩恵をもっとも享受していたロンドンのウェールズ人たちに熱烈に支持されたが、複雑な運命をたどることになった。こうしたプロパガンダの多くは反カトリック的な議論を展開していたが、その主眼は、多くの民衆の習俗に根強く残る魔術的なもの、占星術や魔女に対する信仰を打破することにあった。ここでは、国教会なのか、のちの福音主義的非国教徒なのかの二者択一というわけではなかった。一方の勢力が弱いところでは、他方が若干優勢であっただけである。ウェールズでのこういった傾向は、消し去るべき過去の一部とされていた。その一方で、このころ大量に作られるようになった宗教詩は、純粋にウェールズ的なジャンルであったが、スコットランドのゲール語圏でも同様の現象がみられた。ロスランのメソディスト、ロバート・ジョーンズは、ウェールズにおいては、信仰復興の前は、宗教詩やキャロルが説教と同じとみなされていたと嘲笑したが、それは正鵠を得ていた。そこから生み出されたものは矛盾に満ちていた。ウェールズをイングランドの言葉や文化、体制宗教に同化させようとする持続的な試みは、それへの反発というかたちで宗教復興をウェールズにもたらした。ウェールズにおける福音主義的非国教徒たちも、イングランドの場合と同様、最大の組織は体制内から分離することで出来上がったのであるが、体制内に地盤を維持し続けようとしたのである。

旧来の非国教徒が実現できたことと実現できなかったことが、信仰復興以前の二世代にわたるウェールズの状況を何よりもよく物語っている。人口の比率からいえば、ウェールズの非国教徒勢力はイングランドのそれにさほど劣るわけではなかった。しかしながら、絶対数は圧倒的に少なく、ウェールズ北東部にはほとんどいなかった。ここは、信仰復興の波が最後に及んだ地域であったことは、十分に興味深い。旧来の非国教徒の成果は、個人的な資産を持つジェントルマン説教師たちによって成し遂げられたものであり、おもに周縁部と、ウェールズ南部および南西部の非国教徒勢力の中心地での成果が顕著であった。具体的な活動内容は、巡回説教と、巡回システムで新しい信徒を集めること、および（のちのニュー・イングランドでのカルヴァン主義の修正である「ニュー・ディヴィニティ」の考えにもとづく教区のような）聖職者養成などであった。「カーマーゼンシァの使徒」と呼ばれたスティーヴン・ヒューズ（一六二二〜一六八八年）は、八つの独立教会を自らの責任のもとに置いていたが、特筆すべきは、彼を継承する説教師を半ダース以上も養成したことや、ウェールズ語を使い続けるよう促したことである。たゆみなく活動を続けたもうひとりの独立派、ブレノックのヘンリ・モーリスは、当時イングランドにいた同時代人と同様に、ピューリタン的な要素が宗教心のなかにどの程度影響を与えたのかを知るうえで重要である。彼は「考え方を平易に解釈したり、人の心の内面の動きをとらえたりすることに優れており、非常に説得的であると同時に愛情のこもった方法で聴衆の良心に訴えかけた」。フィリップ・ピュウ（一六七九～一七六〇年）もまた、シルグウィンの独立派であるが、上アーロンとテイフィ地方の五つの教会を合わせて、一七一五年までに一〇〇〇人の信徒から信任を受けるようになっていた。しかし、彼は旧世代の限界を誰よりもはっきりと露呈することになった。というのも、彼にとっては、国教会に影響を及ぼすことが、その目的をもっとも効率的に実現する方法であったからだ。若い世代でありながら、伝統的なピューリタンの悲観論によって信徒たちの心をとらえたのが、ダニエル・ロウランド（一七一三～一七九〇年）である。彼はスランガイソウの補助司祭であったが、一七三五年、グリフィス・ジョーンズのもとで回心して、ウェールズ語だけしか話せない人びとからほんのちょっと離れていたのである。ロウランドに対するピュウの助言は、「人びとに福音を伝えなさい。癒し、キリストの血を精神的に傷ついた人びとに与えなさい。このように（神の）教えを説き続ければ、この国の半数の人びとはひれ伏すことになるだろう。呪われた慣習を打破しようと毅然とした態度で説教を続ければ、あなたの前に立ちはだかる人はだれもいない」というものであった。この助言は一七三七年頃のものであるが、ロウランドの説教が変化したのはその後である。これがウェールズにおける信仰復興の真の始まりを告げるものとなった。

一七三七年の末、ロウランドはハウエル・ハリス（一七一四～一七七三年）と親交を結んだ。ハリスもロウランド同様の回心をほぼ同じ時期、つまり一七三五年に経験しており、ブレノックの住まいの近隣で伝道活動を開始していた。司祭への叙階を拒まれたハリスも、グリフィス・ジョーンズに冷静にことを進めるよう助言された。厭世的な気分に陥りやすかったが、ハリスは、長年にわたってロウランドと良好な協力関係を維持していたし、教会内での運動にとどまらず、ウェスレーの同胞や、ホイットフィールドなど、彼に賛同してくれるイングランドの聖職者たちとの協力関係を確固たるものにすることにも努めた。ホイットフィールドは、カルヴァン派メソディスト連合の組織を立ち上げるのに協力し、ロウランドやハリスも受け入れることができるような指導力を発揮した。しかし、ウェールズのカルヴァン派メソディストは、間もなくイングランドの同胞との関係を断絶し、独自の路線をとりはじめた。同化への抵抗が否定されることはなかったのである。カルヴァン派とアルミニウス派のあいだの教義的な違いによって二分されることになった。この対立は、福音主義の指導者間のそれよりも厳しいものであった。ウェスレーは、ウェールズでの説教旅行を準備していた。しかし、彼を招いた人びとに対抗する結社を組織するつもりはなかったので、英語だけを話し、カルヴァン派の結社と距離をとるごく少数の者しか周りにいなかった。ロウランドとハリスは、ハウエル・デイヴィス、パンタケリンのウィリアム・ウィリアムズ、ジョン・トマスといった自分たちと同じような若者を短期間に回心させた。一七五〇年にふたりが決裂するまでには、ウェールズと国境地帯には四三三もの宗教結社が存在していた。一七六二年、戦争の危機のなかで、新しい信仰復興の潮流が確固たるものとなるまでこの会衆をまとめあげるのは、いまやロウランドの手腕にかかっていた。旧非国教徒も大きな収穫を得たが、カルヴァン派メソディストが主導権を失うことはなかった。ウェールズの主教たちがこの動きを取り込むのは不可能であった。イングランドの主教がイングランドのいずれのメソディズムの教派も結局は吸収しきれなかったのと同じことである。それでも、カルヴァン派メソディストには、体制の内側から派生してきた名残りがいくつもあった。三九か条への忠誠、聖職として叙階された者が指導的地位につくこと、より厳格な非国教徒たちに対してつねに軽蔑的な態度をとっていたことなどである。カルヴァン派メソディストは、そうした厳格な非国教徒たちは、「情熱ばかりを追い求めて知識の裏づけを欠いており、聖書の解釈も未熟で寓意的になりがちで、これが素朴な信徒たちをひきつけ、彼らから称賛を得ているものの、じつはこれは安っぽいでたらめな想像力と饒舌さのおかげである」と切って捨てた。

名誉革命後のスコットランドでは、長老派を体制宗教とすることが連合法によって最終的に保障されたにもかかわらず、同化にまつわる頭の痛い問題がいたるところで持ち上がった。ハイランドでは、長老派のスコットランド教会《キルク》は、教区のなかから監督制支持者を排除しなくてはならなかった。ジャコバイトのクランの長は、一連の蜂起が失敗に終わったため、その権力を失ってしまったが、それよりもかなり前から、スコットランド教会は、自分たちがなすべきこととは、ゲール文化の支配、首長たちを支える騎士道精神、そしてハイランドの宗教を形づくる原始的な迷信と考えられるものを打ち壊すことであると認識していた。もし英語の聖書がローランドの人びとに有益なものであるなら、〔ゲール語を話す〕ハイランドの人びとにとってもそのとおりであると彼らは信じて疑わなかった。しかし、スコットランド教会がハイランドの人びととの同化と近代化を推し進めようとしたとはいえ、教会もその内部の派閥も、彼ら自身にそれが適用された場合、同化や近代化をはたして受け入れることができるのかどうかはきわめて疑問であった。教会総会は、ジャコバイトと裏でつながっていたことが公然の秘密であったロンドンの政府が一七一二年に施行した寛容法を遺憾に思っていた。この法により宣誓を要請された聖職者たちは恭順の意を示さざるをえなくなったが、多くの信徒たちは宣誓しなかった。長期的により悪い結果をもたらしたのは、同年施行された聖職者推挙法であった。これにより、宣誓拒否者とローマ・カトリックを除いて、古くからの聖職推挙権保有者《パトロン》が教区に聖職者を推挙指名するというかたちが復活した。スコットランドには、一六九〇年以前からの聖職推挙の長い歴史があったが、実際のところ人びとは大きなトラブルもなく聖職者を選んでおり、一七一二年法のずいぶん後まで、ほとんどの教区は長老会《プレスビテリ》（中会）で占められていた。スコットランド盟約派のひとつカメロン派の衣鉢を引き継ぐ人びとがつねに意識していた、根深い感情があった。それは、聖職推挙法は、改革派教会の精神に反するものであり、この新しい法が連合王国議会によって作られたこと、また、聖職推挙権を積極的に行使して、最終的にこの法によって支配されることになるというのは、イギリス政府がここから積極的に利益を導き出そうとするプロセスの一環であることは明白だ、というものである。この問題の解決をめざす試みはいつも袋小路に陥ることになった。教条主義者は、自分たちの保護のもとでの、一般大衆による選挙やキリストの王権を切望し、穏健派をイングランドからの、ときにはアルミニウス主義の影響を受けたトロイの木馬とみなしていた。これに対し、穏健派は、聖職者推挙法に異議を申し立てることは国の制度を否定することであり、ジャコバイトを利することになると反論した。教会は両方の綱引きで引き裂かれそうであった。世紀半ばまでには穏健派が教会総会で大半を占めるようになり、この状況は一世紀以上続くことになった。しかし、離脱者が続くという状態が契機となって、一七六六年の教会総会での教会分裂の序曲となったのである。いまやスコットランド中に一二〇もの集会所があり、一〇万人以上の信徒を集めていた。スコットランドの教会は、ウェストファリア条約体制下の大陸の教会と同じく、沈滞した空気を取り払うには人間の力に頼るほかないように見えた。新たな戦略が求められていた。その戦略のなかには信仰復興があったが、スコットランドの特徴として、ハイランドでは異なった形態をとった。つまり、それはまずハイランドで始まったのだが、そこでは目的や手段についてはほとんど議論されなかった。一方、ローランドでは果てしなく熱い議論が交わされたのである。

ハイランドでスコットランド教会が抱えていた問題は、ウェールズの国教会にも共通するものであったが、より厳しいものであった。というのも、散文の文学がほとんどない言葉のせいもあってほかの社会と隔絶されていたプリミティヴな社会にとって問題であったのは、まず第一に、多くの教区が監督派の支配下にあったこと。カトリックではない地域では、上流層の忠誠は監督教会に向けられていたこと。それに、信仰の違いは、つねに反乱を引き起こしかねない要因となりえたことなどであった。ジャコバイトの考えは、スコットランド教会の国制上の位置づけを脅かすものであっただけでなく、国際的な宗教勢力図のバランス全般を左右しかねないものであった。スコットランド教会の仕事は、ハイランドの生活をよくも悪くも異なる段階へと変えていった経済発展とは無関係であったとはいえ、経済と同じように重要なものであった。しかしながら、一般のハイランド人の目には、スコットランド教会はホイッグと同盟しているように映っていたはずである。のちのイングランドのメソディストたちと同じように、新任の長老派の聖職者が暴徒たちに襲われることもしょっちゅうであった。そのころシーフォース一族が支配することになった土地では、一七三〇年頃になって、ようやく長老派の牧師が立ち入ることができるようになった。しかしながら、少なくとも敵は誰の目にもはっきりしていた。スコットランド教会は組織を根付かせるための努力を惜しまず、ハイランドでは、長老派の非国教徒とのあいだにトラブルを起こさなかった。安息日遵守が確立されてゆくにつれ、それが忠実なものとそうでないものを区別する公然たる基準になっていった。また、北ドイツでの改革派教会のように、改心した者とそうでない者に対して別々に説教することもまた、重大な意味を秘めていた。教会総会は、テイ川の北側を伝道地とみなした。教理問答師が聖職者の努力の成果を補強した。その一方で、学校は、以前と同様にあまり効率的ではなかったが、教室に集められた子どもたちは、聖職者ですらゲール語の読み書きができなかった時代においてハイランドの信仰に不可欠のものとなった。子どもたちは、学校で習うことで、英語の聖書を口語のゲール語にその場で翻訳できたのである。

このような試みから、ゲール社会内部から広がってゆくような何らかの方法を見つけることがいかに緊急の課題であったかがわかる。ハイランドのなかでも、盟約の伝統や、グスタフ・アドルフが三十年戦争時にスコットランド人傭兵を集めた記憶の残る場所であるサザランドやロス東部でそれが進展したことは、驚くべきことではない。革命後、監督制と長老主義のあいだでのもっとも激しい対立がおきたのもロス州であった。サザランドでは、マッケイ氏族は、オランダの福音派に傾倒するヒュウ・マッケイ将軍に率いられていた。一七二四年、タインの長老は、管轄する三つの教区で祈りと断食のための集会を招集した。同時に、「長老と信心深き人びと」に率いられたニグの住民もこれに従った。ニグの集会は、以後一五年にわたり、規模の面でも熱心さの面でも、拡大した。なかでも、一七三〇年にジョン・バルフォアが教区の聖職者になり、組織的に長老職を発展させていった。彼は自分のところの長老だけではなく、ほかの長老も数名加えて、共同集会を組織した。この集まりはほかのすべての集会に影響を与えただけでなく、長老たちや「霊力者《ザ・メン》」として知られた人びとに、またとない訓練の場を提供することになった。「霊力者」とは、ハイランドの人びとによって祈禱や聖書講解、慣習的な宗教行為において特別な霊力があるとみなされていた人びとである。さらにこの集まりは、公的な機能を発達させていった。すべての地域のあらゆる教区から人びとが集う聖餐の季節の金曜日に、共同集会が開かれ、「霊力者」が良心にかかわる問題を解決し、誰が聖餐を受けることができ、誰ができないかを決定した。こうした事態は明らかに混乱を招く恐れがあったため、一七三七年のカイスネスとサザランドの教会会議ではこれを抑えようとしたが、結局は二一年もの抗争を経て、総会から譲歩を求められることになっただけであった。

　霊力者は聖職者に対して完全な勝利をおさめた。とはいえ、長老主義をゲール人コミュニティに植えつけるうえで不可欠な方策を提供し、そのきわだった特色である安息日遵守、家族礼拝などを維持し続けるのに貢献したのも彼らであった。バルフォアは、(全体としては成功しなかった)シュペーナーがルター派の退潮に抗してすすめた追加の指示や信仰を支える全体的な仕組みを作り上げた。ハプスブルグ領のプロテスタント少数派は、教会という組織を持たなかったため、シュペーナーの提唱を、自らの共同体の宗教生活を補うものというより、その本質的な部分としていたが、バルフォアも、それは、深く純粋な宗教復興の道であると確信するにいたった。これは、当然のことながら周囲にも影響を及ぼすことになった。一七三九年以降、近隣の教区はどこもその影響を受けることになった。しかも、ロス州の宗教指導者たちのあいだで起きた信仰復興は非常に力強いものであったので、ハイランドに福音主義の影響がこれまでになく浸透することになった。スコットランドのハイランドでは、長老教会が勝利し、ウェールズのハイランドでは国教会に敗れた。覇権争いのさなか、信仰復興運動の先駆者たちは、自らの見解を強引に押しつけようとしていたわけではない。彼らは、アメリカ・インディアンへの伝道のためにデイヴィッド・ブレイナードを任命する道筋をつけ、オランダでの信仰復興にも影響を与えた。ニュー・イングランドとローランドのカンバスラングでの信仰復興運動は、多くの点で似通っていたとはいえ、大きな違いがふたつあった。ひとつは、ほかの地域でのように、心理的に異常な事態が引き起こされたことを示すものが何もないということ。また、より重要なのは、スコットランドの信仰復興は、激烈で短命な事象ではなく、イングランドの信仰復興と同様、つぎの世紀にまでまたがる漸進的な動きであったことである。ほかにもきわめて特徴的なことが二点あった。まず、おおむね聖職者によって運営されていた。そして、初期にはその野蛮さがどれほど被害を与えたのかを警告されていた霊力者も、一九世紀には影響下に入った。聖職者は、霊力者の信仰心にはっきりとした特徴を与えていたし、その後には、会衆の信仰心にも影響を与えた。彼らのなかには、新約聖書のギリシア語や、スイス、オランダやイングランドのピューリタンから改革派の神性をすぐ身近に感じているものがいた。一七二九年には、ゲアロッホの長老会が、教義の主要部分についてラテン語で話し合うことを決めた。たいていのプロテスタント地域では、信仰復興運動が信仰上の正統性の微妙な問題からの解放と重圧からの軽減をもたらした。しかし、ハイランドでは、信仰復興運動によって、一般大衆のあいだにそうした問題が定着し浸透することになった。一七一七年、テインの長老会は、近代主義的なグラスゴーのシムソン教授に対して訴訟を起こした。その後、霊力者は、聖職者たちがほかの問題に関心をうつしたあとも、会衆とともに長いあいだ近代主義への疑念を抱き続けた。

一八世紀、ハイランドにはスコットランドの人口の三分の一が暮らしていた。それにもかかわらず、国家や教会の行方はローランドが決めていた。ここでは、信仰復興は他とは違う形態をとり、しかもひとつにとどまらなかった。ローランドでは、聖職推挙をめぐる問題は思想や感覚の潮流の変化にともなうほかの問題と関連するようになってきた。一八世紀初め、エトリックのトマス・ボストンが、一六四六年にロンドンで出版されたエドワード・フィッシャーの『近代神学の真髄』という古い本を再発見した。この本は、より深い宗教的な体験を求めるスコットランドの聖職者たちのあいだにあっという間に広まり、一七一八年にはカーノックのジェイムズ・ホッグの序文をつけて再刊された。『真髄』が人びとをひきつけたのは、当時一般的であったものより穏やかな信仰のあり方を認め、伝道活動や恩恵を施すことを教会の使命として重視したからである。しかしながら、ホッグと三名の同僚は、総会の委員会で尋問されたあげく、一七二〇年、本は総会によって異端であると激しく断罪されることになった。シムソン教授に代表されるような初期の合理主義者に対してほとんど何の反応もなかったのに比べると、『真髄』を旗印とする福音派は、たいへん手荒い扱いを受けたといえる。このため、『真髄』信奉者が、過去の衝突やひどく憎悪された聖職推挙権を懐かしむような会衆のなかに支持者を見いだしたのは驚くに当たらないし、総会で『真髄』擁護の先頭に立っていた人物、エベネザー・エアスキンが、一七三二年、聖職推挙権の問題に関して、まったく妥協するつもりなしで当局と衝突したというのもまた然りである。翌年彼は、ラルフ・エアスキンとトマス・メアとともに共同長老会《アソシエイト・プレスビテリ》をたちあげるため、脱会した。

総会は慎重に進められるようになってはいたが、離脱者が戻ってこようと思うことはまずなかった。というのも、彼らの転向は非常に好意的に受け止められていたからである。彼らはスコットランドの西部ではどこでも歓迎され、祈禱会《プレイング・ソサエティ》のメンバーにはとくにあたたかく迎えられた。こうした祈禱会の起源は、一六三〇年、カーク・オショットで聖餐の季節に起きたスコットランド史上初の偉大な信仰復興にまで遡ることができる。祈禱会は、それ以来アメリカにも移植され、カーク・オショットの精神は、つぎの世代、一七三四年、ニュー・イングランドで信仰復興運動を率いたジョナサン・エドワーズにも引き継がれている。ジョナサン・エドワーズによる信仰復興のニュースは、スコットランドにも大きな影響を与えることになった。祈禱会は聖職者や、任命するものを決める聖職推挙権に不満を抱く人びとにより構成されており、スコットランド教会からの離脱者を歓迎し、新しい信徒たちの核を形成していった。成長を実感するなかで、共同長老会は、自分たちがドイツ、イングランド、アイルランド、アメリカで刷新や信仰復興を推進する人びとと一体であることを確信することになった。ホイットフィールドが、アメリカへの旅を大成功のうちに終わらせ、一七四一年に帰国すると、ラルフ・エアスキンは彼をスコットランドに招いて仲間たちに説教をするよう依頼した。これがいかに人びとを戸惑わせる登場であったのかは、一連の出来事のなかで明らかになっていった。ホイットフィールドは一七四一年六月にリースに到着したが、間もなく離脱者たちは彼と袂を分かち、彼を「野蛮な狂信者で、悪魔のために働く輩である」と非難しはじめた。離脱者たちは、ホイットフィールドを厳格な長老主義と結びつけ、自分たちこそが神に選ばれし者であると主張しようとした。まず第一に、イングランド国教会の職制のなかにいたホイットフィールドに期待できることには限界があった。つぎに、ホイットフィールドはエアスキンとの書簡のなかで、すべての教派の信仰復興を推進しようとしていることを隠すことはなかった。その結果、ホイットフィールドはほかの人びとにも説教をすることになり、ほかの人びとも国教会内の信仰復興の可能性を見いだすことになった。また別の一連の出来事によって、カーク・オショットを模したものがカンバスラングに作られた。それで、祈禱会はひとつではなく、さまざまな方法で運営できることが明らかになった。一方で、共同長老会は、この世の罪びとを改悛させることから国の真の聖人を探し出すことへ、信仰復興から教会離脱へと方針を転換していった。しかし、ホイットフィールドとの関係でも明らかなように、これは危険と紙一重であった。

カンバスラングは、スコットランドの国教会体制全体がはらむ問題の多くを集約した教区であった。ここは、潜在的な合理主義の脅威、上流階級の聖職推挙権、教会分裂など、教区を協力して運営するうえでの問題が山積していた。寛容法のあと、教区の牧師であったアーチボルド・ハミルトンは宣誓を拒み、パースシァの巡回教理問答師のアディソンは、キリストのところにきて衣服を脱ぎすてた盲目の男についての説教をし、休むことなく盟約を説きながら教区を通り過ぎていった。彼は、合邦、聖職推挙権、寛容、〔一六四三年の〕「異端放棄宣誓」などの外形的な意味について話すことから説教を始めた。これは、ヒュー・カミンから強く抗議されることになった。彼は、「神の言葉やわれわれの契約にあらゆる面で逸脱している」と激しく非難し、長老派の教会集会《キルク・セッション》（小会）に異議を申し立て、証言をおこなった。アディソンは最終的に独立派に転向したが、一七三九年までにはカミンは教区の長老のなかでトラブル・メーカーとなっていた。アーチボルド・ハミルトンは一七二三年に死去したが、聖職推挙権をもっていたハミルトン公爵は、彼の後継者を決めるのに長い時間を要した。後継者にトマス・フィンドレイタを指名するまでには、祈禱会は決起し、反対するのに十分な時間があったが、ある時点で彼らはおとなしくしているように要請された。一七三一年、フィンドレイタは証拠の明らかではない不正を追及され、ほかの教区に移った。公爵は、こんどは教区民が求める牧師を指名した。ウィリアム・マカラックで、四〇歳ながら、はじめて教区を任される人物であった。マカラックは強い契約の伝統を持つギャロウェイで訓練を受けており、それが彼の最大の問題であった。一七三九年、カミンは明らかに何の落ち度もない長老に対して、教会集会で党争をしかけた。これにより、彼は聖餐をおこなうことができなくなり、契約について新しい立場をとった。これは、共同長老会にいる離脱者が総会から非難された二カ月後であった。教会離脱者がカミンのグループを形成することになり、教会集会に属するメンバーのほとんどが職務を停止された。

マカラックはニュー・イングランドでの信仰復興に深く感銘を受けたひとりである。彼は信徒たちを前に、それを伝える記事を読み上げ、回心や再生体験、カンバスラングにまさる教区はないと思うにいたった体験などについての説教をおこなった。彼はアメリカでの信仰復興を知らせただけではなかった。一七四一年の一二月、ホイットフィールド派の新聞は、大西洋の両側で起きていた信仰復興運動がグラスゴーでも始まったことを伝えている。グラスゴーでの信仰復興の象徴となったのが、スコットランドではじめての宗教系の定期刊行雑誌、『週刊歴史 *The Weekly History*』の発刊であり、マカラックこそ、その編集者であった。この雑誌は一七四三年にジェイムズ・ローブがはじめた『キリスト者の月刊歴史 *The Christian Monthly History*』やジョン・ギリスによる『福音の成功に関する歴史集成』などのモデルとなった。ギリスの雑誌では、信仰復興について国際的に情報を広く伝えるうえで長老教会の聖職者たちが中心的な役割を担うことになった。しかし、雑誌の影響をまず受けたのは、カンバスラングの教区であった。九〇家族の代表からマカラックに平日夜に毎週講義をするよう依頼があった。三度目の講義集会のおり、奇妙な霊的な兆候がみられ、五〇人が相談に訪れた。マカラックの説教に信徒は毎日集った。離脱者からは非難されていたが、もっとも偉大な啓発者であるホイットフィールドが翌年の六月、運命の瞬間を自ら体験してみようとカンバスラングにやってきた。カンバスラングの教区は、ホイットフィールドの到着以前に彼の影響を受けていた。マカラックが一七四二年夏に回心した人びとから集めた情報によれば、ホイットフィールドのグラスゴーでの礼拝には多くの人びとが集まり、彼らは「新生」についての説教に感銘を受けていた。しかし、彼が実際に到着した後におこったことは、スコットランド史に他の例をみないほどのものであった。彼は聖餐式の前日、二万人を前に説教を始めた。秘蹟はやむをえず野外でおこなわれることになり、迫害の日々が懐かしく思い出されることになった。ホイットフィールドは記している。「人びとは、明け方二時まで疲れも見せずに座って説教を聞いた……」。また、彼がとりわけ強調したのは、ルカの福音書一二章一節にあるように、意識して救世主に倣うことであった。「もはやほとんど歩くことはできないが、それでも少しずつ歩を進めなければならない」。わき起こった大興奮は、つぎへとつながっていった。長老教会は翌月、もういちど聖餐式をおこなうことに決めた。このときは、ホイットフィールドおよび他の福音派聖職者たちが交代で説教している間に三万もの人が訪れ、うち三〇〇〇人がテントで聖餐を受けた。ホイットフィールドの活動ではあまり見られない、身体的な苦痛、失神、叫びなど、「フランスの予言者《フレンチ・プロフェッツ》」〔フランス系の千年王国的な宗教運動〕を想起させるような光景がみられた。後年エディンバラのオールド・グレイフライアーズ教会の高名な牧師となったジョン・エアスキンは、若い頃、その場に居合わせた。彼は「ニュー・イングランドとスコットランド西部で今おこっている出来事は、今後の教会の栄光を約束する事柄である可能性が高い」とパンフレットの表題紙に書き付けた。

　マサチューセッツもスコットランドも同じく、ニュースを待ち焦がれていた。カンバスラングでの出来事は、周囲およそ十数マイル以内のすべての教区に波及した。説教師が移動するのにともない、より離れた地域にもニュースが伝えられただけでなく、影響が及ぶことになった。もっとも顕著であったのは、キルサイスのジェイムズ・ロープの教区である。こんどはキルサイスが、ほかの地方教区に影響を与える番であった。パースシァ南部のミュシルでは、カメロン主義の問題はなかったが、厳格な監督主義が問題であった。北東部との連絡もとられた。ジョン・サザランドはゴルスピーの聖職者であったが、一八四三年、カンバスラング、キルサイス、ミュシルを訪問し、彼が自分の教区に持ち帰った情報は、そこの信仰復興を刺激することになった。マカラックとロープの手になる丁寧な記録には、いちど回心を告白した人たちは、立場を変えなかったことがはっきり示されている。共同長老会からの敵対的な批判にも助けられた。以下のような断食日の声明以上に、信仰復興運動を鼓舞するものはなかったのである。

主はもっともな不快感をもって、この地、この教会を離れ、主のもとを離れた者たちが、自ら背教に気づく機会を与えたのである。ジョージ・ホイットフィールド氏は、悪名高きイングランド国教会の牧師であるにもかかわらず、熱烈に迎えられた。ホイットフィールドは国教会の首長への誓いをたて、厳粛なる同盟を拒否し、勝手気ままな寛容を旨としながら、神がこの地のぶどう園の周りを取り囲むように植えつけた統治秩序や規律の強固な垣根を引き倒そうとしている。

スコットランドでのできごとは、イングランドにも影響を与えた。ウィリアム・ダーニイは、キルサイスのかなり偏執狂的な改宗者であったが、ランカシァとヨークシァの境界地域をあちこち移動し、ハワースのグリムショウの回心を促すことになった。彼のおそらく史上最悪と思われる宗教詩は、ウェスレー派の人びとを困惑させることになった。組織的には、ジョナサン・エドワーズとスコットランド人福音主義者が、宗教復興と神の王国の地上への拡大を祈願して一斉に祈ることに合意し、祈禱会の役割が正式に位置づけられることになった。このシステムはイングランド、とくにミッドランド南部の非国教徒たちにも取り入れられ、海外伝道のための定期的な祈禱へと発展していった。この動きの延長にほかの要素があいまって、バプティスト伝道協会が生まれ、一七九〇年代にはこの流れはスコットランドへ逆流していった。その頃には、海外伝道は、党派組織形成のためのひとつの核となっていた。

しかしながら、スコットランドでは、一七四二年の夏の発作的な興奮状態は、栄光に満ちた最後の日への序章ではなかった。カンバスラングでさえ、教会は一一月までには信徒を掌握することができた。福音派は教会内では少数派でしかなく、脱会者が続いていた。聖職推挙にかかわる問題はいまだに深刻な決裂要因であって、カンバスラングやキルサイス、ニグといった教区ではどこも非常に激しい対立が予想された。ハイランドの対立要因は単純であったが、ローランドの教会では方針の違いを信仰復興運動に昇華させることも、信仰復興運動そのものを維持することもできなかった。信仰復興運動は、脱会阻止には効果的であったが、離脱すれば得られるはずの、自身の勢いを解き放つ自由を拡大することには、当初は消極的であった。ローランドはニュー・イングランドの動向と密接な関係を保っていたため、信仰復興もニュー・イングランドと同様しばらく勢いがあった。ローランドの信仰復興運動が、明らかな同化によって引き起こされた動揺が広がるなかでも成功を収めていた限りで、スコットランドは、信仰共同体的な世界の結束ではなく、教派にこだわらない国際的な信仰復興運動という、より広域をカバーする枠組みのなかに統合されることになった。この点について、共同長老会が語っていたことは、自らが認識していた以上に的を射ていた。

スコットランドで複数の信仰復興があったのだから、イングランドでもきっとそうなりえたはずであった。しかし、そうならなかった違いを説明するものとして、その発生に関するまったく異なるふたつの説が唱えられてきた。イングランド国教会の中心地はイングランドの南東部であり、その影響はこの地域から広がっていったため、北部や西部の辺境には効果的には届かなかったというのがひとつの見方である。この見解によれば、メソディスト運動というのは、ウェールズにおける国教会の偉大な努力のかたちのひとつであったということができる。これは、古くからの弱点を補おうとする試みであり、ウェスレーの初期の説教につきものであった異常な身体的な反応を生み出したのは、そういったものへの免疫のない人びとの組織に純粋キリスト教的な訴えをおこなったという突然の衝撃であった。

これは、信仰復興がなぜ国教会体制内部から生まれたのか、また、メソディズムが（それがすべてではないにしても）基本的に辺境部や、「周縁的な」階層の人びとのあいだに深く根を張ることになったのかをある程度説明してくれる。ほかの説明は、まったく反対の議論を展開している。つまり、ミッドランド西部と南部では前世紀のピューリタンの運動によって、数のうえでも十分に強力な非国教徒集団を残していたため、少数のクウェイカーや非国教徒の集会の歴史のなかでしばしば問題とされた、今にも消滅してしまうのではないかという恐れを緩和することになった、というものである。また、開放的な地理的条件のために、新しい思想が入りやすかった。くわえて、この新しい思想のため、保守派が変化に対抗しようとさまざまな対抗策を練っても、彼らが勝利する可能性はまったくなく、結局は、世紀末までに事態を一変させることになった信仰復興と伝道事業の一致協力した力に地位を譲ることになる、ということが確実になった。（この見方はメソディズムとも若干関係がある。というのも、敵も味方も、あらゆる階級の人びとが、ピューリタンのモデルにもとづいた新生について情熱的な説教をする傾向が顕著になったからである。イングランドの高教会主義は、そのような規範を世間に示すことはなくなっていた。）ただ、どちらの見解も、イングランドに広く存在し、つねに新聞などで更新されていた、ヨーロッパでのプロテスタント運動への共感や、それが人びとの国内状況理解に与えた影響を過小評価している。

一七三〇年代までには、多くのイングランド人は、プロテスタント信仰共同体国家というのは、実際にはすでに過去のものとなっており、海外の多くのプロテスタント系の体制教会が自らの手では問題に対処できなくなっていることや、ザルツブルクやハプスブルク領、ポーランドやロレーヌのプロテスタント少数派には危機的な状況が迫っていることなどを十分認識していた。アン女王のもとでの高教会派は、敵愾心をむき出しに、孤高を貫く方針を宣言した。しかし結局はつぎのことが明らかになっただけであった。すなわち、教会は、王政復古期にジェントリの支援のもと、精力的に再建をすすめたけれども、ハノーヴァ朝のイングランドにおいては、教会に巣くう時代遅れの輩を支えたり、アメリカ植民地に教会を根付かせることを支援するための資金すら集めることはできなかった（一七四〇年代には、ルター派ですらすでに拠点を築いていたにもかかわらず）。それどころか、北西部では、傾きかけた塔を修繕するために教会税を十分にひき上げることもできなくなっていた、といったことである。寛容によって、一般の非国教徒たちの存在感が増していった。そして、教会法は国の法律とは齟齬をきたし、不適切なものになっていた。この好ましからざる状況を打開するために取りうる策は多くても四つしかなく、どれもがすでに大陸で実験済みであった。

ひとつ目は、近代的な知の純粋な潮流、とりわけ、ニュートンとロックが説く「理性」の真髄に身をゆだねて強靭な文化的推進力を模索することである。革命後の世代は、どの党派も無邪気なまでに合理的な考え方に固執したため、結局、三位一体説をどのように解釈するかをめぐって立ち往生した。さらに、政治的にも宗教的にも好ましからざる兆候を示す奇妙な小創造物が理性の重しの隅に隠れるように潜んでいた。ふたつ目は、大主教ウェイクにかかわるもので、SPCKが初期の頃からより詳細に検討を重ねてきた、国際的なプロテスタント連合に関係するものである。SPCKは、スイスの理性的な正統主義《ラショナル・オーソドキシ》と協調していた。彼らは、「スイス一致定式（信条）」（一六七五年）の正統主義の厳格さを緩和しようとしており、信仰のあり方だけでなく、宗教と文化の関係についてもフランス系の人びとと基盤を共有することを望んでいた。ウェイクにとってプロテスタント連合というのは、イングランドにおけるプロテスタントの継承を支えるための方策であり、統合に失敗した教会を強化する手段であった。さらに、広教会主義の原則を体現し、ダメージを受けるような論争を避けるためにも有効なものであった。ただし、宗教的な側面について、こうした議論を差し控えるというのはじつは得策ではなかった。しかしながら、プロテスタント連合には、君主たちが行動を起こす必要があった。一七二〇年代までには、君主たちは、一七一九年に帝国を宗教戦争の瀬戸際まで追い込んだカトリックの大躍進はすでに終わりを迎えていたことを認識していた。数年のうちに、皇帝カール六世が、マリア・テレジアの王位継承を定めた「国事詔書」（一七二四年）のためにプロテスタントの支持を取りつけたため、ウェイクの方針は明らかに時代遅れのものとなった。

三番目の方策は、主教ギブソンにより提唱されたものである。ギブソンの前提は、教会はホイッグ党と行動を共にする以外の選択肢はないというものである。というのも、ホイッグ党だけが、プロテスタントによる王位継承の守り手として唯一信頼に足る相手であると考えたからである。そのため、教会内にホイッグを支援する党派をつくるために聖職推挙権を組織することが必要であると考えていた。教会もまた、旧弊を打破してくれる新しいものを求めていた。不在任は制限するか廃止すべきであったし、綱紀粛正や教会法の見直しが必要であった。しかし、この方針は、議会の協力を取りつけるためにも政府の理解が必要であった。一七三六年、ギブソンは、ウォルポールには教会側が示している忠誠に見合うだけの教会への貢献が欠けているとの辛辣な結論を下し、両者のあいだには深刻な溝が生まれた。翌年、ウェイクの後任となるカンタベリ大主教の選出がおこなわれた際に、ギブソンは外された。一八世紀初頭の方針の失敗のうち、ギブソンのものはもっとも公に取りざたされたものであり、また象徴的な時期におこった。ウォルポールと反対勢力とのあいだにあった党派的な対立、あるいは対立を装ったものの裏には、彼がイングランドで政治的におこなったことに対する根深い反感が横たわっていた。この反感は、聖職者が長らく引きずってきながら、正面から向き合うのを避けてきたある結論を決定的なものにすることになった。すなわち、もし、主教から教区司祭に圧力をかけているにもかかわらず、教会が求められた機能を果たしていないのならば、教会の側から見れば、国家こそが失敗の原因である、ということである。救済があるとすれば、それは私的な行ないの結果でなくてはならなかった。そこで、四番目の方法についてみてみよう。

注目に値する私的な活動の歴史というものが確かにあった。王政復古期のイングランドにおいて、敏感な人たちは、原始キリスト教で実現されていたと教会が主張することと現実の国民の有り様とのあいだにある大きな落差に不安を覚えずにはいられなかった。一六七八年、このような事態に対処するため、いささか奇妙な人選ではあるが、サヴォイでドイツ人会衆を率いていた牧師アンソニー・ホーネックのリーダーシップのもと、宗教結社がロンドンで創設された。プロテスタントによる王位継承に対する懸念や、逆境のなかでプロテスタンティズムを生きながらえさせるための将来的な必要性が背景にあったことは、感じられる。つぎの世代には、こうした結社はロンドンや地方でかなりの数にのぼった。会員の多くは、名誉革命後に大規模に活動を開始した道徳改革協会のそれと重複していた。彼らは、共同体の道徳規範について、教会裁判所の守備範囲を明らかに超えるような方法で強化する法律を制定することを目指していた。もっとも有名な福音普及協会（ＳＰＧ）とＳＰＣＫを含む、こうした結社が実際上の理想としたのも、原始キリスト教の復活であった。ハノーヴァ朝初期のイングランドにおけるこうした結社の歴史についてはよく知られていない。しかし、一七三〇年代までには、彼らの理想と現実に達成したものとのギャップはあまりにも大きくなっていたこと、彼らは良心にあまりに多くのことを押しつけ過ぎていたこと、それに、彼らの考え方が時代遅れのものとなっていた、ということが明らかになっていた。原始教会というのは、明らかにニュートン以前の世界観であり、三位一体説は悩ましい問題であった。それで、主教ホードリは、教会の権威のアキレス腱を露呈してしまった。

おそらく、社会の敬虔さを象徴する重要な人物として最後にあげられるのは、「ミスター原始キリスト教」として知られているジョン・ウェスレーであろう。ウェスレーは、慣れ親しんだプロテスタント文化を求めていた切羽詰まったジョージアの入植者たちに対して、その原始キリスト教の理念を押しつけるという突拍子もないことを試みてまもなく、一七三八年、回心を体験したが、そのとき、過去から受け継いできた重荷を「新生」のために捨て去り、社会的な敬虔の新しいかたちを発展させるために、活動の自由を確保したのだ。ある意味で、イングランドの信仰復興は、失われた時を埋め合わせようという体制によってお膳立てされたものであったが、その努力は困難なばかりで、失敗に終わった。それでも、私的な試みを新しい地平に展開することで、キリスト教の存続と普通の人びとの救済を達成しようとする試みであったと見ることもできる。この運動にもっともふさわしい担い手は、国家全体の福祉についての責任感が残っており、かつ、これまでの試みがことごとく失敗に終わったことを認識している体制内の人物であった。当然ながら、ウォルポールに対する反感を持つ人びとはそのように考えていた。ホーリー・クラブがオクスフォード大学で結成されたのは、それなりの理由があった。というのも、オクスフォードは長らく反宮廷イデオロギーの中心地であった。そして、ウェスレーが、ボリングブロック卿の力によって父の教区を継ぐことを確実にしようと考えたことも、パルトニー（バース公）がホイットフィールドやハンティンドン公爵夫人にちょっかいを出したことも、メソディスト運動が、ロンドンやブリストル、ニューカスルといった反宮廷感情の強い地域を基盤にして始まり、それから周縁部に深く根付いていったことも、また、それなりの理由があったのだ。ビュルテンブルクの敬虔主義者（彼らの英雄であるベンゲルの著作をもとに、ウェスレーは『新約聖書についての覚書』を著わした）と同様、これは「国」の政治とかかわる事柄の一部であった。

この頃のウェスレーは、両親の非国教徒としての過去に自分を重ねるだけでなく、当時のプロテスタント世界の危機のなかに身を置こうとしていた。ウェスレーは、「『ローマ人への手紙』へのルターの序文を読んで」宗教結社の集会の場で回心を体験したことから、必然のように敬虔主義の世界に身を置き、ザルツブルクからジョージアに逃れた難民やロンドンに脱出したモラヴィア人と互いに連絡を取るようになった。そして、モラヴィア教会の中心地であるドイツのヘルンフートにも赴いた。彼の最大の支援者はアイルランドにおけるパラティン（ファルツ）移民であり、彼らがのちにアメリカ植民地にメソディストのメッセージを持ち込むことになったのである。彼がさまざまなものからインスピレーションを得ていたということや、メソディズムが実に多様な状況のなかで進むべき方向性を見いだしていったことは、ウェスレーその人や、彼が率いた運動を理解するうえで重要である。というのも、こうしたものによって啓蒙主義から学んだ経験主義が強固になっていったからである。ジョナサン・クラークが『イングランド社会一六八八〜一八三二年』（一九八五年）のなかで示したような、メソディズムは権威主義的であるといった一面的な解釈は、メソディズムの起源となったものの広がりや、いかに多岐にわたる困難に直面したのかといった事実を無視している。イングランドではウェスレーは貧しき人びと、さらには社会のなかで除け者とされ、孤立していた人びとに対する使命を表明していた。ところが、スコットランドでは、彼は長老教会と行動を共にし、貴族層と親密な関係にあった。アイルランドでは、プロテスタントのジェントルマン階級や駐屯地から下層にむけて、また外側に向けて、イングランドでは考えられなかったような活動の広がりを見せた。しかしながら、アイルランドの幅広い事例ですら、クラークのモデルは到底あてはまらない。祖国に愛着を持つ者の常として、ウェスレーも一方ではアメリカ植民地の人びとの多くに共感しながらも、反乱が実際に勃発したことに激しく動揺し、彼はこの蜂起を糾弾した。これは、彼のイングランドでの立場を非常に有利なものにし、後年彼が大衆的な支持基盤を確立するのに何より役にたった。しかし、同時にこれはアメリカやアイルランドにおいて彼を難しい立場におくことになった。独立後、アメリカのメソディストはウェスレーが彼らに認めようとしていた教会運営上の自治が限定的なものであったことに対して大きな不満を抱いていたのは確かであり、協議会の議事録から彼の名前が削除されることさえあった。アメリカにおけるイギリス人は、そこにあまたあるエスニック・グループのひとつにすぎなかったのだが、メソディズムは、彼らアメリカにいるイギリス人たちに、国教徒にならずともイギリス人である《イングリッシュネス》ことを確認する手段を提供した。これが、アメリカにおいてメソディストが急増した理由である。これは、クラークのモデルで唯一評価できる点である。アイルランドでウェスレーは自らをカトリックの共同体に対抗するものと位置づけた。また、アメリカで旧来の植民地システムが破壊されたことに対するアイルランド人の鮮烈な反応から、彼は、アメリカ独立戦争を利用して植民地という地位からくる不利益を少しでも軽減しようとするアングリカンや長老派の勢力とも対立した。ウェスレーの死の前には、南アイルランドでは、メソディズムはコーク、バンドンおよびダブリンといった都市の砦を、小さいながらも維持し続けるであろうことや、同化されていない外国人、とくにドイツ人のマイノリティたちのあいだに強力な支持基盤を形成する見通しがたっていた。バーバラ・ヘックはメソディズムをアメリカに持ち込んだ人物であるが、危機の時代、王党派となり、上カナダへ移住した。一八一二年の英米戦争では、メソディストはカナダとアメリカ合衆国の国境に沿って双方で血を流した。しかし、戦争が終わるとすぐに、カナダの王党派の子孫は自らアメリカ・メソディスト監督教会と統合した。アメリカ・メソディスト監督教会の統治はイギリス人ではなくアメリカ人の手でおこなわれているが、少なくとも反イギリスではないというのがその理由であった。ウェスレーの信奉者たちがこのように入り組んだ地雷原のなかで進む道を選びとることができたのは、ウェスレーが身をもって示した経験主義によるところが大きい。「われわれ」の教義というのは、たとえばメソディストが創りだしたものではなく、必要に応じて彼らが規律を正したり、管理したりするうえで理にかなうとみなしたものであった。彼らは、過去のモデルが規範となるものであるという感覚には左右されず、方針との整合性から判断した。

　これまでみてきたように、イングランドの非国教徒たちは国際的な出来事から無縁であったわけではない。ホイッグの非国教徒たちは、ヨーロッパにおけるプロテスタントの利益を維持する必要性のために、長らく活動していた。ほかならぬフィリップ・ドッドリッジはチェコのプロテスタント移民の孫であり、ブレスラウの改革派の会衆援助への姿勢を、主教たちを評価する基準としていた。しかし、非国教徒が信仰復興の世界に参入するにはいくつかの障壁があった。彼らの支持者は少なかったし、良心の呵責からあえて茨の道を歩もうとするイングランド人もほとんどいなかった。一八世紀前半を通じて、礼拝所の数は増えたにもかかわらず、彼らの数はおそらく減少したと思われる。非国教徒たちの規律によってはぐくまれた心の持ちようが、彼らの行動をより抑制することになった。「純粋な」教会を守り抜くため、非国教徒たちは、新しい信者の参入を歓迎するのではなく、むしろ遠ざけようとした。さらに、当初、非国教徒のなかで最大のグループであった長老派は、国教会への包摂には矛盾した態度をとっていたが、世紀を通じて寛容法の認定基準を拡大することに腐心していた。これは、長老派を重要な知的な問題に導くことになり、また、彼らが教会の成長について信仰復興主義者たちとは真っ向から対立する見解をとることにつながった。長老派のなかで、このような傾向を持つ人びとが着実にユニテリアン主義に傾倒してゆく一方で、厳格なカルヴァン主義のシステムにひきつけられる人たちもつねに存在した。こういった人びとは、至高の恩寵のために人間の力の及ぶ余地はいっさいないという熱狂的な姿勢をとっていた。バクスターは、一七世紀にアルミニウス主義とよばれた路線と無律法主義とのあいだの中道を貫こうとしていた。しかし、王政復古期には、バクスター主義の非国教徒たちでさえ、生き残りをかけて揺れ動く派内の力学を前にしては、このような良好なバランスを保つことは難しくなっていた。

世代間の温度差が試されることになった。フィリップ・ヘンリ（一六三一～一六九六年）は、一六六二年に放逐された聖職者のひとりであったが、敬虔主義者や福音主義者がピューリタンの著作のなかで重視するようになっていた特色を備えていた。青年期、「祈りや罪の告白のなかに魂が快く和らぎ、暖かく活力にあふれた真実が心に届くようなことをたびたび経験した」。しかし、彼の信仰に対する姿勢は、「新生」よりも賛同を求めるものであって、招かれて説教をすることも多かったが、彼は自らを教区牧師の補佐と位置づけていたため、非国教徒の会衆に司牧者として対することはなかった。一方、彼の息子マシュー・ヘンリ（一六六二～一七一四年）の立場は、バクスターへの深い傾倒や、福音主義者と自認する人たちからつねに高く評価され続けた彼の聖書の注釈によってもわかるように、バクスター的な中道主義である。しかし、マシュー・ヘンリは、真の宗教を求める姿勢がはるかに厳格であったという一点だけにおいてもバクスターとも彼の父親とも違っていた。世紀が変わる頃、彼はチェスター近郊の村落における キリスト教信仰の荒廃に非常に心をいため、そこに巡回牧師をおいた。「彼の祈りや説教には非常に深い感情がこもっていたので、彼自身はもちろん、聴衆までもときに感極まって涙を流すことがあった」。それで、「説教に没頭すぎると」、ビールや白ワインを少し口にするようにと諭された。彼は、父のように世間の権威に敬意をはらうことがなかった。「彼は、だれのことも主人《マスター》と呼ばなかった。彼は、人間に服従することは、啓示と理性両方の要求に対する明らかな敵対行為であるとみなしていた」。これは、啓蒙主義に同調したからというよりも、牧会の状況に応じた姿勢であった。しかし、彼のアン女王時代的なスタイルの多くは、「時代による進歩のたまものであり、先人たちが強いられた修辞技巧や変節などを克服したものであった」。つぎの世代でマシュー・ヘンリの特性を継承したのはフィリップ・ドッドリッジであった。ここでは、啓蒙主義や教派の違いの本質を注意深くとらえようとする姿勢がはるかにはっきりしていた。ドッドリッジは海外ミッションに積極的であったため、時代の終わりといった緊迫した抑圧的な古い感覚はまったく持っていなかった。ドッドリッジは再生について説き、その著作は敬虔主義者のために主要ヨーロッパ言語すべてに翻訳されていたが、彼もまた信仰復興の前史に連なるひとりであった。アイザック・ワッツがジョナサン・エドワーズについて述べたように、ドッドリッジもまたバクスターの中道、つまり「宗教改革のプロテスタントに共通の平易な教義」を守り抜こうとしたといえるだろう。ドッドリッジにみられる開放的なミッドランド南部の非国教徒の特質によって、非国教徒の福音主義運動が国の内外で開花するきっかけが与えられたということができる。また、この運動によって生まれた教派横断的な「普遍的なキリスト教」についても同様である。もちろん、その過程は困難を極めた。長老派が理性を重視すると、〔選ばれた者だけの救済を説く〕超カルヴァン主義者たちは、彼らとの垣根を高くして独立派に接近した。独立派がドッドリッジ寄りになると、障壁はいっそう高くなり、こんどは多くがバプティストへと流れた。アンドルー・フラー（一七五四〜一八一五年）の考え、つまり穏健なカルヴァン主義がバプティストの主流になると、逆に新しく組織された厳格バプティスト教会への信徒の流出に苦しむことになった。しかしながら、一八世紀末までには非国教徒たちに対する社会的な障壁は大幅に緩和され、信徒数は、世紀前半のウォルポールの時代に予想された数字を遥かに超えて増加し、非国教徒間の勢力も大きく変化した。古くからの非国教徒の雄であった長老派やクウェイカーは周辺においやられ、独立派とバプティストは教派がいったん解体したあと再編されてまったく違った姿になった。伝統的なピューリタンが信じた、回心は聖霊のおかげであり、聖浄化は教会の任務であるという考え方は、回心は教会の仕事であり、聖浄化は聖霊または偶然によるとの前提へと変質していった。いまや厳格バプティスト教会に織り込まれていた超カルヴァン主義にとって最大の懸念は、確信へと変わった。

おそらく超カルヴァン主義には方針といえるものはなかったが、彼らの感じた懸念は重要な変化を示す指標であった。信仰復興運動は、カルヴァン主義を犠牲にするのと引きかえに改革派の延命をもたらした。穏健派のカルヴァン主義者は、超カルヴァン主義の教義はカルヴァン自身のものではないということはできたが、つぎのような現実を変えることはできなかった。すなわち、信仰復興が大きな成功をおさめた時期、つまり、信仰復興の恩恵が、それに参加した人びとにのみ与えられた時期には、限定的贖罪という観点からは、この結果を想定することは難しかったという現実である。超カルヴァン主義者がとりわけ受け入れがたかったのは、信仰復興のなかで人びとのあいだにすんなりと浸透したのが、キリストの血による救済という教義であり、三位一体説に対する確信の後退がみられるという、現代にまでつながる事実であった。同様のことは、キリストの生涯のシンボリックな側面についてもいえる。ウェスレーは聖餐（や洗礼まで）を回心のための儀式であるとみなすことができた。というのも、一八世紀には、しばしば実際そのとおりであったからである。しかし、回心が大きな関心事である伝道教会への帰依者にとっては、回心をともなわない儀式（一八世紀末までにはほとんどそうなっていた）に対する関心は薄れていった。歴史と教会についても同様の問題があった。超カルヴァン主義は、歴史を「ヨハネの黙示録」の象徴に重ねて理解しようとするが、信仰復興主義者は、経験主義的であり、古文書を蒐集した。一八世紀初頭には、教会そのものがひとつの象徴であった。監督主義は、教会の真髄についてのひとつの見解を象徴していたし、非国教徒たちの集会というのは、教区の聖徒が神に出会うために集う場であって、いまひとつの考え方を体現するものであった。しかしながら、伝道教会は、目的のはっきりした組織であり、ウェーバー的な言葉を借りれば、「合理的な」ものであった。ケアリのバプティスト伝道協会の計画に見られるように、地政学的なアプローチ（あるいは、すべての教会の新しい発展ともいえる連携主義）は、達成すべき目的を分析し、それを達成するために必要な人材と資源を供給してくれる組織作りへと向かった。教会は、巨大でとめどなく広がる近代的な機構となり、目標到達の効率性によって評価されるものとなってきていたが、（同時代人の強い意向にもかかわらず）象徴についての合理的な議論を交わす場ではなくなっていた。つぎには、これは神学上の問題を引き起こした。というのは、人は全面的に堕落しているが、人間すべてを救うに足る恩寵がある、と主張した人びとは、なすべき「行ない」のびっしり詰まった計画をたて、これを完遂するための合理的な組織を立ち上げようとした人びとであった。「行ないの正しさ」というのは、当時は、手あかにまみれた言葉であったのかもしれない。しかし、これこそ宗教的な共同体が指針として掲げ、そのために奉仕した概念であった。この点で、「大覚醒」が残した神学の問題や司牧における心理的な問題を、われわれは、現在も抱えているのである。

第Ⅲ部　工業化・帝国・アイデンティティ

ウェストミンスター大聖堂。ビザンツ様式で建てられたカトリックの大聖堂。[撮影：指昭博]

第14章　一八〇〇年以降の教会と国家

エドワード・ノーマン

イギリスでは、過去一五〇年ほどの間に宗教と政治は、古くからのかたちをいくらか残しながらも実質的に分離していった。アイルランドとウェールズではこの間に国教会体制が正式に廃止され、イングランドやスコットランドでは体制宗教は残ったものの、非常に特異なものになった。この時期の始めと終わりから眺めると、国制が理論的にも実質的にもきわめて大きな変革を遂げたことが明らかである。国制は、崩壊しつつある枠組みのなかで法的なかたちを保ち続けた稀有な柔軟性という意味でも、明らかに時代遅れの仕組みでありながら、政治手法の変化には適応できた現実主義という点でも驚嘆に値する。

一八〇〇年の国家は信仰が基盤となっていた。イングランド、アイルランド合同教会は両国の合同法によって強固になり、スコットランドの国教であった長老派は秩序だった社会の精神的、神学的基礎として絶対的な支持を得ていた。政治家たちは、王位と教会の統一を維持するのが彼らに課されたもっとも重要な義務であると考えていた。教会は、少なくともイングランドでは法によって国教と規定され、ある意味、議会が俗人の集会として効果的に統治していたし、一七一七年以来、聖職者会議は休止していた。一般の人びとも支配層も、教会を改革のとりで、あるいはプロテスタントの特性の宝庫、秩序と道徳を保証するもの、そして現代の感覚からすれば奇異にうつるが、政治的自由の保護者とみなしていた。この最後の役割は、ローマ・カトリックは本来自由な制度には反対であり、信徒に対して国家と教皇への二重の忠誠を求めるのではないかとの強い疑念から派生したものである。このような考え方は、消え去るどころか、実際のところ一九世紀を通じて勢いを増す一方であった。というのも、カトリックの発した「謬説表」に対する反動や、プロテスタントがイタリアのリソルジメントを支持したこと、ドイツの文化闘争、ヴァチカン公会議やアイルランドの状況から、カトリックは物質文明の進展を阻害するという、ウェーバーを先取りしたような仮説が現実味を帯びるようになったために、反カトリック熱が高じていったからである。一九〇〇年になると国家の政治状況はかなり変化していた。この頃には、政府はキリスト教の複数の教派に対して中立の立場をとるようになった。それだけでなく、キリスト教以外の宗教も正式に認められるようになった。一八九一年の「宗教的欠格条件撤廃法」は、議員に宗教的な認証をいっさい要求しないことを決めた。これは古くからの信仰に根ざす国家体制が一世紀にわたり徐々に、しかし確実に崩壊してゆく最終段階にあたり、そこから新たに生まれたのは、従来に比べると明らかに協調を欠くがゆえに特徴を見いだすのが難しい、いうなれば自由で、現代的で集産主義的な国家であった。ここではそれぞれの宗教的なグループが政府による保護を正当な権利として要求できる反面、そのどれひとつとして特権を持つことのない宗教的多元主義を実行する責任を国家が負うことになったのである。

イングランドとスコットランドでは、国教会はいまだ形式的な特権を法的に維持していたが、規模も政治的な重要性においても、こうした特権はもはや数少ない過去の遺産に過ぎなかった。戦闘的な自由教会主義者のなかでもとりわけ先鋭的な人びとですら、わざわざ攻撃するに値しないと思うようになるほど、国制の儀式のなかでも異例なものとなっていたのである。最終的には国教会側と非国教徒たちとの古くからの対立は、実質的に教育をめぐる問題に限定されるようになり、同時にヴィクトリア時代には教会と国家は相対的に分離する傾向が加速し、あらゆる場面で国教会体制を不安定にする動きが加速していった。この問題が一般の人びとの関心を引くことはほとんどなくなっていった。ほかの多くのキリスト教地域、とくに大陸部ヨーロッパやラテンアメリカとは違ってイギリスでは「教会と国家の」分離は大きな混乱を招くことはなかったし、宗教を敵視する政党の勝利をともなうものでもなかった。というのも、政教分離は生活や思想の世俗化が進行した結果ではなかったし、組織宗教に対する支持が著しく低下したからでもなかったからである。「国教会体制廃止を積極的に推進しようとする人びと自体が宗教勢力であった。そのため、特定の教会を政治的に優遇するのをやめるにあたって、おそらくある種の論理的整合性を犠牲にしてでも、国内の宗教勢力にとって不利益とならないよう、細心の注意が払われた」という、戦闘的非国教徒の集まりである「解放協会《リベレイション・ソサエティ》」の一八八四年の指摘は正鵠を得ている。一九世紀の変化をこれ以上的確に表現することは難しい。

一九世紀の初め、イングランド国教会は国家と安定的な関係にあった。そうあらねばならない理由もあった。王位と教会の結束はフランス革命の理想に対抗するうえで実際に効果的なものであった。プロテスタントの非国教徒はもはや国家に対する潜在的な脅威ではなくなっていた。カトリックもよき市民に属するとの認識が確立されるにつれて、彼らに対する譲歩もなされるようになった。一八二八年の審査法および都市自治体法の廃止、一八二九年のカトリック解放は、人びとの目には古い亡霊のような慣習の一掃にみえたが、実は国制の混乱の始まりであったことが明らかになった。プロテスタント非国教徒たちによる国教会の地位に対する性急かつ先鋭な攻撃が続発したことは教会人たちにとって驚きであった。なぜこのようなことが起きたのであろうか。

非国教徒は、一八三〇年代という国制の決定的な変革期には、いまだたいした勢力ではなかった。一九世紀後半、つまり彼らが圧力団体として一大勢力を形成したあと、一八五一年の宗教センサスの結果が明らかになった後からみれば、非国教徒勢力が高揚した時期を、一九世紀前半と考えてしまいがちであるし、歴史家たちは実際、ときとして無意識にそうしている。しかし、非国教徒は一八三〇年代にはまだ全国的な統一組織を持っていなかった。最大勢力のメソディストは強力な保守派の指導のもとにあり、国教会そのものと区別するのが難しい地域も多かった。ヴィクトリア時代後期のメソディストの偉大なスポークスマンとなったヒュー・プライス・ヒューズ家は、一八四〇年代には、まだ地元ウェールズのイングランド国教会の礼拝に参加しており、同時にウェスレー派の礼拝堂再建を進めていた。バプティストは非国教徒のなかでもっとも戦闘的であったが、信徒数はあまり多くなかった。ユニテリアン主義は多くの長老派の会衆のなかにまぎれこみ、各地で私有財産をめぐる論議を引き起こした。どの教派もまだ中央集権化は進んでいなかった。一八三〇年代の政党は、国教会体制の特権に対する攻撃の先鋒として非国教徒たちを非常に警戒していた。理由のひとつは非国教徒たちが、社会体制や宗教面で貴族政治に対抗する政治哲学の支持者という役割を一七世紀に果たしていたことを再認識したことにある。これは、一八三〇年代に非国教徒と急進派との協調というかたちで新たに再現された。この動きは非国教徒のなかでも比較的限定されたエリートたちのものにすぎなかったが、多くの人びとが共鳴した。ひとつの要因は、国教会の指導者側がこのような攻勢への対抗措置を打ち出す準備が充分にできていなかったことにある。国教徒の指導者たちは、非国教徒たちが政治的責任を果たすことに対する見返りに、審査法と都市自治体法を廃止することを支持していたが、これに続いて起こった攻撃の激しさは、彼らが予期しなかったものであった。理由は非国教徒の指導者たち自身が、宗教的に一元化された古い国家を攻撃する際にとった方法にある。正面切ったイデオロギー批判ではなく、さまざまな実際の不満を前面に出すという現実的な手法はイギリスの政治的言説によく合致しており、国制のあり方という究極の目的に触れないままに、ありふれた公平さの問題に収斂させてしまうのは実に効果的であった。これについては「謀議」など何もなかった。計画に費やした期間はごく短かったし、指導者たちも自分たちの宗派からどのくらいの支持を期待できるのか予測できなかった。ここでも、一九世紀前半の非国教徒たちの結束は過大評価されがちなのである。急進派との共闘は多くの地域で信頼を得られなかったが、土地柄、国教会との関係が伝統的に良好な地域もあった。政治には服従するという風潮が、国教会への宗教的な優遇を非国教徒たちが必ずしも攻撃しないことにつながる地域もあった。

そういったことすべてを勘案しても、全体の見通しとしては、中央の非国教徒たちが決議した「宗教的平等」と地方の信徒たちの期待は同調してゆく傾向にあったということができる。一八世紀中に、非国教徒たちが、自らを社会のアウトサイダーと位置づけることをやめ、地域社会の聖職者や有力者たちも彼らをそのようにみなすことがなくなるにつれ、こうした期待も変化してゆくことになった。福音主義の復活は非国教徒を宗教的に大きく変化させた。古いカルヴァン派の正統的な信仰はあいまいになったり、部分的に新しい様式にとってかわられたりした。この新しい様式は国教会内部にも大きな影響を与えた。賛美歌を歌い、情感を重視する新しいキリスト教により、教派の違いははっきりしなくなっていった。ここですべてがふたたび変わってしまった。一八三〇年代に政治的な非国教徒が出現したことは、教派ごとの多様性について新たに意識されるようになっていたことを示す兆候であり、国教会のなかでは高教会派の運動、非国教徒のなかでは宗教的平等を求める動き、そしてイングランドのカトリックのなかにもイタリア風の信仰が一般化するなどのかたちで顕在化した。

一八三〇年から一八七〇年にかけては、非国教徒たちの指導者ほとんどが競って戦闘的な態勢をしいた時代である。

もともとはバプティストにだけ見られた姿勢が広く浸透したのである。教派主義や宗教的多元社会の容認が改めて強調されるようになると、伝統主義や貴族および国家の統制から完全に解き放たれた教会にこそ未来があるという感覚が生まれた。宗教的多元主義、「宗教における自由貿易」そのものはこの時代の特色であるが、敵を倒すという意思のもとに、結果として非国教徒間の結束を強めることになった。「教派主義」により、少なくとも、国教会体制の廃止や、教育を国教会の管理から解放するといった既定の政治的な目標に対しては、競合する教派が共通の対応をとることになった。中央の指導者と地方の信徒たちは、ほぼ同じ、比較的はっきりとした目的を共有するようになっていた。

これは国教会にはあてはまらない。宗教的に一元化された国家に対する攻撃にはさまざまな反応が見られた。聖俗双方の指導者たちは適切な対応とは何かをめぐって内部で分裂し、国制の実質を維持するためにはどの程度の譲歩が必要なのかについて一致した見解を出すことはできなかったし、あらゆる変化に異議を唱える者すらいた。下位の聖職者たちや教区内の平信徒たちの多くは、非国教徒たちが求める単一宗教国家を実現するための実質的な変化には、いかなるものであれ、ほとんど順応できなかった。国教会内部で意見がこのように分裂していたため、中央の教会が有効な手段を講じるのは至難の業であったし、致命的ではあっても政党と密接な連携をとらない限りは自身を防衛することすら難しかった。これは、国教会と非国教徒との政治的亀裂が大きい地方の事情を考慮したうえのことでもあったが、変化に対する反対というのは、予測される利益に対する反対というかたちで表面化した。一九世紀半ばの大衆の政治状況は、こうした地方とのやり取りで作り上げられていた。

こうしたことをすべて考慮しても、非国教徒自体は内部でさまざまに分裂したままで、一九世紀中葉の国家と教会の関係をめぐる危機にいかに対応するのかについて、包括的な方針はいまだ見えてこなかった。さらに、非国教徒は国制の宗教的な部分について影響力を持つ集団のうちのひとつにすぎなかったし、そのなかでとりわけ決定的な力を持っていたともいえないであろう。古くからの対立がすべて渾然一体となり、ときには一般的な政治的急進主義として立ち現われながら（これも非国教徒と同じように分裂状態にあった）、一八二〇年代から一八三〇年代にかけて、旧来の国教会体制の解体を促すことになった。非国教徒たちの主張というのは、すべての組織改革を求める圧力と合致しており、教会も含めた、既存の体制の内側からの、伝統的な政治的階級そのものによる改革の求めとも呼応していた。国教会の特権を攻撃するために、現実の不満の何に焦点をあてるのかを決めるにあたって、非国教徒の指導者たちは注意深く、かつ戦略的に安全なものを選んだ。一般的な原則論を避けることで、中央でも地方でも非国教徒たち内部の分裂は最小限に抑えることができたのである。公開の議論を始めるさい、イデオロギーを慎重に回避するこうしたアプローチは、相手方を圧倒的に不利な立場におくことになった。主教たちは状況を即座に理解した。リンカン主教は、「彼らは国教会体制の本質に関わる部分についての譲歩を要求しているのである」と述べている。

イングランド議会における議論の現実的なスタイルは、非国教徒たちの計画を推進するのに理想的であった。「イングランドでは」公的な事柄や立法措置はつねに「便宜的」に進められるというのが特徴であり、政治についての哲学的な議論は大陸かスコットランドの思想家たちのあいだでなされるというのが大方の一致した見解であった。しかし、こうした言い方をすると、長らく堅持されてきた伝統を見逃してしまうことになってしまう。つまり、実際に政治の根本にかかわる問題の提起は、後世の人びとがうまく理解できなかったような世俗的な言葉によってではなく、宗教的な言説にのっとっておこなわれてきたということである。一九世紀の教会と国家をめぐる議論こそ、「現実に」その部外者から見れば、イングランドの政治理論がまさしくそこで生成し、調整されてゆく現場であった。教会の基本財産をめぐる長きにわたる論争や、教会税、教育財源、非国教徒の伝統的な大学への入学、教区教会墓地への埋葬や結婚登録の許可といった争点は一見表面的なものにみえるが、実際にはそれぞれが非常に大きな意味を持っていた。というのも、国家の性格を根本的に規定しなおす機会を提供することになったからである。国教会を擁護する人びとは本質的な点について応戦した。全体的な議論のなかで、こうした局面については理論的な説明を避ける傾向があった。実際のところ、少数派ではあったが古い単一宗教国家の継続をイデオロギー的に支持しようとした人びともいた。たとえばコールリッジや若き日のグラッドストン、モーリスであるが、彼らの業績は少なくともこの分野に限っていえばたいした影響力を持っていなかった。彼らの考え方を踏襲する思想家たちはほかにもいたが、議会での議論や世論のなかで中心的な位置を獲得することはいちどもないまま、国家の変容は実際に進行していった。

教会側の主な反論はきわめて保守的なものであった。つまり、教会は公的な宗教を通じて社会のモラルを保つことができる。これは、考えうる他の方法に比べてはるかに容易に秩序を維持し、法制度の枠組みを定める方法である。というのも、教会そのものが領域的に管轄する構造をとっており、社会全体に宗教的なサービスを提供しているから、というわけだ。一八三〇年代のブロムフィールドから一九七〇年のチャドウィック報告にいたるまでのイングランド国教会の擁護者によれば、国教会制度というものは、国民の生活のなかでキリスト教に対する漠然とした共感が見られることを広範囲に示し続けるものであった。〔国教会体制に対する〕批判が予想以上の成功をおさめそうになると、たとえば一八四〇年代にすでにそうであったように、議会の聖職者たちがイギリス流の現実主義的感覚を発揮し、「基本財産の共有」を解決策として提案した。つまり、公共の宗教的な財源は、非国教徒の主張する廃止ではなく、現下の宗教的多元性にかんがみて、各宗派が社会に占める割合に応じて再配分してはどうかというのである。一八六〇年代までには、教育の分野以外では、これは実現可能な解決策とはいえないことがはっきりしてきた。アイルランドのカトリック聖職者養成のためのメイヌース奨学金やイングランドとアイルランドの長老派を対象とした国王下賜金の支給、その他海外植民地のさまざまな教派に対する既存の資金的な援助などはよい先例であったが、非国教徒の指導者たちが敵対的な姿勢を強めるなかで、こうした例もすべて一掃されてしまった。一八六九年にアイルランド教会が法制上国教会ではなくなった折に教会財産も同時に没収されたが、これはアイルランドのカトリックとイングランドの非国教徒の共闘の結果である。イギリス反国教会連盟（一八四四年設立）は、一八五三年に「国家支援と管理からの教会解放協会」へと名前を変えたが、この団体の活動目的は教会と国家のあらゆる関係を絶つことであり、政府の補助金を廃止して「宗教的平等」を獲得することを目指していた。彼らは財源の共有は財源の独占と同様に悪弊としかみなさなかった。国教会の教会礼拝に対して国家が直接支援したのは一八二四年が最後であった。一八四〇年代にピールは宗教に援助することを考えたが、少なくともウェストミンスターの政治のなかでは反対派への配慮から思いとどまり、後継者たちにはもはや誰ひとりそのようなことが可能だと考えるものはいなかった。一八六九年、国家教育連盟結成に見られる国教会の教育施設に対する議会の援助に反対する非国教徒たちの一大キャンペーンの到来により、ことはいっそう明確になった。つまり、社会サービスにおいて専門家がかかわる分野でさえ、「宗教的平等」を適用すると国家における宗教の一元化の印を覆すことになるということである。

当時の人びとは、イングランドもヨーロッパ大陸と同様に革命を起こすことは可能であると一時的にせよ信じていた。一方、海外の識者には、政治制度の基盤の強固さがイングランドの特色として強く印象に残った。海外の識者たちは正しかった。もっとも急進的なイングランドの政治家でさえ、全般的な制度のあり方の維持か再建を模索していたのである。急進派にとって改革の過程とは、国の組織体制に内在する癒着を取り除くことであって、これは伝統的な政治家たちと何ら変わるところがなかった。社会における各勢力の自然な調和のもとに良識ある政府が実現していたはずの時期に戻るべきだというのである（実は歴史的な文脈のなかで一度たりともそんなことは起こらなかったのだが）。この、どちらかというと保守的な改革への動機づけからも明らかなのは、政党が変化を目指す政策のもとに結集したものとはいえないということである。一九世紀の半ばになるまで、つまり伝統的な単一宗教国家の崩壊がすでに本格的に始まった後になっても、中央の政局は旧来の各勢力のバランスの均衡を軸に形成されていた。

政治家たちは社会を構成する要素のひとつである国家の役割が強まるのではなく、最小限にとどまるような秩序を模索していた。実際のところ、教会がもっぱら防衛する側であったとはいえないし、非国教徒たちが攻撃する一方であったわけでもない。それぞれが政府について競合するイデオロギーをどのように位置づけなおすのかの必要に迫られていたのである。非国教徒たちが伝統的に国家を神聖な機構とみなすことに抵抗していたのは事実である。これは、政府は神の摂理にもとづく秩序を体現するという考えを強く支持する国教会やイングランドのカトリックとは決定的に立場を異にするポイントであった。

一九世紀になると非国教徒たちは自分たちの信条を、流行の政治経済学的手法を用いて表明するようになった。「自由な国家における自由な教会」というスローガンはいちども実現に向けた真剣な取り組みがなされたことはなく、教条的なものになっていた。「宗教における自由貿易」というのは国家の法による規定を前提としていた。非国教徒の指導者たちは、代替するべき政治秩序について具体的な構想もないまま、貴族支配という彼らが実際に唯一知っている国家の仕組みを攻撃していたのである。穀物法反対同盟と同様、解放協会《リベレイション・ソサエティ》などの非国教徒たちの政治団体は、政府が現実にある不満の元凶であるとの見解を助長し、諸悪の根源と断言していたにもかかわらず、それにとってかわる秩序を示せないでいた。

世紀初頭には、ロンドンの急進派のあいだでも世俗的な制度が望ましいと考えていたのはひと握りに過ぎなかったし、そうした人びとが「世俗的」という言葉を使うのは、きまって教育に関連することについてであった。世紀後半になると、非国教徒の指導者たちは「世俗化」の厳密な定義やイメージを欠きながら、世俗的な政治体制を求めるようになった。彼らにとって国家のなかで複数の宗教を認めるための具体的な方策とは、教会と国家の公的な関係を完全に断ち切ることであったのだ。これこそ、彼らのいう「世俗」政策の意味するところであった。まさしくこの時期、彼らは禁酒問題のように法的規制を必要とする公共の道徳規範をめぐる論争に深く関与するようになっていた。「非国教徒の良心」は、キリスト教的道徳を法的に強化する方向を模索しつつ、国家が公共政策を推進する主体として特定の宗教団体を認知し、優遇する可能性は否定していた。

非国教徒の指導者たちは海外を見渡し、アメリカ合衆国やイギリスの支配下にある国々で教会と国家が分離していることは、自分たちの主張が正当であることを示しているとしていた。彼らがそこに見たのは、国教会という重荷を背負うことなくキリスト教的な政府がキリスト教的な法案を可決しているという事実であった。

なぜ同じことがイングランドでは起きなかったのであろうか。実際のところ、国教会制度の解体はこうした国では国制の矛盾を引き起こすことになったが、それが明らかになるのは二〇世紀半ばになってからであった。アメリカの法廷で一九五〇年代、一九六〇年代に争われた一連の裁判では、宗教的な意味を持つ行為を法が要求すること——たとえば学校で聖書を教えることなど——の正当性が争点となり、否定されていった。そのなかで、一九世紀のイングランドの非国教徒たちがすでに解決したと考えていた問題が、実際にはそれにはほど遠いものであったことが明らかになっていったのである。公式宗教という国家の認知を受けないキリスト教国家が非国教徒たちの国家観であったが、これは難しい事柄の決定をつぎの世代に先延ばしにするものでしかなかった。非国教徒たちは国教会制度を批判したが、これは結局、変則的なものを一部、別の変則的な手法で置き換えることにほかならなかった。イングランドにおいて国教会が存続するか否かは、実際に起きている変化にほとんど影響を与えることはなかった。これはアメリカ合衆国の経験とはまったく違う。というのも、アメリカでは教会と国家の分離が憲法に明記されていたからであり、ジェファソンはこれをかつて「分離の壁」とよんだ。イングランドの非国教徒たちは、宗教の任意性という観点や、教会基本財産や具体的な不満などの身近な例にもとづいて国教会体制を批判した。彼らはこうしたものを国教会体制の本質と誤解していたのである。しかし、国教会体制は、法律と宗教的な見解のあいだに関連が見られるところに存在している。非国教徒たちは、このような現実を踏まえながら、キリスト教を国制の体系のなかに位置づけようと試みていたが、これは国家と宗教の分離にははるかに及ばなかった。

非国教徒たちの攻勢は、国家の役割そのものが変化しはじめたときに開始されたが、国家の役割の変化は、単なる宗教勢力と公共政策の関係の抜本的な見直しにとどまらず、広範囲に影響が及ぶものであった。

一九世紀初頭までは、国家がきわめて限定的な役割しか果たしていなかったため、教会と国家を一体のものと捉えることが可能であった。両者は相互に依存し合っていた。教会の役割は、道徳を向上させ教育を推進することであり、国家は安定した秩序を保ち体制の維持を保証することがその使命であった。一九世紀前半に経済学が知識人のあいだで確実に認知されるようになったことも、国家の役割をこのように限定的に捉える見解を後押しした。国家が社会に対してこれまでおこなったことのないような規制をしたり、特定の害悪を封じ込めるために例外的な権力の行使を積み重ねるなかで、古い国家の定義はしだいに脇へ押しやられていった。同時に、一八三〇年代の大改革にともなうトラウマはいまだ身近で、伝統的なものがほとんど残っているにもかかわらず、新しい秩序が政府の運営に取り入れられていることを人びとに印象づけることになった。一九世紀の終わりには、四〇年後には「福祉国家」の根幹と認識されるようになる枠組みがほぼできあがっていた。しかし、識者や博愛主義団体からは公共に対する侵害とみなされていたさまざまな社会問題への政府の対応は、場当たり的で何ら一貫性がなかったし、議会の介入にも法則といえるものは何もなかった。政府の膨張は、政策という言葉がまさに意味するとおり実際の問題に対応しておこったのであって、イデオロギーにもとづいていたわけではない。

教会の指導者たちは、改革を指向するグループの先端にいながらも、集団主義国家について定まった見解を持っていなかったし、政府が機能を拡大する可能性がある領域の大きさを遅ればせながら認識した途端、ほかの人びとと同様、それが個人の自由に対する潜在的な脅威になりうることを懸念するようになったのである。しかしながら、法律に理論的な根拠がなかったことが、差し迫った変化を定着させるうえではかえってよかった。というのも、宗教勢力は、一般的な世論と同様に国家が機能を拡大させてゆく現実にあわせてゆくのに、さほど困難を感じることはなかったからである。

教会が持つ社会的、公的な意義は非常に重要であった。

教会やその関連団体が何世紀にもわたって主導的な役割を果たしてきた教育や病人の看護などは、徐々に国家に移管されていった。理由は、ただなすべき仕事の規模があまりにも拡大してしまったからである。多くの新興都市地域に教会建設を進めてゆく必要が出てきたため、教会の幹部たちには全国的な社会救済機関を構築することも、それに対する財政的な支援をする余裕もなかった。変化のスピードに追いつくために英雄的な努力がなされていたのは事実である。学校建設や病院基金の運営などのために教会人は、巨額の献金を集めた。しかしながら、なすべきことは彼らがなしうることに比べてあまりに多かった。国家が福祉や教育などの大部分をしだいに肩代わりしてゆくことになったが、こうした需要は増える一方であった。近代国家の勃興が、実質的に、国教会体制の解体を促したのである。

非国教徒たちの攻撃によって、伝統的な結束の多くが表面的に緩められることになった。信仰を基盤とした国家が集産主義の中、生き残ることは可能だったと考えられるだろうか。あるいは、非国教徒たちの攻勢がなければ社会における宗教的多元主義は実現しなかったと考えることはできるだろうか。集産主義に世俗化が内在しているわけではない。カトリック国のなかには二〇世紀、信仰が基盤となった集産主義秩序の例が見られる。しかし、そうした例はどれも、歴史的に強烈なイデオロギー上の葛藤を抱えていた国であった。一九世紀のイングランド政治に見られた現実主義は、非国教徒たちのイデオロギー的な単純さにとって理想的であった。イングランドでは、近代国家の成長と手を携えるように、宗教的多元主義に対する要求が強まっていった。

変化に対応するため、政府自身が変わらざるをえなかったような公的な事柄に対して、国教会は、全体としてまとまった対応ができるようになるまでに時間がかかった。教会は、工場改革や公衆衛生法、スラムの浄化などの問題について国民の意思を統一するのに適しているとはとてもいえなかった。政府の成長は、こういった問題に対処していった結果であった。というのも、法規制によって政府が介入する権限がどんどん増していったからである。教育は、一九世紀のかなりあとまで、教会が主たる提供者として主導権を存分に発揮する資格を充分に備えていた分野であったにもかかわらず、一致団結して近代的なニーズに一貫した対応をとることが満足にできなかった。これは意思の欠如によるものではない。教会はつねに社会の悪に並々ならぬ関心を持っていたし、その解決を模索していた。しかし、結果的に一定の成果をあげたのは、集合体としての教会自体というよりは、個々の教会人であった。

これには多くの理由が考えられる。教育問題の場合に顕著であったように、充分な資金がなかったことがそのひとつである。また、中央集権化への反発や官僚主義の増長などもあった。こうした傾向は伝統的な教区の関係を侵食し、教区主任司祭や地主などのパターナリズムを侵すことになった。教会の排他主義という問題もあった。主教たちは教区の主任司祭職保有権について過剰な独立意識を持っており、外部のものに干渉されることを嫌った。くわえて、国教会は公的な問題について組織全体としての意思決定をする公式の機関を持っていなかったため、〔教会全体としての見解を表明することが〕望ましいと思われる場合でもそれができなかった。一八五〇年代にはカンタベリとヨークのふたつの聖職者会議の再生に向けた運動が一定の成果を収めたものの、両会議は限定的な機能しか持ち合わせなかった。というのも、復活した会議が社会全体の問題を積極的に議論することを望む者はいなかったからである。一八六〇年代以来、「教会総会」が毎年いくつか開催されていた。こうした会議は、影響力を保持してはいたが、まったく非公式のもので、圧力団体とみなされることが多かった。実際、そのうちのいくつかは社会問題に関心を寄せ、社会で論議の的になっている事項について教会としての見解を確立するうえで貴重な役割を果たした。一九〇三年には教会代表者会議が、一九一九年には教会会議《チャーチ・アセンブリ》が設立された。

教義上の独立性を回復するなかで、教会は国家との距離を実感することになった。政府が特有の機能を肥大化させてゆくにつれて、宗教的な組織が果たすべき役割はほとんど残されていないことがはっきりしてきた（社会の宗教的多元主義化が現実味を帯びるなかで、従来の教会が果たしてきた機能はいずれにしてもほとんど消滅していったに違いないが）。国教会は内部を統治する機構の整備を独自に進めていった。一九七〇年、宗教会議に宗教会議機構ができる頃というのが、教会が（国制とは関係なく）自治を確立する過程の最終段階であった。教会が組織としての見解を表明できるようになった頃、つまり一九一九年に授権法が制定され、新しい教会会議が創設された時期までには、集団主義国家は教会の動向とはまったく独立した進化を遂げており、両者の距離は非常に大きくなっていた。このため、政府がその頃までに関心を寄せるようになっていた事柄について、教会はほんの些細な影響しか与えることはできなくなっていた。議会を教会の世俗の政府とみなすのはふさわしくなくなっていた。なかなかしぶとく、ある意味人気があったとさえいえる国権至上主義が国家の舞台から消え去るまでの道のりはゆるやかであり、ときに議会で少々復活することもあったとはいえ、教会の政府からの独立は何とか維持されていた。公共の問題に対して教会人がまとまって表明した意見は、社会の他の圧力団体の声と同じようなものになってきていた。教会内部での統一は達成されたものの、それと引き換えに国家的な影響力を失っていったのである。

教会が公的な事柄について国家的な関心を集約する機能を果たせなくなりつつあったいまひとつの理由は、一九世紀の教会が政党政治に関与することを避けてきたことにある。主教は、聖職者たちに対して職務を忠実に遂行し、政治的な行為は慎むようにつねに指示していた。少なくとも一八三〇年代半ばまでは、主教が「政治」という言葉を使うときは「党派」抗争を示唆していたのは事実であるが、主教が宗教的なものを聖職者が扱うべきもの、一般的道徳的なものを政府の管轄として区別しようとしていたことは明らかである。主教たちは、貴族院でも自らそうした区別にのっとって行動しようとしていた。しかし、こうした区別はすぐに意味をなさなくなっていった。まずもって改革そのものがその原因であった。主教たちの多くは、議会改革に反対することが、あたかも義務であるかのように感じていた。これは、彼らが反動的な旧秩序の支持層であるからではなく（一部はたしかにそのとおりであったが）、議会は国教会の政府であって、この議会を新たな階級に解放すれば、旧来の関係に危機的な状況が生じかねないというのが理由であった。

一八二九年のカトリック解放のさいにも同じような議論がなされた。このとき問題になったのは、立法府において宗教の位置づけが変わってしまうことであった。教会人たちは、こうした変更は、従来教会が果たしてきた役割にかんがみると、まったく相容れないものであると危惧していたのである。

この種の問題は教会をいやおうなく政党政治の渦中に置くことになった。一九世紀前半は、あまり重大な問題ではなかった。というのも、改革そのものの目新しさのため、議会活動が改革に関連するとは認識されていなかったし、政党も、いまだお互いの政策の違いを際立たせることがその特色とはなっていなかったため、教会指導者たちも、それぞれ利害を主張する一般的な政治集団のうちのひとつとみなされていたからである。非国教徒たちが政治的な急進派と共闘して始めた攻撃をきっかけに、教会指導者たちはこれまで避けてきた政治と正面から向き合うことを余儀なくされた。一八三〇年から一八四〇年代にかけては、まだ特定の政党との連携にはいたらなかった。それは、自由党、保守党どちらの政治家も国教会体制の維持を自らが果たすべき責務の重要課題のひとつと考えていたからである。しかし、一九世紀後半にすべてが変わってしまった。グラッドストン的な自由主義が、戦闘的な非国教徒をも取り込んだ広範な大衆の支持を得て台頭した。これにより、伝統的な役割に固執する教会こそ、今まさに攻撃の的となっている貴族的な国家システムの一部であることが明らかになった。自由党がアイルランドとウェールズにおける国教会体制の廃止に言及し、国教会による教育の独占を問題にするようになると、国教会側は保守党との同盟関係をより鮮明に打ち出さざるをえなくなった。「礼拝におけるトーリー党」という言い方がされるようになったのはこの頃からである。従来なされてきた宗教的なものと公的な事柄の区別は、非国教徒たちの批判にさらされてなくなり、国家機構の肥大化にともなって聖職者が果たす公的な役割は縮小していった。同時に彼らは、教会は国家に微々たる影響しか与えられないと考えるようになっていた。彼らは相変わらず政党政治に距離を置く姿勢を変えていなかった。これは、この頃になっても、聖職者や教会の指導者たちにとって当たり前の行動であったし、自由教会〔非国教会系〕の人びともこれにならいはじめた。自由教会の人びとは、長らく大衆的な政治運動と非常に緊密な関係を保っていたが、二〇世紀に入って自由党が衰退しはじめると、政治との関係が弱まっていった。これにより大衆政治運動の性質そのものが変化することになり、非国教徒の集う礼拝堂と国教会の教会とのあいだの冷やかな関係にも終止符が打たれることになった。

国教会の聖職者は、共通の社会階級に属しており、公的な生活を見る限り、きわめて同質な集団であった。一九世紀から一九七〇年代まで、聖職者を統治する立場のものと聖職者自身の出身階層はほぼ同じであったし、教育もまったく同じであった。ウィリアム・テンプルが「教会が国家に忠実すぎるのは、法的な拘束によるものではなく、個人的な紐帯と経済的な権益のためである」と指摘したのは一九四〇年代初めである。聖職者たちは俗人の知識人たちの関心事の変化を反映する傾向があった。体制との関係のなごりや公的な機能ではなく、こうした事実こそ教会は世論の生成においていまだ重要な鍵を握っていると聖職者が考える根拠であった。

一連の調整や変化のなかでほとんど何の影響も与えなかったのが、じつは世俗化という事実であった。教会と国家の分離は、近代イギリス社会では、キリスト教徒たちの意向を反映するかたちで実現した。政府の関係者で宗教的な儀式に積極的に参加していたのはわずかであったが、二〇世紀になるととくに世俗的なイデオロギーを支持したり、教会に敬意を払い、良好な関係を維持するという以上の特別な扱いをするような傾向はいっさい見られなかった。これは、イングランドにおいて大衆の宗教そのものがイデオロギーとは無関係であったことを反映したままであり、これは、明らかに宗教改革よりも前からの、何世紀にもわたる特色である。ニューマンは『同意の語法』のなかで、「聖書の宗教」というのがイングランドの宗教をもっとも適切に表現するものであると指摘している。彼がいうには、その効用にもかかわらず、イングランドでは「比較的教義や教理問答に関心が薄かった」と指摘している。つまり、教会は、宗教とは教育機関であり構造であって、たんなる道徳や感情ではない、という概念を伝えきれていなかったということである。福音主義は、この国家的な傾向を強力に裏打ちした。オクスフォード運動は、それに対する反動であった。現在の問いの視点に立てば、イングランドにおける大衆的な構造宗教が比較的脆弱であったことが、教会を公的な生活のなかから漸進的に排除してゆくことをたやすいものにしたのだといえよう。

いずれにせよ、一連の発展のなかで周縁に押しやられたものが何かは、はっきりしない。イングランドにおける世俗化というのは、すでに起こっている事態への対処であり、イデオロギーではなく、生活や思考の現実的な変化に根ざしたものであった。ごく小さな世俗主義の知識人たちのグループと、教養人で彼らを支持する、もう少し裾野の広い層、およびホリオークに代表される熟練労働者のなかの世俗主義者たちは、イングランドの体制が信仰にもとづくものから自由主義へと遷移する過程に、ほとんど何の影響も与えなかったといってよい。

三〇年前、ウィル・ヘルバーグは、アメリカ社会は世俗的であると同時に宗教的でもあると指摘し、これは独特の現象であると述べた。それは教会が社会を統合する役割を負っていること、また伝統的な宗教の喪失に由来するためであると説明した。近代のイングランドも現実には世俗的でもあり、また宗教的でもあった。しかし、教会に社会の統合者としての機能はそれほど期待されてはいなかった。もちろん、社会の変化によって新たに生まれた底辺の層では例外も見られた。たとえばアイルランド移民にとってのカトリックがそうであるし、現在、都市のスラムでは西インド諸島からの移民の第一、第二世代である黒人の集団に対して、教会が彼らの社会的逸脱行為を抑止するべく援助活動をおこなっている。独立戦争期のアメリカにおける教会への出席率は、一八世紀末のイングランドとそれほどかわらず、人口の一二〜一五パーセントであったと推定されている。一九世紀の間、アメリカでは西方への拡大が続き、ヨーロッパから到着する大量の移民の統合が進んだ。この間に、アメリカにおける宗教の状況は、イングランドとは異なる方向へと向かった。キリスト教は、完全に人びとの自由な意思にゆだねられ、国家の支援がなかったにもかかわらず、宗教史上、比類のないほど深く文化のなかに浸透していったのである。二〇世紀の半ばまでには、人口の六〇パーセントが何らかのかたちで教会と関係を持つようになっていた。イングランドでは、ヴィクトリア時代の宗教ブームはおおかたのところミドルクラスの知識人層に限られたものであり、組織化されたキリスト教は、しばらくのあいだ、彼らにとって自分たちの謹厳実直さを示すものとなっていた。一八六〇年代から一八七〇年代になると、キリスト教にそうした意味で頼ることはもはやなくなり、一時的な熱狂の証として伸びていた教会への支援も、それ以後は非常にゆっくりとではあるが下降していった。とはいえ、イングランドはこの頃になると、アメリカのように体制に頼らない宗教が特色となっていた。国家は宗教に対するほとんどの支援を引き上げ、残るは軍隊や他の組織に配置される牧師や教会学校への補助といったものだけになっていた。

一九世紀の非国教徒たちは（彼らの多くがつねに動向を注視していたアメリカの例にならって）宗教におけるヴォランタリズム自体が活力の源であり、国家の支援が宗教の権威を衰退させたと主張するが、それは間違っている。イギリスでもアメリカでも宗教の公的な役割が縮小したため、国家は社会の基盤として何か別の拠りどころを探し出さざるをえなかった。しかしどちらの国でもそうはならなかった。ひとつには、世俗的な選択肢として満足のゆくものが見つからなかったからであるし、また教会と国家の分離が実質的には不完全なものでしかなかったからでもある。一九一三年の貴族院におけるウェールズ国教会廃止法に関する議論の席上、コスモ・ラングは「国家の精神的な拠りどころである宗教をどのように認識するのかという、国家にとって非常に重要なことがらの決定が、われわれの判断に委ねられている」と述べた。この意見は、宗教について人びとが根強く共有していた信念が、時間を経てもほとんど何も変わっていないことを端的に物語っている。イングランド人は、自分たちの宗教が厳格すぎたり、おしつけがましいものであることを嫌うが、かといって、まったく身近に感じられなくなると、落ち着かないのである。

第15章　一九世紀のイングランド国教会

シェリダン・ギリー

一九世紀のイングランド国教会はパラドックスに陥っていた。体制宗教として、国家の命運を握る公的な権力中枢と特権的に結びつくという地位は、一八三〇年以後も残っていたが徐々に侵食されつつあった。刷新と復興をうたう、多くはヴォランタリな諸勢力が、教会の実際の建物の数を大きく増やして教会建設や教会再建の黄金期を形成しただけでなく、彼らのおかげで教会が大衆やミドルクラスの教育や博愛主義に果たす役割が飛躍的に拡大した。こうした教会建設は、急速な人口増加に対応するためにおこなわれたものである。イングランドとウェールズの人口は、一八〇〇年に九〇〇万人であったものが、一九〇〇年には三七〇〇万人になっていた。国教会の教会建設は、じつは一八世紀にはすでに人口増加に追いつかなくなってきており、この時代は「司牧軽視」の時代とよばれている。一九世紀前半には、司牧の対象から漏れている人口が飛躍的に増大した。一八二〇年頃には、国教会の大問題に対して幅広い層からの批判が出ていたが、教会人自身が変化を求めて動き出すまでには時間を要した。

一八〇〇年時点では、教会は非常に強力な統率機構であった。二六人の主教は貴族院で強力な影響力を行使していた。大聖堂と一万五〇〇〇におよぶ教区教会は、風景のなかでもっとも目立つ建築物であった。聖職者はふたつの大学を支配しており、このふたつの大学は、将来聖職者となるものたちに、不思議なことに非公式かつ非専門的な教育をおこなっていたが、オクスフォード大学の場合は入学時に、ケンブリッジでは卒業時に、すべての学生が三九箇信条を承認しなければならなかった。公的な職業のほとんどは非国教徒およびカトリックには閉ざされていた。非国教徒は毎年の免責法によって議会に議席を得ることも可能であったが、審査法と都市自治体法は、中央および地方政府にとって実質的に国教会からの締めつけとなっていた。

イングランド国教会の影響力のあり方を強く規定していたのは、聖職者たちが特定の階層に属しているという事実であった。宗教改革以来、教会の収入である十分の一税は、土地を所有する個人や組織から支払われるものであったが、農業および産業革命によるさまざまな状況の変化、たとえば農耕技術の進歩や資産価値の上昇、石炭からの収入の増加などによって、聖職禄が高騰した地域もあった。教会は、貴族やジェントルマンの息子たちにとって、かつてないほど魅力的な就職先となっていた。聖職推挙権や聖職禄への推薦権の半数は俗人が握っており、イングランドの地方では、教区への推薦権をもつジェントリの家族と、より恵まれた教区に推薦される者とが近しい間柄であることが多かった。上流層の一番下の息子が教会に入ることが多かったが、「地主兼司祭」といわれる、聖職者であると同時にその地方の有力な地主であるものもいた。

このような宗教的な影響力はほかの権威ある職にも及んだ。治安判事のなかに聖職者が占める割合がもっとも高かったのは一八三〇年であった。一般庶民出身の農民聖職者とでもいうべきものが存在したのはカンブリア地方とウェールズだけであった。一八一六年に開設された学士を対象としないセント・ビィを皮切りに、一九世紀前半に神学校が設立されたものの、ヴィクトリア時代の聖職者の大半はオクスフォードおよびケンブリッジ大学におけるジェントルマン向けの教育を受けた者たちで占められていた。一七〇〇年よりも一八〇〇年のほうが貴族階級出身の主教の数は多かった。聖職者の教区兼任、欠員、不在任による弊害や、彼らの求めに応じて快適な場所で快適な生活をおくるだけの経済的な保証を与えた結果、教会の教区制度の効率は致命的に損なわれ、危機の時代に対応しようという教会の意思とはまったく相容れない状況になっていた。聖職者が実際には教区の近くに住んでいるが教区内ではないという名目的な不在任と、〔遠隔地に居住している〕実質的な不在任を区別するのは困難ではあるが、一八二七年には四割の教区にしか聖職者が居住していなかった。しかも、教区に住んでいない聖職者のうち、その教区に補助司祭をおいているものは少数でしかなかった。主教座参事会の地位は閑職であった。ダラムの恵まれた受禄聖職者は、任地に一年のうち一カ月いるだけでよかった。このような割のよいポストは、収入の少ない主教職や司祭職などを経済的に補助する手軽な手段であった。主教たちのあいだには親族を優遇する風潮がはびこっており、親族男性に贈り物として高い聖職録を得られる教区を与えて裕福な生活を保障していた。

とはいえ、教会の弱点はもっと根本的なところにあった。教区の数がもっとも密集していたのは中世に人口が多かった南部地方やミッドランドであった。一方、イングランド北部では、人口が散在する広い範囲をひとつの教区としてカバーしなければならなかったし、ランカシァや北東部には相当数のローマ・カトリック教徒がいた。一七八〇年から一八三〇年にかけて、いくつかの教区が「主教座都市《シティ》」となった北部では、伝統的な教区の単位と人口の実態とのずれが新たに問題となってきていた。ニーズに合わせた教会建設はわずかしかなかった。つまり、国教会は、近代的な都市の労働者階級の形成期に彼らをとりこぼしてしまったのである。私有の広壮な礼拝堂では、礼拝への出席者を席料が支払える人だけに限定していた。一七九〇年以後、非国教徒、とりわけメソディストのあいだで礼拝に行く人びとが急増した。一八五一年に宗教センサスがおこなわれるまで、実際に礼拝に出席している人数がどのくらいいるのかは明らかではなかった。しかし、〔礼拝出席者に占める〕非国教徒の数は国教徒とほぼ同じくらいになっていた。国教会の教区分割をめぐる頑迷さや融通の利かない共通祈禱書は、非国教徒たちによる柔軟な、場所を限定しない伝道活動や礼拝様式にとらわれない信仰の実践、回心についての情熱的な説教などと際立った対照をみせていた。こうした非国教徒の姿勢は、国教会側が政治的にあまり支持されていなかったため、より魅力的なものに映った。ウェスレー派のメソディストのように、一七九〇年以後もっとも成長が著しかった宗教団体が、ウェスレーのような国教会を強化しようとした聖職者によって創始されることになったこと、それが独自のウェスレー教会を持ちたいという意向だけでなく、国教会側の敵意によってもたらされた分離であったことは、国教会にとっての悲劇であった。

さらなる国教会の弱点は、一八〇〇年の議会の合同を契機に、イングランド国教会とアイルランド国教会が統合されたことに起因する。アイルランドの人口は当時五〇〇万人であったのに対し、イングランドとウェールズの人口は九〇〇万強であった。しかし、アイルランド国教会は、カトリックの貧農が圧倒的な地域で四人の大主教と一八人の主教をかかえており、教会としてスラム化していた。アイルランド国教会に所属するものは人口の一〇分の一にすぎず、北部地域でさえ信徒数は長老派よりも少なく、ナショナリストの目にもイングランドという国家そのものの正当性を欠くひとつの根拠とうつっていた。一八三三年のアイルランドの教会改革は、明らかにイングランドにおける教会改革に先行するものであったが、アイルランド国教会は、グラッドストンが一八六九年に非国教化するまで、国教会体制に対する批判に無防備にさらされ続けた。

　こうした構造的弱点があったにもかかわらず、国教会は、フランス革命によってヨーロッパ全域で公的な宗教体制が攻撃にさらされたことで逆に強固なものとなった。というのも、革命をきっかけに国教会は保守党にとってかつてないほど重要な基盤となったし、富裕層は国教会が革命の防波堤となることを期待したからである。一七九〇年代初頭には、革命に反対する大衆のあいだで教会人気が高まった。彼らは革命に好意的であるとして非国教徒たちの集会を批判していた。高教会派は非国教徒たちをジャコバン派とひとくくりにしようとしていた。名誉革命体制に対して宣誓を拒否した者が全面的に反対したために、伝統的な高教会主義が教会と国家との結合についてエラストゥス主義（国権至上主義）と連携することがあったように、「ふたつの正統派」は、非国教徒への嫌悪と十分の一税への執着と同義であった。しかしながら、一八世紀においてすら、ハッチンソン主義者たちは、反ニュートン主義のジョン・ハッチンソンの流れを汲む知的伝統や、聖職者ではないながらも偉大なキリスト教徒であったサミュエル・ジョンソンへの忠誠を誇っていた。セント・アサフ主教であったサミュエル・ホースレイは、フランス革命期におけるもっとも優れた教会のスポークスマンであり、正統主義について最先端の解釈を示していた。

　一九世紀初頭、教会と国家は教会側からみるとこれまでになく調和の取れた良好な関係にあった。この時期、リヴァプール伯爵の長期政権（一八一二～一八二七年）の間に高教会派はもっとも大きく勢力をのばした。原動力のひとつとなったのは、ハクニ団あるいはクラプトン派と呼ばれる人びとの活動である。彼らはロンドン北郊のハクニとクラプトンを拠点として、ジョシュア・ワトソンと後にハクニ南部の教区司祭《レクター》となったヘンリ・ハンドレイ・ノリスを中心とする聖職者と俗人からなるグループであった。彼らはキリスト教知識普及協会（ＳＰＣＫ）など、古くからある国教会の組織を取り仕切っていた。一八一一年に、ハクニ団の教会人は国教会の信条にのっとって「貧困層の教育推進のための国民協会」〔通称「国民協会」〕をたちあげた。この組織は以後五〇年以上にわたって大衆教育の拡大を牽引することになった。また、一八一八年の教会建設と改修を目的とする教会建築協会の設立や、一八一八年と一八二四年、政府が一五〇〇万ポンドを同じ目的に拠出することを保証する議会法の成立に尽力した。このような補助金はアン女王以来はじめてのものであった。

こうした高教会派の人びとに信仰心が欠けていたわけではない。しかし、彼らは、規則の例外にもかかわらず、心情的には祈禱書の形式に強く縛られており、政治的にも、教会についても現状を維持し、体制を強化するような改革を志向していた。高教会派の保守主義は、国教会内の福音主義者たちにも共通するものであった。(「福音主義者」という言葉は国教徒に限って使われることもある。)しかし、広義の福音主義者たちは、福音について高教会派よりも明確な主張をもっており、一八〇〇年の時点では、イングランドとウェールズにおいて、教会内外で宗教的なリーダーシップを発揮していた。福音派の教会人たちの中心はクラパムであり、クラパムの教区司祭ジョン・ヴェンが、(教区内に居住していた信徒で)「聖人」と呼ばれていた福音主義運動の中心人物を率いる立場にあった。彼らのうちもっとも有名なのは、反奴隷制運動を牽引したウィリアム・ウィルバーフォースである。彼が指導的な役割を果たした運動によって、一八〇七年に奴隷貿易が廃止され、続いて一八三三年にはイギリス領における奴隷の所有が禁止された。ウィルバーフォースは国家的な良心の象徴であり、ヴィクトリア時代のプロテスタンティズムの基層をなす精神の預言者であった。ヴィクトリア時代のプロテスタンティズムの特色は、宗教の中心を家庭生活におき、日々の家庭での祈り、聖書購読や安息日遵守、この世界の神聖性の強調などである。ここでは、自己犠牲と弱者への義務をつねに果たすこと、原罪、天国と地獄や最後の審判などに対する信仰告白が必要とさており、この世における喜びに対してはあくまでも淡々と控え目に楽しむ姿勢が求められた。

福音主義者たちは、改宗や教育、世界的な社会改良などを目指す数々の団体を立ち上げ、続くヴォランタリな宗教結社の黄金期のさきがけとなった。こうした結社は、一九世紀初頭から毎年五月にロンドンで年会を開催していたが、一八三一年にはその象徴となる中心地としてストランドにエクセター・ホールが創設された。「五月年会」は、国教会内の福音派と非国教徒の協力のもとに実施されるものもあった。一八〇四年に設立された「英国・海外聖書協会」(ＢＦＢＳ)や、都市部の貧困層に専門の俗人宣教師たちが福音を説く一八三〇年代に相次いで設立された都市ミッションなどである。教派横断的な協力体制は組織内に緊張をはらむことになった。このため、各教派は独自に伝道協会設立するようになった。福音主義的な伝道協会のうちでもっとも大きかったのは国教会伝道協会(ＣＭＳ)であり、純然たるアングリカンの組織として一七九九年に設立された。チャールズ・シメオンは福音主義者であり、イングランド国教会の忠実な信望者であった。彼は福音主義運動の教皇とでもいうべき存在として、一七八二年から半世紀以上にわたってケンブリッジのトリニティ教会に聖職者として在職し、多くの学生たちをシメオン自身の理念に従って養成し、「シメオン派」を形成した。シメオンは「説教骨子」をあらわしたことで教会全般に広く影響を与えた。また、ケンブリッジは福音主義的な大学として、福音主義運動の中心地となった。シメオンは、急進的なカルヴァン派やアルミニウス派の福音主義神学を適度に取り入れながらも、信望者たちを穏健な路線へと導いた。

福音主義者たちの目指す方向は、ウィリアム・ウィルバーフォースが一七九七年に発表した『実践的な見解』に集約されている。ウィルバーフォースは、イングランドが革命と黙殺という両極の中庸である穏健かつ保守的な改革路線をとる可能性を提示し、フランス革命の無神論的で信仰心を欠いた姿勢に反感を抱く大衆の心をとらえた。さらに、福音主義の中心的な教義、とりわけ神であるキリストの十字架上での死による贖罪を強調して、理性的な分別のみにもとづく道徳的な忠告に終始していた一八世紀の弱体な公的宗教に対抗した。

アングリカンの福音主義は、国教会以外も含めた大衆的なプロテスタント文化の一部であり、世紀末まで勢いを保っていた。典型的な人物は、偉大な教会建築家で教育改革にも尽力したフランシス・クロースである。聖職者や陸海軍の退役軍人がクロース支持者の中核をなしており、クロースはチェルトナムで影響力を保ち続けた。より世俗的な面でも、大衆的なプロテスタント主義はピューリタン的な倫理、すなわち勤勉さ、禁酒、倹約、ささやかながら敬虔なる喜びを重視していた。また、一八世紀の残酷なスポーツや演劇、小説を否定していたが、小説を否定する動きは、宗教小説が登場したことで消滅していった。

このプロテスタント文化は、上品な外見ばかりを重視する性的な偽善主義や、労働者階級のなかば異教的で刹那的な娯楽を一掃する運動へと矮小化される危険性があった。この文化がより積極的な意味を果たした例といえるのは、七代目シャフツベリ伯爵であるアンソニー・アシュリ・クーパーの運動である。彼はウィルバーフォースの後継世代の代表であるが、プロテスタント文化は、彼ら福音主義者の理想主義を後押しすることになった。クーパーが女性と子どもの労働環境改善を目指して推進した運動は、一八四七年の一〇時間法と一八七四年の工場法に結実した。シャフツベリはキリスト教信仰が十分に実践されていていない都市をイギリスから一掃しようとする汎福音主義運動の象徴的な人物であるが、ほかに貧民学校運動（一八四四年設立）やエレン・レイナード夫人のバイブル・ウーマン・ナース（一八五七年設立）、ドイツ、デュッセルドルフ近郊のカイザーヴェルトのルター派をモデルとした婦人執事運動（一八六一年）などがある。一八五五年から首相パーマストン卿の宗教面での補佐役をつとめたシャフツベリは、福音派の主教を多数任命することにも尽力した。しかしながら、シャフツベリはウィルバーフォースのように楽観的な性格ではなかった。彼は、千年王国の到来を導くために暗黒の世界に神が再臨するという予言を字義どおりに信じており、ローマ・カトリックと教皇を黙示録の娼婦として忌み嫌っていたが、これは、彼の世代の空想的な福音主義者に典型的なものであった。こうした幻想的な信念は、一八二六年からアルバニ・パークにおいて預言者たちの会議に集うようになった若い福音主義者たちの心を捉えた。そのなかにヒュー・マクニールがいた。彼は、プロテスタントのオレンジ党と、ほとんどがリヴァプールのアイルランド移民であったカトリックとの一世紀にわたる宗派対立を引き起こした人物である。ローマ・カトリックの脅威に対して、福音主義者たちは国教会内外を問わず全国的に共闘するため、一八四六年の福音主義同盟や一八五一年のプロテスタント同盟などの組織をたちあげたが、こうした協力体制は共通の敵対者に対するものであったとはいえ、国教会と非国教徒双方からの非難をあびた。

こうした一八二〇年代から一八三〇年代にかけての過激で狭量な福音主義の産物がジョン・ネルソン・ダービイのプリマス兄弟団とエドワード・アーヴィングのカトリック使徒教会である。奇異なのは、この熱狂的な信仰心や福音主義内の緊張が国教会内部のカトリック反動の一因となったことである。また、この動きはロマン主義の帰結でもあった。湖水詩人のウィリアム・ワーズワース、ロバート・サウジー、サミュエル・テイラー・コールリッジらが急進的であった青年期は一八二〇年頃までで、その後彼らは教会の擁護者となっていった。サウジーは、個人的にはユニテリアン的な見解を終世捨てなかった。しかしながら、ワーズワースが当初『教会スケッチ』として一八二二年に出版した『教会ソネット』や、サウジー自身の散文作品である一八二四年の『教会の書』は、ローマ主義や急進主義、非国教徒に対抗して、歴史的なイングランド教会を古代国家の国制の一部として擁護するものであった。コールリッジは一八三〇年の『教会と国家の成り立ちについて』で深い哲学的な内省を示し、国教会が農業と商業に基盤をおく主流派と少数派エスタブリッシュメントのあいだをとりもち、国家の文明と文化や、各地に神から与えられた普遍的なキリスト教会の擁護者となるべきであるとした。ロマン主義の教会への影響は、高教会派の教会人であるジョン・キーブルが一八二七年に出版した『キリスト教徒の一年』のなかに、よりはっきりとみてとることができる。この本は、各日曜日とアングリカンの「共通祈禱書」が定める断食日や祝祭日ごとに詩がひとつずつ付されている。この本によれば、祈禱書はロマン主義に通ずる畏怖、神秘、慈しみや愛があふれており、時代の主流となる文化のなかでも中心的な役割を担うものとされていた。

キーブルの弟子のひとりで、元は福音主義的カルヴァン派であり、オクスフォードのオリオル・カレッジのフェローであったジョン・ヘンリ・ニューマンは、教理上の信念と、福音主義運動の根本にある意識を旧来の高教会派の教義と融合させ、イングランド国教会のあり方に大きな変革をもたらした。きっかけは一八二八年から一八三三年にかけての「教会危機」である。審査法と都市自治体法の廃止は、非国教徒が議会に参加する道を完全に開いた。一八二九年には第三次カトリック解放法の可決により、ローマ・カトリック教徒も議会への参加が可能になった。さらに、一八三〇年の選挙において、自由党政府は、教会を壊滅させるわけではないにせよ、教会の改革を明らかに意図していた。アイルランド国教会の主教区を一〇カ所削減する法案に対しては、ニューマンやキーブルおよび彼らの支持者から反対の声が上がった。というのも、彼らは、国家が教会に対する国権至上主義をかかげて教会を抑圧しているとみなしたからである。彼らにとって教会とは国家が基礎を築いたものではなく、キリストが創設した聖なる結社であった。発祥地の大学にちなんで名づけられたいわゆる「オクスフォード運動」は、国教会の財産や特権に対する激しい批判への対抗や、大学における自由主義的な政治改革、とりわけ非国教徒の入学許可への反発が発端であった。しかしほどなく、キリスト自身の権限によって教会に与えられた自由は無限であり、この世における特権や権力などは取るに足らないものであるという、逆説的な結論に落ち着いた。

オクスフォード運動は、避けがたい教会改革に反対の姿勢を貫きつつ、弱小ながら一定の勢力を保ち続けた。こうした教会改革は、一八三五年から一八三六年にかけて政府が指名した教会委員会や一八三六年の国教会法、一八三八年の聖職禄兼有者法、一八四〇年の首席司祭および主教座聖堂参事会法といった一連の法律から派生したものであった。聖職者の不在や、兼任、不在任などによる負の遺産を克服するのにつぎの世代は苦闘することになった。このような組織改革の枠組みを踏襲しながら、オクスフォード運動は教会の精神性を充実させることに大きく貢献した。彼らの斬新さは、エラストゥス主義と、高教会の伝統に見られるプロテスタント的な要素をいとも簡単に放棄したところにある。くわえて、国教会を、教皇制と急進的なプロテスタントすなわちピューリタンとのあいだに置く伝統的な位置づけを見直し、教皇制とプロテスタントの「中道《ヴィア・メディア》」と定義したことである。この運動は、一八三三年から一八四一年にかけて出版した九〇冊の「時世にあった宗教冊子《トラクト》」にちなんで「トラクタリアン」ともよばれた。また、エドワード・ブルヴィエ・ピュージーにちなんでピュージー派とされることもあった。ピュージーはオクスフォード大学のヘブライ語欽定講座の教授であり、ニューマンがアングリカン神学を初期教会の教父たちの教えになぞらえて作り直す着想を得るきっかけになった人物である。外国の国際主義的なローマ・カトリック主義と対比させて、イングランドの国家的な特色を際立たせるため、アングロ・カトリックとよばれることもあった。

明快で美しく、ときに過激な言葉を武器とする天才的なスポークスマンがニューマンであった。ただし、彼は一八四一年に出版された『トラクト 九〇』のなかの「時世にあった宗教冊子」の最後で、祈禱書の三九か条は真のカトリシズムと矛盾しないという考え方を示そうとしたが、これは著者がこめたプロテスタント的な意図を犠牲にすることになった。この結果、ニューマンは自らの教会のほとんどの主教から実質的に破門され、一八四五年にはローマ・カトリックに転向を余儀なくされた。これは、イングランド国教会の近代史において唯一の国際的な視野を持ちあわせた思想家を失うことを意味した。一方のピュージーは、説教者、魂の導き手として偉大な精神の持ち主であった。彼はトラクト運動にこめられた牧師の職務についての高度な概念を教区における実際の礼拝式などに積極的に応用していった。これは、聖職者の仕事が部分的に専門職化してゆくなかで、福音主義の成果を補完することになった。

ピュージーは、イングランド国教会系でははじめての女子修道会を設立した。この組織は、組織の成員による瞑想よりは、積極的な慈善活動が特色であり、教育、看護、売春婦の改心などの活動をおこなった。モデルとなったのは、ローマで急速に発展していた新しい女子修道会である。女性としてはじめて宗教的な宣誓をおこなったのは一八四一年のマリアン・ヒューズであった。新しい修道会のうちもっともよく知られているのは、きわめて強い意志の人であるプリシラ・リンダ・セロンが一八四八年に設立したモスト・ホーリー・トリニティ協会、すなわちデヴォンポート女子修道会、それに、一八四八年のワンテイジの聖処女マリア共同体、一八五一年のクリュワーの洗礼者ヨハネ共同体、一八五五年のイースト・グリンステッドの聖マーガレット協会などである。ウェールズのスランソニで、イングランド国教会のなかにベネディクト戒律にもとづく修道会を立ち上げようとしたジョセフ・リンの荒唐無稽な挑戦は失敗したが、カルデイ島のアエルレド・カーライル師の修道院は、のちには国教会のナシュドム修道院となる中核部を残して、一九一三年にローマ・カトリックへと離脱し、その後、ベネディクト派の修道院となった。男子修道会にも成功したものが多数あった。一八六五年、リチャード・ミュウ・ベンソンがオクスフォード近郊のカウリーに設立した福音史家聖ヨハネ協会や、一八九二年にチャールズ・ゴアが創設し、現在ヨークシァのミアフィールドにある「復活」共同体、一八九四年からノッティンガムシァのケラムが中心となっている聖伝道協会などである。ここは、大学卒業者以外に聖職資格取得の道をはじめて開いた。

トラクタリアンは礼拝の形式そのものにも大きな影響を与えた。教会建築と芸術におけるゴシック的な新中世運動は、カトリック改宗者であるオーガスタス・ピュージンに由来するが、イングランド国教会にも、ジョン・メイソン・ニールとベンジャミン・ウェブというふたりのケンブリッジ大学の学生が一八三九年に設立したカムデン協会（後の教会論協会）を通じて、ひじょうに広範な影響を与えた。カムデン協会は、オクスフォード運動のケンブリッジ版として、オクスフォード運動に具体的なかたちを与えることになったといわれている。カムデン協会は、ゴシック的な尖塔や装飾をアングリカンの代表的な様式として、教会建築や復元には権威主義的なスタイルを取り入れることを主張した。そして、ステンドグラスや先端の尖ったアーチ、真鍮の調度や豊かな色彩を取り入れたあたらしい象徴主義を用いて教会文化をより豊かなものにしようとした。一九〇〇年までには、アングリカンの教会でこの変化にまったく影響を受けていないものはほとんどなくなっていた。説教壇は中央から北側の側面へと移動し、内陣は中央の祭壇と一緒に最大限に利用できるよう再建された。ローブやサープリス（儀式用の白衣）を着用した聖歌隊が導入され、オルガンがそれまで西側の回廊に陣取っていたフルートやヴァイオリンなどからなるオーケストラにとってかわった。音楽には、イングランドの大聖堂の伝統と中世の修道院のグレゴリオ聖歌の伝統の両方がみてとれる。大聖堂も一八五〇年頃から徐々に修復され、ちょうどこの時期にトルローで建築家のピアソンが、宗教改革以来はじめてとなる新しいアングロ・ゴシック様式の聖堂を建設した。ゴシック・リバイバルの著名な建築家のなかでもサー・ジョージ・ギルバート・スコットは、アングリカン教会建築に傑作を残しているが、彼もまたG・E・ストリートやウィリアム・バターフィールド、ピアソン同様に敬虔な高教会派であった。

これらは体制的なアングリカニズムが復活するうえで重要な要因でもあった。創造的な活力をともなった、大衆のプロテスタンティズムと競合しうるような教会文化が作り上げられていったのである。聖職者自身を代表とする団体が相次いで再開したことは、教会の復活を示している。カンタベリでは一八五二年、ヨークでは一八六一年に聖職者会議が再開され、主教区の教会会議や主教区ごとの会議などの機構だけでなく、リーズのウォルター・フックのような偉大な都市部の聖職者たちも声をあげるようになり、オクスフォードのサミュエル・ウィルバーフォースやリンカンのエドワード・キングなどは、以前よりはるかに厳しく牧会や教会行政に目を光らせた。主教区の分割も始まり、一八三六年にリポンに、一八四七年にはマンチェスターに新しい主教区が誕生した。国際的な面でも、イングランドの植民者によってアングリカニズムが北アメリカ、オーストラリア、南アフリカへと拡大したことで教会は自信を深めていった。一八六七年に開かれた第一回のランベス会議には七六人の主教が出席していた。聖職按手を受ける人数は一八八六年にピークに達した。一八八〇年代にははじめて都市部で教会出席者の減少傾向がはっきりと見られたものの、ミドルクラスのあいだでは、第一次世界大戦期まで、アングリカンの信仰を日常的に実践する人の割合は非常に高かった。

こうした活力に促されるかたちで活発な論争が起きた。教会も国家もカトリックの復活に勢いを得た熱狂的な一派をなだめるのに苦労していた。というのも、彼らは中世をモデルとみなしたがる傾向が強く、極端な場合は、ローマ・カトリックの儀礼をアングリカン教会に採用することを望むことがあったからである。たとえば、ロンドンのドック地区、イースト・エンドの聖ピーターズ教会のチャールズ・ロウダー師のように、言葉ではなく、色彩豊かな式服や横断幕、ロウソクの灯り、お香などのシンボルを多用することで教会に行かない貧しい人びとを教化しようと試みる人たちもいた。その結果、酔っ払った保守主義者たちにけしかけられ、扇動されたプロテスタントの暴動がしばしば起こった。エクセターの高教会派の主教、ヘンリ・フィルポッツがサープリス着用を強制しようとしたことですら、一八四五年にエクセターで暴動を生むきっかけになった。一八四三年の、フィルポッツと彼の主教区の聖職者との論争によって、小さな分離派がイングランド自由教会を設立することになった。シャフツベリがジュピターやジュノの崇拝のようだとして見下していたおおげさな儀式が、一八五九年から一八六〇年にかけて、東部の聖ジョージ教会地域で大衆の怒りをあおることになった。この地域のパブや売春宿主たちは、当然のことながら、より影響力のある宗教を恐れた。私的な告解の導入をめぐって、論争も起きていた。一八五四年から一八五八年にかけて、西部地方の聖職者、ジョージ・アンソニー・デニソンは聖餐においてキリストの実在を説いたとして告訴されたが、この告訴は認められなかった。

戦闘的なプロテスタント主義に対するアングロ・カトリックの対抗意識は、ヴィクトリア時代に好まれたヴォランタリ・ソサエティの結成にも見られた。前者が一八六〇年にイングランド協会を結成したのに対抗して、後者は一八六五年に教会協会を設立し、変則的でカトリック的な儀式の撲滅に向けて「公的礼拝規定法」が一八七四年に成立した後には、五人の聖職者がこの法を犯したとして投獄された。本質にかかわる重要な議論——すなわち、感覚・理性は霊的な礼拝において完全に追及されうるのかどうか、また、この視覚的、嗅覚的な象徴主義のなかで説かれるカトリックの秘跡主義はキリスト教的なものなのか、あるいは異教的なものであるのか——がなされていた。しかし、儀式のあり方に費やされた議論や議会の時間配分はバランスを欠いていたため、教会、とくに権威や教会内部の事柄に対する国家、とりわけ枢密院の法務委員会の介入をめぐって儀式を重視する者は不満を募らせることになった。カンタベリ大主教は、一八九〇年、リンカンのエドワード・キングの儀式執行が不適切であったとの告発を不問に付すにあたってリーダーシップを発揮したが、儀式を重視する風潮は結局のところ国家にとっても教会にとってもコントロール不能になっており、主教に従わない儀式主義の聖職者というのは、教会にとって珍しい存在ではなくなっていた。讃美歌にもカトリックの影響が忍び寄っていた。儀式主義者の急先鋒のひとりであったジョン・メイソン・ニールは、東方教会のギリシア語のトラクトや中世カトリックのラテン語讃美歌を大量に英語に訳したが、彼の翻訳は、一八六一年の『古代と現代の讃美歌』の出版により、これまでになく多くの人びとのもとに届けられることになった。

くわえて、オクスフォード運動により、聖職者たちには聖職者としての階層意識とプライドが新たに生まれることになった。トラクタリアンは教会の高度な教義を説き、対する低教会派、つまり従来のリベラル、あるいは広教会派はプロテスタント色がより強いものを意味するようになった。低教会派の教義に反して、オクスフォード運動は高教会派の伝統であるキリストと使徒たちから主教への使徒継承の必要性を改めて強調した。これは、秘跡における神の恩寵の執行者として神によって保障され、任命されているのは、イングランドにおいては主教やそれに連なる司祭、助祭のみであるとの見解に沿っている。この原則は、教会がローマ・カトリック、ギリシア正教会、そしてアングリカンという、主教〔カトリックでは司教〕が統治する三つの派に枝分かれして現在まで存続してきたことを暗に意味している。ということは、ほかのルター派やカルヴァン派など、主教をおかないその他の非国教徒たちの教会を教会とは認めないことになり、こうした見解は、アングリカンとローマ・カトリックとの関係が修復されないままに、アングリカンの非国教徒たちに対する反感を先鋭化させることになった。

国教会の「教会《チャーチ》」と非国教徒たちの「礼拝堂《チャペル》」には社会的にも宗教的にも大きな違いがあったが、オクスフォード運動はそれをより鮮明にすることになった。自由党の偉大な指導者としてもっとも長くその地位にあったウィリアム・エワート・グラッドストンが俗人のなかでもっとも影響力のあるトラクタリアンであったのは事実である。しかし、一八五〇年代以後、両者の違いは自由党寄りの非国教徒と保守党寄りの国教会の溝を以前にもまして明確に反映するようになっていった。非国教徒が教区教会の維持費支払いを拒否する決定（教会税の支払い義務は一八六八年に撤廃された）や、アングリカンの教会墓地に自分たちの聖職者の手によって埋葬される決定（一八八〇年に立法化）をしたことに対して激しい論争が起きたが、もっとも厳しい対立は、教育をめぐるものであった。一八七〇年の公立学校教育導入と、それにともなう教会の貧民学校ネットワークの侵食にもかかわらず、教会は政府の補助を受けながら学校の多くを維持しており、一九〇二年のバルフォア法によってその地位は強化された。古いパブリック・スクールの改革と新しいパブリック・スクールの設立、とりわけナサニエル・ウッドワードが創設したウッドワード基金による学校などにより、中等教育における教会の役割は強化されることになった。一方で貧民学校のシステムは衰退に向かっていった。このパブリック・スクールの役割は、二〇世紀に入っても、主教の多くを輩出した偉大な聖職者校長たちの存在が如実に示している。一八五四年と一八五六年の法律によって学部生の三九か条への署名が廃止され、一八七一年には大学教員の宗教試験が撤廃されたものの、オクスフォードおよびケンブリッジでは、カレッジの礼拝堂付き牧師職や礼拝堂などで教会が強力な影響力を保ち続けた。

教育面での不安定な動きは、キリスト教自体の根本的な不安の表われでもあった。この不安は、選民救済説や身代わりの贖罪という理論や永遠の罪についてのカルヴァン主義的な道徳観に対する不信というかたちで一八二〇年代に顕在化した。これだけでも、ヴィクトリア時代の信仰の危機を惹起するには十分であっただろうが、これとは相いれない他の神学も溶解していった。啓蒙主義からのキリスト教批判に対しては、ウィリアム・ペイリー師の影響のもと、キリストの証拠について科学的な論拠を示し、反論が試みられた。奇跡や聖書の予言の実現にキリストの神性の証拠をみとめることや、創造物の企画設計の神聖性を神の存在の証拠とする考え方などが典型である。しかし、理性への訴えは、ロマン主義的な風潮とは相いれず、ニューマンのようなもっとも正統的な人びとは、キリスト教を外的な決定的証拠によって示そうとする姿勢に違和感を隠せなかった。彼らにとっては、絶対的な証人というのは、信者の心であり、良心であったからである。聖書を絶対的な証拠とする見方が揺らいだのは、知的な少数者たちのあいだでだけであったが、ドイツでの歴史的な観点からの聖書批判は影響を増しつつあった。ドイツの聖書批判においては、聖書テキストの形成が複雑な過程を経てきたことが明らかにされつつあり、自然をキリスト教の証拠とする見解は、科学革命の時代において疑念が増すばかりであった。

キリスト教科学主義への挑戦は、聖書批判それ自体のように、テキストに忠実な聖書主義に向けられた。斉一説に立つチャールズ・ライルの地学は、地球の歴史を聖書がいうおよそ六〇〇〇年から大幅に伸ばした。はるかに大きな論争を巻き起こしたのは、チャールズ・ダーウィンの仮説に端を発する生物学の革命である。ダーウィンは、生存競争を通じた、最適者生存の原則にもとづいて、ある種が他の種へと進化、発展することを提唱した。これは、種は個別の聖なる創造物であって固定しているとする聖書の記述だけでなく、はじめから自然に対する慈悲、聖なるイメージを基にして人間が特別に創造されたこと、これに立脚した堕罪と贖罪の神学そのものに疑問を呈することになった。

一八世紀のリベラルな広教会派の伝統は、アングリカン神学のなかで福音主義やトラクト主義の伝統に完全に制圧されてしまうことはなく、イングランド国教会のなかにはリベラルな傾向をもつと目される聖職者たちがいた。カトリック解放の支持者として知られたシドニー・スミス師やリチャード・ホイットリ、トラクタリアンに影響を与えながら、のちに彼らから批判されることになったオクスフォードのオリオル・カレッジのディクソン・ハムデンなどである。リベラルなプロテスタント主義を再度根付かせるための知的なバックグラウンドを提供したのは、間違いなくコールリッジであった。一八五〇年には高教会派および低教会派と並び立つ軸として「広教会派《ブロード・チャーチ》」というものがＦ・Ｄ・モーリスをはじめとする識者のあいだで認知されるようになっていた。Ｆ・Ｄ・モーリスは平和的な神学システムで教派を超越しようと苦闘したあげくに、一八五三年にはロンドンのキングス・カレッジの教授職を追われたが、表向きの理由は永遠の罰の教義を否定したことであった。典型的な広教会人であるＡ・Ｐ・スタンレイは、批判や科学、道徳的な疑問などにも開かれた、教条的ではないキリスト教を模索していた。

こうした批判を受けとめるための試行錯誤が、一八六〇年の『試論と批評』に寄稿するリベラルなアングリカンたちによってはじめられた。しかし、彼らは「キリストに反する七人」と糾弾され、裁判所では高教会派、低教会派は結束して、彼らに反論した。ピュージーや彼の弟子であり伝記作者でもあるＨ・Ｐ・リドンなど高教会派の古い世代はこのようなドイツの影響には強く反対していたし、続くナタール主教であったＪ・Ｗ・コレンソの聖書のテキスト主義に対する不器用な批判は、南アフリカ教会の小さな分裂につながったように、光明よりも激論と混乱が目立った。結果として、より分かりやすくキリスト教信仰を説明しようとする自由主義的な試みが頓挫した。『批評』の筆者にはオクスフォードの卓越した学者であるマーク・パティソンとベンジャミン・ジョウィットのふたりも含まれていた。彼らは聖職者でもあったが、大学を世俗化する改革の支持者でもあった。しかし、どちらも、キリスト教が生き残るために必須であると考えていた神学的な枠組みの構築にはいたらなかった。

事実、つぎの世代になると、ドイツの聖書批判の突飛な考え方に対して、アングリカンの傑出した三人の学者、Ｊ・Ｂ・リングフット、Ｂ・Ｆ・ウェストコット、Ｆ・Ｊ・Ａ・ホートらが、精緻な解説やテキスト批判のなかで反論を展開した。Ｇ・Ｗ・Ｆ・ヘーゲルを祖とし、Ｔ・Ｈ・グリーンによりオクスフォードにもたらされた楽観的なドイツ観念論は、進化論や聖書の発展段階的な見解を新キリスト教主義的に解釈する糸口をもたらし、チャールズ・ゴアやヘンリ・スコット・ホランドのように、さらに若い世代の高教会派は、正統的かつ批判的な「自由主義的なカトリシズム」を再構築するために、自らの理論に観念論を取り入れた。一八八九年に出された『世の光』と題する彼らの声明には、アングリカン神学を強固な秘跡主義と受肉論を基盤とするものにしようと、彼の時代においてすでに議論の余地のないものとなっていたダーウィン主義や歴史的な疑義とのすり合わせをめざした。『世の光』を神学的な台風の目に押し上げたのは、ゴアの神性放棄（ケノーシス）神学である。このなかでゴアは、キリストの受肉において、キリストは自然科学的な知識の範疇に慎重に収められていたと考える。しかしながら、処女懐胎や肉体の復活はキリスト教信仰の要であるとして信憑性を主張したが、これは、教会の知的な延命を確実なものにしうる見解で、伝統と批判のあいだの中道主義という、彼にしかなしえない一流の業績であった。

もっとも本質的な教会への問いかけとなったのは、聖書学や科学ではなく、社会批判であった。ロンドン南部、ケニントンのセント・ジョン・ザ・デヴァイン教区のようにヴィクトリア時代後期に活動が活発であったところでは、一〇人の補助司祭、二五人の地区巡察士、一五〇人の日曜学校視察者、一七〇人のヴォランティア・スタッフ、有給看護師ひとり、八名の無給ヴォランティアの女性看護師を抱えていた。教区学校には二五〇〇人の、日曜学校には一五〇〇人の生徒がおり、また一五〇〇人の聖餐参加者がいた。こうした膨大な努力の結果は、チャールズ・ブースのよく知られた著書、『ロンドンの暮らしと労働』のなかの「宗教の影響」という巻に余すところなく描かれている。教会は、ヴィクトリア時代後期においても、依然としてもっとも活動的で重要なヴォランタリ組織であったことに間違いなく、識者たちも貧困層に対する援助や道徳・秩序を維持する中心となる機構であるとみなしていた。こうした機能を負っていたために、国教会がミドルクラスを中心とする組織という性格を強め、これまでになく積極的に善行を推進する反面、都市の貧困層自身がというより、貧困層に対して上から働きかけるという側面が強くなっていった。

このような大衆の支持こそ、イングランド国教会がキリスト教社会主義運動を創出しようとする試みに欠けていたものである。最初の一八四八年から一八五四年にかけてはチャーティズムの最終局面であり、聖職者のF・D・モーリスと小説家のチャールズ・キングスリ、弁護士のJ・M・ラドローがリーダーシップをとっていた。モーリスのキリスト教王国実現に向けた構想は、実際のところ家父長的で非民主的であった。また、勤労者は選挙権を賢明に行使できるだけの知識を十分与えられてはじめて選挙権を付与されるべきであるという、多分に教育家的なものであり、彼の労働者大学はそれを具現したものであった。ラドローはフランスにあった生活共同組合のイギリス版を作ったが、これは多くの煩雑な法的整備を省けるというメリットがあった。ステュアート・ヘッドラム師の結社の新中世的な理想主義は、創設者の急進主義によるところが大きかった。彼はオスカー・ワイルドの保釈保証人になるほどの覚悟を持った人物であったが、彼の結社のメンバーは四〇〇名にすぎなかった。一八八九年にウェストコット、チャールズ・ゴア、ヘンリ・スコット・ホランドなどによって設立されたキリスト教社会同盟ははるかに規模が大きかったが、特定の綱領をもたず、あいまいな、あえていえば高潔なキリスト教兄弟団的な姿勢であった。結局のところ、キリスト教における社会主義というより、社会主義のなかでのキリスト教徒に関心を寄せていたといえよう。

労働者階級が指導力を発揮した運動はひとつもなかった。セント・マシューのギルドやキリスト教社会同盟は、聖職者とミドルクラスによる運動であった。イングランド国教会が社会主義的な役割を果たしていたことが、大陸に見られるような、完全な反教権主義の発達を防いだと指摘されることが多い。しかしながら、古くさい国教会の家父長制的な性格や非国教徒の自由主義、労働者階級のローマ・カトリック信仰とその偉大で急進的な後見人たるマニング枢機卿などの役割も、非常に経験主義的かつ反教条的なイギリスの社会主義そのものの特色と同じ程度には評価されるべきである。いずれにせよ、イングランド国教会が社会主義に与えた影響といえば、ひいき目に見ても、教会および聖職者全般に見られる政治的な保守性にせいぜいかすり傷を与えた程度であった。

結局、イングランド国教会は致命的な打撃を受けながらも驚異的な復活をとげ、今日まで体制宗教の役割を担い続けているのである。それでも、ヴィクトリア時代の回復には限界があり、それが二〇世紀の教会の衰退を招くことになったといえるだろう。

第16章　イギリスにおける工業化後の宗教生活　一八三〇〜一九一四年

デイヴィッド・ヘンプトン

チャールズ・ディケンズの小説『ハード・タイムズ』の最初の場面は一八五四年、「私が求めているのは事実だ。……事実のみだ」という言葉で始まる。まさにその年、一八五一年に実施された、教会の日曜礼拝への出席実態調査についてのホレイス・マンの手による報告書が出版された。この報告書は、ヴィクトリア時代の人びとが事実の収集や、都市の発展、宗教の問題にいかに熱心であったかを何よりも鮮明に示している。当時の人びとと後世の宗教史研究者の検証により、あまたの事実が明らかになったが、そのなかでとくに際立っているのはつぎの二点である。まず、報告書によると、センサスが実施された日曜日に教会での礼拝に出席しなかった人数は五二五万人にのぼり、その大半は人口が密集する都市の労働者階級であった。今日的な観点からより目を引くのは、もうひとつの事実かもしれない。それは、本国と海外植民地において異教徒を改宗させるための活動がヴォランティアによって大規模に展開されていたことである。教会、チャペル、ミッション・ホールの活動のほか、本国の宣教師によって三〇〇〇万冊以上の安価な読本が配られ、教会建設、聖職者の援助、慈善のために多額の資金が集められた。つまりヴィクトリア時代のイギリスは、際立って宗教的であると同時に、不気味なほど非宗教的な社会であったといえる。

このセンサス報告をめぐっては、方法論上の弱点や、調査資料収集の手法に欠陥があったことが指摘されている。しかし、一九世紀の都市における宗教を研究するための基礎的な史料として一〇〇年以上にわたって利用されてきた。

歴史家や社会学者は、宗教実践を態度、信仰、儀式、振る舞いなどではなく、統計的手法で実態を解明することに、いまだ大きな関心を寄せているので、ここではその成果の要点を述べてみたい。ブルース・コールマンは、「規模が大きく、成長速度が速く、より工業化した都市ほど、礼拝、なかでも国教会の礼拝への出席者数が少なくなる傾向がみられた」と述べている。出席者がとくに少なかったのはロンドン、ランカシァ南部、ヨークシァ西部、それにイングランドの工業化を支えた地方の中核都市である。それに対して、国教会は南部の農村地帯の州と人口二万五〇〇〇人以下の町では出席者数を維持していた。また非国教徒は、ウェールズ、コーンウォール、リンカンシァ、ミッドランド西部の比較的規模の小さな工業地帯、製陶業の集中する地域、北東部で多くの支持を集めるのに成功していた。

すでに明らかな全国的な傾向に加えて、地域、州、センサスのために設定された地区の内部でも実態は多様であったことが、多くの地域研究によってわかってきた。礼拝への出席は、特定の地域における経済、職種、さらに教派の特性などと深く結びついていることがはっきりとしてきた。たとえば、州の狭い地域内にある工業化された集落ですら、礼拝の出席者数はそれぞれに異なっており、同じ町で同じ教派に属するふたつの教会が、半世紀の間にまったく異なる運命をたどる場合もあったことなどもわかっている。つまり、一九世紀の宗教の社会的な分布を把握するためには、その背景にある社会的、経済的な変化を無視するわけにいかないが、思いもよらない場所で新しい宗教文化を創造した人びとに注意することも重要なのである。したがって、ヴィクトリア時代の宗教生活を決定づけた個人的な動機とその背景にある経済構造の関係を分析するためには、かなり細やかな目配りが必要だろう。

〔一八五一年の〕宗教センサスは、おもにヴィクトリア時代初期のイングランドとウェールズにおける各教派の勢力を比較するのに有効な史料である。ここで国教会の勢力が礼拝出席者の全体の半数にしかならないことが明らかとなり、国教会当局は落胆した。しかし、統計によると、大都市において高い出席率を維持することは、あらゆる教派にとって困難であった。一九世紀を通して、都市化の速度が予測できないままであったために、この問題はいっそう深刻に受け止められた。最近の研究によると、都市人口は一八〇一年から一九一一年の間に倍増した。また同時期に、一〇万人以上の都市に住む人口は一一パーセントから四三・六パーセントに増加した。一八二〇年代から一八三〇年代にかけて都市はもっとも急速に成長した。農村からの若者の移住はこの時期にピークに達し、一九世紀後半には減少した。さらに都市は農村と比べて二〇代から三〇代の人口が大幅に多かった。

したがって、一九世紀前半の教会と宗教的なヴォランタリ・ソサエティである非国教徒の組織は、都市生活の現状にどのように適応したらよいのか、とりわけ若年層が多数をしめ、流動性の高い労働者階級からどれだけ支持を得られるのか、という現実の問題に直面した。ただし、都市と農村の状況が、これまで考えられていたほどには隔絶していなかったことに留意する必要がある。ヴィクトリア時代に都市人口が増加した原因は、周辺の農村とアイルランドからの移住にあった。しかも、都市人口の大半を占めていた家事奉公人や臨時雇いの労働者のなかには、晩年に農村に戻る者が多かった。そのために多くの都市は周辺地域の宗教的な特徴を反映した。また、都市と農村の国教会の教会と非国教徒の礼拝所は、必ずしも良好であるとは限らなかったにせよ、かつて考えられていたよりも密接な関係にあった。

都市の拡大に対応するために、教会は十分な数の聖職者、建物、さまざまな設備をどのような方法で供給し、またどのように財源を確保するのかという問題に直面した。さらに、どのようにすれば伝統的な形態の宗教組織が新しい環境のなかで役割を果たしうるのかも考えなければならなかった。ヴィクトリア時代の人びとには第一の問題に取り組むのに必要なエネルギーがあった。しかし第二の問題に必要な柔軟性と想像力は十分ではなかった。ディズレーリの『コニングスビー』の登場人物であるリグビ氏が語った「信仰心が十分でないのは、ひとえに教会が足りないからである」という意見は、まったく論外である。しかし、人口が集中する地域の近隣に、それに見合った教会の建物が十分に備わっていなかったのも確かである。たとえば、一八二〇年のバーミンガム、シェフィールド、リーズ、ノッティンガム、ブラッドフォードでは、すでに都市の劇的な成長期が過ぎて久しいにもかかわらず、国教会はいまだに伝統的な教区の区割りと古びた教会に依存していた。ブラッドフォードに関する最近の研究によれば、一九世紀の間に国教会がもっとも深刻な打撃を受けたのは、成長が著しかった都市や町で、そこが著しく発展した時期においてであった。一八二〇年代から一八三〇年代にかけてのブラッドフォードの都市成長率は年間五パーセントから六パーセントに達した。これは一九世紀イギリスの平均的な都市成長率の二倍である。また、一九六〇年代から一九七〇年代にかけての第三世界の都市の驚異的な成長率と比較しても、ブラッドフォードの成長がきわめて急速なものであったことがわかる。一八五一年の統計によると、ブラッドフォードで国教会の朝の礼拝に出席した人数は、人口の五パーセント以下であった。非国教徒の礼拝には、その三倍の人数が出席した。非国教徒による礼拝所の建設は、とくに需要が大きかった一八二〇年代と一八三〇年代にピークを迎えた。国教徒は、既存の教会の座席を有効に活用できていなかった。セオドア・コディチェックによると、一八五一年にセンサスが実施された日曜日に、ブラッドフォードの人口の七二パーセントは教会に行かず、労働者階級の二〇パーセント以上はどの教派の礼拝にも参加しなかった。彼の見解は、ほかの左派の歴史家たちがイギリスでもっとも成長が著しく資本主義的な都市についておこなった研究とも一致している。これらの歴史家たちは、急速に成長する都市において、初期の工場労働者たちが「教会や礼拝堂に足を運ばなかったのは、彼らのために十分なスペースがなかったからではなく、主要な教派の宗教文化が彼らの経験やニーズとは相容れなかったからである」と主張している。ただし、教会や礼拝所に参加しない人びとは、必ずしも信仰心がないわけではなかった。労働者たちが日曜学校に熱心に参加したことはよく知られているが、それ以外では、ただ彼らの前にすでに用意された類の宗教には足が向かなかったのである。

産業革命の初期に都市人口が増加するなかで、教会が失った基盤を取り戻すのは容易ではなかった。一方で、ヴィクトリア時代の人びとは教会建設と再建に大きく貢献しており、サミュエル・バトラーは、『万人の道』のなかでこれをヴィクトリア時代の特徴であると述べている。この歴史的な偉業という見方に水を差したのが、ロビン・ギルが最近おこなった一九世紀後半の教会の空間と出席者数の長期的な計測結果であった。ギルによると、ロンドンとリヴァプール、そのほかの一一の主要な都市では、とくに一八八〇年代と一八九〇年代において、非国教徒の教会と国教会の教会建設はうまくいきすぎて、教会の数は過剰で、礼拝では空席が目についた。借金が増え、空席だらけの教会に魅力はなく、世俗化はいっそう進んだ。さらに、非国教徒が自由競争の原理に従って教会を建設する一方で、国教会は国家から補助金を得ていたことは、教会の需要と供給を適切に管理するうえで致命的な足枷となった。一九世紀のあらゆる教派の関係者にとって、しかるべき施設を、必要とする人びとのために、ふさわしい場所に適切なタイミングで建設することは非常に困難な作業であった。しかしやがて明らかになったように、建物だけでは宗教的な文化を創造するのに十分ではなかった。

一九世紀には、労働者階級のコミュニティと教会とのあいだにより密接な関係を作り出すという難しい課題について、活発な議論が交わされた。しかし、この問題の本質を理解していた者はほとんどおらず、変化を起こす力量のある者はさらに少なかった。労働者の宗教に対する姿勢についての会議でのマンのセンサス報告や外国人のコメントに対する労働者の日記や自伝の記述などには、国教会に貧民が参加しない理由として同じものが繰り返し出てくる。教会の信者席の使用料、拙い説教、つまらない礼拝、着てゆく服がないこと、疲労、貧困、不平等、無教養、教会以外の娯楽の問題などが、いずれも看過できない重要な理由とみなされた。たとえば、コーラム・ブラウンによるグラスゴーの信者席の使用料に関する研究は、座席の使用料と聖職者の給料が上昇するのにともなって、労働者階級が不衛生であり無教養であることを理由に教会から締め出されていったことを明らかにしている。信者席の使用料は、教会を運営するためのビジネスの一部であったが、ブラウンが指摘するように、「社会的な排他性を作り出し、維持するための」装置でもあった。教区の経営方法について一九世紀国教会の教会人に影響を及ぼし、称賛の的であったトマス・チャーマーズ〔福音主義の指導者〕は、グラスゴーにあるスコットランド国教会のなかでも、もっとも使用料の高い信者席がある教会の司祭であった。福音主義の家父長制的な特徴は、その支持者の主張とは反対に、庶民に対して排他的であったといえよう。

労働者階級が教会の礼拝に抱く不満のうち、信者席の使用料に次いで多かったのは、辛気臭く、時代遅れの説教であった。「私たちの若い頭と心が、どうすれば説教壇で述べられる奇跡や信条を理解できるというのだろう」とサミュエル・バムフォードは記した。「説教師が私たちに感銘を与えようとして述べることがらは、とても奇妙で、とても信じがたい」。一九世紀における非国教徒の説教家の社会的な出自に関する最近の調査は、なぜ説教がつまらなかったのか、その理由を示している。非国教派の聖職者は、教師や、ホワイトカラーの労働者、事務員といった下層中産階級に属し、多くはケルト辺境やイングランドの農村の出身者で占められていた。彼らは訓練も不十分なうえに、この仕事に付随するストレスに対応する心構えもできていなかったため、聖職に就いてから最初の四年間の離職率はきわめて高かった。一九世紀の非国教派に関しては、有名な説教家や指導者はごく少数の者に限られた。たいていの聖職者は、都市の人びとをひきつけるのに必要な才能もなければ、訓練も受けておらず、都市生活の経験も十分ではなかった。どの教派でも、聖職者の家系の出身者が増える傾向がみられた。これは、聖職者の家庭に神学と教会のビジネスに有利な独特の文化が成立していたことを示しているが、ジョージ・エリオットの言葉を借りるなら、「週末以外の日常的な雑事に関しては不利」な影響をもたらしたのである。

しかし、こうした組織宗教に対する労働者階級の批判に注目することは重要ではあるが、そればかりに集中すると、より根本的な問題を見逃すことになる。レスペクタブルで定期的に教会に出席する者と、正式に組織化された教派が提供する枠組みの外で信仰を実践する者とのあいだには、文化的にも、社会階層のうえでもギャップがあった。都市の非熟練の労働者階級は、居住地域や、文化的価値観、社会的ステイタス、資産、またときには反感によって隔てられていたが、そのような孤立を解消するどころか助長するような宗教には魅力を感じなかった。ヴィクトリア時代とエドワード時代のキリスト教の価値観、つまり日曜日を安息日として厳守すること、禁酒、自助の精神、自由主義は、社会的な上昇を目指す少数の労働者階級を魅了したが、同じくらいの数の人を排除することにもなった。同様に、教会が娯楽を規制する力を失うとともに、労働者階級は教会に積極的に参加する者たちとは異なる生活のリズムに慣れていった。さまざまな祝祭や通過儀礼をとおして、国教会は女性と子どもに対する影響力を維持したが、都市の男性労働者の関心は、パブやフットボールをはじめとするスポーツに向くようになっていった。

もちろんアングロ・カトリック主義や、キリスト教社会主義、救世軍など、文化的な溝を埋めるためのエネルギッシュで想像力豊かな取り組みも存在した。とくに救世軍は――その他の教派にとらわれない伝道活動とならんで――一九世紀の第四四半期にイングランドの各都市で多くの支持を獲得した。ミュージックホールと大差のないような集会場で、救世軍は庶民の音楽、社会全般への幅広い関心、直接的なメッセージを通して、労働者階級の文化との接点を作ろうとした。救世軍にはエネルギーと感情、娯楽と軍隊的な規律がないまぜになった魅力があった。しかし救世軍は、たんに罪を克服しようとしていたのではなく、彼らが罪悪であるとみなした労働者階級の生活を克服しようとしたのである。結局のところ、救世軍の活動は彼らが取って代わろうとした教会がそうであったように、労働者の生活とは乖離してしまった。一九世紀に公的な宗教が直面した問題の根本は、教会が社会的に尊敬に値する存在であることが、成功や禁酒といったミドルクラスの価値観の文化的な象徴と重なってしまい、宗教は天国とこの世におけるより良い生活への導き手であるという魅力的なイメージを伝えられなかったことであった。

しかし、都市化と工業化の結果として、その社会全体からキリスト教が、実質上、排除されてしまったと結論づけるのは誤りで、それとは反対の史料も多く残っている。労働者階級が社会的に有益であるとみなす施設を提供した場合や、宗教が労働者の文化に戦いを挑むのではなく、その文化を体現するのに役立った場合には、教会は労働者階級に大きな影響を及ぼした。前者の例が教育である。一九世紀末に国家が責任を負うようになるまでは、教会は競い合いながらも教育を実質的に独占していた。初等学校は国家の資金的な援助を受けた国教会が優位を保っていたが、各教派も日曜学校を通して人びとの教育に目覚しい貢献をした。

トマス・ウォルター・ラカーによると、一八五一年には労働者階級の五歳から一〇歳までの子どもの七五パーセントにあたる二〇〇万人以上が、日曜学校に出席していた。日曜学校は、ひとつの地域に集中して設立されたり、ひとつの教派や社会階級が独占していたわけではない。しかし、日曜学校はとくに北部の都市で重要であった。そこでは「教会や非国教徒の礼拝所に代わる労働者階級の宗教生活の中心であった」からである。日曜学校に通うための費用は少なく、子どもたちが週日働いて収入を得るのを妨げることはなかった。そのため、基本的な読み書き能力を子どもに学ばせたい親や、宗教教育に価値を置いたり、その内容を許容できる親は日曜学校を利用した。日曜学校が社会統制の道具であり社会的に優位な立場にある者たちによって教育がおこなわれたのか、あるいは労働者自身が運営と教育を担ったのか、歴史家による議論はいまだに続いている。それぞれの主張の根拠となる事例が同じである場合も多く、結論を出すのは難しい。しかし、ウィリアム・レジナルド・ウォードが述べたように、日曜学校は「一九世紀の大衆が利用しようとした唯一の宗教的な施設」であったからこそ、統制を目指して奮闘するだけの価値があったことは確かである。その結果、日曜学校は階級闘争や、反聖職者主義、中央集権化への反対、セクト主義など、一九世紀イングランドの社会が抱えたあらゆる対立の舞台になった。しかし、日曜学校は対立を生み出すだけでなく、毎年恒例の祝祭や、街路でのパレード、聖霊降臨祭の遠足、読書の奨励、共済組合などをとおして、労働者文化の発展に貢献した。しかも、これらの活動は多くの忠実な支持者を集め、行事の準備や祈り、計画に携わることで彼らの生活リズムには週ごとの変化がうまれた。しかし日曜学校は、労働者階級のコミュニティの人びとを教会や礼拝所に集める決め手にはならなかった。日曜学校を卒業した生徒のほんの一部しか、教会の定期的な出席者にならなかったからである。

各教会が初等教育の領域で労働者階級の子どもや教師に与えた影響は、一時的で限られたものであった。しかし、信仰の領域ではより劇的な影響を及ぼす可能性があった。たとえば、信仰復興運動は一八世紀末から一九世紀初頭にかけて、とくに炭鉱労働者のコミュニティや農村から工業都市への移住者などのメソディストのあいだで成長した。この運動によってヴィクトリア時代の非国教徒は労働者から多くの支持を集めた（国教徒たちは、この運動にあまり共感しなかった）。一九世紀をとおして、コーンウォール、ウェールズ、アルスター、スコットランドの一部分をのぞけば、信仰復興運動は伝統的なコミュニティを中心とするものから新しいものへと変化した。運動の舞台は戸外から屋内へと移り、チャールズ・フィニ、ジェイムズ・コウイ、ドゥワイト・ムーディといった指導者をアメリカから迎え、定期的に教会にやってくる社会的地位のある信者にもふさわしいものになった。しかし、感情に訴えかけるような宣伝手法にもかかわらず、貧困層の信仰に長期的な影響を与えるにはいたらなかった。それで、教会から離れてしまった人びとに教会に戻ってくるよう説得するよりは、教会のメンバーに、教会から離れてしまった人びとを引き戻すことが危急の課題であると説得することに努めたのである。

教育の掌握、ヴィクトリア時代の教会による熱心な伝道とヴォランタリ組織の活動によって、組織化された宗教は、労働者階級のコミュニティのなかに足場を築くことができた。その間に、労働者階級の信仰の長期的なパターンは、宗教的な忠誠と他の連帯感との相互依存的な関係を基盤とするものとなっていった。一九世紀イギリスにおけるカトリックの復興は、当初は非国教徒勢力の成長と並行して進んだ。しかし一八三〇年以降は、大陸から伝わった教皇権至上主義と、アイルランドからの大量移民の影響を受けて、新たな性格を帯びるようになった。一八六〇年には七五〇万人のアイルランド生まれの住民がおり、そのほとんどはランカシァ、スコットランド西部、イングランド北東部とロンドンに居住していた。その大半は少なくとも名目上はカトリックを信仰していた。しかし、彼らのいうカトリックの信仰とは「新しい教会に集団で出席することではなく、アイルランド土着の精神である古代ゲール語の伝統と、トリエント公会議以前に農民のあいだに広まっていた家庭内での信仰と巡礼の文化に根差すものであった」。

「好戦的な忠誠心」という、素朴なアイルランド文化の精神的基盤と雰囲気は、シェリダン・ギリーとラファエル・サミュエルが活写している。国籍、宗教、貧困によって差別されたアイルランド人が当初集まったスラムでは、愛国的な宗教が生き続け、「まったく気どりのないものであったために、人びとの篤い信仰を集めた」。このコミュニティでは、暴力や飲んだくれが横行してはいたが、同時に暖かく寛容で、ユーモアの精神と信仰心にあふれていた。さらに、カトリックの聖職者の信徒は、まるで家族のように親密な場合もみられた。対照的に、プロテスタントの教派では、しかるべき世間体を守ることと聖職者の専門職化のために、聖職者と信者の関係は堅苦しいものであった。カトリック教会やその信徒組織が福祉や教育の施設を提供していたことも、コミュニティの結束を固めるのに重要な役割を果たした。くわえて、ケルト人のナショナリズムとカトリック信仰との深い関係が、強い精神力の支えとなっていた。しかしながら、アイルランド人移民のなかで正式なカトリック信仰に従ったのはごく少数であった。移民の多くは、教会でおこなわれる礼拝に出席する者の少ない地方の農村出身であった。また、アイルランド人移民の居住地は職業的な理由から一時的な性格が強く、教会施設も不足しがちであった。こうした状況が落ち着いたのは一九世紀末であった。しかし、カトリックのアイルランド人は、当時のイギリスの労働者階級よりは教会に積極的に参加した。ヒュー・マクリードがヴィクトリア時代後期のロンドンについておこなった研究によれば、カトリックは、労働者階級の信者を周囲の環境から隔離するのではなく、そのまま信者として受け入れた唯一の教派であった。アイルランドからイギリスの都市への移民にともなって、アイルランド人にその全責任があるわけではないが、派閥争いによる暴力というあまり好ましくない副産物もうまれた。たとえば、一九世紀初頭にリヴァプールにオレンジ主義が定着した。そのために、一八三二年の選挙法改正から第一次世界大戦後まで、リヴァプールの政治は宗教的な対立に大きな影響を受けることになった。一九五五年にいたるまで、労働党がリヴァプール市議会で多数派を占めることはなかったのである。派閥争いは、労働者階級の団結と労働党の政治に悪影響を及ぼしたかもしれない。しかし、教派間の闘争があったために、ヴィクトリア時代をとおしてリヴァプール、グラスゴー、ベルファストでは、信仰心ではないにせよ、宗教的な事柄はつねに市民の日常にとって身近なものであった。

したがって、社会的に恵まれないアイルランド人にとって、その民族性は文化的な基盤であり、カトリック信仰の基礎でもあった。しかしながら、これはアイルランド人に限られたパターンではない。たとえば、この時期にウェールズで非国教徒が顕著に増加したが、これは、農村の借地農と小農やグラモーガンとモンマスシァの農村工業における労働者が、国教徒である地主や工場経営者に宗教的、社会的に対抗しようとしたことが背景となっていた。一八六〇年までに、ウェールズ人のほとんどが非国教徒になっており、国教会は南ウェールズの工業地帯の教区で存亡をかけて苦闘していた。ウェールズの非国教徒たちも、アルスター、スコットランドの高地地方、コーンウォールでみられたように信仰復興運動をしばしば経験した。それは、帰属できるコミュニティを探して、あるいは隣人の援助を求めて移動する人びとが危険や病気に脅かされていた南ウェールズの炭鉱地域で顕著であった。非国教徒勢力は男性の聖歌隊と二万人の役員や長老を抱え、ウェールズ人の労働者階級の経済的、社会的ステイタスにみあう宗教的、政治的信条の基礎となっていた。しかし、表向き堅固に見えたこの要塞も、二〇世紀初頭に崩壊しはじめた。これは、一九〇四年から一九〇五年のあとは信仰復興運動が衰退し、社会的な不平等のためにウェールズの非国教徒の礼拝所の結束が崩れたからである。皮肉なことに、国教会の勢力はある程度失地を回復したものの、その頃にはウェールズで国教会制が廃止されていたため、ウェールズの自由教会は何からの自由を求めているのかわからない状態であった。残念ながら、自由教会は二〇世紀を通してイギリス諸島全域を席巻した世俗化の波をまぬかれることはできなかったことがしだいに明らかになった。

アイルランド人とウェールズ人のあいだに成立したような十分に統合された宗教文化が、イングランド社会にまったく存在しなかったわけではない。とりわけ一九世紀前半には、スクワイア、教区司祭、経営者による統制が弱い地域を中心に、一般の小家屋を拠点にした福音主義が急速に広まった。ウェスレー派メソディズムははじめのうち、民衆の宗教的なエネルギーを刺激し、その信仰を実践する手段であった。しかし、やがてより組織化され、礼拝所を拠点にするようになった。それからはウェスレー派以外のメソディズムが小家屋を拠点とする信仰の主流になった。家庭をベースとして、女性も含む俗人の説教師が礼拝を執りおこなうこの宗教は、民衆のあいだに浸透した。というのも、それは失われつつあった家内工業、村落の共同体意識、家族の結束の再構築を促したからである。この家内宗教は、反聖職者主義や反権威主義といった性格が強く、また特異な指導者を生み出した。この種の宗教を信仰するグループが増えたのは、デボラ・ヴァレンツェがいうところの「労働者の家庭生活のなかで公私の区別がなかった前工業化時代に特有の民衆による福音主義の段階」であった。しかし、その全盛期は長くは続かなかった。一八五〇年代までに、都市、公共機関、鉄道によってイングランド社会は全国的にある程度統合されてゆき、家内宗教は、それを維持していた家内工業とともにほとんど消え去った。しかし、ヴィクトリア時代末期の都市に現われた多くの「非国教徒の小さな礼拝所」は、下層中産階級、労働者階級が、すさんだ都市環境のなかで独自の宗教的コミュニティを創造しようとする試みが生き残っていたことを示している。しかし、その頃までには、従来の柔軟性の高い家庭内での信仰よりも厳格で教派色の強い福音主義的敬虔主義が優勢になっていた。

一九世紀前半の家内宗教と同様の文化的な影響や社会的な実用性は、工業化以後のイングランドの炭鉱業を中心とするコミュニティにもみられた。メソディズム――とくに原始メソディズム――が北部の炭鉱地帯で果たした役割に関する詳細な研究は、工業化以後のイングランドの荒涼とした辺境で、共同体意識と心理的な安心感を生み出すのに宗教が重要であったことを示している。互いに親密で一体感はあるものの、貧困や絶え間ない災害に悩まされる村落では、メソディズムが人びとの求めの多くに応じることになった。たとえば、人はなぜ死に、苦しむのかを説明し、それにともなう痛みを取り除いた。メソディズムは、子どもの教育のために人びとが共有する道徳的、宗教的な規範を提供した。個人的な回心の重視や祈禱集会でみなが共有する期待は、ともすれば平凡になりがちな生活にドラマをもたらし、重要な意味をもたせた。メソディズムは音楽と歌を重視し、ときにはその地に伝わる曲や方言をとりいれ、地元の居酒屋の文化と調和し、その代替の役割を果たした。居酒屋に行くことを許されなかった女性にとって、メソディズムは退屈な家庭の外に出て礼拝に参加し、人びとと交わるという新しい機会を与えた。また、女性はメソディズムに励まされて貧困、病、飢え、不潔と毎日戦った。男性にとっては、礼拝所は市民としての行動力を身につけるのに格好の場であり、労働組合や雇用者との賃上げ交渉など政治的な舞台に参加する足がかりを得た。しかし、多くの炭鉱業のコミュニティにおいてメソディズムが持っていた本質的な意味は、こうした社会的な実利とは別のところにある。メソディズムの言葉と讃美歌、イメージと価値観、祝祭、感情、規律、この世の心配ごとと天国へのあこがれなどは、労働者階級の人びとの日常生活の根幹をなすものになっていた。このように労働者の日常が宗教と密接に結びついていたことは、宗教が――善意からであったとしても――家父長制的価値観や社会的体面の象徴となり、見かけが実際の信仰のあり方と同じくらい重要であったヴィクトリア時代のイングランドでは珍しいことであった。

これまで述べてきた民衆の宗教に共通するのは、いずれも労働者階級のコミュニティとそこに根付いた宗教が文化的に調和していたことである。この調和を生み出したのは教義や教理ではなく、社会的な実用性と民衆にとっての利用しやすさであった。ウィリアム・ヘイル・ホワイトの小説は、宗教が労働者の役に立つためには、明確な社会的機能を持たなければならないという見方をもっともはっきりと表現している。ロンドンのドルリー・レインで開かれた小規模の会合に集まった人びとにとって「問題なのは罪の赦しや、アリウス派の誤った議論や、聖霊の存在、聖餐式にかかわる教理ではなかった。彼らはもっとはっきりとしたものを欲しがった。もっと現実的で特別な欲求を満足させようと大口を開けていたのである」（『マーク・ラザフォードの罪からの解放』一八九三年）。貧民にとっていかに利用しやすいかも同様に重要であった。レスリー・スティーヴンは「美術としての宗教」のなかで、「宗教は、大衆の心をとらえなければ何の意味もない。その大衆というのは絶望的なまでに野蛮で想像力に欠けているのである」と述べている。二〇世紀の批評家が一九世紀の教会や礼式に関する論争についてどのように考えようと、敬虔なヴィクトリア時代の人びとは、野蛮という概念を受け入れられなかった。ヴィクトリア時代初頭のバーミンガムで世俗化の流れをくいとめるために活動した聖職者、ジョン・ケイル・ミラーは「われわれにとって野蛮さは身の毛もよだつほどおそろしい」と語った。一九世紀のステンドグラスを研究すればわかるように、ヴィクトリア時代の人びとは宗教を文明化、洗練、上品さへの原動力として描くことを好んだ。それは国教会と関係の深いパブリック・スクールのイメージや価値観そのものであった。しかし、国教会内で都市の貧民と接した者は、福音主義者、典礼主義者、キリスト教社会主義者、広教会派にかかわらず、国教会が農村の教区のイメージにこだわり、家父長制的な意識を持ち続けるかぎり、都市では受け入れられないだろうと考えていた。長期にわたってリポン（この主教区はヨークシァのウェスト・ライディングの労働者人口に対応するために一八三六年に新設された）主教をつとめた福音主義者のロバート・ビカステスは、国教会の拡大に責任をもって協力するように労働者階級の信者に向かって何度も呼びかけた。ビカステスが予想したとおり、労働者は国教会の欠点をさかんに批判したが、国教会の改革はあまり望んでいなかった。それでもビカステスはヴィクトリア中期にリポン主教区で教区システムの効率化に向けて努力した。これは一九世紀の最後の四半世紀にはよくみられた傾向で、その時期に国教会の信者数は増加した。残念なことに、一八五〇年から一九〇〇年にかけての時期に北部の工業地帯で国教会が果たした役割については、しかるべき歴史研究がまだおこなわれていない。

「教会が信者をひきつける力は、対象となる人びととの距離の近さ、彼らとの同調性、彼らにとっての有益性によって決まる」とのロバート・カリー、アラン・ギルバート、リー・ホーズリらの指摘はおおむね正しい。しかしながら、都市の宗教を単純な社会的、経済的、民族的決定論に還元し、個人的な動機を無視するのは誤りである。一九世紀の都市に関する多くの個別の研究によれば、熱心な福音主義者、スラム街で伝道する聖職者、キリスト教社会主義の伝道活動、ヴォランタリ・ソサエティ、救世軍、独立派のメソディストや異端のセクト、熱心な国教徒たちが各都市で激しい伝道活動をおこなったことは明らかである。主流の教派のなかでも、聖職者の個性や柔軟性によって、都市の信者の命運には決定的な違いが生じた。しかし、並外れた情熱によって都市にできた宗教的な集団は、少数の信徒しか獲得できなかった。これは、共同体の精神的な支柱となり、共同体の生活の中心となって長期的な持続力を発揮した宗教文化とはまったく違うものであった。前者は外部からの定期的な刺激に依存するため、家父長制的な干渉や社会統制の道具ではないかという疑いの目を向けられがちであった。しかし後者は、共同体に深く根差した固有の宗教であった。長期的に見て、宗教文化を民衆が維持する際に重要であったのは、単なる教義よりも信仰がアイデンティティのよりどころとなっていることや、人びとにとって社会的な実用性があることであった。

ここまで、ヴィクトリア時代のイギリスにおいて都市の労働者階級が宗教を実践するパターンに注目してきた。しかしそれだけでは、普通の人びと、とくに教会の礼拝に出席しない人びとの信仰と経験を明らかにすることはできない。この一〇年間に、これまで宗教史があまり扱ってこなかったこの問題についての研究が進んだ。こうした研究は、史料的な問題点を承知のうえで、文学やオーラル・ヒストリー、都市の宣教師や聖書朗読者、家庭訪問者の体験記などを史料として用いておこなわれた。こうした史料からは地域、調査方法、社会階級、年齢、ジェンダー、職業のちがいを反映したさまざまな意見が浮かび上がってきている。しかし、一九世紀における都市の労働者階級の宗教に対する一般的な姿勢について、歴史家のあいだでは大まかに一致した見方が生まれつつある。

それによると、キリスト教に対する率直な懐疑を表明したり、敵対的な態度をとるものはまれで、一九世紀を通して宗教についての知識水準は低下したというより、むしろわずかながら向上した。それは、イギリス社会の国民統合が進んだことや、あらゆる教派の宣教師による根気強い活動によるものである。したがって、教会での礼拝に出席しない人びとは、かならずしも信仰心がないわけではなく、組織化されたキリスト教に反感を持っていたわけでもなかった。人びとがしなかったことを叙述するのは、何をしたのかを叙述するよりももちろんたやすい。当時の観察者や後世の批評家が用いた常套句は、あまり役に立たない。「無意識の世俗主義者」、「つねに教会を無視する者」、「現実的な無信論者」、「希薄なキリスト教」の信者などは、人びとの複雑な信仰と経験を表現する言葉としては柔軟性に欠ける。一般的に、普通の人びとにとってキリスト教という宗教の教えとは、何よりも最善を尽くし、誰にも危害を与えないことであった。キリスト者としての生き方を倫理的で共同体に根差したものとする捉え方は、イギリス人が長いあいだ持ち続けている宗教観であり、ピューリタンの説教師や一九世紀の福音主義者たちでさえ打破することはできなかった。やり直しや二度目のチャンスといったことと無縁の信仰義認という教義は、イギリスの労働者たちにはよく理解されないままであった。労働者のあいだでは、あからさまな信仰への懐疑よりも、よい心がけを持って道楽にふけったりしない生活をおくれば報われるという曖昧な信仰が広がった。教会にとって、そうした曖昧な信仰に対抗することのほうがはるかに困難であった。教義のうえでは究極の恐怖であるはずの地獄の概念でさえ、都市の貧民の心をとらえることはなかった。貧民にとっての喫緊の関心事は神の罰ではなく、現世での不平等だったのである。

二〇世紀初頭に育った人びとからサンプルをとり、インタビューをテープに録音して得られた史料を——聞き取り調査にもとづく史料にはさまざまな限界があるが——利用することで、都市の住民の宗教に対する姿勢が明らかになってきている。今後精査する必要はあるにせよ、オーラル・ヒストリーのプロジェクトから今のところ得られた結果からは、従来の統計よりも多くの労働者が教会の礼拝に出席していた可能性が読み取れる。またオーラル・ヒストリーの史料によると、教会の礼拝に行かない人びとでさえ、子どもを日曜学校へ通わせ、日曜日には盛装し、仕事を得たり福祉活動による救済を受けるために、何らかの宗教組織に属していた。コミュニティの結束を固めるために讃美歌を歌い、「実際的なキリスト教」の価値観を尊重した。キリスト教の性に関する倫理観は彼らにとって——束縛として——重要であった。人びとは困難や災害にあったとき宗教から慰めを得ようとした。国教会の教会と非国教徒の礼拝所、あるいはプロテスタントとカトリックは、越えがたい社会的な境界線ととらえられていた。そして人びとは教会の社会的な機能を利用しながらも、純然たる「宗教」

活動に参加する必要性を感じていなかった。

聞き取り調査にもとづく史料は、民衆の宗教についての重要であるが見過ごされがちな側面を明らかにすることができる。それは讃美歌や聖歌隊といった教会音楽から得られる豊かな情感や、教会や礼拝所が準備した海岸への遠足や集会に参加したときの楽しい思い出などである。とくに讃美歌は、一八世紀のメソディストの復興にとって重要な役割を果たしたが、一九世紀にはプロテスタンティズム全体に普及した。讃美歌の影響は一八五〇年代と一八六〇年代にピークに達し、イングランドだけでも四〇〇種の讃美歌集が出版された。ジム・オベルケヴィッチは「もし過去一〇〇年間でイングランドの人びとにとって共通の宗教があったとすれば、それは教義よりも讃美歌に依拠するものであった」と述べている。讃美歌を歌うときの真剣さや自己陶酔、感傷的な側面、また歌詞に表われる力強い軍人のイメージと、幸せな家族のイメージは、説教壇から語られる抽象的な神学の言葉などはとても理解できない人びとに満足感を与え、彼らが共有できる宗教言語としての役割を果たした。一八三六年にハダスフィールドで組織されたような大規模な聖歌協会にみられるように、聖歌隊は市民の誇りであったとともにヴィクトリア時代のプロテスタントの自信の表明でもあったことを示している。とはいえ、オルガン音楽や聖歌隊は、下層労働者階級や教会の礼拝に通わない階層ではなく、中層以上の社会的地位のある労働者階級の表現手段であった。しかし、讃美歌を歌うことで豊かな感情を味わう機会は、教会での礼拝にとどまらず、家庭や仕事場、そしてときにはパブにまで広がった。

聞き取り調査による史料は、ヴィクトリア時代のイギリスにおける信心深い雇い主と労働者との複雑な関係を明らかにしている。家族経営とヴォランタリ・ソサエティがリーダーシップを発揮したこの時代、雇用者たちは家父長的な支配と強制力をさまざまに用いながら労働者に宗教的な設備を提供した。従順な労働者は、それに服従することによって実際に報われたが、服従は決して無条件のものではなかった。セクト的な教派がひしめいているような都市のなかで、自立心があり不満を抱く労働者は、別の教派を選ぶこともできた。しかし、この時代の多くの経営者たちによって工場、教会、政治体制に対する忠誠がうまく調和していたことや、教会建設に対して彼らが需要を満たして余りあるほどに多大な貢献をしたことに留意すべきである。スティーヴン・ヨウが述べるように、この時代ほど都市の、とりわけ中産階級の本拠地において、自由資本主義、市民の誇り、宗教的な義務感が結びついて都市文化全般に宗教的な傾向が強くみられたことはなかった。

家庭訪問者の記録や、小説、テープに録音された会話などの史料から明らかなのは、普通の人びとの信仰や宗教の経験が、聖職者会議や聖職者によって強制されたものではなかったことである。人びとの信仰は、神学へと体系化されたり、信条として復唱されたりすることはなかった。また、日によっても違っていたし、一生のあいだには大きく変化もした。男女や親子のあいだでも異なっていた。人びとの信仰を規定したのは、抽象的な理論ではなく社会的な機能だったのである。

各教会は、こうした人びとの信仰をより正式なキリスト教の信仰へと改めようとした。情熱的な自信にみちた攻勢が一転して、不安に駆られての形式主義的な組織防衛が関心の的となったが、こうした変化は、ヨウが述べるように、教会という組織が内向的になったことを示しており、その将来は明るくなかった。また教会は、共同体的な役割を果たすという理想をあきらめ、特定の年齢や男女を対象とする活動に集中するようになった。これは、世俗化の流れに対抗するために最善を尽くすためであったが、おそらく世俗化を早めただけであった。二〇世紀初頭には、教会の外でいっそう不吉な変化が起こっていた。国家権力が強くなるにつれて、教育、慈善や制度などにおいて教会が担ってきた重要性が薄れてきたのである。同時に、国民的なスポーツと新しい娯楽文化が現われ、教会は人びとの余暇を統制する力を失っていった。そのうえ、社会主義と労働運動の成長によって階級にもとづく格差の問題が政治の舞台で議論されるようになったが、一九世紀を通じてこの問題をめぐって紛糾し、分裂していた教会は最終的に弱体化していった。しかしここでも、宗教が完全に葬り去られたわけではない。初期の社会主義活動は、理想主義と自己犠牲をともなう熱心な伝道活動を特徴としていた。初期のチャーティストや労働組合の指導者がそうであったように、イングランドとウェールズにおける独立労働党の指導者は、明確な世俗主義の立場から活動しているわけではなかった。その多くは非国教徒やカトリックであった。たしかに、イングランドの多くの地域に見られたチャーティズムや労働組合は、信心深いメンバーや宗教組織に依存していただけでなく、聖書について急進的な解釈にのっとり、富裕層を戒めると同時に、彼らとよりよい社会関係を築くことを望んでいた。キリストは抑圧された人びとを特別に愛し、抑圧者を特別に憎んだという独自の聖書の解釈にもとづいた、キリスト教信仰に由来する衝動は、独特の宗教政治的な急進主義を生み出した。議会改革、工場改革、貧困の除去、労働組合、人民憲章などのよく知られた急進主義運動に参加した少数派の人びとには、重要ながらもこれまであまり目が向けられることがなかった。彼らは、キリスト教信仰に刺激されて、急進主義に熱心にかかわることになった。また一方で、急進主義が彼らのキリスト教信仰を活性化し、形づくることにもなった。

このような融合は、工業化後のイギリス社会に一連の興味深い指導者を生み出した。彼らは従来の教派的な境界を越えた。しかし、その多くは、あらゆるプロテスタントのセクトで信徒の説教家として最初の経験を積み、教派の対立が深刻になったために急進主義活動に身を投じたようである。それゆえに、宗教は労働者階級の政治活動によって痛手を受けただけではなく、その活動の形成期に重要な役割を果たした。このように、一九世紀末と二〇世紀初頭に教会が衰退した第一の原因は、活発な労働運動からの挑戦を受けたことでも、社会学者が分析するように都市生活における世俗化という避けられない力によって脅かされたことでもなかった。それは、郊外の発展、福祉国家の成長、娯楽の拡大のために、教会が果たす公的な影響力が否応なく縮小したからである。これらの変化は、生活水準の上昇によって精神的なものよりも物質的なものを大切にする価値観が広がったことによって生じた。

ふりかえってみると、一九世紀イギリスの都市の宗教に顕著であったのは、福音主義的な敬虔主義が、その価値観を教会の扉の外に広く普及させることができたことだろう。その原動力は、神学や教義ではなく、都市の不道徳や無信仰に対する絶え間ない戦いに男性、女性、子どもを含めた中産階級の信者を動員できたことにある。とくに女性は、おびただしい数の福音主義組織の地方支部において募金を集める際に利用され、禁酒、慈善、敬虔な家庭生活といった福音主義の価値観の保護者として全国で協力を求められた。福音主義のもつ勢いは、反奴隷制運動や禁酒運動など、数多くの「禁止」運動の根幹をなしていた。その価値観は、イングランドの各都市において、非国教徒の良心と自由教会の自由主義を支える重要な要素であった。しかし福音主義は、ヴィクトリア時代にみられたさまざまな宗教的な伝統の復興のひとつにすぎない。意外にも、アイルランド人の貧民に支持されたカトリック復興の例がそれをよく示している。さらに、さまざまな要素を含んだ国教会の組織的な改革や信仰の活発化は、福音主義だけではなく、高教会派の影響を強く受けていた。ほかの西欧諸国と比較して、ヴィクトリア時代のイギリスでは、中産階級の宗教性が高かっただけでなく、社会史研究者が認める以上に、労働者階級が宗教的な価値観を受け入れていた。長期的にみると宗教は人びとの支持を失っていった。しかし、工業化と都市化は、イギリスの宗教にとってかなわない敵であるどころか、おそらく短期的には、宗教への熱狂をあおったといえる。世俗化論は、新たな分析と時代区分の再解釈を必要としている。

第17章　イングランドの福音主義非国教徒と文化　一八四〇～一九四〇年

クライド・ビンフィールド

ローザンヌ世界宣教会議（一九七四年七月）を受けて開催された一九七八年の「神学者、人類学者、言語学者、宣教師や聖職者」による国際会議は、文化をつぎのように定義した。「信仰、価値、習慣の統一的なシステムであり、信仰、価値、習慣を表象する統一された組織であり、それによって社会がひとつにまとめあげられ、帰属意識《アイデンティティ》、尊厳、安全や継続性の拠り所となっているもの」である。この定義はまさに一八四〇年から一九四〇年にかけてのイングランドの福音主義的非国教徒を言い表わしたものといえる。彼らは社会のなかに独自の社会を形成していた。各地でそれぞれの特徴をもっており、細分化されていた。彼らの存在は表面的には無であった。彼らはそれぞれの地方に生きていた。彼らは社会のなかで目立たず、体制の外側にいた。これは、教派が統一的な運営方針をとらなかったためでもあるが、国民的文化としての規範から自ら距離を置こうとしたためでもある。しかしながら、これは越境する結社でもあった。その歩みの速さを決めるのは、イングランド人だけでなく、イギリス人全体であった。その地平は帝国を容易に取り囲み、さらに永遠へと広がっていった。彼らは、外見上は排除されているようにみえたが、実際はそうでもなかったし、その組織は、自分たちを統合する求心力となっていた。それぞれの核には信仰告白した信者がいた。それぞれの周囲には関係者、家族がおり、相互に商業や政治、教育で結びつけられていた。そこに情愛も加わっていた。部外者にとっては破壊的に映るものが、非国教徒にとっては活力に満ちたものであった。

非国教徒であるというのは、いつの時代も否定的なことであったのに、どのように信仰を継承し、非国教徒であり続けたのだろうか。非国教徒が完全に否定される存在とはされなかった三つの要因は、彼らの信仰、彼らの立場、それに将来的な見通しである。実のところ、非国教徒の一般原則と国教徒のそれとのあいだにほとんど違いはなかった。非国教徒もまた、十分に社会的な居場所を確保しており、法的にも認知され、国制のなかで一定の地位を失うことはなかった。しかも、彼らは自らを一番の受益者とみなしており、新しいイギリスだけではなく、新世界においてももっとも重要な開拓者と考えていた。非国教徒と体制との関係についていえば、じつは非国教徒であることが必ずしも不利であったというわけではない。そして、多くの人が共有していた、世界がイギリス人を先頭に、自ら再生しつつあるという信念に立てば、その模範であるべき非国教徒たちが、自分たちを新しい文化の生みの親と考えるのはきわめて自然であった。彼らは、知識の普及や教育環境の整備、歴史研究のために独自の投資をしていた。結果的に、彼らは頑固に言葉にこだわり、政治に彼ら特有の関心を寄せるようになった。彼らは同化したのか、あるいは、同化させられたのだろうか。これは多分にアカデミックな質問である。新しい文化を生み出すうえで、介助者の存在は必要条件とはいえないが、大きな力を発揮しうるものでもある。それは彼ら次第であった。非国教徒であることは、必然ではなかったし、永続的に続くものともいえなかったが、共同体の活力に影響を与える決定的な要因となりえた。

本章では、ヴィクトリア時代初期の非国教徒文化の代表的な生みの親について考察したあと、一八九〇年代から一九二〇年代にかけてロンドン郊外の非国教徒たちが共有した教会文化について検証する。振り返って、あるコミュニティの黄金期だと思われている時期というのは、よくあることだが、ただそう見えているだけなのかもしれない。そうであるとしても、エドワード時代の非国教徒の姿は、ヴィクトリア時代の都市の非国教徒の本質をかいま見せてくれる。驚くべきことだが、一九五〇年代、一九六〇年代にいたるまで非国教徒たちの信仰生活はあまり変わることがなかった。ここで問題があるとすれば、それは首都の、大きくて壮麗な礼拝堂を非国教徒文化の代表としてしまうことであろう。非国教徒の成長については、検証が必要である。これは実のところ衰退ではないだろうか。非国教徒たちにとっての正統性という観点に立つなら、誰が何のために誰を同化しようとしたのだろうか。額面どおりなら、これらの問題の答えは明らかである。ロンドン南郊のダリッジは、メソディストの中心地であったヨークシァ西部のデューズベリではないし、数の減少はほとんどすべてで見られた。とはいっても、ダリッジでエドワード時代に会衆派をはじめて率いることになった聖職者は、デューズベリ教区から赴任し、それまでのやり方を踏襲した。そこに見られるものは、全国的に、教派の枠すら超えて共有される特有の文化というべきものであった。もしヴィクトリア時代の非国教徒がミドルクラスの最良の部分を代表するというのが、信じられているように、真実であるとすれば（イギリスのキリスト教徒が必ずしも非国教徒であるといえないし、彼らすべてがミドルクラスであるわけではないのだから）、同化の問題はある程度片づいており、衰退の問題とも関係がなかった。この時代を生み出したものは、その責務を果たしていたのである。

この時代のもっとも重要な文化の生みの親は、同時代人も認めるとおり、ロバート・ヴォーンである。ヴォーンは、当時の社会を語る際に見過ごされがちな社会的な流動性を象徴する人物である。つまり、下層の聖職者であり、知識階級の中間層であって、彼らこそが非国教徒の聖職者の中核であった。彼はあまり高い教育を受けておらず、独学の人であった。もとはウェールズの国教徒の家系ながら西部地方に流れ着いた一家の出であり、ブリストルの非国教徒説教師の目に留まり、会衆派の牧師になった。続いて、まずはウスターで、そしてケンジントンで牧師としての職を得た。後に、ロンドン大学ユニヴァーシティ・カレッジの歴史学の教授職も同時につとめることになった。これは、若い頃のもっとも大きな買い物がウォルター・ローリの『世界史』であった人物にとって、飛躍するに申し分のないきっかけであった。これにより、ホイッグの人びととの知己を得ることができた。これをきっかけに、彼の聖職者、物書き（ウィクリフやステュアート朝がやはり彼の得意とする時代であった）、ときにはパンフレット作者としての影響力を増すことになった。非国教徒の勢力を測りかねていたホイッグのメンバーにとって、ヴォーンは欠かせない存在となった。また、彼はランカシァにある彼の教派の神学校の校長として理想的な存在とされた。この学校はテューダー様式の荘厳なたたずまいで、あたらしくベリからウォリー・レインジに移された。ここはマンチェスターでは、いわばロンドンのケンジントンにあたる場所であった。ヴォーンがここに移ってきた一八四三年、彼の著作である『偉大な都市の時代』が世に出た。これは、新しい都市生活の実態を書いた最初にしてもっとも多くの読者を獲得した本である。ランカシァ会衆派カレッジの校長としてのヴォーンは、ロンドンのユニヴァーシティ・カレッジの歴史学教授のときよりも重要な人物になっていた。彼は職務においても、住まいやレトリックをとっても、非国教徒の心に秘めたエネルギーや緊張感、妥協などを手際よく伝える存在であった。

ヴォーンは、福音主義に対するゆるぎない信念を持っていた。彼は神学的には保守的で、引退の年となった一八五七年には、ひとり息子の死と宣教師であった義理の息子が殺されるという不幸が重なり、健康を損ねてしまった。これに追い打ちをかけたのがデイヴィッドソン事件である。この事件は、臆病な同僚に向けられた異端狩りであった。異端狩りというものは、カレッジの校長にとっては、職務上取り返しのつかない打撃であった。後からみれば、これは個人の資質に対する攻撃であったのだが、攻撃は言葉に向けられていた。ヴォーンはたぐいまれな文才に恵まれていたし、話し言葉もたくみであった。彼の強みは、福音主義者としての良心をときに古典的な言葉で、またときには当世風の言い回しをつかって理論的に説明する才にあった。

『偉大な都市の時代』の著者は、彼の時代というものをよく理解していた。「イングランド社会のシステムは見てのとおりであって、国教会も受け入れられている。これこそがあるべき教会の姿であろう」。一八三八年、ウェスレー派の人びとに向けて好意的な言葉をしたためながらも、この年、彼は三巻からなる『護国卿オリヴァー・クロムウェル』を著わした。彼が同時代の人びとの生き方を論理的に追求するなかで見つけたいくつかの事実は、若い非国教徒の不興を買った。しかし、ヴォーンはしだいにより急進的な主張をするようになっていった。ひとつは、大学の役割を知識継承の場としてだけでなく、研究と発見の中心と位置づけたことである。ヴォーンは、当時の知識継承のあり方を批判し、多くの大学教授を問題の元凶とみなしていた。彼は大学における法学や医学といった実学的な、すぐれて功利的な分野の意義を高く評価した。しかも、時代と聴衆の代弁者として、もっとも効果的に訴えかける方法を知っていた。パクストン・フッドは同時代の説教者の批評家であるが、ヴォーンを仔細に検討している。ここに「生まれながらの雄弁な演説者がいる。しかしながら、彼の説教は大学教授のようでもある！」

あの説教壇に立つ彼を見よ！　頭を大きく反らせ、目は広い建物の一番遠くに向けられ、声も一番遠くまで届いている。後頭部の白髪が前に垂れてきている。彼の声は甲高くもないし、声を張り上げているわけでもない。しかし、たっぷりとした声量で、ときに微笑みをたたえて、話の内容を表情ゆたかに表現する――彼の説教はいつもわかりやすい。

ヴォーンは会衆に支持されていた。彼は、ハダスフィールドで「役人のお偉方がこの世の人びとの生命と財産の生殺与奪を握っている。しかし、(国教会の) 司祭は、悪意に満ちた作為的な目的を持って、人びとの来るべき人生に付きまとうことがある」と述べた。そして、マンチェスターの自由貿易ホールで「コシュートの祈り」を読みながら、自ら自由の闘士に手を差し伸べた瞬間の素晴らしさについても触れた。「かの有名な、しかし基礎のもろい建物を雷が打ったような衝撃が走った。飾り気がなく、直観的でありながら非常に洗練された言葉の力はいまだかつてないほどに聴衆の心をひきつけた」。ヨークシァの牧師を批判し、ランカシァの自由な英雄を聴衆の前でたたえて見せた。聴衆には非国教徒の治安判事の第一世代にあたる人びとも混じっており、ヴォーンの刺激的ながらも節度のある言動によってホイッグ支持者たちは夜、健やかな眠りにつくことができた。ヴォーンはまさしく聴衆の真の代表者であった。

しかしながら、じつはヴォーンの親戚を見わたすと、義理の弟、息子、ふたりの義理の息子、甥、さらに遠縁のものが会衆派の牧師であり、うちふたりはヴォーンがはじめて牧師としての職を得たウスターの教会にいた。三番目の義理の息子は会衆派の宣教師であり、四番目の義理の息子と孫は国教会の聖職者であった。この一族の叙階へのこだわりは、教育への熱意となって表われた。甥はロンドン会衆派カレッジの校長になり、大学の神学部のふたり目の学部長になった。(由緒ある非国教徒の家系の出であった) 義理の息子のひとりは、セント・ジョンズ・ウッドでハムデン・ハウスという意味ありげな名前の学校を経営していた。宣教師であった義理の息子はウェストファリア出身で、サンクト・ペテルスブルグで会衆派に転向し、最後はインド北部のバレイリにあった東インド会社のカレッジの校長になった。ここに明らかなように、自由貿易ホールから学校、神学校、各大陸に展開する伝道協会へと親戚を通じてつながるネットワークが、すべての文化の生命線となっていたのである。ここにも、ヴォーンのひとり息子であるロバート・アルフレッド (アルフィ)・ヴォーンをこの文化の理想像とみなす条件が整っていた。彼は、「非国教徒にとっての (当時一世を風靡していた詩人) アーサー・ハラム」のような人物と位置づけられていた。

ヴォーンの息子は、伝統とされている文化があっという間に変質することを示してくれている。彼は正規の大学教育を受けていた。ユニヴァーシティ・カレッジ付属の高校からロンドンのユニヴァーシティ・カレッジへ入り、一年間ドイツのハレで、五カ月をイタリアで過ごした。彼には選択肢があった。彼は詩を書き、風景を描き、仕事として芸術を極めることも考えていた。彼には選択の余地があったが、どちらも博学な聖職者として生きる道であり、肺病の犠牲になったバースの牧師の後継か、バーミンガムで早くに引退した牧師の後継になるかであった。いずれにせよ、言葉はあふれ出てきた。父親はウィクリフやクロムウェルについて書いた。息子は、自分の子どもをウィクリフと名付けたが、『エンドルの口寄女、その他の詩』(一八四四年)や一八四六年の『エドウィンとエルジーヴァ』という印象的な作品などを残した。彼の望みはシェイクスピアのようになって、教会の歴史を戯曲に書き下ろすことであった。これに向けた第一歩『神秘主義者との時間』によって、ハラムのような地位を確立し、『英国人名辞典(DNB)』にその名が掲載され、ヴィクトリア時代の人びとのあいだで確固たる名声を得ることになった。フランス語、イタリア語、ドイツ語を操ることができた彼は、この作品を書くために、さらにオランダ語とスペイン語を学んだ。生き生きとした描写は、それまでの作家や思想家には見られなかったもので、イギリス人の心に強い印象を与えた。

『神秘主義との時間』の高い評価はともかく、これが多くの観客を集めることができたのには、父ヴォーンの影響も少なくなかった。ロバート・ヴォーンは、一八四五年に『ブリティッシュ・クォータリー・レヴュー』を創刊し、二〇年にわたって編集した。この、『ブリティッシュ・クォータリー・レヴュー』のなかで彼は教育についての考えを表明し、息子に教父オリゲネスやドイツの敬虔主義神学者シュライアマハー、サヴォナローラなどについて書くように説得したのも、この雑誌のためであったし、ランカシァの銀行家にヘンデルやメンデルスゾーンや音階教育について書くように依頼したのも同様であった。この雑誌は、「ヴィクトリア時代のどの雑誌よりも真摯で感性ゆたかな小説の批評」も掲載した。

『ブリティッシュ・クォータリー・レヴュー』は、非国教徒が文化的でありうることを示す何よりの証拠であった。ここにあったのは、音楽のリズムや絵画の力をともなった言葉に反応し、まがい物ではない本当の生であり、日々説かれて人びとに完全に神学が共有され、教育はあるが象牙の塔に籠もるのではない、そういった世界であった。マシュー・アーノルドは『教養と無秩序』でそれを活写している。ここでは、オルガン奏者が作曲家になることができ、互恵協会のリーダーがエッセイストやジャーナリストに、建築業者や不動産屋が建築家になりえたし、家具職人が工芸家に、版画彫版師が芸術家になり、案内嬢やガヴァネスは教育者に、機械工が技術者に、そしてすべての人が社会事業家になることができる、そういった世界であった。ラスキンやブラウニングの世界がここに復元されたのである。

『ブリティッシュ・クォータリー』は一八八六年に廃刊となった。この雑誌は非国教徒の高い文化を代表する顔としての役割を果たしてきていたが、この頃には百科事典的な博識を求める幅広い読者に向けて、まるで牧師の講義のように生まじめな傾向が強くなっていた。雑誌はマンチェスター南西からロンドン北部に移ってきたが、そこで三番目にして最後の編集人であったヘンリ・アーロンが、イズリントンのユニオン・チャペルで采配をふるった。このチャペルは、建築として壮麗であり、音楽でも有名な場所であった。『ブリティッシュ・クォータリー』の最後の一〇年、アーロンのまわりに集っていた若者のなかにひとり、青年弁護士がいた。彼はオクスフォードのベリオル・カレッジ出身で、成人教育にもかかわり、政治的野心を抱いていた。彼の母親は、アーロンの教会のメンバーであった。この男性、ハーバート・アスキスは、アーロンに頼まれて雑誌に興味深い記事を何本か寄稿し、いくばくかのお金を手にした。ネットワークは有効であった。エミリ・アスキスの親友で、遠縁でもあったもうひとりの未亡人、スーザン・ウィリアムズはアルフィ・ヴォーンの姉妹でロバート・ヴォーンの娘であった。彼女の夫の家族は、この雑誌の二番目の編集者が聖職者として在籍したリーズ教会の有力なメンバーであった。この編集者、ヘンリ・ロバート・レイノルズは、一八六九年にマシュー・アーノルドによって文芸協会に推薦された。この年には、マシュー・アーノルドがライバル誌であった『コーンヒル・マガジン』に連載して、さんざんな評判であった『教養と無秩序』が一冊の本にまとめられて出版された。アーノルドは『ブリティッシュ・クォータリー』を二年間延命させた。彼は、リヴァプール長老教会での朝の説教のあと、市電に乗ろうと走って心臓麻痺を起こし、亡くなったのだが、その教会は、イアン・マクラーレンというペンネームで書いた『美しい茨の茂みの脇で』という作品で知られたジョン・ワトソンによって有名になっていた。このため、アーノルドもまた、着々と大衆の心をつかみつつあった非国教徒たちの文化に屈したのではないかとの印象を与えた。こうした流れは一八九〇年代から一九二五年にかけて最高潮に達し、しかも、ロンドン郊外にとどまらなかった。

非国教徒の教会は、自分たちがどのように見られているのかに敏感であった。なかでもハムステッド・ガーデン・サバーブの自由教会は周囲の評価につねに気を配っていた。

「ハムステッド・ガーデン・サバーブ自由教会が、先進的な地域にある実験的な教会であるという見方が変わるまでには、まだまだ時間がかかるであろう」と一九一三年、教会の主事は述べている。

礼拝は一九〇九年五月に開始された。教会は一九一〇年二月に開設され、建物が完成したのは一九一一年一〇月である。ヘンリエッタ・バーネットによって「神は信徒信条よりも偉大である」との言葉が石に刻まれている。自由教会の長老《エルダー》たちは、合同の原則を死守しようとしたが、このような自由教会ならではの表現法には戸惑いがあった。メアリ王妃の支持を得ていた国教徒のバーネット夫人のほうが、長老たちよりも大胆であったことが明らかになった。このように、先駆者になるというのは刺激的なことである。ロンドン・バプティスト連盟のトマス・グリーンウッド師は、教会の主事に宛てて「道路は私の車が走ってもガタガタゆれて壊れない程度には良好だと思うのだけれど、どうだろう」と尋ね、「車の幅は六フィートで、道端に一日中停めておくわけにはいかないし、もしも中庭のどこにも場所がないというのなら、車は使わずにおく」とも記している。

この手紙のなかでグリーンウッドは、ベスナル・グリーンの鉄道員の息子で、まもなく新しい教会の聖職者になるJ・H・ラッシュブルックを高く評価している。彼は、平和主義で、政治的には急進派であり、社会的に上昇を遂げてきた人物であった。鉄道員である彼の父はエセックスで駅長になった。彼自身は土木技師になるつもりであったが、ウェストボーン・パークのバプティスト教会のジョン・クリフォードの説教を聞いて考えが変わった。ラッシュブルックが覚えているクリフォードの最初の説教は、第七代シャフツベリ卿〔貧民救済や福音活動に尽力〕の思い出についてであった。そのタイトルは「典型的なキリスト教社会主義者」という、人目を引くものであった。ラッシュブルックは、土木技師ではなく、精神を扱う技術者へと方向転換した。

同世代の賢明なバプティストの聖職志望者（また長老派のジョン・ワトソンや、彼より前の世代の会衆派のR・A・ヴォーン）と同じく、彼はドイツで勉強した。ドイツ人と結婚し、家ではドイツ語を話していた。ラッシュブルックはヘンリエッタ・バーネットが郊外田園都市に求めた社会的、文化的な融合の具体像ともいえる人物であった。

一九一四年までに自由教会のメンバーは二五〇人になっていた。一〇年後、聖職者が変わり、ラムゼー・マクドナルドが礼拝を率いていたが、会員は四五〇人を数え、つぎのようなレトリックが現実のものとなっていた。

この頃になるとキリスト教会の知識人たちは、自然人《ナチュラル・マン》といった詭弁を拒否するようになっていた……。

教会は、ビジネスマンに、彼らは神からの贈り物を分配する執事でしかないことを告げるべきときがきている。物価の上昇は、共同体への奉仕の増加があってこそのものであり、単に一時的な供給不足によるものであってはならない。教会は、天候不順のために石炭価格が無情にも上昇するということは、貧しい人びとが石炭を買って料理するなら、買うことのできる食糧が今までより少なくなる、ということを理解していなければならない。われわれだけでなく、ほかの教会の人びとも、ビジネスマンは自らの利益よりも他人への奉仕こそまず優先すべきであるということを、いまだに十分に理解していないのだ……。

すべての個人的な、国家的な、さらには国際的なあらゆる目的に神の支配が及んでいることを信じるときが来ている。神は、山上の垂訓を信じる人びとにとって、幾千の飛行機よりも確かな守り手であるだろう。退役した海軍少将のリストがまったく役に立たないのと同じことである。それにしても、なんと多くの教会員が海軍少将を支持していることか。

山上の垂訓を社会の趨勢や政治的信条に合わせて解釈するのは難しいことではない。今こそキリスト教の信徒は、すでに言い古されたことであるが、神がこの世に現われたもっとも偉大な革命家であるということを認識しなければならない……。

もしキリスト教の信徒がこうしたことを理解できないのであれば、

教会としては失敗であり、日曜日のノース・スクエアはたんなる広大な駐車場に過ぎないのだ。

ハムステッドは、少なくとも自由教会の新しい日曜学校に使えるように考えられており、変革には一定の歯止めがかかっていた。これらは、タイルを貼った郊外のコテージが目指したのと同じように、時流に合わせたものであったとはいえ、運営者は、建築家が推奨したローズ・ピンクの人絹のランプシェードよりも麦わら色のガラス製のシェードを、同じく建築家が推奨する暗い青のカーテンよりも緑色のものを選んだ。

ローズ・ピンクや青の人絹を用いたにせよ、平凡な緑色やベージュのガラスなどを用いたにせよ、コッテージ風のスタイルは、エドウィン・ラッチェンズが提唱する自由教会の概念をも取り入れて、郊外田園都市の教会の人びとの良識が表象されていた。すなわち、ドーム型の天井に覆われ、部分的にオランダ風やアメリカ風の要素がみられ、高台の緑を挟んで対面する先には、セント・ジュード教会の尖塔がビザンチンの船の碇のようにそびえ立っていた。しかし、これは、イギリス全土のミドルクラスのあらゆる部分、すべての教派から寄り集まった会衆とともにある自由教会であり、そこで神話があっという間に作り上げられていった。聖職者が新しい詩をよみあげるだけで説教壇を降りてしまうなどという朝の礼拝は、ここ以外どこでおこなわれただろう。しかし、ジョン・メイスフィールドの『永久の神の恵み』は、祈りであり神への称賛でもあると同時に、福音の言葉でもあった。

ロンドン北郊、ハムステッド・ガーデン・サバーブ地区における自由教会は、明らかに文化の融合する坩堝であった。しかし、ここに融合していった文化はどれひとつとしてプロテスタント教会の伝統にとって馴染みのないものはなかった。

ハイベリ・クワドラントは、ハムステッド・ヒースの南、ガーデン・サバーブの東に位置しており、『永久の神の恵み』が発表された一九一一年に最高潮に達した郊外文化の中心となっていたが、一九二五年までにはその潮流は過去のものとなっていた。起源は一八七八年にさかのぼる。仮の礼拝堂が確保され、すぐに教会が組織された。場所はよかった。ハイベリ・クワドラントの真ん中には、高台に三角形の公園があった。計画は野心的だった。収容人数は一二〇〇名から一五〇〇名へとふくれあがり、二五〇名収容の講堂は、二層になった二六の教室で囲まれていた。総工費は一万ポンドが見込まれた。一九一二年までにはこの野心的な計画が実現しつつあった。教会は四つの牧会に区分された。その会員数は六一一名を数え、ほかに一六六名がふたつの伝道活動に携わっていた。日曜学校には三六一人の子どもたちが通い、五二人の教師がいた（また、伝道団体の学校には九八五人の子どもたちが通い、八六人の教師を抱えていた）。

『マンチェスター・ガーディアン』は、ガーデン・サバーブの自由教会をロンドン近郊でもっとも独創的な教会であると評している。ハイベリ・クワドラントは三〇年近く古かったが、こちらも独創性、なかでも目的に向かう機動性では、他に類を見ないと自負していた。会衆派の年報は、この点についてつぎのように丁寧に説明している

この建築家（優れた礼拝堂設計家であるファーニヴァル

ズ・インのジョン・サルマン）の作品は、伝統的な西ヨーロッパの教会の様式とは大きく異なる。伝統的な様式は、いくつもの柱と長い側廊を備えており、美しく、ローマ・カトリック教会の儀式を執りおこなうのには適しているが、今日の自由教会の礼拝にふさわしいように装飾を省いてしまうと、時代錯誤以外の何ものでもない。

自由教会の礼拝では儀式として説教がおこなわれるため、すべての人に「見えて聞こえる」ことが何より大切である。「集団の共感」が説教者と会衆それぞれに与える効果を考えると、柱の数が多すぎるのは好ましくない。たしかに、大きな建物では、内部の支柱は構造的には絶対必要であるし、経済的な観点からも、美的な面からも配慮されるだろう。しかしながら、こうした柱はできるだけ少なくすべきだし、構造的な目的を十分に満たせば、美的観点からも満足ゆくものにすべきなのだ。

サルマンの手法は新奇ではあったが、さほどユニークでもなかった。彼の手によるハイベリ・クワドラントをはじめとして、ジェイムズ・キュベットによるイズリントンのユニオン・チャペル、アルフレッド・ウォーターハウスのハムステッド、リンドハースト通りの会衆派の礼拝堂《チャペル》、ウエストミンスター・ブリッジ通りのビッカーダイクとポールによるクライスト・チャーチ、そして、T・ルイス・バンクスによるニューカスルのセント・ジェイムズ教会は、すべてが一〇年の間に建築されており、ギリシア十字の形をしていた。四方に翼が伸び、どの座席からも説教壇がよく見えるように配置されていた。個々の聴衆は、教会内で自分の居場所を確保できた。教会は、細部はともかく、全体としてゴシック様式で建てられており、灰色のスレート葺きで、外壁は赤いレンガと石で覆われ、内部にはクリーム色のレンガが使われていた。実用性が重視されていた。

この種の建物の場合、コストをあまりかけずに満足のゆく外観を保つのが難題であった。しかしながら、もっとも自然でうまく行く方法は、内装に取り入れたコンセプトを外装にもそのまま当てはめてゆくというものであった。補助的な要素でも、主要な礼拝にしかるべきスケール感を与えるのに役立つなら、構造上必要とされる。

古風にせよ、新しいにせよ、特定のモデルを踏襲することはない。計画は、論理的な根拠にもとづき、近代的な礼拝に美的な観点から実際に必要なものを取り入れる。さらに建築家は、近代的な会衆にふさわしい近代的な教会を、できるだけ少ない予算で提供できるように、デザインに知恵を絞った。

このようなとりわけ近代的な会衆が集うモダンな教会では、繊細なデザインを施された座席に、目立たずにた易く出入りできるような階段やドアがたくさんあり、そのうちのいくつかはスウィング・ドアになっていた。建物内部の小部屋などによる凹凸に遮られないよう配置されたオルガンは「目立ちすぎないように衝立で半分隠されていた」。オルガンの演奏台は説教壇の前の指定席の間にあって、オルガン奏者は「会衆と一体化した聖歌隊によって取り囲まれていた」。近代的な教会では日々の活動も欠かせないものであった。そのための休憩室、集会室、手洗い、「お湯を沸かすための大鍋、ガスコンロ、流し、ティー・ポット、カップなどをしまう食器棚、それに給仕用のドアも備えた広い台所もあった」。これが会衆派の人びとを精神的に結びつける装備ともいえるものであった。

彼らの拠り所となっていたものには、この近代的な教会のモダンな設備のほかに、専門月刊誌もあった。一九〇九年二月号には、新しいメンバーに必要な情報だけでなく、「文芸協会」と「ブリタニア・ロウ・ミッション」〔ブリタニア・ロウはイズリントンの町名〕というふたつの少年団体についてのシリーズものの記事や説教、論説、そして文学と政治について議論した二本の記事などが掲載されており、どれも質の高い議論が展開されていた。当然ながら説教が全体の傾向を決定づけていた。その説教は、牧師が日曜の朝の礼拝でおこなった「霊魂の不滅」についてのものであった。文芸協会とブリタニア・ロウ・ミッションは、地元クワドラント地区の生活全体にかかわるものであった。寄稿には、彼らの精神の拠り所が描写されており、すべてが文化を体現していた。

「霊魂の不滅」は、クワドラントの伝統をあらわしていた。「『われわれは神の息子である。そして、あるべき姿にはいまだに到達していない』。私はそれを聞いて嬉しかった。これは、最高で最良の神の国についての新約聖書の教義なのである」。聖職者であったハロルド・ブライアリは、哲学者T・H・グリーンの著作を彼なりに読んだ。ここには、キリスト教の理想主義が平易で簡潔な英語で語られている。この理想主義は熱意があって力強く、永遠なるものへと解き放ってくれる、というわけだ。

「われわれがあるべき」姿として語られるものこそが、より大きな命である（「もうひとつの命」というよりは、大きな命というべきであろう。というのは、すべての命はひとつであるのだから。「以前のような音楽をつくろう、ただしより壮大なものを」というわけだ）。つまりそれは天国である……そして、性質が霊魂不滅の最初の条件である……変化は、政治の世界を破壊する方向にではなく、むしろ、それを実現する方向にある。大衆は近視眼的に神の国をこの世に実現することを求めるが、これは、こういった変化の霊的な側面ということもできる。永遠の命を生きる人は、霊魂の不滅について思い悩むことはない。命はすべて心臓しだいであるにもかかわらず、健康な人が心臓を心配することがないのと同じである。

熱意をもって力強く現実を見据えるということは、歴史的文脈を熱心に読み解くということでもある。このため、人びとに歴史的な感覚を持つことを求めた。

新約聖書を読むためにわれわれが必要としているのは、翻訳された言葉だけでなく、観念そのものの翻訳である。このような古くからの原則を忠実に守っていれば、永遠の地獄の炎のようなむき出しの物質主義の苦悩や辱めに翻弄されることはなかったはずである。イエスが彼の生きた時代、彼にとって身近な言葉や喩えを用いていなかったなら、われわれが今の時代に彼の言葉を聞くことはなかっただろう。彼の言葉はいつの時代にもその時代に即した言葉で語られてきた。その真意をとらえるためには、時代特有の言い回しに惑わされてはならない。

多くの聴衆と同じく、ブライアリはイタリア語ができたので、こういった天国についての観念が「相対的なもの」であることを知らしめるために、戯曲にダンテを使った。つまり、天国の観念は、当時の人びとの心性や地理的な知識の制約によって、当然のように影響を受けていた、ということを示すためである。

たしかに……不滅の魂がわれわれ個人の存在の完全なかたちであろう……われわれが霊的な世界にまで携えていけるのは、ふたつだけであり、このふたつ、つまり個別性と性格が、各人の存在を特徴づけている。自己の意識こそが、われわれの存在価値を決めているのである。不滅の魂は、誰かから与えられるものではなく、自覚しながら発達してゆくものである。まずわれわれのなかに芽生え、完成へと向かう。その完成こそが天国なのである。

これが問題であった。こうした主張は、T・H・グリーンの後継にあたるベリオル・カレッジ出身者たちにはすんなりと受け入れられた。彼らのなかには、ブライアリの説教を聞いていた者もおり、若き日のアスキスもそのひとりであった。しかし、律義に教会に通い、信徒席の端におずおずと座る人びと、つまり形成途上の会衆の中心をなす人びとに向かっては、どのように語りかければよかったのだろう。彼らの理解を助けようと、ブライアリはジョン・ワトソンを長々と引用した。すべての人の福音は、グリーン以来「すべての人は、それぞれの天国を作り出す。そして、知識は自己の意識を育てるが、知識の行き着く先は神なのである」。ブライアリは、傷ついた者の福音、すなわち「地上での挫折やつらいことを乗り越えさせてくれる天国の無限の可能性」についても述べている。

このような将来の見方は、生命がいまだ解決したことのない重い課題を解決できるのだろうか。……生物は種の保存者たちであり、神が彼らを必要とするようになるまで、丘の後で待機している。彼らにもチャンスが巡り、彼らの王国にいたるだろう。

このように日曜学校で語られた言葉は、文芸協会でもっと日常的な文脈におきかえられ、ブリタニア・ロウ・ミッションではもっと情感のこもったものになっていった。協会は雑誌の最終号発刊以来、三回会合をもった。一回目はアーサー・モールデン氏の「イタリア諸都市をめぐる旅」をたどるためであり、二度目は東イズリントン選出の国会議員G・H・ラドフォードの「ジョン・ボールと農民たちによる一三八一年の農民一揆」についての講演を聞くため、三度目はミス・マデレーン・オコナーの「情感と自動車」についての「音声描写つき」の講義のためであった。モールデン氏のツアーは（「もっとも緻密なランタン・スライドと動画」付きの講演）、ドーヴァー港に始まり、「地震後のメッシーナの映像（ビオスコープ）」で最高潮に達した。ミス・オコナーの講義は、「彼女がアイルランドとスコットランドで自然がもっともよく残る地域を自動車で冒険旅行したことについて、途中、浮浪者の喜びを歌った風変りな歌を二曲、一八世紀の盗賊ディック・ターピンとその仲間たちを歌った喜びに満ちた歌や、昔からこよなく愛されてきた川のほとりの庭にいる恋人たちを歌った古い短い歌を取り上げながら進められた。その歌『愛しの行商人』では、オコナー嬢の美しい声が非常に効果的であった」し、国歌の最初の一節も「講師が親切にも歌ってくれた」。これは、「自動車に対する強力な援護」であった。少なくとも、エドナ・スモールウッドはそのように述べている。スモールウッドの父親は、進歩党員で、ロンドン市議会の東イズリントン代表であった。同様に、G・H・ラドフォードも西イズリントンの代表であったが、スモールウッドの父親は、庶民院で東イズリントン選出議員としてラドフォードの後継者となった。

エドナ・スモールウッドの友人がエラ・トランスであり、彼女の父親もロンドン市議会の進歩党員であり、議長を務め、またイズリントン区長でもあった。彼は、仕事のうえで関係のあったグラスゴー選出の国会議員にもなった。これは、イズリントンからの出馬を断られたためである。ミス・トランスは、マデレイン・オコナーが語った追い剝ぎや乞食、行商人の精神をブリタニア・ロウ・ミッションの生まじめな人びとに伝えた。このミッションに参加する子どもたちの視野を広げることが、彼女の使命であった。

> クリスマスのたびごとに、子どもたちへのもてなしは前よりももっと楽しいものになっているようだった。以前にもまして優しくなり、神の偉大な家族は私たちの小さな兄弟姉妹たちの周りに黄金の愛の糸をしっかりとまきつけ、彼らを寒風から守っている。小さき者たちよ、行きなさい。もっとしっかりと包み込みなさい。外に取り残される者のないよう、黄金の紐をいっぱいに広げて、そして包み込みなさい。

これが、エレノア・フォーテスキュー・ブリックデイルの挿絵に彩られたパルグレイヴの『黄金の宝』に描かれた世界なのだとしたら、その影響力を看過してはならない。ハイベリ・クワドラントの精神の特色は、「教会とドラマ」と「女性参政権」というふたつのテーマについての書簡類のなかにはっきりと表われている。

前者はクワドラントのふたりの若いメンバー、尖鋭的な立場をとるH・ウッドワード・アストンと、のちに会衆派の聖職者となるのにふさわしく、穏健であったジョージ・ハートレイ・ホロウェイのあいだでの往復書簡での衝突がきっかけであった。論点は、教会は演劇を広く用いるべきであるかどうかであった。ハートレイ・ホロウェイの立場に対しては六通の手紙が寄せられた。うち三通は彼を支持しており、四分の一はおおむね彼に賛意を表していた。ロードシップ・ロードのチャールズ・レイ・グリフィンは出版業界におり、禁酒運動のサークルの人たちが共有する「弱きものたち」たちの立場をとっていたが、以下のような意見を述べている。

> たとえば扮装して舞台にたち、観客に向かって、われこそは「剛胆な戦士」である、などと言って自分と違う人格を演じることほど、人として間違ったことがあるだろうか。私自身のように、彼らがたむろしているところを頻繁にとおりがかり、彼らがしようとしていることだけを見聞きしている者には、別の側面が見える。私にとっ

ては彼らを支持するなどというのは、パブでレモネードを頼むよりもっとありえないことだ。

教会が「清純な」劇を宣伝すべきかどうかについてだが、若者がそうしたものを好むようになったとして、彼がそのまま清純な劇で満足すると保証できる人はいるだろうか。

結局、昔から言われているように、「君子危うきに近寄らず」なのだ。

アストン氏自身に、われわれの学校のひとつで日曜学校の先生役をやってもらおうではないか。彼は「コリンズ劇場」やホロウェイ〔イズリントン〕の「エンパイア劇場」に入り浸っている少年たちをどのように考えるようになるだろう。アストン氏は、こうした少年たちに『四階の裏』〔ジェローム・K・ジェロームの劇、一九〇八年作〕とO・ワイルドの『サロメ』の違いがわかるというのだろうか。ハイベリ・ヴェイル校についていえば、われわれが相手にしなければならない生徒のなかで最悪（精神的に充実した生徒ではなく）なのは、われわれが提供する娯楽をばかにしてエンパイア劇場に行ってしまうような輩である。

いや、教会はやはり人びとを救うという本来の役割に徹し、劇場やミュージック・ホールがもたらす害悪すべてから人びとを守るべきである。

スタンフォード・ヒルのフォークナー・リーも同意見であった。彼はもう一歩踏み込んだ議論を展開した。

教会は、「広報センター」の機能を果たすことがまず重要であり、そこでは、皆が知っている事例にもとづいて共同体の利益に沿った行動が必要であるなどという意見は、不道徳や作為にあおられたもので、私には愚の骨頂のように思われる。

もちろん、劇のなかには道徳的によい効果をもたらすものもあることは認めるが、アストン氏のように舞台を「教会とは切り離せないもの」とする考え方にはきわめて強い違和感を覚える。たとえば、共同体のメンバーのほとんどが物質的かつ非宗教的で刹那的な生活をきらびやかに送っているとき、そのような主張ができるだろうか。何千もの魂が福音によって救われてきたことは言うまでもない。スポーツは教えたり説教したりするなどとは言わないのに、演劇にはそうした効果があるという。しかし本当であろうか。演劇の力やその影響で、魂が単に矯正されたというのではなく、「救われた」者がひとりでもいるのだろうか。

ならば、よい行ないをするのに簡単で確実な方法が手の届くところにあるというのに、なぜわざわざ時間がかかって効果も定かではない方法をとろうとするのだろう。もう一言。今日の若者にとっては、あるがままにまっすぐにいるというのは非常に難しい。キリスト教徒たちがこれ以上誘惑や世界の影響にまどわされることがないようにしてやらなければならない。最後に、このようなことまで教会雑誌で議論せざるをえなくなった時代の空気というものを残念に思う。

エミリー・ゴフは、まさにハイベリ・クワドラントに住んでいたのであるが、「演劇」だけでなく、半分非公開のダンスやホイスト〔トランプ・ゲームの一種〕も『教会雑誌』で取り上げたり、宣伝したりすべきではないとの考えを述べている。

この件は、ウッドワード・アストンからの反撃とブリタニア・ロウ・ミッションでエラ・トランスの右腕であったイレーネ・オフヴァバーグからの質問を引き出すことになった。アストンにとっては、「演劇的な本能は人間にそなわったもっとも根源的な本能のひとつであって」、才能を最大限に生かすということからも、人間の尊厳を高めるということからも無視できないとしている。さらに続けて、以下のように述べている。

私は教会の主たる役割というのは、人間の尊厳を高めることにあると考えている。その一環として、人びとの人生を豊かなものにしようとするこころみを高く評価すべきである。劇はこのひとつである……私は隣人が自分自身の秘める本能を恥ずかしいものだと思っているからといって、その本能を使わずに抑え込むべきなのだろうか。

今のところ劇場に足を運ぶ人の数はまだ多くはないが、観劇人口は着実に増加しつつある。私が現実的な方策として教会に強く望みたいのは、つねに多大な経済的なリスクを背負い、ときには経済的な損失をこうむりながらでも、よりよい演劇を鑑賞したいと望む人たちの期待に応えようと活動している人びとの努力を教会が支援することである。

……これこそキリストのやり方といえないだろうか？――「そして、パリサイ人と律法官は、この人〔イエス〕は罪人を受け入れ、ともに食すると、不満そうにつぶやく」のだ。

イレーネ・オフヴァバーグは、ハートレイ・ホロウェイにつぎの四点についての答えを求めた。

（一）定期的に劇場に通う人びととというのは、教会には行かなくなってしまうとホロウェイ氏は本当に考えているのだろうか。質問者は、これについてははなはだ疑問であると考えている。

(二) ホロウェイ氏は、教会のメンバーではなく、家庭の監視も及ばない者が、『四階の裏』のような劇を見に行くからといって、それがミュージック・ホールに通うことにつながると考えているのだろうか。彼は、読書が良書だけで終わる保証がないからといって、良書であっても読書は危険であるというのだろうか。

(三) ホロウェイ氏は、教会は何のためにあると考えているのだろう。「これは、私が関わるのはふさわしくないので、そこに含まれる良いものも悪いものもすべて遠ざけるべきであると考える」という、厳格なパリサイ人のようではないか。信心深いキリスト教徒たちがすべて、突然「これは良い劇だが、なかにはよくないものもある。私はそれを間接的に支援することになりかねないから、演劇すべてを否定すべきである」などと言いだしたら、娯楽はいったいどんなものになるのだろう。そんなことをすれば、演劇とは、とにかく何か見に行こうとする階層を引きつけるために、向上心を涵養するというよりは、むしろ卑属に落ちることになるものだ、ということにお墨付きを与えるだけだ。たしかに、健全な娯楽や真理を学ぶことができる、たとえばシェイクスピアの演劇などを推奨するのはけっこうなことである。しかし、さらに、ミュージック・ホールに足を向けることになりかねないから良い演劇であっても拒絶すべきであるとまで考えることは、いささか臆病に過ぎる。誘惑になりそうなものすべてから逃げていては、結局われわれの資質を高めることにならない。

(四) この問題を別の側面から見てみよう。ホロウェイ氏は、音楽や美術には神から授けられた才能を認めているようだ。しかしながら、演じることについてはそれを認めていない。たしかに、シドンズ夫人やサー・ヘンリ・アーヴィングなどの偉大な演劇人の場合、「才能を使わずに」演じたほうがうまくゆくことがあるだろう。演劇は最古の芸術であり、人間が存在する限り、空想の世界にふけりたいという欲求がなくなることはない。演劇は、われわれをひと時完全にこの世から連れ出してくれるし、しばらくのあいだ、心配ごとを忘れさせてくれ、老いた人を束の間若返らせることができる芸術であるのだから、価値がないとあっさり捨て去るようなものではない。

このように、この新しい共同体では、早い段階でカルヴァン主義は切って捨てられたようである。

つぎなる話題、女性参政権問題については、クワドラントの若者でオクスフォードにいたアーノルド・フリーマンによって口火が切られた。これはシドニー・ショートランドとトマス・ヒューズにとって悩ましい問題であった。シドニー・ショートランドは、ハイベリ・クワドラントからオクスフォードに進んだエリートであったにもかかわらず、仕事に行き詰った不運な人のひとりであって、あらゆる議論に首を突っ込む類の人であった。トマス・ヒューズは、エセックスから記事を寄せ、彼はフリーマン氏を知っているわけではないと前置きしたうえで、「彼の書簡は、オクスフォード・ユニオン協会における討議の直後に書かれたものだと思われるが、ここサンダースレイにおいて、同じ議論に何らかのかたちで答えることができると思う。しかしながら、オクスフォードでのような高い教養をもって話すことは私にはできない」と記している。

フィンズベリ・パークのディグビ・ロードに住むショートランド氏とサンダースレイの「ヘーゼルウッド」のヒューズ氏の見解はそれぞれこの問題についての伝統的な非国教徒たちの、過激な保守派と単なる守旧派の見解を集約していた。

（ショートランド氏は、以下のように記している）まず私は、女性たちが男性と同等の参政権を主張するのはもっともであると思う。女性たちはすでに持っている選挙権を今より有効に使おうとしないのだろうか。女性たちが、現在眼前にあって自分たちに直接関わりの深い地方自治体の問題だけではなく、帝国議会にその関心を広げる可能性がないとは誰が言いきれるだろう。

……一九〇六年は、議会がかつてないほどに民主的な方向へと舵をきった年である。あらゆる機会をとらえて共同体や大衆のために法律や条項を可決し、大幅に遅れている改革に取り組むことが誓約された。

ならばなぜ、議会はすべてをなげうって、何よりも優先すべき議題として女性に投票権を付与する問題を据えないのだろう。これこそ、唯一の根本的な問題なのだから。

私は自分の語彙に自信がないし、あなた方にコメントしてもらおうとも思っていないので、「戦略」として、ただつぎのようにだけ言っておこう。シティ・テンプルでの解放運動協会の会合に出席した者は、だれも戦術にも戦術家にも感心しないだろう。アルバート・ホールでの会に関しては——言わずもがな!!

トマス・ヒューズはそれほど内向きの反対派ではなかった。彼はまず穏やかに疑問を投げかけることから始めた。「女性参政権問題は教会活動に何ら影響するところがないのであるから、教会のメンバーはこの問題に公平かつ冷静に、偏見を排して臨まなければならない」。しかしながら、彼の意向は明らかであった。彼は以下のように発言している。「この国の女性たちへ。私は、この国の子どもたちの福祉やイングランドの家庭は、政治の混迷に巻き込まれることのない女性たちのおかげで成り立っていると考えている」。

編集者はこぞってこの問題をとりあげた。『クワドラント・マガジン』のJ・T・ホスキングは、記者や読者に、これは完全に教会の雑誌が取り扱うべき問題であり、そうでないなどと言うのは異端であるとまで言ってのけた。「キリスト教会は、大きく躍動する外界の空気を取り入れないと存続できないほど活力を失ってしまっているのだろうか。とはいえ、神の世界は、静かで荘厳な雰囲気がかき乱されて、教会としての尊厳が傷つくのではないだろうか」。彼は、聖書のなかに出てくるキリストが「井戸のそばや、パリサイ人のシモンの家で客人とともに女性と議論した」例や、「鷹揚な先人たちの風変りで、奔放な行ないのおかげでわれわれが今日、言論や行動の自由を謳歌することができるようになった」というキリスト教の伝統などをひいて、歴史が前進する原動力について述べた。

女性参政権は経済的に必要である、ということを指摘すれば十分である。女性ならではの欠点というのはどこにもないし、近代的な発展の成果のひとつとして、女性はいまや男性と並んで日々、実業界で活躍しており、近い将来、必ず全国の議会でふさわしい地位を獲得するであろう。

一九〇九年までには、ハイベリ・クワドラントは、議会に対して曲がりなりにも独自のパイプを持っていると自負できるようになっていた。スモールウッド家、エドモンドソン家、トランス家、フリーマン家の若者たちは、教会誌に手紙を寄せ、教会の文芸集会で話し、教会のテニス・トーナメントに参加し、教会の祝祭についてよく知っており、教会の伝道ホールで気の向くまま子どもたちに教えたりしていた。年長者たちは、スモールウッド家の場合は石炭を商い、フリーマン家は葉巻を製造し、トランス家は織物、リー家は紅茶を販売していた。あるいは、エドモンドソン家のように、郊外に新しい住宅地を開発する者もいた。彼らには政治的な野心があった。エラ・トランスは、労働党の国会議員になったピーター・フリードマンと結婚した。

エルシー・フリーマンは、保守党の国会議員になったアルバート・ジェイムズ・エドモンドソンと結婚した。アーノルド・フリーマンは、左派へと傾斜していった。彼らの精神的な拠り所は、幼少期に親しんだ会衆派やバプティストではなく、むしろ神智学や人智学および国教会であった。しかし、一九〇九年の時点では、彼らはまだ会衆派に留まっており、自由党の支持者であった。アスキス自身はこうしたものとは決別したとはいえ、これらがアスキスの初期の支持者の姿であり、彼自身のもっとも重要な背景でもあった。アスキスは、選挙のためだけでなく、時おり説教を聴くためにハイベリ・クワドラントとの関係をずっと維持していた。ハートレイ・ホロウェイは、アスキス同様、「シティ・オヴ・ロンドン校（CLS）」の卒業生《オールド・シティズン》であり、少なくとも、エドワード・スモールウッド、サー・アンドルー・トランス、G・H・ラドフォードもそうであった。ユニオン・チャペルの学校時代、アスキスはリヴァプール通りのウィッティンガム家に寄宿していた。のちには、ブラウンズウッド・パークに住むホィッティンガム家の人びとも、ハイベリ・クワドラントに来ており、うちひとりは、ルター派のフィンランド人との結婚を控えていた。ハイベリ・クワドラントには幅広い層の信徒が集っていたのである。

ハイベリはハムステッドの成長を促した。ハイベリから見て、テムズの南側に位置するのが、ダリッジであった。一九〇九年は、ダリッジのエマニュエル会衆派教会にとって、創立二〇周年（もしくは三三周年ともいえる）であった。この教会は、鉄材を使った礼拝堂から発展してきたのであるが、「立地上、ロンドン郊外にほとんど並ぶものがない」とされたバリー・ロードのこの土地は、ロンドン会衆派ユニオンが一八七六年に購入したものである。一八八九年に教会が設立された頃には、鉄の礼拝堂にかわって、ケンティッシュ・ラグ、バース、ファーレイ・ダウン、コーシャムなどの石材をつかった建物が新しく建築されつつあった。W・D・チャーチはこれをもっとも典型的な初期の英国ゴシック建築の装飾的なスタイルと考えていた。チャーチの教会は大きな高層建築で、尖塔が高くそびえたつ、伝統的な構造であった。席数は九〇〇あった。これ以後、クワドラントと同様の成功をおさめた。新しい聖職者A・A・ラムゼーは一九年間そこにとどまった。その間、彼は一二〇〇名の信徒を集めるまでになった。一九一二年には、教会は二番目の聖職者、アイルランド人のアダム・ラムゼーを迎えた。彼の職は、スコットランド人のマクスウェル・カークパトリックが引き継いだ。二三年の間に教会はメンバーが五七名から五七三名へと一〇倍に成長し、日曜学校には生徒四九三名と教師一〇〇名を抱えるまでになった。ラムゼーは引退後、エンフィールドに移った。彼の息子アーサーは、そのころケンブリッジのモードリン・カレッジのフェローであったが、まもなくケンブリッジのエマニュエル会衆派教会の執事になった。アーサーの息子マイケルは、後にカンタベリ大主教になった。

この教会は、エドワード時代に郊外にたくさん建てられた非国教徒の教会のひとつである。そして、ほかの多数の教会と同じく、ここもタイタニックの悲劇の際、特別の礼拝をおこなった。礼拝は満席であり、印刷された式次第どおりに進められた。三つの讃美歌（「涯しも知られぬ青海原をも」、「光よ、導き給え」「日暮れて四方は暗く」）と祝歌がふたつ（ひとつはメンデルスゾーンの作品）と詠唱歌一曲が歌われた。まず、ベートーヴェンの交響曲第五番の緩徐楽章で始まり、ドレスデン・アーメンで終わった。説教はなかったが、説教の代わりにブラームスのレクイエム（独唱をマリー・ビーチとT・J・モーガン、コンサートマスターはクララ・ハッチンソン、指揮マーティン・クリックマン）が演奏された。このため、全体のプログラムは、おもに指揮者が説明するかたちで進められた。

指揮者のクリックマンは「その夜はじめてレクイエムの演奏を聴く」聴衆に対し、慎重を期して「このレクイエムは、通常のカトリックのレクイエム・ミサとは違うこと」を説明した。たとえば、この（ブラームスの）レクイエムの歌詞はよく知られたものである。というのも聖書や聖書外典からとられているからである。この音楽には、作曲者の母や、彼にとって親交の深かったシューマンの思い出が込められていた。クリックマンは、ウィーンでの初演のときの秘話を紹介した。彼は、「コーラスがいかに美しく、はじめて聞くにもかかわらず、すべての聴衆の心に深く訴えかけるものであったか」を語った。つぎに、難曲を見事に歌いきったソプラノの独唱者に話題を移した。「この曲は高音の長いフレーズが続くため、経験を積んだ歌手でさえ、喉に大変な負担がかかるのであるが、最後まで無事に歌いきった」。これこそ「偉大な作曲家が彼自身の心をあますところなく表現した最高の音楽である」。そして、クリックマンは、最後にアーネスト・ニューマンを引用した。「このような作品は、われわれ自身の生と死のもっとも根源的なものを表現している。こうした作品の魅力は、人間が存在し続けるかぎり色あせることはない。その哲学は、貴金属や丘のように永遠である」。

ハムステッド・ヒースからダリッジ・コモンまで、ドームから尖塔まで、『四階の裏』を経由して、「永遠の慈悲」からブラームスの「ドイツ・レクイエム」にいたるまでに貫徹している文化は同じである。そこに共通する要素とは一体何だろう。

W・J・ドーソンは、ハイベリ・クワドラントのH・E・ブライアリの前任者であったが、自身の回想録を『心の自伝』とよんでいた。本章では、彼らが共有しつつも、統一的ではなく、それゆえに非常に流動的な集合としての文化的心性が、どのように表われているのかを検証してきた。男女それぞれのコミュニティのあいだには、社会的、知的、政治的な葛藤があった。彼らは、各個人が内省するよう、精神的に鍛えられていた。彼らは一種の共同体を形成していた。ちょうど、この共同体に属するビジネスマンが、それまで限られた人のものであったシャツや靴下、包装された石鹸、カーペット、ジャム、タバコなどを大衆化したように、個々のジャーナリストや出版関係者のおかげで、外国の街並み、百科事典や古典の文庫本、音階教育などの芸術が大衆の手の届くものになった。また、映画「ボニー・ブライア・ブッシュ」〔ドナルド・クリスプ監督、一九二二年公開〕が『ブリティッシュ・クォータリー』より人気があったとしても、説教の代わりにすんなりと受け入れられるような詩やレクイエムにはどのようなものであればよかったのだろう。一九一五年、J・M・デントはアンナ・シュウエルの『黒馬物語』の新版を、ルーシー・ケンプ＝ウェルチの挿絵を付けて刊行した。デントはフリー・メソディストから改宗した会衆派であった。家族が属していた教会には、（ロンドン郊外の）ウッドワード・グリーン、エンフィールドとパーリーが含まれていた。彼の企業家としての明敏さから、田園都市レッチワースの成功を早くに予見していた。アンナ・シュウエルの家系はクウェイカーであり、ルーシー・ケンプ＝ウェルチの方は会衆派であった。絵も文章もそれぞれとりたてて秀でたものではなかったが、相乗効果は絶大であった。人気のある、健全な、ある種独特の郊外文化であった。この大衆的なミドルクラス文化は、多くの人が共有できるものであった。これは特筆すべき成果であり、共同で達成したものであった。エマニュエルやクワドラント、それにガーデン・サバーブ自由教会などの教会建築は、個々の委員会メンバーが強い個性を持っていたとはいえ、委員会全体の決定に沿うかたちで建設された。このように適度に抑制がきいていたことで、教会建築は委縮したものになるどころか、むしろ質の高いものとなった。礼拝所の運営組織は、礼拝所組織と同様、代議制をとっていた。礼拝での言葉は簡潔で、礼拝所に飾られる美術は実用的なものであった。つまり物語りや、道徳、ロマンティックな瞬間などをいかに伝えるかに注意がはらわれた。礼拝堂は批評家にとって格好の訓練の場であった。
これらすべてはしっかり定着していた。W・J・ドーソンは、イングランドの会衆派やアメリカの長老派に対して牧師としての職を全うしたが、彼自身はウェスレー派メソディストとして育った。一八六二年のセント・オールバンズには、まだ大都市の時代の影響は及んではいなかった。ここのウェスレー派のサークルは、ロバート・ヴォーンの会衆派サークルとは距離を置いていたが、両者の融合に向けて機は熟していた。

図書館と呼べるようなものはどこにもなかったことが思い出される。本を手にするのは難しかったし、高価だった。日刊の新聞は、限られた人に許された贅沢であった。……私の父が手にできた唯一の新聞といえば、なかば宗教的な刊行物である週刊の『ウォッチマン』であった。……雑誌といえるものは何もなかった。

こうした事実からすれば、間違いなく、現在の読者の目には……われわれは野蛮で文盲の人びとであったと映るであろう。しかし、そうした印象は誤りである。われわれが本をほとんど持っていなかったからこそ、所有しているわずかの本を読む喜びは大きかった。神の言葉は、良質の文学としても称賛に値する文言であり、貴重なものであった。なにしろ、当時は幅広い視野など持ちようもなかったのだから。孫たちは〔一七世紀の〕サー・トマス・ブラウンやロウリーなど読むことはないだろうし、「ロビンソン・クルーソー」ですらあやしい。しかしながら、私はこれらの不朽の名作を読まないといけなかった。というのも、著作家といえば彼らしか知らなかったのだから。

ほかにも言えることがある。……単にわれわれの視野が非常に狭かったことによるのだが、われわれにとっては、見たものが強烈な印象を残した。犯罪が報じられると、母の顔に恐怖の色がありありと浮かんだ。それは話題にするのはもちろんのこと、つぶやくのもはばかられるような事柄であって、理解の範囲を超えるものであった。ドルリー・レーン劇場の最盛期に、ダンカンの暗殺とマクベス夫人の鬼気迫る独白は観客の心を深く揺さぶったものだが、それ以上に、誰もが、ロンドン近郊のスラウで愛人を殺したあと、そのわずか一時間後にパディントン駅で電車を降りたところで逮捕されたクウェイカーのジョン・タウェルの話の詳細な報告におおいに興奮したのである。この事件は、犯罪捜査にはじめて電信が使われたものであった……。

こうした激しい感情は、極悪非道な悪事に対する強い反感からくるものである。当時は、だれも道徳的な罪を単なる「過ち」とは考えなかったからである。「犯罪」と「処罰」、「恥」と「地獄」などという言葉は、非常にリアルで重みのある言葉であった。しかし、それはわれわれが淡々とした、何も大きな出来事のない日常を生きていたからである。日常がいつも薄暗いものであると、一瞬の輝きがまばゆく見える。些細な出来事でさえ、アイソキュロスやソフォクレスの舞台のように見えて、永遠に忘れえない悲劇の様相を呈するのである。

ドーソンの聖職者としての活動はウェスレー派、会衆派、長老派、いずれであったかには関係なく、非常に文学的なものであった。彼は『近代詩の作り手』、『近代的な散文の作り手』『近代小説の作り手』といったタイトルの著作をものした。こうした本は好意的な評価を得た。『ダンディー・アドヴァタイザー』は、ドーソンの『ロンドン牧歌』を評して「ディケンズ自身が涙を流すだろう」と書いた。『シェフィールド・インディペンデント』は、『ハンナの物語』を、「聖職者の小説家によるものでは並ぶものがない」と評した。彼はピューリタニズムを大衆文学の世界に持ち込む使命を負っていた。ウェスレー派メソディストとして、彼はクロムウェル時代のイングランドを肯定的にとらえ、「オリヴァー・クロムウェルの説教」を書いた。これは議会派の蛮行に対する弁明の詩である。

夜明けに街のなかに入ってゆく
オリヴァー・クロムウェルは白髪で毅然としている
聖人たちの先頭にたって馬に乗り、彼はいった。
「この街は私に富と食糧を差し出さなければならない」

一瞬、冷たい笑みが稲妻のように浮かんだ。
軍は飢えて疲れ切っていた

騎兵隊は四列に並んで何もない通りを大聖堂まで進んでいった。日に三度の贅沢な祝宴のおかげで太った、紫のローブをまとった市長が行く手を阻んだ。クロムウェルは彼を見て

一二体の銀の像が、六体ずつ並んでいる
太陽の光が輝きを鈍くしている
沈黙した神がそこにいる
神のような微笑みがそれぞれの顔に浮かんでいる

結末は想像がつく。街は静まり返っており、市長は震えていた。議会派は飢えて困窮していた。クロムウェルの灰色の目が光った。

「銀でできた使徒たちが病を癒すことができたということも、
神の福音を説いたということも、いまだかつて聞いたことはない
彼らはきっと礼拝にも讃美歌にも飽きてしまっているだろう
あるいは虚無的な平和や無力な静けさにも
火をつけて、聖人の像を引きずり倒せ
役に立たない聖像は一銭の価値もない
人びとの必要性に応えさせよう
聖人はまさしく神のしもべなのだから」
そして、彼は優しく付け加えた
「聖者は善行をせねばならない
聖人たちは、コインに改鋳されることで、
この世にいくらかは幸福をもたらすことができるだろう
そうすれば使徒としての義務を言葉ではなく行動で示すことができる
これこそが使徒の使命である」

この淡々とした詩は見事に目的を達成した。物語が語られ、伝統がふたたび注目され、教訓が説かれた。ある情景が描かれ、それが芸術の地位を確立した。すべては業火について書かれた小冊子《トラクト》のような恐ろしさはなく、穏やかに詩的にことが運ばれた。というよりも、これは魂を失ったものではなく、市民のために、ある日曜の夜、セント・オールバンズからハイベリ・クワドラントの教会に通う若者のためのパンフレットであったといえる。

本章の核心は、大戦前夜の三つの郊外の教会に代表される文化を検証することであった。最後に、第二次世界大戦前夜のロンドンのシティで、会衆派の主な教会のうち最後に残ったものについてみていこう。一九三八年の時点で、シティ・テンプルはイギリスでもっとも有名な自由教会であった。その名声はさまざまに変化しながらも、一八六九

年、マンチェスターからジョセフ・パーカーを迎えて以来ずっと続いてきたものである。この教会は、非国教徒たちの文化を忠実に反映していた。この教会の建築家であるロックウッドとモーソンは、優れたチームワークによって、ヴィクトリア時代のブラッドフォードを建築史的に時流に合った町に作り変えた。これは文字どおり都市《シティ》の教会だった。というのも、ロンドンのシティは、シティ・テンプルに大理石でできた「大きな白い説教壇」を寄贈したのだ。それは「イタリアのトスカーナやフリウリ地方にある中世の教会でよく見られる装飾を施された書見机を模した」多色大理石を使った演壇であった。この教会は、ロンドンの教会ではじめて電灯をともし、イギリスの教会のなかで、はじめて女性が説教したことで全国的に知られることになった。

一九三八年のこの教会の聖職者は、メソディストのレスリー・ウェザーヘッドであった。ここはアメリカ人のパブティスト、J・D・ロックフェラーがロンドンのなかで好んだ教会でもあった。教会のメンバーは六四〇名を数え、日曜学校には六〇名の子どもが通っていた。『デイリー・メイル』のコラムニスト、ノーマン・ヒルソンは、一九三八年九月から一九三九年九月にかけて「不況のさなかのイングランドの日曜日の情景」というシリーズを執筆するが、その取材の一環でこの教会を訪問したときに説教していたのは、ウェザーヘッドではなく、その助手であった。助手はドロシー・ウィルソンといい、リヴァプールの長老派の弁護士の娘で、オクスフォード大学に学んだ「豊かな黒髪で色白」の女性であった。黒いガウンを身に着けた彼女は、数ヤード離れた桟敷に陣取る聖歌隊の、白い司祭服《カソック》と濃い青の上着姿の女性たちの明るさとは対照的に、非常に地味であった。彼女の頭上には、ほの暗い赤いランタンの光にシンプルな十字架が浮かんでいた。彼女は多くの会衆を前にしていた。男性の方が女性よりも明らかに多かった。場にふさわしく彼女は目立たないようにしていたが、『デイリー・メイル』の記者は、思いがけずも深い感銘を受けた。

典型的な会衆派の聖職者が、男性であれ女性であれ、伝えようとする教訓を分かりやすくしようとして用いる素朴な手法には、いつも何かしら目新しさがあるものだ。しかし、彼女は難解な神学論争や礼拝様式の議論には頼らなかった。その反対である。彼女が用いる簡潔な方法が力強さを生んでいたのである。

ドロシー・ウィルソンはふたつの情景の説明から始めた。ひとつはカナダ人の物理学者、サー・ウィリアム・オスラーが、若いときに「短い一日を積み重ねながら生きる」ことを決心した際に感じた解放感について。ふたつ目は、大洋を航行する定期客船についてである。この客船は、船長の命令があれば安全扉でいくつかの区画に仕切ることができ、事故が起きても船全体に被害が及ばない仕組みになっている。それで、

われわれは人生という航路上にいます。われわれは、自身の生命を守るために、必要とあらば隔壁を閉じなければならないことも学ばねばなりません。その日にせねばならないこと以上の責務を一日のうちに抱え込む必要はないことをつねに心に留めておくことです。一日の活力は、その日のうちにせねばならないことのためにあるのです。将来の不安を、その不安が現実になる前に抱え込むことはありません。過去は神の手のなかにあります。

何年も前に、ヨークシァのイルクリー・ムーアを散策したことを思い出します。そこには岩やぬかるみがあちこちにあって、小道は谷や平原を越えながら曲がりくねり、地表が隆起したあたりでなくなっていました。遠目にしかその道がどこに続いているのかはわからないのです。しかし、その道をたどるしかありませんでした。というのも、曲がりくねったりねじれたりしているので、近道などしようとすれば、ごつごつした岩に膝がすぐ悲鳴をあげるでしょうし、おそらく沼地のなかですぐに迷ってしまうでしょう。この散策によってわかったのです。そこに来てはじめてつぎの曲がり角が見えるようになるのだ、ということを。それは人生と同じです。「その日に十分なこと」を、という指示は、イエス・キリストの多くのメッセージのなかでももっとも大切なもののひとつであるということを理解しさえすればよいのです。過去と未来については、神が配慮して下さるでしょう。しかし、今日というものは、私たちが作り上げるものなのです。

今日、この日曜日、これはどんな日なのでしょう。それは、神のもっとも新しく、もっとも輝かしい作品なのです。この日は、すでに過ぎ去った昨日までの上に築かれたものです。今日という日をよく生きることは、昨日までの記憶を幸福なものにし、明日を希望に満ちたものにするのです。私たちは、一日の始まりに神を思い、一日の終わりにもまた神のことを考えることで、そうした毎日を送れるようになるのです。みんながこのように生きるなら、この世に危機など起こるはずがないのです。

これが、本章で扱った時期の福音主義非国教徒と文化の、

油断ならない単純さである。それは、すべての問題に対して、慎重に作り上げられ、意図的に方向づけされ、文化的にも系譜をたどることができる、そういったものであった。

第18章　イングランドにおけるローマ・カトリック教会　一七八〇～一九四〇年

シェリダン・ギリー

一九世紀は、イングランド史における偉大で帝国的な時代であった。イングランドは海の支配者であり、世界の工場であったのだ。また、イングランドのプロテスタンティズムにとっても偉大な世紀であった。福音主義と非国教徒の復活をみた時代であり、宗教改革が生み出した宗教が、イングランド史においてかつてなかったほどに、多くの人びとの人生に影響を与え、その生活に規範を与え、深く浸透したのである。当時のイギリス人にとって、このふたつの局面は結びついていた。すなわち、宗教改革を受け入れ、いにしえのユダヤ人のように、神に嘉された国民となったのだから、イギリス人は偉大である。イギリス人は、神意によって祝福され、神の意志を実現すべく神によって選ばれたのである。イギリスはプロテスタントの国であるから偉大なのである。信仰についてそれほど熱心ではないプロテスタントであっても、勤勉、節度、質実といったプロテスタント的な倫理と、宣教師たちと同じように、イギリスの製品や兵士、船乗りたちを世界の隅々まで運んでゆくような進歩と進取の英雄的な精神のあいだには一致するものがある、ということは心から信じていた。さらには、大部分のイングランド人は、こうした国民の徳性は、教皇主義と木靴に象徴されるローマ・カトリックの貧しさと汚さとは対極にあるものと考えていた。プロテスタンティズムは愛国的な宗教であり、カトリックはイングランドの敵であるフランスやスペインの、さらには忌々しい姉妹国アイルランドの宗教であった。カトリックは、メアリ時代の火刑や、無敵艦隊の撃退、名誉革命でのジェイムズ二世の放逐といった心を熱くする歴史的な記憶、さらには、国民をローマから解放したことにつながるあらゆる歴史的な事件と結びつけられていた。その歴史の過程において、かつて教皇を奉じていたイングランドはプロテスタント国となり、自由となったのである。

しかしながら、二〇世紀になると、プロテスタント的なナショナリズムは影をひそめ、イギリスはプロテスタントでなくなるとともに、偉大でもなくなったのだ。国教会ですら、内部から一部カトリック的なものへと変化したし、現在、礼拝に出向く人の数で計るなら、イングランド最大の教会はローマ・カトリックなのである。この二〇〇年間のイングランド大衆の宗教の変化は驚くべきものであった。一八〇〇年のイングランドは、まださらにプロテスタント的になりつつあり、その勢いは衰えることはなかった。そして、カトリックの人口は一〇万人ほどで、取るに足りないマイノリティであった。ただし、迷信といえるまでに恐れられていたマイノリティである。カトリックへの改宗者であったオーガスタス・ピュージンが鉄道で旅をしていた際、胸の前で十字を切ると、女性客が「あなた、カトリック教徒なんですね！　車掌さん、私をこの車両から出してください。別の車両に移らなくてはいけませんから」と叫んだのである。「教皇主義者お断り」は、新しい福音主義の熱狂を受けて、一八世紀のリベラルな伝統が退潮を余儀なくされた際に復活してきたものであった。急進的な福音主義者が、ローマや教皇が、黙示録に登場する獣や赤い女性、もしくは聖ヨハネや聖パウロがいうところの「反キリスト」や「罪の人」であるといった、古くさいプロテスタント的な黙示録のイメージを、国民のイマジネーションのなかに復活させたのである。一九〇〇年までには、こうしたプロテスタント的な黙示録の伝統は退潮していた。カトリック信仰は明らかに伸張しており、一九六〇年までは、ライバルのプロテスタント以上に好調であったが、それは一九世紀の歴史から直接生まれてきたものであった。

近年、カトリックの歴史家のあいだで論争があった。ジョン・ボッシーのこの分野の草分け的な著作『イングランドのカトリック共同体』に刺激されたもので、近代イングランドでのローマ・カトリック教会は中世から生き残ってきたものか、近代になってから復活したものか、どちらであるのかについての論争である。新しい一六世紀の教会が、中世の教会をノスタルジアを込めて振り返ったことは間違いない。しかし、地下組織であり、非合法で、福音伝道を旨とする団体であったので、中世とは相当に異なった別種の組織であった。教皇の権威ははるか遠くにあり、一六世紀の教皇のまずい戦略——ピウス五世がエリザベスを異端にして王位簒奪者として破門したことがその最悪のものであったが――のため、フランスのカトリック教会がローマへの協力を控えてしまった。一六二〇年代の短期間を別にして、一六八五年以前にはイングランドに司教がいなかった。一六八五年から一六八八年のジェイムズ二世の短い治世の間に四人の司教が教皇によって任命されるが、彼らは正規の司教区付きの司教ではなく、教皇庁付きの代理司教《ヴィカー・アポストリック》にすぎなかった。

一六八八年から一八四〇年の間、代理司教が四つの代理職管区――ロンドン、北部、ミッドランド、西部――に区分された教会を名目的に司っており、ウェールズは西部管区に含まれていた。しかし、代理司教は教会内部ではたいした影響力を持たなかった。宣教活動をおこなう聖職者の数は、上位者の求めに応じられる修道会の数によって均一ではなかった。こうした修道会のうち、最大のものはイエズス会とベネディクト会であった。しかも、司教区当局から独立していたいという同じような考えが、在俗の聖職者にも広がっていた。彼らは、独自の「旧集会《オールド・チャプター》」という組織を持っていた。その組織は、一六二〇年代にあるひとりの司教によって立ち上げられたが、その後は、司教からはほとんど独立した存在であった。そのため、教会の大部分は、実質的には長老制であったのだ。対抗宗教改革下の教会は、支配管轄権をめぐる戦場であった。ローマ・カトリックの史料を調査すれば、だれもがイングランドのカトリック教徒がお互いの抗争に振り向けたエネルギーに感心するだろう。そのうえ、代理司教と〔現場の〕在俗司祭・修道士とのあいだにあった抗争や嫌悪の情、さらには、在俗司祭と修道士のあいだにあった軋轢を示す史料を見ても驚かされる。こうした憎悪は三世紀にもわたって残った。司教が優位に立ち、聖職者を支配するようになったのは、ようやく一九世紀になってからのことである。一八八一年の教皇令「ローマの司教《ロマノス・ポンティフィケス》」が修道会の独立性を制限したが、とりわけ、もっとも強力であったイエズス会については、大司教マニングの命令によって制御した。しかし、ローマの信仰伝道省は、一九〇八年までは「伝道区」としてイングランドをその支配下に置いていたのだが、この抗争がひどく錯綜したものになっていたことを知るのである。

教会の実権は貴族・ジェントリの手にあった。彼らは、その子どもたちを聖職者にしたり、修道会に送り込んで、大陸での修道会や女子修道会、修道院、学校の広いネットワークを維持していた。しかし、彼らが資金を出していたので、司教の意見をほとんど聞かずに、好きなように自分たちの屋敷付き司祭を雇っていたのである。こうした基盤の上に、ピューリタンたちが「日の届かぬ場所」と呼んだ僻遠の地で、カトリック信仰が生き残っていた。とりわけイングランド北東部やランカシァに残存していた。そこでは、たとえばリトル・クロスビーという村では、村人全員がカトリック教徒であったし、プレストンのような都市部でも住民の三分の一がカトリック教徒であった。カトリック教徒に対する刑罰法は、教区教会にやってこないカトリック教徒に罰金を科することで、彼らを窮乏化させる狙いがあったが、カトリックは、実質をともなう信仰として近世を生き延びたのである。よくいわれるように、カトリック信仰はジェントルマンに適合する唯一の宗教であったので、イングランドで昔から続いてきたある種の社会的に「上品なイメージ」がカトリックに付与されたのである。

迫害が弱まり、ジェントリのコントロールを受けない都市部での宣教活動が盛んなるにつれて、カトリック信仰につきものの世俗的な上品さは、一八世紀にはさほど重要なものではなくなった。農村にいたイングランドのカトリック教徒の多くが都市部へと移っていった。しかしこれは、田園地帯の上層に依っていた組織が、まったく違った類の教会へと変化していったことの一局面に過ぎなかった。プロテスタント非国教徒のあいだでの福音主義の復活と同じようなことがローマ・カトリックにも、新たな積極的な政治的行動やミドルクラスの信仰への真面目さとしてみられた。それは、カトリックの礼拝を合法化した一七七八年と一七九一年の解放法によって弾みをつけられたものであった。多くの俗人カトリック教徒は政治への関心を持っていたが、ジャコバイトの失敗や反カトリック的な高教会派トーリーの敵意が、カトリック教徒の政治活動をジャコバイトからジャコバン主義へと左傾させた。国教会を国教とする体制からの解放を主張して、カトリック教徒は急進派やホイッグと結びついた。それで、ボッシーが示したように、一八〇〇年頃、イングランドのカトリック教徒は、クウェイカーやユニテリアンとともに、イングランドの非国教主義者の急進的な非プロテスタント的党派を形成したのである。一七八〇年代には、影響力のあったバーミンガムの司祭で著述家のジョゼフ・ベリントンは、イングランドの指導的なユニテリアンであったジョゼフ・プリーストリーの良き友人であった。ストックトン・ダーリントン間に敷かれた世界で最初の旅客鉄道路線は、カトリックとクウェイカーによる事業であったし、最初のレールが敷かれる際、ふたりの司祭がその場に同席していた。

実のところ、一部の急進的なカトリック教徒は、半ば民主的な教会を求めていた。しかし、俗人主導の時代は過ぎ去りつつあった。司祭の新しい典型は非妥協的なジョン・ミルナーであった。ミッドランド管区の代理司教であり、著作家であり、人にかみつく闘士であり、ニューマンによって「イングランドのアタナシウス」と渾名された人物である。旧来のカトリック教徒が寛容なプロテスタントとの関係を良好なものにすることを望んだのに対して、ミルナーはプロテスタントを痛罵することで、より戦闘的なカトリック信仰が台頭したことを示し、彼の著作『宗教論争の終焉』がその始まりとなった。ミルナーはまた、俗人に対する聖職者の権力、聖職者に対する司教の権力、そして司教に対する教皇の権力を求めた。彼は、教会に民主主義を求める傾向と戦った。その結果、フランス革命はカトリック信仰に保守派の反動をもたらすことになり、より聖職者中心で、司教制度の強い、教皇に傾斜した教会を生み出した。信者に対して権威主義的で、敵に対しては戦闘的な教会である。

フランス革命の直後にすぐ起きたのが、七〇〇〇人のフランス人司祭や修道士の渡英であった。彼らは数千人の俗人亡命者《エミグレ》とともに、イギリス国家や〔民間の〕慈善団体から給付金《ペンション》を受給した。最初の亡命司教は、サンポール・ドゥ・レオンの司教であったが、ブランディの籠に隠れて到着した。亡命がピークに達した頃、ウィンチェスターのキングズ・ハウスには一〇〇〇人もの司祭が滞在し、夜ごとに屋根に上っては「ゴッド・セイヴ・ザ・キング」を歌ったのである。国教会は亡命者たちのカトリック信仰を遺憾に思いながらも、同型教会の聖職者として救助金を与えた。そして、プロテスタントの大学であるオクスフォード大学は、彼らのためにラテン語のヴルガタ聖書を印刷したのである。フランス・トラピスト修道会の修道士たちは、ルルワースに修道院を設立し、フランス・カルトゥジア修道会はワードールに赴いた。ブルボン家の王女をともなってきたある女子修道会はイングランドの地に根を下ろしたが、一世紀を経た後も、フランス語で修道院の記録を付けていた。一八〇一年にナポレオンがフランスの教会を復活した際に、大部分のフランスの聖職者は帰国したが、一部は宣教の基礎を固め、司牧を続けるためにとどまった。彼らは聖体やイエスの聖心への信仰を勧め、大陸のカトリック聖職者によるイングランド進出の最初のものとなった。彼らは、イングランドのローマ・カトリック信仰の変化に重要な役割を果たすことになった。

さらに重要なのは、三〇ほどのイングランド人によるカトリックの女子修道会や修道院、神学校が大陸からイングランドへ戻ってきたことである。ドゥエイとデューロアル、それにドイツのランプスプリンクにあった修道院からやって来たベネディクト会士は、ついには〔バース近郊の〕ダウンサイドと〔北ヨークシァの〕アンプルフォースに新しい修道院を建てた。リールのカルメル派修道士は、ビショップ・オークランドでダラム主教から給付金を受けたし、ブリュッセルやカンブレー、ヘント、パリ、それにダンケルクにあったイギリス人によるベネディクト女子修道会は、最終的にはスタンブルック、ウールトン、コルウィッチ、そしてティンマスに修道院を再建した。中世の修道会で、唯一、無傷で宗教改革の時代を生き延びたシオンのブリジット女子修道会は、デヴォンに落ち着いて、四世紀にわたってアントワープ、ルーアン、リスボンと流浪してきた歴史に終止符を打った。元イエズス会士の生き残りは、ストーニーハーストに定着した。一方、ドゥエイにあった神学校は、ウェアとアショウに新しいカトリックの学校を設立した。信仰の自由とイギリスの地における新しい組織の活力によって、カトリック教徒はイングランドでのカトリック教会復活の黎明を見たのである。

しかし、イングランドの教会の運命を変えたのはカトリック地域であったアイルランドの影響であった。両国の議会とプロテスタントの体制教会は一八〇〇年に合同した。そのとき、アイルランドの人口は五〇〇万人で、イングランドとウェールズの人口はほぼ九〇〇万を超えていた。両国の人口比は今日よりもはるかに近接していたのである。アイルランドの人口の四分の三は貧しいカトリックの農民で、彼らは一八二〇年代にカトリックの司祭たちによって「カトリック連盟」に組織されていた。この組織は、カトリックの法律家ダニエル・オコンネルの指導下にあり、近代世界ではじめての民主的な大衆運動であった。オコンネルの連盟は、一八二九年、イングランドのトーリー政府に圧力をかけて、第三カトリック解放法を成立させた。この法律によって、ローマ・カトリック教徒がイギリス議会の議員となることが可能になり、たいていの国王政府の公職に就くことができるようになった。一八三〇年以降は、ウェストミンスターにアイルランドのカトリック議員団ができ、少数ではあるが大きな影響力をもつイングランドのカトリック貴族も貴族院に議席を得た。それで、それ以降は、カトリック勢力が、プロテスタント国家イングランドの政府で一定の発言権を得たのである。

それでも、アイルランド経済はすでに危機的状態にあったし、定期的に飢饉に悩まされていた。一七九〇年には、すでに相当数のアイルランドの農民がイングランドに移民しはじめていた。一部は収穫時の季節労働者としてであったが、イングランドの都市でもっとも貧しく不潔な地域にとどまり続けた者もいた。こうした移民には三つの主要なルートがあった。まず、アルスターからスコットランド西部へ渡るもの。そして、コークからロンドンへ渡るもの。

これには直接海路で渡る場合とブリストルを経由する場合があった。最後に、ダブリンからリヴァプールへ渡るルートである。これら三経路の最終地であるロンドン、リヴァプール、グラスゴーにアイルランド人が集中し、大規模なアイルランド人定住地が形成されていったけれども、それ以外にも、小規模なアイルランド人居住地がたくさんあった。それで、一八三〇年代には、イングランド北部の大部分で、カトリック教会は危機的状態にあった。というのは、新しくやってきたこの巨大なカトリック教徒にはしかるべき司牧が為されていなかったので、若い司祭たちは命を削りながら彼らの世話に明け暮れた。

アイルランドからの移民は、一七九〇年代にはまだゆっくりと滴るしずくのようなものであった。一八二〇年代には川の流れのようになり、ジャガイモ飢饉があった一八四〇年代にはもう洪水状態であった。一〇〇万もの人びとが餓死し、さらに一〇〇万人が国を捨てて、大部分は北アメリカに移民として渡っていった。しかし、最貧層の多くはブリテン島に渡った。イングランドにおけるアイルランド生まれの人口は、一八四一年には二九万一〇〇〇人であったのが、一八五一年には五二万人へとほぼ倍増している。このため、一八五〇年には、イングランドの教会は、イングランドにいるアイルランド人の子どもも合わせて、五〇万人を優に超える、一応名目的にはカトリック教徒である人びとに、プロテスタントの福音を説いていった。

しかも、このカトリック教徒たちの信仰のとらえ方は、旧来のイングランドのカトリックとはいささか異なっていた。移民たちは、宗教上の事柄については、イングランドのカトリック・ジェントリに比べて司祭の意見に従うことに抵抗がなかったので、イングランドのカトリック教徒のあいだに聖職者の権威を高めさせることになった。それでも、イングランド人司祭が自分の政治的見解を信者に押しつけようとしても、うまくいかなかった。イングランド人司祭は、アイルランド人司祭とは違って、急進的なナショナリズムと宗教とを混ぜ合せてアイルランド人にアピールしたり、信仰への愛と祖国への愛を結びつけようとするような政治的な指導者にはなれなかったのである。アイルランド人がゲール語しか話さない場合、イングランド人司祭は言葉がわからなかったし、イングランド人司教には、アイルランド語の話せる司祭をアイルランドから連れてくることに消極的な者もいた。アイルランド人は、たとえば死者のための通夜《ウェイク》のような習慣にまだ執着しており、彼らの信仰には、ヨーロッパのカトリック世界では、対抗宗教改革によって社会の表面から駆逐されてしまったような、キリスト教以前の古代の民間信仰がいまだに息づいていた。

しかも、アイルランドの農村地域、とりわけアイルランド西部では、毎週日曜日にミサに出席するのは、おそらく人びとの四〇パーセントしかいなかった。彼らの信仰活動の中心は、まばらにしかいない司祭や遠方の礼拝堂へ毎週出かけていってミサに与るといったことに重きを置くのではなく、家庭内での祈り、地域の祠や聖泉、守護聖人祝日の野外祭祀や巡礼といったものを中心にしていた。アイルランドの農村ではそういったものがまだ聖性を失っていなかったのである。日曜毎にミサに出かけるというのは、イングランドに移民した者に求められた習慣であった。それは、司祭とミサ、礼拝堂に収斂される信仰活動であり、イングランドの都市のスラムでは、礼拝堂こそが唯一の聖なる場所であったからである。

かくして、イングランドのカトリック教会は大変な仕事を背負い込んでしまった。アイルランド移民のために司祭と教会を用意し、彼らを、少なくともその一部を、近代イングランドのカトリックの規範に従って再教育しなくてはならなかったのである。しかし、教会の指導者たちは、それ以上に大きなチャンスを得た。ロマン主義がカトリック教会に対するイングランド人の文化的なスタンスに劇的な影響を与えたことで好機が訪れたのである。サー・ウォルター・スコットの小説や詩によって、人びとは中世の宗教に新たに魅了され、ワーズワースの書いたソネットが、「無原罪の御宿り」の教義を広めた。

聖母よ！　汝の無垢なる内懐には、
罪が兆すことは微塵もない
栄えある女性たちすべてのさらに上に立つ女性！
われらが堕落せし本性のただひとつの誇り
大洋のうたかたにもまして純潔で
夜明けの東雲よりも輝かしく
心に浮かぶバラの花をもって……

アングロ＝サクソン史と中世史の研究が、ローマとのつながりのあった古のイングランドの教会への関心を呼び起こした。アショウ出身の若い歴史家ジョン・リンガードは、まずアングロ＝サクソン時代の教会史を書き、ついで控えめなイングランドのカトリック教会史を書いて、ヒュームや、後のマコーリーの優れた歴史叙述に対抗した。親カトリック的な著作でもっとも辛辣であったのは、偉大なプロテスタントの急進的ジャーナリストであったウィリアム・コベットの筆になるものであった。コベットは、中世の修道士が慈善活動を好んだことを激賞し、宗教改革を暴力的で無原則な野蛮人による貧者からの財産の収奪であると述べた。トマス・リックマンのような好古史家的な傾向があった建築家は、中世建築のさまざまな様式を分類したし、一八三四年に国会議事堂が焼失した際、才気あふれる若い建築家オーガスタス・ピュージンによって、ゴシック様式に忠実に再建されたのである。ピュージンはスイスから渡ってきたプロテスタント亡命者の息子であったが、カトリックに改宗していた。

ピュージンはまさに革命的な天才であった。彼は宗教とそれが作り出す文化のあいだには本質的な関係があると主張した。したがって、古典様式の建築は異教的であり、ゴシックのみがキリスト教的なのであると。彼は、ローマのサン・ピエトロ聖堂をキリスト教世界の「ウパスの樹」すなわち近づくものを死にいたらしめる毒樹と呼び、打ち壊してキリスト教様式で建て替えるべき異教建築と考えた。ピュージンの教会建築にはふたりの偉大なパトロンがついていた。シュルーズベリ伯とレスターシャのアンブローズ・フィリップスという大地主である。シュルーズベリ伯は、聖痕を受けた北イタリアの若い夫人への執着を示した奇妙な建物を造っていたし、フィリップスは、後にフィリップス・ド・ライルとなるが、反キリストとは教皇ではなくトルコ人であるとの神からの啓示を受けてカトリックに改宗していた。ピュージンは何百という教会を設計したが、財産は慈善に捧げ、三回結婚し、わずか二〇年で、常人の人生の何倍もの仕事を成し遂げて、狂気と極度の疲労のうちに四〇歳で亡くなった。彼の仲間こそが、イングランドの宗教にもっとも深淵から革命を起こしたのであり、それは、唯一の正しい宗教的な雰囲気は、ステンドグラスやゴシック様式の尖頭アーチ、パイプオルガン、男性だけの聖歌隊、中央に置かれた大理石の祭壇、真鍮製の鷲型書見台、葉飾りを浮き彫りにした聖歌隊席、色粘土で模様を焼き込んだタイル、石の洗礼盤、その他のあらゆる新中世的な信仰にふさわしい備品によって作られるものである、という信念から生み出された。

ピュージン氏が教えるまで、
カトリック教会を〔イギリスは〕知らなかったのだ。
そもそも、その正しき教えは、
煉瓦とモルタルとともに為されるべきなのだ。

たとえば、ピュージンの手になるチードルの豪華な教会のように、その成功の頂点において、ピュージン風の教会には光と色彩があふれていた。そこでは、礼拝は耳によるものであると同時に目で感じるものでもあった。ピュージンはまた、儀式をなおざりにしてきたイングランドの宗教に儀式を愛することを教えた。

聖水盤は縁まで一杯に満たされ、キリスト磔刑像は高所に掲げられる……。聖なる内陣にはランプが煌々と輝き、ガラス窓には聖画像が荘厳に輝く。オーク材の聖具棚には白祭服が掛かり、コープ〔マント型外衣〕収納箱は匂い立つ金襴で満たされる。聖体容器、礼拝板、聖香油入れ、それに香炉と十字架がそこにある。

中世カトリックの芸術と建築は野蛮であると広く考えられていた。ゴートという言葉がバンダル族、すなわち芸術破壊者の類縁語であったのである。いまや、それこそが唯一のキリスト教様式であった。一八四〇年以前に建てられたカトリックの礼拝堂は簡素な長方形の舞踏場のような建物であった。建築様式に則る場合でも、通常は古典様式であり、ゴシックではなかった。ロンドンにあったカトリック国の大使館の礼拝堂のように、音楽が演奏される場合には、修道院らしからぬオペラのような聖歌隊によって歌われ、その聖歌隊にはイタリア歌劇から連れてきた女声を含んでいた。それで、あるロンドンの礼拝堂は三文オペラ・ハウスなどと呼ばれた。ピュージンにとって、これはまぎれもない非宗教的な代物であった。

「時代精神」は明らかにカトリックに棹さす方向へ動いていた。畏敬の念や優しさ、神秘、驚異といった感覚をともなった礼拝形式や芸術、建築における象徴主義《シンボリズム》へと関心が向いたのである。それらは、一八世紀の合理的な宗教の説教に欠けていた要素であったし、情緒的ではあるが見栄えのしない大衆的なプロテスタンティズムの贖罪神学にも欠けているものであった。プロテスタンティズムやナショナリズムでは統御できなかった精神の象徴化を求める意識があったのである。その象徴性こそがカトリック信仰であった。

プロテスタントのもっとも急進的な人びとはこのことに気づいていた。一八三〇年代の前千年王国説を説く教派のひとつであった、元長老派のエドワード・アーヴィングに率いられたカトリック使徒教会は、天使と使徒の階層を唱え、華麗で見栄えのする礼拝をおこなった。それは、国教会の新しい高教会派のなかで教会や司牧、秘蹟についてもっと高次な教義を求めようという熱心な動きがあったのと同じ頃であった。この新高教会派の神学は、一八三三年にはじめて登場したのだが、国教会の権力・特権・財産は国家から支援を受けてコントロールされている体制宗教であると攻撃していた急進派や非国教徒、ローマ・カトリック教徒などに対抗して、自分たちの教会の正統性を主張するものであった。それで、高教会派の対抗的な動きは、容赦のない反ローマ・カトリック的なものとして始まったのである。しかし、一八三八年になると、高教会派の指導者たちは「アングロ・カトリック」と自称していたし、国教会のプロテスタント的な伝統を公然と非難していた。そのため、教会内のリベラル派や福音派からは、彼らは隠れローマ・カトリックであると攻撃された。

それでも、一八四五年になると、アングロ・カトリックは二派に分裂した。一方はアングリカンにとどまり、プロテスタントやリベラル派の圧力を受けながらも、国教会の礼拝や教義、信仰の在りようをカトリック的なものに変えようと、相当な努力をした。もう一方のグループは、〔国教会福音派の〕ウィリアム・ウィルバーフォースの四人の息子のうち三人が含まれていたが、近代イングランドが生み出した唯一の偉大な神学者であるジョン・ヘンリ・ニューマンの指導に従っていて、ローマ・カトリックに改宗してしまった。その結果、かなりの数の教育を受けた男女がローマ・カトリック教会に流れ込んだ。彼らの大部分は、高教会リバイバルの影響を強く受けていた地主貴族やジェントリたちの洗練された上品な子どもたちであった。ニューマン自身はミドルクラスの商人の家に生まれ、もともとは福音主義者で、その家族をひとりもカトリックに改宗させなかったことは注目される。このことは、プロテスタントは、店の主人がカトリックになるような兆候を示したときにだけ心配すればいいのだ、という評言を思い出させる。ゴードン・ゴーマンのローマ・カトリック改宗者の研究が示すところでは、一九世紀に、四五〇人のアングリカンの聖職者がカトリックに改宗した。また、『コケインの貴族総覧』掲載のヴィカリー・ギブスの手になる付録では、一部は昔からのカトリックの家柄であるとはいえ、七〇人以上の貴族が改宗している。W・H・オーデンによると、バプティストは勝手口にやってくるような人びとであるが、カトリックへの改宗は家族の大事な一員に突然降りかかる災難であった。

それでも一九世紀は、決まった宗教を持たない、改宗の方向も定まらない人びとにとっては黄金時代であった。リチャード・ワルド・シブソープは、リンカンの旧家の一員であったが、悪意をもった外国人がイングランドにやって来るとして万国博覧会に反対した常軌を逸した国会議員シブソープ大佐の兄弟であった。リチャード・ワルド・シブソープは、気高い急進的福音主義者として、若き日のニューマンの経歴のなかに登場する。彼はローマ・カトリックに改宗するが、のちに国教会に復帰し、その後、ふたたびカトリックに改宗した。ノッティンガム大聖堂の聖堂参事会員としてその生涯を終えたが、墓前で共通祈禱書を用いた礼拝をしてくれるように希望している。もうひとりの改宗聖職者の例が、米国聖公会のピアス・コネリーである。彼は自分が司祭になりたかったので、妻に修道女になるように説得している。プロテスタントに戻ったとき、結婚の法的な回復を法廷に訴えるが、認められなかった。それでも、子どもの養育権は確保した。妻の方は修道誓願を守り続け、今日では「ホーリー・チャイルド・イエス会」の創設者として福者に叙せられている。

改宗者の相当数は女性であった。その多くは修道女となった。カトリックの魅力が小さくはなかったことは、修道会のなかでも、女性の活動にかなりの自由裁量を保証したという事実にみられる。とくに女性の活動は、教育や看護、慈善の領域で活発に始められた。フローレンス・ナイチンゲールがカトリック信仰にひかれていたことは有名であるが、改宗者のなかにはナイチンゲールとともにクリミアへ赴いた女性もいたし、クリミアで看護にあたるカトリックの修道女とともに働いた者もいた。ところが、カトリック信仰はヴィクトリア時代の家父長の権威を踏みにじり、無視することを容認するものでもあった。つまり、カトリックに改宗すること以上に劇的に父親の権威から自由になる方法はなかったのである。ある老齢の海軍大佐は、ローマのオラトリオ修道会の好ましからざる影響と戦うためにブロンプトンに居を構えた。彼の息子がその修道院長となっていたのである。流行に乗って改宗した者の多くは、ローマからの宣教活動の影響を受けたわけではなかった。ニューマンは、自分自身が改宗するまではローマ・カトリック教徒の知り合いはほとんどいなかったし、ローマでもこうした奇妙な改宗イギリス人について当惑していたことは、教皇ピウス九世の見解にも表われている。すなわち、ピュージー〔オクスフォード運動の指導者〕は、信仰厚き者たちを呼び寄せる鐘のようなもので、それ自体は決して教会の内には入ってこないのだ。

有名な改宗が典型的なものであったわけではない。たいていのローマ・カトリックへの改宗者は貧しい人びとで、同じように貧しいカトリックと結婚した際に改宗したのである。しかし、運動は夢想家を引きつけた。そういった夢想家のひとりで、シュルーズベリ・サークルのメンバーであったジョージ・スペンサー師は、代々のスペンサー伯爵の甥、弟、叔父に当たるが、一八三九年に、イングランドをカトリックに改宗させるために、外国人カトリック教徒とイギリス人カトリック教徒のなかで「祈りの十字軍」を始めた。スペンサーはもっと保守的な旧来のカトリック教徒の反発を買ったが、反対する者のなかには、ピーター・

オーガスティン・ベインズ司教のような構想力豊かな人物もいた。ベインズ司教は、ベネディクト派修道士であったのを止めて、バース近郊のプライオリ・パークの古い館をカトリックのカレッジに変えてしまった。メインの建物を大きなアーケードによってふたつの別棟と結んだ、ほぼ四分の一マイル〔約四〇〇メートル〕もの長いファサードをもつ建物である。イングランドを改宗させるという期待に嘲笑を浴びせたのはもっともではあるが、ベインズは、ローマがいまや禁断の果実の魅力を持ち、ふたたび国の文化に影響力をもつ存在となっていることを理解していなかったのだ。

長い時間をかけてカトリックの文化的な影響が生み出したものは、小説家や詩人、画家などの相次ぐカトリック信仰への改宗者である。ジェラード・マンリー・ホプキンス、コヴェントリ・パトモア、エドワード・カスウォール、ライオネル・ジョンソン、オーブリ・ド・ヴェール、フレデリック・ロルフ、ロバート・ヒュー・ベンソンなどである。ベンソンは司祭にして小説家であったが、カンタベリ大主教の息子で、同様に優れた文筆家であったふたりの兄弟がいた。もっと気まぐれであったり、奇矯な者は、死の床まで改宗するのを延ばした。たとえば、モーエンストウのロバート・ホーカーや、オーブリ・ビアズリー、オスカー・ワイルドなどである。全員がカトリックにとどまったわけではないにせよ、ヴィクトリア時代後期に、いかに多くの文学者がカトリックの教育を受けていたかは注目に値する。オスコットではアルフレッド・オースティン、ウィルフリッド・スカーウェン・ブラント、ストーニーハーストではアーサー・コナン・ドイル、アショウではラフカディオ・ハーンにフランシス・トンプソンがいた。

ニューマンがイングランドのカトリック教徒を呼ぼうとアイルランドに建てた大学は失敗し、また、オクスフォードにオラトリオ会を設立しようという彼の計画が（マニング大司教の反発もあったが）挫折し、さらにはマニングがケンジントンに計画したカトリック大学も（ニューマンやイエズス会の反発により）失敗したにもかかわらず、こういった成果が見られたのである。カトリック信仰は知的な〔最先端を切り開く〕切刃を持っていた。イングランドの識字層に対してキリスト教を公的に防御しようとする活動が、つぎつぎにローマ・カトリックもしくはアングロ・カトリックの手に落ちていったことで、そうした傾向が固まった。二〇世紀前半には、もっともよく知られたキリスト教護教論者は、たとえばT・S・エリオット、C・S・ルイス、チャールズ・ウィリアムズ、ドロシー・L・セイヤーズ、ジョン・ベッチェマンといったアングロ・カトリックの詩人や小説家、もしくはチェスタトンやベロック、ロナルド・ノックス師、ウィンダム・ルイス、イーディス・シットウェル、イヴリン・ウォー、グレアム・グリーン、J・R・R・トールキンといったローマ・カトリック教徒になっていた。ここにあげた名前にはプロの神学者はいない。しかしそのため、彼らはどのみちイングランドでのカトリック復興の歴史叙述は、ある一族のメンバーによってしかるべき足場に据えられた。バーナード、ウィルフリッド、メイジーのウォード家である。その一風変わった結果が、イングランドにおけるカトリック文化の二重性である。すなわち、ひとつは貴族的な改宗者の文芸的な文化であり、もうひとつがアイルランド人労働者の文化である。つまり、教会の宣教活動にはふたつの方向性があったのである。アイルランド人カトリック教徒を更正し、プロテスタントのイングランド人を改宗させることであるが、要は、教育があり裕福であることが多かったプロテスタントを改宗させ、たいていは貧しかった教皇主義者を更正することであった。

その結果、おかしな衝突が見られた。W・G・ウォードという改宗者は、司祭が貧しい教区民に一七世紀のイエズス会士ブールダロウがフランス宮廷でおこなった説教を読んで聞かせたとしてお払い箱にした。司祭が「お聞きなさい、快楽にふける若者よ！　お聞きなさい、流行にうつつを抜かす浮気者が！　お聞きなさい、お偉方の控えの間に足繁く通うのが好きな者よ！」と叫んだ際、ウォードと同じく改宗者仲間のグラフトンだけが、粗野なアイルランド人会衆のなかで、ジェントルマン階層の人間であった。無骨なウォードが言い添えるには、「われわれを、誰が快楽にふける者で、誰が浮気者か、どうしたら区別できるだろうかと、グラフトンを見た。自分では、自分が浮気者のように見えるとは思えないのだが」。潔癖なニューマンも、「汚らしいアイルランド人」の告解を聞いていた際、聴聞室ではじめていやなお偉方に出くわした。それは、貴族出身の小説家ジョージアナ・ファラートン夫人で、アイルランド人の〔通行人の前の道路のゴミを掃き清めてチップをもらう〕道路清掃人の箒を振り回して聖なる貧困を実践していた。また、ド・スタクプール伯爵夫人は、サザーク司教の反対を受けながらも、自分の地位を利用して教皇に近づき、バタシーの貧民への宣教活動を組織した。そして、新しく立ち上げた教区とドーチェスター・ホテルのあいだを、隊列をなしてお出ましになったのである。貧民のための宣教活動の多くは、このような上流階級の慈善からたまたま生み出されたものであった。イングランドの宗教の背骨を成していたミドルクラスがまだまだ弱体であった間に、イングランドのローマ主義は、富裕者がリーダーシップを取り、貧しい者がそれに従うといった仕組みをうまく利用したのである。

しかし、はじめの頃から、ローマにとって明らかなことがあった。イングランドでのカトリック信仰はブームだということである。一八四〇年に教皇は教皇代理を四人から八人に倍増させ、一八五〇年には、ウェストミンスターの枢機卿司教の配下に完全な管区をもつ一二人の司教を配して、教会の位階組織を回復させた。この処置は新任の首座大司教ニコラス・ワイズマンによって発表され、国民を驚かせた。その発表はローマのフラミニア門から発せられた熱のこもった司牧書簡でなされたが、イングランドで最後の大規模な民衆の「カトリック排斥」感情を引き起こしてしまった。カトリックの教会組織の復活は「教皇による侵略行為」とみなされたのである。首相ジョン・ラッセル卿からダラム主教に宛てた書簡がさらに反発をあおることになった。ラッセルはホイッグの政治家としてつねにカトリックの主張を支持していたが、今回は反対に回ったのである。この騒ぎから最後の反カトリック法が生み出された。新しいカトリックの司教に自分の管区の名称を使うことを認めない、一八五一年の聖職称号法案である。しかしこの法は実効力はなく、一八七一年に時の首相であった自由党のグラッドストンによってそっと廃止された。実際、ラッセル自身が、ローマの教会には貧しいアイルランド人を司牧する権利があることを、ダラム主教に宛てた手紙で認めているように、一八五〇年からの数十年間に、カトリック信仰を容認するようなある種の公的な基盤が形成されていた。カトリックの学校への公的援助が増えていたし、陸軍の従軍司祭にカトリックが任命されていた。というのも、陸軍兵士の三分の一はカトリック教徒であった。それに、救貧院や監獄には沢山のアイルランド人が収容されていたので、彼らが望む礼拝をおこなう権利を認めざるをえなかった。そういった権利は、長いあいだ認められてこなかったものである。

新しい教会の建築者はワイズマンであった。情熱的で派手な、枢機卿になるべく生まれたような人物であった。長くセビリアに定住していたアイルランド人貿易商の家庭に生まれたが、アショウで教育を受け、後にローマへ移り、そこで二〇代の頃には古代シリア語の学者として国際的に知られるようになり、その後イギリス人の聖職者会の院長《レクター》となった。ローマは賢明なイギリス人上流人士には好意的であり、一九世紀には、ウェルドやアクトン、ハワードなど、何人かの教皇絶対主義的なイギリス人の枢機卿がいた。しかし、ワイズマンはイングランドでのカトリック復活を後押しするためにイングランドへ戻ることを決め、一八四

○年代にはバーミンガム近郊にオスコット・カレッジを建てた。彼が総長職司教をつとめたこのカレッジは、イングランドのカトリック世界の中心となった。ワイズマンは、組織の管理運営は下手であったが、それ以外は、何事もおどろくほど器用にこなした。初期ローマ教会の女児殉教者を取り上げた『ファビオラ』という大衆小説まで書いている。この本は、一時はあらゆるカトリック学校で優等生に与える賞品となり、二〇世紀になっても、女学生のあいだには、メアリ・マッカーシーや「ラ・パッシオナリア」〔ドロレス・イバルリ。スペイン共産党の指導者〕といった有名なカトリック背教者のような愛読者がいた。国教徒の改宗を可能にしたのは、ワイズマンの親しみやすい人柄と教義の面では妥協しない態度が結びついた結果であった。彼は自分の指導に従った改宗者の保護者であり、イングランドのカトリック教会をローマ以上にローマ的にした。

　ことの本質はイングランドのカトリック教徒の信仰の変質にあった。イングランドのカトリック教徒は、祈りの手引きとして一八世紀の司教リチャード・チャロナーが著わした『魂の庭』を使っていた。これは、中世イングランドの神秘的な伝統に根ざす真摯な敬虔さによって感情に直接訴える作品であった。それは、極めて私的な信仰のあり方が自然なものである、という感情を維持するうえでも適していた。そうした私的な信仰は、必然的に、対抗宗教改革的なバロックの礼拝に見られた公的儀式や仰々しい礼拝道具を使わずに済ませるものであった。一九世紀になるまで、ミサは「お祈り」と呼ばれ、司祭への尊称は、「神父《ファーザー》」ではなく、単に「ミスター」であった。彼らの態度や服装においても、その人物が本当は聖職者であることを示すようなものはなにもなかった。気の毒にもピュージンは彼らに失望して悲しんでいる。「われわれの周りに沢山（！）いるこうした司祭たちには、きちんとした祭服が何の役に立つでしょう。なぜって、彼らが私のデザインした祭服チャズブル（カズラ）を着用したなら、司祭には見えないし、もっと悪いことに、チャズブルがチャズブルに見えないのですから」。

　イングランドのカトリック教徒の上品さはアン女王時代の形式主義者によって強固なものとなっていたのだが、この時代の宗教的な興奮に一蹴された。ワイズマンは完全なローマ式の儀式だけを求めた。そこにはローマ風の建築、衣装、美術が含まれ、ピュージンや彼の周囲のゴシック派の人びとの怒りを買った。ワイズマンは、「クァラント・オーレ」すなわち四〇時間の聖体礼拝というローマ的な信心業を導入し、彼自身の秘蹟や聖母、聖者への熱心なイタリア的な信仰において、イタリアで新しく生まれた復古主義者の修道会であるロズミーニ会（愛徳修道会）やレデンプトール会、パッショニスト（御受難会）の支持を得た。ニューマン自身、現代の教会にふさわしい様式として、ゴシックよりもイタリア古典主義を好んだ。そこで、対抗宗教改革期ローマの指導者であった聖フィリップ・ネリの創設になるオラトリオ会をイングランドに導入した。ワイズマンの「信仰革命」の霊的な指導者は、ニューマンの後継者のひとりで、ダラム主教の秘書の息子であったフレデリック・ウィリアム・フェイバーであった。彼はオークランド・パレスで成長し、ニューマンと同じように、ユグノーの末裔であった。若い頃には福音主義者であったが、ローマ・カトリック教徒としては、新たなカトリック復活の先鞭を付けた。彼は、聖母マリアを「ママ」と呼び、下着の下に聖母像を身につけて行進することが無上の喜びであった。しかし、彼は、偉大な著作家であった。今日ではほとんど忘れられているが、彼が著わしたふたつの宗教書、『創造主と被創造物』『聖性の成長』は、カトリック教会の近代宗教書の古典の双璧である。ニューマン自身は、より古いイングランドのカトリックの規制や抑制を好んだが、若い世代の心をローマ以上にローマ的にしたのはフェイバーであった。

フェイバーには、古くからのカトリック教徒と新たな改宗者とあいだの緊張と対立の責任の一端があった。新改宗者は、一八五〇年代に、一方ではワイズマンや彼の忠実な助手であった改宗者ヘンリ・エドワード・マニング、他方には主に旧カトリックが支配していたウェストミンスター大聖堂の聖堂参事会といった有力者が居並ぶなかへと流れ込んできた。マニングはウェストミンスター大聖堂参事会長であったし、ワイズマンは大司教ジョージ・エリントンの補佐役であった。ワイズマンは敵対者をガリカニズムの廉で訴え、ローマにエリントンを解任させた。一八六五年にワイズマンが死んだとき、彼の後を継いでウェストミンスター大司教になったのはマニングであった。まさに一気呵成の勢いである。マニングは国教会の大執事から転じて、一四年にしてローマ・カトリックの大司教にまでなった。そして、彼はイングランドの教会の教皇至上主義化とローマ化の完成を目指したのである。マニングは、国教会とローマ・カトリックが合同して祈りをおこなう組織であった「キリスト教統一推進協会」を禁止にするよう、ワイズマンに働きかけた。マニングは、一八七〇年のヴァチカン公会議での教皇無謬説を取り決める法案の指導的な提唱者でもあった。公会議でマニングは司教のなかでの多数派であった無謬説支持者の「幹事役」であった。このとき、彼の補佐をしたのが、ニューマンの影響で改宗した、鋭い知性を備え、当時のもっとも有能な哲学者のひとりであったウィリアム・ジョージ・ウォードである。彼は、ローズ・クリケット競技場のオーナーの息子で、彼自身、ワイト島の大部分を所有していた。ウォードは極端な性格の知識人で、サイのような不器用な体躯と大天使の心を併せ持っていた。彼が宗教上の疑問を解決するための手段としたのが教皇無謬論の回勅で、毎朝、朝食のテーブルに「タイムズ」と一緒に置いてあった。しかも、彼はT・H・ハクスリーやジョン・ステュアート・ミルからも大いに尊敬され、ミルは、自由意志についてのウォードからの返答を最上のものと言明していた。論争の最中にミルが死亡すると、ウォードは論争が出来なくなることをおおいに残念がった。ウォードにこそ、教会の無謬性について、典型的なヴィクトリア時代的疑念に悩まされた人びとの心を引きつけたものをはっきりと見ることができる。かつて国教徒であった者にはこの考えはとくに魅力的であったのだ。

ニューマンの神学は、「懐疑」の問題への一九世紀的な応答のもっとも偉大なものであった。しかし、彼は、自分自身が、ウォードやマニングのような強烈な新・教皇至上主義者に対抗する、より控えめでリベラルな、つまりはガリカニズム的な旧来のカトリックのトーテムや船首像のような奇妙な立場にあることに気づいた。マニングとウォードはニューマンを異端と考え、マニングは見え透いた策略でニューマンが枢機卿の地位に着くのを阻止しようとしたようである。しかし、こうした個人の諍いは国際的に重要な対立を反映していた。ローマ・カトリック教会は、ラテン系の国々、とくにイタリアにおいて、自由主義的な反聖職者運動に直面していた。その運動は、教育や公共倫理、慈善などを教会の支配から解放し、修道院の土地や教会の財産を差し押さえることを目指していた。その結果、教皇ピウス九世は一八六四年に「進歩と自由主義と現代文明に関する」〔八〇項目の〕謬説表を出して非難した。教皇無謬性の立場を明白にした新・教皇至上主義運動は、教会の自由主義に対する答えであった。とりわけ、教皇のお膝元イタリアのナショナリストに向けた対応であった。もちろん、自由主義に直面して教会の権威を再確認しようという動きは、一部のプロテスタント教会でも見られた。しかし、ニューマンにとって、マニングの教皇至上主義の運動は、当時の知的な挑戦や機会を否定するものでしかなかった。

それでも、マニングにはそれなりの偉大さがあった。アイルランド人を教会にふさわしいように更正させるための改革運動への貢献は、マニングが呼んだところの「老司祭」ワイズマンの試みよりも、もっと効果的であった。自分の司教区のあちこちに貧民のための学校を建て、独自の禁酒運動「十字架連盟」を進め、多少の留保はあったものの、アイルランド自治への政治的な望みを穏やかなかたちで自ら表明したのである。一八七〇年代には、マニングの社会活動主義は、イングランドの労働者階級のキリスト教信仰更正の試みにまで拡大していた。そういった社会改革・政治改革の運動の前面にはカトリック教会が据えられていたのである。保守的なカトリック教徒は、マニングが、原始メソディスト派のジョゼフ・アーチの農業労働者ユニオンを支援するために、ほとんどプロテスタントばかりの演壇に登場したときにはゾッとした。マニングは、ロシアのユダヤ人に対する計画を公然と非難し、救世軍の社会活動主義を褒め称えたのである。そのとき、評判の芳しくないジャーナリストのW・T・スティードが、年端もいかない女児が白人奴隷とされているという恐ろしい話を枢機卿に知らせるために大司教邸にやって来た。そして、ホレイス・マンやベン・ティレットのような指導的な労働運動のアジテーターが、ドックのストに突入することを勧めた。そのストにおいて、彼が仲裁に成功したことで、世界で最初のメーデー行進に掲げられた労働組合の横断幕にマルクスと並んで彼の名前が記されたのである。

マニングの大司教職は、イングランドのカトリック司教とアイルランド人会衆のあいだのギャップに架橋するのになにがしかの役に立った。それで、後を継いだハーバート・ヴォーンがその社会的な方針を放棄したのは、教会には大きな損失であった。ヴォーンは、司祭や修道士、修道女を輩出しているウェールズ国境地帯のジェントリの一一人兄弟のひとりであった。彼はマニングにも劣らない教皇至上主義者で、ウェストミンスター大聖堂を建築することで、カトリックの正統性を絶対視する勝利主義というアーチに要石を置いたのである。しかし、彼は強固なトーリーで、おそらくは、たいていのイングランドの高位聖職者の政治的な立場に近かった。イングランドの聖職者は、アイルランドのナショナリズムの革命的な性質には反対であった。そして、自分たちの下にいるアイルランド人信徒が、相次いで登場したナショナリストの組織に巻き込まれてゆくのを心配していた。そういった組織は庶民院でのアイルランド人の議員を支援し、カトリックのナショナリスト、T・P・オコナーを国会議員としてウェストミンスターに送り込んだ。彼は、一八八五年以降四〇年以上にわたって、リヴァプールのスコットランド・ロード地区から選出された。ヴィクトリア時代のイングランドの司教のなかで、もうひとりいた社会活動家にして戦闘的なアイルランド支援者がエドワード・バグショウで、彼は、カトリック教徒がディズレーリによる保守党のプリムローズ・リーグに参加するのを、それは教皇庁が非難するようなタイプの秘密結社であるという理由で禁止しようとした。

しかし、大部分の一九世紀のイングランドの司祭たちは、彼らの会衆と同じように、おそらくはリベラルであった。二〇世紀の司祭たちも、会衆が労働党に参加するのを喜んで認めたし、そこから北部イングランドやスコットランド西部といったカトリックの地盤に強固な砦がいくつも作られたのである。そこでは、社会主義とカトリック信仰が一所に集まって、相互に影響し合い、強化し合ったのである。そういったアイルランド人カトリック教徒の政治的な影響の途方もない例の最たるものは、戦間期のステプニーに見られた。そこでは、アイルランド人とユダヤ人の住むある公営アパートが、ひとりの正統派ユダヤ教徒で社会主義者のペテン師モリー・デイヴィスによって支配されていた。アイルランド人カトリック教徒と労働党の協力関係が宗教的に是認されていたということは、一九二六年のゼネストをヴォーンの後継者フランシス・ボーン枢機卿が非難したことから受ける、宗教的に保守的だという印象といささか矛盾する。それに、多くのローマ主義的聖職者の保守主義のせいで、付き従ってくれるアイルランド人信者をどのくらい失うことになったのかを判断するのはむずかしい。もっとアイルランド人司教がいれば、おそらく話は違っていただろう。一八七〇年代のイングランドにはふたりしかいなかったし、一九二〇年代でも三人だけであった。それでも、一部の教区では、アイルランド生まれの信者は少数派になっていても、アイルランド人司祭を連れてくることを続けていた。アイルランド人の宗教的な帝国は、北アメリカやオーストラリアに数百万のカトリック教徒を擁していたが、イングランドを完全にその版図に収めることはなかった。この帝国は、二〇世紀にはローマの権力を形成するのに決定的な役割を果たすことになるが、その結果、多くのアイルランド人カトリック教徒は自らをイングランドのカトリック教徒であると考えることができなかった。

イングランドにいたアイルランド生まれの人口は、一八六一年に六〇万二〇〇〇人でピークに達した。アイルランドからの移民が減少に転じた一八六〇年以降も、司祭や教会の数が増え続けたことで、イングランドの教会の宣教活動は助けられた。司祭の数は、一七七一年の三九二人から、一八五一年には八二六人と倍以上に増えたが、一九〇一年には三二九八人とさらに四倍近くに増えたことは驚くべきことであり、一九四〇年にはその数は五六五二人であった。修道会で最大のイエズス会は、一八二九年に公式に復活して、実にめざましく規模を拡大していった。復活前の一八二六年には、見習いの修練士も含めて一〇〇人であったのが、一八八五年には五〇七人に、一九二五年には八〇七人に増えている。この聖職者の人材の着実な伸びによって、会衆の統合強化が可能になった。一八五〇年には、レデンプトール会の宣教師が教会に行くことの出来ない貧しい人びとに説教をおこなっていたし、一九〇〇年には、カトリックの人びとが通常の宗教礼拝のパターンに落ち着いた既存教区で、人びとが教会に出席することを推進する役割を果たしていた。世俗化の進んだロンドンでは、名目上のカトリック教徒のおよそ三分の一しかきちんと教会に引き留められていなかったようである。この数値は、宗派の結束が強いリヴァプールでは六〇パーセント以上になったが、それは、ベルファストに宗派的には逆の集団を生み出してしまい、一九〇九～一九一〇年には、公の行進のために通りに祭壇を設けることをめぐって、セクトの暴動となって噴き出した。きちんと教会へ行く人の割合は、イングランド人労働者階級より、アイルランド人の方が高かったが、イングランド生まれのカトリック教徒の高率に比べると、及びもつかなかった。長期的に見た場合は、教会を助けたのはアイルランド人カトリック教徒の登場といった面もあった。彼らは、イギリスの労働者階級のなかに平穏にとけ込んだが、自分たちだけのパブや学校、教会を維持し、中心には、信仰厚く教会へ毎週赴くような信者の大集団があり、さらにその周辺には、宣教師によって再教化の対象とされるような「よからぬカトリック」が大勢いた。こうした周縁のカトリック教徒でも、子どもたちをカトリックの学校へやり、臨終ともなればカトリックの司祭を呼んだのである。一九二〇年代になると、こうした身近なところにいるカトリック教徒は、自分たちの信仰をいっそう公に示すようになり、ミドルスブラの聖体祝日行列やマンチェスターの聖霊降臨祭行進のように、通りでの行進をおこなうようになった。そういった地域では、労働評議員が司祭たちのあとを行進した。その結果、アイルランドへの忠誠心が薄れてゆくとともに、共同体社会の結束を強化する核として機能したのがカトリック信仰であった。戦後の人口動向が、伝統的にカトリックの少なかったイングランド南部の新しい地域にまで教会を拡張させたことは、実に印象的なことであった。

しかし、成功に導いたのは、間違いなく教会の教皇至上主義化であった。祭壇や彫像が据えられ、お香と溶けた蜜蠟〔ロウソク〕の香りで満たされた新しい派手な礼拝堂が、非国教徒の礼拝所からは消えてゆく一方の視覚と嗅覚の力で、神聖な雰囲気を醸しだしたのである。そのうえ、教皇至上主義的な聖職者主義は、教会に強固な教義上の構造を与え、その構造が司牧の成功を下支えした。一九〇七年に教皇ピウス一〇世がアングロ・アイリッシュのイエズス会士ジョージ・ティレルやスコットランド系オーストリア人のフリードリヒ・フォン・ヒューゲル男爵が指導した近代主義運動を禁圧したことは、たいていのカトリック教徒にその当時に歓迎された権威主義の表われであった。司祭は、教会中に広まっていたローマ風の襟が着いた服を着て、権威の象徴であり、司教や教皇といった、より上位の者に従う存在であった。教皇の肖像画は、何十万もの家庭や教室、司祭館の壁に掲げられ、睨みをきかせていた。ある意味で、その権威は人びとに好まれ、人びとが望んだものでもあった。マニングは、イングランドでの司教や司祭、俗人に対するローマの権威を強化しただけではなく、至高なる神の地上における、近寄りがたく厳かではあるが思いやりのある代理としての司祭のエートスを作り上げるのを助けた。マニングのもっとも影響力のあった著作は『永遠なる司祭』であったが、この著作は、司祭の権威についての教皇至上主義的な教義ばかりでなく、司祭は主のような完全な献身や聖なる貧困という生活を送るべし、という非妥協的で現実離れした要求も目を引く。たいていの司祭は教区民より暮らし向きは良かった。したがって、ローマ・カトリックの司祭に帰される「国教会の司祭には妻（better half）がいるなら、カトリックの司祭には良き地域（better quarter）がある」という評言は、全面的に真実とはいえない。しかし、ローマ・カトリックの聖職者には、どんな代償を払っても、夜昼かまわずいつ何時でも、病人を慰め、臨終を迎えた人の最期の儀式を執りおこなえる用意をしておくように、といった要請があった。このような献身的な行ないの結果として、この国で唯一の堅固な労働者階級の教会が生まれた。トクステスの聖パトリック教会の外には、一〇人のリヴァプールの司祭の記念碑がある。彼らは、アイルランドの大飢饉から逃れてきたのにチフスやコレラに苦しめられていた人びとの世話をして命を落としたのである。その疫病では国教会の聖職者は誰ひとり死んでいないのだ。国教会も数多くの司祭や牧師がスラムに入って活動したが、彼らは国教会聖職者の典型ではなかった。二〇世紀における国教会とローマ・カトリックの命運の違いは、こういった比較から明らかになるのである。

第19章　一八〇〇年以降のスコットランドとウェールズにおける宗教と共同体

キース・ロビンス

どの時代においても、教会とそれが置かれている社会との関係は、不明瞭なものである。教会員は、自分たちが属しているより広い共同体の価値を反映することもあれば、また拒絶することもある。彼らは普通の生活を保ち、守ってくれる国家に忠誠の義務を負うが、その忠誠は排他的なものではない。彼らは、自分たちの信仰が、国家の範囲を超えた広がりを持つものであることも理解しているのである。結果として生ずる緊張は避けることもできないし、解決することもできない。一八〇〇年以後、スコットランドとウェールズの教会は、たいへん複雑な背景のもとで、この中心的な問題と格闘しなくてはならなかった。

一八〇〇年以降のスコットランドとウェールズにおける宗教の発展は、イングランドのそれと大差はない。ふたつの国は「グレート・ブリテン」という広範囲の政治・社会・文化的統一体の一部をなしてきた。イングランドでの生活の多くの面にスコットランドとウェールズの影響も及んではいたが、当然のことながら、スコットランドとウェールズに対するイングランドの影響は格段に強かった。「ブリティッシュ」という語の取り扱いは厄介で、一八〇〇年以後、その意味はさまざまに解釈されてきた。「ブリティッシュの国家」にふさわしい政治組織体について、断続的ではあるが徹底的な議論がなされてきた。その結果は、二〇〇年ちかくにわたって展開してきた制度・行政上の組織を、簡単に要約することは不可能ということである。状況が異なれば、権力の中央集権化も、権力の拡散も、どちらもが強調されてきた。そういった多様性を持つ王国を調和的かつ統一的にとらえることは、簡単に片がつく問題ではなかった。

しかしながら、ブリテンのなかのスコットランドとウェールズという独自の性格を持つ地域を強調することは重要には違いないが、同じ章でこれらふたつの国を対にするのは編集上の便宜にすぎないことも承知しておかなければならない。スコットランドとウェールズは、イングランドとは異なるが、同様に互いも異なっている。イングランドと区別して、スコットランドとウェールズを束ねる共通したケルトという自己意識を持ち出すのも、誤解を招くだけだろう。スコットランドとウェールズを、それぞれ単一の（定義するうえで、大きな問題をともなう語である）「共同体」であると言いうるとしても、それらは異なる共同体であり、スコットランドとウェールズのつながりは、存在しないわけではないが、それぞれとイングランドとのあいだにある結びつきほどは強くはない。一八〇〇年以降も、国制上の位置づけが異なっていた時期が大半である。ごく簡単に、一七〇七年の合同法はブリテンを統合したということもできるが、それでもスコットランドはその枠組みのなかで独自の立場を維持していた。とくに法律や教会制度、教育の領域で顕著である。一九世紀末までには、政府がスコットランド担当相を任命したことにより、スコットランドの政治的特殊性も認められた。時おり、「自治」を要求する声もあがった。スコットランドで活動する政党の大部分は「ブリティッシュ」を掲げたが、それらの盛運は、イングランドのそれとは非常に異なっていた。ここ数十年で、スコットランド国民党は、スコットランドの特定地域において断続的に成果をあげてきている。それとは対照的に、ウェールズでは、スコットランドが保持していた独立国家という外的象徴は、一九世紀をとおして皆無に等しかった。ブリテン国家において、ウェールズは独立した法律、教育、教会制度を持たなかった。ウェールズを担当する大臣も、また少なくとも国の中心として認識される首都すらも存在しなかった。それらが実現するのは、ようやく第二次世界大戦後になってからである。ウェールズ国民党《プライド・カムリ》は時おり成功を収めてきたが、自治を達成するにはほど遠かった。一九七九年におこなわれた地方議会設立のための初の住民投票においては、スコットランドもウェールズも十分な賛成票を獲得することはできなかった〔それらが実現するのは一九九七年の住民投票によって〕。

宗教をみる場合、こういった背景を考慮しなくてはならない。教会は、多少なりとも変動はするが、政治的独立の要求の手前で止まっている国家意識の表われであり続けている。それは教会がときには意識して求めてきた役割であるが、そのせいで事態が複雑になることもあった。それはときとして教会が歓迎する忠誠と支援をもたらしたが、同様に、教会が「われわれの生き方」という宗教的な保証以上のものを与えられない傾向ももたらした。もちろん、イングランドの教会も同じ困難と無縁ではなかったが、「イングランド国民意識」はもっと頑強であるため、その強化の必要性についてはそれほど深刻ではなかった。スコットランドもウェールズも、ともに「脅威にさらされた」共同体と考えられてきた。産業の浮き沈みは、活力ある雰囲気と沈滞した雰囲気を交互に生み出した。一八〇〇年以降、スコットランドとウェールズの人口は著しく増加しているが、イングランドにおいてはそれ以上であった。二〇世紀には、スコットランドとウェールズで人口を維持できなかった数十年がある。ある意味、それは「移住文化」といえるかもしれない。もちろん、これらは大ざっぱな物言いで、一九世紀後半から二〇世紀後半にかけて、生活状況や個々の暮らし向きの物質的な向上がなかったと誤解させてしまうだろう。それでも、これらの事柄すべてにおいて、ブリテン全体に均一な発展はなかったのである。もしわれわれが、二〇世紀後半の「消費の繁栄」が制度化された宗教を完全に弱体化させたと考えたいなら、この事実は心に留めておかなければならない。概していえば、スコットランドとウェールズは、南のイングランドと同じペースで同じ程度には成長しなかった。これについては、ここで十分に議論することはできない。そんなことをすれば、経済的、社会的発展がまったく存在しなかったかのように、それら発展における違いを誇張してしまい、誤解を与えてしまうかもしれない。

同様に、上述の政治的、社会的、経済的事実を無視して、われわれは、スコットランドとウェールズにおける宗教がイングランドの宗教とは完全に異なる事象を形成したと考えてはならない。一八〇〇年にイギリス中を旅して回った明敏な外国からの観察者は、おそらくイギリス諸地域における多くの違いに気づいただろうが、同時に、多様性のなかの統一性にも気づいたことだろう。あるいは、多くの共通点を認めたが、ある種の不規則性を類似点のなかに見いだしたであろう。たとえば、イングランド、スコットランドとウェールズは「プロテスタント」の国であったが、ローマ・カトリック教徒というマイノリティ（およそ人口の二〜三パーセント）も擁していたのである。

スコットランド

一八〇〇年のスコットランドは圧倒的に長老教会に忠誠

の義務を置いていた。スコットランド国教会《チャーチ・オブ・スコットランド》は「国教会」であると主張しており、実際のところ、「体制教会」であった。しかしながら、「体制」が本当に意味するところは、教会統治機構や国家との関係に関わるたくさんの問題のひとつであった。それは、一八世紀末には離反にいたり、一九世紀には絶えず緊張をもたらした。長老派に異を唱える人びとには、さまざまな教派があったが、このうち主要なふたつの団体は、分離派教会《セセッション・チャーチ》と救済教会《リリーフ・チャーチ》である。彼らの主張がどの程度アピールしたかは、スコットランドの地域によってかなり異なったが、成長していたことは間違いない。スコットランド国教会はいまだに最大の教会だったが、国教会に服さない長老派はローランドにおいて人口のおよそ五分の一を引きつけていたようである。体制教会もまたさまざまな「派」を包含しており、なかでも主なものは穏健派と福音派で、エディンバラの年次総会においてしばしば組織と神学上の問題に関して白熱した討論がみられた。長老派の分裂は深刻に受け止められたが、国境以南の批評者には入り組んだ問題は理解しがたいと思われがちであった。しかしながら、とくに地方においては、聖職推挙権《パトロネジ》の問題は、社会・経済不安を反映したものであった。

　バプティスト、会衆派、ウェスレー派メソディスト、クウェイカーも、ごく少数ながら、主として都市部にいた。これらのグループは急成長しそうになかったが、その福音伝道者の存在は、スコットランドがすべての点で長老主義であるというイメージを壊した。そのほか、もうひとつ特筆すべき教派は、主教制を唱える監督教会であった。一八世紀にハノーヴァ朝支持派とジャコバイトのあいだで、聖職者・会衆に溝ができて決裂していたが、より大きな組織体として復活した。その信者数は、総人口の約一パーセントと考えられ、北東部で比較的強かった。

　五〇年後、様相は著しく異なっていた。一八四三年に、スコットランド国教会内部で「大分裂」が起こったのである。分裂を引き起こした法律と宗教の複雑な問題は、これまでも何度も述べられてきたが、この事件は、現代史家からはしかるべき注目を受けていない。このクライマックスは、当然、予想されていた。聖職推挙、教会集会《キルク・セッション》、会衆、それぞれの権利は、何十年にもわたって論争されてきたものであった。一八三〇年代初頭に福音派が勢力を伸ばすと、人びとの意思に反して牧師を会衆に押しつけるべきではないという主張がみられた。この忌避が総会を通ると、つづいてそれに法的拘束力を与えるか否かの論議が起こった。同様に、一八四二年に「権利の主張」が総会で通過すると、教会の長はキリストであることが強調され、信心の自由が要求された。この件に関して、とくに国家が「ブリティッシュ」である場合、国家の法的支配を受諾するくらいなら、明らかに、むしろ教会の重要な部分が見捨てられただろう。同じように、教会の大部分は、国家を無視する意向がないことも確かだった。当然のことながら、過去二〇〇年以上の間、両派の代表が線引きをした先例が、スコットランドには数多くあった。この問題は泥沼の法的争いに容易に変わる可能性があった。教会と国家のあいだの正しい関係について、ポリッジを食べながら自分の子どもに尋ねた母親の逸話が残っている。子どもの返答は彼女にとって満足のゆくものであった。すなわち「相互に妥協した同等の権限」という答えである。

この議論にはスコットランド独特の性格もあったが、どのようなかたちであるかは別にして、当時ヨーロッパの国家の多くを悩ませていたものであった。当然、それはイングランドでも起こりうることだった。事実、皮肉にも、福音主義的な立場から牧師の押しつけに反対する人びとの要求を議会が受け入れなかった理由のひとつは、イングランド国教会内のオクスフォード運動支持者を刺激するかもしれないという懸念だった。一八四三年五月に総数一二〇三名の牧師のうち、四七四名が粛々と総会とスコットランド国教会を去った後、つぎつぎと重大な出来事が起こった。トマス・チャーマーズは「自由教会」創設に精力的に携わった人物で、よく知られていたが、この事件が彼の早すぎる死を招いた一因になったのかもしれない。当然ながら、スコットランド中に体制教会と併存する代わりの組織を構築するにあたり、なすべきことが山積みだった。自由教会は、分布は均等ではないにしても、国のいたる所に浸透し、都市部で大いにアピールし、ハイランドや島嶼地域の人びとのなかにも興味を示す者がいた。ハイランドや島嶼部では、自由教会へ入会することは、当時生じていた農業の変化に対する不満の表明でもあった。すでに分離派教会が勢力をふるっていたイングランドとの国境地帯では、新会員の募集は振るわなかった。しかし、スコットランド全体では、別の教会へ移った平信徒の正確な数はわかっていない。経済的に安定した中核部を持つ新組織をつくるために、多大な努力が払われた。いろんな点で自由教会は「ブルジョワ」的とみなされているが、会員は富裕層に限られていたわけではない。

「自由教会」という名称が採用されたが、実際にはチャーマーズ自身は、原則として自分とその支持者は「自発的に離脱した」わけではないと明言していた。国家との公式的な関係は、許容範囲内である限りは、破門ではなかった。だが実のところ、彼らは「自発的離脱者」になっていった。一方、チャーマーズが没した一八四七年に、分離派教会と救済教会は合同長老教会の名のもとに合同した。合同長老教会は、より「民主的な」組織体であり、スコットランド国教会とスコットランド自由教会と同じくスコットランド全土での活動を目指したが、とくにエディンバラとグラスゴーの人びとの心に強く訴えた。

一九世紀後半のスコットランド長老主義は、このように三つの派に分かれた。分裂後の数十年間に三教会は新しい教会を建設し、聖職者養成のためのカレッジをそれぞれ設け、スコットランド全土に勢力を伸ばすべく奮闘しなければならなかった。ある意味、こうして大きくなった対抗意識が三教会にプラスに働いたことは疑いない。集団への忠誠心が強化されたため、自己犠牲的献身の事例が数多く見うけられる。しかしながら、対抗意識がどの程度激しかったのかを判断するのは難しいし、大雑把にひとくくりにするのは危険である。分裂後も地域レベルでの個人的な人間関係が残った例も数多くあるものの、分断によって強固な壁がつくられてしまった例もまた少なくない。スコットランドの諸地域、そしてそのなかのコミュニティの種類や大きさによって状況は千差万別であった。また、教会行政をめぐる議論も同じようにさまざまであったが、それらの分断はいまだに内輪のもめ事の域を出ておらず、教会員自身が強くそう感じていただけではなく、そういったもめごとにともなう特徴をすべて備えていたことも事実である。それらが克服不可能であるとは考えられていなかった。教会の役員が何と言おうと、三つのどの教会にもそれぞれとどまる会員がおり、彼らは危機に瀕していた大原則に比較的無関心であったことは不思議ではない。

信者獲得をめぐって競争する光景には、福音書の精神に本質的に近いものは何もないと感じる教会指導者もいた。全体として、人びとはすべての教会が望んだようには行動しないことが明らかになるにつれて、そういった認識が強くなっていったのかもしれない。一九世紀における中央スコットランドの社会・経済の変化は、それまで標準的、かつキリスト教的と考えられていた行動と信仰の様式をいやおうなく崩壊させた。ただしそれは、まだ生き残りをかけた奮闘とはいえず、キリスト教を前提とした社会構造のなかでの適応と刷新への挑戦であった。

最初の挑戦は、都市それ自体の性質から投げかけられたものであった。たとえばグラスゴーは、楽観主義と悲観主義の両方の素地を持っていた。一九世紀の劇的な変化は、深刻な社会問題をもたらしていた。しかし貧困と並行して、富と物質的進歩を示すものも存在した。教会は、結果として立ち現われた異なる社会階級のどちらにも足場を置こうとしていたが、不安定にならざるをえなかった。特定の社会階級にのみ根づいた教派は存在しなかったとはいえ、階層と教派のあいだにある程度の連関が認められたことも事実である。会衆のなかで長老が執った指揮が、非常に男性的かつ「ミドルクラス」的だったことは、驚くべきことではない。会衆における個人の責任と誠実さの強調は、「ミドルクラス的価値観」の焼き直しだった——あるいはおそらく、ミドルクラス自身が自分たちに合わせてそれらを作り出したのだ。禁酒運動の発展は、自己鍛錬に重点をおいた例のひとつであった。これは自分たちの周囲に氾濫するアルコール濫用の解決策だ、と多くの牧師と会衆が考えた。当時、教会集会《キルク・セッション》は、会員の訓練、たとえば無謀な商業投機よりも、大酒の規制に熱心であるといわれた。かりにそれが事実であったとすると（歴史家はこの点について意見の一致をみていないが）、教会の倫理判断が労働者階級に対してさらに厳しくなりがちであったことを示す別の例をあげることができるだろう。組織的な宗教から労働者階級を疎外しているのは、長老派（そして非国教徒）会衆の「ミドルクラス」的性質である、という見解は、多くのミドルクラス出身の聖職者をますます惹きつけるようになった。労働者階級の排除は、完全なものでも、どこでも見られるわけでもなかったが、そのような説明が説得力を持つようになるには十分であった。だが、たとえ分析が正しいとしても、一般社会における支配的な社会、経済思想に対して漠然とした批判に乗り出すことを除けば、改善策を見出すことは容易ではなかった。社会主義は、むしろキリスト教社会において先導役であったかもしれない。これに賛同した者は、社会主義提唱者の代弁者と呼ばれた。それ以上の何かがあったとするなら、教会がミドルクラスの束縛から逃れることを望んだのだ、とスコットランド人労働者なら理解したことだろう。しかし、同様に明らかだったのは、多くの教会のメンバーはこうした分析を信じることなく、とりわけ気力をくじく「束縛」にも気づかなかったことである。

「スコットランドの状況」をめぐる問題は、その他の文化や知識面における発展と関連していた。教養ある牧師は、四つの古い大学を有する国の誇りの源であった。宗教改革を経験したスコットランドは、つねに福音を解説することを重要視してきた。質を維持した説教ができない牧師は、良い牧師とはみなされなかった。しかし一九世紀末までに、長い説教を志向する声は教会組織内から明らかに消えつつあった。弱体化が露呈すると同時に、規模は小さいながらも声は大きかった「高教会」運動が台頭したが、この運動は、教会とは要は大きな説教壇にすぎないと考えるまでにいたった。礼拝において賛美歌斉唱が導入され、論争になるなかで、伴奏のためにオルガンの使用が許可された。しかも、よりいっそう荘厳な礼拝の儀礼的行為と頻繁な聖餐の儀式を求める声もあった。しかしながら、聖餐式は、地域住民の主要な行事として執りおこなわれていた地域もまだあったものの、一般的にはそれほど頻繁にはおこなわれなくなってきていた。礼拝形式に対する関心は、さまざまな影響を受けて新しいものになっていったが、相変わらずそれほど目立つものではなかった。けれどもそれは、スコットランドにおいては頭脳と心、つまり理性と感情のあいだに、あらたなバランスを探す必要性が生じていたことと深いレベルではつながっているのかもしれない。「神の言葉」の解説が、相変わらず基本であった。しかしどの程度、そしてどのように神の言葉は聖書と重なるとみなすべきなのだろうか。アバディーンの自由教会カレッジで旧約聖書を講じていた教授ウィリアム・ロバートソン・スミスが一八七五年に執筆した論文は、聖書の構成内容、確実性、原作者という文学的な考察を加えたため、激しい議論を巻き起こした。スミスは裁判にかけられ、教授職を剝奪された。そのほかにも、それほど知られてはいないケースもあった。しかし実際に「高度な批評」がいっそう容認されるようになり、時の流れとともにそれがさらに明確になったとき、批評検討の結論には神聖なものは何も残っていなかった。ただし、たとえそうであっても、礼拝に出席する人びとの多くは、おそらく基本的な何らかの確かなものを求めていただろう。

もちろん、そのような発展はスコットランドだけに限らなかったが、推論能力をなお重視した国民教育のため、スコットランド特有の激しさがみられた。宗教とは推論されるべきものであって、単純にいえば、真実ではない場合もあるかもしれない。一九世紀末にグラスゴー大学のギリシア語教授だったギルバート・マレーは、自分の講義を開始する前に過剰な祈りはおこなわなかった。これは時代の表われであった。だからといって、スコットランド人哲学者や神学者——A・J・バルフォアもそのひとりかもしれない——が、キリスト教はある意味で真理だと信じる理由を見つけられなかったわけではない。

こうした社会と知識人からの圧力は、一緒になって教会統合へと向かわせた。「合同自由教会」の名のもとに合同長老教会と自由教会が合同して二〇世紀は幕を開けた。合同に反対した自由教会の少数派が、自由教会の財産に関して法的論争を起こし、人びとの知るところとなった。数年のうちに、スコットランド国教会と新しい合同自由教会の合同を模索する非公式の動きがあり、その後、それは公表された。第一次世界大戦によって議論は遅れたが、戦争はさらに緊急の課題をもたらした。すなわち、戦争によって、多くのスコットランド人兵士が教会生活から長期間引き離されている状況が従軍牧師には明らかになった。この思いがけない事実にもかかわらず、合同は一筋縄ではいかなかった。基本財産に関して解決すべき複雑な法的問題があり、また国家による宗教の承認と信仰事項に関する自由が相互に折り合えるように、「国教化」に対処する解決策を見いだす必要があった。一九二九年にヨーク公（のちのジョージ六世）が臨席するなか、「スコットランド国教会《チャーチ・オブ・スコットランド》」の名のもと、ふたつの教会は合併した。

　長老派の再統合によって、スコットランドは、表面的には一九世紀初頭の教会の状態に戻った。例外的に、いくつかの会衆は合同を拒否し、さまざまな名称を掲げて独立を維持していた。そして、依然として小規模であったバプティストとメソディストもそういった例外ではあったが、多かれ少なかれ関与の度合いが異なっても、スコットランド国教会はスコットランドの人びとすべてが属する国の教会だった。ただし、世紀中葉のスコットランド人の大半にとって、教会との結びつきは希薄であったという事実は別にしても、この理解は、スコットランドにおけるローマ・カトリック教会の存在を無視していた。多数のスコットランド長老教会員は、カトリックの存在を平然と無視することができた。というのも、ローマ・カトリック教会がスコットランドに存在しているのは明らかであったが、宗教改革への抵抗を企てた島嶼部やハイランドにいたごく少数の例外を除き、その信者はスコットランド人ではなかったからである。彼らはアイルランド人であった。スコットランド、とくに西側の都市部へ移住した相当数のアイルランド人移民が、ローマ・カトリック教会の成長を可能にしたことに疑問をさしはさむ余地はまったくない。中心となったのは貧しい人びとで、彼らの関心は、依然としてアイルランドでの出来事であった。教会内部ですら、スコットランド人とアイルランド人聖職者のあいだの不幸な不和に言及したのは、イングランドの大司教マニングだけではなかった。彼は、スコットランド人は慎み深いため、アイルランド人気質に共感をおぼえることはなかったと述べた。一八七八年、スコットランドのローマ・カトリック教会に位階制が復活した背景には、このような状況があった。

　スコットランド人とアイルランド人のコミュニティ間の複雑な相互作用を、簡潔に描写するのは不可能である。その特性は「抑制された緊張状態」とするのがもっとも的確かもしれない。宗教自体と同様に、政治やスポーツといった共同体のあらゆる活動のなかに、はっきりした区別があった。アイルランド人移民すべてがカトリックとは限らないという事実が、事態をさらに複雑にした。アイルランド海を挟んだ絆はなおも強く、意識的に維持されていたが、一方で、一九世紀末までには、スコットランド西部のカトリック教徒の大部分がスコットランド生まれとなった。共同体はさまざまなアイルランド的なシンボルに依然として執着していたが、純粋なアイルランド人の集団になることはできず、かといって完全な、あるいは「真正」のスコットランド人でもなかった。「アイルランド系スコットランド人」である状態が永久に続くのか、あるいは完全に融合する前の単なる移行期なのか、それはアイルランド人とスコットランド人のどちらにとっても議論の的であった。いずれにしても、スコットランドにおけるローマ・カトリックは危機に瀕していた。ローマ・カトリック教会が共同体社会のアイデンティティの主たる伝達媒体であり続けていれば、世代を超えた「アイリッシュネス」の堅持は、教会の地位を強化しかたもしれない。しかし、他方、この成り行きに従うことは、「外国人の同化拒否」という考え方を強化するだけであった。それは「本物」のスコットランド人への転換を妨害し、遅らせたであろう。彼らは、実際に自分たちが住んでいる国に、帰化してしまうことに乗り気でなかったかもしれない。しかし、意図的にアイルランドとの関係を弱めようという行為は、それが何であれ、いまだアイルランドにこだわるカトリック教徒の人びとの献身と忠誠を危険にさらす可能性があった。これに対し、カトリック教徒もスコットランド人だと強調することは、スコットランドの生活と制度のなかでの周縁的な存在ではなく、完全な地位を要求するカトリック教徒の助けになっただろう。それが地位獲得の唯一の方法だとなれば、そのようなスコットランド社会への受け入れを求めるカトリック教徒が、自分たちの信仰を犠牲にする恐れがあった。一九世紀末期の数十年と二〇世紀前半に、司教や聖職者は、婉曲かつ適切に信徒を導こうとしていた。結果として、スコットランド社会には深い亀裂が生じた。スコットランド国教会とスコットランドにおけるローマ・カトリック教会の宗教的な主張は、根本的に対立したままのように見えた。社会的、知的交流の機会も、それを実際に望む声も皆無に等しかった。アイルランド政治史において連続して生じた不安と希望は、アイルランド共和国建国に帰着し、また、スコットランド全体に長い影を落としたのである。

その影はいまだに存在し、グラスゴーやほかの地域において、オレンジ党〔プロテスタント強硬派〕の〔カトリックへの示威〕行進といった、忠誠を誇示する儀式となって現われている。しかしながら、そのほかの点で、二〇世紀終わりの数十年に予想外の変化——それらはスコットランド内から直接生じたと判断するのは間違っているのだが――がいくつか見られた。実際、思想と実践が、スコットランドならではのかたちで、あらゆる場に普及するにはある程度時間がかかるのかもしれない。第二ヴァチカン公会議の教え、そしてそこから派生してきたものが、もともと信仰のかたちが異なる土壌に根付くまでには紆余曲折があった。しかし、そうしたロジックに抵抗がある人もいないではないが、最終的には受容されてゆくものである。それは、個人と教会が昔のように密接なかかわりを持たないなかで、共通のキリスト教理解に向かってよろけながら歩くような、不自然なる開放性を生み出している。そういった共通理解は、門戸が広く、同時にたやすく理解できる統一体を生み出すかもしれない。スコットランド国教会の組織構造は、何を重視するかについて、これまでにない劇的な変化をもたらした。しかし、それは、ためらいがちではあるけれども、ローマ・カトリック教会の提案に反応したものでもあった。本章で概観したような歴史的背景があるので、関係が急速に変化するのを期待することはばかげていると思われるかもしれない。しかし、信者数は少ないものの、スコットランドの監督教会は、ふたつの主要教会の橋渡し役を果たすことができた。ただ、成果はごく限られたものである。どのような神学的、宗教的見解をもっていようとも、監督教会は今なお「イングランドの」教会という認識が強いためである。ヨーロッパ本土においてと同様、教会一致《エキュメニカル》に関しては、中道《ヴィア・メディア》の手助け（かえって紛糾を招くかもしれない）なしでの進展を目指さなければならない。

歴史家が、キリスト教会の再一致を目指す教会一致運動の理由について、独善的に決めつけてしまうのは――実際にそういう歴史家がいるのだが――性急だろう。というのも、スコットランドの場合、両教会とも必要であり、相互に補完しているからである。いまやそれらの教会は、ともに活動することによってのみ、スコットランド社会に関わることができるのである。このスコットランド社会が、アイルランド人の移住が始まって以来、いまほど分裂せずにいたことはかつてなかった。もっとも、ふたつの教会の構成人数は今ではほぼ同じ――数を比較するのが困難であるのはいうまでもないが――であり、現在のスコットランドにおいて優勢なのは「プロテスタント」でも「カトリック」でもない。一八〇〇年時点との違いは明らかであるが、統計によれば、誰の目にも明らかだったローマ・カトリックのコミュニティの急激な成長はすでに終わりを迎えた。以前から教会との関わりが希薄だった教会員が完全に教会離れをしたこともまた、こうした状況に多少なりとも影響を与えている。こういった教会離れは、一九四五年から数十年、とりわけ近年、スコットランド国教会がひどく頭を悩ませている問題である。

実際のところ、まだ危機的とまではいわないが、深刻な状況に置かれているように見えるのはスコットランド国教会である。キリスト教少年団のような、一八八三年の結成以来スコットランド国教会と密接な関係にある青少年団も、教会の思想や活動に共鳴しない若者文化を取り込むことに、同様に、奮闘しなくてはならなかった。定期的に教会礼拝へ赴くという社会慣習はいまや廃れてしまい、それを拠り所としていた教会と大衆とのつながりが消失した。実際のところスコットランド国教会の衰退は、ひとえにこれが原因かもしれない。スコットランド国教会は、一般社会の無関心と反感にも動じることのない、献身的に信仰を守り続けるコアな一団にまで縮小しているのかもしれない。概して、バプティスト、監督教会、メソディストといったスコットランドにおける小規模教派は、最近は現状を維持し、場合によっては、わずかながらも増員の傾向にあるようにさえ思える。それゆえ、スコットランド国教会の衰退は、しかるべき「安定」で落ち着くかもしれない。しかし、スコットランド国教会の場合、支持の衰えは、厄介なことに、教会総会や「教会国民委員会」を通じて、ある意味、スコットランドのための大きな願望を持ち続けているところに原因がある。これまで見てきたように、二〇〇年の間に幾度となく爆発した教会と国家の複雑な関係は、依然として問題を残したままである。スコットランドの安息日〔の厳格さ〕は、一世紀前ですら外国人の注目するところであったが、それもほぼ消滅してしまった。日曜日の取引は、スコットランドではすでに合法化されていたのに、イングランドとウェールズで合法化されたのは最近のこと、というのは特筆すべきことである。それなのに、ときとして「長老派無神論者」は、スコットランド国教会は自分たちの生活風景の一部として留まるべきだ、という見解にこだわったままでいる。それは生気にあふれたキリスト教共同体の思想に関心を抱いているからではなく、教会が消失すればスコットランドのアイデンティティの特殊性の、非常に重要な、おそらく今なお主要な、表明手段を排除する可能性があるからだ。それは、活動的なキリスト教徒を悩ませるものでもある。というのは、冒険的な教会一致運動が「ブリテン教会」への道を開いてしまうのではないか、と予想するからである。

こうしたスコットランドにおける教会の発展の意義は、さまざまに説明されるに違いない。つまり悪意、繁栄、不信仰などである。これらすべての説明それぞれには支持者がいるだろう。ただ、確信を持っていえることは、数世紀後のスコットランド社会における宗教は、現在の立場が一八〇〇年とは違うように、現在とは異なる位置にありそうだということである。

ウェールズ

ウェールズ社会における宗教の位置は、スコットランドの場合と比べて共通点も多いが、対照的な点も多い。外から見ると、一九世紀のウェールズとスコットランドは、イングランドよりも信仰に篤く映った。たしかに、華美な礼拝堂や教会建造物など目に見えるかたちとしても、高い礼拝出席率からも、聖職者の社会的認知度の高さによっても、また、両地域において教会と国家の諸問題がはっきりと重視されていることからも、そのように判断できると結論してもよいかもしれない。それでも、そういった言説の当否を判断することは困難である。これらの事柄に関する世間の関心度は、イングランドと比較するとはるかに高いようだ。しかし、それはキリスト教信仰を社会的にどう表現するかにともなう複雑さであり、こうした指標がどれほど事の核心を示しているのかは疑問の残るところである。

しかし同時に、宗教的な習慣と実践の性格は、スコットランドとウェールズではきわめて異なることもつとに指摘されてきた。スコットランドの宗教は思索的であるのに対し、ウェールズの宗教は情緒的であるという主張もあった。このような一般化をあっさり受け入れることにはさらに抵抗を感じるかもしれない。信仰は頭と心を天秤にかけるようなものだが、どちらに重きをおくかは国民性というよりは、個人的な傾向であることが多い。一八世紀には、スコットランドで注目に値する「信仰復興」が起こり、それは消滅することはなかった。一方、ウェールズの人びとは、聖書解釈や神学論争に関して明快であった。もちろん、この違いを過度に強調することはできない。いうまでもなく、スコットランドの教会における説教の調子は、四つの大学とスコットランド独自の神学・哲学文化を背景にした、スコットランドらしさの表われであった。カルヴァン主義の正確な意味と含意は一九世紀に幾度となく討議されたが、教会内の分裂にもかかわらず、ある種のカルヴァン主義が広まっていた。

一九世紀初頭のウェールズにおいては、宗教・神学・教育と社会は、スコットランドのように密接な関係にはなかった。ウェールズ独自の国教会や大学、教育システムは存在しなかった。一見したところ、ウェールズにおける宗教の姿は、イングランドのものと大差はないように見えるかもしれない。体制教会はウェールズにあったイングランド国教会《チャーチ・オブ・イングランド》であり、それとともに、イングランドと同様に非国教徒も存在していた。すなわち、バプティスト、独立派あるいは会衆派、メソディスト、そして少数のユニテリアンとクウェイカーである。

何が異なるかといえば、教派間の信者数のバランスと使用言語だった。非国教徒は、さまざまな教派があったが、一九世紀前半に躍進的成長を遂げた。一八〇〇年においては、イングランド国教会系の礼拝所の数は非国教会の二倍だった。ところが、半世紀のちには、非国教徒の礼拝所の数が国教会系の二・五倍になった。さらに一八五一年の宗教センサスによると、非国教徒の数がはるかに上回ったとされる。少なくともウェールズで増加した人口の取り込みに関しては、非国教徒勢力は国教会よりはるかに成功を収めたことに異論を唱えることはできないだろう。しかしそれ以上に、聖職者と会衆は、自分たちの発展を、宗教の復興であるのはもちろん、ウェールズの復興の兆しでもあると考えた。

このことはウェールズ特有の教派のひとつであるカルヴァン主義的なメソディストにとくに当てはまった。ウェールズにおける一八世紀中葉の福音主義の復興は数々の分派を生んだが、ハウエル・ハリス（一七一四〜一七四三年）の指導のもと、カルヴァン主義が優勢にあった。ウェスレーの伝道はいくらか成果をあげたが、ウェールズの「メソディスト」は、一般にウェスレー派よりむしろカルヴァン主義を意味した。イングランドのウェスレー派同様、当初彼らは国教会に属していたが、一八一一年に正式に分裂した。この新教派を統治する組織は基本的に長老制だったが、それはスコットランドから輸入されたわけではなく、ウェールズ固有のものであった。二〇世紀になる頃にはウェールズ長老教会という語が定着し、より強固な連携をスコットランド国教会と築いていった。ウェールズ長老教会は、南東部に比べて北西地域で著しく優勢であったが、一九世紀にはウェールズ最大の教派になった。この差異が、ウェールズ語を使用している地域に対応しているのは、偶然ではない。実際、英語による礼拝を加えたり、完全にイングランド式の会衆にしてしまって、ウェールズ的な性格を薄めるようなやり方は、しばしば論議をよんだ。ウェールズ長老教会は、聖職者の訓練とその他の教育を目的とした独自組織を立ち上げた。数十年が経過し、その信者はウェールズ語と文化の保存と伝達にきわめて重要な役割を果たすことになった。それほどではないにしても、バプティストと会衆派もその役目を担った。しかしながら、両者はイングランドのそれぞれの教派とも連携していた。また、両者とも、とくにバプティストは、南ウェールズに多数の英語話者の信徒を擁していた。

教会行政組織や教義に関する教派間の相違にもかかわらず、全体としては、両者の信仰と実践は、信仰心を持っていたウェールズ人の大多数のそれと同じだと断言することができた。厳密にいえば、多数派がどの程度多数であったか、という問いには、さまざまな答えがあり得たし、場合によっては、ちょっと無理のある答えもあった。イングランドの非国教徒は、自分たちが多数派だと主張することはできなかっただろう。ウェールズの非国教徒は、イングランドとウェールズにおけるイングランド国教会の持続に対抗して、少数派であるイングランドの非国教徒とともに共同戦線を張るか、あるいはお互い我が道を行くかのどちらかを選ぶことができた。後者の場合、何とか成功の見込みがあったことは間違いない。アイルランド国教会制度廃止法（一八六九年）が、先例を提示したように見えた。それで、国教会制度の廃止がウェールズの非国教徒の大多数にとって最終目的になったのだが、要塞はすぐには陥落しないことを知ることになる。

ウェールズにおけるアングリカン教会が「イングランド」教会とされていたことで、その抵抗運動はさらに弾みがついた。実情はつぎのようなものであった。一九世紀前半には、その活動の大半を事実上、イングランドの監督派が担い、そのため、非国教徒たちの主要な活動と比較すると、ウェールズ語による宗教出版の発展が遅れた。運動は、英語を話すウェールズ人地主階級の支援を求めたが、南ウェールズの急速な工業化にはうまく対応できなかった。イングランドからの入来者が、既存の教区教会と並んで、英語で礼拝する教会を建てていた地域もあった。このように、政治目的によって、一方を急進的・参加型・非国教徒の「ウェールズ」、他方を保守的・階層的・国教会の「ウェールズのなかのイングランド」と分けて、両者間に闘争が生じるといった風に、問題を二極化してしまうのは簡単であった。たしかに、実際、この構図のようなことも存在したが、たいていは誇張された戯画であった。たとえそれが数のうえでは少数派であったとしても、国教会の教区構造は、どの単一の非国教会教派よりもウェールズの多様性をよりよく示していた。非国教徒は、地域によってその勢力の違いが大きかったのである。礼拝においても、英語だけを用いるわけではなかった。三人の強力なイングランド人主教——セント・デイヴィッズ主教サルウォール、スランダフ主教オリヴァント、セント・アサフ主教ショート——は、ウェールズ人の要求に鈍感であったわけではなく、一九世紀中葉、自分たちの主教区を再活性化するのにおおいに貢献した。一八七〇年、ウェールズ語を話すウェールズ人がセント・アサフの主教に任命された。その後の数十年で、主教のウェールズ化が速やかに進んだ。

それでも、国教会制度の廃止運動は動じなかった。それこそが、運動が根本的に目指すものであった。その運動が成功するかどうかは、ウェールズ内の感情だけではなく、イギリス政治の全般的な状態に、より大きく左右された。グラッドストンは、ウェールズの教会はイングランド国教会と完全な組織的、法律的、歴史的同一性を有していると確信していたが、ウェールズ教会は、地域としてのウェールズ全体と同じように、一定の条件のもとでは分離した統一体として扱うことができるという見解へと転換した。一八九四年から一九一四年の間に、ウェールズにおける国教会制度廃止法案が四本議会に提出され、一九一四年の法案にいたって、ようやく法制化された。廃止にともなう教会の基本財産没収に関する難問がまだ残されていたが、議論にかかわった人びとには、苦渋のうちに、第一次世界大戦の勃発によって議論の一時的中断を受け入れた者もいた。その政治論争は激しさをきわめたが、小さな光明ももたらした。イングランドでの体制の原則にとって、ウェールズで起こりうること、もしくは、異なるかたちではあるがスコットランドで起こりうることは、一部の下院議員には重要な意味を持っていた。非国教徒は、国教会を国家教会として認めることを断固として拒否していた。一九〇六年から一九一〇年にかけて、王立委員会は、問題全体について確かと思われる統計によって把握しようとした。そして、多くの教会史家が、過去にもそれ以降にも示したように、異なる教会組織が（たとえば、洗礼式と聖餐式といった）同じ象徴に対して異なる重要性を付与していることがわかった。人びとは教会で結婚式をあげたがったが、これは、彼らが教会信徒であることを意味したのだろうか。教会に用意される座席数はいくつなのか、あるいは、委員は教会の構成員について覚え書きだけをとるべきなのか。そもそも、どのように教会構成員を確定できるのか。五〇万から一〇〇万ものウェールズ人の信心と考えられるものは、これらの質問にどういった答えが出るか次第であった。

国教会制度廃止法案が成立する頃には、ある種の醒めた空気が議論全体に漂っていたことは驚くにあたらない。廃止がようやく決定した頃には、ウェールズ社会では社会・経済問題が前面に出ており、国教会制度廃止は他人事のようであった。国教会の特権的地位への反感にもかかわらず、教会の歳入の一部が宗教と直接関係のない使途に用いられようとしていることに対し、不満をもつ非国教徒もいた。くわえて、国教会と非国教徒のリーダーが、自分たちの信者がどちらに属するのかについて口論しているあいだに、信仰をまったく持ったことがないか、あるいは脱会したかによって、いかなる宗教も信仰していないウェールズ人がきわめて多数いることがいよいよ明らかになった。信心深いウェールズ人という紋切り型のイメージと矛盾するからといって、この事実が強調されたわけではない。いうまでもなく、良かれ悪しかれ、イングランドやスコットランドとは異なり、第一次世界大戦以後は、ウェールズは体制教会を持っていなかった。すべてのキリスト教の教派は、いまや国家のもとでは同等であったのだ。

　ある意味、こういった国制上の位置づけを得たことは勝利であったが、空疎な勝利であったことも露呈した。公正さを求める議論の強さがどんなものであれ、その有様それ自体は宗教的に啓発するものではなかった。明らかだったのは、双方で、ロイド・ジョージのように宗教の信念を持ったことのないような人間によって、見せかけの感情が生み出されていたことだった。また、「勝利者たる」非国教徒が、自分たちの発展という点では、危機的状況にあったことも明白だった。それは書類上では優勢にみえるかもしれないが、二〇世紀初頭あたりからは、ウェールズ社会における多数の勢力のなかのひとつとするのが適切なのかもしれない。歴史家のなかには、この展開を、ウェールズ社会を支配し、傲慢にもそれ自体を「ウェールズ文化」と同一視させていたヘゲモニーの崩壊とみる者もいる。一方で非国教徒は、彼らの影響力が絶大であった時ですら、同胞の社会的規範をコントロールするには、自分たちの力には限界があることを十二分に自覚していた。そののち、一部の歴史家は、一九〇四～一九〇五年のウェールズ復興熱を「世俗化が激しい世のなかでの非国教徒的な道義心の危機のあらわれ」（ティム・ウィリアムズ）とみなした。またほかの歴史家は、とくにエヴァン・ロバーツとその女性信奉者の奮闘に、信仰復興熱の発露をみた。その信仰熱は、信仰がある種の専門的職業になることを厭わないような牧師や執事を無視するようなものであった。短期的に見れば、信仰復興論者の活動の結果として報告された教会員数の増加は甚だしかったが、それは長くは続かなかった。

　「非国教徒の衰微」は、その後の数十年を特色づけることになったが、組織に関しては当てはまらなかった。実際、文化的意味においては、カルヴァン派的メソディスト、バプティストと会衆派がウェールズの「体制教会」を構成したといえるかもしれない。そうした教派の問題は、ウェールズ語を用いるウェールズ自体が危機的状況にあったことである。一九二一年の統計はウェールズ語使用者の数が激減したことをはじめて示した。人口の三分の一を少し超える程度の人しかウェールズ語を話すことができなかった。宗教、言語と文化の連結は、今日まで続く問題を提示した。各教派が生き残るには、どの程度ウェールズ語が生き残る必要があるのだろう。あるいはウェールズ語の生き残りのためには、どの程度各教派が生き延びる必要があるのか、と問うべきだろうか。非国教徒の礼拝所とウェールズ語の両方は、同じ経済的・社会的圧迫に弱いようであった。宗教的見地からいえば、福音書が時代遅れとなり、組織的な意見表明が、「現代的」でますますイングランド的になっている生活様式から切り離された文化的ゲットーにすぎなくなるかもしれない、という明確な危険性があった。ウェールズ語の礼拝に参列する者ですら、礼拝が終わるとお互いに英語で話しはじめるという場面があったことが記されている。言語の観点からは、非国教徒からの支援がいまだにあったとはいえ、その衰えはかなりの痛手だったかもしれない。その一方、社会全体から見れば、ウェールズ大学とウェールズ国立図書館といった組織が設立されたことにより、イギリス内でウェールズのアイデンティティをより強く認識させることに大成功を収めたおかげで、非国教徒は割を食ったといえるかもしれない。もはや彼らはウェールズ・アイデンティティの唯一の「媒介者」と名乗ることができなかった。一九二五年にウェールズ国民党を結成した人びとが、たとえ思いどおりにやっていたとしても、ウェールズが完全な政治的独立を果たし、それゆえにイングランド化に対する制度的な防御壁としての宗教の必要性も低くなっていただろう。

これらの困難は、戦間期にウェールズが農村と工業地域の両方で経験した全般的な経済危機という文脈においても確認できるに違いない。当時の一般的な情況下では、しばしば信徒たちが財政面で過剰に負担していることが明白になった。大きな建物の維持は相当な重荷になった。特定地域からの人口流出はウェールズ全体からの流出とあわせて、多くの礼拝集会所の生存力を弱めた。たとえば一九三五年までの一〇年間で、八八六七人の非国教徒がロンダ渓谷から流出した。残された者の多くにとっては、社会主義が打撃を受けた渓谷地域に解決策を与えてくれる、と考える方が容易であったようだ。しかしながら、教会の衰退があまりに破滅的だったと想像するのは間違いであり、同様に、旧来の礼拝所を中心にしたあり方と社会主義の対決は必然だと考えるのも間違いだろう。多くの聖職者が左派政治の必要性を確信し、そして多くの社会主義者は公言したほどには、自分たちの魂について懐疑的ではなかっただろう。

「ウェールズ教会 the Church in Wales」（国教会制度廃止によってこう呼ばれた）も、こうした緊張状態を免れなかった。しかしながら、内部に新たな方向性を与えることで生き残りに成功し、人びとを驚かせた。教会は独自の代表組織を設け、その新しい情勢が必要とする財政面については、教会信者が相当な援助をした。時間がたつにつれ、特権的な社会的地位を失ったことがメリットとして見られることが多くなった。それは、外国人が教会の事柄に介入してくる、といった見方の排除にかなり貢献した。緩やかに、国教会と非国教徒の関係が改善された。ローマ・カトリック教会がウェールズ社会の構成要素として認識されるようになったのも戦間期であった。スコットランドへの流入と同じような規模でアイルランド人がウェールズへ移住してきたわけではなかった。それでも、カーディフやその他の地域におけるアイルランド人とアイルランド系の人びとの存在が、そこにカトリック教会を定着させた。また、申し分のない非国教徒の家系に生まれた作家サウンダース・ルイスのような著名人が多数改宗したことも、ローマ・カトリック教会の発展に貢献した。ローマ・カトリックはウェールズ国民党を植民地化していると、時おりまことしやかに囁かれた。本章では大きな動向を取り扱わないが、宗教と政治の面で、ウェールズは行き詰まっていたと論じるものがかなりあった。文化的発展の段階を超えようとしている国において、賭博のない、安息日厳守主義と絶対禁酒主義の隔離的な異文化地域を保持しようともがく古臭いピューリタニズムより、人びとの活力にもっと寄与すると考えられた新しい「旧」宗教、すなわちカトリックとともに新たなスタートを切る時期だったのだ。

概して、第二次世界大戦終了後、数十年経過するまで教会一致運動の気配はみえなかった。この兆し以前、いやそれ以後も、あらゆる教会諸派は、いや応なしに、各々の一九世紀以来の歴史的遺産を持ち続けていた。ウェールズの古き時代の宗教を取巻く神話は、厄介にも依然として現在とかかわりあっている。「非国教徒」は、いまだ「ウェルシュネス」という特定概念と分離しがたい密接な関係があるようだった。ウェールズ語が話されている地域において、非国教徒の礼拝所は相変わらずウェールズ語の防衛拠点だったが、その壁は崩れかけており、未来に対するある種の絶望感が漂っていた。一方で、ウェールズ国民党《プライド・カムリ》初の下院議員グウィンフォー・エヴァンスのような人物がなおも現われていた。彼は、自らが所属する独立派（会衆派）の宗教的伝統を活力源としたナショナリスト構想をあえて公言していた。ウェールズ語を話す国教徒が相当数存在する教区において、少なくとも聖職者のあいだでは、ウェールズの自治を支持する声も多くきかれた。一九七九年におこなわれたウェールズの自治権委譲を問う住民投票の際にはウェールズ教会のウェールズ大主教は、自らがその考え方に与することを公言した。そのような意思表示は、人びとを国教徒と非国教徒に分けることが共感を得られなくなっているという見解を支持するものと映った。しかし、グウィネッズのようなウェールズ語が話される地域でさえ、自治権委譲問題は過半数を超す支持を得ることなく失敗に終わった。この敗因の詳細をここで議論することはできないが、自治政府のもとではウェールズ語を話す人びとが特権的地位に就くのではないか、といった懸念を抱いたウェールズ語を話せない者が多数を占めたというのが理由のひとつと考えられる。その不安が誤解であったにせよ、そうではなかったにせよ、公式の指導者が自治を支持した教派においても、英語を話す信徒たちのあいだには同じ傾向があったようだ。

いずれにしても、一九七〇年代と一九八〇年代のウェールズは社会的、経済的意味で発展過程にあった。工業地域という南ウェールズのイメージは、現実とは乖離しはじめていた。変革の苦痛のなかで、新たな繁栄もあった。それに対応することは、教会諸派には不況時と同様の困難さをもたらすと思われた。一部の批評家たちの目にはウェールズ社会のその他多くの様相と同じように、「ウェールズの宗教」は際立ってウェールズ的であることを止めようとしている、いやおそらく完全に止めたのだと映った。〔非国教徒の〕礼拝堂は炭鉱と同じく過去のものになりつつあった。それらの唯一の未来は、文化的遺産の一片となることであった。そこを訪れた観光者らは、説教がクライマックスに達し、感情の高まりに恍惚となった聖職者を演じる俳優たちの録音された声を聞きながら、あるいは、礼拝堂での男声聖歌隊のフリをした男性合唱の歌声を聞きながら、わけがわからないまま歩きまわることだろう。程度はどうあれ、「世俗化」したというのは明らかである。しかし、たとえそうだとしても、ウェールズ的な「世俗化」に留まったという証拠もたくさんあった。

しかし、完全に失われてしまったものの多くが本当に「宗教」の本質部分であったかどうかを問うことも可能であった。自惚れをはぎ取り、謙虚にお互いの力と見識を認めて、すべての教派が信仰と虚構が混ざった濃厚なウェールズ的混合物を一緒につかみはじめた。詩人で教区司祭であったR・S・トマスは、スリン半島で自らの会衆の世話をしながら、自著のなかで、過去と現在が混ざり合ったような、そういった緊張を感じた。カーディフの賭屋によって約束された天国では満ち足りることができない心と精神の領域があった。また別の詩人、イドリス・デイヴィスは、戦間期に、賛美の響きをもって沸きあがる感情を表現した

「ヘブロン教会《ケイベル・ヘブロン》」というドラマティックな詩を書いた。そのような詩歌は今でも聞くことはできるが、よそと同じようにウェールズでも、それは、今では、大変な騒音と熱情のあとで、小さな声を聞こうと耳を澄ますようなものであるだろう。一八〇〇年以降、ウェールズにおける宗教と共同体のあいだの厄介な関係で、失ったものもあれば、得たものもあったのである。

第20章　イギリスの宗教と世界——ミッションと帝国　一八〇〇〜一九四〇年

ピーター・ウィリアムズ

主教スティーヴン・ニールは、一八世紀には非ヨーロッパ世界におけるキリスト教についてきわめて悲観的な見通しが一般的であっただろうとしている。それにもかかわらず、つぎの一世紀半はミッションが原始教会以来の盛り上がりを見せた時期であった。そのエネルギーの多くはイギリスから発せられたのである。こうした活動が発展した理由としてまず思い浮かぶのは、ヨーロッパがアフリカ、アジア、南米への介入を深めるなか、宗教的な側面からその一翼を担ったということであり、たしかにある意味、そのとおりでもあった。探検は地平を広げ、人びとが遠く離れた土地へ入植したことは、格好のモデルであり、新たな挑戦でもあった。宣教師は帝国の忠実な先兵であったといわれることがある。事実、ときにそうであった。しかしながら、これだけですべてが説明できるわけではない。このミッションの盛り上がりは、多くの場合、帝国主義とは独立したものであったし、帝国主義、とくにイギリス人入植者、商人、探検家の野望と対立することもまれではなかった。この章では、ミッションの高揚には、神学的なものも含めて、幅広い背景があることを述べてゆきたい。

一八〇〇年以前のイギリスのミッションは、プロテスタント国家の多くがそうであったように、きわめて限定的におこなわれていたにすぎない。キリスト教知識普及協会（SPCK）が（おもにドイツ人のルター派宣教師を使って）南インドで活動していたが、規模は小さかった。海外福音普及協会（SPG）は、アメリカへの入植者に対する活動が中心であったが、アメリカ・インディアンと黒人奴隷に対する伝道もわずかにおこなっていた。両協会とも勅許のもとに設立されていた。一七九二年からの二〇年間に、まったく新しい伝道協会が組織された。それらはヴォランタリ・ソサエティであった。こうした団体は、秘められた大きな力とエネルギーを引き出すことになり、多くの人びとが宣教師として危険を顧みずに生涯を捧げることになったのである。

外のより広い世界への関心が広がったことが、こうした変化の何よりも大きな原動力となった。これは、ひとつにはクック船長の航海記などの出版物がもたらしたものである。また、インドのような国々が、貿易相手としてだけでなく、統治する場所、つまりそこに自分たちが住む場所として人びとの意識にのぼるようになり、重要な場所となっていったことも見逃せない。さらにフランス革命が、ごく普通の庶民たちを刺激し、彼らの持つ創造的な潜在能力を解き放ったのは間違いない。

しかし、ミッションへの新しい情熱は、こうした要因だけでは説明できない。回心を重視し、福音伝道において、人ではなく神の役割を強調する「超カルヴァン主義《ハイパー・カルヴィニズム》」〔急進的なカルヴァン主義者〕を直感的に否定する一八世紀後半の福音主義の復活は、可能性を大きく広げることになった。千年王国説への傾倒も重要である。一八世紀末から一九世紀初頭にかけては、神の王国が成立した後に神の再臨があるとする考え方（後千年王国説）が主流であったが、一九世紀中には、神の再臨は神の王国が成立する前に起こるとする説（前千年王国説）が支配的になっていった。いずれも人びとの関心をあらたにミッションへと向ける動機となった。アメリカの大覚醒期の神学者ジョナサン・エドワーズは、初期の傾向を体現する人物である。彼は、神の王国は国をまとめあげる説教と祈りによりしだいに完成に向かうと考えていた。結局彼は、マサチューセッツ・インディアンたちのあいだに伝道に赴き、国民の回心のためにいっせいに祈るよう求めた。彼の助言は、アメリカにとどまらず、広く影響を与えた。彼に共鳴する人びとが集うひとつの核がノーサンプトンシァに形成され、そのなかにバプティストの靴職人ウィリアム・ケアリ（一七六一～一八三四年）がいた。この将来の偉大な宣教師は、フランス革命やロマン主義運動といった時代の動きに突き動かされ、ほかの非国教徒たちと同じく、こうした流れを神学的な枠組みに位置づけなおして、古い秩序に対する批判を発展させていった。また、フランス革命やロマン主義運動は、彼らが急進的な行動をとるきっかけになった。

福音主義の復活は、社会の変化を求めていたグループのなかにもっとも大きな影響を与えたことは間違いない。これは、ウィリアム・ウィルバーフォースやクラパム派とつながりを持っていた実業界のミドルクラス上層の福音主義者たちはもちろんのこと、ジョン・ウェスレーのメッセージと手法を熱心に支持した人びと、あるいは自ら会衆派やバプティストとしてウェスレーと競うようになった経済的には恵まれない労働者階級の人びとについてもいえることである。どちらの立場であれ、福音主義の復活においては、キリストによる贖罪の必要性とその事実を重視した。また、俗人が福音や宗教的な動機にもとづく社会行動に参加し、あらたな主導権を確立する可能性を強調した。さらに、ヒンドゥー教徒、黒人、ヨーロッパ人などの違いにかかわらないすべての人びとの「魂」の価値を宣言した。このような信念は、奴隷貿易廃止主義者にとり、宗教的な動機づけとなったと同時に、同じ人びとが福音を地球の果てまで伝えようとの決意を表明することにもなった。それゆえ、新しい伝道組織を立ち上げた人びとが、正式な宗教指導者ではなく、当時社会に芽生えはじめた関心を共有することで結びついていた、熱意にあふれた人びとであったことは、さほど驚くにあたらない。

ここで、この時期の伝道協会の形成について詳しく述べることはできない。さいわい、ウィリアム・ケアリはミッションへと人をいざなううえでもっとも重要な人物であった。彼の人となりが形づくられることになった力学や、彼自身の信念は、ケアリほど才能にもめぐまれず、影響力を持つこともなかったが、彼と同じくミッションに熱心にかかわった、ほかの多くの宣教師たちも共有していた。ケアリは、自分が情熱的な神学上の信念に駆り立てられていることを自覚していた。その信念とは、福音を世界に伝道するという偉大な責任は、パティキュラ・バプティストの一部の超カルヴァン主義者が考えるように、使徒だけに負わされたものではなく、すべてのキリスト教徒が果たすべきであるというものである。これについては有名な『キリスト教徒の義務に関する探求』（一七九二年）のなかで議論されている。これは福音主義的な思想全般に影響を与えることになり、（これに先立ってウェスレー派メソディストの指導者であるコークがミッションについての見解を出していたことも重要）数カ月のうちにバプティスト伝道協会（BMS）が設立され、ほかの伝道協会の多くがそれに続くことになった。なかでも、ほぼ会衆派で占められていたロンドン伝道協会（LMS、一七九五年）、国教会福音派の国教会伝道協会（一七九九年）とメソディスト伝道協会（一八一九年）がもっとも重要なものであろう。こうした新しいヴォランタリな伝道協会が直面した一連の問題といえば、どこに行くべきか、どのように人材を集めるべきか、はたまた選抜した人びとをどのように訓練すべきか、さらにはどのような方針をとるべきか、また、伝道協会本部は遠く離れた地で活動する宣教師に対してどの程度の権限を行使するのかといったものであった。

どこで活動すべきかという問いは、インドの問題と直結していた。イギリス領インドは、東インド会社が統治していた。東インド会社は、南インドにおけるキリスト教知識普及協会のドイツ人宣教師の活動は容認する方針であったが、北部での活動についてははるかに慎重であった。そのため、最初のバプティストの宣教師はイギリス領の外側に拠点を置いた。一八〇八年、東インド会社の幹部会議は、インドの宗教を守ること、ならびに、「インド人がキリスト教に改宗させようとする説教師や熱狂的な試みに煩わされたりいらだったりすることのいっさいないよう、注意を払うこと」を宣言した。これは、東インド会社が、いかなる宗教的な関心事よりも商売上の自己利益を優先したため、宣教師たちに対して長らく抱いてきた反感を反映したものである。こうした姿勢は、一七九三年、ウィリアム・ウィルバーフォースやクラパム派が、東インド会社の特許更新をめぐって、東インド会社は宣教師をインドに派遣するべきだと提案し、居並ぶ勢力に挑みながらも敗れた議会での論戦にも明らかである。この敗北は、ニールが指摘するように、宣教師が政府によって任命される可能性を阻止する結果になり、「彼らが目指すものを追求するうえでたいへん有利な状況をもたらす」ことになった。一八一三年に特許が議会に再度上程された際には、宣教師に対する公的支援については、いっさい言及されることはなかった。しかしながら、インドの門戸開放への圧力はより強く、緊迫したものとなっていた。というのも、このときは福音主義者だけでなく、インドが西洋式の教育に門戸を閉ざすことに疑問を呈していた功利主義者の圧力も加わっていたからである。こうした圧力は実を結んだばかりでなく、ミッションにまつわる利害が本国の教会に大きな影響を与えるという、その後繰り返される図式を先取りすることになった。ここでは、福音主義者たちが一致した目標に向かってまとまり、大衆も奴隷貿易廃止よりも高い関心を示した。インドがもっとも大きな目標と考えられてはいたが、宣教師たちはほかの地域、たとえば南太平洋の島々や西アフリカにも向かった。南太平洋はクックの航海へのロマンティックな関心のおかげで人びとには馴染みのものになっていたし、悲惨な奴隷貿易を償う義務について人びとの関心が高まるなかで、西アフリカも注目の場所となっていた。

宣教師はキリスト教伝道にフルタイムで従事するのが職務であったから、聖職資格を持つものが最初から任命されていただろうと考えられがちである。しかし、当初はそうではなかった。これにはふたつの理由がある。ひとつには初期の伝道協会設立にかかわった人びとは、開拓的な仕事には通常の神学的な素養が必要であるとは考えていなかったこと。ふたつ目は、聖職者や訓練中の聖職者候補から採用するのは困難であろうという現実的な見通しを持っていたことである。結局、ロンドン伝道協会は宣教師を募るにあたり、まず「神に帰依する職人たち」に呼びかけた。ロンドン伝道協会の最初の宣教師はいずれも、ほとんど正規の教育を受けたことのない職人出身者で占められることになった。結果は一長一短であった。宣教師として有能かつ献身的な人材が得られた反面、大半は宣教師としての役割を果たすのに必要とされるだけの資格を満たすための訓練も、そのための資金も自分では用意できない人びとであった。評価は真っぷたつに分かれた。シドニー・スミスのように批判的な人びとは、伝道事業は「聖別された靴職人たち」や「説教じみた職人たち」の巣窟であるとして一笑に付した。ケアリのような「聖別された靴職人」たちは、伝統的な基準では賢人とされる人びとの皮肉がときとして非常に的外れな場合もあることをよく示しているが、宣教師たちは学問や神学の訓練を受けずに派遣されるべきではない、との合意が形成されるのに時間はかからなかった。

国教会伝道協会（CMS）は国教会系であったこともあり、俗人の教理指導者《カテキスト》には頼らないことを決めていた。宣教師は按手礼を受けた聖職者でなければならなかった。伝道活動が、聖職者になったりイングランドで社会階梯を上昇するための裏口とみなされないように、宣教師は、海外に派遣されるまでに、国教会の聖職者として叙階されるのに十分な資格を備えていることが重要であった。実際にはそのような人びとが宣教師に応募する例はほとんどなかったので、当初、協会はドイツ人のルター派の人びとを頼り、その後、しだいに自分たちで候補者を訓練するようになっていった。イングランドの聖職候補者であればごく当たり前の、大学教育や専門職の知識を持つミドルクラス出身者は、宣教師候補者のなかにはほとんどいなかった。したがって、宣教師養成にあたっては、「不十分な教育」を補って本国の聖職者にほぼ相当する力を獲得するよう配慮されていた。CMSの幹事であるヘンリ・ヴェンの言葉によれば、その目的とは本国で聖職資格を得るさいに受ける訓練と同等のものを用意することであった。一八四六年、彼が誇らしげに語ったように、結果として、こうした宣教師候補たちは、ケンブリッジでもっとも優秀な人びとに匹敵するほど深い学識を身につけるようになっていた。ただし、まったく新しい環境で宣教師たちが向き合うことになる文化や言語の問題については何も触れられなかった。

一九世紀前半、大半の宣教師はケアリと似たりよったりの社会階層出身であった。より専門的な職業についている場合でも、急速に工業化しつつある社会においてさらに高い位置に到達しようとの野心を持っていた。ピジンがいうように、R・S・ニールいうところの「中流階層《ミドリングクラス》」、つまりミドルクラスとワーキングクラスのあいだに位置し、野心的な専門職やある程度教育のある職人層からなるプチ・ブルジョワからなり、ミドルクラスの個人主義的価値観を共有するものの、集団としては彼らより恭順さに欠け、特権に対してより批判的であった人びとである。いいかえれば、彼らは階層化された伝統的なイングランドの生活から逃れようと模索していた人びとの一部であった。事実、各協会は、敏感かつ批判的に、彼らの動機が社会的上昇という野心であった可能性も感じ取ってはいたが、熱帯で生活することの危険の大きさや不確実さも同時に承知しており、情熱はもっとまともな動機に支えられているはずだとみていた。

方針について詳しく述べる余裕はないが、初期のプロテスタント宣教師、なかでもインドで活動した人びとが確立した手法が、その後にも非常に大きな影響を与えることになった。これは、ベンガルの四人の傑出した宣教師のおかげであり、その偉業については多言を要しない。ケアリ、マーシュマン、ウォードのセランポール・トリオは、翻訳においてきわめて優れた言語学的な業績を残したことで知られており、さらには文法学者としても三四の言語や方言を分析した。彼らが現地の文化にどれほど深くかかわったのかについては歴史家の見解が分かれる。非常に深いかかわりがあったという立場をとる人びとも、ある文化がいかに優れていたとしても、救済原理(つまりキリスト教)を持たない人間のシステムは究極的な価値を持たない、という前提条件がセランポール・トリオの思考につきものであったことは認めている。他方、彼らがほかの宣教師と比べて文化的な背景に関心が高かったのは明らかであるが、その動機は、まずはヒンドゥー教とそれにかかわる文化の多くを打倒することにあったとする見解もある。ヒンドゥー主義の理解が深まれば、それをいかに効率的に打倒できるかの道筋が明らかになるというわけであった。つまり、彼らは、ヨーロッパ文化至上主義と本質的に異ならないというものである。いずれにせよ、彼らがヒンドゥー文化についてより深い知識を得ようとしていたのはたしかである。ケアリとマーシュマンは『ラーマーヤナ』の翻訳に多くの時間を費やし、ウォードはヒンドゥー文化について膨大な知見を得た。彼らを駆り立てたのが、福音により救済されるという真実は、文化的背景にかかわりなく、すべての人にとって決定的に重要であり、できる限りそれぞれの文化を代表する人自身によって提示されるべきである、という信念であったのは疑いない。はじめのうち、彼らはヒンドゥー教やイスラムに対してきわめて敵対的であった。その後、否定的な見解を一部改め、ヒンドゥー教やイスラム教にもキリスト教と共通の宗教的直観があることすら認めるようになった。彼らの他文化の価値に対する成熟した見解は、単なる宣教師の域を超えていた。彼らは、キリスト教はギリシア・ローマ文化に比肩しうる現地の文化と連携すべきであると考えていたが、これは効果的にキリスト教伝道を進めるための道具として必要であったという理由からだけではなかった。そうした現地の文化は、異教であるがゆえに欠陥がある。しかし、拒絶するのではなく、「神の啓示の助けとするため東洋の古典を」涵養することを目指すべきであると主張した。彼らは「想像力にあふれた偉大な国民的詩人たちがキリスト教の真理を賛美する」日が来るのを願っていたのだ。

インド人の教会を発展させる重要性を主張し、一八一八年には「インドの福祉向上に貢献しうるあらゆる分野の知識」を教えるために、信仰にかかわりなくすべての人びとに開かれたセランポール・カレッジが開設された。意欲的な取り組みとは、つまりインド文学と西洋科学を教えるということであった。インドにおけるサンスクリット語は、ヨーロッパにおけるギリシア語あるいはラテン語に相当するものであるとされた。もっとも、これは実現することはなかった。というのも、人材を確保できなかったからである。バプティスト伝道協会はこのような広範な取り組みを支援しなかったし、ほかの宣教師や政府、野心的なインド人たちは近代的な教育の基本言語として英語の価値を高く評価するようになっていた。とはいえ、インドでその後活動した宣教師たちに限らず、あらゆる場所で活動した宣教師を見渡しても、セランポール・トリオほど現地文化の構築に大きく貢献した宣教師は誰ひとりとして見あたらない。

いわゆる（セランポール・トリオらの「オリエンタリスト」に対する）「アングリシスト」の立場を代表するのは、スコットランド長老派の優れた宣教師、アレグザンダー・ダフ（一八〇六〜一八七八年）である。彼は一八三〇年にインドに赴任し、上流バラモンの子弟を対象とした学校を開校した。彼は、ヒンドゥー文化は、キリスト教や近代的な科学教育を正しく理解させる手段とするには、ヒンドゥー教との結びつきが深すぎると考えていた。一方、英語を学ぶという行為そのものが、「思考を新しい考え方や真理につねにさらすことになり、言葉を習得するころには学生は以前と比べものにならないほど汎神論や偶像崇拝、迷信から解放されることになるであろう」。政府関係者のあいだでもオリエンタリストの立場は後退し、一八三五年、ベンガル当局がアングリシストに転換する際にはダフが主要な役割を果たした。

こういった理念的な議論は、キリストの福音と現地およびヨーロッパ文化をどのような関係に位置づけるかという宣教学の中心的な課題を浮かび上がらせることになった。オリエンタリストの立場に立てば、ヒンドゥー文化を上述したほど高く評価しない場合でも、どの宣教師もいかなる意味でもヨーロッパ文化を広めようとする文化帝国主義者とはいえないことは明らかであった。アングリシストの立場は、間違いなく一種の文化帝国主義であり、全般的な傾向をそちらに向ける原動力となった。しかしながら、これは領土帝国主義や人種的優越性の概念を反映したものではなかった。実際のところ、インド人のなかでももっとも高い教育を受けた人びとは、おしなべてセランポール・トリオではなくダフを支持し、ダフはインド人を通じてのインド伝道にケアリと同じくらい積極的であったことを忘れてはならない。インド文化を尊重するオリエンタリストの見解は、二〇世紀末の認識により近いものである。しかし、いずれの立場も、以前にあったすべてのものを一掃してヨーロッパの母教会のクローンでしかない教会をつくる、といった単純なヨーロッパ化を目指したものではない、ということを理解しておくことは重要である。どちらにも共通していたのは、教育を通じて伝道を進めようとしたことである。教育はミッション事業の大きな特色となり、教育にはより大きな精力が注ぎ込まれることになっていったが、それにつれて改宗者の数は減少していった。

このような、きわめて洗練され、独立したミッションの構図は、南インド、西インド諸島および南アフリカにおいてより鮮明に見られた。南インドでCMSは古代のシリア教会に出会ったが、そこで宣教師たちに出された指示は帝国主義的な傾向とは驚くほど無縁であった。改宗よりも改革がその目的となっていた。

シリア人たちには、イギリス人の教会の礼拝と戒律を受け入れるよう促すよりは、自分たちの古くからの原始的な信仰と習慣に回帰させるべきである。シリア人たちがそのように望むように導かなければならない。シリア人たち自身のためにも、教会が将来より大きな役割を果たすためにも、シリア人たちが英国教会を受容しないように説得しなければならない。

ＣＭＳがシリア教会に原始的な純粋さというややロマンティックなものを見ていたとしても、これは政治や宗教面でのイギリスの影響力を拡大したいという単純な欲望とは明らかに異なる姿勢であったといえる。これは、ミッション運動の本質は「文化帝国主義」であるという一般的な見方に修正を迫るものである。

宣教師たちがヨーロッパにおいて政治的な主流派をつねに支持していたわけではない。ピジンが指摘するように、宣教師自身は支配階級や企業家階層の出身ではなかったこともあり、政治の動向は彼らにとってそれほど大きな関心事ではなかった。というより、出自からすれば、宣教師たちは現状に批判的な勢力となりうる可能性も十分にあった。実際、ウィリアム・ニブ（一八〇三～一八四五年）とＢＭＳは奴隷解放を主張したとしてジャマイカの白人入植者たちのあいだでは非常に不人気であった。宣教師たちは、一八二三年から一八三二年にかけての奴隷の反乱や一八六五年の黒人の反乱への共謀を疑われた。ジョン・スミスは反乱に加担したかどで死刑宣告を受け、囚われのまま死亡した。自分が聖職者として世話をしている恵まれない人びとの主張に共鳴する姿勢は、南アフリカでも顕著であった。ＬＭＳの宣教師たち、なかでもＪ・Ｔ・ファンダーケンプ（一七四七～一八一一年）、ジョン・フィリップ（一七七五～一八五一年）、デイヴィッド・リヴィングストン（一八一三～一八七三年）は、白人入植者の野心に対抗するというキリスト教会の立場を確立した。ウィリアム・ウィルバーフォースやＴ・Ｆ・バクストンに代表されるイギリスの博愛主義的な世論に同調し、アフリカの現地民の平等を宣言した一八二八年の庶民院の決議採択にもっとも貢献したのはフィリップである。ここでは、イングランド人、オランダ人のいずれであれ、ケープ在住の自由人が享受している自由と保護を、南アフリカの現地の人びとみんなに与えることを保障するよう求めている。一八三三年の奴隷制度廃止とこれが、イギリスの統治地域を越えたボーア人の大移住《グレート・トレック》を引き起こすことになったのはいうまでもない。アフリカの現地民の権利を守るためには入植者の意思に反対せざるをえない、との信念を持っていたフィリップは、イギリスの帝国主義こそが現地の人びとの利益を守りうる唯一の勢力であるという、帝国の慈悲深い目的を強く確信するにいたった。フィリップのように、帝国主義を人道的でキリスト教的な見地からもっとも現実的な選択肢とみなすことが、当時の宣教師たちのあいだでは一般的であった。

宣教師たちは、教会行政では急進的であったが、同時に、政治的にも強硬で頑固で執拗な体制批判者になりえた。初期の宣教師たちを、自分たちの親類縁者の利益を臆面もなく拡張しようとした不器用な家父長主義者と片づけてしまうことが、あまりに普通のことになっている。たしかに、多くはそのとおりであった。多くは現地の人びとの能力についてまったく理解しようとしなかった。ほとんどの宣教師は出会った文化に対して何の興味も抱かなかった。彼らの言語能力は、おうおうにして非常に限られたものでしかなかった。ただ、ロバート・モファットのように、フィリップや南アフリカなどウェスレー派といった急進派の関与に批判的であり、入植者の主張に大きな理解を示す政治的な保守派もいた。宣教師たちは一般的に政治から距離を保つことを身上としていたが、自身の政治的立場とはかかわりなく自らが活動する地域の人びとに親近感を覚えることも珍しくなかった。のちに、ミッションが拡大をはじめると、その拠点は拡大し、より複雑なものになっていたが、しだいに宣教師たちは、自分たちが作り上げ、必要とした複雑な組織の忠実な下僕になってしまい、ついには、自分たちが奉仕しようとしていた人びとから乖離してしまった。

一九世紀前半の宣教師の活動規模を強調するのはもっともである。一七八九年から一八五八年までに、五五九名の宣教師が一三のプロテスタント系伝道協会からインドに派遣され活動していた。シエラレオネは、アフリカにおけるCMS最大の伝道地域であり、一八五〇年代にはおよそ二〇名の宣教師がいた。一八六〇年には、インドにおよそ一一万二〇〇〇人、アフリカにおよそ二五万人のキリスト教徒がいたと推定されている。しかしながら、一九世紀後半にミッションがさらなる拡大をみたのは明らかである。宣教師の数は激増し、伝道協会も数多く新設された。なかでも一八五七年に創設されたイギリス国教会系の「中央アフリカ大学ミッション」（UMCA）と一八六五年に教派横断的に設立された「中国内陸部ミッション」（CIM）、一八六六年にカトリックが設立した「ミルヒルファーザー伝道協会」はとくに重要なものである。これらは宣教師の採用方法を従来とは大きく変えた。ミドルクラス出身者をふやし、女性や俗人も積極的に採用した。宣教師も、できるだけ早い時点で〔現地の人びとによる〕自治教会を目指すものから、ヨーロッパ人と現地の人びとの完全な統合を理想とする方向へと方針が変わっていった。

この時期に大規模に進展した背景にはいくつかの要因がある。鉄道や電信といったコミュニケーション手段の発達は、遠隔地へのアクセスを可能にした。ハドソン・テイラーは一八五四年に上海に赴くのに六カ月半を要したが、二〇世紀初頭にはわずか六週間で済むようになっていた。一八五〇年代半ばには、世界の多くの地域がいまだ未踏で近寄りがたい場所であったが、世紀末になると、地理的な探検はほぼ終わりを迎えた。この時期は比較的平和であった。伝道地での戦争はあったとしても早くに終息し、規模もそれほど大きくはならなかった。イギリスの教会についていえばカトリックとプロテスタント（国教会とも国教会以外の教派とも）が鋭く対立し、主要なプロテスタント諸派が競争力を強めていたことから、とげとげしい雰囲気が漂っていたが、同時にエネルギッシュかつ自己犠牲的な福音主義に投影されているように、精神的な活力にあふれた時代でもあった。そしてこの時期は帝国主義の時代であった。これが帝国とミッションの関係を問うことになる。

一九世紀半ばまでには、宣教思想家のなかにキリスト教、商業、文明の関係を意識し、方針に反映させようとするものがでてきた。もっとも顕著なのはデイヴィッド・リヴィングストンである。ここで摂理主義がこうした考え方の形成に果たした役割がどのようなものであったかの議論には立ち入らない。「宣教師たちはキリスト教と文明をまったく疑いもなく同一視するか、混同していた」というケルンの主張は正鵠を得ている。スタンレイも「一九世紀、イギリス人のキリスト教徒たちは宣教師がヨーロッパ文明の利益をキリスト教のメッセージとともに伝えるべきであると信じていた」と論じている。問題は、このキリスト教とヨーロッパ文明の関係がつねにこれほど絶対的なものであったのかということである。ポーターは、「商業とキリスト教の一体化はいちども実現せず、むしろ一九世紀の前半と最後の四半世紀は、はっきりと対立することが少なくなかった」と述べている。先述したセランポール・トリオの多様な事例が示しているとおりである。また、一九世紀半ばに活躍したより慎重なミッションの指導者や宣教思想家たちが、キリスト教と西洋文明をまったく疑問を差し挟むことなく同一視していたのかどうかについても検証の余地がある。CMSのヘンリ・ヴェン（一七九六～一八七三年）は、彼が生きた時代、イギリスにおいてもっとも偉大な宣教思想家であった。彼は「現地の人びとを改宗させるためにわれわれが定住し、文明化すべきである」というイギリス人の自尊心を満足させるような考え方には反対であった。彼によれば文明は便利ではあるが、不可欠なものではなく、キリスト教なくして文明それ自体では道徳の基本を教えることはできないということであった。結局彼は、いちどもリヴィングストンのスローガンを使うことはなかったし、彼の友人で思慮深いアメリカ人ミッション指導者のルーファス・アンダーソンも同様であった。ヴェンは、つねに教育についても相反する考え方のあいだで揺れていた。というのも、教育を受けた改宗者が現地の人びとから乖離してしまい、ヨーロッパ世界へと引きつけられことで、教育が現地社会の分断につながることを懸念していた。彼は、イエズス会の宣教師、フランシスコ・ザビエルはまさしくこの点で失敗したと考えていた。

とはいえ、宣教師たちが文明と商業の価値を認めていなかったわけではない。奴隷貿易についていえば、目に見えるかたちで代替となるものが提示され、「現地の人たちがキリスト教を通じて農業と商業の本当の価値を学ぶこと」がない限り根絶することは難しいと懸念されていた。このため、貿易の発展は、奴隷貿易を終息させる手段として高く評価されていた。キリスト教の宣教師は、特定のヨーロッパ文明と深くかかわりすぎないように戒められていた。キリスト教的道徳に照らして異教的な慣習の何かを排除したり、そのために貿易を利用したりすることは、ヴィクトリア時代半ばの感覚では、ヨーロッパ文明を完全なかたちで移植することとはまったく別物であった。ＬＭＳの幹事であったミューランスは、宣教会議の代表として一八六〇年に「現地人の牧師や宣教師の服装、所作や暮らしぶりはその地の習慣を受け継ぐようにすべきである」という合意を得たと宣言したのである。バプティスト伝道協会の総務長であるトレストレイル博士いわく、目標とすべきは、「彼らを（文化的な）混血にするのではなく、各地での生活様式に根差したキリスト教化であり、ゴシック様式の大きくて壮麗な聖堂を建てるのではなく、大きさ、コスト、全体の様式のすべてがその土地に調和したデザインの聖堂が望ましい」としている。彼はまた、「イギリスの聖職者の位階制度や華麗さをそのまま引き写すのではなく、その地で一般的な慣習、考え方や表現に沿った肩書きを牧師にあてはめることである」とも述べている。キリスト教の真理はどの土地にも順応しうる、つまり、「外観、雰囲気、言葉も、イメージ、言い回しなどは、最下層の人たちをふくめ、どのような人にとっても分かりやすいものにできるはずである」という確信があった。宣教師の持つ高いキリスト教文明は依存を生むことになるので、かえって障害になると多くの人が考えていたため、宣教師が司牧者になるかわりに、その土地の人びと《ネイティヴ》を牧師とし、その土地に根差した礼拝様式や教会制度を積極的につくってゆく必要があると考えられていた。

一八六〇年代になると、これが公式の正統な見解となっていった。自治、自主伝道、経済的自立を果たす教会の設立が、広く受け入れられた目標となり、一八六一年までには、六〇名の現地人聖職者がＣＭＳの保護の下で働いていた。彼らが西洋文明の型になじむよう期待されていたわけではない。アイルランドやウェールズ教会の弱点は、彼らが脱民族化したことであるとされ、たとえばインドでキリスト教が直面する課題は、ヒンドゥー文化のなかでふさわしいありかたを見いだすことができるかどうかであるとされた。ヴェンにとって、こうした考え方の論理的な延長上にはその土地に固有の礼拝様式や「国民的組織」としての教会組織の設立、および独立した現地人主教の任命があった。最後の点については、一八六四年、解放奴隷のサミュエル・クラウザ(一八〇六頃～一八九一年)を「われわれの領土以外の西アフリカ地域」の主教に叙階することによってはじめて部分的に達成された。これは、ヨーロッパ人以外が指導的な地位につき、主体的な役割を果たすことを示した象徴的な一歩であった。ヴェンはナイジェリアのナショナリズムの理念的な創始者としての名誉を与えられることになった。しかし、これは致命的な欠陥をともなう一歩であった。というのも、ヴェンはヨーロッパ人宣教師にクラウザの権限を受け入れるよう説得できなかったからである。そのため、クラウザは主教になったとはいえ、成熟し、十分に発展した教会のではなく、開拓伝道の主教であった。彼の肩書きと地位に代表される自治という位置づけは、現地の人たちの教会が自然に発展し、独立してゆくという道筋を示すものではなかった。むしろそれは妥協の産物であった。というのも、彼の管区内には、アフリカ人の支配を受け入れないヨーロッパの宣教師たちが活動するヨーロッパ人の主教管区が点在することになったからである。ニジェールにおけるクラウザの晩年の失敗の原因を探る歴史家たちはこの欠陥を重視する。しかし、クラウザが象徴的な地位を得たことの意義は看過すべきでない。というのも、彼が主教になったこと自体、伝道教会が比較的短期間で実質的な独立した教会へと移行すべきであること、また、そのようにしうることを宣言するものであったからである。

この宣言は、時代のはるか先を行く人物によってなされたものではないことに大きな意味がある。土地の文化に根ざす組織と典礼をそなえた独立教会という考え方は、ほかのプロテスタント系の伝道協会だけでなく、中央アフリカ大学ミッションの主教スティアのような国教会の高教会派にも支持された。彼は、それぞれの民族には「独自の教会、自分たち自身の主教、聖職者が必要である」との信念を持っていた。こうした見解を共有するほかの多くの人びとと同じく、彼はヨーロッパ文明には懐疑的であり、現地の人びとの能力に大きな信頼を寄せていた。こうした考え方が存在していたというだけでなく、影響力を持っていたことが、家父長的な帝国主義やキリスト教と西洋文明を単純に同一視する見解に対する広範な批判に説得力を与えていた。

このような批判は避けようがなかった。というのも、ミッションの戦略を立案する人びとの大半が正統的と考えていた方針は、現場の宣教師たちが実際の活動で受容し、実践していたものとは異なっていたからである。多くは生物学的事実としてではなく、当時の現実として、白人の優越を認めていた。現実は、西アフリカで活動したCMSの宣教師であるヘンリ・タウンゼントが一八五八年に述べているように、「白人の商人と文明はミッションと手に手を携えて浸透しており、それがもたらす変化はあらゆる面で革命的であり、必然的に外来の要素が含まれる。さらに、宗教的な変化はもっとも広範に作用する革命的な出来事であって、それを引き起こした人びとが指導者となるべきである。これは自然の法則であり、かつ神の法則とも矛盾しない」。すべての人びとが、キリスト教以外の宗教を低く評価する当時の見解を共有していた。キリスト教徒以外は「暗黒」に生きており、宣教師は、この暗黒を克服するには大きな文化的転換が必要であると信じていた。このような考え方は、西洋化を都合よく正当化し、それを確実にするための宣教師の長年にわたる支配を確実にするものであった。このような宣教師たちは、「現地人たちの社会および知的能力を過小評価しようという傾向に毒されている」とヴェンの目には映っていた。スティアも、彼のもとで働く宣教師たちとのあいだで同じような難問を抱えていた。彼らは家父長的になりやすく、また、たとえば（スティアの意図に反して）将来のアフリカ人指導者たちはイギリスに長期間滞在しての訓練が必要であると考えていた。こうした問題が、それぞれの民族教会《ナショナル・チャーチ》の設立へとヴェンをより強く駆り立て、「宣教師のしかるべき位置というのは、現地人教会《ネイティヴ・チャーチ》の外側にいることである」という冷徹な宣言につながった。つまり、宣教師は、支配せずには現地人教会と一緒に任務を遂行できないのであるから、新しくできつつある組織から離れるのが一番よい方法とされた。しかし、それはまとまった数のヨーロッパ人がそこにいる場合、ひとつはヨーロッパ人のための、もうひとつは現地人キリスト教徒のための地理的に重複する教区を作ることになった。これは人種によって教会を分けようとするもので、解決にはならなかった。戦略を立てる人びとは、基本的にイギリス在住であったが、現場の宣教師たちの躊躇に不満を抱くことが少なくなかった。だからといって、彼らの戦略が成功をおさめなかったというのではない。多くの非ヨーロッパ人が聖職者として叙階された。最終的な決定権は持たなかったが、それに次ぐ権限を与えられる場合もあった。クラウザが唯一の主教ではあったが、実質的な影響力を持つ優れた非ヨーロッパ人指導者たちはほかにもいた。ヴェンやスティアなどは、自分たちの求める方針に従うように現場の宣教師たちを十分に説得できなかったにしても、家父長主義的なミッションには批判的であり続けた。

多くの歴史家は、西アフリカの事例だけをみて、ヴェンの考え方は一九世紀も終わりに近づき、伝道協会が人種主義の影響を受けるようになるとすぐに放棄された、と主張する。しかし、じつはもっと複雑である。CMSや、スティアの教区を引き継いだ主教スマイシスに見られるような、ヴィクトリア時代に典型的な宣教思想では、一八九〇年代初頭までヴェンの理想は維持されていた。「独立した現地人教会」の創設が、相変わらず最終目標であった。これがインドにおけるイギリス人のように、イギリス人がある程度まとまった少数派を形成しているところであれば、それがどこであれ、彼らのための特別な教会をつくる必要があると考えられていた。一八七七年にCMSはつぎのように宣言している。

アングロ゠サクソンが居心地よいと感じられない場所では、教会も定着できない。イギリス人がイングランドにいるのとまったく同じ儀式や戒律を教会に求める一方、現地の人びとは自分たちの生活様式に適応した儀式や機構を備えた、イギリスとは異なる教会を持つことを望んでいる。

インド、セイロン、西アフリカでは、一八七七年から一八八八年にかけて、現地人主教を任命しようと何度も試みられたが、いちども成功しなかった。一八九〇年代に入ると、徐々にヴェンが目指したものは忘れられてゆき、二〇世紀初頭になるとこの傾向はいっそう顕著になった。中央アフリカ大学ミッションにおいても、スティアの方針は同じ運命をたどった。それに取って代わったのは、ヨーロッパ人の指導力と影響力に対するいっそうの自信であり、これは広く受け入れられただけでなく、将来もその方向に進むことであろうと予想された。

ヴェンやスティアらの原則に代わって、宣教師が長く存在することが不可欠であるという考え方が、ゆっくりとではあるが、大勢を占めるようになっていった。これは、宣教師が現地の人びととの権限の共有や、譲渡に反対したことだけでは説明できない。こうしたことはつねに要因のひとつであり、宣教師のあいだに不満はくすぶっていたとしても、近い将来自治教会を確立するという伝道協会の公式路線を覆すにはいたらなかった。商業、文明化、キリスト教の関係がこれまでになく密接であったためでもない。むしろ、一八八〇年代から一八九〇年代初頭にかけて、この関係への幻滅が広がっていたのである。文明化の進展に対する自信は、白人を明らかに優位に置いたうえで人種闘争を不可避とする「社会ダーウィン主義」にとってかわられた。これは文明化について何も語られなくなったということではない。文明化は相変わらず帝国主義を正当化するのに都合の良い弁明として使われ続けていた。とはいえ、文明化はすでに主眼ではなくなっていた。これまで見てきたように、宣教師についていえば、キリスト教、文明、商業の関係に何らかのかたちで関与すると、それがどのようなものであれ、誇張されがちである。

ヴェン、アンダーソン、スティアらが複雑な反応を示していたとしても、新しいタイプの宣教師が影響力を増していた。彼らは、ロマン主義文化や福音主義のなかで台頭してきた神聖さの強調、信仰復興主義や前千年王国説の洗礼を受けた人びとであった。その厭世的な前千年王国説からも明らかなように、彼らは当時のヨーロッパ文明をまったく楽観していなかったどころか、さしたる関心すら持っていなかった。こうした人びとの先駆けであり教祖的な存在が、中国内陸ミッション（ＣＩＭ）を創設したハドソン・テイラー（一八三二〜一九〇五年）である。これは信仰共同体であった。彼は人間の英知と戦略ではなく、神を拠り所としていた。彼は、伝道協会は理性的かつ「現世（および西洋文化）」に妥協的に過ぎ、また宣教師たちが西洋文明を捨て去って、人として生きるための指導が十分になされていないと考えていた。彼の考え方は多くの人びとをひきつけた。テイラーが提唱する原則は、毎年開催される福音主義者の集会で神聖を強調するケズウィック会議の精神に反映されることになった。これは、ケンブリッジのリドリー・ホールの学寮長であったハンドレー・ムール（一八四一〜一九二〇年）が参加したことで、国教会において敬意を受ける地位を確保することになった。彼は、自分の信念をもとに、この新しい信仰の潮流を有能で裕福なものも多い聖職叙任志願者たちのあいだに広めた。こうした新しい信仰のあり方は、中国内陸ミッションだけでなく、ほかの伝道協会も含めた伝道活動から生まれたものである。ＣＭＳはこの流れに沿ってイメージを変化させ、従来は応募者を募るのが難しかった、「理想的な」出身階層の人びとをひきつけるようになった。

こうした傾向について、多くの歴史家は、ケズウィックの影響を受けてケンブリッジをはじめとする大学を卒業した新しいタイプの宣教師たちと、この時期の人種主義的な考え方の台頭とを関連づけ、彼らが長期にわたって任地で（現地の人びとに代わって）主導的な役割を果たすことに積極的であった理由を説明しようとしている。しかしながら、ポーターとハンセンはこれに疑問を呈している。というのも、人種主義の根拠とされるもののほとんどは、ニジエール・デルタの宣教師と年老いた主教クラウザとの葛藤である。ポーターは、実際のところこうした宣教師たちの反感は伝道方針に向けられたもので、アフリカ人たちに対するものではなかったと指摘している。事実、彼らは、ヨーロッパ人宣教師や自分たちの活動を支える組織のあり方に、より批判的であることもめずらしくなかった。彼らは、とりわけ商業とキリスト教の関係を嫌っていた。また、社会ダーウィン主義から派生した人種主義という批判も彼らには当てはまらない。アフリカ人と同化したいとの純粋な願望は、たとえば住まいや衣服をアフリカ風のものにしたいという希望に表われており、ときにこうした願いは実現されていた。摩擦を引き起こしたのは、神学的に完璧であらねばならないという信念であった。彼らは、宣教師たちが西アフリカで見いだしたごく普通のキリスト教徒たちの生活のあり方を許容しなかったが、こうした生活は、西欧世界でもごく当たり前のものであった。ポーターが指摘するように、皮肉なことに「文化の衝突を悪化させた」のは、ヨーロッパ人と非ヨーロッパ人が同等であるとの信念と、顕現された真理に対して似通った反応を示すであろうという思い込みのためであったのかもしれない。衝突に直面した人びとは、人種主義に原因を求めようとするが、これは葛藤の原因ではなく結果であった。いいかえれば、葛藤の背景として世俗の思想が与えた影響を無視できないにしても、イギリスにおける宗教的な考え方のほうが重要である。

ハンセンも、人種主義に単純に帰結させてしまうような説明はすべて否定しており、ヨーロッパの文化的影響や神学的な背景の影響についても懐疑的である。彼はウガンダの例をひいて、宣教師が態度を決める際には現地の事情がもっとも重要であったとみている。たしかに、伝道地での経験によって立場がまったく変わるものもいたであろう。しかし、多くは、基本的に状況には影響されなかった。この時期、イギリス人がとくに自分たちの文化に対する執着が強かったというわけではないし、本国の影響を過小評価するのは間違っている。ただし、本国の影響が決定的な原因とは必ずしもいえないというハンセンの指摘はそのとおりである。話を神学に戻すと、福音伝道に重きをおく、単純で原始的な教義への傾斜が、CIMや国教会伝道協会といった福音主義的な教派だけでなく、高教会主義的な中央アフリカ大学ミッション、インドにおけるオクスフォードやケンブリッジ系のミッション、メソディストの福音伝道者、救世軍にまで広がりをみせ、一般的には禁欲が強調されるようになった。

同時に、本国においても帝国主義に対する考え方が根本的に変化していた。「協調にもとづく非公式帝国」から植民地支配を目的とする「新しい帝国主義」へと重心が移っていたのである。一般的にはかなりの抵抗にあいながら、また、その強さではなく弱点に起因するいくつかの要因により、イギリスは海外領土を増やし、強化しなければならないという方向へと徐々に傾いていったのである。こうした文脈のなかでは、宣教師に対して敵対的な従来の伝統的な世俗の姿勢は再検討されることになった。ハリー・ジョンストン卿（一八五八～一九二七年）のような植民地支配者は、キリスト教の本質には相変わらず非常に懐疑的であったものの、白人の前進の先兵としてキリスト教の価値を評価した。「ヨーロッパ風の生活様式を維持したままの宣教師を目の当たりにすると、野蛮人たちは高い文化の存在に目を開かれ、彼らが文明を受容する準備となるはずだ」。たしかに、『クォータリー・レヴュー』誌に掲載された論文は、「キリスト教の拡大は文明の拡大を意味する」と結論づけている。ジョンストンも認めるように、宣教師は露骨な帝国主義には反対していたが、それは、「白人たちの無法で容赦ない侵略行為を抑制することになりうる」として、肯定的にも評価されていた。

このような宣教師に対する積極的な評価は、この時期の宣教師の姿勢を説明できるのだろうか。もしこれまでの議論が正しいとすれば、文明との関係で彼らに期待された役割は、宣教師の多くにとっては、ほとんど魅力ではなかったはずである。面白いことに、退廃的な当時の文明をもっとも嫌っていた人びとの多くが、帝国拡大にかかわることを非常に誇りにしていた。テンプル・ガードナーは、一八九〇年代という時代に量産された、若くて有能なミドルクラス出身の宣教師のひとりであった。彼は、競争や野心に満ち溢れた近代的な生き方は、宣教師として決別すべきものとみなしていた。その一方で、宣教師として女王のために何らかの役割を果たせることに喜びを見いだしていた。一八九七年のヴィクトリア女王即位六〇周年祝典の一連の行事を見たときの感動を思い出しながら、女王の行列とイエスの貧弱なエルサレムへの行進を比べて、以下のように述べている。

喜ばしいことに、神はこれら地上の栄光をすべて否定されるのではなく、神の勝利をさらに輝かしいものにするためにお使いになるのだ。すべての君主の栄光が天国において同じように輝くわけではない。しかし女王陛下の栄光は輝くに違いない。なぜなら本日の祝典の栄光は、兵士の行進ではなく人びとの愛であるからだ。私は陛下のお役に立ちたい。それにはキリストを陛下の帝国にお連れする以上のことがあろうか。陛下もそれをお喜びになるに違いない。

富と文明の虚飾に後ろめたさを感じたり、ときに拒否しながらも、ヨーロッパ人であり、イギリス人であることを誇りに思い、優越感を抱くことには何ら根本的な矛盾がなかった。というより、アフリカへのヨーロッパの関与には道徳上、肯定的な意味があり、その一部は奴隷制を撲滅する闘いが象徴しているとされていた。将来の宣教師候補の多くにとって、ゴードン将軍は英雄であった。彼こそは、つねに正義のために戦う用意のある人物の雄弁な例であった。前千年王国説にそれほどかぶれていない人びとも、帝国を通じて神の王国を実現するという楽観的な見通しを信じはじめていた。CMSは、「英語を話す人種がキリスト教帝国主義、つまりこの世の王国を神の王国にするという神との誓いの成就を目指す政策をリードする名誉を担う」ことを強く求めていた。これは西洋文明への自信と結びついた楽観的で後千年王国説的な見方であった。当時、裕福なミドルクラス出身者が伝道協会に志願した動機の背後には、それによって正義と国家と神のすべてに同時に仕えることができ、この世における神の王国の実現を推進し、同世代の仲間が植民地で官僚や軍人として名を成すのと同様の社会的評価を得られるような役割を達成できるという感覚があった。これはまた、当然のことながら、宣教師を新興の教会の独立のために尽力するよりも、それを管理する傾向へと向かわせる要因になった。

自治に向けて権限を委譲する取組みが後退したことの要因は、本国における世界観の変化だけではない。自治と引きかえに経済的な自立が必要になるとすると、アフリカやインドの教会がどの程度自治を望んでいるのかが疑問視されはじめたのである。一八七〇年代、一八八〇年代に、現地人主教区設立が幾度か現実味をおびたにもかかわらず、結局断念されたのは、現地の人が必ずしも積極的ではなかったことが要因のひとつであった、という証拠もいくつかある。森山が指摘するように、「権威や権力、物質的な利益など、キリスト教がもたらすもの」は、宣教師が去ると必ず失われるのは明らかであった。宣教師との協調は利益をもたらし、現地人キリスト教徒のなかから上に立つ人物をひとりないしふたりだけ選び出すという困難な決定を避けることができた。

すでに述べたように、帝国主義は前より身近になり、宣教師たちの主張も人びとのあいだに浸透した。証拠の示す意味が明らかになったいま、宣教師たちは帝国主義の道具であったのか、あるいは帝国主義を何らかのかたちで扇動したのかという問いにもういちど向き合わなければならない。両者のあいだに深い関係があったことは確かである。ジョンストンも、「はじめに宣教師が、つぎに商人が、そして兵士がやって来たと、黒人の有力者たちが不満を漏らすのももっともである」と認めている。ケルンは、人道主義を推進するうえで宣教師たちが果たす役割を強調し、「道徳的な情熱を持つもの、つまりイギリス人が支配権を握ることを正当化」している。ベチュアナランド（一八八五年）とウガンダ（一八九四年）は、宣教師が政府による積極的な関与を求めた明らかな例である。宣教師は、ときに自身が一時的な支配者として活動することもあったし、領事や副領事の肩書きを持つことも珍しくなかった。とはいえ、詳細に分析すると、いかなる単純な分類もできないことがわかる。

この時点では、特定の伝道地や教会内でさえ、宣教師たちの帝国主義に対する姿勢は非常に多様であった。宣教師たちがイギリスによる併合を口にするのは、たいてい何らかのかたちでの併合がもはや不可避なときであった。LMSはベチュアナランドをイギリスの保護領にするよう要請したが、これはヌグワト人の首長であるカーマが領地をセシル・ローズの脅威から守るのに協力するためであった。CMSもウガンダでこれと似たケースに遭遇したが、彼らはイギリスのプロテスタント帝国主義をフランスのカトリックほど警戒しておらず、イスラム教徒の帝国主義は言語道断であると考えていたからに過ぎない。宣教師たちが、自治か帝国政府か二者の選択をおこなったわけではない。彼らは、自身の観点からしてもっともふさわしい帝国主義のかたちを模索していたのである。彼らはローズのようなもっとも過激な帝国主義者からは毛嫌いされることもあった。スタンレイは、宣教師たちは二〇世紀の反植民地主義者のように、ことあるごとに「正義と人道主義」を主張したことを指摘している。ジョンストンは、宣教師を「おびえて混乱した野蛮人たちを」保護し、導くものであるとみなして、彼らの大胆かつ執拗な要求が、本来現地への積極的な介入には否定的であった政府上層部などを動かすことになった、と論じた。アヤンデレは、イスラム地域であるナイジェリア北部で活動が禁止された結果、「貧しく、抑圧された人びととは虐げられた人びととの保護者であった宣教師たちの支援を享受できなくなった」と述べている。ケニアでは、一九二〇年代初頭、ランダル・デイヴィッドソン大主教（一八四八〜一九三〇年）とJ・H・オールダム（一八七四〜一九六九年）が表明した「アフリカ人と入植者たちの利益が衝突した場合は、前者のそれが優先する」という有名な政府の決定がなされたのは、宣教師たちの圧力によるものであった。これは、帝国を正当化する原理のひとつである信託統治の考え方に宣教師たちが強く訴えたことを端的にあらわすものである。

こうした構図は、宣教師が帝国主義を支援したことの証左である。しかしながら、全体的な傾向として、ミッションと帝国主義が一体化していったことは、帝国主義に道徳的な側面を強く印象づけることになった。ただし、宣教師の関与が、帝国主義の過酷な側面を抑制したり、緩和するためであったにせよ、抑圧された人びとの福祉を純粋に希求したためであったにせよ、帝国主義との密接な関係は、宣教師の姿勢や、一般的な宣教師に対する見方を結果的に大きく変化させることになった。また、ヨーロッパ人の優越性だけでなく、宣教師の長期にわたる在留も当然のものとされるようになった。厳しい反応もみられた。宣教師たちが抱かせた、教育、聖職者としての昇任などの期待は、なるべく早く現地指導者による信託統治から独立へと移行することを前提としていたからである。ヘンリ・ヴェンのような、彼らの理想的な人物例を過去から引いて鋭く反論するものもみられたが、新しい環境の下では、こうした都合の悪い過去の遺産には新しい説明が考え出された。自治教会の夢が遠のいたことが、アフリカ（はるかに規模は小さいとしてもインドでも）において、分離主義的な教会が台頭し、また中国において一九〇〇年の義和団事変で頂点に達する排外主義や反宣教師運動が高揚するきっかけとなった。中国の例は、熱狂的な雰囲気のなかでは宣教師たちが西洋文明とまったく関係がなかったとしても、その地の恐れや嫌悪を悪化させる存在になりうることを示している。たとえば、ハドソン・テイラーは中国文化への同化を熱心に主張し、宣教師やその財産に対する補償や損害賠償をイギリス当局に請求することにはいっさい反対した。彼は、仏像や位牌を儀式のように破壊するなど、伝統文化に対してはキリスト教宣教師として妥協のない対決姿勢をとった。そうした行動が一九〇〇年の排外主義的な感情を引き起こした。しかし、これは先に述べたようなナイジェリアの宣教師たちの姿勢と同じく、人種主義や発展しつつあった文化帝国主義的な教義に誘発されたものではなく、むしろ本国の一部に醸成された強固な神学的信念によるところが大きい。とはいえ、こうした信念が一般的なヨーロッパの優越観に裏打ちされていたことも事実であった。

宣教師が伝えたメッセージというのは、一人ひとりが原罪を認め、キリストによる贖罪を受け入れるかどうかを迫る挑戦である、というのがこうした理解に典型的なものである。つまり、挑戦というのは、洗礼を通じたキリスト教会への改宗のためということになる。これはさまざまな方法で、微妙に異なる意味合いをにじませながら提示された。

プロテスタント色が強く、福音主義の影響が強い伝道協会はキリストに対する信仰を、カトリックはキリスト教における洗礼を重視したが、プロテスタントとカトリックどちらにも共通していたのは、何よりも一人ひとりの個人に対する関心であり、マクガヴァンがいうところの「流れに乗せるのではなく、一人ひとりに対応する」ことであった。ラトゥレットは、カトリックの普及について、かつては大量改宗を想起させるものであったが、「四世紀以来、いつの時代もカトリックの拡大は集団的な改宗よりも個人を重視した改宗によるところが大きかった」と述べている。結局、宣教師たちは、人びとがなだれをうってキリスト教に向かう大衆運動に対処するのにいつも苦慮した。大衆運動は珍しいことではなかったが、改宗者個人が自分でしかるべき判断を下したのかどうか判然としないことに加え、こうした運動はたいてい貧しい人びとによる大規模なものであったために、教会の信徒たちのバランスの急激な変化につながると懸念され、あまり歓迎されなかった。大衆運動が示すのは、社会の決定というのは同じ方向に向きやすいということである。大衆運動は、とくに優れたカリスマ的な現地人伝道者の影響を体現しているといえるかもしれない。たしかに、ミッション事業のうち、大きな可能性を秘めながら、いまだほとんど開拓されていなかったのは、各地の人びと自身が教理指導者や布教者として奉仕することであった。宣教師たちは、機構、教育や聖書を翻訳するための専門知識を提供したとしても、現地に本質的な影響を与えるのは宣教師を支える教理指導者であるからだ。このようなわけで、一八九五年にニジェールの主教タグウェルは率直につぎのように認めている

ヨーロッパ人が本来果たすべき唯一の役割とは、アフリカ人伝道者《エージェント》を訓練し指導することである。福音伝道者としては、われわれは失格である。私は、ニジェールにおいても、ヨルバ・ミッションにおいても、成功したヨーロッパ人福音伝道者をひとりとして知らない。ハーディング氏が唯一理想にもっとも近づいた人物であろう。しかし、こと伝道に関しては、年若いアフリカ人伝道者のほうが親愛なるハーディング氏よりもうまくできるのである。

現地人の教理指導者をどう評価するかは、どのミッションについてもこれからの分野であるが、すでに分析が済んでいるウガンダの場合、彼らは教会拡大の主要な戦力であったことがわかっている。というのは、こうした勢力拡大は純粋に現地人によるものであり、ピルエは、「キリスト教

は、被支配下にあり、受け入れを渋っていた人びとに対して多かれ少なかれ押しつけられたものである」という考え方はあたらないとの結論を出している。こうした見解をさらに裏づけるものとして、キリスト教がもっとも大きな進展をみた地域は、一九世紀前半のマダガスカルや一八九〇年代のブガンダのように、宣教師たちが追放された地域や、第一次世界大戦中のように宣教師の数が大きく減少した時期であったという驚くべき事実があげられる。

宣教師が教育分野や機構の整備、正統的な信仰のあり方の提示などに大きく貢献したことは事実であるが、この時期、大半の宣教師にとって、彼ら自身が宗教的なかかわりを持つ人びととどの程度近しい関係を築いていたのかについては疑問が残る。後にはじめてのインド人主教となるサミュエル・アザリア（一八七五～一九四五年）は、一九一〇年、エディンバラで開催された世界宣教会議における有名なスピーチで、宣教師たちの偉大な功績と犠牲を讃えたうえで、「われわれは愛も必要としています。われわれに友をください」という含蓄の深い言葉で締めくくっている。さらに、業務が複雑になる一方のミッションの拠点の多くでは、教育がその柱となっており、必然的に少数のエリートとの結びつきが強まった。宣教師たちと一般の人びととの距離はさらに広がり、宣教師は自身の創り出した世俗的な事業へとますますのめりこんでいった。

「世俗的な事業」が複雑になり続けたのは、医療事業がミッションの進展にもっとも有効な手段であると認識されるようになったからでもある。ごくわずかな例外を除くと、一九世紀前半はミッションの現場で医療を提供することには抵抗が強かった。これは、本来の目的から外れるという理由のほか、この時期は、医療従事者の社会的地位が著しく上昇する兆しがようやく見えはじめたところであったことにもよる。海外に派遣されたわずかな医師が聖職者として叙階されていたという事実は、彼らの本来の役割をよく表わしている。一九世紀後半、医療が急速に専門化してゆくのと歩調を合わせるように、俗人の宣教医の数は大きく増加した。彼らの存在理由についての説明が確立してゆく過程は示唆的である。宣教師に適切な医療を提供することが最優先の義務とされていたが、実際には医療行為が、キリスト教に敵対的な地域で、障壁を取り除いているという事実は説得力があり、キリストのおこなった奉仕において癒しが大きな役割を果たしていたように、キリスト教が精神だけでなく身体もケアすべきであるという主張が重みを増していった。こうした議論は、一八八〇年代から一八九〇年代にかけてのイギリスで、博愛主義が人びとにとって非常に身近なものになり、多くの医師や医学生が伝道協会に応募するようになるなかでいっそう強まった。彼らは、医師として応募したのであり、聖職者がたまたま医師であったわけではない点が重要である。皮肉なことに、ハドソン・テイラー（彼自身医師であった）は医療事業の意義について留保していたが、彼自身がその大きな流れを作った前千年王国説にもとづく熱情は、博愛主義に大きな影響を与え、結果として宣教医を生み出すことにもつながっていった。

俗人である宣教医の採用は、ミッションにおいて聖職者が支配的な役割を担う時代が去りつつあったことを示す兆候のひとつであった。ミッションについてはある意味で先駆者ともいうべき人物であり、俗人の布教を重視する信仰復興運動主義に強い影響を受けていたハドソン・テイラーは、「神はパウロをペテロと同じように遣わされたが、ペンテコステ（精霊降臨）では文盲のペテロにより多くを語らせた」ことを重視している。結果として彼はおもに俗人の男女を採用したが、俗人の女性たちの採用はより大きな意義を持っている。一八六七年、いまだ女性たちが採用されることは非常にまれな時代に、テイラーは「女性たちはわれわれのもてるもっとも強力な伝道者である」と宣言した。ほかの協会もしだいに追随していったのは、女性の役割が全体的に拡大したため、支援者や潜在的な宣教師候補者を強く後押ししたからである。女性たちは、女性や子どもたちのあいだでの活動で大きな戦力となったのはもちろんのこと、男性たちに対しても活動を展開するようになった。彼女たちこそ、ミッションの規模を著しく拡大し、そこではヴェンのような「ミッションの安楽死」という見解はまったく当てはまらず、永続性こそが象徴となるような機構を創り出すことになったもうひとつの大きな要因であった。

この章では、この時期のミッションの成果を批判的に概観したために、キリスト教の発展の規模が正しく伝わらなかったかもしれない。そのじつ、改宗者や設立された教会の数は膨大である。キリスト教は地理的にみてかつてなかったほど広がった。伝統的な宗教との関係は穏やかなものであったが、アジアやアフリカのほとんどの地域にキリスト教会が設立され、信者を獲得したということは重要である。改宗者を出すにいたらないままに終わってしまうことも多かったが、とくに教育など社会的なサービスを通じた貢献も計り知れない重要性を持っている。

異なるプロテスタント伝道協会のあいだでの相互理解も進んだ。非キリスト教地域における活動のなかで、教派や教義の違いを超えた協力体制が生まれた。多くの「友好協定」が結ばれ、複数の伝道協会が同時に活動する場を統制した。地域、国、国際という各レベルで定期的に会合を持つ重要性についての認識が高まった。最初の本格的な国際会議は一八六〇年にリヴァプールで開かれ、こうした流れは、もっとも良く知られている一九一〇年のエディンバラの世界宣教会議に結実した。この巨大な会議は一二〇〇名もの参加者を得て、幅広い組織と教派からの参加者を集め、高教会派とその宣教師もはじめてこの種の会議に参加した。一九世紀のミッション運動のクライマックスというべき会議であったが、同時にその弱点の多くも明らかになった。そこには自信と勝利への確信がみなぎっていた。これまでの国際会議や全国会議と同じく、非ヨーロッパ人の代表はわずかで一七名にすぎなかった。しかし、新しい世紀に入り、ミッション運動が新たな方向に向かいつつあることを示す兆しもあった。たとえば、これまでとは違って、ほかの宗教に対して共感や敬意とともに真摯な関心が寄せられた。この会議を契機に、続く三〇年にわたるミッションおよび超教派運動を牽引してゆく若く有能な指導者がたくさん生まれた。この国際会議そのものが、「継続委員会」や、幅広い層から高い評価を獲得するようになる『国際宣教批評』という雑誌などにより、永続的な組織と情報交換の手段となっていった。

継続性という要素も重要である。なぜなら、第一次世界大戦は西洋とキリスト教の優位への自信に対する挑戦であり、また非ヨーロッパ世界、非キリスト教世界の戦闘要員にとっての地平を劇的に押し広げたからである。組織面では大戦前に進んだプロテスタント・ミッション間での協調が継続し、一九二一年の国際宣教協議会の結成に結実することになった。神学面では、第一次世界大戦後、ロシアの共産化や神学的自由主義の影響などを受けて、伝統的なキリスト教は自信を喪失した。このため、キリストのメッセージの絶対性については以前ほど強く主張されなくなり、かわって世俗主義の進行に対抗するために異なる宗教が協調する必要性が強く打ち出されるようになった。この流れは、一九二〇年代末にエルサレムで開催された第二回世界宣教会議（一九二八年）で最高潮に達したことが、「伝道の再考」と題されたレポートによくあらわれている。エルサレム会議では、実際にキリスト教の特性が強く述べられたが、これがより強調されたのは一九三八年、タンバラムで開催された第三回世界宣教会議においてであった。ここで鍵を握った人物はヘンドリック・クレーマー（一八八八～一九六五年）であり、彼はカール・バースの新保守主義に大きな影響を受けていた。

そうこうするうち、政治的な自由に対する圧力が急速に高まっていった。ミッションはこうした変化を把握し、豊かな発想で解釈する最先端には立てなかった。ピルエはこの時期のウガンダの宣教師たちについて、沈滞しており、経済的に自立し、自主伝道、自治をおこなう教会を作り上げるという古典的な目標をほとんど放棄してしまい、宣教師たちが自身をつねに必要な基礎と位置づけるようになったとしているが、これはほかのほとんどの地域についてもいえることである。教会は、政治などほかの分野でも指導者になれる潜在的な人材を失っていった。というのも、優秀な人材が独立を志向するような行動をとることを、宣教師たちは、現在もこの先も永遠に禁じているように映ったからである。教会内部では、影響力の強い新しい神学が芽生えはじめていたし、相変わらず受動的な伝道協会を尻目に、強い影響力を持つ主教たちがときに揺さぶりをかけることはあったが、全体的にみれば、CMSの方針は「ミッションから教区へと権限を委譲することを阻害する」傾向にあったし、ほかのほとんどの伝道協会でも同様であった。たしかに、現地の人びとは補佐主教にすらほとんど任命されることはなかったし、現地の人びとに対する聖職者養成がおこなわれていたとしても減少気味であった。

宣教師たちの大半は、自分たちにとって都合の良い植民地の状況を、明らかに無批判に受け入れていた。もちろん、彼らは植民地主義者とは違っており、ほかの白人たちよりも現地の人びとに近かった。しかし、宣教師たちは、帝国主義（および植民地主義）は不可避であるとして受容していた。というのも、帝国主義は、理論的にはいかなる場合も高い道徳的な意義を保持しており、宣教師たちはその道徳的な目的のために信託統治の主旨にのっとって活動していると主張することができたからである。ケズウィックの影響を受けた保守派は、イギリス帝国主義のみならず、ヨーロッパ文明の優位をも積極的に評価していた。急激な変化の時代、戦間期の日常の確立された規則と秩序の内部にいる者よりはるかに異議申し立てしやすかった。一九世紀に比べて神学的自由主義がより優勢になり、ヨーロッパ文明に対してはるかに楽観的な見通しを示すようになった。中国においては、キリスト教が「包括的な西洋化にあたっての中心的な要素」と位置づけられたのはこの影響が大きい。これは危険な方針であり、一九四九年以後、中国において反キリスト教的な行動を引き起こすことになった。しかし、こうした危険性は大規模な宣教師やヨーロッパ人の居留地では身近なものにはならず、反対に宣教師たちが関係を持っていた現地の人びととのいっそうの乖離を招いただけであった。宣教師が帝国主義ともっとも一体化したのが、帝国主義の最終的な局面であったとは皮肉である。

とはいっても、本章で一貫して述べてきたのは、宣教師の姿勢を一般化するのは難しいということである。状況や人が違えば、見通しや力関係も変わるため、まったく異なった結果を生むことになった。ローマ・カトリックは、一九世紀の間、プロテスタント諸派に比べて家父長制的であったが、ベネディクト一五世(「マクシマム・イルド」、一九一九年)とピウス六世(「レルム・エクレシア」、一九二六年)の啓蒙的かつ先進的な回勅や先見の明のある伝道聖省長、ヴァン・ロッサム枢機卿(一九一八~一九三二年)などの影響により、他の文化や民族への理解が急速に進展し、アジア人やアフリカ人聖職者や司教が積極的に任命されるようになった。一九三三年にはアジアでは六〇パーセントのカトリック信者は現地人聖職者のもとで信仰を実践し、二〇パーセントは現地人司教のもとにいたとされている。一九三九年になると、ローマ・カトリックでは現地人司教が統括する司教区がインドに七つ、中国には二三あった。同じ年、ピウス一一世は一二人の伝道司教を任命したが、うち四人はヨーロッパ人でもアメリカ人でもなかった。これは西洋的なモデルへの同化を促す傾向にあった初期の個人的な伝道手法から脱却し、すべての地域に教会を築くことを重視する方針へ転換しはじめたことを示しており、これによって各地の文化に順応しやすくなったといえる。ただし、この時期のカトリシズムがとりわけ急進的、あるいは開放的であったわけではまったくない。この問題に対して情熱的に取り組み、名声をえた指導者たちに恵まれたのである。

宣教師たちの主張は、自由主義的な傾向を持っていがために、その意味があいまいになりがちであったし、宣教師は、植民地主義を所与の世界観の一部として受け入れ、いっそう親密な関係を築きつつあったが、彼らの努力いかんにかかわらず、教会は急速に成長し続けた。インドでは教会のメンバー数は一九四一年までの三〇年間に倍増した。アフリカでは一九〇〇年から一九三〇年の間に四倍になり、つぎの二〇年間にさらに二倍以上になった。これは、この半世紀間の人口増加率、八八パーセントをはるかに超えている。こうした成長はヨーロッパ人宣教師の活動という文脈からだけでは十分に説明できない。アフリカでは独立教会が隆盛になりはじめていた。これは部分的にはヨーロッパ人の優越に対する反発から生まれたものである。バレットのいう「失恋」であるが、ある意味、アフリカ人がキリスト教(とりわけ終末論と癒しについて)の非ヨーロッパ的なあり方の必要性の表われともいえるし、また多くの預言者的なカリスマ性をもった現地人指導者たちの主張に対する反応という側面もあった。しかし、宣教師たちはこうした指導者たちを過激論者としてまともに取り上げなかった。さらには、関心をもたれても宣教師たちが十分にフォローする余力のない地域においても、キリスト教のメッセージが聞かれるようになっていった結果でもあった。独立教会の信徒たちは数百万人にものぼった。その存在は、ヨーロッパ人が正しいと考えるものとはよほど異なった形態でキリスト教が表現される可能性があることを示すことになった。

これまでのミッションの成長がほぼヨーロッパ系の組織によって支えられてきたのだとしても、現地人の伝道者たちがつねにもっとも大きな戦力であったのはたしかだろう。一九三〇年代に始まった東アフリカの復興運動のように、現地人キリスト教徒はときとして誰も思いもよらない劇的な新しい信仰の表現方法を見いだすことがある。復興運動に追随した者たちは、独立教会の場合と違って伝道教会にとどまったが、多くの場合、宣教師の統制には服さなかった。こうした自由は、緊張をはらんでいたとはいえ、彼らが精神的に傲慢で、偏狭かつ自分たちの文化に否定的であったという事実よりもよほど重要である。というのは、表面的にはまったくそのようには見えないのに、宣教師がきわめて早い段階で、彼らの父の世代が築いた教会内部で周辺的な位置に置かれるようになりうる、あるいはおそらくすでにそうなっていたことを示唆しているからである。

つぎの四〇年間、帝国の縮小にともなってイギリスがミッションに果たす役割は小さくなっていった。それでも、一九四〇年、イギリス人宣教師はいまだに一大勢力であった。その後の歴史のなかに彼らを置いてみてはじめて、彼らの貢献の重要性を評価できるのである。改宗しようとした者の多くが、宣教師のメッセージが持つ西欧的な臭いに反発して断念したが、同じ理由でこれを受け入れた者もまた多くいた。しかしながら、キリスト教を受け入れた人びとのなかには、西欧的な背景との関係を認識しながらも、実際には現地人伝道者や牧師を通してキリスト教に出会ったために、本人自身がキリスト教を西欧と関連づけて考えたり、両者の関係を実感したことがいちどもないことも多かった。キリスト教を受け入れなかった人びとの多くも、何らかのかたちで宣教師のメッセージと文明の影響は受け続けた。これからの半世紀には何が明らかになるのであろうか。ヨーロッパ人によってもたらされ、植民地主義や帝国主義によってさまざまな影響を受け、実際よりもはるかに密接にそうしたものと深く結びついているとみなされてきたキリスト教が、彼らからの権限委譲を先延ばしするのであろうか。若い教会が多かれ少なかれ独自の表現を制約され、自身がそれを当然のものとしてしまうと、それぞれの地域の文化に応じて積極的かつ独創的な活動を展開する能力が失われてしまうのではないだろうか。北半球から南半球へ、という少なくとも過去千年のあいだに起こったなかで、もっとも革新的なキリスト教世界の重心の移動が、一九七〇年代までには、多くの識者の話題に登るようになったという事実は、この動向がこれまでに比べて統制が緩んだとしても、予想されていたよりも長く影響を与え続けるであろうことを示している。しかしながら、一九四〇年代にはまだバラバラの糸口しか見えていなかった。宣教師は以前にまして形式主義的になり、改宗者に対して権力者のように振る舞い、厳格なヒエラルヒーにのっとった管理を以前よりも強化していった。新たな出発は、インドのキリスト教徒と宣教師の距離、および彼らに対する支配者的な態度を表わす例として怒りも露わに示されているが、一九三六年、つぎのように総括されている「死と同じくらい確かなことがひとつある。インドのキリスト教徒は、これ以上、白人からのこの種の仕打ちにはもう長くは我慢しないであろう」と。

第21章　世俗主義者と合理主義者　一八〇〇～一九四〇年

エドワード・ロイル

一八世紀において、自由思想を唱えたのは、主として、哲学者、古典学者、神学者だった。ジョン・トーランド（一六七〇～一七二二年）、アンソニー・コリンズ（一六七六～一七二九年）、トマス・ウルストン（一六七〇～一七三三年）など、人間の理性の力のみを信じる思想家は、合理的真理と啓示的真理の統合を論じる従来の自然神学を踏み越え、理神論、さらには、事実上の無神論にまで進んでいった。こうした考えが、少数の知識人のみならず、聖職者の権威を否定し信仰を放棄した職人層にまで広がることも時折あったが、自由思想の宗教・政治批判と職人層の萌芽的な階級意識が結びつき、既存体制の根本的変革を求める動きが出てきたのは、一八世紀も末、フランス革命の影響により、教会および国家が危機に直面した時だった。したがって、一九世紀の自由思想は、単なる哲学的立場ではなく、社会・政治運動でもあった。

急進主義的な自由思想が広がった原因は、当時の政治・宗教体制にあった。一七二八年に、冒瀆の罪に問われたトマス・ウルストンの裁判で、首席裁判官ロバート・レイモンドが、「キリスト教は、イングランドの慣習法《コモン・ロー》の重要部分を成す」と述べたように、宗教と政治は、国制の中核において、密接に結びついていた。とくに、国教会は、法、社会、政治における特権的地位を享受していた。急進主義者たちは、国教会をいわゆる「古き腐敗」のひとつとみなした。キリスト教は、政治体制の土台であり、法および道徳の礎だったので、信仰心のない者は、市民的諸権利を剝奪されていた。これに対し、急進主義者は、市民社会が宗教に拠って立つのならば、これを完全に取り除かなければ抜本的な社会改革を成し遂げることはできないと論じた。彼らは、宗教の欺瞞性を説く声には、即座に耳を傾けた。

このような政治・宗教体制批判を急進主義運動へと発展させたのが、トマス・ペイン（一七三七～一八〇九年）である。著書『コモン・センス』（一七七六年）によりアメリカで革命家としての名声を得た彼は、一七九〇年代に、『人間の権利』（一七九一～一七九二年）と『理性の時代』（一七九四～一七九五年）を著わし、イギリスにおいて、党派政治批判および啓示宗教批判の急先鋒として名を成した。『理性の時代』は、無神論に対して理神論を擁護する目的で書かれたが、啓示宗教と聖書を完全に否定しており、無神論の書として広く知られた。ペインの著書、功利主義的唯物論の書であるウィリアム・ゴドウィンの『政治的正義』（一七九三年）、あるいは、フランス啓蒙思想家の著作を翻訳した廉価本を読んだ職人たちのあいだから、政治権力の神秘のヴェールを剝ぎ取り、組織宗教を無力化することで民主主義国家の確立を目指す急進主義運動が起こった。

この運動は、反宗教運動でありながら、一見、宗教運動の様相を呈した。毎週日曜日（労働から解放される唯一の曜日）に、ペインやゴドウィンの著書を読む会が開かれたが、それは、さながら聖書研究会のようだった。会の参加者が増えるにつれ、場所は、タヴァーン〔宿泊施設のある飲食店〕の階上の部屋や、後にはまるで非国教徒の礼拝堂のような場所へと移っていった。実際、急進主義的自由思想の運動は、反宗教的セクトの運動ともいえる。そこでは、啓示宗教の教義に縛られずに、宗教生活のなかで得られるような心理的・社会的充足感を得ることができた。概念的には、自由思想は、ユニテリアン主義〔キリストの神性を否定する〕に近く、ユニテリアン主義に比べると、反形而上学的で、ゆえに社会の下層に受け入れられやすかった。

一七九〇年代に現われた急進主義者の討論グループは、対仏戦争下、国内の治安維持を強化する政府によって解散させられた。しかし、一八一五年に戦争が終わると、運動は復活し、「冒瀆的かつ扇動的な出版物」を通じて、自由思想が広まった。おそらく、当時の急進主義者のうち、無神論者はごく少数と思われるが、無神論者も、そうでない者も、反聖職者感情で結ばれており、彼らは、共に、「聖職者の策略《プリーストクラフト》」を糾弾した。ペインの著書を世に紹介し、共和主義および唯物主義的無神論を広めた出版者のひとりに、リチャード・カーライル（一七九〇～一八四三年）がいる。一八一九年に『理性の時代』を再出版した彼は、冒瀆と文書誹毀のかどで有罪判決を受け、六年間ドーチェスター刑務所に収監された。収監中に、彼は、「ゼテティック協会」（別名「自由探求協会」）を各地に組織するよう、支持者に呼びかけた。ゼテティック協会は、職人、行商人、小売店主ら下層階級によって組織された反キリスト教団体としては最初のものだった。

一八二〇年代末頃に、カーライルは「悪魔の聖職者」と呼ばれたロバート・テイラー師の感化を受けた。テイラーは、元は国教会の聖職者で、東洋宗教と比較神話を取り入れた一種のキリスト教神秘主義を説いた。カーライルが、何の躊躇もなくこの新たな領域に足を踏み入れたこと、そして、一部の支持者が彼に従って同じ道を歩んだことは、信仰の境界がいかに流動的だったかを示している。一八三〇年代初めのロンドンでは、ありきたりの説教に飽き足らない人びとは、カーライルやテイラーが示す寓喩的キリスト教に耳を傾けることも、ジョン「シオン」ウォードやジェームズ「シェパード」スミスがジョアンナ・サウスコットの教えを説いているのを聞くことも、前千年王国説を唱えるエドワード・アーヴィングの使徒教会に足を運ぶことも、あるいは、ユートピア社会主義を論じるロバート・オーウェンの演説を傾聴することもできた。そこには、知識層や正統派によって語られない新たな真理を探求する者たちが共有する精神世界が存在した。

この世界のなかで、急速に影響力を強めていったのが、ロバート・オーウェン（一七七一～一八五八年）である。すでに彼は、スコットランドのニュー・ラナーク紡績工場の温情ある経営者として、また、革新的な教育論を唱え工場法制定に尽力した人物として名を成し、財を成していた。一八三〇年代初めのオーウェンは、協同組合運動および労働組合運動に大きな影響を与えた労働者の指導者として描かれることが多いが、こうした見方は、彼という人物を正確に捉えていない。彼は、自分自身を、分断的な宗教が一掃され人間社会の合理的再編がなされる新時代における預言者であると位置づけていた。彼は、理神論者（そして晩年は心霊主義者）だったが、既存の宗教制度およびそれを支える教義に批判的だったので、ペインと同様、無神論者とみなされた。一八一七年に、批判の多い救貧法を廃し、代わりに貧困者の自活村を建設する、という自案が支持されなかったことに落胆した彼は、ロンドン・シティ・タヴァーンでの演説で、「これまで教えられてきた宗教の根本概念」を完全に否定した。

オーウェンは、環境決定論者であり、人間の原罪ではなく性善説を信じた。したがって、救いは、信仰の内にではなく、「新道徳世界」の理想環境のなかにあると彼は考えた。新道徳世界への第一歩として、資本家の資金援助によるユートピア共同体を実験的に建設することが計画された。

やがて、静かな革命は世界に広がり、これら「共通の利益で結ばれた共同体」は自活できるようになり、ついには、至福の千年が到来するだろう――この場合、悪の諸力を滅ぼす救世主は、超越的な神ではなく、社会主義の預言者オーウェンが示す教えを信じる人間の理性であった。

自らの計画を実行に移すために、オーウェンは、一八三五年五月に宣伝団体「全民族全階級協会」を発足させた。一八三七年に、ソルフォードで協会の第二回年次大会が開かれる頃には、彼の考えは、職人たちのあいだで幅広い支持を集めはじめていた。彼らは、それまで一〇年近く、資本家による労働過程の管理を嫌う職人の自活村――必ずしも、オーウェンの考える共同体と同じではないが――の建設資金を工面するために、協同組合運動に携わっていた。彼ら（ときとして彼女ら）の多くは、政治意識が高く、利己的な偽善者で堕落した背徳者であるキリスト教徒および資本家の打倒という自らの夢を実現するための格好の手段を、オーウェンの協会に見いだした。

オーウェンは、全民族全階級協会を通じて彼のいう千年期が間近に迫っていることを世に訴えようとした。協会の組織は、宗教セクトのそれに近かった。全国を地区に分け、各地区に「社会宣教師」を配置するのは、初期のメソディストが各「巡回区」に巡回説教師を置いたのとよく似ている。各地に科学会館が建てられ、多くの場合、会館付きの講師がいたが、こうした集会施設は、非国教徒の礼拝堂と同じような機能を果たした。講師のなかには、日曜日に集会を開くことができるように、寛容法のもと、非国教徒として登録するよう説得された者もいた。日曜集会のために、讃美歌集ならぬ頌歌集が刊行され、集会では、オーウェンの著書『新道徳世界の書』の一節が読まれた。さらに、宗教冊子協会に倣って、理性冊子協会ができた。各地のこのような活動が、多くのオーウェン主義者にとって、手段ではなく、目的そのものとなってしまう恐れがあったが、全民族全階級協会の公式の目的は、社会と妥協せず、世間との関係を断ち切って、実験共同体を建設することだった。一八三七年の年次大会は、用地確保と資金調達のために、全国共同体友愛協会の設置を決議した。

一八三九年大会の時点で、全民族全階級協会の支部は五〇以上を数え、ランカシァ、チェシァ、ヨークシァ、ミッドランズ、クライド・ヴァリー、ロンドンの工業地帯に集中しており、会員数は数千人に達していた。また、共同体の敷地となる土地も、ハンプシァのイースト・タイザリー教区にあるクイーンウッド農場に決まった。当時、深刻な不況のために労働者階級は生活苦に喘いでおり、オーウェン主義者たちは約束の地を待ち望んでいた。オーウェンは、宣伝活動よりも共同体の建設を重視しはじめた。全民族全階級協会と全国共同体友愛協会が合同し、「理性的宗教者世界共同体協会」（後に理性協会と改称）が結成され、反宗教的な講師は、社会批判を控えるよう命じられた――数千ポンドに上る共同体建設資金の援助を資本家に要請しているときに、彼らの感情を害するような言動は得策ではなかった。

オーウェンの協会を通じて民主主義および戦闘的反キリスト教の思想を広めていた労働者階級のメンバーは、指導部の方針転換に憤慨した。社会宣教師は、今後、オーウェンの教えのうち建設的な側面にのみ言及し、キリスト諸教会の分断的かつ教派的な宗教の弊害には触れないよう命じられた。こうした動きに反発したのが、チャールズ・サウスウェル（一八一四～一八六〇年）である。ブリストルの社会宣教師だった彼は、一八四一年一一月に、自らの戦闘的無神論を忌憚なく述べることができる週刊誌『理性の託宣』を創刊した。一カ月もたたないうちに、彼は、聖書を「あの忌まわしいユダヤ教徒の書」と呼んで冒瀆の罪に問われ、禁固一年の判決を受けた。彼の後を継いで『理性の託宣』の編集発行人となったのが、バーミンガムのブリキ職人でウスターの会館付き講師だったジョージ・ジェイコブ・ホリオーク（一八一七～一九〇六年）である。サウスウェルの投獄に憤慨した彼は、自らの内にわずかに残っていたユニテリアン信仰を捨て去り、真の唯物主義的無神論者となった。半年もたたないうちに、彼もまた冒瀆の罪で投獄された。こうした「殉教」を通じて、新たな主義が生まれ、新たな運動が始まった。

一方、オーウェンの共同体運動は、暗礁に乗り上げた。資金不足に悩むクイーンウッド共同体は、世界の刷新というオーウェンの約束を実現することができず、紛糾のすえ、一八四五年に活動を停止した。その後も、理性協会の支部の多くは存続し、なかには、社会宣教師を雇って、オーウェン主義のうち、一般の会員にもっとも受け入れられていた民主主義および反宗教の思想を広める支部もあった。チャールズ・サウスウェルは、出身地のロンドンで、フリーの講師兼役者として反キリスト教の思想を説いて回り、その収入で十分に暮らしてゆくことができた。ホリオークは、グラスゴーとペイズリーで社会宣教師として雇われ、同じく宣教師となったロバート・クーパー（一八一九～一八六八年）は、エディンバラ、そして後には、ハダスフィールドを活動の拠点とした。

ホリオークは、理性協会を再編しようと試み、一八四五年に『合理主義――時代論』と題したパンフレットを出した。そのなかで彼は、オーウェン主義から、いまや支持を失った共同体主義を取り除き、残りの部分を「合理主義」と呼んで、つぎのように定義した。

合理主義は、宗教をいっさい問題とせず、何が社会に有益なのかを示すものである。それは、道徳が生活の唯一の関心事であり、ゆりかごから墓場まで、人間は理性によって導かれ、科学によって律せられるべきだと主張するものである。それは、人間の内に精神的なものを見いだすほかの理論と異なり、現実的に、人間を純粋に物質的存在とみなすものである。

ホリオークは、一八四六年から一五年間にわたり、週刊誌『理性人』を発行した。同誌の副題が示すように、彼の思想は「社会経済的には共産主義、道徳的には功利主義、政治的には共和主義、そして、宗教的には反神学」だった。一八四七年に、彼は「合理主義」に代えて、「神学的功利主義」という言葉を用いるようになり、さらに、一八五一年には「世俗主義」という言葉を考え出した。

「世俗主義」は、言葉としては新しいが、新しい運動というわけではなかった。これは、一八四〇年代初めに全国に一〇〇以上の支部協会を有したオーウェン主義宣伝団体から、思想、組織、人員の多くを受け継いでいた。実際、支部が集中していたランカシァとウェスト・ライディングは、非国教徒の多い地域であると同時に、世俗主義がもっとも広く浸透した地域でもあった。当初、ホリオークやほかの元社会宣教師たちは、理性協会の衰退に歯止めを掛けることができなかった。引き続き講演会を催すことができたのは、いくつかの大きな地方協会だけだった。大半の協会は、借金を返済できず、抵当に入れた科学会館を手放さなければならなかった。各地のオーウェン主義者は、さまざまな活動に力を入れていた。たとえば、ロッチデールで小売協同組合が創設された当初の目的は、真の労働者階級共同体の建設資金にあてる独自の基金を確保するためであったが、後に、収益は単に彼らの生活費の足しにされるようになった。ノーサンプトンでは、労働者の自立という、もっとささやかな夢の実現に向けて、自由保有土地協会や住宅協会が結成された。なかには、一八四八年に頂点に達したチャーティスト運動に身を投じる者もいれば、反キリスト教的宣伝活動を続ける者もいた。ホリオークは、『理性人』を通じて、これらオーウェン主義者をひとつにまとめようとした。

一八五〇年代になると、彼の運動に、追い風が吹きはじめた。世俗主義は、人びとの心を捉えつつあった。会衆派の牧師ブリューイン・グラントに率いられた牧師たちは、ホリオークとの公開討論で名をあげようとしたが、反対に、彼と彼の運動を世に知らしめることとなった。一〇〇〇部未満だった『理性人』の販売部数は、いまや、五〇〇〇部を超えた。活動している地方協会も、五〇以上を数えた。一八五〇年代末にイングランド北部でおこなわれた大規模集会には、一万人以上の支持者が参加した。世俗主義の運動は、ヴィクトリア朝のイギリス人にとって、無視できないものとなった。世俗主義者は、政治的には選挙権の拡大を要求する急進主義者であり、イタリアの民族主義者マッツィーニやガリバルディに体現されるヨーロッパの自由のために献金する共和主義者だった。彼らは、経済的には熱心な協同組合運動家だった。そして、宗教的には、聖書重視の福音主義や安息日厳守主義、および、十分の一税、教会税、教会学校といった国教会の諸特権を批判した。

　しかし、運動が大きくなるにつれて、内部では不協和音が高まった。チャールズ・サウスウェルの後を継いで『理性の託宣』の編集発行人となった頃の若きホリオークは、誰の眼にも、唯物主義的無神論を公然と唱える過激な人物と映ったが、実際の彼は、どちらかといえば、温厚で、声はか細く、眼が悪く、衒学的なところがあった。独学の人である彼は、自らは、上の者と同等で、同等の者より上だと思っていた。ロンドンで、彼はミドルクラスの文筆家たち――自由主義を唱えた哲学者で経済学者のジョン・ステュアート・ミル、ハリエット・マーティノー〔コントの翻訳者〕の友人ヘンリ・アトキンソン、ジャーナリストのソーントン・ハント、カトリックに改宗したジョン・ヘンリ・ニューマン〔オクスフォード運動の指導者〕の弟で理神論者のフランシス・ニューマン、当時多くの知識人が礼拝に行くとしたらここしかないと考えていたユニテリアンのサウス・プレイス・チャペルの牧師W・J・フォックスなど――と交わった。彼らは、ホリオークの出版活動に資金援助をおこない、彼の思想に少なからず影響を与えた。ホリオークは、彼らを通じてオーギュスト・コントの実証主義に触れた。かつてサウスウェルが科学会館で主張した考えに比べると、世俗主義は、より洗練された思想となった。サウスウェルにとって、無神論は自明の真理だった。一方、ホリオークにとって、それは立証不可能な神学的立場にすぎなかった。現世にのみ目を向けるホリオークは、来世に関しては、不可知論者だった。彼の場合、厳密にいえば、世俗主義は宗教の問題について中立であり、反宗教的ではなかった。

　こうした微妙な変化は、オーウェン主義の旗印を掲げてきた人びとには、受け入れがたかった。サウスウェルやロバート・クーパーら講師たちは、宗教が根絶されない限り、世俗主義は広まらないと主張した。彼らは、戦闘的キリスト教を目の前にして中立の立場をとるのは賢明ではないと考えた。さらに、ホリオークは、運動の指導者をもって自任するようになり、このことが、かつてオーウェンの独断専行に反発した多くの人びとの反感を買った。このため、サウスウェルはオーストラリアに移住した。クーパーは、アメリカの自由思想の新聞『ボストン・インヴェスティゲーター』にちなんで、月刊誌『ロンドン・インヴェスティゲーター』を発刊した。無神論者を公言する世俗主義者たちは、クーパーのもとに集まった。この不満分子のグループのなかから一八五〇年代末に彗星のごとく現われたのが、チャールズ・ブラッドロー（一八三三〜一八九一年）である。

ブラッドローは、ロンドン北東の町ホクストンで生まれた。彼は、オーウェン主義者やチャーティスト運動家の後の世代だったが、青年時代に一時、リチャード・カーライルの寡婦エリザ・シャープルズが所有するワーナー・ストリート禁酒会館に下宿しており、同会館やヴィクトリア・パークで講師の話を聞くうちに、反聖職者感情を抱くようになった。大きな声とがっしりした体格の持ち主である彼は、天性の弁才で、一躍その名を知られるようになった。一八六〇年に、彼は請われて、新たに発刊される急進的世俗主義の雑誌『ナショナル・リフォーマー』の編集発行人となったが、まもなく、ウェスト・ライディング出身の経験豊かな急進主義者で共同発行人のジョゼフ・バーカーと仲違いし、後に、ホリオークが同誌にかかわるようになると、彼とも不仲になった。ブラッドローとホリオークが和解することはなかった。ふたりの性格は対照的で、ふたりの思想は、それぞれ、運動の異なる局面を反映していた。ホリオークは、慎重な性格で、学者肌の人間であり、政治においても神学においても妥協的で、しだいに影響力を失っていった（当時はそのように見えた）。一方、ブラッドローは、勢いがあり、積極的かつ教条主義的で、体制宗教および非民主的政治の打倒を目指す運動の指導者に相応しい人物だった。全国の世俗主義者の大半がブラッドローに従った。彼が講演をおこなうと、講堂は満員となった。但し、グラスゴー、（オールダム近郊の）フェイルズワース、ハダスフィールド、レスターといった、オーウェン主義の運動が盛んだった頃の記憶がいまだに薄れていない場所では、ホリオークへの支持は根強かった。

一八六〇年代には、労働者への選挙権拡大を求める運動が高まり、政治問題が人びとの関心事となった。ブラッドローもホリオークもこの運動に関わったが、一八六七年に選挙法改正を勝ち取った選挙法改正同盟においてより顕著な役割を果たしたのは、戦闘的なブラッドローだった。都市の富裕な男性労働者に選挙権を拡大した新改正法の施行後はじめて実施された総選挙でノーサンプトンから立候補した彼は、以後、一八八〇年に初当選するまでの一二年間、同地を自らの選挙区とした。一八六六年に、彼は全国世俗協会を設立して、自ら会長に就任し、『ナショナル・リフォーマー』を機関誌とすることで、世俗主義運動の指導者としての地位を確立しようとした。ブリストル出身でウェスレー派の牧師の息子チャールズ・ワッツ（一八三六～一九〇六年）が、協会事務局および『ナショナル・リフォーマー』編集補佐を務めた。それまで独自に活動していた各地の世俗協会が加盟し、全国世俗協会は、国内最大の世俗主義団体となった。もっとも、一八七〇年代初めに、ブラッドローは当時イギリスで一時盛り上がりを見せた共和主義運動に傾注し、（例によって）指導者として奔走しており、その間、世俗主義運動は下火となった。彼がふたたび世俗主義に目を向け運動の立て直しを図ったのは、一八七五年のことだった。まもなく彼の右腕となったのが、道徳にやかましい牧師だった夫と別れたアニー・ベサント（一八四七～一九三三年）である。

行動力、弁舌の才、信念の強さにおいてブラッドローに引けを取らないベサントは、以後一〇年にわたり、彼に多大な影響を及ぼした。こうしたなか、彼女のような新参者の台頭を快く思わない者が少なからずいた。チャールズ・ワッツの妻ケイトは、女性指導者のトップの地位をベサントに奪われたと憤慨し、夫に代わってブラッドローの補佐となった彼女に恨みを抱いた。一八七六年に、産児制限を唱えたチャールズ・ノールトンの『哲学の果実』の発行人だったワッツは、猥褻文書販売の容疑で摘発され、裁判では弁論することなく自らの罪を認めた。これに対し、ベサントは、ブラッドローとふたりで同書を再出版し、法廷で自らの立場を主張して争うことを決意した。ワッツは、『ナショナル・リフォーマー』編集補佐の任を解かれ、全国世俗協会から除名された。居場所を失った彼が世俗主義運動のもうひとりの指導者であるホリオークに近づいていったのは、自然の流れだった。ホリオークは、主に新聞、雑誌を通じて、地道に活動していた。ワッツは、ホリオークが一八七六年に始めた雑誌『セキュラー・レヴュー』に関わり、やがて同誌の編集発行人となった。

こうして、世俗主義運動は、『ナショナル・リフォーマー』を中心とする陣営と、『セキュラー・レヴュー』を中心とする陣営に分裂した。前者は、全国世俗協会を拠点とし、後者は、新たに英国世俗連合を結成した。ハダスフィールドやレスターといった、ホリオークへの支持が根強い場所では、後者が優勢だった。両陣営の勢力が拮抗する都市もいくつかあった。両者の対立は、個性の対立であるのみならず、方針の対立でもあった。ブラッドローは、産児制限（当時は新マルサス主義と呼ばれていた）の主唱者だった。一八六〇年から一八六一年にかけて、彼がジョゼフ・バーカーおよびホリオークと袂を分かったのも、彼がジョージ・ドライズデイル著『社会科学の諸原理』の産児制限論を支持したことが原因だった。個人主義の立場に立つ新マルサス主義は、貧困は貧者の子沢山に起因すると論じた。一方、かつてのオーウェン主義者の多くは、貧困は資本主義制度における富の不均衡に起因すると主張した。ブラッドローは、出版の自由の擁護者だったかもしれないが、一八七七年の分裂によって明らかとなったのは、社会問題に関しては、彼に対抗する陣営のほうがより急進的だったことである。一八八〇年代に社会主義をはじめ新たな思想を積極的に受け入れたのは『セキュラー・レヴュー』だった。一方、『ナショナル・リフォーマー』は、時代遅れとなりつつある個人主義的な急進思想を唱え続けた。ゆえに、一八八四年に社会主義者となったベサントは、自らの見解を自由に述べることができる新たな場を見つけなければならなかった。

しかしながら、さらなる展開があった。一八八〇年に、ブラッドローの陣営を大いに勢いづける事件が起こり、彼は、対抗陣営からも多くの支持を得た。その年の総選挙で、彼は、ノーサンプトンから初当選した。彼は、神に言及する宣誓は自らの主義に反するという理由で、忠誠の宣誓ではなく無宣誓証言をおこなうことを願い出た。庶民院特別委員会は、一八五五年の無宣誓証言法が認めているのは、クウェイカーの場合のような、宗教的理由による宣誓拒否のみであり、ブラッドローの反宗教的理由による宣誓拒否は認められないとの判断を下した。そこで彼は、宣誓をおこなうと申し出たが、宣誓は無意味だと彼自らが認めているという理由で、申し出は却下された。こうして、彼は議員に就任できなかった。この「ブラッドロー事件」は、かなり長引き、一八八六年一月に開会した国会においてようやく解決を見る。その間、ノーサンプトンの有権者（彼らの多くは自由党支持の非国教徒）は、補欠選挙のたびに、ブラッドローを選出したが、庶民院は、彼の就任を拒み続けた。彼は、急進主義および民主的権利を象徴する人物として、全国にその名を知られるようになった。彼自らは、世俗主義を争点としなかったが、にもかかわらず、それが争点とみなされるのは必至で、彼の知名度の高さは、世俗主義運動に有利に働いた。全国世俗協会に加盟している支部協会の数は、一八八〇年代初めに一〇〇を超えた。おそらく、協会の正会員が四〇〇〇人を超えることはなかったと思われるが、世俗主義の思想に触れ、講演会に足を運んだ人の数は、その一〇倍、あるいはそれ以上だったかもしれない。

ブラッドロー事件により『セキュラー・レヴュー』の陣営から『ナショナル・リフォーマー』の陣営に移った世俗主義者のひとりに、プリマス出身で税関職員の息子だったジョージ・ウィリアム・フット（一八五〇～一九一五年）がいる。文学を愛する野心家で教養ある若者だった彼は、ブラッドローに対する不当な扱いに憤慨し、一八八一年五月に、月刊誌『自由思想家』（後に週刊）を創刊した。同誌は、刺のある言葉と容赦ない筆致でキリスト教を攻撃した。フットは、冒瀆の罪で二度起訴され、一八八三年に禁固一年の判決を受けた。『自由思想家』の発行部数は一万部を突破した。世論は、世俗主義運動を有権者が自らの手で下院議員を選ぶという民主的権利および表現の自由を勝ち取る闘いとみなすようになり、運動は頂点に達した。

一方、各地の世俗主義運動は、かつてのオーウェン主義の運動と同様、一見、宗教運動の様相を呈した。いくつかの地方協会は、巡回区を設け、巡回講師を置いた。財政的に余裕がある協会は、自前の会館を有しており、そこは、会員の余暇活動のための施設となった。日曜日の集会では、かつてオーウェン主義者が使った頌歌集や後に編纂された『世俗主義者のための歌と式の手引書』（一八七一年）などに収められた歌が歌われた。この手引書には、さまざまな通過儀礼の式文も収められていた。日曜学校が開かれ、聖歌隊ならぬ合唱隊が結成された。また、小旅行が企画され、裁縫会やバザーが催された。このように、非国教徒の生活を彩るさまざまな要素が、地元の世俗会館を中心とする生活においても見られた。一八八〇年代半ばには、各地の世俗協会は、地域社会において、つぎの四つの機能を果たした。

一、世俗協会は、地元社会および選挙区における急進主義者の政治活動の結節点となり、ブラッドロー事件、選挙権拡大、その他の時事問題に関して、地域住民の支持を結集する役割を果たした。

二、世俗協会は、会員の娯楽施設として機能した。夏期には、地元景勝地への小旅行やピクニックが企画され、冬の夜長には、演奏会、素人劇、夜会などが催された。

三、世俗協会は、無宗教者に、教会において得られるような物質的・心理的充足感を与える擬似宗教的な機能を果たした。集会では、音楽が重要な役割を果たした。ステイリーブリッジ世俗合唱隊は、イングランド北部の世俗主義運動の目玉だった。彼らは、モーツァルトの『いと高きところには栄光、神にあれ』を宗教色を除いたものに作り替えて合唱した。

四、世俗協会は、日曜営業を禁じる法律や宗教教育といった、宗教が地域社会に及ぼす影響を食い止めようとする圧力団体の運動の結節点として機能した。

一八八〇年代半ばから、運動に陰りが見えはじめた。ブラッドローが議員に就任し、もはやフットが冒瀆の罪で起訴されることもなくなると、世俗主義は後景に退き、ブラッドロー事件が世間の注目を集めた頃の熱気は急速に冷めていった。イギリス社会全体に目を向けると、世俗主義運動が従来果たしてきた役割の重要性を減少させる根本的変化が生じつつあった。ブラッドローもフットも、グラッドストンを支持する自由主義者で、社会主義に背を向ける徹底した個人主義者だった。それまで密接かつ同然のものとされてきた世俗主義と「進歩的」政治思想とのつながりが一九世紀末にはじめて断絶した。社会主義に傾倒する進取の気性にとんだ世俗主義者がいる一方で、あくまでも個人主義を信奉する保守主義に接近するものもみられた。エドワード時代になると、「世俗主義者＝急進主義者」というかつての図式は成り立たなくなった。同時に、娯楽施設の多様化により、人びとは礼拝堂からも、世俗の会館からも離れていった。一八九〇年にブラッドローの後を継いで全国世俗協会会長に就任したフットが述べたように、かつては、「日曜日の夜に行く場所といえば、酒場か教会か、そうでなければ、「ブラッドローの協会」しかなかった」。いまや、政治も余暇も以前と異なり、宗教の枠を超えて世俗化しつつあった。皮肉なことに、宗教のみならず世俗主義も、この世俗化によって衰退していった。ジョージ・バーナード・ショウがいみじくもいったように、「『神が死んだ』とき、無神論も死んだ」のである。第一次世界大戦が始まる頃には、全国世俗協会の支部および各地の世俗協会の大半は、活動を停止しているか、会員数の激減で催しを続けることも会館を維持することもできなくなっているかのどちらかであった。協会の活動は、宗教教育反対運動や冒瀆法廃止運動といった宗教問題にかかわるものに限られていた。

全国世俗協会は、二〇世紀になっても存続したが、もはや全国運動ではなく、支部も数えるほどで会員数も数千から数百にまで落ち込んだ圧力団体にすぎなかった。ブラッドローの早すぎる死から二年後の一八九三年に、『ナショナル・リフォーマー』は廃刊となった。『自由思想家』は、一九一五年にフットが亡くなった後も続いた。彼の後を継いで編集発行人となったのが、レスター出身のユダヤ教徒チャップマン・コーエン（一八六八〜一九五四年）である。一九七三年にふたたび月刊となった同誌は、現在も刊行されている。一九六〇年代に中央集権的な組織となった全国世俗協会は、以来、ヒューマニズムや非決定論を唱える圧力団体として今日にいたっている。協会の会員数は、一九六〇年代に増加したが、一九七〇年代以降は、下降線をたどっている。二〇世紀後半になっても活動を続けている地方の世俗協会は数えるほどしかないが、世俗主義運動が全盛だったヴィクトリア時代中期の面影を今に伝えている。

世俗主義が衰退してゆくなか、ほかの自由思想が広まっていった。一八八四年にチャールズ・ワッツが一時的にカナダに移住する（数年後に帰国する）と、いささか変わり者だったスコットランド人ウィリアム・ステュアート・ロス（一八四四〜一九〇六年）が、『セキュラー・レヴュー』の編集発行人となった。翌一八八五年に、同誌は『アグノスティック・ジャーナル』と改称された。彼の方針は、「淫らなノールトン主義者〔産児制限論者のこと〕」、教条主義的な無神論者、ブラッドローといった近代的な偽善を糾弾することだった。一方で、彼は、社会主義やグラント・アレンのような作家に象徴される「新道徳」を積極的に論じた。チャールズ・ワッツがイギリスを離れた後、彼の出版事業を引き継いだのが、息子のチャールズ・アルバート・ワッツ（一八五八〜一九四六年）である。一八九〇年に彼は、ホリオーク、F・J・グールド、および数人の文筆家、知識人と共同で、宣伝出版委員会を結成した。同委員会は、二年後に、合理主義出版委員会となり、一八九九年に、「合理主義出版協会」と改称された。協会の目的は、合理主義者の名著や新著を廉価で出版し、できるだけ多くの読者に自由思想を広めることだった。ワッツが狙いをつけたのは、義務教育を定めた一八七〇年教育法の第一世代の下層中産階級だった。協会が初期に出版したエルンスト・ヘッケル著『宇宙の謎』の販売部数は、一九〇五年の時点で、一〇万部を超えていた。一九一一年には、ワッツの手により頁数二四頁で値段はわずか半ペニーの「一〇〇万人のパンフレット」シリーズが創刊されて好評を呼ぶなど、第一次世界大戦が始まるまでは、協会の経営は順調だった。大戦中および大戦直後は経営不振が続いたが、一九二九年に創刊された「考える人の図書」シリーズは、大成功を収めた。同シリーズにより、多くの人びとが、はじめて自由思想に触れた。

一九世紀末のほかの自由思想家たちは、自らの無宗教に何らかの「宗教的な」かたちを与えることで、自らの信念を新たにしようとした。世俗主義が自由教会的な自由思想といえるならば、実証主義《ポジティヴィズム》および倫理運動は、国教会的な

──より正確には、高教会的な──自由思想といえるだろう。自由思想家のなかには、従来の合理主義を無味乾燥なものと捉え、もっと儀式や音楽を取り入れ、感情に訴えかけるべきだと考える者が少なからずいた。ホリオークも、一八五〇年代にはこうした考えを否定しておらず、世俗主義世俗主義を掲げた際に、「〔宗教を〕根絶やしにする唯一の方法は、それに取って代わることである」というコントの言葉に言及して、世俗主義を受け入れた自らの行為の正当性を主張した。結局、世俗主義がイギリスにおける（より擬似宗教的な）実証主義となることはなかったが、なかには世俗主義者から実証主義者になるものもみられたし、逆に実証主義者から世俗主義者へと移行するものもいた。

イギリス実証主義の指導的人物となったのが、オクスフォード大学ワダム・カレッジで教鞭を執った国教会聖職者リチャード・コングリーヴ（一八一八〜一八九九年）である。一八五四年に結婚のため教職を辞した彼は、コントの思想を広めることに専念し、一八六七年五月に、ロンドン実証主義協会を設立した。熱心な信奉者となったフレデリック・ハリソン（一八三一〜一九二三年）、エドワード・スペンサー・ビーズリー（一八三一〜一九一五年）、ジョン・ヘンリ・ブリッジズ（一八三二〜一九〇六年）は、かつてコングリーヴがオクスフォードで指導した学生だった。彼ら四人は、一八七〇年、ロンドンのチャペル・ストリートに実証主義学校を創立した。しかし、八年後、内部分裂が起こり、儀式を重んじて実証主義学校を実証主義の「教会」にしようとするコングリーヴのもとを離れたハリソン、ビーズリー、ブリッジズは、フェター・レーンに、ニュートン会館を設立し、宗教的要素が少ない集会を開いた。両派の対立は一九一六年まで続いた。実証主義者の数は、一八七〇年代末で二〇〇人足らずだった。指導者は知識人や専門職従事者だったが、社会のより幅広い層に訴えかけた結果、とりわけ穏健な世俗主義者を引きつけることになった。ホリオークを支持する世俗主義者が多かったレスターでは、マルコム・クイン、ジョージ・フィンドリーら数人の世俗協会のメンバーによって、実証主義協会が結成された。クインは、一八七八年にニューカッスル・アポン・タインに移って「教会」を設立し、コングリーヴに倣って儀式を執りおこなった。この他、イングランド北東部、バーミンガム、マンチェスター、リヴァプール、レスターにも、「教会」ができたが、この「人類教」の信奉者は、決して多くはなく、両大戦間期には、徐々に減少していった。ロンドン実証主義協会は、一九三四年に活動を停止した。しかしながら、イギリス実証主義は、信奉者の少なさからは想像できないほど広く社会に影響を及ぼした知識人の運動だった。

実証主義は一部の世俗主義者を引きつけたが、実証主義ほど儀式重視の立場をとらない倫理運動のほうが、実際にはより多くの世俗主義者に支持された。（アメリカの）倫理文化運動は、一八七六年にニューヨークで元ラビのフィリックス・アドラーによって始められた、非有神論を唱え、信条よりも行為を重んじる教育運動である。一方、イギリス倫理運動の起源は、ロンドンのサウス・プレイス・チャペルにある。チャペルの牧師ウィリアム・ジョンソン・フォックス（一七八六～一八六四年）の説教は、ユニテリアン主義から自由主義的有神論へと変わってゆき、一八五〇年代半ばにはホリオークが説く世俗主義に近いものでありながら、ミドルクラスをより多くひきつけるようになった。こうした傾向は、一八六五年に、アメリカ人モンキュア・ダニエル・コンウェイがフォックスの後任となった後も続いた。一八八五年に任を退いた彼は、今日も評価の高いトマス・ペインの伝記を執筆した。コンウェイの後を継いだのが、同じくアメリカ人でアドラーの協力者であったスタントン・コイト（一八五七～一九四四年）である。彼は、サウス・プレイス・チャペルを倫理協会に作りかえ、一八九五年に、倫理連合を設立した。一九〇六年の時点で、二六の倫理協会が連合に加盟しており、その多くが、（サウス・プレイスを除く）ロンドンおよびその周辺にあった。第一次世界大戦後、連合はしだいに衰退し、ほとんどの協会が活動を停止した。もっとも活動が盛んであったサウス・プレイス倫理協会がロンドン西部に新しくできたコンウェイ会館に拠点を移したのは、一九二九年のことである。同協会は、一九九〇年代も存続しており、思想および表現の自由を擁護するさまざまな運動に積極的に関わっている。

以上述べてきた自由思想諸派の歴史は、キリスト教諸教派のそれと同様、解釈が難しく、無宗教の社会層は、宗教のそれと同じく捉えがたい。階級はたしかに重要な要素である。世俗主義運動の集会に足を運ぶ人びとの大半は、非国教徒と同じく、労働者階級であった――もっとも、人口の四分の三以上がこの範疇に属していたのだから、驚くにはあたらない。しかし、宗教組織あるいは反宗教組織に関わろうとする労働者は、そうでない労働者に比べると少数だった。さらに、従来、職人は「不信心者」とみなされてきたが、実際には、世俗主義者だった職人は、キリスト教徒の職人よりもはるかに少なかった。また、労働者階級の上層を引きつけたという点では、自由教会も自由思想も同じだった。彼らは、社会的経済的にある程度独立しており、それゆえに、彼らの庇護者をもって自認する国教会聖職者の干渉に反発し、しかも、それに対して何らかの行動を起こすことができるだけの知力と経済力を有していた。もし彼らが宗教問題に関心を持っていたならば、礼拝堂と世俗会館のふたつの選択肢があった。しかし、一方を選ぶ者もいれば、もう一方を選ぶ者もいたのはなぜだろうか。

　このように、社会的な背景だけですべてを説明することはできない。個人の好みや考え、青年期や成人期初期における偶然の影響や経験などが、決定的な要因となることもありうる。多くの世俗主義者の場合、世俗主義者になるという決意は、それまで固く信じていたキリスト教の否定をともなう強いもので、それは、かつて彼ら自身やほかの多くの者がキリスト教信仰に目覚めたときと同じように強烈な「回心」体験だった。こうした「回心」は、多くの場合、青年期ではなく成人期に起きており、信仰復興主義の集会への参加ではなく、読書や内省がそのきっかけだった。聖書にもとづくプロテスタント福音主義が戦闘的キリスト教の中心勢力だった一九世紀において、聖書は、もっとも多くの人びとを自由思想へと向かわせた書物だった。世俗主義者は、聖書の矛盾や（とくに旧約聖書に出てくる）道徳悪を強調し、聖書は神の言葉であるという福音主義者の主張に反論した。多くの自由思想家が聖書に次いでもっとも影響を受けた書物としてあげたのが、聖書を徹底的に批判したトマス・ペインの著書である。興味深いのは、科学の発達が世俗主義者の思想形成にそれほど重要な役割を果たさなかったことである。彼らにとって、ダーウィン主義――あるいは、当時広く受け入れられていたラマルク主義的な進化論――は、彼らを自由思想へと導いたというよりも、むしろ、彼らの自由思想に科学的根拠を与えた理論だった。より重要なのは、自由思想と、骨相学、メスメリズム〔F・A・メスメル（一七三四～一八一五年）が開発した動物磁気による治療法〕、心霊主義といった通俗的な「科学」との結びつきである。このような「科学」に自由思想家が興味を示したのは、彼らの多くが独学者であり、彼らは、「権威」と呼ばれるエリート知識人の学問に、自らの民主的知で対抗しようとしたからだった。

　二〇世紀になると、状況は大きく変わった。プロテスタント諸教派において、自由主義神学が広く受け入れられ、聖書批評学が盛んになると、自由思想家は、ローマ・カトリック教会に矛先を向けた。一九世紀末には、世俗主義者は、これまで死守してきた砦を放棄し、かつてあれほど嘲笑を浴びせ、弾圧を加えていた自由思想を受け入れつつあるプロテスタントは、もはや、取るに足らない相手だと考えるようになった。世界は、「ローマか理性か」という二項対立で捉えられた。一九世紀には、メソディストの日曜学校の生徒が、「典型的な」自由思想「予備軍」だったが、二〇世紀になると、カトリック教会学校の生徒が、彼らに取って代わった。

キリスト教諸教派の場合、階級は、国教会と自由教会を区別する重要な指標だが、同様のことが、自由思想諸派――（自由教会的な）世俗主義、合理主義、および（国教会的な）実証主義、倫理運動――についてもいえる。一九世紀末に後二者の信奉者となったのは、概してミドルクラスで、しかも、男性よりも女性が多かった。世俗主義運動は、圧倒的に男性の運動で、女性メンバーは全体の一〇パーセント足らずだったが、倫理運動の場合、「かなりの割合」が女性だった。『デイリー・ニュース』紙がおこなった信仰調査によると、一九〇二年から一九〇三年にかけて、ロンドン中心部の九カ所で、倫理運動の日曜集会――「礼拝」――が開かれ、平均して、五〇七人の男性に対し、四六三人の女性が出席した。サウス・プレイスでは、女性の数は、男性の数のほぼ二倍だった。

このように、宗教社会学の一般論は、ある程度、反宗教の社会学にも当てはまる。理性は男性的なもので、感情は女性的なものであると考えられ、ゆえに、宗教は女性の関心事とみなされた。世俗主義者の多くは、女性解放を唱え、聖書の教えが女性の従属の原因であると考えていた。彼らは、協会の日曜集会に音楽を取り入れ、「礼拝」のような雰囲気を作り出すことで、女性・家族会員の獲得に努めた。教会が、いかにすれば男性を引き入れることができるか議論しているときに、世俗主義者は、それとは反対の問題を抱えていた。自由思想運動の組織の発展についても、宗教社会学――この場合は、「セクト」、「教派」、「教会」の三類型――を応用することで、説明が可能である。オーウェン主義は、多くの点で、千年王国を待望するセクトに近かった。指導者のオーウェンは、超然としており、独断専行の嫌いがあり、日々支持者の士気を鼓舞した。信奉者の多くは、セクト運動に関わった経験があり、堕落した社会との関係を断ち切った新たな生活を説くオーウェンの思想に引かれた。しかし、オーウェン主義が広まるにつれて、各地の科学会館では、社会と密接につながった改良主義的な「教派」へと向かう動きが現われた。このようなオーウェン主義者（そして後には世俗主義者）の協会と外部世界との隔たりは、内的および外的要因（すなわち、協会および外部世界）によって異なった。正統宗教をあくまでも否定する協会は、一九世紀の宗教世界のなかで孤立するセクトのような性格を持ち続けた。これに対し、ホリオークは地域社会との共存をめざして妥協的な方針をとり、地域社会に受け入れられた。世俗主義運動内部のブラッドロー派とホリオーク派の対立は、自らの特殊性を強調し社会と対抗する「セクト」と、彼我の相違を強調せず社会に働きかける「教派」の対立であると解釈することもできる。

ミドルクラスの信奉者が多く、国教会的な自由思想である実証主義と倫理運動は、社会により受け入れられやすく、「教派」により近かった（ただし、世俗主義者や合理主義者が実証主義者や倫理運動家でもある場合が少なくなく、個人については、宗教社会学的類型は、必ずしも当てはまらない）。二〇世紀になると、宗教組織は衰退してゆき、それとともに、自由思想の組織も変化していった。とくに、合理主義出版協会は、出版会社であり、一九世紀の自由思想運動の「宗教的」政治組織とは異なるものだった――もっとも、協会も、第一次世界大戦前には、社会主義の新聞『クラリオン』と同じように、宣伝活動の一環として、巡回講師を各地に派遣している。個々人のさまざまな自由思想を最大限尊重する同協会は、〔ある特定の教義を説く〕教会とよりも、〔さまざまな種類の書物を会員に安価で提供する〕書籍クラブと共通する部分が多かった。一方、二〇世紀の全国世俗協会は、認可を受けていないことを除けば、慈善団体に近いといえる。また、自由思想諸協会の集会は、二〇世紀には、礼拝式のような性格を失い、政治集会に近いものとなった。

自由思想の組織を研究する意義は、それによって宗教研究の視野が広がるという点にある。人びとが宗教を実践するのは、多くの場合、自らの心理的・社会的欲求を満たすためであり、反宗教組織の「宗教的」実践を考察することで、「信仰」の本質や社会的背景が明らかになりうる。一九世紀の世俗協会がキリスト教徒の儀式を真似たのは、彼らを揶揄するためでもあったが、それ以上に、会員がそのような儀式を必要としていたからだった。二〇世紀における宗教組織の衰退と反宗教組織の変容は、そのような儀式がもはや必要とされなくなったことを示している。

一九世紀の宗教を理解するためには、自由思想をも考察の対象とすることが重要である。一九世紀のキリスト教徒は、自由思想を無視することができなかった。なかには、信仰心の欠如が社会を脅かしているという強迫観念にとりつかれた者もいた。「不信心」の脅威を力説する当時の説教からは、世俗主義者が実際にはほとんど影響力のない少数集団だったとは想像できないだろう。ヴィクトリア時代の宗教が世俗主義者の存在に過敏に反応したのは、キリスト教徒が、自己を規定し自らの目的を明確にする他者として、また、自らの失敗の原因として、さらには、倒すべき敵として、「不信心者」を必要としたからである。彼らは、この敵を打ち破れば、失った自信を取り戻し、暗く見えた将来に明るい見通しを持つことができると確信していた。

キリスト教史家にとって自由思想の研究が重要なのは、

それによってキリスト教の負の側面――一九世紀の（そして、それ以降の）多くのキリスト教徒に見られる不寛容、狭量、頑迷、反知性主義――が明らかになるからである。キリスト教社会主義者で非凡な聖職者だったステュアート・ヘッドラム師は、同信のキリスト教徒にではなく、世俗主義者のブラッドローに共感を抱いた。彼は、近隣のロンドン・シティ・ミッションが脅威を感じたブラッドローの本拠オールド・ストリート科学会館で無給「牧師」を務めた。ヘッドラムにとって、「真の」キリスト教徒が誰であるのかは明らかであった。

自由思想の運動を、このように、宗教を映し出す鏡と捉えるのは、国教会の歴史を明らかにするためにメソディストの歴史を書くようなもので、重要な視点だが、それだけでは、自由思想の全体像をつかむことはできない。自由思想家を、キリスト教徒の他者としてではなく、自由思想家自身として考察することも重要である。誠実で、自らの疑問を決してうやむやにせず、理性の力と科学の進歩を信じ、宗教問題の重要性を認識していた彼ら自由思想家は、典型的なヴィクトリア時代人だった。

第Ⅳ部　現代イギリス

救世軍のエヴァ・バーロウ長官〔のち13代大将〕と会談する教皇ヨハネ・パウロ２世。教皇の1982年のイギリス訪問時，グレイ枢機卿邸にて。（撮影：The Press Association）

第22章　イギリスのユダヤ教徒

ジョナサン・G・キャンベル

ユダヤ教徒がはじめてイングランドに来たのは、一〇六六年のノルマンの征服以後である。当初、ユダヤ教徒の数は増加したが、一二、一三世紀には反ユダヤ感情が高まり、一二九〇年に、エドワード一世はユダヤ教徒を国外に追放した。しかし、共和政の時代にふたたび入国を許されて以来、ユダヤ教徒は主にロンドンなどの都市に居住し、とくに一九世紀後半にその数は増加した。一方、ユダヤ教徒が中世のスコットランドあるいはウェールズにいた形跡はほとんどなく、これらの地にユダヤ教徒が定住しはじめたのは、一八〇〇年代だった。

イギリスのユダヤ教徒は、一七世紀以来、ほかのヨーロッパ諸国のユダヤ教徒よりも大きな自由を享受してきた。反ユダヤ暴動はまれで、一九世紀にはユダヤ教徒の社会・政治活動を制限してきたものの多くが撤廃された。さらに、一九世紀にできた政府公認の代表機関であるシナゴーグ連合、ラビ長職、英国ユダヤ教徒代表委員会は、今も存続している。しかし、イギリスのユダヤ教徒を一枚岩の集団とみなすのは適切ではない。教義や礼拝、所属する人数が大きく異なる教派の存在を考慮すべきである。とりわけ、正統派ユダヤ教徒と改革派およびリベラル派ユダヤ教徒との関係は、ますます悪化しつつある。このような対立の背景として、ここ二、三世代、ユダヤ教徒の数が減少しているという事実がある。とりわけ、これは地方都市で顕著である。その理由は複雑だが、ひとつには、多くのユダヤ教徒が必要に迫られて、あるいは意識的にユダヤ教とは距離を置いたり、非ユダヤ教徒と結婚したりするようになってきていることがあげられるだろう。いずれにせよ、ユダヤ教徒が集中している都市はロンドン、マンチェスター、リーズ、グラスゴー、そして、ブライトンとその近隣のホーブだけとなっている。一九九〇年代、イギリスのユダヤ教徒の人口は約三三万人で、そのおよそ三分の一がロンドン北西部に住んでいる。

イギリスのユダヤ教徒の歴史を一体として捉えるのは不可能である。したがって、本章は、「中世イングランドのユダヤ教徒」、「クロムウェルの時代から第一次世界大戦までのイングランドのユダヤ教徒」、「ウェールズのユダヤ教徒」、「スコットランドのユダヤ教徒」、「現代イギリスのユダヤ教徒」の五節に分かれている。

中世イングランドのユダヤ教徒

先述したように、ユダヤ教徒がはじめてイングランドに来たのは、一〇六六年にウィリアム征服王がやってきた後である。彼らの多くは、金融業を営み、主にフランス出身であったが、ヨーロッパのほかの地域やイスラム教諸国から来た者もいた。一二世紀には、ユダヤ教徒が、ロンドンをはじめ、ウィンチェスター、オクスフォード、ノリッジ、ブリストル、ヨーク、リンカンなど、中世イングランドの主要都市に定住した。

ウィリアム征服王以後、数代のイングランド王の治世には、ユダヤ教徒は、ある程度社会に受け入れられていたようだが、一二世紀になると、寛容の時代は終わり、反ユダヤ感情が高まっていった。一一四四年にノリッジでヨーロッパ最初の「血の中傷」が起こり、その後数十年の間にベリ・セント・エドマンズ、ブリストル、ウィンチェスターでも同じような事件が起きた。復活祭が近づくと、キリストの受難を再現するために、キリスト教徒の子どもを殺し、その血を使って過越祭のパンを作るという疑いがユダヤ教徒にかけられた。ノリッジの事例では、町外れで男の子の死体が見つかり、ユダヤ教徒が殺害の犯人とされ、現場を目撃したという証人が召喚された。この裁判がただちに何らかの影響を及ぼしたというわけではないが、一二三〇年代には、ノリッジのユダヤ教徒が襲われる事件が相次いだ。「血の中傷」の根底には、ユダヤ教徒はキリストの真実を知りながら頑なに受け入れようとしないという、根深い思い込みがあった。これは、ヨーロッパの民衆文化に深く浸透し、最近まで消えずに残っていた（ロシアでは、一九一一年に同種の裁判がおこなわれ、またナチスは、ユダヤ教徒弾圧のなかで、「血の中傷」を復活させた）。さらに、中世イングランドの場合、十字軍が事態を悪化させることになった。第一回十字軍（一〇九六～一〇九九年）では、ライン諸都市でユダヤ教徒虐殺が起きたが、第三回十字軍（一一八九～一一九二年）では、イングランドのユダヤ教徒が迫害の対象となった。一一八九年に、リチャード一世の戴冠式に参列していたユダヤ教徒が襲われ、ロンドンのユダヤ教徒居住区が略奪にあった。翌一一九〇年には、ほかの諸都市でも同様の略奪が起こった。ヨークのユダヤ教徒は、虐待や強制的な改宗を嫌って集団自殺の道を選んだ。

このような事態と密接にかかわっていたのが、金銭の問題である。イングランドに移住したユダヤ教徒の多くは、金融業を営んでいたが、彼らに借金していた小貴族にとって、ユダヤ教徒への敵意を煽ることは自分たちには有利なことであった。さらに、ユダヤ教徒の財力に目をつけた国王は、恣意的で法外な税、すなわちタリッジをたびたび課した。一一八八年に、ロンドンのユダヤ教徒は、動産の四分の一を取り立てられた。また、大金融家アーロン・オヴ・リンカン（一一二五?～一一八六年）の死後、彼の財産は国王の手に渡った。しかし一方で、国王は、ユダヤ教徒を保護することは自らの利益になると考え、ユダヤ財務府およびユダヤ大長老職を設けた。前者は、ユダヤ教徒にかかわる諸事を担当する政府機関のようなもので、元来、先述のアーロン・オヴ・リンカンの財産を管理する必要からつくられた。ユダヤ教徒も実務に携わったが、統轄したのは、キリスト教徒であるユダヤ法官もしくはユダヤ管理官だった。ユダヤ財務府は、行政、司法、財政を管轄し、町に設置された、ユダヤ教徒による金貸しの記録を納めた箱の管理をおこなった。一方、ユダヤ大長老職の起源ははっきりしない。ユダヤ大長老は、政府公認のユダヤ教徒の代表者であり、敬虔で有能な金融家と目された人物が選ばれた。名前が確認できるのは、つぎの六人である（括弧内は在任期間）――ジェイコブ（ヤコブ）・オヴ・ロンドン（一二〇七年まで）、アイザック（イサク）の息子ジョセ（一二〇七～一二三六年）、アーロン・オヴ・ヨーク（一二三六～一二四三年）、エライジャ（エリヤ）・ル・エヴェスク（一二四三～一二五七年）、モーゼス（モーセ）の息子ハギン（一二五八～一二八〇年）、ドゥルクレスの息子コーク・ハギン（一二八一～一二九〇年）。

ユダヤ財務府とユダヤ大長老職の設置により、ユダヤ教徒の安全が保障されたわけではない。むしろ、リチャード一世（在位一一八九～一一九九年）の治世以後、ユダヤ教徒の社会的地位が低下しはじめ、ヘンリ三世（在位一二一六～一二七二年）の在位中にはとりわけ顕著であった。一二九〇年には、エドワード一世によって、ユダヤ教徒追放令が出された。国外追放にいたるまでのユダヤ教徒迫害をたどると、一二五三年に、すでにユダヤ教徒が定住している都市以外での居住が禁じられた。諸侯《バロン》戦争（一二六三〜一二六六年）のときには、ウスター、カンタベリ、ケンブリッジ、リンカン、ロンドンのユダヤ教徒居住区が襲撃された。ユダヤ教徒の社会的地位が低下した原因はいくつか考えられる。たとえば、過重な税負担による困窮、教会の反ユダヤ法令（たとえば、一二二二年のオクスフォード教会会議は、一二一五年の第四ラテラノ公会議の決議を受けて、ユダヤ教徒にそれと識別できるような衣服の着用を義務づけた）、跡を絶たない「血の中傷」などである。さらに、一三世紀後半になると、キリスト教徒が金融業に参入してきたため、ユダヤ教徒の金融家はもはや必要とされなくなった。実際、一二七五年に、エドワード一世は金貸しを禁じるユダヤ教徒令を発し、職業を変えさせようとした。しかし、ユダヤ教徒が商人ギルドに加わることができなかったためにうまくいかなかった。不法に金融業を営むユダヤ教徒は絞首刑に処され、一二九〇年七月一八日、エドワード一世は、すべてのユダヤ教徒に対してその年の万聖節（一一月一日）までに国外に退去するよう命じた。およそ約三〇〇〇人がイングランドを離れたとみられるが、その多くはフランス、フランドル、ドイツに渡った。ユダヤ教徒は、一七世紀にふたたび入国を許されたが、それ以前にも旅商人や特別に招かれた医者などのユダヤ教徒が少数ながらイングランドに来た。

つぎにあげる二名も中世イングランドの著名なユダヤ教徒である。ひとりは、エライジャ・メナヘム・ベン・モーゼス（一二二〇?〜一二八四年）である。彼の父モーゼス・オヴ・ロンドンはラビで、兄ハギンは一二五八年から一二八〇年までユダヤ大長老を務めた。彼は、堅実な金融家として名を成し、ミシュナおよび「過越祭のハガダー」の一部を注釈した。もうひとりは、ジェイコブ・ベン・ジユーダ（ユダ）（生没年不詳）で、彼は、一三世紀にユダヤ法の手引書『生命の樹』を著わした。同書は、先述のラビ、モーゼス・オヴ・ロンドンや、著名な哲学者で律法学者のマイモニデス（一一三五〜一二〇四年）などを典拠としている。最後に、「改宗者の家」について述べておく。これは、キリスト教に改宗したユダヤ教徒を受け入れる施設であり、一二三二年にヘンリ三世によってロンドンの、現在のチャンスリー・レーン付近に建てられた。約四〇人を収容することができたこの建物は、一二九〇年以降はヨーロッパから来た改宗者を受け入れた。一六〇九年の入居者に関する記録が残っていることから、一七世紀にも存続していたことが分かる。最終的に、記録長官が施設の管理者を兼ねるようになった。

クロムウェルの時代から第一次世界大戦までのイングランドのユダヤ教徒

ヘンリ八世（在位一五〇九～一五四七年）、エドワード六世（在位一五四七～一五五三年）、およびエリザベス一世（在位一五五八～一六〇三年）の治世には、一四九二年のスペイン、一四九六年のポルトガルにおける追放令により国外に逃れたユダヤ教徒や、スペインの異端審問を逃れたユダヤ教徒がイングランドに入国した。彼らのなかには、国外追放を免れるためにキリスト教に改宗した「マラノ」もいた。マラノは、改宗後も隠れユダヤ教徒と疑われ、一六世紀の異端審問では迫害を受けた。入国したマラノやほかのユダヤ教徒の数は少なかったが、ロンドンとブリストルでは信仰共同体のようなものが形成されるまでになった。これらの共同体はなんとか存続していたが、カトリック教徒で親スペインのメアリ一世（一五五三年即位）の治世には弾圧された。この時期の著名なマラノとして、エリザベス一世の侍医だったロデリゴ・ロペスがいる。彼は、女王暗殺の陰謀のかどで一五九四年に処刑された。

クロムウェル政権下（一六四九～一六五八年）、ロンドンに定住するユダヤ教徒の数が明らかに増えた。これは、キリスト教徒のあいだで旧約聖書への関心が高まり、ユダヤ教徒が寛容に扱われるようになったためである。旧約聖書は、ユダヤ教徒の入国を認めていると考えられたのである。宗教改革の後、ユダヤ教徒の聖書への関心とキリスト教徒のそれとは重なり合う部分があった。一七世紀初めに刊行された欽定英訳聖書のうち、旧約については、ユダヤ教徒の解釈に依拠している。多くのピューリタンが、世界の終末は間近に迫っており、キリスト再臨の条件として、ユダヤ教徒を世界中に分散させなければならないと考えた。ユダヤ教徒のなかにも同じような考えを持つ者がいた。アムステルダムのラビ、マナセ・ベン・イスラエルは、一六五〇年代に、旧約聖書によれば、ユダヤ教徒が世界中に分散しなければならないと主張した。彼が根拠としたのは、申命記二八章六四節とダニエル書一二章七節で、前者は、「地の果て」（中世ヘブライ語では、「イングランド」という意味もある）に言及していて、それはイングランドを指していると考えられた。マナセは、一六五五年にロンドンを訪れ、ユダヤ教徒の入国許可を政府に請願した。この問題を検討した政府の会議は、一二九〇年の法令は、当時イングランドにいたユダヤ教徒のみに適用されるもので、ユダヤ教徒の入国を禁ずる法令は存在しないという判断を下したものの、それ以上の結論は何も示されなかった。一六五六年に、ロンドンのユダヤ教徒は、共同墓地の管理権と信仰の自由を求めて政府に嘆願して国務会議の承認を得たが、その記録は不思議なことになくなってしまった。

一六六〇年の王政復古の後も、政府はユダヤ教徒の定住を黙認した。こうして、一七世紀半ばには、イングランドのユダヤ教徒を取り巻く状況は、ほかのヨーロッパ諸国のユダヤ教徒が置かれた状況とはかなり異なってきていた。法的な制限は少なく、ゲットーも存在しなかった。時折生じる反ユダヤ感情をうけて、国王は一六六四年にユダヤ教徒の保護を約束し、一六七三年と一六八五年には信仰の自由を保証した。さらに、一六九八年の冒瀆禁止法によって、ユダヤ教徒は間接的に法的地位を与えられた。このような状況のなか、とくにウィリアム三世とメアリ二世の治世（一六八九～一七〇二年）に、アムステルダムのユダヤ教徒との接触を通じて、イングランドのセファルディ（スペインおよびイスラム教諸国出身のユダヤ教徒）は増加し、豊かになっていった。彼らがロンドンのクリーチャーチ・レーンに借りた建物は、一六五六年にイングランドで最初のシナゴーグとなった。一七〇一年に、シナゴーグはベヴィス・マークスに移り、現在にいたっている。セファルディの後を追うように、アシュケナジ（中欧・東欧出身のユダヤ教徒）がアムステルダムやドイツ諸都市からイングランドに移住した。一六九〇年に、彼らの最初のシナゴーグが、デューク・ストリートに建てられ、その後の内紛により、一七〇六年と一七六一年には、ほかにもシナゴーグができた。セファルディに比べてアシュケナジは社会的地位が低く、財力も乏しかった。彼らの多くは、行商人や旅商人だった。

一八世紀初頭に、ユダヤ教徒はロンドン郊外に移り住むようになり、一七二〇年代頃からは、それまで訪れるだけだった首都以外の都市にも定住しはじめたようである。以後一〇〇年近くにわたって、ユダヤ教徒は、北はニューカスル、ヨークから、南はコーンウォール、ケントまで、また、東はリンカンから、西はシュルーズベリまで、数えきれないほど多くの土地に移住した。当初、彼らは、普段は互いに接触することなく、大祭日にはロンドンに集まるという生活を送っていたとみられるが、一七四〇年代頃になると、首都以外でもユダヤ教徒が集住するようになった。一八〇〇年頃には、イプスウィッチ、エクセター、カンタベリ、キングズリン、グロスター、ケンブリッジ、コヴェントリ、サンダーランド、シアネス、ドーヴァー、ノリッジ、バース、バーミンガム、フォルマス、ブライトン、ブリストル、プリマス、ペンザンス、ポーツマス、マンチェスター、リヴァプールにユダヤ教徒のコミュニティが形成されていた。

これらの都市や、ヴィクトリア女王の時代が始まる頃までにユダヤ社会が形成された諸都市の多くは港町か市場町で、ロンドンや大陸ヨーロッパ出身のユダヤ商人の家族が住んでいた。イングランドのユダヤ教徒の人口は、一七三〇年代におよそ六〇〇〇人、一八〇〇年頃には約三万人だったと推定される。したがって、一八世紀は、イングランドのユダヤ教徒にとって、足固めの時期だったといえる。しかし、一七五三年に議会に提出された、イギリスで生まれたユダヤ教徒の両親を、子どもと同様にイギリス人とするユダヤ教徒帰化法案は、キリスト教徒の反対により、廃案となった。それがきっかけで、セファルディとアシュケナジの代表者が集まり、イングランドのユダヤ教徒の利益を守る委員会が組織された。これは、一八三五年、イギリスのユダヤ教徒全般の利益を図る政府公認の団体、英国ユダヤ教徒代表委員会となった。同委員会は現在も活動しており、諸教派、諸利益団体を代表する約六〇〇人の委員で構成されている。委員会は一年を通じて定期的に会合を開いているが、実務のほとんどは小委員会が執りおこなっている。

以前からヨーロッパのユダヤ教徒よりも大きな自由を享受していたイングランドのユダヤ教徒は、英国ユダヤ教徒代表委員会の設立およびその活動によって、一九世紀に、その地位をさらに向上させた。オーストリアのユダヤ教徒に社会的経済的な自由を認めた皇帝ヨーゼフ二世の一七八二年の勅令や、フランスのユダヤ教徒に同等の市民権を付与した国民議会の一七九一年の決議に鑑みて、イングランドのユダヤ教徒にも同様の権利を与えようとする動きが、とくに一八二九年のカトリック解放の後、活発になった。それを後押ししたのは、ユダヤ教徒に共感を示したバイロンの作品や、ユダヤ教徒解放を唱えたモーゼス・メンデルスゾーン（一七二九～一七八六年）やレッシング（一七二九～一七八一年）などの著書の翻訳出版だった。一八三三年に、ユダヤ教徒解放法案が庶民院を通過したが、貴族院は否決し、その承認を得るためにはまだ時間を要した〔法律の施行は一八五八年〕。同法および他の法律により、ユダヤ教徒を対象とした諸制限の多くが取り除かれた。一八五四年のオクスフォード大学法と五六年のケンブリッジ大学法により、ユダヤ教徒は、両大学に入学できるようになり、一八七一年からは、両大学の修士・博士号およびフェロー〔カレッジのメンバー〕の資格の取得が可能となった。

このように、ユダヤ教徒は、新たな自由を獲得していったが、例外であったのは、ライオネル・ロスチャイルドの場合に明らかな、国会議員の資格である。ライオネル・ロスチャイルドは、一八四七年にロンドンのシティから初当選した後、再三、庶民院議員に選出された。しかし、キリスト教的な内容の宣誓を拒否したため、就任できなかった。一八五八年、庶民院・貴族院ともにユダヤ教徒も宣誓できるように、それぞれの誓言を改訂した。これを受けて、ライオネルの息子ナサニエル・ロスチャイルドは、ユダヤ教徒としてはじめて貴族に列せられた。一八五五年にサー・デイヴィッド・ソロモンズが、ロンドン市長に任命され、一八七一年にサー・ジョージ・ジェスルが法務次官に就任した。一九〇九年には、ハーバート・サミュエルがユダヤ教徒初の閣僚となった。こうして、二〇世紀初めまでには公職に関する制限もほぼすべて取り除かれた。

一九世紀には、イングランドのユダヤ社会の内部も大きく変化した。一八〇〇年代初めまでには、アシュケナジがセファルディよりも優勢になり、ロンドンのデューク・ストリートにある大シナゴーグのラビが彼らの代弁者となった。そのうちのひとり、ネイサン・マーカス・アドラーは、一八四四年に初代ラビ長に就任した。一八九一年に、彼の息子ハーマンが、第二代ラビ長となり、その後、ジョゼフ・ハーマン・ハーツ（在任一九一三～一九四六年）、イスラエル・ブロウディ（一九四八～一九六五年）、イマニュエル・ジェイコボヴィッツ（一九六六～一九九一年）、ジョナサン・サックス（一九九一年～）と続き、現在にいたっている。一八七〇年には、ユダヤ・シナゴーグ連合法案が庶民院を通過した。これにより、政府公認のシナゴーグ連合が設立されたが、それには主にふたつの理由があった。第一に、当時多くのユダヤ教徒が入国していたが、ユダヤ教徒のみならず政府もこれらの移民を円滑に社会に組み入れるための宗教組織の必要性を認識していた。とりわけ、民事婚の手続きを整えることが必要だった。第二に、一八七〇年法を成立させることで、ユダヤ教徒の地位向上だけでなく、より保守的な貴族院に対する庶民院の優先権の確立や政教分離の実現をも目指した自由党議員（ユダヤ教徒議員も含まれる）が少なからずいた。

シナゴーグ連合の実際の目的は、大シナゴーグとラビ長を中心として、ロンドンのアシュケナジを統合することだった。シナゴーグ連合は、正統派ユダヤ教徒の最大の団体として今も存続し、全国の数多くのシナゴーグが加盟している。厳密にいえば、ラビ長は、この団体の代表者にすぎず、イングランドあるいはイギリスのユダヤ教徒すべてを代表しているわけではない。これに対抗する団体として、一八八七年にサミュエル・モンタギューが設立したシナゴーグ連盟がある。一八八一年以降、ロシアから多数のユダヤ教徒がロンドンに移住したが、彼らは、シナゴーグ連合がおこなう礼拝に馴染めず、大陸ヨーロッパ式の宗教集会を独自に開いたため、これらの集会を統括する組織が必要になったのである。シナゴーグ連盟は、移民が礼拝をおこなう建物の健全な環境と安全を管理し、移民を社会主義から遠ざけることを目的としていた。モンタギューが意図したのは、シナゴーグ連盟とシナゴーグ連合の統合だったが、両者の対立が続き、彼の死後、一九一二年にシナゴーグ連盟はシナゴーグ連合との関係を断って、事実上別教派となった。

ここで、正統派ユダヤ教、とくにシナゴーグ連合に関連して、現在も続いている『ユダヤ新聞』とロンドンのユダヤ・カレッジに触れておく。『ユダヤ新聞』(一八四一年創刊、本社ロンドン)は、『ユダヤのこだま』(一九二八年創刊、本社グラスゴー)とともに、イギリスのユダヤ教徒の主要な週刊紙である。同紙は、これまで一九世紀のユダヤ教徒解放や二〇世紀のシオニズム、反ユダヤ主義などさまざまな問題をめぐる議論で重要な役割を果たしてきた。ユダヤ・カレッジは、ラビ長アドラーの在任中の一八五五年に創設された。アドラーおよび彼の後任たちは、イギリスのアシュケナジのなかで、ラビ長ただひとりがユダヤ法に関する権威者であると主張したが、全国のシナゴーグが有能な教師や指導者を必要としていたことは明らかだった。そのため、ユダヤ・カレッジで聖職者の養成がおこなわれるようになった。彼らは、「ラビ」ではなく「師《レヴェレンド》」と呼ばれ、聖職者特有の詰襟を着用した。当初は、アドラーの息子ハーマンのように、徹底した教育を望む者はヨーロッパ大陸の養成機関に留学したが、ほどなくして、ユダヤ・カレッジからも著名な聖職者が輩出するようになった。

このような正統派の動きに対し、一八四〇年には、最初の改革派のシナゴーグがロンドンに設立された。この設立にあたっては相当な反対があった。とはいえ、イギリスの改革派ユダヤ教は穏健であったため、やがてC・J・G・モンテフィオーレ(一八五八~一九三八年)やリリー・モンタギュー(一八七三~一九六三年)らがユダヤ宗教連合を組織し、それを基盤として、一九一一年に、リベラル派ユダヤ・シナゴーグが設立された。こうした成果にもかかわらず、イギリスの改革派およびリベラル派ユダヤ教は少数派にとどまり、アメリカやほかのヨーロッパ諸国に比べると、その影響力ははるかに小さい。

一九世紀後半に、さらにふたつの重要な変化が起こった。ひとつは、工業化によるユダヤ教徒の大都市への移動である。結果として、世紀初めに見られた比較的小規模なユダヤ社会の多くが、衰退もしくは消滅することになった。もうひとつは、一八八一年以降の移民の激増で、ロシアでの迫害を逃れたり、職を求めたりして多数のユダヤ教徒がロンドンに移住した。一八八一年の時点ですでに、イギリスのユダヤ教徒の人口は六万人に達し、同年から一九〇五年までの間に、ロシアを去ったユダヤ教徒一〇〇万人のうち約一〇万人が、イギリスに入国した。そのような大規模な移民により、イギリスにおけるユダヤ教徒のコミュニティの人口分布に変化が生じるのは必至だった。大量移民と先述の工業化が相俟って、ロンドンのユダヤ教徒のコミュニティは急成長を遂げ、イングランドの地方の大都市に加えて、スコットランドやウェールズの主要都市においても、ユダヤ教徒のコミュニティの拡大が見られた。しかし、ロンドンのユダヤ教徒の多くは、すでにイギリス社会に同化し、セント・ジョンズ・ウッド、ダルストン、イズリントンなど、郊外の高級住宅地区に移り住んでいたため、彼らが、イディッシュ語を話し、スピタルフィールズやホワイトチャペルのスラム街に住む東欧からの移民と心情的につながりを持つことは難しかった。彼らのなかには、さらなる移民の受け入れには消極的なものもいたが、一九〇三年と一九〇四年に、ロシアでポグロムが起こると、そのような意見はほとんど聞かれなくなった。

移民の多くは、半熟練もしくは非熟練労働者だったため、苦汗労働に従事するしかなかった。その結果、ロンドンのイースト・エンドは人口過密になり、英国同胞連盟による反ユダヤ運動が起こった。一九〇〇年にステップニー選出の庶民院議員W・エヴァンズ＝ゴードンが結成した英国同胞連盟は、イースト・エンドの諸悪の元凶とみなされることが多かった外国人移民の排斥を唱えた。反ユダヤ感情はイギリス全体に広まり、ユダヤ教徒移民の流入が、失業、劣悪な住環境、いかがわしい労働慣行といった問題の原因と考えられた。たしかに、大量の移民により、ユダヤ教徒であるかどうかにかかわらず、多くの人びとが生活苦を経験したはずであるが、英国同胞連盟とその支持者たちの主張は事実を誇張し、不当にもユダヤ教徒移民だけを無差別に非難したものだった。この反ユダヤ感情は、ほとんどいわれのないものだったが、すでにイギリス社会に同化し、裕福な暮らしをしていた多くのユダヤ教徒は、反ユダヤ運動が拡大することを恐れ、英国同胞連盟の主張や、ユダヤ教徒の入国を制限した一九〇五年の外国人移民法を黙認もしくは支持した。同法はある程度成果を上げたが、ロシアからの移民はその後も続いた。実際、一九〇五年法の制定からわずか九年で、入国者総数は約一五万人に達した。一九一四年には、ロンドンだけで、ユダヤ教徒の人口は、約一八万人に上った。また、一八八一年には、ロンドン以外の諸都市に合わせて二万人のユダヤ教徒がいたが、三〇年後の一九一一年には、その数は五倍に増加した。

ウェールズのユダヤ教徒

中世ウェールズにユダヤ教徒がいた形跡はほとんどない。一三世紀にウェールズ北部に形成された都市の特権を定めた文書のなかに、ユダヤ教徒に言及した箇所があるが、そこには、ユダヤ教徒を市外に追放する権利が記されているにすぎない。ただ、当時イングランドの影響下にあったチェプストウやカーリアンに、ユダヤ教徒が数人住んでいたという記録はある。

それらの事例を除けば、ウェールズで最初にユダヤ教徒が定住したのは、一八世紀のスウォンジーである。伝承によると、一七四一年に、ふたりのユダヤ教徒、デイヴィッド・マイケルとナサニエル・フィリップスが、ドイツから同地に避難してきた。さらに、ふたりのユダヤ教徒が加わり、四人は、ある小さな建物をシナゴーグとして用い、そこに集まって祈りを捧げるようになった。一七八〇年に、ユダヤ教徒は、共同墓地用の土地を付与された。この共同墓地に最初に埋葬されたのは、スウォンジーの北西二五マイルにあるカーマーゼン出身のユダヤ教徒だった。一八一八年には、それまで数年間シナゴーグとして使っていた建物が手狭になったため、新たに約七〇人収容できるシナゴーグが九九年契約の借地に建てられた。当時、ユダヤ社会の指導者のなかに、デイヴィッド・マイケルのふたりの息子リーヴァイとジェイコブがおり、リーヴァイの息子フランシスは、スウォンジー貯蓄銀行を創設した。イギリスのほかの多くの地方都市でも見られたように、宝石細工や時計製造に従事するユダヤ教徒もいた。ロンドンの大シナゴーグのラビ、ソロモン・ハーシェル（在任一八〇二～一八四二）への銀杯献呈や、一八四四年の初代ラビ長への献金の記録から、スウォンジーのユダヤ教徒のコミュニティが、一八三〇年代および一八四〇年代に繁栄していたことが窺われる。一八五〇年には、約一〇〇人ないし一五〇人のユダヤ教徒がいて、その後も数は増え続け、一九一四年には一〇〇〇人近くに達した。しかし、それ以来、人口は減少し、一九六九年には四一八人となり、一九九〇年代初めには、数家族がいるだけである。

一八世紀末には、カーディフにもユダヤ教徒がいた形跡があるが、伝承によれば、それより後の一八四〇年にマーク・マークスという人物がカーディフのユダヤ教徒のコミュニティの基礎を築き、一八四七年には同地にシナゴーグがあったとされている。一九世紀後半から二〇世紀初頭にかけて、ユダヤ教徒の人口は増加し、とくに、ロシアでの迫害を逃れてユダヤ教徒がウェールズにも移住した一八八一年以降、激増した。その間に、カーディフは、スウォンジーを抜いてウェールズでもっとも多くのユダヤ教徒が住む都市となり、現在にいたっている。推計によれば、一九六八年には、約三五〇〇人のユダヤ教徒がカーディフに住んでいた。

一九世紀の後半には、スウォンジーやカーディフ以外の地にも、小規模ながらユダヤ教徒のコミュニティが形成された。一八四〇年代以降、南部のアバデア、トニーパンディ、トレデガー、ニューポート、ポースコール、ポンティプリーズ、マーサーティドヴィル、ラネリーや、北部のバンガー、スランディドノなどに、ユダヤ教徒が定住した。バンガーおよびスランディドノのユダヤ教徒は、ウェールズ北部の工業化にともない、イングランド北西部から移住してきた。一方、南部には、炭坑町の発達により、ユダヤ商人が移り住んだ。カーディフやスウォンジーと同様に、これらの町でも、一八八〇年代と一八九〇年代には、ロシアからの難民の到来により、ユダヤ教徒の人口が増加した。難民のなかには、エブヴェール周辺に移り住んだ者もいた。しかし、ほとんどの町で、ユダヤ教徒の数が二〇〇人を超えることはなかった。

こうしたなか、一九一一年八月に、エブヴェールに近い西部の渓谷地帯に位置するトレデガーおよびその周辺の町で、反ユダヤ暴動が起こった。事件の背景には、鉄道・炭坑ストライキおよび暴徒と当局の衝突による社会や産業に対する不安があった。八月一九日にトレデガーのユダヤ教徒の店が略奪にあい、つぎの一週間に、エブヴェール、クムブラン、バーゴード、ラムニーなど、周辺の町や村で同様の事件が起こった。ユダヤ教徒の住民の多くは、アバデア、ニューポート、マーサーティドヴィル、カーディフに避難した。事件直後、ユダヤ教徒の指導者たちは、暴動の主な原因は貧苦など経済的なものであると述べ、非ユダヤ教徒の資産も略奪されたことを指摘して、反ユダヤ的要素をあえて強調しなかった。しかし、暴動には計画的な側面もあったことが明らかになった。たとえば、被害に遭ったユダヤ教徒のなかには、数カ月も前から脅迫されていた者や直前になって警告を受けた者がいた。これは、ユダヤ教徒がユダヤ教徒ゆえに襲撃されたことを示唆している。実際、九月六日にバーゴードの近くで開かれたモンマスシァ・ウェールズ・バプティスト連盟の会合において、困窮した地元のユダヤ教徒を救済する目的で出された動議が、援助を求めてますます多くのユダヤ教徒が移住してくる恐れがあるという理由で否決されたことも、それを裏づけている。しかし、同時に、このような反ユダヤ感情の背景には、暴動が起こった地域の人口の三分の一以上が移住者であったという事情があったことを忘れてはならない。移住者の半数はウェールズ出身ではなかったが、一八八一年以降西部の渓谷地帯に移住してきたロシア系ユダヤ教徒は、一目でよそ者と分かったため、一九一一年の秋のように極めて不安定な状況では、とくに攻撃の対象となりやすかったに違いない。しかしながら、当時の報道は、ロシアやポーランドの反ユダヤ主義と比較することで、暴動の反ユダヤ的要素を強調した。こうしたなか、間もなく、景気が下降しはじめたのに合わせてウェールズのユダヤ教徒のコミュニティも衰退の一途をたどった。

実際、二〇世紀末には、スウォンジーのユダヤ教徒のコミュニティが存続する望みは薄く、カーディフのユダヤ教徒のコミュニティの将来さえも、長期的には決して明るいものではない。一九八八年に、カーディフの正統派ユダヤ教徒は、所有するふたつの建物のうちひとつを売却した。このため、ウェールズで機能しているシナゴーグは、カーディフとスウォンジーの正統派シナゴーグ、およびカーディフの改革派シナゴーグの三つだけになった。

スコットランドのユダヤ教徒

スコットランドには、一七世紀に、キリスト教に改宗したユダヤ教徒が何人か入国した。そのうち特筆に値するのは、つぎの三人である。J・C・オットーとA・アミディは、それぞれ、エディンバラ大学の初代（一六四一～一六四九年）と第三代（一六七九～一六八一年）のヘブライ語教授を務めた。神秘主義の傾向が強く、文法書をいくつか著わしたオットーは、ドイツ出身であった。一方のアミディは、フィレンツェの出身である。そして、もうひとりのイタリア人、P・シアリッティについては、東洋諸語の家庭教師として一六六五年にエディンバラに入市したという記録が残っている。三人とも、キリスト教に改宗した後に入市を許可されたのは明らかである。彼らの改宗が偽りのないものだったかどうか確かめることは、問題の性質上不可能ではないにせよ、難しい。ただし、オットーは、ドイツで、『秘密を明かされる神』と題する書物を著わし、同書が、キリスト教徒を揶揄していると評されたために、急いで国を去ったようである。彼の研究はエディンバラでは高く評価され、学者として成功をおさめた。

ユダヤ教徒が、キリスト教に改宗することなく、スコットランドへの移住を認められるようになったのは、一七世紀の終わり頃である。一六九一年に、エディンバラ市議会は、デイヴィッド・ブラウンという名のユダヤ商人に市内での営業を許可すべきかどうか討議した。反対意見が出るなか、議員のひとりヒュー・ブレアは、「ローマの信徒への手紙」のなかにあるパウロの言葉を使って、ユダヤ教徒は「肉によるキリストの先祖アブラハムの子孫である古くからの神の民」であるから、ブラウンに営業許可を与えるべきだと論じ、「改革派の宗教が信仰されている商業都市での営業の自由を、ユダヤ教徒に認めるべきだ」と主張した。結局、ブレアの意見が通り、これをきっかけに、エディンバラをはじめスコットランド各地にユダヤ教徒が定住するようになった。ただし、キリスト教の信仰が市民権の要件だったため、ユダヤ教徒は市民になることができず、営業権を付与されるか、そうでなければ金で買わなければならなかった。しかしながら、ブレアが示した寛容の精神は、やがて、一般のスコットランド人にも広がっていった。一七一二年には、ユダヤ教徒に法廷での証言を認めるべきだという判断が下された。この時期の特筆すべき人物として、J・H・マイヤーズ博士がいる。一七五八年にニューヨークで生まれた彼は、一七七五年から一七七八年の間、エディンバラで医学を学び、一七七九年に博士号を取得して、スコットランドの大学を卒業した最初のユダヤ教徒となった。一七八七年に、彼はロンドンに赴き、自らはアシュケナジだったが、ベヴィス・マークスにあるセファルディのシナゴーグの医者となり、貧者の治療にあたった。後に、彼は、大シナゴーグのタルムード・トーラー〔トーラー（律法）の学びの場、学院〕の院長に就任した（タルムード・トーラーは、一八一七年に、ユダヤ自由学校を設立している。同校は、ロンドンのユダヤ教徒の中等学校のひとつとして、現在も存続している）。

一九世紀初めになってようやく、ユダヤ教徒の数が増えはじめ、エディンバラでは、ユダヤ教徒のコミュニティが形成されるまでになった。その最初の聖職者は、ロンドンから来たモーゼス・ジョエルで、一八一六年に最初のシナゴーグがニコルソン・ストリートの外れに建てられ、およそ二〇家族がそこで礼拝をおこなった。一八二五年に、シナゴーグはリッチモンド・コートに移り、以後二五年、そこにあった（一八三三年に分派が形成され、一八四〇年まで存続した）。また、一八一六年にブレイド・プレイス共同墓地が設けられ、約六〇年間利用された。その後、ユダヤ教徒はエコー・バンク共同墓地の一部を購入した。一八九八年と一九三二年に、新たにシナゴーグが建てられた。

一八四四年のラビ長選挙に関する記録から、当時、エディンバラには一〇七人のユダヤ教徒がいたことが分かる。一九世紀末に、ロシアからの難民が同市のダルセイ地区に移り住み、ユダヤ教徒のコミュニティはさらに拡大した。一九五七年の時点で、エディンバラのユダヤ教徒人口は、およそ一五〇〇人だったが、一九八〇年代末には一〇〇〇人近くにまで減少した。

スコットランドで、ユダヤ教徒が集中しているもうひとつの都市が、グラスゴーである。エディンバラと同様、一九世紀初めにユダヤ教徒のコミュニティが形成された。それ以前にここにユダヤ教徒として住んでいた者については記録が残っていない。名前が分かっている最初の移住者は、マンチェスター出身の帽子製造人アイザック・コーエンで、一八一二年にグラスゴーに移ってきた。彼は、市民の地位を得たが、おそらくキリスト教的な内容の宣誓は形式的なものであって、信仰告白を意味しないと考えたのだろう。しかし、市民になっても、彼は政治的諸権利を認められなかった。一八二三年に、グラスゴーのユダヤ教徒は、トロンゲートの近くのハイ・ストリートにあった建物を得て、そこを最初のシナゴーグとして使った。何度か建物を変えた後、彼らは、ジョージ・ストリートとジョン・ストリートの角にシナゴーグを新築した。一八七八年に内紛が起こったために、当時のラビ長、ネイサン・マーカス・アドラーが視察に訪れた。翌一八七九年に、シナゴーグはガーネットヒルに移った。一八八一年以降、ロシアからの貧しい移民がグラスゴーにも来たため、一八八七年に、ガーネットヒル・シナゴーグの支部が新来者の大半が落ち着くことになったゴーバルズに置かれた。同支部は一八九八年に独立し、ガーネットヒル・シナゴーグとともにグラスゴー・シナゴーグ連合を形成した。一八九九年には、ポートランド・ストリートに新たにシナゴーグが建てられた。一方、別の信徒たちが、一八八一年にコマース・ストリートに独自のシナゴーグを建てている。一八三二年から一八五一年の間、グラスゴー共同墓地の一部が、ユダヤ教徒の墓地として使われたが、彼らは一八五三年にジェーンフィールド共同墓地内の一画を手に入れた。

一九世紀グラスゴーのユダヤ教徒のうち、ジョナス・マイケル、デイヴィッド・デイヴィス、アッシャー・アッシャーの三人を忘れてはならない。ジョナス・マイケルは、木材、家具を競売、販売する会社を経営し、デイヴィッド・デイヴィスの一家は、宝石商だった（一方、グラスゴーのユダヤ教徒の多くが毛皮貿易に従事していたことが、史料からわかる）。デイヴィッドは、製図・光学器械の製造業者でもあり、約二〇年間、ユダヤ社会の最初の指導者として活躍した。しかし、彼の子孫はイギリス文化に同化していった。アッシャー・アッシャー（一八三七～一八八九年）は、グラスゴー大学を卒業した最初のユダヤ教徒である。彼はロンドンで開業医となり、ロスチャイルド家の主治医を務め、さらに、議会で、シナゴーグ連合に国教会と同等の地位を付与する法案の作成にかかわった。

一八三一年に、J・クレランドという人物がグラスゴーで市勢調査を実施した。その結果、同市のユダヤ教徒の人口は四七人であることが判明した。このうち、二八人が男性で、一九人が女性だった。また、二八人が二〇歳以上で、一九人が一九歳以下だった。さらに、半数以上が大陸ヨーロッパの出身で、イングランド出身は一五人、グラスゴー生まれはわずかに六人だった。一八四四年のラビ長選挙の記録によると、人口は一二八人に増えている（ちなみに、エディンバラは一〇七人であった）。一八五〇年には、その数は二〇〇人になっていた。一八八一年以降、移民が激増したため、一九〇〇年の時点で、グラスゴー在住のユダヤ教徒は約五〇〇〇人になり、一九〇二年にその数は六五〇〇人に達した。一九五七年には、五万人のユダヤ教徒が住んでいたが、その後は減少し続け、一九七〇年代初めには一万三〇〇〇人あまり、一九八〇年代末には九〇〇〇人だけとなった。

グラスゴー出身のユダヤ教徒にはもうひとり重要な人物がいる。サー・アイザック・ウォルフソン（一八九七～一九九一年）は、貧しい幼少時代を過ごしたが、成人してからは実業家および慈善家として名を成した。通信販売会社のグレート・ユニヴァーサル・ストアーズ社の会長を務めた彼は、一九五五年にウォルフソン財団を設立した。以来、同財団は、一九六六年のオクスフォード大学ウォルフソン・カレッジ設立への寄付金二〇〇万ポンドをはじめ、さまざまな慈善・教育事業に多額の寄付をおこなっている。ウォルフソンは、イスラエルの建設・教育事業にも私費を投じており、エルサレムのラビ・センターの建設はその一例である。一九六二年に、彼はシナゴーグ連合の会長に就任したが、それは、第二次世界大戦以降の同連合の右傾化に拍車を掛けることとなった。

スコットランドにおいて、エディンバラとグラスゴーのほかに、ユダヤ教徒がある程度まとまって居住している都市は、ダンディーである。かつては、アバディーン、インヴァネス、エアーにも、小規模ながらユダヤ教徒のコミュニティが存在した。ダンディーでは、一八七四年に最初のシナゴーグが建てられ、その後、ロシアやポーランドの出身者が大半を占めるようになった。スコットランドでは、ユダヤ教徒が定住しはじめて以来現在にいたるまで反ユダヤ運動が起こったことも、反ユダヤ感情が広まったこともない。これは、小説『ミス・ブロディの青春』（一九六一年）で有名な作家で、カトリックからユダヤ教に改宗したミュリエル・スパークが一九九二年に出した自伝『履歴書』にも鮮明に描かれている。彼女はグラスゴーの生まれで、父親がユダヤ教徒だった。もちろん、イングランドやウェールズと同様、スコットランドにも、ユダヤ教やユダヤ教徒に敵意を抱く人びとはつねにいたに違いない。しかし、反ユダヤ主義が暴力的なかたちで現われることがまれであったイングランドやウェールズ以上に、スコットランドの歴史は、ユダヤ教徒に対して寛容であった。

現代イギリスのユダヤ教徒

第一次世界大戦では、四万一〇〇〇人以上のイギリスのユダヤ教徒が戦闘に参加し、数千人が死傷し、一五〇〇人以上が叙勲された。さらに、言語的・文化的にもイギリスに同化していったため、戦後、イギリスのユダヤ教徒は、それまで以上に社会に安定した地歩を固めていった。一九二〇年代には、かなりの数のユダヤ教徒が、グラスゴーのゴーバルズやロンドンのイースト・エンドのような貧困地区から、郊外の高級住宅地区に移り住むことができた。同時に、職業も熟練肉体労働から専門職へと移っていった。ロンドン北部のゴーダス・グリーンやグラスゴーのサウスサイドは、その頃から中産階級のユダヤ教徒が集住する地区となり今日にいたっている。

一九三〇年代になると、ファシズムが台頭してきたヨーロッパ大陸諸国から、ユダヤ教徒の難民が多数入国した。同時に、イギリスでも極右が勢力を増し、一九三二年に、英国ファシスト連合がサー・オズワルド・モーズリーによって結成された。「黒シャツ隊」と呼ばれたモーズリーの支持者たちは、ロンドンのイースト・エンドを行進し、ユダヤ教徒を襲い、彼らの家屋や店舗を破壊した。貧困と不況のなか、彼らは「不正な」商売をするユダヤ教徒に対する人びとの偏見を利用し、反ユダヤ感情を煽った。こうした状況は、政治的な目的での制服の着用を禁じた一九三六年の公序法によってかなり緩和されたが、このときの経験はロンドンのユダヤ教徒の心に大きな傷跡を残した。もちろん、同じ頃、ドイツをはじめ大陸ヨーロッパのユダヤ教徒ははるかに深刻な状況に置かれており、第二次世界大戦が勃発する一九三九年までに、およそ五万五〇〇〇人がイギリスに避難してきた。大陸で起こっていた事態の大きさを考えると、これはかなり少ない数だった。しかし、イギリスのユダヤ教徒もイギリス政府も、それ以上の入国を認めることには消極的だった。なぜなら、前者は反ユダヤ感情がさらに高まることを恐れ、後者は一九三〇年代から一九四〇年代にかけて、パレスチナのユダヤ教徒による反英独立闘争が中東情勢を悪化させたことに憤りを感じていたからである。

しかしながら、ナチスの脅威を逃れイギリスにやってきたユダヤ教徒のうち、戦後出国したのが一万人から一万五〇〇〇人にすぎなかったということは、残留者が国内のユダヤ社会に与えた影響は、一九世紀末のロシアからの移住者が及ぼした影響と同じくらい大きかったことになる。とくに、ドイツで修養を積んだリベラル派のラビたちが国内にとどまったため、イギリスの改革派ユダヤ教が勢力を伸ばした。一九五六年には、改革派のラビを養成するレオ・ベック・カレッジが設立された。一方、ハンガリーやドイツ出身の正統派の難民が流入したため、シナゴーグ連合は右傾化していった。

一九四〇年代から一九五〇年代にかけてのもうひとつの重要な動きは、イギリスのユダヤ教徒がおおむねシオニズム支持に回ったことである。一九世紀末から二〇世紀初頭にかけては、テオドール・ヘルツル（一八六九～一九〇四年）をはじめ、シオニズム運動の先駆者たちの呼びかけに対する世界各地のユダヤ教徒の反応は、宗教的・政治的立場によりまちまちだった。これは、イギリスのユダヤ教徒についてもあてはまり、一九一七年にイギリス政府が「イギリス政府は、ユダヤ民族の祖国の建設を支持し、その目的の達成のために最大限の努力をするつもりである。もちろん、それにより、パレスチナの非ユダヤ教徒の公民権および宗教的諸権利、あるいは、他国のユダヤ教徒が享受している諸権利および政治的地位が侵害されるようなことは一切ない」旨の、いわゆるバルフォア宣言を出した後も変わらなかった。

しかし、両大戦間期になると、ロスチャイルドやモンタギューのような、長年ユダヤ社会の指導者的存在だった貴族の家系が、しだいに影響力を失っていった。その原因としては、イギリス社会全体において、それまで支配的だった家父長制が徐々に崩れていったことや、ユダヤ教徒の名家がイギリス文化に同化していったことなどが考えられる。ロスチャイルド家やモンタギュー家は、総じてシオニズムに反対あるいは中立だったが、一九四〇年代に彼らが事実上影響力を失うと、イギリスの大多数のユダヤ教徒は、シオニズム支持に回った。正統派と進歩派の両方の委員からなる英国ユダヤ教徒代表委員会は、一九四三年に支持を表明した。きっかけは、その年の初めにナチス・ドイツでの残虐行為が明らかになったにもかかわらず、イギリスのユダヤ教徒の指導者たちが行動を起こすよう政府に圧力をかけるのを躊躇したことが、一般のユダヤ教徒の強い怒りを招いたことであった。シオニズムへの支持はその後も続き、一九四七年にパレスチナでシオニズムを信奉する武装組織がイギリス人下士官ふたりを殺害した事件が引き金となって、ロンドン、リヴァプール、グラスゴー、マンチェスターなどで反ユダヤ暴動が起こった後も弱まることはなかった（イギリス人下士官ふたりは、シオニズム信奉者とパレスチナのイギリス委任統治当局との武力抗争のなか、直前にシオニズムの活動家三人が処刑されたことへの報復として殺害された）。一九四八年のイスラエルの建国にともなって事態は改善したが、シオニズムは、以後も数十年にわたってイギリス、そして世界中のユダヤ教徒の団結の焦点として関心を集め続けた。

一九五〇年代から一九六〇年代にかけて、イギリスでは多くのユダヤ教徒が支持政党を変えた。彼らの社会的経済的地位や、一九三〇年代に、社会主義者が労働者階級のユダヤ教徒に関心を寄せていたことなどから、第二次世界大戦後、ユダヤ教徒の大部分はおそらく労働党に投票していたはずである。しかし、時がたつにつれて、状況はしだいに変化していった。第一に、以前にも増して多くのユダヤ教徒が中産階級へと上昇を遂げた。このような社会移動は、支持政党の転換をともなうことが多い。第二に、保守党の政治家は一般大衆の反ユダヤ感情を代弁することが多かったが、戦後数十年の間にそのような感情はいつの間にか消えていった。しかし、もっとも重要なのは、当初シオニズムを支持していた労働党が、この時期反対に回るようになったことである。転換点となったのは、一九六七年の六日戦争（第三次中東戦争）で、このとき、イスラエルの軍事行動に反対する社会主義者の新聞や雑誌等に、帝国主義者に与するユダヤ教徒の資本家を描いた反ユダヤ的な諷刺画が載せられた。一九八〇年代になっても、労働党は反シオニズムの姿勢を崩さなかった。一方で、保守党の首相マーガレット・サッチャーは、ユダヤ票を集めるためにユダヤ教徒の閣僚を何人か任命した。現在、ユダヤ教徒の庶民院議員の数は、労働党よりも保守党の方に多く、四〇年前とは形勢が逆転している。

第二次世界大戦後、とくに六日戦争の後、イギリス（あるいは他所）のほとんどすべてのユダヤ教徒が、ときにイスラエル政府やその政策を批判することはあっても、シオニズムを支持した。シオニズムは、さまざまな問題を引き起こしたが、その一方、イギリスのユダヤ教徒の関心を引きつけ、この三、四〇年のあいだ、ユダヤ社会の結束に貢献してきた。一九五〇年代末以来、ユダヤ教の諸教派間の対立が激化していることを考えると、これは重要である。対立の主な原因は、先述のように、改革派運動が活発になったことと、正統派が右傾化したことである。こうした状況をよく表わしている事例に、ラビ、ルイ・ジェイコブズの人事をめぐる論争がある。一九五九年に、ニュー・ウェスト・ロンドン・シナゴーグの聖職者だったジェイコブズは、ロンドンのユダヤ・カレッジの教師に任ぜられた。当時のユダヤ・カレッジは、それまでとは違って、徹底した教育を施す保守的なラビ養成機関だった。ところが、ジェイコブズは、正統派でありながら、近代主義的な考えを持っており、シナイ山でモーセが神から一度に、五書全部を授かったというい伝えは、今日では信じがたいと主張した。このため、当時のラビ長、イスラエル・ブロディは、かれがユダヤ・カレッジの学長になることも、元のシナゴーグに戻ることも阻止した。ジェイコブズは、以前のシナゴーグの信者たちの支援のもと、セント・ジョンズ・ウッドにニュー・ロンドン・シナゴーグを新設した。同シナゴーグは、シナゴーグ連合の傘下に入らず、これまで三〇年近く活発な活動を展開してきた。より多くの信徒を擁するアメリカの保守派ユダヤ教と同様、ニュー・ロンドン・シナゴーグは、同じ地域にある二、三の同系のシナゴーグとともに、一方では、正統派信仰を説き、他方では、偽りのない聖書・ユダヤ史研究を提唱している。ジェイコブズの事件以来すでに三〇年以上たつが、正統派と進歩派のあいだの溝は、残念なことに広まるばかりである。つぎに、これらふたつの教派について、少し述べておく。

　ラビ長率いるシナゴーグ連合は、イングランドとウェールズの事実上すべての正統派シナゴーグを傘下に収めた、イギリス最大のユダヤ教徒の組織である。スコットランドの正統派は、組織的には独立しているが、連合とは協力関係にある。正統派の教義では、神はモーセに、成文律と不文律、つまり、今日伝えられている五書とタルムードの両方のかたちで律法《トーラー》を授けたと考えられている。この神の掟は、首尾一貫した無尽蔵の知識の源として、ユダヤ教徒個人およびユダヤ社会全体に対し拘束力を持っている。律法を日常生活に適用する際に、ある程度裁量の余地はあるが、聖典の権威は絶対的である。そのため、ラビ（とくにラビ長）主宰のラビ法廷《ベイト・ディン》が、たとえば離婚に関して律法の正確な解釈に努めている。同時に、シナゴーグ連合には、「進歩的保守主義」といえるような傾向があり、正統派信徒の多くが律法を遵守していない状況が、長いあいだ黙認されてきた。しかし、第二次世界大戦後、シナゴーグ連合の首脳部が右傾化するにつれて、若い世代のラビたちは、そのような状況を許容しなくなりつつある。これは、彼らが修養中に、律法遵守とユダヤ教徒としての帰属意識の不可分を強調する超正統派、あるいはハシディズムの影響を受けたからである。

正統派と見解を異にしているのが、進歩派である。ここでは、ふたつの異なる教派、一九五八年設立の英国改革派シナゴーグを中心とする改革派と、一九四四年設立のリベラル派・進歩派シナゴーグ連合を中心とするリベラル派をまとめて進歩派と呼んでいる。両派は、聖書・ユダヤ史研究の最新の成果を取り入れ、ユダヤ教と現代の生活との調和を図っている。その結果、シナイ山で神がモーセに直接律法のすべてを授けたという考えも、律法のあらゆる規定がユダヤ教徒に対し拘束力を持つという考えも、否定されている。かわりに、進歩派ユダヤ教には、聖典の預言的・道徳的側面を重んずる傾向が見られる。啓蒙思想とユダヤ教徒解放の影響によるユダヤ教徒のキリスト教文化への同化を食い止めるために、一九世紀のドイツで、リベラル派ユダヤ教と呼ばれた最初の改革運動が起こった。続いてアメリカでも、同様の目的で改革派ユダヤ教の運動が始まった。一方、一八四〇年代のイギリスにおける初期の改革派はそれらに比べるとかなり保守的だったため、より急進的な改革運動が起こり、先述のように、一九一一年に、C・J・G・モンテフィオーレとリリー・モンタギューが率いるリベラル派ユダヤ教が成立した。しかし、両派とも、ユダヤ教の礼拝および教義の現代化の必要性という点では意見が一致している。もっとも、現代化の具体的内容については、意見の相違がある。実際、ともにロンドンに本拠を置く改革派とリベラル派は、今日、密接に連携している。たとえば、両派が共用するラビ養成施設があり、そこを出たラビは、改革派あるいはリベラル派のシナゴーグに、聖職者の欠員が生じると、所属する教派にかかわらず赴任している。イギリスの進歩派ユダヤ教は、正統派に比べると数が少ない。一九九〇年代初め、全国にウェールズ（カーディフ）とスコットランド（グラスゴー）にそれぞれひとつあるのを含めて、六五の進歩派シナゴーグがあり、信徒数は全体の約二二パーセントである。一方、正統派と超正統派の信徒の割合は、それぞれ約六八パーセントと約六パーセントである。そして、残りの約三パーセントを、セファルディが占めている。

キリスト教の場合とは異なり、ユダヤ教の諸教派は、すべて近代（すなわち、啓蒙時代以降）に源を発している。したがって、正統派と進歩派の分裂は、伝統主義者と自由主義者の対立であるといえる。両者の中間に、保守派のニュー・ロンドン・シナゴーグが位置しており、一方、正統派よりも極端な立場をとっているのが、ハシディックつまり超正統派の信奉者である。彼らは、ロンドン北西部に集中しており、数は多くないが、ここ二、三〇年、シナゴーグ連合の首脳部にかなり大きな影響を及ぼしている。正統派と進歩派の対立の根底にあるのは、教義（正しい信仰）、神の啓示というよりむしろ、実践（正しい行為）、つまり律法の遵守に関する見解の相違である。すなわち、正統派のユダヤ教徒は、原則としてユダヤ法の規定に照らして問題のない、「適正な食物《コーシェル》」しか口にせず、安息日にシナゴーグに車で行かない。これに対し、進歩派のユダヤ教徒は、それらは個人の選択に委ねるべき事柄であり、自らの精神生活に必要だと思う者のみ実行すればよいと考えている。

　しかしながら、両派の対立は、律法の有効性といったユダヤ教徒だけにかかわる問題のみならず、今日のキリスト教徒が直面しているのと同じような問題においても見られる。第一に、女性の役割をめぐる見解の相違がある。この問題は、一九六〇年代から一九七〇年代になってようやく真剣に議論されはじめた。正統派は、神が女性に与えたのは、家での役割であり、シナゴーグの礼拝では男性と女性は分かれて座るべきであると一貫して主張している。女性は、（「盗むべからず」のような）禁戒をすべて守らなくてはならないが、男性と異なり、（仮庵祭のときに、仮小屋で時間を過ごすといったような）特定の期間にかかわる義務を免除されている。当然のことながら、そのような律法中心的な見解によれば、女性が聖職者になることなど論外である。もっともこれは、女性蔑視ではなく、女性は異なった存在であるという考えを反映したものである。一方、進歩派は、女性がとくに公の儀式から排除され、差別を受けてきたことを認めるようになった。その結果、少年に対するバル・ミツヴァ〔一種の成人式〕に加えて、新たに、少女に対して、バット・ミツヴァがおこなわれるようになった。近年、正統派のあいだにも、同じような動きが見られる。さらに、律法中心的な立場をとらない進歩派は、女性が聖職者になることを認めており、現在、数人の女性ラビがいる。第二に、同性愛の是非をめぐる見解の相違がある。最近、イギリスのリベラル派と改革派は、同性愛者にも、神の秩序のなかに、然るべき場所があることを認めるようになった。一方、ユダヤ教が、夫婦とその子どもを単位とする伝統的家族を重んじてきたことを考えると、正統派が近い将来、同性愛を容認するとは思えない。

　第三に、ユダヤ教徒の定義をめぐる見解の相違がある。伝統的に、ユダヤ教徒としての性質は、母親を通じてのみ、子どもに伝えられると考えられてきた。つまり、母親がユダヤ教徒でない者は、改宗しない限り、ユダヤ教徒にはなれない。正統派、そして、今のところ改革派も、そうした立場をとっている。これに対し、リベラル派は、ユダヤ教徒の親を持ち、ユダヤ教徒のように育てられ、ユダヤ教についてかなりの知識がある者はすべてユダヤ教徒と認められるべきであると主張している。このように、リベラル派は、正統派や改革派に比べると、ユダヤ教徒と非ユダヤ教徒の結婚によって本来ならユダヤ教徒とは認められない子どもが増えているという現状にうまく対処している。改革派も、そのような家族との接触を失いたくないので、従来の立場を変えるかもしれない。対照的に、シナゴーグ連合は、正統派ユダヤ教徒は、（望ましくは正統派）ユダヤ教徒と結婚するのが当然で、そうしない者は、非難され、場合によっては、ユダヤ教徒の資格を失うと考えている。

正統派と進歩派の対立の背後には、イギリスのユダヤ社会の現状に起因する問題がある。すなわち、多くのユダヤ教徒が、おそらく年に一度、秋の大祭日に、地元のシナゴーグの礼拝に出席する以外は正統派とも改革派、リベラル派ともつながりを持っていないのである。正統派と進歩派の対立が、信徒のあいだというよりむしろ聖職者のあいだで激化しているのは、そのようなユダヤ教徒を、各派が競って自派に引き入れようとしているからである。ユダヤ教徒の宗教心が年々薄れている原因のひとつとして、シオニズムが考えられる。とくに、一九六七年の六日戦争以降、多くのユダヤ教徒にとって、宗教は、ユダヤ社会の結束を強めるものでも、自らの帰属意識を表わすものでもなくなりつつある。実際、第二次世界大戦以降、相当な数のユダヤ教徒がイギリスを離れ、イスラエルや海外の結束の固いユダヤ教徒コミュニティに移り住んでいる。イギリス国内のユダヤ教徒のなかにも、ユダヤ教を棄てる意思はないが、ユダヤ教徒としての出自や帰属意識にとくに関心を示さない者がかなりいる。彼らには、今日のイギリス社会（さらには西ヨーロッパ）全体の特徴的傾向である世俗的個人主義が強く見られる。

世俗的個人主義、それにともなうイギリス文化への同化、そして一九五〇年代以来のユダヤ教徒の出生率の低下のために、一九五五年におよそ四五万人であったイギリスのユダヤ教徒人口は、一九九〇年代初めの三三万人足らずまで減少した。ここ二、三〇年、いくつかの都市のユダヤ学校では、生徒のユダヤ教徒としての意識を高める試みがおこなわれ、ある程度成果をあげているが、これによって、情勢が反転するとは考えがたい。いずれにせよ、戦後、地方都市のユダヤ教徒のコミュニティが衰退してゆくなかで、そこに住むユダヤ教徒は、望むか否かにかかわらず、ますます、シナゴーグからも祭事からも遠ざかっている。

しかし、最近、ユダヤ教徒の出生率の低下および信者数の減少に歯止めが掛かりつつある。実際、ブライトン地区やロンドン北西部のユダヤ教徒のコミュニティは徐々に拡大している。西暦二〇〇〇年を迎えるイギリスのユダヤ教徒にとって、このことは、重要な意味を持つ。地方都市のユダヤ教徒社会はこのまま衰退し続けるかもしれないが、全体の人口は、三〇万人ほどで安定するだろう。そして、ロンドン、マンチェスター、リーズ、グラスゴー、ブライトンとホーブ、リヴァプール、バーミンガム、カーディフなどはユダヤ教徒が集中する都市として残るだろう。これらの都市のユダヤ教徒コミュニティは、以前に比べると小規模で、非宗教的な事柄にも多くの時間を費やさなくてはならないかもしれない。しかし、残った者は去った者よりも宗教心が厚く、目的意識も強いはずなので、ユダヤ社会は、これまで以上に活気に溢れ、より確かな足取りで二一世紀を生きるだろう。

第23章　両大戦間期の宗教生活　一九二〇～一九四〇年

スチュアート・ミューズ

主教F・R・バリーは、銃声が止み、自らも西部戦線において従軍牧師として参加した戦争——やがて「大戦」とわずか二文字で呼ばれることとなる——が終わった一九一八年当時の喜びや興奮を、ほぼ半世紀たっても、鮮やかに思い返すことができた。「恐怖が去り、イースター・ガーデンの百合の花に射す日の光のように、明るい兆しが見えつつあった。新たな世界が眼前に広がり、苦悩と犠牲のすえに訪れた自由のもと、新たな友愛の情が生まれつつあった。ふたたび戦争が起こるなどとは考えられなかった。さながらイエスが、創造的再建の時代へとわれわれを導いているかのようだった」と。

一九一八年にケンブリッジ大学に入学したH・K・ルースは、「大学では、キリスト教は勢いがあり、非常に攻撃的だった」と当時を振り返っている。キリスト教は、「以前と変わらず、新たな知見にも、戦争が引き起こした伝統や規範の揺らぎにも動じなかった。教会は前進し続け、未来は明るかった」と彼は述べている。たしかに、希望に胸を膨らませた若者たちの目に、未来はそう映った。彼らのなかには、教会改革や教義再検討への意欲や決意に燃えて戦場から戻ってきた多くの従軍牧師がいた。

彼らの戦争経験は悲惨なものだった。大戦は、教会、とりわけ聖職者に大きな衝撃を与えた。宗教指導者は、ほぼ無条件にイギリスを支持した。国民が武装するという非常事態に、従軍牧師たちは果敢に対処しようとした。しかし、悲しいかな、彼らの尽力はほとんど顧みられず、評価したのはほんの少数にすぎなかった。実際、礼拝は、演奏会のような人気は得られなかった。大戦の結果、教会がすでに社会の周辺に追いやられてしまっているという事実が明らかになったばかりでなく、長期にわたって徐々に宗教の土台を浸食してきた社会の諸動向が一気に加速した。D・S・ケアンズとウィンチェスター主教E・S・タルボットが作成したアンケートに対する全教派の兵士の回答をまとめた報告書『軍隊と宗教』(一九一九年)が出版されたのは、教会指導者に対して、事態の深刻さやキリスト教組織のなかに居場所を見いだせずにいる民衆の宗教心への注意を喚起するためであった。しかしながら、善後策については、意見の一致は見られなかった。大戦の経験から、ローマ・カトリック教会の聖職者は、国教会の聖職者よりも信徒への影響力が強いと感じた人びとは、秘跡重視の宗教およびカトリックの教義こそが教会の進むべき道であると主張した。一方、排他的な各教派が示す不寛容を懸念する人びとは、教会を合同させ、万人共通のキリスト教を確立すべきであると考えた。

戦後まもなく、すべての教派が組織の再編や教義の再検討に乗り出した。危機に際しては、相反する反応がよく見られるが、このときも、より厳格で権威主義的な立場をとる教派もあれば、教義の根本的改変を試みる教派もあった。伝統的なカトリックの教義は、国教会の場合であれ、ローマ教会の場合であれ、諸々の束縛を断ち切った世界においては、明らかに、人の心を動かす力を有していた。アングロ・カトリック派は、両大戦間期に全盛を迎えた。一九二〇年、二三年、二七年、三〇年、三三年に開かれたアングロ・カトリック会議はいずれも盛会であり、一九三三年の会議への参加者は七万人にふくれあがった。一九二三年の会議でひときわ注目を集めたのが、アフリカ伝道の英雄およびカトリック教義の擁護者として知られた主教フランク・ウェストンである。秘跡やスラム街に臨在するキリストへの深い帰依を説く彼の熱弁は、アングロ・カトリック派の語り草となった。「新たな宗教改革」という言葉が人口に膾炙したが、それが意味するものは、人によって異なった。従軍牧師は、塹壕での経験を通じてはじめて、ふだんは教会の手の届かないところにいる人びとと間近に接することができた。先述のF・R・バリーは、普通の人たちが本質的に優しさと勇気を備えていることを認識した。彼は、「偉大な兵士の徳の源泉として」神を説明する必要があると考え、キリスト論の根本的改変を唱えた。「やがて、キリスト教は大きく変貌し、われわれの子どもたちの代には、その姿は、われわれの祖父母たちが見ればほとんど別の宗教と思われるくらいに変わっているだろう」。このように大胆な言葉も、楽観的な雰囲気が漂っていた戦後においては、割れんばかりの喝采を博したであろうことは想像に難くない。こうしたなか、国教会も自由教会も自由主義の傾向を強めていった。

バプティストでケンブリッジ大学の教師だったT・R・グラヴァーの著書『史的イエス』（一九一七年）は、イエスを人間として描いている。カンタベリ大主教が序文を寄せた同書は、一〇年間で一九版を重ねた。一九二一年に、ケンブリッジ大学のガートン・カレッジで現代教会員連合の会議が開かれ、世間の論議を呼んだ。カーライル大聖堂主任司祭ヘイスティングズ・ラシュダルは、会議に出席した理由を、どうすればイエスが人間であることを人びとに信じてもらえるのかという従軍牧師の難しい問いへの答えを探るためであると説明した。会衆派教会のなかでは、フランク・レンウッドや、「ブラックヒースの住人」と呼ばれたロンドン南部のグループが、ユニテリアンに接近していった。国教会においては、V・F・ストールやガイ・ロジャーズなどが、ヴィクトリア時代の国教徒に見られた聖書の字義どおりの解釈に拠らない自由主義的な福音主義を唱えた。そして、エリック・ミルナー＝ホワイト、E・G・セルウィン、ウィル・スペンズといった自由主義カトリック教徒も新たに現われた。スペンズは、一九二〇年に雑誌『神学』を創刊した。

アメリカのある聖職者は、これからの教会は心霊主義と社会主義と癒しを取り入れるべきだと提案して、ダラム主教ヘンズリー・ヘンソンの嘲笑を買った。イギリスでは、この三つそれぞれに擁護者がいたが、三つすべてをひとまとめにして主要な教派が唱えることは稀だった。しかし、労働者階級の大衆宗教のなかでは三つのつながりは明白なものとして広く受け入れられていた。故人となった家族や親類などの霊に会いたいと願う気持ちは、早すぎる死が非常に多かった当時のことを考えると不思議ではない。驚くべきは、サー・オリヴァー・ロッジやサー・アーサー・コナン・ドイルのような著名人が心霊主義を信奉していたこと、そして、ウィンチェスター主教エドワード・タルボットのようなアングロ・カトリック派の高位聖職者が、心霊主義について六枚にもわたる手紙をロッジに宛ててしたためていたことである。タルボットは、大戦で兵士だった息子を失っており、彼の妻は交霊会に参加したことがあった。ウェスレー派の巡回説教者だったフランク・バラードによると、一九二〇年は心霊主義の脅威に関する説教の依頼がもっとも多かった年だった。

当初、国教会改革の見通しは明るかった。束の間、主導権は新世代の若者の手にあったようだ。ディック・シェパード、ウィリアム・テンプル、モード・ロイデンの三人は、

「生命と自由」という運動を始めた。これは、男女の信徒を含む全国議会を設立して、国教会の自治を実現しようとするものだった。テンプルや彼の協力者たちの精力的な働きかけにより、一九一九年には早くも授権法が成立した。このときの彼らの興奮と熱狂は、肥大し硬直した教会組織が改革を長いあいだ阻んでいたことを暗に示している。テンプルの妻フランシスは、普段は物静かで冷静な夫が庶民院から走って帰ってきて、家に駆け込むなり「(法案が)通った」と大声で叫んだと後に回想している。いまや改革を阻むものは何もないかのようだった。これまで何度か辞任をほのめかすことで、意に染まぬ改革を阻止してきたオクスフォード主教チャールズ・ゴアでさえ、変化は避けられないと認めるほかなかった。一九一九年三月に、このもっとも高名なアングロ・カトリック派の主教は、全国議会の選挙資格条件をめぐる問題で退任を余儀なくされた。もっとも、彼の懸念は杞憂だったのかもしれない。なぜなら、彼が恐れていた事態は起こらなかったからである。実際、ほとんど何も変わらなかった。ディック・シェパードに宛てた手紙のなかで、モード・ロイデンは、「『生命と自由』の指導者に、あなたではなく、賢明で有能でかつ慎重なテンプルが選ばれた時点で、運動の精神は失われた」と述べている。シェパードが、組織改革の実現で運動を終わらせるのではなく、さらに進んで信仰復興を究極の目標としていたことを、彼女は知っていたのである。

国教会に対するモード・ロイデンの忍耐は、尽きかけていた。彼女は、戦前の女性参政権、戦中の反戦、戦後の女性聖職者など、さまざまな革新運動の熱心な主唱者だった。即断を好み、愚行を容赦しない彼女は、慎重に歩を進める者が自分に追いつくのを待てない性分だった。「危険思想でなければ、書くに値しない」と、彼女は述べている。性急な女というイメージを打ち消すどころか、彼女は、一九三一年の名士録のなかで「水泳と自動車」を趣味にあげている。両大戦間期には、多くの人びとが、現今の諸問題を宗教の観点から率直に論じる彼女の話を聞こうと、ロンドンのギルドホールに集まったが、それは、さながら教会に集う信者のようだった。一九二二年に、ハロルド・ベグビーは、彼女を「真の女性かつ偉大な人間」と評した。

戦後の理想主義の高まりを受けて、一九二〇年にアングリカンの主教会議であるランベス会議が開かれ、「今日の教会の信仰と証し」について話し合われた。会議が発した「全キリスト教徒への呼びかけ」からは、教会合同の可能性を探ろうとする新たな決意が見て取れる。自由教会がこれに前向きな姿勢を示したことで、教派間関係に大きな進展が見られるのではないかと思われた。大戦中、春の雪解けのように教派間の緊張が緩和したが、戦後になって、諸派が互いに悔い改め和解することで、やがて、夏の盛りが来るように、関係はさらに改善されるように思われた。融和の気運が高まりつつあった。自由教会は、国教会との対話に加え、相互協力に向けて一九一九年に福音自由教会連盟協議会を発足させるなど独自の取り組みをおこなった。ウェスレー派メソディスト教会は、協議会には加わらなかったが、その一方でメソディスト教会の他の分派である原始メソディスト教会および統一メソディスト教会と積極的に話し合いを進め、一九三二年に三教会の合同が実現した。

一九二〇年のランベス会議の呼びかけが、教会や教派にではなく、意図的に、全キリスト教徒に向けられたことは重要である。ローマ教皇の返答など求められていないのは明らかであった。むしろ、呼びかけは、戦勝国イギリスの自他ともに認める宗教指導者であるカンタベリ大主教が、自ら世界のキリスト教会の指導者を以て任じたことの表われといえよう。戦後、国際友好促進世界教会同盟が会議を開催したとき、議長に相応しい人物として名前が挙がったのは、カンタベリ大主教ランダル・デイヴィッドソンただひとりだった。しかし、慎重な性格の彼は、大主教職の新たな可能性を十分に活かすことができなかった。一九二〇年代には、アングロ・カトリック派の攻勢を前にして、彼はひるんでしまった。一九二四年に労働党が政権についたとき、彼は退任したほうがよかったのかもしれない。デイヴィッドソンはすでに大主教を二一年間務め、七六歳と高齢であった。後任にウィリアム・テンプルを据えるように首相のラムゼー・マクドナルドを説得することも、彼ならできただろう。そうすれば、一九二八年に保守党首相スタンリー・ボールドウィンが一瞬のためらいもなく任命したコズモ・ゴードン・ラングのような盛りを過ぎた大主教に率いられる不運を、国教会は免れることができただろう。ラングは、就任して三週間とたたないうちに病に倒れ、療養のためにアメリカの大富豪ジョン・ピアポント・モーガンが所有するヨットで二度も地中海を巡遊した。

国教会信徒の指導者ハリファクス卿、キリスト復活共同体のW・H・フレーレ、ウェルズ大聖堂主任司祭アーミテッジ・ロビンソンの三人は、ローマとの和解というアングロ・カトリック派の夢を実現すべく、ベルギーのメヘレンでベルギー人のメルシエ枢機卿率いるローマ・カトリック教徒と非公式の意見交換をおこなった。一九二一年から一九二六年の間に五回の話し合いが持たれた。しかし、その後メルシエが死去し、会談を聞き知ったイングランドのカトリックおよびプロテスタントから疑問の声が上がりはじめると、状況は一変してしまった。

大戦中、プロテスタントは、ヴァチカンはドイツ寄りではないかと疑っていたが、ローマ・カトリック教会は、ほかの教会に劣らぬ働きを見せ、ウェストミンスター大司教フランシス・ボーン枢機卿（在位一九〇三～一九三五年）の巧みな政治手腕と、ローマのガスケット枢機卿の不屈のイングランド愛国心によって、カトリック教徒が非国民ではないことを立証した。しかしながら、アイルランドの問題があった。一九一六年のイースター蜂起に関与した者たちの処刑は大きな過ちであり、殺戮の場がヨーロッパ大陸からエメラルドの島へと移るきっかけとなった。イギリス政府は、勇敢なベルギー人や恐れ知らずのセルビア人など、小国民のために戦っていると主張した。ウィルソン大統領は、講和会議で一民族一国家の原則を唱えた。それではアイルランドはどうなのかと、傷つき憤慨するカトリック教徒のアイルランド人は、声を荒げた。自らの威信を保つために、保守党主導の連立政府は、実戦を経験し、残忍さを増した軍隊を頼みとしたが、これは、アイルランド人の内にわずかに残っていたイギリス国家への忠誠を消し去ってしまった。執拗に抵抗を続けていたアイルランド独立運動家は、ゲリラ戦へと戦術を変えた。彼らは、捕らえられるとハンストに入って拷問者を当惑させた。ハンストは、アイルランド・カトリックの禁欲精神に根ざしているようだった。コーク市長テレンス・マックスワイニーは、一九二〇年に死ぬまでハンストを続けると誓い、独立運動家から英雄視されたが、イングランド国教会に取って代わってカトリック教会を国民教会の地位に押し上げようとしていたボーン枢機卿にとっては、それは、きわめて厄介な事態だった。ロンドンのある婦人は、「殺人と自殺と終わりなき犯罪が、ミサ、ロザリオの祈り、聖体拝領、聖職者の慈悲や助けと一緒になってしまっている」と、枢機卿に訴えた。マックスワイニーの最期を見届けたのは、かれの地元、コークの司祭だった。七四日間のハンストのためにやせ衰えた遺骸は〔アイルランドの〕サザーク大聖堂に運ばれ、そこで死者のためのミサがおこなわれ、司教ふたりとメルボルンのマニックス大司教が参列した。一晩中棺が開けられ、アイルランド共和軍の制服が遺骸に掛けられた。イングランドでは世論が分かれ、あくまでも譲歩しない政府の冷淡な態度に不満を覚える者もいれば、マックスワイニーの絶食を自殺行為、すなわち罪深い行為とみなさないローマ・カトリック教会に憤りを感じる者もいた。カトリック社会ギルドを通じて非社会主義的な福祉事業の推進に生涯を捧げたチャールズ・プレイター神父は、「労働者の大半はアイルランド人で、彼らは政府のアイルランド政策に激怒している」と述べ、彼らが敵愾心から共産主義者と手を組むかもしれないとの懸念を表明した。「アイルランド問題が悪化しなければ、カトリック教徒の労働者の大多数は、保守勢力を形成するだろう」。彼の言葉は、希望的観測とも言えるが、アイルランド問題がイギリス国内の政治懸案でなくなった一九二一年以降、それまでなかったような事態の流動化が生じたことも確かだった。

国内では、戦後景気の山は一九二〇年に訪れた。一九一五年から一九二四年までの一〇年間に、常勤労働者の平均所得は九四パーセント増加した。一方国外では、教会、とりわけ自由教会の善意に支えられた国際連盟によって、恒久平和が約束されたかのようであった。一九二二年だけで、五〇〇を超える自由教会協議会が国際連盟を支持するデモを組織した。これほど多くの人びとが快適に暮らし、新たな刺激と興奮を求めることは、これまでなかった。説教者の多くにとって頭の痛い問題となったのは、一般的な中産階級の家族が日曜新聞を購読し、蓄音機、ラジオ、電話や自動車を所有し、劇場、映画館、ダンス・ホールに足を運んでいたことだった。戦時の酒類販売免許制限の結果、飲酒問題が以前ほど深刻ではなくなると、教会の道徳家は賭博に目を向けるようになった。一九二三年に出された賭博税に関する庶民院特別委員会の報告書もこの「新たな」問題に注目している。一九二四年、いち早く警鐘を鳴らしたのは、ソルフォードのスラム街で活動していたアングロ・カトリック派の教区司祭ピーター・グリーンと、アイルランド人の大執事R・H・チャールズであった。国教徒以外では、E・ベンソン・パーキンス、セシル・ローズ、ジョン・ブレザートンといったウェスレー派の聖職者が問題に取り組んだ。グリーン、ローズ、ブレザートンは、ランカシァでの牧会活動を通じて問題を意識するようになった。一方、ベンソン・パーキンスは、シェフィールドとバーミンガムで独自の調査をおこない、それをきっかけに、生涯にわたって賭博禁止運動にかかわった。一九三三年に、賭博に関する教会委員会が設けられ、パーキンスが委員長に選ばれた。この地位を活かして、彼は、サッカー賭博、賞金付き国債、宝くじ、グランド・ナショナル（大障害競馬）での賭けなど、あらゆる種類の賭博に徹底的に反対した。歴史家のロス・マッキビンは、この時期の賭け事は、労働者階級にとって手ごろな娯楽で、それほど家計の負担にはならなかったと述べているが、賭博は、中産階級と労働者階級の意見が二分した問題のひとつになってきた。多くの聖職者は、泡銭を得ようとして失業手当を浪費する軽率な労働者階級というイメージを相も変わらず抱いていた。メソディストのベンソン・パーキンスにとって、国教徒によく見られた高踏的モラルは、軽蔑すべきものだった。たとえば、オクスフォード大学のロバート・モーティマー博士は、パンフレット『賭博』（一九三三年）のなかで、娯楽に費やしても差し支えのない「余剰の金」について論じている。彼の言葉は、自由教会の聖職者にはほとんど理解できなかった。しかし、戦後、世の中は確実に変わった。時代に取り残されてしまった教会はあまりに多かった。

一九二〇年代に、自由教会のある不平家は、若者の日曜日の過ごし方について、「彼らは、休息ではなく、刺激を欲している」と述べた。ペンネームを隠れ蓑にしつつも、自由教会系の週刊紙『ブリティッシュ・ウィークリー』の編集発行人に自著を献呈した彼は、新しい若者、新しい女性、化粧、そしてダンスをとりわけ目の敵にした。ダンスの社会的地位を高めたのが、ヴィクター・シルヴェスターである。彼がダンスを習いはじめたきっかけは、ロンドン主教が聖職者の息子たちを招いて舞踏会を催したことであった。ヴィクターも、招かれた聖職者の息子のひとりであった。彼は一九二二年の世界ダンス・プロ選手権で優勝した。一九一八年に、「メソディストは踊れるのか」と尋ねられたクリフ・カレッジの学長でウェスレー派のサミュエル・チャドウィックは、「踊れる者もいるが、大方の者は踊れない」と答えている。

多くの聖職者が、信者獲得のために、礼拝を魅力あるものにしようと競った。セント・マーティンズ・イン・ザ・フィールド教会でディック・シェパードが執りおこなった活気に満ちた礼拝は人気を博し、やがてほかの教会にも広がり流行した。一九二二年に彼の説教を聴いた会衆のなかに、スコットランド人聖職者の息子だった若きジョン・リースがいた。リースは、その四カ月後、新しく設立されたBBC（英国放送協会）の常務取締役に任命された。新たな可能性を秘めたラジオ放送を導入すべきであるという彼の提案をうけて教会は機敏に対応したが、これは新機軸への意欲の表われだった。一九二三年に、国教会、自由教会、ローマ・カトリック教会の代表からなる宗教諮問委員会が設けられ、翌二四年一月にディック・シェパードが執りおこなった礼拝が、ラジオ放送された最初の礼拝となった。

宗教のイメージを明るくし、宗教を一般大衆にとって意味や関連のあるものにしようとする動きに後押しされて、国教会祈禱書の改訂の必要性を主張する人びとの運動や、礼拝の雰囲気を暗くする荘厳なヴィクトリア朝音楽に代わる新たな教会音楽を唱える人びとの運動も、より活発になった。一九二三年の「礼拝における音楽」に関する大主教委員会が示した全面的改革案を基に、イングランド教会音楽学校が設立された。エリック・ルートリーが「爽やかで、沸き立つような喜びに満ち、瑞々しく、新鮮な音楽」と評した『讃美の歌』が、一九二六年に編纂され、礼拝の質の向上に大きく貢献した。同じように貢献したのが、（国教会の）礼拝運動である。これは、聖餐式を教区礼拝の中心に据えようとする運動で、ニューカスル・アポン・タインのセント・ジョンズ教会のノエル・ハドソンとヘンリ・ド・カンドルらによって始められた。祈禱書の改訂には多くの時間と労力が費やされたが、それは、教会内の諸派が自らの改訂案を盛り込もうとした、というよりも、正確には、他派の案が盛り込まれるのを妨げようとしたためである。結局、大多数の主教、司祭および信徒代表が熟慮のすえに出した見解は、一九二七年と一九二八年の二度にわたり、教会の代表者ではない庶民院によって却下された。

　大戦中は、言葉よりも行為が重要だった。人びとに求められたのは、思考ではなく実際の行動だった。著名な新約聖書研究家、B・H・ストリーターが「生命と自由」に批判的だったのは、運動が教会の組織《ボディ》に重きを置きすぎて、教会の精神《ソウル》を重視しなかったからである。運動の出発点が間違っており、教会の精神や知性にかかわる問題に目を向ける必要があると彼は考えた。しかし、これは、彼が行動の領域から思考の領域に退いたことを意味しない。体力は衰えつつあったが、行動力を重んじた。大学生のときにボート部に所属していた彼は、その後も、ボートや学生に対して並々ならぬ関心を示し続けた。両大戦間期には、精神と肉体の交わり、あるいは力や痛みといったものに魅せられた人びとが数多くいたが、彼はその典型だった。一九一九年に、学生キリスト教運動が、リリー・ドゥーガル、ダブリン大主教チャールズ・ダーシー、そして彼の三人の共著『神と生存競争』を出版した。大戦を経験して、ニーチェと同じく「神は死んだ」という結論に達した人びとに向けて書かれた同著で、ストリーターは「神は生きており、われわれは、神から真に生きる力を得ることができる」と論じた。このような脈動する力を追い求めて、彼は、一九二〇年代に「新心理学」、癒し、そしてインドの宗教教義に関心を抱いた。一九二〇年、彼は、A・J・アパサミーとの共著で、キリスト教信仰とヒンドゥー教の禁欲を結合したインド人神秘家スンダール・シンの教えを紹介した。このサフラン色の衣とターバンを身につけた苦行者は、やがて、ヨーロッパやアメリカで広く知られる人物となった。ストリーターがつぎに取り組んだのが、仏陀の研究だった。オクスフォード大学クィーンズ・カレッジの学寮長に選任された後も、彼は、宗教界に吹く変化の風を真っ向から捕らえ続けた。このように考えると、彼の死は、象徴的だった。一九三七年に、彼の乗った飛行機が霧の中墜落した。

　クィーンズ・カレッジの学寮長だったときに、ストリーターは、オクスフォード・グループとして知られる運動に加わった。創始者のフランク・バックマンは、背が高く潔癖なルター派のアメリカ人で、一九二二年にオクスフォードに居を定めて活動の拠点とした。運動の名称は、当初「第一世紀キリスト教団」だった。メンバーは、誠実、清廉、愛情、無私の「四つの絶対規範」に従って生活するよう義務づけられていた。とりわけ、「導き」と「分かち合い」が重んじられた。私宅でパーティーを催し、才能のある若者を引きつけることに力が入れられた。パーティーでは、著名人が洗礼名で呼ばれた。告白を通じて個人の淫らな秘密を明るみに出すことが目的ではないかという懸念の声があったが、実際には杞憂だった。ダラム主教ヘンズリー・ヘンソンをはじめ多くの人びとが憤慨し、運動を非難した。とくに、一九二九年に南アフリカで「オクスフォード・グループ」という名前が誤ってつけられて以来、攻撃は激しさを増した。とりわけ、この名称に不快感を示したのが、オクスフォード選出議員A・P・ハーバートだった。しかし、彼の怒りは、巧妙な政治的ジェスチャーだった。というのも、彼は、離婚法改正運動の主唱者として、以前から聖職者と対立していたからである（一九三七年に、婚姻訴訟法は成立した）。一九三九年、バックマンは運動の方針を変え、名称も「道徳再武装」に改めた。

「キリスト教癒し伝道会」は、紀元一世紀当時の雰囲気を再現しようとしたもうひとつのグループである。イングランドで癒しがふたたび盛んになるのは、一九二四年からである。この年、国教会の信徒であるジェームズ・ムーア・ヒクソンが、ブラッドフォードのフリジングホールで、癒し伝道会を開いた。彼は、それまで二〇年にわたって、世に知られることなく、この忘れられた霊的奉仕を行っていたが、大戦後、彼の活動はようやく日の目を見ることになった。一九二四年に、はじめての労働党政権が誕生すると、多くの地域で、終末が間近に迫ったかのような空気がただよった。とりわけ、ブラッドフォードでそうした傾向が顕著だった。そこでは、社会主義運動が、以前は礼拝にやって来ていた非国教徒の支持を集めて無視できない勢力となっていた。キリスト教癒し伝道会は、礼拝中に起こった奇跡は終末の前兆であると主張し、キリストの再臨を待ち望んだ。一九二四年総選挙時の反ソ・反共感情の異常な高まりのなか、驚くべき超自然現象をともなった信仰復興が、局地的に起こった。『イヴニング・アルゴス』紙の一面に載った見出しは、「身体の不自由な女性、車いすを押す」だった。三日間、「奇跡」を伝える記事が新聞紙上を賑わした。ヒクソンは、国教会内でいかがわしい人物とされていながらも、時の人となった。彼が火をつけた論争は、彼の名を世間に知らしめ、彼がおこなう礼拝の人気はますます高まった。彼が、ブラッドフォードのつぎに、パディントンで癒し伝道会を開いたため、論争は長引き、激しさを増した。ここでも、主教ヘンソンが迷信に囚われていると批判の声をあげた。さらに、セント・ポール大聖堂主席司祭W・R・イングは、密かに「奇跡熱」を煽っている主教がいると非難した。カンタベリ大主教も、学生のときの猟銃事故が原因で、しばしば病床に伏していたため、癒しに懐疑的だった。彼が任命した委員会は、ヒクソンが癒し伝道会を開いた地域の医師から事情を聴取した後、身体障害が治ったという証拠はないと結論を下したが、同時に、身体の不調が治った例は少なくないと認めるに足りる根拠があると付言した。世間の注目に嫌気が差し、新聞の中傷記事に業を煮やしたヒクソンは、一九二五年に、人目につかない環境を求めて、サセックスのクロウハーストに活動の拠点を移した。そこでは、教区司祭のハワード・カップが、心身の健全を願う人びとのために自宅を開放した。

戦後の教会は、社会的・政治的な役割を果たすことが、以前にも増して求められるようになった。一九一七年から一九一八年にかけての労働不安、自由党に代わって保守党の対抗勢力となった労働党の躍進、反宗教を掲げるソ連共産主義の忍び寄る脅威といった状況のなか、聖職者は、あたかも、一歩誤れば大事にいたる地雷原を進んでいるかのようだった。主教ヘンソンは、ランベス会議での労働問題に関する演説は、どれも「社会主義的」であると不満を述べた。戦後すぐに、キリスト教社会連合と人夫ミッションが合同し、産業キリスト教団を結成した。ジェフリー・スタッダート・ケネディが、主任宣教師に任命されると、教団は、世間の注目を集めるようになった。ぶっきらぼうで型破りな彼は、大戦中、従軍牧師を務め、塹壕の兵士たちに、国産の紙巻きタバコ「ウッドバイン」を配ったことで、「ウッドバイン・ウィリー」とあだ名された。T・R・カークの優れた組織力に支えられて、産業キリスト教団は、青空「十字軍」、工場・路上集会、通信講座、勉強会などの活動を精力的におこなった。戦時に見られた友愛や献身的奉仕の精神を戦後も持続させようとしたのが、「トック・H」である。元従軍牧師のP・B・「太っちょ」クレイトンが創設したこの団体は、たちまち、全国に組織を拡大した。

このように、理想に燃えた聖職者が社会的責任感を強めるなか、一九一九年に、超教派の政治経済市民権会議（COPEC）の開催計画が立てられた。ローマ・カトリック教会は途中で離脱したが、一九二四年に、世間が注目するなか、バーミンガムで会議は開かれ、ウィリアム・テンプルが議長に選ばれた。COPECは、キリスト教徒の社会的役割を方向づけ、積極的に支援することになった。回転花火が放つ火花のように、COPECの熱いメッセージは、世界各地のキリスト教徒の心を燃え立たせた。COPECの影響を受けて、タインサイドに社会調査局が設置された。国外からの会議出席者は、帰国後、社会的役割と教会合同のふたつの運動を結びつける世界キリスト教会議の開催への支持を呼びかけた。そして、一九二五年に、スウェーデン教会大監督ネイサン・セーデルブロムの首唱で、「生活と実践」会議が、ストックホルムで開かれた。会議では、社会問題をめぐって、ドイツ敬虔主義的な不介入を主張する人びとと、アメリカのプロテスタントが唱える行動主義を支持する人びととのあいだで、意見が衝突した。ウィンチェスター主教フランク・ウッズ率いるイギリス代表団は、アメリカ寄りの立場をとった。

したがって、労働争議が起これば教会の介入が期待されるのは、無理からぬことだった。しかし、一九二六年に労働組合会議がゼネストを決行すると、たちまちキリスト教徒の思考力は麻痺してしまった。COPEC運動は、スト行為は神からの離反を意味するのかどうか考えをめぐらすだけだった。教会は、炭鉱から締め出された労働者に対しては同情を示したが、同時に、スト行使を残りの国民に対する意趣返しとみなした。保守・労働両党の首脳部は、行き詰まりを打開するために、カンタベリ大主教が動くべきだという点で同意したが、実際には、大主教の仲裁を望んでいなかった。結局、炭鉱経営者だったロンドンデリー卿の要請と、ウェスレー派指導者の説得に応じるかたちで、大主教が調停に乗り出した。調停経験のある聖職者の助けを借りて、三つの指針に従って「一斉同時に」行動するよう求める「呼びかけ」が作成された。これは、なるべく痛みの少ない解決策を見いだすために、労使双方に、ひとまず引き下がるよう懇願したものだった。新聞社もスト中だったため、大主教の調停案を世間に知らせる唯一の方法は、ラジオ・ニュースだった。しかし、ジョン・リースが、ある政府高官の圧力に屈して、放送を許可しなかったために、大主教は面目を失うかたちとなった。BBCの歴史を書いたエイサ・ブリッグスは、放送協会は、当時、影響力もなく「どん底」にあったと述べている。

かりにラジオ放送されたとしても、呼びかけが大きな反響を呼んだとは考えにくいが、保守党の首相がカンタベリ大主教の言論を禁圧したことは、明らかに記事になるネタだった。話は、すぐに『ブリティッシュ・ワーカー』紙や地方紙に載り、大主教デイヴィッドソンは、行く先々で人びとの声援を受けたが、これは彼にとって予想外であった。

庶民がカンタベリに声援を送れば、貴族はウェストミンスターに拍手喝采を送った。ボーン枢機卿は、ストは罪深い行為であると公然と非難し、事態収拾に苦慮していた体制側の心証を良くした。彼の功労に報いるかたちで、一九二六年の末に、カトリック救済法が成立した。同法は、一九〇八年以来、彼が追い求めていた夢が実現したものだった。一九三〇年代には、ローマ・カトリック教徒の作家、思想家、評論家が、数多く輩出した。ヒレア・ベロックやG・K・チェスタトンの時代は去り、かわって、クリストファー・ドーソンやイヴリン・ウォーの時代がやってきた。オクスフォードで活躍したロナルド・ノックス神父とマーティン・ダーシー神父は、家族という拠り所を失った人びとの心を引きつけた。スキー登山家として著名なアーノルド・ランは、ウェスレー派宣教師だった父親がインドにいたときに生まれ、オクスフォード大学ベリオル・カレッジ在学中に、合理主義哲学に傾倒した。ロナルド・ノックスの議論に苛立ちを感じた彼は、論破しようと試みたが、神父との論争のすえ、図らずも、真理は合理主義哲学ではなくローマに存するという結論に達した。彼は、一九三三年にノックス神父によってローマ・カトリック教会に迎え入れられ、以後、スキー斜面とカトリック護教論に全身全霊を傾けた。

戦後景気が去った後、不況に始まり、恐慌、大量失業、挙国一致政府の緊縮財政へと続く長く厳しい冬の時代が到来した。この時期、サザーク主教シリル・ガーベットは、都市部および農村部の住宅不足問題に注目した。この問題に直接取り組んだのは、国教会のバジル・ジェリコー師とセント・パンクラス教会住宅組合である。リーズの教区司祭だったチャールズ・ジェンキンソンは、市議会選挙に労働党候補として出馬、当選し、住宅委員会議長に任命されたために、間接的に問題にかかわることになった。一九三九年までに、一〇〇万戸を超える住宅が全国で建設され、スラム街の撤去が始まった。過密住宅の問題も、両大戦間期に大幅に緩和されたが、これは、マンチェスターのウィゼンショーやリーズのクウォリー・ヒル・フラッツのような公営住宅団地が新設されたことに加えて、家族の規模が縮小したことによるものだった。一世帯当たりの子どもの数は、大戦前の五ないし六人から、一九三九年の三・二人に減少した。

この変化の原因および影響については、これまで大いに議論されてきた。当然ながら、効果的な避妊法の知識にも大きく左右される。こうした知識は、性、女性の役割、理想の家族などに対する考え方を大きく変えることがある。保健医療の環境が改善されたことにより、乳児の死亡が減って大人になるまで生き延びられる可能性が高くなった。大戦中、外に働きに出た女性たちは、戦後、育児と家事と礼拝を繰り返す生活に戻りたいとは思わなかった。一九一九年にメアリ・ストープスが世に問うた著書『結婚愛』は、大半の主教には不評だったが、一方で、多くの下級聖職者が、密かに彼女に手紙を書いて、賛同の意を示した。さらに翌年、彼女はランベス会議に出席した主教に対し、歯に衣着せず、自らの主張を繰り返した。これに反発した主教は、「公然と、あるいは人目につかずに、避妊薬を販売すること」、および、「性的交わりは、それ自体が目的であると夫婦に故意に教えること」に断固反対する立場を表明した。このような時代遅れの考えを論破したのが、モード・ロイデンの著書『性と常識』(一九二一年)である。ローマ・カトリック教会の司教は、産児制限にあくまでも反対し、ストープスに対して起こされた訴訟に資金援助をしたが、国教会は、一九三〇年のランベス会議で、妊娠が妻の健康を害しうる場合には、避妊薬の使用を認めると決議し、わずかながら一歩前進した。実際には、この決議は、当時多くの夫婦がおこなっていたことを追認したにすぎなかった。

この決議には、また、現に今いる家族を最優先すべきという主教の考えが表われている。一九三〇年代には、家族志向が強まった。国王のクリスマス演説を聞こうと、家族がラジオの前に集まる光景は、一種宗教的な重要性を帯びた。これまでになく核家族が重んじられ、一家離散ほど恐ろしいことはなかった。国民にとって、ジョージ五世は、皆から敬われ、また、敬われるべき君主、国民という家族一同の王だった。イギリス各地を訪れる彼は、ヴィクトリア女王のような遠い存在という君主のイメージを一変させ、一般大衆の王室への関心を喚起した。以来、彼が即位した一九一〇年から今日にいたるまで、このような関心が、旧来の信仰心に部分的に取って代わってきた。入念に作り上げられた君主のイメージが損なわれそうになったのは、一九三六年、即位したばかりのエドワード八世が、二度の離婚経験のあるアメリカ人女性と結婚する意思を表明した時だった。ブラッドフォード主教でキリスト教社会主義者だったA・W・F・ブラントのふとした発言が引き起こした退位問題への大主教ラングの対応は思慮に欠けていた。王の決断およびそれに対するラングのいかにも殊勝な発言からは、無私や責任を説く国教会の倫理と、当時映画を通じて広まりつつあった個人の幸福を重んじる倫理との対立が窺える。

一九三一年以降、元兵士が著わした書物が多数出版され、それにより、戦争への幻滅が広まった。ロバート・グレーブズ著『さらば古きものよ』（一九二九年）は、大戦の真実はいまだ語り尽くされておらず、従軍牧師はその場にいたにもかかわらず何も知らないと感じていた多くの読者の欲求を満たした。インドでは、マハトマ・ガンディーが不服従運動を組織し、これを見た人びとは、世論を動員するほうが戦車や大砲とともに進軍するよりも効果的であるとの確信を強めた。一九三一年に日本が満州に侵攻すると、モード・ロイデンとディック・シェパードは侵略者と被侵略者のあいだに割って入る「平和軍」を召集しようとした。予想どおり、この見事ではあるが至極単純な計画が、実行に移されることはなかった。「平和軍」は、キリスト教的自己犠牲の意思表明として理想化され、今も記憶されている。一方、イギリス国民は、投票によって自らの考えを明示した。彼らが新たな戦争を望んでいないことは、一九三四年の平和投票の結果から明らかだった。同じく一九三四年に、全国世俗協会は、説教や著作からの引用文を雑多に収録した『軍隊と聖職者——一九一四〜一九一八年』を出版した。文脈や時代背景から切り離されたこれらの引用文を読むと、聖職者が、さながらイスラム教の踊り舞う修道者《ダルヴィーシュ》のように思えてくる。

　イタリア、ドイツ、そしてスペインに現われた新たな勢力は、多くの人びとには脅威だったが、それに希望を見いだした者もいた。イギリスにも、サー・オズワルド・モーズリーを賞賛する国教徒やカトリック教徒がいた。その一方で、ダラム主教ヘンソンは、貴族院においてドイツのユダヤ教徒の窮状について熱弁をふるい、メソディストの聖職者ヘンリ・カーターは、難民救援活動を指揮した。教義の面で先導的役割を果たしたのも、国教徒とメソディストだった。国教徒のジェームズ・パークスは、ユダヤ教への理解を深め、キリスト教徒が抱いている偏見を取り除くことに努めた。また、メソディストのウィリアム・シンプソンは、キリスト・ユダヤ両教徒委員会に半生を捧げた。

　つぎにあげるふたりは決して典型的ではないが、それでも、さまざまな思想が当時のキリスト教徒に影響を及ぼしたことをよく表わしている事例と言えよう。W・E・オーチャードとD・R・デイヴィスは、ともにもとは非国教徒であった。一九二〇年以前は社会的福音や自由主義神学を説き、堅い友情で結ばれていた。しかし、同じような幻滅を経験したふたりは、まったく違った道を歩むことになる。大戦および戦後の社会不安は、生きる方向を見失わせるほどの衝撃をふたりに与えた。オーチャードは、一九一七年に出された教皇ベネディクト一五世の平和に関する覚書に感銘を受け、ローマ・カトリック教会によって超国家的な紛争仲裁機関が設立されることを期待した。しかし、事態はそう単純ではなかった。彼は一九三五年にカトリックに改宗したが、それは、ボーンの後任、アーサー・ヒンズリーを指導者と仰ぐことを意味した。ムッソリーニのアビシニア侵攻を止めるために教皇は何をしているのかと尋ねられると、ヒンズリーは、教皇は「無力な年寄り」にすぎないからと悄然と答えるだけだった。当然ながら、オーチャードが聞きたかったのは、そのような弁解ではなかった。一九三八年に、彼は「カトリックの新聞は、フランコと武力に大きな希望をかけすぎている。今年もまた、改宗者の数が減少するのではないか」と嘆いている。

D・R・デイヴィスにとっても、スペイン内戦は決定的な意味を持つ出来事だった。彼の山あり谷ありの精神遍歴は、自伝『自己の探求』のなかにありありと描かれている。一九一四年と一九二六年は、彼の思想に大きな影響を及ぼす出来事が起こった年である。ゼネストの直後、彼は、サウスポートにある自らが牧会する会衆派の教会を、友愛を信条とする労働教会に作りかえた。三年にわたって非常に精力的に活動した後、彼は精神的虚脱状態に陥り、牧師を辞してロンドンに移った。そこで、封筒の宛名書きをしたり、レコード会社の依頼で音楽鑑賞を教えたりしながら細々と暮らしていたが、やがて、セルビア人ディミトリジェ・ミトリノヴィッチの強烈な個性に魅せられ、彼は、ニュー・ヨーロッパ運動に身を投じた。しかし、この未来像もしだいにおぼろになり、それに代わって、不毛の精神生活に意味や目的を与えてくれる新たな思想を追い求める人びとと苦悩を分かち合いたいという思いが、彼の内で強くなっていった。それとともに、彼は、G・D・H・コール、A・R・オレイジ、G・H・ペンティらが唱えるギルド社会主義やC・H・ダグラスの社会信用論に接近していった。前者は官僚的な国家社会主義を否定し、後者は理論の妥当性はともかく、一時、ウィリアム・テンプルや後の労働党党首ヒュー・ゲイツケルの関心を引きつけた。一九三六年に、デイヴィスはニュー・ヨーロッパ運動を離れ、社会主義連盟に加わった。禁欲主義を実践する国教徒として知られ、マクドナルド労働党内閣の閣僚を務めたサー・スタフォード・クリップス率いる社会主義連盟は、疑似科学的マルクス主義が示す単純明快な解決策の有効性を信じて疑わなかった。

デイヴィスは理想主義者だったかもしれないが、現実に対してつねに甘い認識を抱いていたわけではない。ドイツ、イタリアおよび日本が平和への脅威となりつつあると感じた彼は、クリップスに先んじて、「反ファシズム人民戦線」に加わった。そこで彼は、イズリントンのマルクス主義を信奉する国教会聖職者たちと知り合った。このグループの中心人物は、バーンズベリのセント・クレメンツ教会の司祭ビル・アイアデルで、当時、同教会には、アイアデルと同じ考えを持ったふたりの補助司祭、スタンリー・エヴァンズとレオナルド・シッフがいた。彼らがいた頃のセント・クレメンツ教会の礼拝は、祭壇の前で右拳を上げる人民戦線の合図で終わるのが常だった。カトリックの司祭や修道女への残虐行為を告発するフランコ派の主張が事実無根であることを立証するために、スペイン共和国政府がイギリス調査団の派遣を要請した際、同政府が頼みとしたのが、アイアデル師だった。彼は、カンタベリ大聖堂主席司祭ヒューレット・ジョンソンを調査団長に据えることに成功した。当時、社会信用論に関心を示していたジョンソンは、ほどなくしてベストセラー『世界の六分の一は社会主義』（一九三九年）を上梓し、世に名を知られることになる。ジョンソン、デイヴィスのほかに、哲学者ジョン・マクマレーも加わった調査団は、フランコ派の主張を論駁する証拠を提出することができた。デイヴィスにとっては、これが人生の転機となり、自らの精神生活を深く見つめ直すことになった。爆撃を受けたスペインの町々を逃れ、廃墟となったビルバオに身を隠し、ゲルニカの陸軍病院の病棟を満身創痍で苦痛に呻きながら歩く、数多くの哀れな難民の姿を見て、彼は、久しく顧みられることのなかった根本に立ち返るべきだと気づいた。それは、一九二八年以来従ってきた、人間中心で、自らのことは自らでおこなうという「信仰の終わり」だったと、自伝に記している。人間の野心、愚かさ、罪がもたらす悲惨な結果を目の当たりにした今、彼が宗教に回帰するのは、時間の問題だった。アメリカの現実主義神学の主唱者ラインホールド・ニーバーの著作に深く傾倒した彼は、以前抱いていた人生の目標にふたたびたどり着いた。もういちど聖職者の道を歩もうと決心した彼は、結局、会衆派ではなく国教会の牧師となった。

カンタベリ、ヨーク両大主教が一九二二年に任命した委員会が、一九三八年にようやく、報告書『国教会の教理』を提出した。一六年に及ぶ審議の間に、社会の思潮は大きく変化しており、委員長だったヨーク大主教ウィリアム・テンプルは、いまからもういちど始めるとしたら、「まったく違った見解になるだろう」と述べた。使徒信条にあるイエスの処女降誕および肉体の復活に関して、一九三八年の報告書は、一九二〇年代の思潮に近い時代遅れの、あるいは、ダラム主教デイヴィッド・ジェンキンズに象徴される一九八〇年代の思潮に近い、時代を先取りしたともいえる見解を示した。いずれにせよ、一九三〇年代の思潮とはかけ離れていた。「それは、まるで洪水が押し寄せるかのようだった。一九三一年以降、哲学、政治、神学、そして文化全般において、自由主義はことごとく非難攻撃の対象となった」と、ジョージ・エヴリは、当時を振り返っている。一九三二年にケンブリッジ大学の神学欽定講座教授に就任したチャールズ・レイヴァンは、カール・バルトが広まり、自然宗教が否定され、聖書の権威が強調され、世界大戦再発の恐怖から厭世観が強まるといった状況が、神学に悪影響を及ぼしていることを憂えた。

一九三〇年代末には、戦争への不安が社会全体に広まっていた。皆が平和を望んでおり、ミュンヘン会談を主導したイギリス首相ネヴィル・チェンバレンの尽力で戦争が回避されたかに見えたとき、人びとには、それが神の救いのように思えた。『いちどだけ説教するなら』と題した説教集への執筆を依頼された大主教ラングは、バーミンガム出身のユニテリアンの首相に感謝の賛歌を捧げた。やがてそれぞれの後任の陰に隠れてしまう運命にあるふたりは、互いに尊敬の念を抱いていた、というよりも、むしろ互いにおもねっていたというのが適切かもしれない。ラングは、チェンバレンに任せればイギリス外交政策は間違いないと考えていた。なぜなら、首相は外交の舵取りを、大主教と同じアングロ・カトリック派のハリファクス卿に託したからである。ハリファクスとラングは、オール・ソールズ・カレッジ時代の友人で、ヨークシァで三〇年以上近しい隣人だった。

こうした状況のなか、カトリック教徒は慎重に行動しなければならなかった。カトリックの教義が全体主義体制を生み出しているのではないかと、多くの人びとが疑念を抱いていたからである。ヒンズリー枢機卿は、イギリス人の潜在意識のなかに消えずにいる反カトリック感情を和らげ、同時に、プロテスタントの怒りを買うことなくスペインの中立化に協力して政府の信を得るという難題に取り組んだ。一九三九年八月に、大司教ヒンズリーは、スペインの損壊した教会の修築のため、イギリスのカトリック教徒が資金集めをすると、ハリファクス卿に申し入れた。ドイツのカトリック教徒からも同様の動きがあったことからも明らかなように、これは外交宣伝の一策であった。外務省が秘かに五〇〇〇ポンドを寄付したことで、まずまずの額の金が集まり、ジブラルタル出身のサザーク大司教ピーター・アミーゴによって、トレド大司教に手渡された。

戦争が勃発した一九三九年八月三日の日曜日は、メソディスト教会暦の元日に当たった。その日、ウェストミンスター・セントラル・ホールにおいて、W・E・サングスター博士は、後々まで語り継がれることになる牧会を開始した。ロンドン大空襲の際、彼は、ホールの地下で、疲労困憊してもすぐさま元気を取り戻す不屈のイースト・エンドの住民数百人と寝起きを共にした。F・W・ノーウッドが戦前「ヒトラー万歳」と叫んで説教をおこなったシティ・テンプルは、空襲で焼失した。フランス侵攻の後、一九四〇年六月には、イギリスのみがドイツと戦闘状態にあった。国民の士気を維持し戦意を高めるために、あらゆる潜在的援助を動員する必要があった。人心をつかむことが、新たな重要性を帯びるようになった。「現下の危機において宗教が果たす役割を考慮に入れなければならない」と、BBCの番組編成部長は述べた。もっとも、宗教のプラスの力が重視されたというよりも、むしろ、その負の側面にいかに対処するかに関心が向けられた。ローマ・カトリック教会がファシズムを生み出すといったデマが、反カトリック感情を煽る恐れがあった。ヒトラーはある意味ルターの精神的後継者であるといった中傷により、プロテスタントのイメージが損なわれる危険もあった。これらの非難、攻撃に対し、どちらの教会にも、侮りがたい強力な論駁者がいた。文化史家のクリストファー・ドーソンは、カトリック教会が民主主義の敵ではないことを証明し、メソディストのルター研究者ゴードン・ラップは、機知と学識を駆使して、ヴァンシタート卿を一蹴した。残念ながら、休暇中の男女の軍人のためにロンドンの映画館と劇場の営業を許可すべきかどうかという問題に関しては、ラップは冷静な判断ができなかった。一九四一年四月に、彼は、日曜日の娯楽を是認するイギリス政府と、礼拝の時間に意図的に示威行動や青年活動を組織するナチスとを同列に扱った。

しかし、これらは、さほど重要な問題ではなく、もっとも必要とされたのは、国民の奮起を促すキリスト教徒の強い呼びかけだった。誰が進み出て模範を示すのか。カンタベリ大主教は、指導力を発揮するよう求められ、苛立ちを感じた。「私には、前に突き進む熱意がない」と、彼は日記に記した。ヨーク大主教は、消極的なカンタベリ大主教に代わって愛国心を鼓舞するよりも、長期的な目標に目を向けて、『デイリー・テレグラフ』紙に寄稿し、戦争目的について論じることにした。この戦争はそれ以前のどの戦争とも質的に異なると考える者もいた。一九四〇年六月に、モード・ロイデンは、苦渋に満ちた言葉で、ヒトラーを迎え撃つ戦争への支持を表明したが、これを、一部の人びとは、生涯唱えてきた平和主義の放棄と解釈した。

大司教ヒンズリーに若い世代のカトリック教徒の不安な思いを伝えたのは、『エコノミスト』誌の編集補佐を務めていた二六歳のバーバラ・ウォードだった。彼女のような若者たちは、国民の士気を低下させるナチスの策略に警戒心を抱いていた。オランダ人やフランス人が徹底抗戦の構えを見せなかったのはこの策略のせいだと、彼らは、おそらく誤って信じていた。意見対立や階級対立をことごとく強調して社会崩壊を引き起こそうとする巧妙で邪悪な企てが、いまや前線に位置するイギリスに忍び寄りつつあると、ウォードは述べた。こうした状況のなか、とくに狙われやすいのは、イギリスのカトリック教徒であり、ヒンズリーもそれを十分に承知していた。そこで、彼は機先を制して、一九四〇年八月におこなわれた集会で、カトリック色の強い文化運動「霊の剣」の開始を宣言した。このように、イングランドのキリスト教会の擁護者となったのは、カトリックの大司教だった。これを不快に思ったドイツは、ヴァチカンに抗議した。カトリック教徒が組織して率いる「霊の剣」は、当初、すべてのキリスト教徒に開かれた運動だった。事実、先述の集会で、ヒンズリー枢機卿は、出席者全員に主の祈りに加わるよう異例の呼びかけをおこなった。もっとも印象的なのは、おそらくヨーゼフ・ゲッベルスのおかげで、ウェストミンスター大司教とチチェスター主教ベルが、一度限りではあるが、一緒に祈りを捧げたことである。ヒンズリーの伝記を著わした後にウェストミンスター大司教に就任したヒーナン枢機卿は、それを「現代イギリス宗教史の幕開け」と評したが、これはやや過大評価のきらいがある。しかし、一九四〇年のこの歴史的な集会に、「ペンテコステ」という名の鳩は舞い降りなかったかもしれないが、少なくとも「エキュメニズム」（教会一致）という名の燕〔さきがけの象徴〕を呼び寄せることはできたと言える。

両大戦間期をひとまとまりの時代とみなすことはできない。楽観的雰囲気が漂う一九二〇年代初頭には、活動を再開した教会は活気に溢れていた。しかし、以前の状態に戻ることは不可能だった。人びとは、激動の時代を生きてきた。考え方も姿勢も変わった。人びとが信仰心を失っていったのは戦争のためばかりではない。平時においても、明日死ぬかもしれないから今を楽しく生きようという現世志向の人びとが増えつつあった。ごく自然な反応ではあるが、刺激や興奮を求めるのは、慣習に対する反発を意味した。第一次世界大戦を境に、恭順は死語となり、このことが宗教権威の衰退につながるのは必至だった。とはいえ、狂騒の一九二〇年代に浮かれる人びとを一気に現実に引き戻したのは、一九二六年および一九二九年の出来事だった。社会の土台が揺らいでいることは、ゼネストとウォール街の株価大暴落により明らかとなった。教会は、戦争も大量失業も防ぐことができず、無力を露呈した。このように国内外の問題で重要な役割を果たせなかった教会は、家庭や個人に関する問題では自ら重要な役割を果たそうとしなかった。民衆の娯楽には、批判の目が向けられた。自由教会はダンスやサッカー賭博に理解を示さなかったために、ローマ・カトリック教会は避妊に反対したために、それぞれ時代から取り残された。イングランド国教会には、これらふたつの教会と意見を同じくする者も異にする者もいた。

一九三〇年代には、教会に行く人の数は落ち込んだ。残った信徒は、内に引きこもってヴィクトリア時代の教義や価値観を頑なに守るか、あるいは、ヴィクトリア時代の教義を信じて信仰復興の日が来るのをひたすら待つかのどちらかであった。いずれにせよ、「新たな宗教改革」は先送りにされた。

第24章　一九四五年以降のイングランドのキリスト教会——教会一致と社会的な関心

アラン・M・サゲイト

> 今日の政治において、またしても、神を畏れぬ人間の剝き出しの欲望が、人びとの外的生活を抑圧する悪夢を生み出した。もっとも、暴力が支配する無秩序は、あまりにも耐えがたいので、やがて、悪夢は消え去るだろう。一方、政治以外の領域においては、人間の欲望は、科学技術による自然の制御という美名を得て、これまでの物質主義に取って代わって、反キリスト教的な力として急速に広まりつつある。こちらのほうは、徐々に、しかし確実に人間の精神を抑圧するので、より深刻な問題である。

この文章は、一九四五年一月に出版されたある書物から引用したもので、第二次世界大戦当時、内省的なキリスト教徒が抱いていた心情を正確に捉えている。その書物というのが、キリスト教社会倫理の本ではなく、国教会のナッシュダム修道院の修道士グレゴリー・ディックス師が著わした『礼拝のかたち』と題する本であるのは興味深い。一九二〇年代を風靡した安易なモダニズムはやや行き過ぎの観があり、事実、後に起こった世界的な出来事により、破綻をきたした。詩人T・S・エリオットは、『キリスト教社会の理念』において、キリスト教の原点に立ち返るよう強く主張した。『宗教展望』のなかで一九三〇年代末の思想傾向を考察したV・A・ディマントは、当時のキリスト教徒の心情を代弁している。彼はつぎのように論じる。自由主義はもとより、キリスト教自由主義もファシズムや共産主義には対抗できない。なぜなら、超越的な神の現実を否定し、人間を純然たる歴史的存在として理解することで、自由主義者は、自らが信奉する個人の尊厳や真理、善の客観性といった概念を骨抜きにしてしまっているからである。さらに、彼らが個人の権利を声高に唱えたところで、共同体を本能的に希求する人びとの心を捉えて離さない政権に何ら打撃を与えることはできない。キリスト教徒は理想主義的な道徳を説くのをやめ、キリスト教の教義に立ち返るべきだと、ディマントは主張した。彼にとっては、良き助言ではなく、福音がキリスト教信仰の本質だった。

ヨーロッパ大陸における全体主義の脅威が、キリスト教徒の団結を促した。一九一〇年にエディンバラで開かれた世界宣教会議が、教会一致《エキュメニカル》運動の始まりだった。この会議の結果、一九二一年に、伝道地での教会間の活動の重複や競合を解消し相互協力を促進する目的で、国際宣教協議会が発足した。一九二八年にエルサレム、そして三八年にインドのタンバラムで開催された世界宣教会議は、同協議会によって組織された。タンバラム会議では、ミッションはすべての教会に共通の問題であるとの認識から、キリスト教国の教会と非キリスト教地域の伝道教会という従来の区別が廃され、代わりに、世界中の教会は単に歴史が古いか新しいかで分けられることになった。

この超教派のミッション運動と並行して世界の諸問題への関心が高まり、一九二五年にはストックホルムで第一回「生活と実践」世界会議が開かれた。会議では、一九二四年にバーミンガムで開催され、ウィリアム・テンプルが議長を務めたキリスト教政治経済市民権会議（COPEC）に倣って、イングランド代表団が社会理想主義を提唱した。一九三七年にオクスフォードで開かれた第二回世界会議は、第一回会議とは、雰囲気がまったく違った。世俗主義と全体主義に危機感を抱いた運営委員会は、綿密な調査と包括的な協議のすえ、非常に優れた叢書『教会、共同体、国家』（一九三七〜一九三八年）を世に出した。これは、委員のひとり、J・H・オールダムの尽力によるところが大きかった。会議は、聖書および教会の歴史的伝統の力を総動員して目下の深刻な事態に立ち向かう決意を表明した。そこには、罪、審判、恩寵に重きを置いた（とくにカール・バルトの）聖書神学の影響が明らかである。

国際宣教協議会と「生活と実践」運動は、どちらも教理の問題を避けて通ろうとした。そのため「信仰と職制」と呼ばれる第三の運動が起こり、一九二七年にローザンヌで第一回世界会議が開かれた。しかし、一九三〇年代の状況を見ると、そのように教理だけを切り離して考えても意味がないことは明らかだった。一九三七年、オクスフォードでの第二回「生活と実践」世界会議と同じ月にエディンバラで第二回「信仰と職制」世界会議が開催されたのは、ひとつには世界教会協議会設立案の採択を確実にするためだった。続いて一九三八年にユトレヒトでおこなわれた話し合いで、協議会の根本原理として〔三位一体説を定めた〕ニカイア信条が支持されたことは、近代主義的自由主義の破綻を示している。設立準備のための暫定委員会は、協議会の書記長にW・A・ヴィセルト・ホーフトを任命した。ジュネーヴ、ロンドン、ニューヨークの三カ所に事務所が設けられ、それらを通じて、大戦中もキリスト教指導者は互いに連絡を取り合い、戦後にはすぐさま救済活動や復興支援活動を組織することができた。

こうした三つの運動の相互関係は、「神であり救い主であるイエス・キリストへの信仰を告白する」イギリス諸島の教会の団体として一九四二年に設立されたイギリス教会協議会にも見られる。協議会には、イングランド国教会、ウェールズ教会、アイルランド教会、自由教会、救世軍、キリスト友会が加盟し、信仰と職制、教育、社会責任、国際問題、青年の五つの部局および福音伝道委員会が設けられた。とくに重点が置かれたのは、「クリスチャン・エイド」の前身である教会間援助難民サービスを通じての活動だった。地方委員会が各地にでき、初期には、一九三七年の「生活と実践」会議の運動をさらに進める目的で、「宗教と生活」週間が、協議会の主催で実施された。

こうした教会一致運動に、さらに典礼運動が加わった。この運動の系譜は、フランス人のベネディクト会士で、中世の宗教共同体をモデルにしてソレム修道院を再建したゲランジェ師（一八〇五～一八七五年）にまで遡ることができる。非社会的で後ろ向きのロマン主義および教会至上主義の傾向が強いという難点はあるが、彼の著作はベルギーのランベール・ボーダン師やドイツのマリア・ラーハ修道院のヘルヴェーゲン院長、オード・カーゼル師に大きな影響を与えた。ボーダンは、典礼は、単に見て聞くものではなく、共同行為――「キリスト教共同体全体のなかの一人ひとりが神に導かれること」――であると力説した。カーゼルは、典礼秘義の重要性を強調した。

イングランドでは、アングリカン聖伝道会のゲイブリエル・ヒーバート師の著作が礼拝運動に大きな影響を与えた。彼が翻訳したスウェーデン教会大監督イングヴ・ブリリオスの『福音派教会およびカトリック教会の聖餐』（一九三〇年）を読んだイングランド人は、聖餐を超教派的かつ歴史的な視点で捉え、それを「磨き上げられた切子面のひとつひとつが同じ光をさまざまな角度に屈折させることで美しく輝いている宝石」とみなすようになった。ブリリオスは、聖餐という宝石には、感謝、交わり、記念、犠牲、神秘の五つの切子面があると考えた。『礼拝と社会』（一九三五年）のなかで、ヒーバートは、生活の断片化や、オルダス・ハクスリーの小説『すばらしい新世界』が皮肉に描く安易な物質主義を憂えた。彼は、宗教は単なる個人の見解の問題であり、それが必要だと思う者は選択すればよいという、当時普及していた自由主義的で人間本位の考えの誤りを指摘した。そのような私的な信仰は、当然ながら、社会生活に影響を及ぼすことはできない。より深く基底を探し求めるヒーバートは、それを聖餐に見いだした。聖餐とは、本質的に、為されるものである。それは、儀式によってキリストの贖罪を具象化して記念し、過去と現在と未来を結びつけるものである。しかも、聖餐は、社会的な行為である。この真実を、ヒーバートは、初代教会やとくに聖アウグスティヌスに代わって、つぎのように論証した。

> 教会で神を礼拝することは、日々の生活で神に奉仕することの代わりではない。むしろ、礼拝は、日々の生活に永遠の光を照らすことで神への奉仕を可能にするのである。そして、キリストの贖罪は、個人の罪のみならず社会の罪をも贖うものだから、キリスト教の祈りは、普通、個人が瞑想するというかたちをとらない。信徒たちは、集まって、共に聖餐に与り、共にキリストの内にいる——キリストに結ばれている——ことの意味を学ぶのである。

こうした考えを教区において実行に移すよう説いたのも、ヒーバートだった。彼は、論集『教区聖餐式』（一九三七年）の編者を務めた。一方、A・M・ラムゼー〔後のカンタベリ大主教〕は、『福音と普遍教会』（一九三六年）のなかで、礼拝儀式は、福音およびキリストのひとつの体の意味を明らかにし、全き生活とはどういうものか教えてくれると論じた。

自由教会においては、オクスフォード大学マンスフィールド・カレッジ学長ナサニエル・ミクレムの編著、『キリスト教礼拝』（一九三六年）が特筆に価する。会衆派教会、長老教会、およびメソディスト教会の聖職者や学者（H・ホイーラー・ロビンソン、T・W・マンソン、C・H・ドッド、ジェイムズ・モファット、C・J・カドゥ、J・S・ホエールなど）が執筆し、信徒の生活にとって第一に重要なのは、聖書と伝統にもとづく礼拝であると主張した。

あらゆる精神文化に影を落とす新たなイデオロギーの台頭によりますます重要となった福音伝道、ふたたび優勢となった贖罪重視の聖書主義、教会の一致および断片化した社会生活の再統合を目指す運動、ふたたび聖餐を中心に据えること、これらの要素が織り合わさって、一九四五年当時のキリスト教思想を形成していた。

ロチェスター主教が委員長を務めた国教会委員会の報告書『イングランドの回心に向けて』（一九四五年）は、ミッションを主題に据えた。そのなかで「教会の外にいる人びとへの布教」は、教会の内にいる人びとの霊的再生と不可分であると述べられているが、これは妥当な見解である。その一方で、委員会は、福音を伝えさえすれば回心は起こると考えた。しかし、多くの人びとが問題はそれほど単純ではないことを認識していた。一九四八年のランベス会議は、文化の脆弱性や全体主義の影響力について討議し、キリスト教が根づかないのは精神的土壌が浸食されていることに原因があると分析した。宗教を再生するには、それが育つ文化的な土壌を作る必要があった。こうして、従来の理解にもとづく伝道（一九五四年のビリー・グラハム博士の全国伝道は、その一例）と並行して、ディマントやエリオットの見解に沿った方法も検討された。

国教会と自由教会の関係改善を背景に、大主教ウィリアム・テンプルは、R・A・バトラー〔保守党政治家で教育審議会長〕と協力して一九四四年教育法を成立させた。公立学校と教会学校の二元制度は維持され、教会学校においては教会と国家の協力関係が築かれた。保護者や教師の信教の自由が保障されることを条件に、毎日の礼拝と合意によって定められる授業概要に沿った宗教教育が義務づけられた。教会も国家も、礼拝はキリスト教礼拝でなくてはならず、宗教教育はキリスト教教育でなくてはならないという点では一致していた。そこには、精神文化を抑圧するファシズムへの危機感が明らかである。『キリスト教教育』（一九四七年）および『キリスト教教育再考』（一九五七年）において、スペンサー・リーソン博士は、キリスト教倫理とキリスト教信仰を区別することに強く反対し、世俗化の流れを食い止めようとした。教会学校の務めは子どもを教会に導き入れることである。国家はその目的においてキリスト教国家であり、国家には国の子どもたちの信仰心を育成する責任があることを国家自らが認識していると、リーソンは満足の意を表した。テンプルやエリオットと同様、彼にとって重要な問題は、教育の目的は何かということだった。それは人格教育および公民教育でなくてはならない。個性というものを正しく理解しているキリスト教のみが、この目的を達成する力を与えることができる。イギリス社会がリーソンの思いを実現する方向に進んでゆくかどうかは、すぐには分からなかった。科学的に得られたデータがほとんどないために、キリスト教徒はイングランドの信仰心のあり方を推測するしかなく、イングランド人は敬虔とはいえないが、信仰を捨てる気はないと考える者もいれば、いくら信仰を説いても彼らは今以上に熱心な信徒にはならないと考える者もいた。

一九四五年の総選挙で、クレメント・アトリー率いる労働党が勝利し、新政権は、大規模な社会管理政策および社会福祉政策を遂行した。イングランド銀行、ガス、電気、石炭、運輸が国有化された。一九四二年のベヴァリッジ報告は、一九四六年の国民保険法と国民保健サービス法によってほぼ具体化された。大半のキリスト教徒は福祉国家を歓迎した。ヨーク大主教シリル・ガーベットは、それを、「互いに重荷を担いなさい。そのようにしてこそ、キリストの律法を全うすることになる」という聖書の教えを体現したものとみなした。しかし、一方で、過度の国家統制のもと、個人や地域共同体が責任観念を失うのではないかと危惧する声もあった。さらに、適度な物質的な豊かさは、神の意志の一部ではあるが、国家が国民の精神的要求を顧みずに、物質志向を助長する恐れがあった。同様の懸念から、教会は、一九五六年に創設された賞金付き国債および急増する賭博全般には否定的であった。また、道徳福祉委員会の報告書『断種──キリスト教倫理の見地』(一九五一年)は、断種に対して慎重な姿勢を示した。断種は、それが唯一の治療法ならば正当と認められるが、優生学的な目的や刑罰としておこなわれることはまったく容認できないというのが同委員会の見解だった。カンタベリ大主教ジエフリー・フィッシャーが任命した委員会の報告書『人工授精』(一九四八年)は、夫による人工授精と第三者によるそれとを峻別し、前者のみを正当と認めることで、結婚の神聖さを強調した。教会の癒し協議会は、精神と肉体は互いに他を得てはじめて完全となることを強調し、癒しの活動の調整や医者と聖職者の連携の促進に努めた。英国医師協会は同協議会に三名の代表を送り、後にはカンタベリ、ヨーク両大主教が任命した委員会を支援した。この委員会が出した報告書『教会の癒し』(一九五八年)は、癒しを包括的に論じた有用な手引書である。

宗教が育つ文化土壌を作るための新たな試みが大きな都市で始められた。一九四〇年のドイツ軍の空襲で破壊されたコヴェントリ大聖堂が再建され、和解と平和の象徴となるだけでなく、当時の社会への参加においても中心的な役割を果たした。シェフィールドでは、一九四四年、主教レスリー・ハンターが産業都市ミッションを始めるために、E・R・ウィッカムを司祭に叙任した。ウィッカムは多くの工場経営者と良好な関係を築くかたわら、シェフィールドの教会がたどった歴史を社会学的な観点から考察した。彼の見解は、産業都市ミッションの基本書ともいえる『産業都市の教会と人びと』(一九五七年)に示されている。

彼は、シェフィールドにおけるミッションが長年にわたって克服できずにいる問題を明らかにした。教会は、これまでいちども労働者の多くを自分たちに向かせることができなかった。二〇世紀になると、とくに、戦争、世俗化、物質主義の影響でミドルクラスが教会を離れ、崩壊は決定的となった。このような状況では、ただ福音を説いても失地回復はできない。教会は、それぞれの社会集団の状況と真摯に向き合い、日常的な習慣が組織宗教とは相いれない労働者階級の文化様式を理解したうえで、キリスト教信仰の意味を宗教的な手段によらずに伝える工夫が必要であった。教会はいまだに共同体の生活の中心は教区にあると考えていた。しかし、人びとは、以前よりもはるかに行動範囲が広がっており、ある場所に住み、別の場所で働き、余暇はさらに別の場所で過ごすようになっていた。しかも、良きにつけ悪しきにつけ、地区や地域の境界を越えて広範囲に及ぶ産業や政治の力が社会を形づくっていた。したがって、教会は、世俗の「支配と権威」のもとにいる労働者が神の基準に照らして現世を生きることができるようにするための特別の司牧をおこなう必要があった。以上のような理由から、産業都市ミッションは主として平信徒の手で発展することになった。

ウィッカムの活動が成果をあげたことに触発されて、ロンドンやティーズサイドをはじめほかの多くの大都市圏でも産業都市ミッションが始められた。これらの活動は、すべて超教派でおこなうことを目指し、まず定期的に工場を訪問する許可を得て、工場のさまざまな人間と接触を重ねた。彼らのほとんどは専任の伝道者で、産業の技術過程に加えて産業内の人間関係も把握するだけの時間的余裕があったため、現場における個人や集団に関する諸問題を調査し、建設的な意見を述べることができた。産業都市ミッションがひとつのきっかけとなって、教会やイギリス教会協議会などが産業委員会を設置した。これによって、教会は、産業の最新動向を追うことができるようになり、産業委員会は特定の問題について報告書を作成し助言を与えた。とくに優れた成果をあげたのは、メソディストのビル・ガウランドが創立したルートン産業カレッジである。

産業都市ミッションを補完するようなかたちで、都市の教区では聖餐式と共同体の関係を再構築するための興味深い試みがおこなわれた。シェフィールドの人口一万四〇〇〇人の教区ダーナルで、アラン・エクレストンは、教区民に信徒としての務めを意識させるために、教区聖餐式のなかで視覚教材を積極的に用いた。聖餐式と密接に結びついていたのが、この務めを実行に移す教区集会だった。教区集会は、たとえば、コミュニティ協会を設立し、高齢者のための活動を支援し、世界平和といった問題に取り組んで集会や代表団を組織した。エクレストンは、こうした活動を通じて、会衆がより統制のとれた信徒の集まりとなり、信仰と生活が密接に関連していることについて会衆の理解が進むことで、彼らが地域共同体のなかで責務を果たすことができるようになったと述べた。

アーネスト・サウスコットは、リーズのハルトンのスラム街跡地に建設された五つの住宅団地を担当する教区司祭だった。これらの団地には共同体意識が欠如していた。礼拝運動に忠実に、日曜日の教区聖餐式が礼拝の中心に据えられた。サウスコットと教区集会は伝道を重視し、教え学び互いに助け合う信仰共同体の一員となることの充足感を強調した。彼は、(代替ではなく)補完的な役割を果たすものとして、二種類の「家の教会」を始めた。ひとつは、十分な教えを受けた熱心な人びとを対象とした「集中的な」もので、聖餐式が執りおこなわれた。もうひとつは、それほど熱心ではない人びとを対象とした「包括的な」もので、祈り、勉強、討論が主な活動だった。こうして、何百人もの教区民が、日常のなかにキリストの臨在を感じ、家庭や仕事や隣人のために祈るようになったと、サウスコットは、『生き生きとした教区』(一九五六年)のなかで述べている。

グレゴリー・ディックス師の『礼拝のかたち』は、国レベルから教区レベルにいたる教会生活のあらゆる面に大きな影響を及ぼした(たとえば、ニアズバラ主教ヘンリ・ド・カンドルによって、「教区と人びと」と呼ばれる運動が始められた)。同書の主たる意義は、聖餐式が、式文の言葉を中心としてではなく、最後の晩餐におけるイエスの四つの行為——「パンを取り、讃美の祈りを唱え、パンを裂いてお渡しになった」——を軸として構成されていることを示した点にあった。ジョン・A・T・ロビンソンは、ケンブリッジ大学クレア・カレッジの学生監だったときにおこなった実験的試みについて書いた『生気に満ちた礼拝』(一九六〇年)のなかで、ディックスの著書に少なからず啓発されたことを認めている。祈禱書の聖餐式文には、式中の言葉と行為の意味を説明した手引きが添えられた。とくに、ロビンソンは「奉献は、パンと葡萄酒とともに始まる。それは、われわれの生活が日々の人間関係、家族と社会、仕事と余暇など、日常の世界に根ざしているというところから始まる」として、礼拝と生活は互いに他を得てはじめて完全となることを強調した。礼拝の共同性は、会衆が奉献のみならず聖書朗読や代禱にも参加することによって表現された。式の終わりには教会の外に目が向けられたことが、式文中の「司祭は退場し、執事は式で配られなかった残りのパンを持ってゆき、朝食のときに分ける」という指示書、および「式の後、パンを分かち合うという行為は、社会、さらには、経済、政治の領域において継続されなければならない」という注釈からわかる。

ローマ・カトリック教会において典礼運動を公認したのは、教皇ピウス一二世である。彼の「神の仲保者」（一九四七年）は、典礼のみを扱った最初の回勅だった。自由教会においても、教派の豊かな伝統を礼拝運動や教会一致運動に生かすにはどうすればよいかという問題に強い関心が寄せられた。J・E・ラトンベリは、『ジョンおよびチャールズ・ウェスレー兄弟の聖餐式聖歌』（一九四八年）という研究書を著わした。ナサニエル・ミクレム、J・S・ホエール、バーナード・L・マニングらにより、会衆派教会は厳格なジュネーヴ・カルヴァン主義の伝統を再発見することができた。また、ジョン・マーシュ、ロミリー・ミクレム、ジョン・ハクスタブル、ジェイムズ・トッドは、スコットランド長老派を含む、より広い改革主義の伝統に依拠した『会衆派のための礼拝書』（一九四八年）を上梓した。礼拝運動の影響は、バプティスト教会の聖職者ネヴィル・クラークの『礼拝の勧め』（一九六〇年）にもはっきりと見て取れる。さらに、宗教改革以来ヨーロッパ大陸にはじめて現われたプロテスタント修道共同体であるテゼ共同体への関心が、とくに若者のあいだで高まったことも運動に弾みをつけた。『テゼの聖餐式』（一九五九年、英訳は一九六二年）は、教派を超えた研究や実験的試みの成果をまとめた書物である。また、テゼの修道士マックス・テュリアンは、礼拝についての理解を深めることに大いに貢献した。さらに、共同体は世界中に活動を広げ、困窮地域の極貧者と生活を共にしている。

教会一致運動はインドではすでに頂点に達し、一九四七年九月に南インド教会が誕生したが、イングランドでも、一九四六年一一月の大主教フィッシャーの説教をきっかけに大きく前進した。彼は、キリスト教世界の分裂は恥ずべきことであると率直に認め、組織の統合には賛成しなかったが、教会は「礼拝や秘跡において自由に交わる方向に」進むべきだと提案した。彼は、また、自由教会に対し、「監督制を取り入れ」その性質や有用性を検討するよう提言した。大主教は、カトリックとプロテスタントの対立の原因を探るために、アングロ・カトリックの会議をすでに召集していた。この説教の後、彼は国教会福音派のグループと自由教会の指導者を招いて、同様の問題を討議するよう求めた。一九五〇年、国教会自由教会合同会議は、『普遍性——西洋キリスト教諸教派の対立に関する研究』（一九四七年）、『満ち満ちたキリスト——普遍教会へむけて』

（一九五〇年）、R・N・フルー、R・E・デイヴィス編『プロテスタント教会の普遍性』（一九五〇年）という三つの報告書をふまえて、報告書『イングランドの教会間関係』を作成した。会議は、教会間の交渉がまとまるための六つの条件をあげた。〔一〕各教会は他教会も使徒信条を告白していることを理解する必要がある。〔二〕自由教会は主教制を取り入れる。但し、各教会は、主教職や司祭職の性質について、国教会と同様、自由に解釈できる。〔三〕国教会は、礼拝の相互交流に同意する。〔四〕国教会は、主教によって執りおこなわれる堅信礼が一般的となることを望む。〔五〕主教制を取り入れる自由教会は、すでに友好関係にある非主教制の教会との相互交流を継続する。〔六〕各教会は、同じ地域に類似したふたつの教会が存在する場合、それは、完全合同までの一時的な状態であると理解する。これら六つの要件は、ポール・ウェルズビーが指摘するように、以後三〇年間教会間の対話の基盤となったが、交渉が暗礁に乗り上げる要因でもあった。

　最初の公式協議は、国教会とメソディスト教会のあいだでおこなわれた。協議は一九五五年に始まり、一九五八年に出された中間報告書では、見解の一致点にとどまらず、「最終的な目標は有機的統合である」として両教会の聖職団と教職団の統合に伴なう「フル・コミュニオン」〔教会間の相互承認〕の聖職の青写真も示された。一方、イングランドとスコットランドの国教会の協議は二〇年に及び、スコットランド監督教会とイングランド長老教会も話し合いに加わった。しかし、スコットランド国教会総会は教会代表団と意見を異にし、「長老会のなかの主教」というかたちで監督制を受け入れることを拒否した。

　第二ヴァチカン公会議以前の英国教会とローマ・カトリック教会の関係は、どちらかといえば疎遠だった。唯一、社会秩序の問題に関して、国教会は、カトリック教会の「霊の剣」運動と協力関係にあった。たしかに、一九四九年に出された教皇庁教理聖省訓令「教会一致運動について」は、カトリック教徒が、「キリスト教の根本原理や自然法を擁護するための共同行動に関して」他教会と協議することや、「社会秩序の再建および同様の問題に取り組むこと」を認めたが、国教会の職制は依然無効とされた。さらに、国教会は、聖書のなかに根拠がないと考えられる教義は救いに必要ではないという立場をとっていたため、一九五〇年に教皇庁が聖母被昇天を教義と定めたことは、両教会の関係を悪化させた。

　英国教会と東方正教会の関係はより親密だった。これは、聖アルバヌス・聖セルギウス団（一九二八年結成）が主催する行事や年会、および同団が発行する雑誌『ソボルノスチ』を通じて、国教徒と正教徒が時間を共に過ごし、互いの信仰や性格を理解することができたからである。多くの国教徒が、東方教会はこれまで初代教会に深く根ざした宗教生活を維持しており、西方教会で生じたような激しく不毛な論争を経験しなかったと認識するようになった。また、礼拝運動を通じて再発見された真理は、共同体の概念を内包する「ソボルノスチ」という言葉に見られるように、東方教会においては通常の生活の一部であることが分かった。さらに、東方正教会から優れた神学者が絶えず輩出しており、セルゲイ・ブルガーコフ、ゲオルギー・フロロフスキー、ニコライ・ベルジャーエフ、ニコライ・ゼルノフなど多くの者が西欧に亡命したため、彼らの著作は広く読まれた。

第二次世界大戦直後に教会がもっとも憂慮した国際問題は、原爆と共産主義だった。大戦は、広島と長崎への原爆投下で終結した。イギリス教会協議会は、原子力と原爆に関する委員会をいち早く設置した。権力、法、民主主義といった問題を検討した委員会は、報告書『原子力時代』（一九四六年）を作成した。この報告書からは、現代戦を経験したキリスト教徒が道義的に非常に難しい選択を迫られていたことが窺える。委員会は、いかなる状況でも原爆を使用すべきではないと考える委員と、キリスト教徒には必要ならば核抑止力により人びとの基本的権利と自由および諸制度を守る義務があることを強調する委員とのあいだで、意見が二分した。国教会は、イギリス教会協議会の報告書を検討する委員会を任命した。この委員会が出した報告書『教会と原子力』（一九四八年）は、広島や長崎に原爆を投下する正当な理由は見いだせないと述べる一方で、正戦の概念を援用して、核兵器の保有を擁護し、状況によっては、防衛の必要から、悪辣な侵略者に対し核兵器を使用することも正当と認められると主張した。これに対して、「必要」の概念を用いることで核兵器使用に関して許容しすぎである、あるいは、キリスト教会独自の見解を打ち出していないといった批判の声が上がった。人びとは核兵器庫の増加と資源の浪費に苛立ちを募らせ、一九五八年には、セント・ポール大聖堂参事会員ジョン・コリンズが議長を務める核軍縮運動（ＣＮＤ）が結成された。運動は原子力を軍事利用しないことを宣言するようイギリス政府に求め、バークシァのオルダーマストンとロンドンのあいだで反核行進を始めた。

ソ連が東欧諸国に共産主義政権を樹立させ、ベルリン封鎖をおこない、極東では、一九四九年に毛沢東を主席とする中華人民共和国が成立し、翌一九五〇年には、韓国が北朝鮮軍に侵略されるという状況のなか、ファシズム打倒のために戦ってきた人びとは、もうひとつのイデオロギーに目を転じた。一九四九年には、ソ連は核実験をおこなえるだけの知識を有していた。ファシズムに対してなされた批判は、こんどはこの新たな脅威に向けられた。一九五三年に批判一辺倒ではない共産主義論が現われた。ロナルド・マッキノン編『キリスト教信仰と共産主義信奉』は、道徳を階級闘争に従属させる共産主義を強く批判した。しかし、同書はただ共産主義を批判するのではなく、その理解にも努めた。経済の力学を暴くことをめざす共産主義が、信奉者に歴史のなかに希望を見いだす力を与えているのは確かだった。執筆者のなかには、キリスト教は、いくつかの点で五〇年前に流行した（T・H・グリーンらが唱えた）理想主義哲学とよりも、マルクス唯物論と共通する部分が多いと考える者も何人かいた。なぜなら、キリストの人性、受肉、復活といった教理は、キリスト教が霊的なものだけでなく物質的なものについても真剣に考え、歴史上のある特定の出来事をもっとも重視していることを示しているからである。マッキノンは、「聖餐式をおこなうことによって、個人は、日々の生活において、自らの救いの根源——ゴルゴタの丘での磔刑および空の墓——と結びつけられる」として、礼拝との関連を指摘した。血と肉によってなされた行為を讃美し、世界の救済を展望するキリスト教だけが、マルクス唯物論と対抗できる。この書物が出版された年にスターリンが死去した。その三年後には、フルシチョフがスターリン批判をおこなった。一九五六年のソ連軍によるハンガリー反体制運動の鎮圧は、西側の激しい非難を浴びたが、東西関係はしだいに緊張緩和へと向かった。

世界教会協議会の第一回会議は一九四八年にアムステルダムで、第二回会議は一九五四年にイリノイ州のエヴァンストンで、それぞれ開かれた。両会議は、全体主義的共産主義に矛先を向けるとともに、自由放任資本主義の弊害を緩和し、より公正な経済秩序を見つけ出そうと模索した。「責任ある社会」という包括的な概念が、西側のキリスト教徒の考えを明瞭に示している。しかし、一九五〇年代に、西側諸国以外の教会が数多く加盟したのを反映して、一九六一年の第三回会議はニューデリーで開催された。同会議は、東方正教会の加盟も歓迎した。共産主義批判はあまり聞かれなくなり、代わって、植民地主義と新植民地主義、および、人種差別と人種平等に目が向けられた。トレヴァー・ハドルストン『何の慰めも言えず』（一九五六年）やアラン・ペイトン『叫べ、愛しの国』（一九四八年）の真に迫る描写により、南アフリカの人種隔離政策に世間の注目が集まった。

一九六一年六月に第一〇〇代カンタベリ大主教に就任したアーサー・マイケル・ラムゼーは、就任説教「神は誰の心に触れたか」のなかで、教会一致の追求、「礼拝の順序立てや見直しにおける裁量の付与」、社会への教会の関与という、三つの優先事項をあげた。「われわれは、産業の世界、科学の世界、芸術や文学の世界、目や耳に触れる世界に奥深く入るよう努力すべきである。その際、人びとに教えを説くだけでなく、彼らの声に耳を傾けなければならない」。とくに、これらの事柄に取り組む際に必要なのは、「つねに超然としていること、少し離れたところで静かに神に仕えんとすることである。さもないと、われわれは日常に忙殺され、神の臨在に気づかずにいるだろう」。

一九五二年にスウェーデンのルンドで開かれた第三回「信仰と職制」世界会議は、諸教会の見解の相違点よりも一致点に焦点を絞り、信仰上の理由で別々に行動することがやむをえない場合を除いて、教会はあらゆる問題に対して共同行動をとるべきであると提議した。一九六四年にノッティンガムで開催されたイギリス教会協議会「信仰と職制」会議は、「教会合同——使命に向けての再生」をテーマに掲げ、希望に満ちた雰囲気のなか、イギリスの教会に対し、一九八〇年の復活祭までに「合同を実現するため、共に祈り努力することを誓約する」よう呼びかけた。もっとも実現可能性が高いと思われたのは、国教会とメソディスト教会の関係だった。両教会の協議の後、一九五八年に出された報告書は、完全合同にいたるまでのふたつの段階を提案した。第一段階では和解礼拝がおこなわれ、両教会の聖職団が統合される。また、メソディストは主教制を受け入れる。但し、それは、メソディスト教会の制度的欠陥を意味するものではなく、メソディストは国教徒と同様、主教制の性質について自由に解釈できる。一世代以内に第二段階へと移行し、両教会は合同委員会を設置して意見交換し、和解礼拝の見直しや共通の聖職按手式文の作成などをおこなう。和解礼拝の趣旨は、按手によって、聖職者一人ひとりが、もう一方の教会の聖職者は授かっていて自らは授かっていない神の恵みを受けることにあった。このため、按手の意味が曖昧になるのは避けられなかった。以前から、メソディストのなかには、全信徒祭司の原則と矛盾するような主教職や司祭職に反対する者がいた。一方、アングロ・カトリックや国教会福音派は、それぞれ正反対の立場から、按手の意味の曖昧さを批判した。一九六九年七月に、メソディスト協議会は、僅差で合同を支持したが、国教会聖職者会議では、合同案は必要得票率七五パーセントに達しなかった。一九七二年にふたたび投票がおこなわれたが、得票率は前回をさらに下回った。

国教会・メソディスト教会合同案に対しては、教会上層部の関心事にすぎないという批判があった。一九六七年にイギリス教会協議会が「地元教会がどの程度教会一致を理解しているか調査するために」企画した「近隣の人びと」と呼ばれる研究事業は、地域社会における教会一致運動に弾みをつけた。これにより、教派の垣根を越えた相互理解や友好が生まれた。国教会は一九六八年、自由教会ではすでに長くおこなわれていた、聖餐式への他教会信徒の参加をようやく認めた。また、自由教会のあいだで、教会共有への動きが顕著となり、一九六九年に教会建築物共有法が成立すると、国教会もこの動きに参加した。同年、イギリス教会協議会は、手引書『教会一致実験指定地域』を出版し、一九七三年には、イングランド教会一致現地事業諮問協議会が発足し、すべての主要な教会がこれに加わった。また、イギリス教会協議会は、各教派の刷新運動である、国教会「教区と人びと」運動、メソディスト刷新会、バプティスト刷新会、会衆派教憲会をひとつにまとめて、キリスト教刷新団結運動を起こした。運動のメンバーは、相互理解、教会一致の必要条件である教会刷新、そして、社会的証しに努めた。

キリスト教刷新団結運動第一回会議には、ローマ・カトリック教徒も参加した。これは、教皇ヨハネ二三世が召集した第二ヴァチカン公会議（一九六二～一九六五年）により、教派間関係に大きな変化がもたらされたことを物語っている。公会議に向けての準備の一環として、キリスト教徒団結促進事務局が設置され、一九六〇年には、フィッシャー博士が、カンタベリ大主教としては一三九七年以来はじめて、ローマを訪問した。公会議は、カトリック以外の教会に、発言権を有する陪席者として参加するよう呼びかけ、会議の期間中、国教会の代表団は、ローマに居住した。公会議が採択した一六の文書のなかに、「教会一致に関する教令」がある。教令は、救いの方法を完全なかたちで内に含んでいるのは、ローマ・カトリック教会だけであるという従来の主張を繰り返したが、同時に、洗礼を受けた者は皆、神と特別な関係にあり、聖書というかたちで共通の遺産を享受し、聖体拝領を通じてひとつの絆で結ばれていることを積極的に認めた。一九六六年三月に、ラムゼー博士は、全聖公会（世界聖公会）の長としてヴァチカンを公式訪問し、カンタベリ大主教とローマ教皇は、対話を始め合同への道を探る意向を表明した。会談の結果、聖公会機構がローマに設立され、次いで、聖公会‐ローマ・カトリック教会国際委員会（ＡＲＣＩＣ）が発足し、一九七〇年に初会合をおこない、さらには、一九七四年に、イングランドＡＲＣＩＣが活動を開始した。一九六八年に、教皇パウルス六世の回勅「人間の生命について」が出されると、両教会は、産児制限の問題に関しては、互いに見解が異なることを認めるほかなかったが、これによって、関係が冷却するようなことはなかった。一九六八年のランベス会議のために用意された論集『ランベス教会一致論』（一九六九年）のなかで、ラムゼー大主教は、教会一致の諸原則を述べ、教会間交渉は「教会一致に向けての活動のごく一部にすぎない。なぜなら、聖なる礼拝、神学、伝道等を通じての教会刷新、および、教会刷新へのキリスト教徒同士の相互関与も、その活動のなかに含まれるからである」と強調した。一方、カトリック教徒のグレゴリー・ボームは、第二ヴァチカン公会議がもたらした変化として、カトリック以外の教会も現実の教会と認められたこと、および、キリスト教会の団体性が確認されたことをあげた。彼は、合同礼拝、対話、共同事業を通じて、自己理解を深め、福音により忠実に教理を再解釈することができたという経験から、教会一致運動を支持した。

第二ヴァチカン公会議が採択したもうひとつの重要文書は、「典礼憲章」である。これは、ローマ典礼刷新の指針を定め、典礼運動の成果を追認したものである。典礼は、キリストの行為であり、公的礼拝は、始めから終わりまで、キリストの体（である教会）の頭（＝キリスト）と手足（肢体）（＝キリスト教徒）によって執りおこなわれる。したがって、信徒には、儀式に積極的に参加し、自らの行為の意味を十分に理解することが求められる。そのために、「儀式は、崇高かつ簡素でなくてはならない。聖書を心から愛するよう促し、ミサでは聖書朗読により多くの時間を費やすことが必要である」。また、説教の重要性も強調された。「典礼憲章」にもとづき、『ローマ・ミサ典礼書』ラテン語規範版が翻訳され、英語版は、一九六九年に出版された。

一九六〇年代にはほかの教派でも礼拝の見直しが進められた。国教会は、一九六四年に礼拝に関する委員会を設置し、一九六五年の祈禱書法により、新たな形式の礼拝を実験的におこなうことが可能となった。こうして、国教徒は続けて三種類の礼拝を試みることになった。メソディスト教会は、一九六八年から新形式の日曜礼拝を試験的に始め、一九七四年に式文の確定版が承認された。現在、この主日礼拝式文は、ほかの礼拝式文とともに一冊にまとめられている。イングランドとウェールズの長老教会は、一九六八年に三種類の聖餐式文を定めた祈禱書を作成した。これは、アイオナ共同体から着想を得ている。ジョージ・マクラウドが創設したアイオナ共同体は、ミッションの原動力として礼拝をもっとも重視し、礼拝運動に学び、聖餐と社会正義を明確に結びつけた。バプティストでは、アーネスト・A・ペインとスティーヴン・ウィンウォードが、二種類の聖餐式文を収めた手引書『キリスト教礼拝式文および祈禱文』（一九六〇年）を編集した。ふたりは、「聖餐を稀にしかおこなわない、あるいは、聖餐を礼拝式の付随物とみなすのは、使徒時代の礼拝からの逸脱である」と論じた。

一九六〇年代には、礼拝に関する教派間協力も盛んだった。聖書新訳合同委員会には、キリスト友会や英国内外聖書協会を含むイギリスのほぼすべての教派が加わった。『新英訳聖書』は、一九六一年の新約の部と一九七〇年の旧約および外典の部の二段階で刊行され、従来の訳やローマ・カトリック教会の『エルサレム聖書』（一九六六年）、『現代英語訳聖書』（別名『福音聖書』、一九七六年）などとともに、今日よく用いられている。一九六三年に、これもイギリスのほぼすべての教会が集まって礼拝合同協議会が発足し、報告書『日課の祈り』（一九六八年）と『聖週礼拝』（一九七一年）を出した。協議会の論集『礼拝刷新』（一九六五年）からは、礼拝に関して、教会間で見解の相違はほとんどなかったことがわかる。とくに興味深いのはスティーヴン・ウィンウォードの論文で、彼は、外的礼拝と内的礼拝の関係、および、聞くことと見ること（ホートン・デイヴィスの言葉を借りれば、「耳の門」と「目の門」）のバランスについて考察した。もっとも長い論文を書いた長老派のR・アレド・デイヴィスは、礼拝とミッションは互いに他を得てはじめて完全となることを論じた。もうひとつの超教派の試みとして、国際英語礼拝式文審議会があり、ローマ・カトリック教会を含む英語圏の主要教会が加わった。審議会は、主の祈り、使徒信条、聖歌「テ・デウム（神を讃美する歌）」、聖餐式の唱和部分等の各教会共通訳『共通祈禱文』（一九七〇年）を試験的に作成した。

こうした超教派の試みは、主に、R・C・D・ジャスパー博士の指導のもとで進められたが、「〔凶報と違って〕吉報は取り沙汰されない」もので、ほとんど世間の注目を集めることはなかった。しかし、それは、一時的にメディアの注目を浴びるような話題よりもはるかに大きな活力を教会に与えるものだった。一九六〇年代には、国際緊張の緩和とマクミラン政権下の好景気を背景に、宗教に懐疑的な声が一気に高まり、世俗主義に関する書物が多数出版された。一九三九年、T・S・エリオットは神を畏れぬ社会の到来を回避する唯一の方法として、キリスト教社会への回帰を唱えた。一九六三年に、D・L・マンビーは、『世俗社会の理念』において、中立で、多元的で、寛容で、現実的な世俗社会のほうが、大衆にキリスト教の理念を押しつける社会よりも、神と人との契約に即していると論じた。多くの人びとにとって、キリスト教信仰と世俗とのあいだに折り合いをつけることは、まったく問題ではないように思われた。事実、聖俗の区別をなくすことが聖書の主旨ではなかっただろうか。

論争に火をつけたのは、ジョン・ロビンソンの『神に正直に』（一九六三年）だった。ロビンソンがやや強引な議論を展開したこと、および、彼がウリッジ主教だったことから、同書への反響は大きかった。彼は、自身が超自然的倫理と呼ぶ、「超越した」神が定めた絶対的な諸規則からなる倫理は、世俗社会に何ら影響を与えず、イエスの教えと一致しないと論じた。彼は、プロテスタント神学者パウル・ティリヒの理論に依拠して、あらゆる有限の関係においてそれらの本源的な意味として立ち現われる聖なるものや絶対的なものに注目した。キリスト教倫理において唯一絶対的なものは愛である。愛には、道徳の羅針盤が内蔵されており、それによって、愛は、直感的に他者が心の奥底から必要としているものへと向かって進み、状況に応じて自在に方向を変えることができる。このように、ロビンソンは、ブルトマンやボンヘッファーの理論を援用して「成熟した人間」のための実存倫理を提示した。

多くの人びとがロビンソンの考えに共鳴したことは間違いない。実際、一九六〇年代を通じて、自由化の気運は高まっていった。一九五七年のウルフェンデン報告により、同性愛合法化への道が開け、一九六〇年には、自殺および自殺未遂が、犯罪とみなされなくなった。一九六七年に中絶法が緩和され、一九六九年の法律では、配偶者の不法行為に代わって婚姻破綻が離婚申し立ての最低要件と認められた。教会は、『自殺は犯罪なのか』（一九五九年）、『中絶』（一九六五年）、『引き離す』（一九六六年）等の報告書を作成して、こうした立法に大いに寄与した。後になって、キリスト教徒は、とくに中絶と離婚に関して、世俗社会が教会の善意を利用したことに気づいた。

規範や慣習に対する反発は若者のあいだに強く、対抗文化が生まれた。この文化の根底には、たしかに物質主義の時代風潮への幻滅があったにせよ、とくに麻薬中毒に代表されるような大きな犠牲を生むことになってしまったのも確かである。社会的弱者のための活動に携わるキリスト教徒は、いわゆる「状況倫理」は、状況につけこむような者に対しては無意味であることを認識していた。相次いで、論者が、状況倫理は明瞭さを欠き、性に偏重し、空想的で個人主義的であると強く批判した。

一九四四年教育法にもかかわらず、キリスト教徒の市民が育たないことが明らかになると、宗教教育の目的の見直しが必要となった。一時は、自由主義的な宗教教育や倫理教育が優勢に見えたが、ダラム主教イアン・ラムゼーを委員長とする委員会が、報告書『もうひとつの基礎学科――宗教教育』（一九七〇年）を提出したときには、子どもたちが自ら信仰を見いだすことができるように、宗教の全体像を把握させるべきだという考えが出てきた。『もうひとつの基礎学科』は、教育におけるキリスト教特有の役割に関心を向けた。ラムゼーは、また、学問分野の異なる、さまざまな経験や専門技術を有する人びとが、共同して倫理問題に取り組むことの重要性を強調した。一九六四年に、宗教医学研究所が設立され、聖職者、医者、その他の専門家が集まって、健康と治療に関する研究をおこなったが、その際に指導的役割を果たしたのがラムゼーだった。

キリスト教徒のなかには、麻薬常用者や社会と何らつながりを持たない若者を対象とした活動に携わる者もいた。彼らは、対抗文化のなかに、真の霊性の探求という要素があることに気づいた。インドの導師《グル》の教えを聞くために若者が東方に旅立つのを見て、キリスト教徒は、キリスト教の霊的伝統について自問した。ソーホーで麻薬常用者を対象とした活動に携わっていたケネス・リーチは、『神に正直に』について、キリスト教の「霊的伝統の崩壊が行き着くところまでおこなった」と述べた。彼の『魂の友』（一九七七年）や『真実の神』（一九八五年）などを通じて、キリスト教の霊性への関心が、ふたたび高まった。一九六三年に翻訳が出版されて以来、ミシェル・クォスト著『生活の祈り』は、イギリスで広く読まれた。社会における修道共同体の存在価値が再評価され、多くのイギリス人が、とくにロシア正教会府主教アントニー・ブルームによって示された東方正教会の豊かな霊的伝統から霊感を受けた。

一九六〇年代以降、国教会福音派がより広い視野を持つようになったことは注目に値する。一九六七年にキールで開催されたイングランド福音派会議は、社会責任、教会一致、および、国教会の中心的な共同礼拝である毎週の聖餐式の重要性を強調する声明を出した。この歴史的転換の立役者は、ロンドン、ランガム・プレイスのオール・ソールズ教会牧師ジョン・ストットである。こうした動きのなかから、グローヴ出版社の小冊子シリーズが生まれた。

大主教ラムゼーは、『神とキリストと世界』（一九六九年）のなかで、一九六〇年代の神学を振り返った。一九六〇年代は、過去の伝統への愛着も、来世への関心も見られなかった一〇年であり、道徳の権威が否定され、歴史感覚が薄らぎ、人間を解明し人間の欲求を満たす万能の科学技術への信頼が高まった一〇年だった。ラムゼーは、神の超越性を再認識し、崇敬の念を取り戻すよう説いた。「神学が、世俗の誤った通念と同化してしまう危険性がある……われわれは、絶対他者である神を畏れ崇める礼拝者であることをやめ、自らの罪の赦しを求めなくなったとき、越えてはならない一線を越えてしまう。その時点から、世俗的キリスト教は、危機に直面することになる」、と。しかし一方で、彼は就任説教で述べたことを繰り返した――「世俗社会に教えを説くだけでなく、それから学ぼうとしなければ、神学は、無意味なものになるだろう」。大主教は、同時代の世界のみならず、過去および永遠の世界も受け入れるよう説いて、「過去と現在、来世と現世を受け入れるキリスト教徒がもっとも鮮明なかたちで見いだしうるキリストは、聖餐式のパンと葡萄酒である……聖餐式は、預言である。そこでは、われわれが神にまみえるように、そして、神の御国が訪れるようにと、祈りが捧げられるのである」と結んだ。

一九七二年に、イングランド長老教会と会衆派教会が合同し、合同改革派教会が成立した。類似したふたつの教会の合同にさえ、かなりの困難がともなったことは、教会一致への道のりの険しさを予感させた。合同改革派教会は、さらなる合同に向けての方策を検討する教派間の話し合いを提案した。一九七四年に教会一致委員会が発足し、モラヴィア教会やローマ・カトリック教会もこれに加わった。一九七六年に委員会は今後の交渉の基盤として一〇項目の議案を提示した報告書『生活とミッションの見える一致』を作成した。これに対する諸教会の反応は、即座に否決するか、意見が分かれて決議できないか、あるいは、種々の条件をつけて受諾するかのいずれかであった。このため、一九八二年に交渉は中止された。

これと並行して、プロテスタントの諸教会、東方正教会、ローマ・カトリック教会のあいだで、二教会間協議が数多くおこなわれた。もっともよく知られているのは、聖公会－ローマ・カトリック教会国際委員会（ＡＲＣＩＣ）である。委員会は、聖餐（一九七一年）、職務（一九七三年）、教会の権威（一九七六、八一年）に関する声明書を出した。これらは、さらに敷衍されて、最終報告書（一九八一年）にまとめられた。世界教会協議会は一九八二年にいわゆる「リマ文書」、『洗礼、聖餐、職務』を作成したが、その際に多数のキリスト教徒が招かれて質疑に参加し、報告書を承認した。

一九五〇年に、レナード・ホジソンは、つぎのように述べた。「意見交換を通じてはじめて、キリスト教徒は、互いに、相手の信仰や礼拝がどのようなものであるか実感することができ、そのように実感してはじめて、それらを理解することができる。そして、そのような理解を積み重ねることではじめて、われわれは、教会一致という夢を実現する術を見いだすことができる」。今日、地域社会における教派間の交流は、四〇年ほど前に比べると、かなり深まっている。そのような交流に、「一体何のために教会はあるのか」（一九八六年）のような四旬節ラジオ講座が果たした役割は大きい。カリスマ運動に参加することで、多くの人びとが、教派の境界を意識しなくなった。また、主流教会に代わる「もうひとつの教会」も数多く現われた。「もうひとつの教会」は、社会活動に力を傾け、社会と既存の教会に批判的である。さらに、「家の教会」や共同生活といった実験的試みも数多くおこなわれた。もうひとつ、近年の現象として、カリブ系黒人キリスト教徒の霊的・文化的要求に応える黒人教会の増加がある。イギリス・アイルランド教会協議会（旧イギリス教会協議会）は黒人教会と協議を重ね、また、多くのキリスト教徒が協議会の組織した「見知らぬ者同士ではなく同じ巡礼者として」と呼ばれる三年間の教派間協議に加わり、共通の証しを模索してきた。

　近年のイギリス社会における注目すべき動きのひとつに、フェミニズム運動の高まりがある。フェミニズム運動は、女性の人間としての尊厳が十分に尊重されるよう求める女性たちの運動である。彼女たちは、男性は歴史を通じて自らの支配と女性の従属を維持できるように社会全体を構築してきたと強く批判している。この運動に対して神学の立場から支持する声が多く聞かれた。運動が教会生活における女性の位置づけにどのような影響を与えるのかまだ明らかではないが、最大の焦点となっているのは、女性の叙階である。自由教会は何の問題もなく女性聖職者を認めたが、ローマ・カトリック教会と東方正教会は、女性の叙階に断固として反対している。予想どおり国教会では意見が二分し、以前からの教会内諸派の対立と相俟って、状況は錯綜している。一九九二年一一月におこなわれた投票の結果、国教会は女性の聖職按手を認めたが、これで問題が解決したわけではなかった。このように、教会一致運動の行く手には、女性聖職者問題という新たな障害が立ちはだかっている。

　今日までに、イギリスの教会の大半が、長期間を要した礼拝見直しの作業を終えている。たとえば、国教会では、一九八〇年に『併用祈禱書《オルタナティヴ・サーヴィス・ブック》』が作成され、一九八〇年代を通じて正規の祈禱書として用いられた。多くの国教徒が、ほとんどの教会で『祈禱書』が使われなくなったことを嘆き、新しい式文には表現の豊かさがないと主張したが、プラスの面も大きいことは確かである。あらかじめ知っていないと、ある儀式（または、ある建物）がどの教会のものか、特定するのが難しくなっている。これは、全般的な凡庸さを示すものではなく、むしろ礼拝運動の成果が広く行き渡っている証拠といえる。これらの成果は、徹底した礼拝史研究によるものであると同時に、ミッション、および、社会に積極的に関与するキリスト教徒の育成に対する聖職者の深い関心から生まれたものでもある。

教会の社会思想や社会活動の質は、総じて高い。ほとんどの教会で、社会責任委員会が設けられ、最新の動きを追い、経験のある専門家から意見を聞き、教会の対応の指針を定めた報告書を作成している。

教会は、一九六七年中絶法の運用に不満を抱いているが、大幅な法改正の試みは、これまでのところ成功していない。一方、安楽死に関しては、教会は、『満ち足りた死について』（一九七五年）といった文書や、愛情をもって末期患者を看護するホスピス運動を通じて、法律緩和を阻止することができた。また、精神障害者の要求や能力への理解も深まりつつある。すべての教会が、添い遂げるべしというキリスト教の教えを固守しつつ、同時に、婚姻が破綻した人びとに深い同情を寄せるにはどうすればよいかという問題に取り組んでいる。こうした取り組みの一例として、国教会は、『結婚、離婚、教会』（一九七一年）および『結婚と教会の務め』（一九七八年）を出版した。

イギリスの人種関係は大きな問題であり、多くの教会が専門の部局を設けている。差別の訴えを審理し、人種間の緊張を緩和する措置を講じる人種関係委員会を設置した一九六五年人種関係法、および、差別的言動を直接取り締まり、機会均等の実現に努める人種平等委員会を設置した一九七六年人種関係法は、教会の支持を得た。非常に困難な状況のなか、教会が勇気ある活動をおこなっていることを、多くのキリスト教徒は知らず、しかも、自らの内に潜む人種偏見にも気づいていない。ケネス・リーチの『バビロンでの戦い』（一九八八年）が示すように、社会全体に差別が蔓延しており、道のりは、途方もなく険しい。

一九六〇年代の好況期に続く不況期は、産業、労働、失業、余暇といった問題に、教会の目を向けさせた。雇用創出に力を傾ける教会もあれば、慢性的な雇用不足をもたらす技術革命を分析する教会や、従来の支配的な労働観にもとづく生活様式に代わる新しい生き方を首唱している教会もある。こうした問題を通じて、キリスト教徒は、経済制度への批判を強めた。今日の産業都市ミッションが、今後進むべき方向を議論し、工場訪問を続けると同時に、より広い構造問題に取り組んでいることは注目に値する。

圧力団体のみならず教会指導者も、慢性的な貧困に目を向けた。メソディスト教会は、「貧者に寄り添うミッション」を開始し、続いて、国教会が報告書『都市における信仰』(一九八五年)を作成した。報告書は、「教会と国民」の問題について考え、都市の重点地域における国教会の活動成果を問い、今後はできる限り教派を超えて計画を策定するよう提言した。一九八〇年代には、教会は、政府が有効な政策をとらなかったことから、環境、原子力、核兵器といった問題を取り上げて議論した。同じ理由で、南部アフリカの問題(南アフリカの人種隔離政策、および、近隣諸国に対する南アフリカ政府の安全保障政策)も議論された。特筆すべきは、カトリック海外開発基金(CAFOD)およびカトリック国際関係研究所である。両団体は、教皇パウルス六世の回勅「諸民族の進歩推進について」(一九六七年)の精神にもとづいて、活動を展開している。高名な経済学者であるバーバラ・ウォードとフリッツ・シューマッハーは、死ぬまで、両団体の発展のために尽力した。

一九七九年以降、国教会を含む諸教会と保守党政府とのあいだで、意見の衝突が頻繁に見られた。貧困と中心市街地、核兵器、セント・ポール大聖堂でのフォークランド戦争戦没者追悼礼拝、南アフリカといった問題をめぐって、激しい意見の応酬があった。その一方で、保守党は、キリスト教徒の幅広い支持を得ており、キリスト教思想が、「新右翼《ニューライト》」に色濃く反映している。しかし、この思想は、厚みがなく、経済格差が拡大する国の富裕層に都合の良い論理であるように思える。

総じて、今日のイングランドの教会は、世俗社会のなかにあって、ほとんど力を失ってしまったかもしれないが、それでも、広く人びとの尊敬を集めていることは確かである。教会の社会関与は、確かな知識にもとづいた、非常に考え抜かれたものであり、ときには、多大の費用を要することもある。教会の倫理は、もはや、一時的な流行に囚われず、深層において神学や霊性と密接に結びついている。教会は、これまで以上に団結しており、教会一致運動の行く手には、依然、渡らなければならない危険な海があるが、礼拝運動を通じて取り戻したものを互いに共有することで、教会は、いまや、航海に耐えうる堅牢な船を手にしている。そして、賢明なキリスト教徒なら、この激動の五〇年間に授けられた知恵を忘れることなく、今後も大切にしてゆくだろう。

第25章　現代イギリスにおける宗教の多元性

ポール・バダム

宗教や思想の多元性は、二〇世紀末のイギリス社会に顕著な特徴のひとつである。そこには、合意はもちろんのこと、合意成立の前提とすべき枠組みさえも存在しないかのようだ。「誰もが信教の自由を認められている」ことや、「各人の信仰に、優劣はない」などといったことは、民主的な社会では、多くの人びとにとって、自明のものとなっている。たしかに、これはある意味で正しい。信教の自由は、先人たちの大きな犠牲のうえに成り立っている自由であり、「宗教を格づけする」ことの難しさは、広く認識されている。学問的見地からすれば、判断する基準が定まっていないという問題がある。また、人種的・民族的な融和の観点からも、あるいは、単に良識や配慮の問題からも、宗教の格づけが可能であると示唆するだけで不謹慎とみなされるだろう。しかしながら、すべての宗教体系が、等しく揺るぎないものであるとは限らず、すべての道徳体系が、等しく人間社会に有益であるとは限らないというのが実情である。評価し判断することは、原理的に可能なはずであり、永遠の視点に立てば、絶対に可能である。しかし、われわれは今のところそのような視点を持っておらず、宗教の多様性にただ驚きの目を見張るしかない。

いずれの世論調査でも、大多数のイギリス人が「自らをキリスト教徒と呼んでいる」事実をあげる者がいることをもって、宗教の多元性に疑問を呈する研究者もいる。人びとのそのような自己認識に注目することは重要であり、後述するように、「残余の」、「民間の」、あるいは、「教会外の」キリスト教が、イギリス人の生活構造に大きな影響を及ぼしていると考えられる。しかし、宗教を評価するにあたっては信仰の実践に目を向けるほうが適切であり、その場合、イギリスの宗教地図は、つぎのようになる。つまり、礼拝に出席しないキリスト教徒五五パーセント、無神論者あるいは不可知論者二七パーセント、礼拝に出席するキリスト教徒一〇パーセント、キリスト教以外の宗教を信仰する者八パーセントである。言葉よりも行為が「実際の」考えを反映すると仮定するならば、礼拝に出席しないキリスト教徒は、生活様式において他宗教の熱心な信者とよりも不可知論者と多くの共通点があり、また、礼拝に出席するキリスト教徒は、信仰の実践において世俗主義者とよりも他宗教の礼拝を実践する者と多くの共通点がある。一方、意識と行為をそれぞれ独立したものとみなした場合、状況はより複雑になる。なぜなら、礼拝出席者や聖職者のなかには、非宗教的な世界観を持つ者が少なくない一方で、礼拝にいちども出席したことがない人びとのなかには、伝統的な教義を信じ、公立学校に通う子女にキリスト教教育を受けさせたいと望む者が多数いるからである。状況は非常に複雑であるので、いかなる一般論も注意深く検討する必要がある。たしかなのは、人びとの考えも行為も多様で、両者のあいだに必ずしも相関関係がないことである。

現代イギリスにおける宗教の多元性を考察する場合、まずは、さまざまな教派や信仰共同体の熱心な信者の宗教実践に目を向けるのも、ひとつの方法である。本書の他の執筆者が、国教会、主要な自由教会、ローマ・カトリック教会の近年の歴史を論じているので、本章で取り上げるのは、それら以外、すなわち、独立教会、アフリカ系カリブ教会、ペンテコステ教会、セクト、新宗教運動、および、ユダヤ教、イスラム教、シーク教、ヒンドゥー教、仏教などのキリスト教以外の宗教である。

まずいえるのは、ここにあげられたグループを考慮に入れると、現代イギリスの世俗化に関する通説を根本的に見直す必要が出てくるということである。たしかに、昔からの伝統的な教会だけに目を向けると、近年にいたるまで、絶えず止めようもなく衰退してゆく教会の姿が浮かび上がる。一九一〇年から一九七〇年にかけて、国教会および長い歴史のある自由教会が衰退の一途をたどったことは、数多くの調査で明らかとなっている。一方、ローマ・カトリック教会は一九六二年頃までは着実に拡大していったが、同年以降は年々衰退しており、とくに産児制限反対を再確認した一九六八年の回勅「人間の生命について」は、衰退に拍車を掛けた。主要な教会に関しては、洗礼、堅信、婚姻、叙階、日曜学校、選挙人名簿、礼拝出席のいずれをとっても、統計はすべて右肩下がりを示している——国教会と自由教会の場合、この傾向はすでに七〇年以上にわたっており、また、ローマ・カトリック教会の場合はおよそ三〇年続いている。もっとも、最新の統計では減少傾向に歯止めが掛かり、回復の兆しも見られる。しかし、全般的に見れば、主要なキリスト教会のみに目を向ける信徒や聖職者にとって、二〇世紀イギリス宗教史を紐解くのは、かなり気の重いことである。

より広い視野からイギリスの宗教を捉えると、世俗化論の妥当性に疑問符がつく。第一に、二〇世紀以降に現われた新しい自由教会の信者数は、伝統的な自由教会を凌駕しないまでも、それに匹敵するまでになりつつある。第二に、エホバの証人〔ものみの塔聖書冊子協会〕やモルモン教といった非正統的なセクトが急成長している。第三に、新宗教運動の信者の数は少ないものの、かれらのひたむきな祈りは宗教意識の高まりに大きな役割を果たしている。第四に、イスラム教徒、シーク教徒、ヒンドゥー教徒は、それぞれ大規模な信仰共同体を形成しており、それに見合った公的な認知を求めている。仏教に改宗する者が増えており、また、ユダヤ教はイギリス社会のなかに確固たる地歩を占めている。最後に、礼拝出席とは違う、つまり教会の外側で示されるキリスト教信仰のかたちが、依然として一般大衆に広く浸透していることを忘れてはならない。こうした点を考慮すると、現代社会における宗教の位置や将来性に関する評価は大きく変わるだろう。

一九八九年のイングランド教会統計調査によると、同年の自由教会信者の内訳は、メソディスト教会三二パーセント、バプティスト教会一六パーセント、合同改革派教会九パーセント、独立教会二三パーセント、アフリカ系カリブ教会とペンテコステ教会とその他の自由教会合わせて二〇パーセントである。過去一〇年間、独立教会、アフリカ系カリブ教会、ペンテコステ教会は着実に拡大し、一方で、伝統的な自由教会は衰退の一途をたどっていることから、統計作成者は、二〇〇〇年までには、新しい自由教会が信者数で伝統的な自由教会を上回り、国教会、ローマ・カトリック教会に次いで三番目に大きい「教派群」になると予測している。新しい自由教会の信者は、伝統的な自由教会のそれよりもかなり若い世代であることから、そのような予測は単なる現状からの推論ではなく、人口学的な根拠にもとづいたものであるといえよう。

一九八九年の統計は、新しい自由教会は福音派、なかでも、カリスマ派の流れを汲んでいると指摘している。すなわち、これらの教会には聖書に対する確信、道徳律の遵守、宗教的熱情といった、かつて一八世紀後半から一九世紀前半にかけて拡大した自由教会の特徴が見られる。実際、教会史家は、今日の状況に既視感《デジャ・ヴュ》を抱くかもしれない。ピューリタンの流れを汲み、一六六二年祈禱書の使用を拒んだために国教会から「追放」された「旧非国教徒」は、一八世紀になると、目立った動きを見せなくなった。彼らの数は減少し、啓蒙主義の影響を受けて彼らの情熱も冷めていった。歴史ある長老教会や旧来のバプティスト教会は、しだいに、ユニテリアン的合理論に傾いていった。一七四〇年の時点では、非国教徒は先行きに何の希望も見いだせなくなっていた。しかし、その後、メソディスト運動やほかの信仰復興運動が起こると、「新非国教徒」が現われた。彼らは、メソディスト教会（ウェスレー派メソディスト教会、原始メソディスト教会、自由メソディスト教会）、新派バプティスト教会、再興された会衆派教会、ウェールズのカルヴァン派メソディスト教会、当初スコットランドとつながりのあった三位一体長老教会などの信徒だった。主に、これらの教会の発展により、一七四〇年から一九一〇年にかけて非国教徒の数は三〇倍に増加した。しかし、これらの教会はいまや勢いを失い、代わって独立教会、アフリカ系カリブ教会、ペンテコステ教会が信者を増やしつつある。新しい自由教会は、拡大志向、熱心な福音伝道、内的規律といった、伝統的な自由教会に初めのころ見られた特徴を備えている。両者のもうひとつの類似点は、一八五一年の宗教センサス、および、一九八九年イングランド教会統計調査のきっかけとなった欧州伝道高等調査情報センター（MARCヨーロッパ）の『展望』シリーズといった統計調査によって、その教会の存在がはじめて広く一般に知られるようになったことである。

一九五〇年代および一九六〇年代には、ほとんどのキリスト教徒が教会の合同と刷新を目指す教会一致運動に希望を託していた。皮肉なことに、その後信者がもっとも増加したのは、教会一致運動の外にある教会、組織形態が多種多様で、分裂を繰り返し、多くの場合完全に独立した信者集団である教会だった。とりわけ、唯一合同を果たした会衆派教会と長老教会を母体とする合同改革派教会（URC）の信者数が一九七五年の一五万人から一九八九年の一万四〇〇〇人に減少したのに対し、自由教会のなかで信者がもっとも増加したのが、独立会衆派教会だったことは注目に値する。URCに加わらなかった会衆派教会からなる会衆派連盟の信者数の伸び率（一九七九〜一九八九年）は、八パーセントで、ペンテコステ教会のそれと同じ数字である。九四九の信者集団および一六四の小規模な信者集団からなるアフリカ系カリブ教会の信者数の伸び率（一九七九〜一九八九年）は二五パーセント、また、独立福音教会連盟のそれは、四六パーセントである。最大の伸び率を示したのは、「家の教会」の範疇に入る教会で、信者数は、一九七九年の四万四〇〇〇人から一九八九年の一〇万八五〇〇人に増加し、伸び率は一四四パーセントだった。

こうした動きは、一九六〇年代の知的状況を知る神学者には、理解しがたいかもしれない。当時、キリスト教が進むべき道は現代化にあり、同時代の知的生活や思想により適合した言葉で教義を説く必要があると考えられた。しかし、その後新たに出てきた教会は、概して原理主義的で、ブルトマン以後の神学者がもはや今日の人間には理解できないと考えた思想を自明とみなしている。つまり、これらの新しい教会は、キリスト教教理、祈りの答えなどを現代に蘇らせている。

正統派のキリスト教の信者よりも、セクトや新宗教運動や「ニュー・エイジ運動」の信者のほうが、学問の世界で疑問視されている教理への信念が強い。セクトのなかで最大かつもっとも成長著しいのは、エホバの証人とモルモン教である。信者獲得に熱心な両派の伝道者の訪問を受けたことがない家はほとんどないだろう。エホバの証人の場合、改宗者は聖書および聖書教理の独特な解釈を受け入れ、前千年王国説を信じ、規律正しい生活を送らなければならない。モルモン教の場合、改宗者はアメリカ史におけるイスラエルの民とイエス・キリストに関する記述が載っているとされる『モルモン書』の教えを受け入れなければならない。モルモン教徒は、アルコール、ニコチン、カフェインの摂取を一切断ち、堅実で規則正しい生活を送っている。エホバの証人の特異な聖書解釈やモルモン教の独特なアメリカ史理解を裏づける証拠が何もないからといって、信者の信仰心や生活改善の意志が揺らぐようなことはない。エホバの証人の信者は一九五〇年代に倍増し、モルモン教徒は一九五七年から一九六七年にかけて六倍に増加した。その後も両派はともに拡大し続け、『英国キリスト教便覧一九九二年版』によると、エホバの証人の信者は一一万六六一二人、モルモン教徒は一四万九〇〇〇人である。この数字は、伝統的な主要教派の信徒数に匹敵する。両派の専任伝道者数および教会施設数の着実な増加を考えると、さらなる拡大は間違いないだろう。

つぎに、いわゆる新宗教運動を見てみよう。社会学者の調査で明らかになったのは、その多くは驚くほど規模が小さいということである。アイリーン・バーカーは、「新奇で、革新的な新宗教運動のうち、比較的大きなものでも、熱心な信者の数は数百人程度である」と述べている。メディアの報道と現実との隔たりがもっとも大きいのは統一教会〔世界基督教統一神霊教会〕である。一九七〇年代から一九八〇年代にかけて、新聞やテレビは同教会の信者が急激に増加していると大きく報じた。多くの記事が、手の込んだ洗脳によって改宗をためらう人間も抗しきれず信者になると論じた。しかし、最盛期においても、英国統一教会の信者は五七〇人にすぎず、主流教派に比べるとはるかに少ない。これほど伝道の成果が乏しい教会もほかにはないだろう。したがって、詳細な社会調査や聞き取り調査により、洗脳に関する神話が覆されるまで約一〇年ものあいだ、統一教会がメディアの注目を集めたのは驚くべきことである。統一教会がこれほどに恐れられた理由は、人びとを当惑させるような数々の運動にある。教会の第一の目的は、韓国人指導者文鮮明は再臨した救世主すなわちキリストであると人びとに教え広めることであり、そのために高等教育機関の学生が伝道活動の標的とされた。第二の目的は、世界に統一を実現することである。この目的は、宗教間対話、科学と価値の調和、世界平和等をテーマとした一連の会議を開催することで求められた。そうした会議では、たしかに、総論的な議論は進められたが、教団《セクト》自体の目的を推進することには必ずしもなっていない。しかし、こうした関係構築の長期的な影響については、まだ観察が必要だろう。

新宗教運動のなかで、統一教会に次いでメディアの注目を集めているのが、ハレ・クリシュナ運動〔クリシュナ意識国際協会〕である。運動に向けられた世間の眼差しは、決して好意的ではない。派手な衣を身にまとい、風変わりな髪型をし、いつもインドの真言《マントラ》を唱え、空港や駅で旅行者に寄付を求める白人信者たちの姿は、否が応でも目につく。ヒンドゥー教の教義や礼拝を西洋の生活に活かそうとするハレ・クリシュナ運動は、ヒンドゥー教の伝統を取り入れた西洋折衷主義の産物である。一方で、近年、インド系の若者が信者となる事例も多く見られる。彼らは、この運動を、自らが伝統の一部として受け入れている西洋世界への帰属意識を保持しつつ信奉することができる一種のヒンドゥー教とみなしている。このようなふたつの性格ゆえに、ハレ・クリシュナ運動は五万人もの信者を擁する最大の「新宗教」に成長した。

統一教会やハレ・クリシュナ運動、その他の新宗教運動に対する人びとの関心を考えると、若者の生活には宗教が欠如しているとは必ずしもいえず、現代イギリスを世俗社会とみなすのは難しい。アイリーン・バーカーがおこなった統一教会に関する調査で明らかになった興味深い点は、教会の集会に出席した人びとのほとんどが、その前に救いを求めて正統派の教会を訪ねており、そこで満足が得られなかったので集会に足を運んだことである。そのように正統派の教会で満足が得られない人びとのうち、新宗教運動に救いを見いだすことができるのは、ごくわずかであり、残りの大多数の人びとは、探求を続け、いわゆる「ニュー・エイジ運動」の領域に足を踏み入れるのである。厳密にいうと、ニュー・エイジ運動なるものは存在せず、ありとあらゆる擬似宗教的な観念や思想の総称として、「ニュー・エイジ」という言葉が、便宜上用いられている。書店に行くと、たいてい「オカルト」と分類された書物が書棚に所狭しと並べられている。これらの書物は、「古代の叡智」、「神智学」、「生まれ変わり」、「超常現象」などを論じており、読者は、キリスト教の伝統の外にある、過去の異教信仰、現代の超心理学、あるいは、東洋の宗教に、重要な真理が秘められていると感じるだろう。ニュー・エイジ運動は、興味深い新しい研究領域である。今の段階で何らかの評価を下すのは難しい。しかしながら、書店の書棚に並んでいることが関心の強さを反映すると考えるならば、ニュー・エイジ運動に関する書物がつぎつぎと出版され、明らかに一般の宗教書より多く売れている現状は、われわれの社会が、決して世俗社会とはいえないことを示している。

現代イギリスの宗教生活および文化生活に長期的かつもっとも重要な影響を及ぼしたのは、旧英領植民地諸国からの移民の流入である。インド亜大陸からの大規模な移民は、一九四七年の独立およびその直後の宗教抗争をきっかけに始まった。また、ジャマイカからの集団移民は、一九四八年に始まった。その後も一九五〇年代を通じて、旧イギリス帝国各地から大量の移民が入国した。一九六二年の移民法はこうした動きに歯止めを掛けたが、一九六〇年代にも、移民数は増え続けた。これは、職や安全を求めてすでに入国していた男性移民の後を追って多くの家族が渡英したからである。一九七〇年代および一九八〇年代にコモンウェルス系の人口が増加したのは、主として移民二世の出生による。

すでに述べたように、この影響はアフリカ系カリブ教会の急成長というかたちで表われている。残念ながら、黒人教会の存在は、人種差別がイギリス社会にいかに根深いものであるかを示している。ジャマイカ出身の移民の九二パーセントがキリスト教徒であり、五四パーセントがジャマイカでは礼拝に出席していた。白人キリスト教徒の敵意を肌で感じ、白人教会の礼拝に飽き足らなくなった移民たちは、自ら独自の教会を立ち上げたのである。これらの教会は、主にペンテコステ派であり、従来からペンテコステ教会の信者だった移民だけではなく、そうでないジャマイカ系移民も信者となった。彼らは、それらの教会の活気に満ちた礼拝と白人教会の荘厳な礼拝を比べて、前者がジャマイカの教会の「黒人流の」礼拝により近いとして親近感を抱いたのである。

現代イギリスにおける宗教の多元性の要因として、ジャマイカからの移民よりもはるかに重要なのは、インド亜大陸からの非キリスト教徒移民の流入や、ウガンダ、ケニア両国から追放されたアジア系難民の流入である。その結果、イギリスには、現在少なくとも一〇〇万人のイスラム教徒、四〇万人のシーク教徒、三〇万人のヒンドゥー教徒がいる。これらの数字がもつ意味は、一九八九年イングランド教会統計調査の数字をみれば明らかである。この統計によれば、イスラム教徒は国教徒と、シーク教徒はメソディストとほぼ同数であり、ヒンドゥー教徒の数は、バプティストと合同改革派教会の信徒を合わせた数とほぼ同じである。もちろん、このような数字の読み方は、宗教の多元性を過大評価することになる。一方は礼拝出席者の数で、もう一方は全体の数であるので、単純に比べることはできない。しかし、まったくの過大評価ともいえない。なぜなら、一般のキリスト教徒の場合、信仰共同体の一員になるかどうかは個人の選択の問題とみなされるが、エスニック・マイノリティにとっては、そうではないからである。つまり、一般的にイスラム教徒、シーク教徒、ヒンドゥー教徒にとって、信仰共同体の一員であることは、自己認識および共同体への帰属意識の重要な構成要素と考えられている。しかも、信者の年齢中央値および家族規模の平均値から推測すると、これらの宗教の信者が全人口に占める割合は今後さらに大きくなるだろう。

仏教はこれらの宗教とは明らかに違う。というのも、移民の流入によってではなく、白人の改宗を通じて、イギリス社会に定着していったからである。ディアドリー・グリーンは、仏教が「現在イギリスでもっとも急速に成長している宗教」であることを示す証拠をいくつかあげている。それは、ほとんどゼロからの出発だった。たしかに、一二〇の仏教センターは三万九〇〇〇近くあるキリスト教会とは比較にならず、また、イギリスの仏教徒の数は二万七〇〇〇人で、ハレ・クリシュナ運動の信者数の半分にすぎない。にもかかわらず、仏教が哲学者や神学者、あるいは宗教心はあるが形而上学に対して懐疑的な思索家の知的関心を引きつけていることは注目に値する。ドン・キューピットは、ある時期の自らの思想的立場を、キリスト教的仏教という言葉で表現した。精神哲学においては、実体的自我の否定（無我）は、ヴィトゲンシュタイン以後の哲学を先取りしたものと解釈された。宗教学科において、キリスト教以外の宗教のうち、キリスト教徒の学生やキリスト教を信仰しなくなった学生の知的関心を引きつけているのは、仏教だけである。グリーンが指摘するように、「組織化されたキリスト教に幻滅し、それに代わって心を満たしてくれるものを探し求めている人びとにとって、教義よりも個人の体験や試みを重んじる仏教は魅力的な宗教である」。同時に、彼女は、現在西洋でおこなわれている仏教解釈は、釈迦の本当の教えを「曲解」したものというよりも、むしろ、新しい文化に適合するように「うまく」仏教を解釈したものであると述べているが、そのとおりだろう。なぜなら、それは、生まれ変わり（輪廻）や超越的認識（智慧）といった歴史上重要な仏教教理をふまえた解釈といえるからである。西洋仏教がこれらの教理から逸脱しない限り、東洋古来の伝統との断絶といった問題は生じないだろう。

ユダヤ教はもっとも早くからイギリス社会に根を下ろし、政治、経済の中枢で活躍する信徒をたくさん輩出しているという意味で、ほかのキリスト教以外の宗教とは異なる。さらに、ユダヤ教はキリスト教と同じく、礼拝を実践しない信徒が多いという問題を抱えている。彼らの多くは自らをユダヤ教徒とみなしながらも非宗教的な世界観を持ち、通過儀礼を除いては礼拝にほとんど参加しない。ほかの非キリスト教徒と同じく、ユダヤ教徒のコミュニティも二〇世紀に入ってからの移民の流入で急激に増加した。ただし、ユダヤ教徒移民の流入は、コモンウェルス系移民の流入よりも少なくとも二世代ほど早く始まった。一八八〇年に六万人いたイギリスのユダヤ教徒は、一九二〇年には、三〇万人に増え、現在では、四五万人に達している。英国ユダヤ教徒代表委員会は、社会的に大きな発言力を有しており、前ラビ長が貴族院議員に任命された時も、現ラビ長がＢＢＣのリース講演の演者に選ばれた時も、世間の反応はおおむね好意的だった。ユダヤ教徒の国会議員、官僚、実業家も少なくなく、ユダヤ教徒はイギリス社会に十分溶け込んでいる。一九三〇年代には広く見られた反ユダヤ感情も、今ではまったく見られなくなり、多くのキリスト教徒はユダヤ教徒をキリスト教に改宗させようとすべきではないと考えている。こうした考えに賛意を表明したのがカンタベリ大主教のケアリ博士で、一九九二年に、彼はそれまで大主教がおこなってきた、ユダヤ教徒に対する国教会の牧会活動への支援を打ち切ることを決定した。この決定に対しては、教会の一部から批判の声が上がった。

キリスト教以外の宗教の存在は、イギリスの教育、文化、社会に大きな影響を与えた。もっとも早く影響が現われたのは、教育の世界においてである。一九五〇年代および一九六〇年代に移民が流入した結果、一九七〇年代から一九八〇年代にかけて、非キリスト教徒の児童、生徒の学齢人口に占める割合が増加し、現在、その多くが高等教育に進みつつある。これを受けて宗教教育は変化してきており、必然的に世界の諸宗教を紹介する偏りのない多文化教育が重視されるようになってきている。こうした傾向は、宗教教育は「主としてキリスト教教育」でなくてはならないという政府の方針にもかかわらず、今後も続くだろう。たとえ、教師自身が政策を支持したとしても（実際には、支持する者は少ない）、児童、生徒のおそらくは過半数がキリスト教徒ではない教室でキリスト教教育をおこなうのは不可能である。また、高等教育や大学の神学部や宗教学部のあり方にも、変化が生じるのは間違いない。熱心なイスラム教徒と熱心な国教徒がほぼ同数であるような状況では、キリスト教神学のみを教授する神学部は、時代遅れとみなされるだろう。しかし、同時に、新しい自由教会の熱心な信者が、今後も増えると考えられるので、キリスト教神学の授業が必要であることに変わりはない。政府の資金援助を受けている大学の場合、そのような授業は、おそらく将来は、神学と宗教学の両方を専門とする学部でおこなわれるだろう。

移民の第二世代の全人口に占める割合が大きくなるにつれて、教育の世界で生じた変化が社会全体に及ぼす影響も大きくなるだろう。職を求めてイギリスに入国した人びとは、異文化に身を置く以上、自らの文化が社会的認知を得るのを期待すべきではないと考えていた。これに対し、イギリスで生まれた人びとは、自らの価値観が尊重され、保障されるのを当然のこととして期待している。したがって、「ラシュディ事件」と同様の事件が、今後繰り返し起こることは十分予想される。ラシュディ事件では、イスラム教徒が、イスラム教を冒瀆する猥書の出版を社会は許可すべきではないと主張した。彼らの主張は聞き入れられなかったが、この事件は、自由社会では誰もが何を言っても許されると考えている人びとへの警鐘といえる。相手の感情に配慮する良識と礼儀が人びとにある場合にのみ、多元社会は、内部対立もなく発展することができる。女性蔑視的な批判や人種差別的な中傷は許されるものではないと一般に認められるようになったのだから、同じように、真に開かれた多元文化においては、誰にも宗教集団を侮辱する権利はないと認められるべきである。こうした考えは、多文化教育、宗教教育においては一般的になりつつある。さらに、メディアや娯楽といったより広い世界においても、それが、一般的な考えとなるのは間違いない。もっとも、そのような場合でも軋轢が完全になくなることはないだろう。

実際、対立はすでに表面化している。キリスト教内部では、こうした多様性にどのように対処するかをめぐって摩擦が生じている。一九九一年に、イングランドとウェールズの聖職者の二割が、諸宗教間の合同礼拝に反対する嘆願書に署名した。彼らによれば、「唯一の救世主」であり、「唯一の神への道」である「イエス・キリストを通じてのみ救いは与えられる」。彼らにとって、「宗教間の関係は、今後一〇年の争点である」。もしこうした考えが一般的になれば、われわれは、相互寛容、相互理解にもとづく多元社会ではなく、互いに相手を理解せず、反目しあう宗教集団からなる分裂した社会に向かって進むことになるが、その可能性は低いだろう。なぜなら、嘆願書に署名した二〇〇〇人の聖職者に対し、大多数のキリスト教徒は、キリストはすべての人間の救世主であり、彼を信じる者も信じない者も、彼を知る者も知らない者も、皆救われると考えているからである。こうした包括論は、キリスト教と他宗教とのあいだには共通する点があり、後者にも部分的に真理が含まれていると主張する。排他論と包括論のほかに、第三の考え方として多元論がある。これは、いずれの宗教も、同一の超越的実体と向き合っており、それぞれの宗教において、その実体は、文化や世界観の違いにより、違ったかたちで理解されているとの見解をとっている。包括論もしくは多元論が人びとに受け入れられない限り、イギリス社会は、これまで多くの社会に深刻な影響を与えてきた宗教対立の緊張を免れることはできないだろう。

包括論や多元論は、キリスト教各教派の学校の経営者や教師の支持を得つつある。彼らは、キリスト教文化を守り続けることよりも、宗教間の相互理解と友好を深めることが、自らの果たすべき役割であると考えるようになっている。したがって、彼らの多くは、イスラム教の教義にもとづく教育をおこなう学校の設立に反対している。彼らは、そのようなイスラム学校は、宗教集団の分離志向を助長し、次代の多文化社会を担う子どもたちを育成する教育機関となりえないと考えている。

イギリス社会は、宗教の多様性を寛容に受け入れる方向をおおむね示している。これは、宗教は、本来個人や家族、集団など当事者だけの私的なものであって、第三者が干渉すべきものではないという認識から来ている。このような考え方は、世俗社会に強くみられるが、そこでは宗教は、ある意味で数あるなかからたまたま好きになった趣味のようなものと捉えられている。さらにいえば、こうした捉え方は、キリスト教信仰を個人がキリストを通じて神と関係を結ぶものと解釈する福音派においても顕著である。今日、キリスト教会のなかで唯一成長著しいのは福音派教会であることを考えると、宗教の「私化」は今後さらに進むだろう。また、エホバの証人やモルモン教などが邪悪な世のなかからの離脱を信者に説いていることや、イギリスの非キリスト教徒が投票を含め、政治・社会問題への関与を避けていることも、宗教の私化の一因となっている。

モイザー教授が指摘する私化された宗教は、生きた共同体でありキリストの体である教会の預言者的役割を重視するキリスト教教義に反する。二〇世紀を通じて、カンタベリ大主教であったウィリアム・テンプル〔在位一九四二〜一九四四年〕やロバート・ランシー〔在位一九八〇〜一九九一年〕をはじめ、多くのキリスト教指導者が、社会・政治問題について、忌憚なく批判的意見を述べてきた。また、主要な教会はいずれも長年にわたって社会批判をおこなってきた。政治神学は大学で人気のある選択科目であり、中南米の解放の神学は、西洋の思想家が倣うべきものとしてよくあげられる。預言者的批判が前面に出てきたのは、一九八五年の報告書『都市における信仰』をめぐる論争においてである。このとき、ロバート・ランシーとデイヴィッド・ジェンキンズに率いられた国教会は、サッチャー首相の政策に反対する勢力の中心としてメディアで広く報じられた。

しかし、このことは、今日宗教が私的なものになりつつあるという筆者の主張を否定するものではない。なぜなら、大多数のキリスト教徒は政治批判をおこなう教会指導者とは距離を置いているからである。政府を支持する／しないと、教会員である／ないとのあいだにどのような関係があるのか調べてみると、預言者的批判を支持する人びとの大半は、自らを「無神論者もしくは不可知論者」と呼んでいることが分かる。モイザー教授がいうように、「一般大衆について見てみると、高名な聖職者による神学的根拠にもとづいた政治批判を支持しているのが、主に、伝統的な宗教教義を信じていない人びとであることは注目に値する」。拙著『宗教、国家、社会』で筆者が論じているように、『都市における信仰』をめぐる論争で重要なのは、国教会が神学的知見を現代生活に当てはめようとしたことよりも、教会内に非宗教的な世界観を無意識に持つ信徒が数多くいたことである。

本章は、ここまで現代イギリスの信仰共同体に焦点を当て、その多様性に注目してきた。国教会は、もはや、イングランド人の教会ではなく、礼拝出席者の数では、ローマ・カトリック教会と自由教会の後塵を拝している。また、キリスト教以外の主要な宗教が、信者数でキリスト教の教派に匹敵するまでになっている。これは、過去一〇〇〇年間ではじめて経験するまったく新しい状況である。しかし、その一方で、イングランドとウェールズの多くの人びとが教会と何のかかわりもなく生活しているにもかかわらず、自らをキリスト教徒とみなしている。一九八九年イングランド教会統計調査によれば、全体の五五パーセントが礼拝に出席しない「キリスト教徒」で、実に四七パーセントが礼拝に出席せず、しかも教会員でもない「キリスト教徒」だった。これらの数字をどのように解釈するべきなのかは難しい問題である。というのは、質問のかたちを変えるとかなり違った結果が出てくるからである。ジョージ・モイザーが、「教会員」や「礼拝出席」といった言葉ではなく、「属する」という言葉を質問に用いたところ、より高い数値がでた。彼の調査は、北アイルランドを除くイギリス全土を対象としている。一九七九年の調査では、「教会あるいは宗教集団に属しているか」という問いに対し、「属している」と答えたのは五五・六パーセントで、このうち三一・二パーセントが国教会に属していると回答した。つぎに、一九八五年の調査では、「特定の宗教に属していると思うか」という問いに対し、キリスト教に属していると答えたのは七三・二パーセントで、このうち四三・八パーセントが国教会に属していると回答した。これらの結果が示しているのは、一九七九年から一九八五年の間にキリスト教信仰が復興したということではなく、キリスト教会への帰属意識がなくてもキリスト教への帰属意識はあるという人びとが少なくないことである。より正確にいえば、これらの人びとは、最初に教会への帰属意識の有無を聞かれると「ない」と答えるだろうが、キリスト教への帰属意識の有無を聞かれた後に同じ質問をされると、教派の名前をあげている（「キリスト教」に属していると答えた人のうち、自らが属している教派の名前をあげることができなかったのは、二・二パーセントにすぎない）。

モイザーは、礼拝出席にのみ目を向けるのは、問題の本質を見誤る可能性があると示唆している。なぜなら、「宗教集団の影響力を考える場合、帰属意識の強さは礼拝出席の回数と同じくらい重要な要素である」からだ。モイザーは、自らをキリスト教徒とみなす人びとに、「信仰を共有する人びととの絆を、非常に強く感じるか／かなり強く感じるか／あまり強く感じないか／まったく感じないか」と尋ねてみた。結果は、「非常に強く感じる」と答えたのが五分の一で、「かなり強く感じる」と答えたのが三分の一だった。つまり、全体の半分以上がふたつのどちらかであった。いいかえれば、人びとの行為（礼拝出席）ではなく自己認識に注目すると、半数がキリスト教会との結びつきをかなり強く、あるいは非常に強く感じていることが分かる。こうした調査結果を考慮に入れない限り、今日のイギリス社会を本当に理解することはできない。

過去二〇〇年間、多くの学者が「教会外の」あるいは「民間の」キリスト教について論じてきた。今日においても、それはイギリス社会の重要な要素である。キリスト教の教えや道徳は社会に広く受け入れられており、礼拝に出席しない人びとも、さまざまなかたちで「キリスト教」とかかわりをもっている。初等学校の児童の親たちは、降誕劇やクリスマス音楽会を楽しみにしている。キリスト教教育の存続を望む人は多い。こうした世論の強い圧力を背景に、一九八八年教育法が成立した。大学の神学部や宗教学部の入学志願者数および入学者数は着実に増加しており、ほかの高等教育機関や継続教育機関においても、神学・宗教学関連の科目が新設されている。大規模な災害や事故が起きた場合、葬儀や追悼礼拝がテレビ中継され、著名な政治家が参列する。王室の結婚式や葬儀がおこなわれる日は事実上の休日となる。テレビ、ラジオ、新聞が、宗教祭、宗教会議、宗教論争などを報道するのは当然であると考えられている。主教が重大な政治・社会問題について議論を呼ぶ発言をすると、メディアで大々的に報じられ、先述のように、多くの人びとが、大主教ランシーならびに国教会をサッチャー首相の主義、政策に反対する勢力の中心とみなした。大半の親は、子どもの受洗を心から望んでおり、自らの真意が疑われると、心外に思うだろう。結婚式は多くの場合宗教儀式であり、葬儀はほとんどがそうである。以上からは、礼拝出席がキリスト教との唯一の接点なのではなく、人びとが幅広いキリスト教との関わり方をもっていることを示している。

教会外の「キリスト教」という考えがどの程度妥当なのかを判断するのはきわめて難しい。音楽団体がミサ曲やオラトリオを歌うのは、はたして宗教行為なのだろうか。クリスマスの時期に一度はキャロル演奏会に行く人口の一割を、クリスマス礼拝への出席者に含めてもよいのだろうか。しかし、人によってはこれを普段の礼拝出席と同じ宗教行為とみなしている。もっとも難しいのは、テレビの宗教番組をどのように評価するかである。日曜日の朝、聖餐式をテレビで見る人が、聖餐式に出席する人の倍もいることや、『讃美の歌』の視聴者が、『今日の試合』の視聴者よりも多いことを考えると、宗教番組の重要性は大きい。宗教番組を見ることは宗教行為ではないと主張する人びともいるが、もし、視聴者自身がそれを宗教行為と捉えているならば、そうでないと主張しても意味がないだろう。

現代イギリス社会の世俗性を論じる際の問題点のひとつは、礼拝出席に限らず、公的生活全般から人びとが遠ざかっているという事実をどう解釈するかである。二〇世紀を通じて、人びとの関心はしだいに家のなかへと向かい、それとともに、あらゆる種類の団体が衰退の一途をたどっている。しかし、これは家の外への関心がなくなったことを必ずしも意味しない。演劇団体は人気がなくなり、ほとんど姿を消したが、これは演劇への関心が低いからではなく、地元のアマチュア劇団がテレビの演劇番組に太刀打ちできないからである。大半の人びとが地元の政党が組織する集会に出ないで家にいるからといって、それを政治への無関心とみなすことはできないだろう。宗教についても同じことがいえるかもしれない。地元教会での礼拝や説教よりもはるかに質が高いから、テレビの宗教番組を見るという人びとも少なからずいるだろう。これらの人びとは、教会の一員、つまり、キリストの体の一部であることの意味を正しく理解していないが、だからといって、彼らの生活様式が完全に世俗化しているとはいえない。

一方、今日のイギリスには、紛う方なき無神論者、正真正銘の不可知論者、無意識の世俗主義者が少なからずいる。イングランド教会統計調査によると、二七パーセントが自らを無神論者もしくは不可知論者とみなしている。この数字は、モイザー教授の調査で「無宗教」と回答した人びとの割合である二五パーセントとほぼ同じである。このことから、イギリス人の四分の一近くは、神の存在を信じていないということができよう。イギリスの無神論はそれほど教条的なものではなく、礼拝に出席する無神論者さえいる。反聖職者感情は、ほとんど存在せず、公人の宗教観が問題とされることももはやない。ヒュー・ゲイツケルが不可知論者だったことは、生前にはあまり知られていなかった。一方、ニール・キノック〔労働党党首（在職一九八三―一九九二年）〕が不可知論者であることを知らない者はいないが、一九八七年および一九九二年の総選挙において、それは問題にはならなかった。また、彼個人の宗教観がどうであろうと、労働党党首という立場上必要ならば、彼が公的な礼拝に出席し、皆と一緒に讃美歌を歌うのは当然であると、人びとは考えている。ここにイギリスの宗教の今の姿が現われている。一九九二年現在、（北アイルランドを除く）イギリスは、多様な宗教観を内包した多元社会である。それぞれの宗教に熱心な信者がいるが、宗教は個人の選択の問題であり、公的生活に影響を及ぼすようなことがあってはならないというのが大多数の意見である。テロの犠牲者の追悼式や王室の結婚式といった公的な宗教儀式は、なるべく多くの人びとが参列できるように、諸教派、諸宗教に配慮したかたちを取るべきである。これは、宗教が重要でなくなったことを意味せず、宗教は多くの人びとにとって今なお重要である。明らかなのは、人びとの宗教観が多様化し、協調と寛容による共存に重きが置かれるようになったということである。

第26章　世俗化と将来

アラン・D・ギルバート

著書『異端の時代』（一九七九年）のなかで、ピーター・バーガーは、「世俗化をめぐる論争」は、宗教研究者が「現状は……読みがたく、混乱しており、相矛盾する可能性で満ちている」と認識するようになった証拠であると述べている。彼は、「世俗化の今後の推移についてはいうまでもなく、過去および今日の世俗化の実態についても、歴史家や社会学者の意見は分かれている」とし、さらに、こうした概念的な難しさは、じつはより大きな問題の一部でもあることを指摘したうえで、「（いわゆる）『近代』の他の諸相についても同じことがいえる」と付言している。

その一〇年ほど前には、バーガーは、世俗化が今後も進行するというのは、「ほとんどの社会学者が認めるところである」と述べている。彼のこのような見解の変化が示しているように、本章は、非常に難しい領域に踏み込もうとしている。宗教に関する経験的証拠は、決して確実なものではない。何を宗教心、宗教行為とみなすのかについてのみならず、どの宗教心、宗教行為が重要なのかについても、専門家の意見は一致していない。宗教の諸相を考察しようとすると、理論的かつ実際的な問題に突き当たる。定義の問題は避けられず、結論も、多くは仮説の域を出ない。こうした但し書きは、世俗化を理解し、その行く末について論じようとする本章では、とくに必要である。

世俗化について論じる場合、まずは、思想史に新たな知見をもたらすことが多い語源学に目を向けるのも、ひとつの方法である。言語は、意識を反映したものである。人間の認知的欲求を満たす言葉や概念は、言説に深く刻み込まれる。ゆえに、語源学は、文化史の一側面であると同時に、文化現象の性質や意味を探るうえでの手掛かりともなる。「教会」に対立するものとしての「世俗」を意味する中世ラテン語に起源を持つ「世俗化」の概念は、一三世紀末にはじめて英語化されて以来、大きく変化してきた。当初、「世俗的な」という言葉は、修道会に属さない聖職者を、修道院で隠遁生活を送る「宗教的な」聖職者と区別するために用いられた。

一四世紀末になると、ウィクリフが、非宗教的な慣習や儀式を、宗教的なそれと区別するために、「世俗的な」あるいは「世俗的に」という言葉を用いている。一六世紀には、名詞形「世俗化」が、宗教施設やその資産が俗人の手に渡ること、あるいは、非宗教的な用途に充てられることを指す言葉として、法律家や聖職者のあいだで広く用いられた。一七四二年の時点でも、サミュエル・リチャードソンが、小説『パメラ』のなかで「世俗化」という言葉を同じような意味で使っている。しかしながら、この頃になると、より広い意味で用いられる例も見られ、「世俗化」は宗教的でなくなる状態を指すようになる。一七一一年のある記述には、聖職者の「会話が「世俗化」しつつある」という表現が見られ、一七五五年に、サミュエル・ジョンソンは、「世俗化する」とは、「世間的になること」であると定義した。この派生的な意味のほうが一八世紀には優勢となり、法律家や聖職者のみならず、一般の人間も、「世俗化」という言葉を用いるようになった。一八三一年に、ロバート・サウジーは、『クォータリー・レヴュー』誌の読者に対し、「俗物の夫によって心が世俗化し無感覚となった」妻の話をした。

こうして、ヴィクトリア時代が始まる頃には、「世俗化」は、聖職者から俗人へ、聖なるものから俗なるものへ、崇高なものから日常的なものへ、といったように、人や物事がいっそう非宗教的になることを意味する概念として、広く用いられるようになっていた。しかし、それが全般的な社会的文化的な傾向を指すことは、まだなかった。「世俗化」は、「世俗」との絶え間ない闘争において時おりみられる「教会」の後退であり、世俗が教会よりも優勢になりつつあるという含意はなかった。このような意味が「世俗化」に含まれるようになるのは、一八三〇年代末以降である。

一八四二年に、オクスフォード運動の支持者だった若きヘンリ・エドワード・マニングは、チチェスターでの説教のなかで、時代の趨勢は反宗教に向かっていると警告した。彼は、「世俗化」を従来のように霊性への脅威とはみなさず、より「世俗的な」文化への流れという、全体的な傾向と捉えた。このような捉え方は、説教を聞いた会衆には新奇だったかもしれないが、やがて一般的になっていった。「世俗化」は、芸術、文学、教育、哲学、道徳、文化全般において、宗教の影響力が減退する状況を指すようになり、ウィリアム・レッキーは、著書『ヨーロッパ合理主義精神興隆史』(一八七八年)のなかで、「ヨーロッパ知識人の全般的な世俗化」について述べている。

ヴィクトリア時代の作家、出版業者、読者は、敬虔な男女が信仰を失い、信者が不信心者になり、以前は信心深かった人びとが現実を「世俗的に」理解するようになるのを幾度となく見るうちに、なぜそのようなことが起こるのかに関心を抱くようになった。そのような事例は、それ自体では、宗教の全般的衰退の証拠にはならない。これは、数人が病気だからといって、社会全体が不健康になりつつあるとは必ずしもいえないのと同じである。しかし、ヴィクトリア時代の人びとの目には、個人が信仰を失うことが、しだいに常軌を逸した事態と映るようになり、信仰を失ったものは、健全なキリスト教文化において広がりつつある伝染病の犠牲者であるかのようにみなされるようになった。彼らは、信仰の危機について語るようになった。マシュー・アーノルドは、一八八二年、長年ヨーロッパ文化の基礎をなしてきた「超自然的キリスト教」は、「たしかに消滅しつつある」と記した。この見解に同意したのが、ハーバート・スペンサーである。著書『倫理学データ』のなかで、彼は、「道徳規範が宗教的権威を失いつつあることを考えると、道徳の世俗化は目下の急務である」と論じている。そして、一九世紀も終わろうとする頃、バプティストの神学者で説教者でもあるW・K・クリフォードは、ニーチェの言葉に倣って、自らの世代は、「春光が、空虚な天より輝き出て、無情の地を照らす」のを見て、「偉大なる同行者(である神)は死んだと心寂しく思った」最初の世代だと述べた。

こうした人びとが「世俗化」という言葉を使う場合、彼らは、それによって単に現状を述べるだけでなく、その説明、解釈もおこなっている。ヴィクトリア時代に現われた世俗化論は、不信心や宗教的無関心に向かっている当時の趨勢を、近代文明の性質と関連づけた。「近代」は、本質的に、非宗教的であると考えられ、「世俗化」は、「近代化」の一側面と捉えられた。この考えを敷衍して、国教会の司祭H・H・スネルは、つぎのように説明している。「知識、富、発明、便利さにおいて」、社会が「これまでになく」進歩したことで、「われわれの五感すべてを、外界の重大な出来事に集中させる」文化が、生まれつつある。「しかし、もっとも重大な出来事は、文明人の内部で起こっている進化である。そして、最大の問題は、これによって、人間の魂は一体どうなるかということである」。この問いに対し、無数の小冊子、説教、論文、書簡が出した答えはいずれも同じで、近代世界を形成する社会的、心理的、知的、物質的な諸力により、人びとは、信仰や敬虔さを失いつつあるというものであった。アーノルドが一八五一年に書いた詩「ドーヴァー海岸」は、「近代的なるもの」の「夜風」のなか、信仰の海が、「物悲しく、長く、消え入るような唸りを上げる」様を描いている。後に彼は、著書『教養と無秩序』において、キリスト教を近代文明の精神的無気力によって脅かされている伝統文化のひとつと書いている。彼は、文明は一八八〇年代にはすでに「機械的、表面的な」ものとなり、その後も「ますますそうなってゆく」とみなしていた。

近代社会は、思想、価値観、象徴、儀式のみならず、知識や意見を形成し評価する基礎的な認知過程においても、本質的に反宗教的であるという見方は、伝統的な信仰や価値観を固守する人びとのあいだに、近代化への宗教的反動を引き起こした。オクスフォード運動、および、そののち教会本流から離脱したセクトの運動は、反近代運動である。一方、妥協により、世俗化に対処しようとしたキリスト教徒もいた。自由主義的かつ現実的な考えを持つ彼らは、宗教が生き残れる道は、ただひとつ、近代世俗文化の避けがたい現実に、教義を適合させることであると主張した。彼らが考えていたのは、チャールズ・ヘネルが、先駆的著書『キリスト教の起源に関する考察』(一八三八年)において示したものに近い。同書は、「神の啓示としてのキリスト教」から「現存するもっとも純粋な自然宗教としてのキリスト教」への変化に、宗教の将来を見いだしている。

しかし、抵抗も適応も危険な道であった。「近代的なるもの」の規範や価値観に抗することで、保守的なキリスト教徒は、社会の主流からますます遠のいてゆく恐れがあった。一方で、(近代に)適応することの危険性もまた、ヴィクトリア時代が終わらないうちから、すでに明らかになってきていた。著書『有閑階級の理論』のなかで、先駆的社会学者ソースティン・ヴェブレンは、妥協によって伝統的な「教義や儀式」に手を加えた宗教集団の場合、聖職者さえも、近代世界においては、「俗心の人間」と見分けがつかなくなると述べている。要するに、世俗化は、宗教を社会の周辺に追いやるか、あるいは、堕落させるかのいずれかである。

二〇世紀の社会学が、コント、スペンサー、ヴェブレンといった先駆者の合理主義理論を基礎に発展するにつれて、ヴィクトリア時代の世俗化論は、より精緻な社会理論となった。近代化は合理化、非神聖化、脱魔術化をともなうというマックス・ウェーバーの解釈や、エミール・デュルケームの著書『宗教生活の原初形態』の影響を受けた機能主義社会学が示唆しているのは、宗教の長期的衰退である。この考えは、エルンスト・トレルチのセクト論や、宗教を社会的、心理的な代償行為とみなすマルクス主義とも適合している。「世俗化」という言葉自体は、当初それほど注目されなかったが、第一次世界大戦以前から、世俗化の問題は自由主義神学者の重大な関心事となっていた。そして、第二次世界大戦の終わり頃には、ディートリヒ・ボンヘッファーが、晩年の著書のなかで「世俗化」の概念を神学はもとより歴史学や社会学にも適用し、「非宗教的キリスト教」を唱えている。これらすべての論考において、世俗化は近代化と結びつけられた。近代化論について概説した近年の著書で、ハーヴェイ・コックスは「近代的なるもの」の根本的特徴のひとつを「宗教が卑小化され、聖なるものが世俗の目的のために利用されること」であると論じている。

一九六〇年代末頃まで、世俗化論は近代社会における宗教を研究する学者のあいだで定説となっていた。これは、『神に正直に』（一九六三年）を著わしたウリッジ主教J・A・T・ロビンソン、『福音の世俗的意味』（一九六三年）を著わしたポール・ヴァン・ビューレン、『世俗都市――神学的観点から見た都市化と世俗化』（一九六五年）の著者ハーヴェイ・コックス、『世俗的キリスト教』（一九六六年）の著者、ロナルド・グレゴール・スミスなどのように、近代化が精神性や知的な側面に及ぼす作用を称揚する人びとのあいだではもちろん、S・S・アクアヴィヴァのように、ウェーバーと同じく、伝統的価値観に対する近代意識の勝利を不可避と考え、憂慮する研究者についてもいえることだった。一九六六年に、アクアヴィヴァは、近代化と世俗化の関連を論じた悲観的な著書のなかで、つぎのように記している。

宗教的観点から見ると、人類世界は、世代を経るごとに暗さを増し、いまだ果ての見えない長い闇夜のなかにある。神や聖なるものの居場所がなく、人間の存在を意味づけ、生と死を把握する古くからの方法が、説得力を失いつつある夜に。

冒頭で述べたように、この当時、バーガーはより中立的な立場から、世俗化が今後も進行するというのは、「ほとんどの社会学者が認めるところである」と述べている。

こうした定説を疑問視する人びとも、世俗化論を無視することはできなかった。イギリスの指導的な宗教社会学者であるデイヴィッド・マーティンは、一九六〇年代半ばに書いた論文のなかで、世俗化論に対する疑念とともに苛立ちを示している。論文の標題は、「世俗化概念の排除に向けて」だった。しかし、マーティンは自らの意思に反してしまう。一九六九年に出版された彼の著書『宗教と世俗』の副題は、「世俗化に関する研究」だった。そして、その九年後に彼が上梓した代表作の標題は、『世俗化総論』だった。

　しかし、一九六〇年代末以来、世俗化論については、理論的な疑問のみならず経験にもとづく疑問も相次いだため、世俗化論の宗教社会学の常識としての地位は、揺らぎつつある。世俗化論批判の先鋒となったのが、アメリカの学者である。一九七二年に初版が出たあと、一九八六年に序文が書き改められて再版されたアンドルー・M・グリーリーの著書『非世俗人――生き続ける宗教』は、宗教は重要でなくなったわけでも、社会の周辺に追いやられたわけでもないと論じて、世俗化論に反駁した。近代化は、宗教の衰退ではなく、宗教の変容をもたらすというのが、グリーリーの主張である。彼は、一九八六年の再版で「本書の根本的主張は何ら変わっていない」として、「人びとが意味を必要とする限り、宗教は必要とされるだろう。いかなるかたちであれ、生きることの意味は何かという問いに対する彼らの最終的な答えこそが、彼らの宗教である」と述べている。

　世俗化論批判は、定義の問題に矛先を向けた。グリーリーは、世俗化論を無批判に受け入れることは、宗教が今日も活発に発展しているという事実を研究者が見落としてしまうことにつながると危惧する。彼は、宗教が「消滅」しているのではなく、新たなかたちの文化表現へと「転位」している場合、「宗教」を伝統的な教義や礼拝に限定する定義では、十分に分析できないと指摘している。近代アメリカの宗教に関する権威であるマーティン・マーティも、同じ点を強調している。彼は、一九八四年、「世俗化論を仮説としてではなく、概念的枠組み《パラダイム》として用いると、ほかの方法や理論を試すことができず」、「多種多様な宗教現象を正当に評価すること」もできないと述べている。とりわけ彼が懸念しているのは、アメリカでは信仰心が高揚しつつあるにもかかわらず、世俗化論が概念的枠組みとして当然視されていることである。

　こうした批判は当を得ているが、同時に諸刃の剣でもある。グリーリーのように宗教を包括的に定義してしまうと、世俗化という考え方は覆されることになる。しかしこれは、経験的根拠にもとづいてではなく、世俗化論は立証不可能なもの、意味をなさないものになってしまうということであり、ア・プリオリにそう結論づけられてしまうのである。このような論理破綻は、一九七六年にローマで開かれた世俗化に関する会議の報告書『世俗意識と国民の良心』(一九七七年)の結論部分にも見られる。執筆者のトマス・G・ソーンダースは、つぎのように述べている。

世界観、あるいは、重大な関心事は、超越的なものであろうとなかろうと、すべて、宗教のように機能する。すなわち、人間には、自らの考えや行動を規定するような重大な関心事があり、それが、彼の宗教である。そのような関心事がひとつではなく同時に複数ある場合は、一種の世俗的多神教が形成される。この定義に従えば、いわば現実認識の枠組みである自由主義もマルクス主義も、一宗教である。同様に、科学信仰も享楽的消費主義も、一種の宗教といえる。このように論じてゆくと、世俗的な意識なるものは存在せず、多種多様なかたちの宗教意識のみが存在することになる。

この種の論法は、論点を巧みに避けている。つまり、「宗教のように機能する」ものが、宗教そのものと安易に同一視され、本来なら議論されるべき点が事前に真とみなされている。もし、自由主義、マルクス主義、享楽的消費主義などが一種の宗教だとするならば、たしかに、「世俗的な意識なるものは存在」しないだろう。しかし、それはあくまでも、仮定にすぎない。

従来の定義と異なる再定義は、たとえ論理的に妥当であっても、方法論上の問題がある。これはとくに歴史研究についていえる。歴史家は過去の語法に忠実でなければならない。古い言葉を新しい意味で用いると、歴史上の変化や連続性を見落としたり見誤ったりする恐れがある。たとえば、先験的に前もって世俗化の概念を排除するような「宗教」の定義は、「近代的なるもの」に直面して宗教は衰退しつつあると、人びとが繰り返し論じてきた、ヨーロッパ思想史の大きな流れを無視することになる。T・S・エリオットは、詩「〈岩〉の合唱」のなかで、つぎのように述べている。「しかし、かつていちども起こらなかったことが起こったようだ。もっとも、いつ、なぜ、どのように、どこで起こったのかは分からないが。人間は、神を捨てた。彼らはいう。ほかの神を受け入れたからではなく、神という存在そのものを信じなくなったからだと。このようなことは、かつていちども起こらなかった」。

エリオットはほんの一例にすぎず、数多くの識者が、近代社会に関して同じような認識を抱いていたという、まさにそのことが、世俗化論の影響力の大きさを物語っている。とくに、イギリスや大陸ヨーロッパにおける宗教の衰退、周縁化は、彼らの目には説明を要しないほど明らかで重大な問題と映った。もちろん、彼らは現状を見誤っていたのかもしれない。信仰や道徳の状態に関して悲観的な論者はいつの時代にもいる。したがって、歴史家は、実証の手続きを踏まなければならない。世俗化論は、ほかの理論と同様、仮説にすぎないので、経験的根拠にもとづいてその妥当性を判断する必要がある。「宗教」を包括的に定義するという先験的方法では、衰退の概念そのものが、意味をなさなくなってしまう。

それゆえに、重視すべきは、グリーリーの理論的主張よりも、マーティのいう経験的証拠である。マーティおよび他の研究者は、とくに、現代アメリカ社会が世俗化論の反証となっていることを指摘する。もし世俗化が近代化に付随するものならば、宗教は、現代西ヨーロッパにおいてのみならず、現代アメリカにおいても後退しているはずである。しかし、合衆国では、伝統宗教が今も生き続けている。さらに、一九七〇年代および一九八〇年代にアメリカで盛んになった「新生《ボーン・アゲイン》」運動に見られる保守的福音主義の復活も、世俗化論では説明できない。一九八四年に、マーティは、米国世論研究所が一九七七年から一九七八年にかけておこなった調査に言及している。それによると、これまでよりも多い、おそらく全人口の六人に一人ものアメリカ人が、自分は回心して「新しく生まれ変わった」と回答している。アメリカの宗教は、ますます盛んになっているようだ。アメリカでもっとも精力的に著作活動をおこなっている宗教史家のひとりであるエドウィン・スコット・ゴースタッドは、「原理主義は、これまで、多くの信奉者を獲得しており、今後も、その数は増え続けるだろう。原理主義関連のラジオ・テレビ番組がどの周波数やチャンネルでも放送され、莫大な収益を上げている。新しく出る本、書店に並ぶ本、もっとも売れる本のどれを見ても、原理主義の影響力の大きさは一目瞭然である」と述べている。徹底した世俗化論者でさえも、強い発言力を有する「道徳的多数派《モラル・マジョリティ》」や他の同じような団体の活動を見れば、アメリカ文化の文脈においては、理論再考の余地があると考えるだろう。

主としてイギリスの宗教に関心がある研究者にとって興味深いのは、一五年近くにわたって世俗化論の再検討が試みられてきており、しかも、宗教心が高まりつつあるという現状にありながらも、アメリカの学者が、今なお世俗化論を妥当と考えていることである。第一に、アメリカで主流となっている宗教が、今も生き続けているからといって、あるいは、アメリカ人が、いわゆる「市民宗教」を信仰しているからといって、それは世俗化論を覆すことにはならない。ウィル・ハーバーグは、古典的研究書『プロテスタント、カトリック、ユダヤ』（一九五五年）のなかで、つぎのように述べている。

アメリカ人の宗教は、世俗的なものになり、今日、宗教と非宗教を区別する意味は、ほとんどなくなっている。「信心深い人」も「世俗主義者」も、同じ基本的価値観を有し、同じ根本的考えにもとづいて生活している。この価値観や考えを規定しているのが、アメリカ的生活様式である。

標題が示唆するように、『プロテスタント、カトリック、ユダヤ』は、アメリカの主要な諸宗教が世俗的な近代文化に順応し、その結果、各宗教間の教義上および神学上の差異がなくなり、共通の信仰心のようなものが形成されたため、個々のアメリカ人にとって、どの宗教に属するのかはあまり重要ではなくなってきたと論じている。プロテスタントは、カトリックのみならず、ユダヤ教徒とも、「アメリカの一般大衆を包み込んでいる世俗化した宗教」の信仰を共有していると、ハーバーグは述べている。もし、数十年後にふたたび同じ問題を取り上げたら、彼は、自らの主張を修正するかもしれないが、撤回はしないだろう。

一九八五年に、アメリカのテレビ番組『神の力』の案内役を務める福音伝道者ロバート・シューラーは、アメリカ人の価値観、信仰、神学知識についての調査を、ギャラップ社に依頼した。調査の結果は、彼がいうように、「組織宗教が、多くの点で使命を果たしていない」ことを示すものだった。それによると、アメリカ人の八一パーセントが、自らを「キリスト教徒」とみなしたが、「人間の姿をした神であるという意味で」イエスの神性を信じているのは、わずか四二パーセントだった。同様に、カトリック教徒のジョン・ディーディがおこなった調査からは、アメリカのカトリック教会においても、組織拡大の一方で「宗教的無知の『衝撃的』事例の数々」が明らかになった。現在、合衆国のカトリック教会は、国内の七五〇万人の若者に、宗教教育を施している。「とはいえ、カテキズムを判断基準にすると、宗教的なことがらについてまったく無知ではないにせよ、（カトリック）教理の詳しい知識がほとんどない世代が育っているという事実に変わりはない」と、ディーディは述べている。イギリスの宗教評論家ウィリアム・オディは、ローマ教皇は、アメリカのカトリック教会と対立せざるをえない状況にあると指摘する。一九八七年九月のヨハネ・パウロ二世の米国訪問について、オディは、合衆国のカトリック教会における「価値観の世俗化」を懸念する教皇と、「発展途上諸国の平均的なカトリック教徒より垢抜けている（つまり、世俗化している）（国内の）一般のカトリック教徒」とのあいだに見られた意見の衝突は、現代世界における宗教の行く末を占ううえで重要な意味合いを持つと論じている。オランダのカトリック教会と同様、アメリカのカトリック教会も、「ほとんどの自由主義的なプロテスタント教会を覆い尽くしている世俗的な価値観」に抗することができなかった、と彼は述べている。

アメリカに関して、世俗化論を覆す証拠があるとするならば、それは、保守的福音主義の復活であろう。しかし、そもそもそのような復活が起こり、大きな社会現象となったのは、福音主義者が「近代的なるもの」を反宗教的な悪と捉えたことによるところが大きい。実際、この事例を根拠に世俗化論の妥当性を疑問視するマーティン・マーティは、過去二〇年間の宗教の保守化を、「反近代的な宗教の復活」と呼んでいる。「新しく生まれ変わった」と信じるウィリアム・マッケイとジョージ・バーナも、同じような言葉を用いて保守的福音主義の復活を解釈している。著書『重要なしるし――アメリカの社会動向とキリスト教の将来』のなかで、マッケイとバーナは、保守的な福音主義者の考えや価値観が、キリスト教の伝統的なそれに比べてはるかに世俗的であることを示唆する調査結果に驚きを隠せずにいる。彼らは、一見強力そうな運動の「皮相性」を懸念しつつ、文章を結んでいる。

アメリカの指導的宗教史家のひとりW・W・ウェイガーは、より中立的な立場から、アメリカの現状は、世俗化論で説明できると主張する。一九八二年に彼は、アメリカの宗教文化は独特なものだが、「アメリカの事例が特殊なのは、事例そのものが特殊だからではなく、世俗化の起こり方が特殊だからである」と述べている。同様に、シンポジウム論集『宗教とアメリカ――世俗時代における霊性』の執筆者であるジョージ・A・ケリーは、「伝統的な教会宗教は、ヨーロッパでは、「近代的生活」の周辺に押しやられ、アメリカでは、内的世俗化を経ることで、より「近代的」になった」という、トマス・ルックマンの有名な文章を引用して、「この考えは正しいと思う」と結んでいる。さらに、バーガーは、「過去の世俗化はどういうものだったのか、また……今日の世俗化は、どういうものなのか」分からないと述べつつも、アメリカにおける「新生」キリスト教の出現を、世俗化と近代化を結びつけるウェーバー的な言葉を用いて説明している。一九八四年に、彼は、つぎのように記している。「プロテスタント福音主義は、アメリカの宗教のなかでもっとも野蛮に近い。なぜなら、この種の宗教は、洗練されておらず、素朴で、民俗文化に根ざしており、洗練された近代的、普遍的な言説では捉えきれないからである」。したがって、世俗化論のもっとも明らかな反証を提示しているかのような社会においてさえ、多くの識者は、現代文化は伝統宗教の敵であり、伝統宗教が確固とした存在を示したとしても、それはあくまでも世俗的な文化の枠内での反近代的な反動にすぎないと考えているのである。

イギリスのキリスト教は、「洗練されておらず、素朴で」民衆に根ざした福音主義の影響をほとんど受けていない。しかし、アメリカにおける信仰復興の影響がないわけではない。こうした傾向を受けて、社会学者や宗教史家のみならず、神学者や教会指導者も、二〇年前に比べると、世俗化論を無批判に受け入れることはなくなっており、より慎重に論を進めるようになっている。一九七九年に「福音主義全国行動」によって実施され、『八〇年代展望』という標題で聖書協会から刊行されたイングランド宗教統計調査に関して、教会指導者は楽観的な見方を示した。聖書協会計画部長のピーター・ブライアリは、統計調査から大多数のイングランド人が「通常は、教会の影響の及ばないところ」にいることが明らかになったが、同時に、「状況は悪化しておらず、むしろ、好転している」ことも示されたと述べている。また、教会牧会援助協会のギャヴィン・リードは、「これらの数字から導き出される確かな結論は、イングランドのキリスト教の規模の大きさと「強い生存力」である」と記している。

しかし、それらの数字から悲観的な結論を導き出すことも容易である。イングランドの全教会員の七四パーセントを対象に調査したところ、成人人口が年〇・五パーセントの割合で増加しているなか、教会員数は年〇・四パーセントの割合で減少していた。礼拝出席者数も減少しており、一九七五年と一九七九年を比べると、国教会で四万六〇〇〇人減、カトリック教会で一〇万八〇〇〇人減だった。メソディスト教会および合同改革派教会の減少率はさらに大きかった。もっとも、『八〇年代展望』が示す明るい見通しの根拠となる数字もある。第一に、一九七〇年代の前半と後半を比べると全体の減少率は小さくなっている。第二に、小規模の福音派教会は信者を増やしつつあった。

しかし、より広い視野からこのふたつの事実を見据えると、見通しは決して明るくはない。イギリスの成人のほぼ半分、未成年者の四分の三はいちども礼拝に出席したことがない。およそ五人に一人が、年に二度ほど出席するだけである。定期的に出席しているのは、わずか一〇人に一人である。一四〇年前には、人口の約半分が、そうしていたが、その後世俗化が進行し、とくに第二次世界大戦終結以降、キリスト教は衰退の一途をたどっている。一方で、私的な宗教実践が公的な礼拝に取って代わったことを示す証拠もない。電子メディアは、キリスト教の教えの新たな伝達手段となっていない。ラジオの宗教番組の聴取者は、一九四五年からの一〇年間に三分の二が減少し、一九六〇年代にはさらに半減した。これは、テレビの出現が原因のひとつかもしれないが、テレビの宗教番組の視聴率も下がる一方だった。ＢＢＣの日曜朝のテレビ礼拝の視聴者は、一九六三年から一九七〇年の間に六〇パーセントも減少した。番組自体も平凡で、神学的な内容や伝道の熱意に欠けるものだった。『スペクテイター』誌編集者のチャールズ・ムーアは、一九八七年に、「宗教番組は、宗教を真理とする見方に立っているわけではなく、ただ、人の興味を引くものとしか捉えていない」と評している。また、ＢＢＣ宗教放送部長のジョン・ホエールは、「勧誘、説得は局の方針に反するから、テレビ伝道は放送しない」と述べている。さらに、一九六〇年代に宗教番組が終わると視聴率が二倍になることに気づいた独立テレビ公社（ＩＴＡ）が、宗教放送を拡大してゆく可能性はほとんどなかった。

　宗教意識に関する調査からも、世俗化の進行は明らかである。一九八一年、ギャラップ社は、イギリスをキリスト教社会とみなすイギリス人は全体のわずか一三パーセントで、キリスト教が主要文化でなくなることを「とにかく良くない」と考えるイギリス人は全体の二三パーセントにすぎないという調査結果を得た。一九六七年の調査では、「宗教全体として」の「イギリス人の生活に及ぼす影響は、大きくなっているか、それとも、小さくなっているか」という質問に対し、大きくなっていると思うと答えたのは、一〇人に一人にも満たなかった。一方、回答者の三分の二が宗教は衰退していると答えた。一九八一年のギャラップ調査の結果はこの多数意見を裏づけている。イエスは神の子であると信じているイギリス人の割合は、一九六七年から一九八一年の間に若干減少したにとどまったが、「人格神」の存在を認めているのは、一九八一年の時点で三六パーセントにすぎない。このことは、伝統的な神学概念の世俗化を物語っている。さらに、一九八一年には、イエスは「単なる人間」であると断言する人の割合が一四年前のほぼ二倍の三一パーセントに達した。一方、悪魔の存在を否定する人の割合は四六パーセントから七三パーセントに増加した。

　リードは、ヴィクトリア時代以来のキリスト教の衰退が一九八〇年頃に「底を打った」としている。しかしながら、これらの数字や教会員、礼拝出席者の減少傾向を示す数字からは、全体的な文化の傾向や主要な教会の実態がそうであるとは考えにくい。『八〇年代展望』以降の調査の結果を見ても、そのようには判断しがたい。メソディスト教会は、一九八一年からの三年間で、全体の六パーセントにあたる三万人の信者を失った。一九八三年の国教会総会に提出された教会統計調査に関する公式報告書によると、主教区内の専任聖職者の数は減少し続け、有給聖職志願者数も、一九八〇年は六〇五人、一九八一年は五六六人、一九八二年は五四一人と、減少傾向にあった。堅信礼に関して、報告書は、「一九七〇年代末に横ばいから増加に転じた堅信数は、一九八一年、一九八二年と続けて、男女とも、また、各年齢層とも減少している」と述べる一方で、「これが、一時的な現象なのか、それとも、以前見られた長期的傾向の再来なのかを判断するのは、時期尚早である」と結んでいる。ほかの教会においても、一世紀以上にわたる衰退が止まる気配はない。一九七六年にすでに衰退していた教派同士の合同でできた合同改革派教会の場合、一九八一年に一六万一六九一人いた信者は、一九八六年には、一三万六〇〇〇人に減少し、専任聖職者の数も、同じ時期に一七四七人から一〇〇〇人以下に減った。イングランドとウェールズのカトリック教会の聖職者数も、一九八一年の七四〇九人から一九八六年の六七六八人に減少している。これらの数字を見ると、一九八〇年代初頭の比較的控えめな楽観論さえも、そのまま受け入れることは難しい。

もっとも、『八〇年代展望』は、これら主要教派に希望を見いだしていたわけではなかった。控え目ながらも楽観的な見解を示したリード自身、「これらの数字は、イングランドが霊的に渇水状態にあることを示している」と認めている。しかし、彼は（旧約聖書の預言者エリヤの話を引き合いに出して）、つぎのように続けている。「同時に、これらの数字は、海から小さな雲が立ち上がり、やがて、命を与える雨が降り出すことを示唆している。今、われわれは、本当に渇ききっている」。ここで彼が述べているのは、一九七六年から一九八〇年にかけて、イングランドのペンテコステ教会の信者が年二・三パーセントの割合で増え、開放的同胞派《オープン・ブレズレン》、家の教会、独立福音教会の信者が年五パーセントの割合で増加していることについてである。主要教派の指導者が社会の世俗化を衰退の原因と捉えているのに対し、ペンテコステ教会の神学者ジュリアン・ウォードは、一九七九年の統計調査から、「ペンテコステ教会およびホーリネス教会が、福音を世俗文化の内部においても意味のあるものにする力を有していること」が明らかになった、と論じている。

しかし、誰にとって意味のあるものなのか、どのように意味のあるものなのかという問題が残る。というのも、先述のように、福音主義は「洗練されておらず、素朴で、民俗文化に根ざしており、洗練された近代的、普遍的な言説では捉えきれない」という、アメリカにおける福音主義の復活に関するバーガーや他の識者の見解は、世俗化論と矛盾するものではないからである。おそらく、イングランド社会でも、規模は小さいながら、同じ現象が起こっていると考えられる。世界のどこにも、完全に「近代的」「世俗的」な文化は、存在しないのだから、いずれの文化にも、近代的、世俗的な価値観や考えに違和感を抱いたり、異議を唱えたりする人びとがいるのは当然である。一九七九年の時点で、ペンテコステ派は八五〇の信者集団からなり、礼拝出席者は約八万八〇〇〇人だった。開放的同胞派も、ペンテコステ派とほぼ同じ規模であった。一方、家の教会はこのふたつに比べると、はるかに規模は小さかった。この程度の増加では、主要教派の信者の減少を相殺することはできない。しかも、（リードが、『八〇年代展望』のなかで述べているように）増加といっても、非キリスト教徒が改宗して信者になる例は少なく、多くは正統派の教会の保守的な信者が、横滑りしてきたにすぎない。

したがって、世俗化論は妥当であるといえる。宗教の性質および近代世界における宗教の行く末に関するウェーバーの古典的見解にもとづけば、宗教のこういった状況はずっと前に予想できただろう。アーノルドが一八八二年に述べているように、近代以前および近世のヨーロッパの宗教は、「超自然的キリスト教」だった。もちろん、当時の社会のすべての人間が、文字どおり敬虔な信者だったわけではない。キリスト教は、規範的かつ強制的なものであったから、宗教行為といっても自発的なものではなく、かたちばかりで表面的なものにすぎない場合があったとしても不思議ではない。また、近代以前の社会においても、教会の強い圧力にもかかわらず、反宗教的、非宗教的な考えが存在したことが、明らかにされている。しかし、反宗教的、非宗教的な人間が逸脱していた規範となる文化そのものは、超自然的な存在を信じ、その助けを借りて、人間が直面する危機に対処しようとするものであった。キース・トマスの著書『宗教と魔術の衰退』を読めば、アーノルドの見解があながち間違っていないことが分かるだろう。

キリスト教文化が従来理解してきた「宗教」の概念に、ある種の超自然性が内在しているとすれば、今日使われている「宗教」という言葉についても同じことがいえるはずである。たとえば、世俗文化の思想体系について論じる宗教社会学者は、現代世俗社会において、しばしば、人間の感情を支配する世俗的な関心事や「主義《イズム》」を、「宗教の代わりとなるもの」、あるいは、「宗教のように機能するもの」と捉えることが多い。また、キリスト教神学の世俗化に対する世間一般の反応は概して批判的である。著書『神に正直に』のなかで、ウリッジ主教J・A・T・ロビンソンは、宗教には超自然的な要素は何もなく、「神」とは人間存在の本質にすぎず、伝統的な正統教義は作り話と迷信にもとづいていると述べた。これに対し、多くの読者は、彼が定義する「宗教」は宗教ではないと反論した。「宗教はまったくのまやかしだから必要ないと彼はいっている」というのが、ある国教会聖職者の感想である。哲学者アラスデア・マッキンタイアの批評は、より直截的である。「ロビンソン博士の著書を読んで何よりもまず感じたのは、彼が無神論者だということである」と述べている。二〇年後、デイヴィッド・ジェンキンズが、民放のテムズ・テレビの番組『信条』に出演したときも同じような反響があった。その少し前に、彼は、ダラム主教に叙任されていたが、番組後、キリスト教の超自然主義的な中心教理を否定する人間が高位聖職につくことに反対する人びとが、一万四〇〇〇人の署名を添えた嘆願書をヨーク大主教に提出した。

したがって、超自然性を中心に据えない「宗教」の定義は、宗教の真の文化的意味を捉えておらず、正確な定義とはいえない。一九八五年一二月の社説のなかで、『デイリー・テレグラフ』紙は、国教会総会に提出された報告書『都市における信仰』について、自由主義神学は「宗教」ではないと論評し、もっとも重要な問題として、つぎのように述べている。

〔報告書の〕根本的主張が、人間生活に関する超自然主義的理解にもとづいたものなのかどうか、そして、英国ヒューマニスト協会の会合においても、同じ結論が出る可能性はないのかどうかである……問題は、そのような報告書が、キリスト教特有の理解にもとづいているのかどうかである。世俗的な主張を裏づけるために聖書を引用しても、意味がない。

ここで示唆されているように、「宗教」を限定的に定義すれば、世俗化論は、立証可能であり、その妥当性が明らかになる。というのは、「世俗化」という言葉自体、伝統的な意味での「宗教」の役割や重要性が目に見えて変化するなか、急速に広まっていったからである。

マックス・ウェーバーは、いわゆる原始文化の世界を「魔術の園」の世界と呼んでいる。そのような世界では、人間意識の「限界点」、すなわち、人間の経験や理解を超えた危機的状況が絶えず起こるため、予測不可能で超自然的な力が、生活のあらゆる面に影響を及ぼしていると考えられ、それが「宗教的な」反応を引き起こす。ウェーバーの「近代化」論は、「世俗化」論を包含している。なぜなら、彼は、近代世界の成立を、合理化、脱魔術化の過程と捉えているからである。近代文化は、「魔術を解かれた」園であり、(つぎの点が重要だが)信仰を続ける人びとにとっても、そうであることに変わりはない。

旧約聖書のエデンの園の話ほど人間の宗教心をうまく説明しているものはない。ほかの動物と異なり、人間は、外界に対して単に本能的にではなく、意識的、内省的に反応する。自然から一歩離れて自らを客観視できるがゆえに、人間は生きることの意味や意義にかかわる問題に直面し、自らの運命を知りたい、思うように変えたいと考えるようになる。しかし、そのような願望を抱く人間の意識は、同時に、自らの無知、無力を痛感し、生のはかなさ、卑小さを認識することになる。こうした、意識と動物としての側面、「肉体」と「魂」とのあいだの緊張関係に、宗教心の根源がある。エデンの園の話が示唆しているように、神のようになりたいという誘惑は、人類の歴史と同じくらい古くからあるが、知識の木の実を食することで、人間は自らの脆弱さや限界を知るようになる。このように、意識が無限なるものを認識する一方で、自意識は、免れえない有限性を痛感し、願望と能力との隔たりを埋めるある種の超越的な知識や力を渇望する。神のようになることに失敗した人間が、超自然的なものに救いを求めるとき、宗教は生まれる。宗教は、ほかの方法では答えの出ない問題に答えを出し、人知の及ばぬところでも力を約束し、人間が望みうる以上の希望を、人間の予知能力を超える確実性を、そして、(場合によっては)肉体の死後も続く生命を与えてくれる。

このように考えると、宗教にはいくつかの文化的な次元があることがわかる。ひとつは、自然現象を超自然的な力と関連づけて説明する認知機能である。つまり、超自然的なものが、理解や知識の根拠となっている。しかし、人間は、超越的な知識のみならず、超越的な力も得ようとする。したがって、宗教には道具のような機能がある。予測不可能な世界のなか、豊作、戦勝、治癒、安全などを願う人びとは、超自然的なものの助けを借りて、自然を制御しようとする。さらに、宗教の認知機能や道具機能が有効性を失った後も、人びとは、別の意味で「宗教的」であり続けるかもしれない。というのも、個人や社会集団の希望や不安、憧れを満足に象徴したり、意味を与えたりする奥深い表現機能を有しているのはおそらく宗教だけだからだ。

このように三つを区別することは、宗教の衰退を論じる際にきわめて重要である。「世俗化」とは、人間の意識や行動がしだいに「世俗的」になり、「宗教的」な事柄に関与することが減少する過程をいう。しかし、「しだいに世俗的になる」といっても、それは、単一の変化ではなくいくつかの変化をともなう。機能の観点から「宗教」を捉えると、人びとが、超自然的なものに依拠せずに思考、行動するようになれば、あるいは、もっぱら因果関係にもとづいて外界を把握し、もっぱら物理的な力、諸制度、経験的論理を用いて自然を制御しようとするようになれば、それは、世俗化を意味する。したがって、世俗化は、次元が異なれば、異なった様相を呈しうる。宗教の認知機能や道具機能が有効性を減じる一方で、表現機能の重要性が増すということもありうる。実際、イギリスではなくアメリカにおいて、今日、そのような状況が見られる。ロバート・N・ベラーのいう「市民宗教」は、認知機能や道具機能の世俗化が進む文化環境のなかで、今後も重要な役割を果たすだろう。

　以上の考察から、いくつかの重要な結論を導き出すことができる。第一に、世俗化は、複雑な過程であり、さまざまな状況において、それぞれ異なった様相を呈する。宗教の衰退が、単一の過程でないのと同様、世俗化論も、単純な社会理論ではない。この点に関して、近年、再検討が進んでいる。指導的宗教社会学者が多数執筆した研究書の序文で、フィリップ・E・ハモンドは、世俗化論について、「研究者は、理論の正当性を疑っていないし、おそらく疑うことはできないだろうと述べている。しかし、彼らは、理論を適応することの妥当性を疑問視しはじめている」。より正確にいえば、研究者は理論の正当性を疑っていないが、理論が論じている変化が、単純ではなく複雑であることを理解しはじめている。さらに、今日の宗教に関して、衰退や変容を論じる世俗化論に対する正当な批判が数多く出されている。宗教と「近代的なるもの」との関係を理解する際に問題なのは、世俗化論の妥当性ではなく、（以前に比べると稀だが）世俗化を一方向的、不可逆的で止めることのできない流れとみなすことである。

　実際には、宗教も世俗化も複雑なもので、部分的にしか互いに関連しない数多くの変化をともなう。たとえば、信仰はそれを補完していた儀式や礼拝が廃れた後も、少なくともしばらくのあいだは廃れないかもしれないし、逆に、信仰が生み出した儀式や象徴が意味を失う前に、すでに意味を失ってしまうかもしれない。同様に、公的な礼拝がおこなわれなくなっても、私的な礼拝はなくならないかもしれないし、その逆もありうる。このように断定的でないのは、宗教も世俗化も、さまざまな文化次元において、それぞれ異なった様相を呈し、場合によってはある次元と別の次元で正反対の動きを示しうることを考えると当然である。

第二に、世俗化は部分的な過程である。完全に「人間や世界が自律」している「近代的なるもの」は、仮説モデルにすぎず、現実には存在しない。完全に「近代化された」社会は存在しないし、原理的に存在しえない。なぜなら、偶然、不確実性、必滅が支配する世界では、説明不可能な現象や偶発的な現象が絶えず生起し、人間の外界理解が、完全に合理化、非魔術化されることはないからである。人間の自然理解や自然制御に「限界点」がある限り、宗教が機能する余地があり、人間の自信を揺るがす危機的な状況が起こるたびに、また、反近代的な反動が広がると、宗教は勢力を盛り返すこともあるだろう。とはいうものの、知識や技術が進歩し、人間の自然制御能力が高まる限り、現代社会における宗教の状況は、今後も長期的には世俗化の方向に進むことになるだろう。

第三に、世俗化が文化に及ぼす影響は全体的ではなく、部分的である。先述のように、ジュリアン・ウォードは、近年成長著しいペンテコステ教会とホーリネス教会は、「福音を世俗文化の内部においても意味のあるものにする力」を有していると論じたが、この解釈は正しくない。重要なのは、「内部」という言葉である。一九九〇年代のイギリスの宗教を展望すると、世俗文化の内部にとどまる宗教集団は引き続き衰退し、社会の周辺に追いやられ、一方、ペンテコステ運動のように、世俗的な現代世界の外部で展開する運動は、限定的ではあるが、いっそう拡大してゆくことが予想される。

これは、世俗化が複雑な過程であることを前提としたうえでの見通しである。世俗文化に適応することで「今日性」を得ようとする教会にとって、未来は、さまざまな可能性を秘めている。適応により、宗教と世俗とのあいだの緊張が緩和されて、教会組織の衰退に、ある程度、歯止めが掛かるかもしれない。人びとが、世俗化した教会を離れてゆくとしたら、それは、無関心によるものであり、離反といった積極的なものではないだろう。さらに、世俗化した宗教は、アメリカにおいてそうであるように、イギリスにおいても、表現機能を果たすようになるかもしれない。そのような宗教は、表面的で没個性的な人間関係や都会的な無名性が支配する世界において、共同体意識の焦点となりうるし、あるいは、伝統的な価値観との、わずかではあるが重要な接点となりうる。そして、キリスト教の象徴や儀式は、超自然主義的な基盤を失った後も、人生の重要な通過儀礼において、意味を持ち続けるだろう。

一方、セクト運動は、今後も盛衰を繰り返すだろう。既存のセクトが組織を拡大し、世俗文化に適応するようになると、新たな、より純粋な運動がそれに取って代わるだろう。ウェーバーの古典的な近代化論は、「近代的なるもの」の規範や価値観に対して「断固たる抵抗」を続けるのは伝統文化の保守派であり、そのような反近代的反動のもっとも効果的な形態は、宗教セクトの運動であると論じている。近代化があまり進んでいない「第三世界」の信者との結びつきを強める国際的なカトリック運動の影響を受けて、イギリスのカトリック教会は世俗文化に対してセクト化の道を選ぶかもしれない。カトリック教徒の社会学者で、全国司牧会議の代議員であるラシード・ムフティは、そのようなセクト化を唱えている。論文「組織と刷新」のなかで、彼は「今日、神のすべての民である教会は、今まで以上に、この世界において『反対を受けるしるし』とならなければならない」と述べている。セクト運動は、今後も理由は何であれ近代的な価値観に幻滅した人びとや、「近代的なるもの」がもたらす物質的利益に与ることができない人びとの支持を得るだろう。実際、『八〇年代展望』の調査結果が示すように、近年ペンテコステ教会の信者になった人びとの多くは、下層中産階級および労働者階級の出身である。

最後に、世俗化は必ずしも不可逆的ではない。近代文化のなかに、反近代的な動きが生じると、伝統宗教は力を取り戻す。そのような動きは、近代文化の安定性と連動して強まったり弱まったりするため、宗教は世俗化という全体的な流れのなかで復活と衰退を繰り返す。しかし、もし近代文化が崩壊したらどうなるだろう。近年イスラム原理主義がイランに築いたようなポストモダンの文化においては、世俗化が起こる可能性はない。

「脱世俗化」は、一九八〇年代の神学者や宗教社会学者にとって、魅力ある未来の姿である。一九八三年に、イギリス教会協議会は『一九八四年の裏側——教会の諸問題』と題した文書を出し、来るべきポストモダンの世界に備えるようキリスト教徒に呼びかけた。「ヨーロッパ文化が人類を進歩に導く光として世界を照らしてきた二五〇年にわたる時代が、いま終わろうとしている」、そして「近代的なるもの」の危機が差し迫るなか、長らく続いた世俗化も終息に向かいつつあるというのが同書の論旨である。同様の主張を展開しているのが、キリスト教知識普及協会（SPCK）から出版されたウィリアム・オディの編著『洪水の後——教会の脱世俗化に向けての考察』である。序文でオディは、「確実なのは、人間は自然を制御し、自らの運命を思うように変えることができると信じてきた世界の「先進」工業社会が、洋の東西を問わず自信喪失に陥っていることである」と記している。彼や他の執筆者は、「いっそう不確実で絶望的な」「ポストモダン」の時代に対処するために、徹底した超自然主義に厳然と回帰するよう、教会に呼びかけている。

「『近代的なるもの』の危機」の到来を待ち望む者は、空想的ですらある超自然主義を徹底して信奉する者以外にはいないだろう。なぜなら、ますます「自律的になる一方の人間や世界」の根底にある価値観や知識は、世俗化のみならず、現代工業文明ももたらし、この文明なくしては、地球は現在の人口のほんの一部しか支えることができないからである。イランのイスラム教の世俗化を逆転させた原理主義革命が引き起こした混乱は、現代西洋社会の大規模な脱世俗化にともなう激変とは比較にならないだろう。世俗化が完全に逆転するような脱近代化は、文明全体に破滅をもたらすかもしれない。

イギリスの場合、世俗化がこのまま進めば、キリスト教は、近代文化にあまり同化していない民族集団や社会階級の信者が多いキリスト教以外の宗教に、主要宗教の座を明け渡すことになるだろう。一九八七年の時点で、信仰を実践するイギリス人のおそらく三分の一は、キリスト教徒ではなくイスラム教徒である。イスラム教徒の人口は増加しており、彼らは、信仰に篤く、家族や共同体は、子どもの社会化に重要な役割を果たしている。これらの点を考えると、数十年後には、イスラム教徒は、イギリスのもっとも有力な宗教集団になっているだろう。しかし、世俗化は、彼らをも包み込もうとしており、イスラム教指導者も、そのことを認識し、懸念している。『タイムズ』紙は、「イギリスのイスラム教」と題した社説のなかで、イスラム教指導者は、「自らの共同体に、閉鎖的、排他的な生活を強要したり、西洋文化は宗教的に不毛であるといった、海外のイスラム教組織が広める根も葉もない考えを植えつけたりすべきではない」と述べている。たしかにそのとおりではあるが、これは世俗化を呼びかける声にほかならない。その一週間前に、モスク協議会議長のザキ・バダウィ博士は、イスラム教徒もイギリス社会に適応せざるをえないと演説した。彼の声もまた、世俗化を呼びかける声である。

時がたてば、女性の地位は今とは違ったものになり、女性たちはもっと自由になるだろう。われわれは、多くのイスラム教国の進歩を妨げている科学や技術に対する偏見や恐れを克服してゆくだろう。われわれは、責任と自由の均衡がとれた民主主義の観念を身につけるはずだ。そして、さまざまな技能を獲得し、独裁者のいない世界を築き上げてゆくことになろう。

彼の予想はたしかに正しい。長い目で見れば、現在組織を拡大しているキリスト教のセクトと同様、イスラム教も、世俗文化との妥協を余儀なくされるだろう。しかし、現実には、なかなか、そのように進展しない。一九八〇年代後半においても、イスラム教のサブカルチャーは非常に攻撃的であり、イギリス文化との妥協ではなく、抵抗する姿勢をあいかわらず打ち出している。

近年、ポール・ジョンソンは、「近現代においてとくに期待外れの出来事は、宗教が消滅しなかったことである」と書いている。しかし、このような書き方は、宗教の衰退という事実について誤解を招きかねない。たしかに世俗化は、一方向的、不可逆的、包括的なものではない。近現代を通じて、人間文化は、大きく変貌したが、世俗化は、なかでももっとも大きな変化のひとつである。いつの時代においてもそうであるように、今日においても、未来はさまざまな可能性を秘めており、そこには、希望も不安もある。しかし、確実にいえるのは、イギリスのような社会では、世俗化によって宗教の影響力が浸食され続けるといったシナリオどおりには、脱近代化や脱世俗化は進まないだろうということである。

訳者あとがき

本書は、Sheridan Gilley and William J. Sheils (eds), *A History of Religion in Britain: Practice and Belief from Pre-Roman Times to the Present* (Oxford: Blackwell, 1994) の翻訳である。

イギリスの宗教についての通史は、これまでも日本で刊行されているが、あえて本書を翻訳して紹介するのは、いくつかの点で、先行書には見られない長所があると判断したためである。ひとつは、古代から現代にいたるまでのイギリス諸島における「宗教」の歴史であって、キリスト教史に限定されていない点である。これまでの「イギリス宗教史」は、ほとんどが当然であるかのようにキリスト教史であったことからすれば、キリスト教以前の信仰から、仏教やイスラム、さらには新興宗教といった現代の宗教事情までを扱った本書の意味は小さくないだろう。とくに、後述するように、二〇世紀後半以降のイギリスの宗教状況が、われわれの素朴なキリスト教国イメージとはかなり乖離してきていることを考えると、本書の伝えてくれる情報は貴重である。

第二には、本書の大部分を占めるキリスト教の歴史に関しても、叙述が特定の宗派に偏っていないという点である。これも、先行書が著者や編者の属する宗派や支持する観点からの叙述——宗派の護教論になる場合も多い——に終始しているものが少なからずあったことを考えると、特筆すべき点である。もちろん、本書でも章によっては執筆者の信仰傾向がうかがえる場合があるが、書籍全体としては十分にバランスのとれたものになっているといえるだろう。

いわば客観性が保持された本書を一読すれば、少なくとも宗教改革以降、イギリスは宗教的に一色に染まったことはないことがよく分かるだろう。プロテスタント国教会体制のもとでも一定数のカトリック教徒が（ある意味黙認されて）存在したし、近世のイギリスはピューリタニズムの国であったというのもほとんど神話ですらあることも明らかである（第一〇章二五七頁）。

三つ目の特徴としては、各章の叙述が執筆時点での最新の研究動向を十分に反映しているという点である。イギリスの宗教史に関しては、たとえば、イギリス宗教史の大きな節目である宗教改革については、一九七〇～八〇年代からの修正論の台頭など、大幅な見直しの議論が続き、かつての通史で語られたイメージとはかなり様相を異にしている。そうした新しい知見を組み込んだ叙述として、本書の役割は重要である。

現代イギリスの宗教事情が、通り一遍のキリスト教国イメージと違ってきていると記したが、その一方で、イギリスは、今もなお、学校教育の現場で宗教教育がカリキュラム上義務づけられており（しかも、国教会の）、国王が国教会の長であるなど、政教分離が当たり前になっている先進国のなかでは、特異な存在であるかもしれない。しかし、制度上の建前とは逆に、その実態はかなり宗教離れした社会である。宗教教育の「義務」にしても、実際の小学校の現場では、特定の宗派の信仰を押しつけることはなく、生徒各自が好きなように祈るだけである。もちろん、祈らないことも可能である。建前と本音の上手な使い分けの「伝統」は今も健在である。その点、政教分離の原則がありながら、ともすれば、個人の思想良心を無視して押しつけと管理に傾きがちな日本の社会とは大違いである。

現代のイギリスにおける宗教事情を語るうえで忘れてはならないのは、各種統計で明らかにされているように、教会の礼拝に定期的に出席する人に限定すれば、最大の宗派はカトリックになっているという点である。もちろん、カトリック教徒の数が国教徒より多いというわけではない。要は、国教徒の多くが教会へ出向かなくなっているのである。これでは、小学校で国教会の教義に従った宗教教育を求めることは非現実的であるし、イギリスは国王を長とする国教会が国教の位置を占めるプロテスタントの国である、などという教科書的な記述も意味をなさない。

イギリス社会全体としては、かなりキリスト教離れ（世俗化）が進んでいるといえるだろう。教会で結婚式を挙げる人が減り、登記所での民事婚が多数派を占めていることなどは、非キリスト教国なのに結婚式の六〇パーセントがキリスト教式で挙げられている日本とは皮肉な対照を見せている。自分の子どもに洗礼を、少なくとも出生後すぐには、受けさせない親が多くなっている点も意外かもしれない。そのため、危機感を感じた教会の肝いりで、洗礼は良いものですよ、と勧めるテレビ番組が作られるほどである。

街に出れば、空き家になった教区教会を見かけることも珍しくない。訪れる信者数が減ったため教区教会の統廃合が進み、使われなくなった聖堂は集会所や食堂、ホテルなどに姿を変えている。単独の宗派だけでは維持が難しくなり、ひとつの聖堂で、国教会、カトリック、非国教徒が交代で使用している例があるのも、こうした傾向を反映したものといえるだろう。

以前、BBCのテレビ番組で「マリア」という作品が放送された。二〇〇二年のクリスマス特番であったと記憶するが、その内容にはさすがに驚かされた。マリアというのは、もちろん聖母マリアのことであるが、イエスの生まれたとされる「厩」とは、どういったものであったのかの検証や、エジプト逃避は後世のフィクションであろうという指摘、ヨゼフとマリアの結婚の実情、など歴史家にとってたいへん興味深い内容であったが、何より、イエスの父親は誰か（どういった人物か）ということを歴史的に検証し、おそらくはローマの兵士だろう、という結論を淡々と示していたのには、正直、びっくりした。世俗化が進んでいるとはいえ、大多数（人口の七割）のイギリス人は、自らをキリスト教徒であると考えており、いわばキリスト教の根本にある問題をこうも簡単に「解決」して、視聴者の反発はないのかと心配になった。しかし、放送後もとくに問題視されたという報道は聞かなかった。これがアメリカ合衆国であったらどうだろう。おそらくは放送局に抗議や脅迫が寄せられ、実力行使もあっただろう。

実際、同じ頃、合衆国では、アラバマ州で公共機関内に設置された聖書をモティーフにしたモニュメントを、政教分離の観点から裁判所が撤去を命じたことに対し、モニュメント設置を支持する人びとの抗議行動を引き起こした事件が起きている（二〇〇三年）。それ自体は、宗教色の強い合衆国南部らしいものといえるが、興味深かったのは、この出来事をイギリスのテレビ局のレポーターが、「（イギリスでは考えられない）アメリカらしい事件です」と、明らかに呆れたといった表情で報じていた点である。もはや大多数のイギリス人にとって、そこまで宗教を盲信する人びとの存在が驚きの「事件」なのである。

一九九四年に刊行された本書は、当然のことながら二〇世紀末までの状況を背景にしており、これまで述べたような宗教意識を反映しているといえる。「未来」のイギリスの宗教状況についての見通しも、やや楽観的な雰囲気が漂うのも当然だろう。しかし、二〇〇五年に起きたロンドンでの同時多発テロ事件以降は、そういった楽観を許さなくなっているかもしれない。事件後、国内に定着していたイスラム教徒に対する人びとの警戒心が高まり、社会問題となったことはよく知られている。

もっとも、だからといって、昔ながらの国教会体制の社会に後戻りしたのか、といえば、それはないだろう。少なくとも、キリスト教の宗派間の垣根はもはや問題にならないようである。ブレア首相が退陣後すぐにカトリックに改宗したことは大きなニュースになったが、だからといって、ブレア在任中の国教会の人事の正統性が問われるようなことはなかった。また、二〇一〇年にはローマ教皇ベネディクト一六世がイギリスを公式訪問し、エリザベス二世と会談している。かつて、チャールズ皇太子がローマを訪問した際、カトリックとの接触は王位継承権を危うくする（王位継承法に抵触する）可能性があるとして、教皇との会見が見送られたことを考えると、その様変わりは明らかである。教皇とカンタベリ大主教は、世俗化への懸念を共同で表明したが、教会の直面する問題は、宗派間の教義の違いよりは、まさにそこにあると意識されているのだろう。本書は、そういった変わりつつあるイギリスの宗教状況を理解する一助となるだろう。

＊

本書の翻訳を監訳者のひとり指が思い立ったのは二一世紀になって間もなくのころである。すでに述べたような本書のバランスの良さに感心し、研究の指針としても利用していたので、この内容を広く紹介したいという思いに駆られた。幸い、本書の編者、シールズ先生がおられたヨーク大学で在外研究を行なうことになっていたので、シールズ先生に連絡を取って翻訳への許可をいただいた。研究者としては手堅く地味ではあるが、『教会史雑誌 *Journal of Ecclesiastical History*』や『教会史研究 *Studies in Church History*』の編者として活躍されておられたシールズ先生らしい概説書であるといえる。本書のバランスの良さは、シールズ先生の手腕によるところが大きいといってよいだろう。

一人で翻訳するのは、専門分野の点でも分量の点でも、とうてい無理であるので、当初から共同訳を考えていたが、指の同僚、並河葉子も本書の意義を認めていたひとりであったので、共同監訳という形で進めることとし、若手を中心に翻訳の担当者を組織した。しかし、肝心の出版社に関しては、学術書出版冬の時代に、これだけ大部の書籍の企画を引き受けてくれるところがあるかは、正直、かなり見通しは暗かったのだが、法政大学出版局の勝康裕さんに相談したところ、(意外にも) 快諾していただき、翻訳の企画がスタートすることになった。
順調にいけば数年で出版できると踏んでいたのだが、近年の大学を取り巻く環境の厳しさ(雑務の肥大化によって忙殺される)などで原稿の完成は遅れ、しかも、最初の原稿が上がってからの複数の訳者間の訳語・訳文の調整作業(あえて特定の宗派の用語に統一せず、慣用に従ったものが多い)などに想像以上の時間を要した。この間、編集の勝さんからの貴重な意見も取り入れるなどして、何度も原稿が監訳者と編集者のあいだを行き来することになった。このため、訳文も当初のものから大幅に変更されている。その意味で、文字どおり掛け値無しの「共訳」である。それでも、おそらくはまだまだ不備が残っていると思われる。本書の浩瀚さのせいにすることもできるが、まずは監訳者の責任であり、読者の皆さんからのご教示と叱責を待ちたい。企画から一〇年以上が経過してしまったが、本書の完成を辛抱強く待っていただいたシールズ教授と編集を引き継いでいただいた法政大学出版の高橋浩貴氏に感謝したい。

二〇一四年九月七日

監訳者

関連書

※表示価格は税別です

ミルチャ・エリアーデ著／風間敏夫訳
聖と俗——宗教的なるものの本質について　二九〇〇円

クラウス・シュライナー著／内藤道雄訳
マリア——処女・母親・女主人　六八〇〇円

キャサリン・アレン・スミス著／井本晌二・山下陽子訳
中世の戦争と修道院文化の形成　五〇〇〇円

ジョルジュ・ミノワ著／石川光一訳
無神論の歴史——始原から今日にいたるヨーロッパ世界の信仰を持たざる人々　一三〇〇〇円

イギリス宗教史
――前ローマ時代から現代まで

2014年 10月 30日　初版第1刷発行

編　者　S. ギリー／W. J. シールズ
監訳者　指昭博・並河葉子
発行所　一般財団法人　法政大学出版局
〒102-0071 東京都千代田区富士見 2-17-1
電話 03(5214)5540 振替 00160-6-95814
印刷：三和印刷　製本：誠製本
装幀：小林剛（UNA）

Printed in Japan

ISBN978-4-588-37122-6

執筆者紹介（肩書きは本書刊行当時）

シェリダン・ギリー　Sheridan Gilley（編者，序章，第15章，第18章）
ダラム大学神学部講師。著書に『ヴィクトリア時代の都市におけるアイルランド人』『イギリスにおけるアイルランド人　1815–1939年』（両書ともロジャー・スウィフトと共編），『ニューマンとその時代』。近現代の教会について多くの著述を発表。

ウィリアム・J・シールズ　William J. Sheils（編者，序章，第８章，第12章）
ヨーク大学グッドリック・カレッジ学寮長。同大学で社会経済史を担当。ピューリタニズムやイングランド宗教改革史についての著作，および史料編纂。1981年から1990年まで *Studies in Church History* の編集者。また *Journal of Ecclesiastical History* の編集委員。

マーティン・ヘニッグ　Martin Henig（第１章）
オクスフォード大学考古研究所研究員。著書に『ローマン・ブリテンの宗教』『ローマン・ブリテンの芸術』など。1985年以降，*Journal of the British Archaeological Association* 編集者。

ジェラルド・ボナー　Gerald Bonner（第２章）
ダラム大学を経て，アメリカ・カトリック大学（ワシントン DC）教授。初期キリスト教研究。同大学より，優れた宗教研究者に与えられるヨハネス・クアステン・メダルを授与される。著書に『ヒッポの聖アウグスティヌス――その生涯と論争』，1966年のジャロー講演，1970年のダラム大聖堂講演でベーダについて講義を行い，両方とも公刊されている。ベーダ，聖クスベルト，アングロ・サクソン時代の宗教心について研究。

ロザリンド・ヒル　Rosalind Hill（第３章）
ロンドン大学名誉教授。中世イングランドの司教記録の編纂や中世教会史についての論文を発表。*Gesta Francorum* の編者・翻訳者。

ノーマン・タナー　Norman Tanner（第４章）
イエズス会士。オクスフォードのカンピオン・ホールおよびロンドンのヘイスロップ・カレッジで中世教会史を担当。中世宗教史についての著作が多い。『公会議布告』の編者。

グランモア・ウィリアムズ　Glanmor Williams（第５章）
スウォンジーのユニヴァーシティ・カレッジ歴史学の元教授（1957年から）。ウェールズの宗教史に関する著作が多い。

マイケル・リンチ　Michael Lynch（第６章）
バンゴーのユニヴァーシティ・カレッジを経て，エディンバラ大学スコットランド史教授。元 *Innes Review* 編集者。スコットランド歴史協会書記。著書に『エディンバラと宗教改革』『スコットランドの新しい歴史』。『オクスフォード版　スコットランド史必携』の編者。

ジェイムズ・K・カメロン　James K. Cameron（第 7 章）
セント・アンドリューズ大学名誉教授（教会史）。同大学で1970年以来主任教授を務めた。アバディーンのキングズ・カレッジでも講義を行う。*The First Book of Discipline* を編纂（1972年），スコットランド教会史やヨーロッパの宗教改革について，国内外で多くの学術論文を発表。

イアン・グリーン　Ian Green（第 9 章）
ベルファスト，クィーンズ大学の近代史講師。著書に『国教会の再確立　1660–1663年』。その他，近世教会史についての論文多数。近年は，1540年から1740年にかけての教理問答や宗教教育の手段について研究をまとめている。

マイケル・マレット　Michael Mullett（第10章）
ランカスター大学で歴史担当教員。急進的キリスト教，民衆文化，ルター，カルヴァン，ジェイムズ 2 世，非国教徒についての研究を発表。近年は，ジョージ・フォックス，ジョン・バニヤンについて研究を進める。

デイヴィッド・A・ペイリン　David A. Pailin（第11章）
ケンブリッジ，ダラス，マンチェスターで学んだ後，マンチェスター大学宗教哲学講師。著書に『信仰への道，他宗教への態度――17・18世紀イギリスでの比較宗教』『宗教哲学，神，現実の過程の基盤――信頼できる有神論の確立』『神学の人類学的性格――神学的理解の条件』『柔らかな接触――ハンディキャップの神学から人間の神学へ』。

W・R・ウォード　W. R. Ward（第13章）
ダラム大学近代史講座名誉教授。宗教的実践や信心についての著作が多い。とくに『プロテスタント福音主義の覚醒』と『信仰と党派』，新版『ウェスレーの日誌と日記』（R・P・ハイツェンローターとの共編）など。

エドワード・ノーマン　Edward Norman（第14章）
国教会聖職者。元ケンブリッジ大学歴史学上級講師。カンタベリのクライストチャーチ・カレッジ学寮長。著書に『イングランドの教会と社会　1770–1970年』など多数。

デイヴィッド・ヘンプトン　David Hempton（第16章）
ベルファスト，クィーンズ大学の近代史教授。著書に『イギリス社会におけるメソディズムと政治　1750–1850年』，『アルスターにおける福音主義プロテスタント　1740–1890年』（共著）。その他，近現代のイギリス，アイルランドの宗教史の論文多数。

クライド・ビンフィールド　Clyde Binfield（第17章）
シェフィールド大学歴史学部講師。Journal of the United Reformed Church History Society の編者。元教会史協会会長，YMCA 国内評議会議長。非国教徒の社会文化史やその教会建築について研究。

キース・ロビンス　Keith Robbins（第19章）
ウェールズ大学（ランピーター）副学長。教会史協会および歴史学協会元代表。政治，外交，教会史について数多くの研究を発表。論文集に『歴史・宗教・政治』。

ピーター・ウィリアムズ　C. Peter Williams（第20章）
シェフィールドのエクレサール教区司祭。ブリストルのトリニティ・カレッジの元スタッフ，後に副代表。19世紀の宣教活動についての研究を幅広く行う。

エドワード・ロイル　Edward Royle（第21章）
ヨーク大学歴史学講師。近代イギリスの社会政治史。著書に『ヴィクトリア時代の不信心者――急進主義者，世俗主義者，共和主義者』『チャーチズム』『近代イギリスの社会史　1750–1985年』。

ジョナサン・G・キャンベル　Jonathan G. Campbell（第22章）
ウェールズ大学（ランピーター）神学部上級講師。聖書研究，ヘブライ研究，ユダヤ研究。各時代のユダヤ主義に強い関心を抱く。第二神殿時代のユダヤ教にも関心をもつ。死海文書に関する博士論文を公刊予定。

ステュアート・ミューズ　Stuart Mews（第23章）
レスター大学を経て，チェルトナム・グロスター大学宗教史講座講師。オクスフォード，セント・ジョンズ・カレッジ客員フェローをつとめ，『宗教とナショナル・アイデンティティ』『政治における宗教』『現代の宗教的反抗』などの書籍を編纂。雑誌 Theology 編者。

アラン・M・サゲイト　Alan M. Suggate（第24章）
ダラム大学神学部上級講師。著書に『ウィリアム・テンプルと今日のキリスト教社会倫理』。また，現代キリスト教倫理や日本の社会やキリスト教についての論文多数。

ポール・バダム　Paul Badham（第25章）
ウェールズ大学（ランピーター）神学部教授。現代教会史および現代神学を講じる。現代キリスト教神学思想に関する研究を中心に行う。『現代英国の宗教，国家，社会』の編者。

アラン・D・ギルバート　Alan D. Gilbert（第26章）
タスマニア大学副学長。元ニュー・サウス・ウェールズ大学。オクスフォード大学で学位取得。近代イギリスでの教会出席者についての研究書（共著）のほか，『工業化時代イングランドの宗教と社会』，『ポスト・キリスト教イギリスの形成――現代社会の世俗化の歴史』。

訳者紹介（最終学歴，現職，主な業績）

指 昭博（さし・あきひろ，監訳者，序章，8 章，11章，12章，18章）
大阪大学大学院文学研究科博士課程。神戸市外国語大学教授。著書に『イギリス宗教改革の光と影』（ミネルヴァ書房，2010年），『図説 イギリスの歴史』（河出書房新社，2002年）。

並河葉子（なみかわ・ようこ，監訳者，13〜15章，17章，20章）
大阪大学大学院文学研究科博士課程。神戸市外国語大学教授。論文に「イギリス帝国と女性宣教師」駒込武・橋本伸也（編）『帝国と学校』（昭和堂，2007年）所収，「世紀転換期のミッションと大英帝国」木村和男（編）『世紀転換期のイギリス帝国』（ミネルヴァ書房，2004年）所収。

指 珠恵（さし・たまえ，1 章，2 章）
大阪大学大学院文学研究科博士課程。共訳書にM・L・ブッシュ『ヨーロッパの貴族』（刀水書房，2002年）。

赤江雄一（あかえ・ゆういち，3〜5 章）
リーズ大学中世学研究所博士課程。慶応大学文学部助教。論文に「中世後期の説教としるしの概念――14世紀の一説教集から」『西洋中世研究』第 2 号（2010年），共訳書にエドマンド・キング『中世のイギリス』（慶應義塾大学出版会，2006年）。

赤瀬理穂（あかせ・りほ，6 章，7 章，19章）
神戸大学大学院文学研究科博士課程。神奈川大学非常勤講師。論文に「創られたスコットランド国王――ジョージ 4 世のエディンバラ訪問」指昭博（編）『王はいかに受け入れられたか――政治文化のイギリス史』（刀水書房，2007年）所収，「帝国とスコティッシュ・アイデンティティ――1911年グラスゴー博覧会を中心に」『西洋史学』第205号（2002年）。

長谷川直子（はせがわ・なおこ，9 章，10章）
ヨーク大学歴史学部修士課程。訳書にW・ベーリンガー『魔女と魔女狩り』（刀水書房，2014年），論文に「魔術と魔女狩り」指昭博（編）『はじめて学ぶイギリスの歴史と文化』（ミネルヴァ書房，2012年）所収。

戸渡文子（とわたり・あやこ，16章）
大阪大学大学院文学研究科博士課程。ブリティシュ・カウンシル教育プロジェクトマネジャー。論文に「聖域の男たち――19世紀国教会の専門職化とジェンダー」『空間のイギリス史』（山川出版社，2005年），共訳書にリンダ・コリー『イギリス国民の誕生』（名古屋大学出版会，2000年）。

宮崎 章（みやざき・あきら，21〜26章）
大阪大学大学院文学研究科博士課程。

索　引

ア行

カ行

サ行

タ行

ナ行

ハ行

マ行

ヤ行

ラ行

ワ行

文献案内

序　論

イングランド宗教史を，もとの三巻本を新たに一冊にまとめた著作が David Edwards, *Christian England*（London, 1986）であるが，扱うのは近代のみである。初期のイングランド教会の歴史については，W. R. W. Stephens & W. Hunt（eds), *A History of the English Church*, 9 vols（London, 1899–1910）がある。特定の宗派については，時間的にも数世紀にわたり，各章でも紹介されるが，ここでは M. R. Watts, *The Dissenters: From the Reformation to the French Revolution*（Oxford, 1978）を挙げておく。その他のマイナーな教派については，P. Badham（ed.), *Religion, State, and Society in Modern Britain*（London, 1989）が扱っている。

スコットランドの宗教については，J. H. S Burleigh, *A Church History of Scotland*（London, 1960）や Gordon Donaldson の二冊の著作 *Scottish Church History*（Edinburgh, 1985）および *The Faith of the Scot*（London, 1990），それに論文集である D. Forrester & D. Murray, *Studies in the History of Worship in Scotland*（Edinburgh, 1984）がある。また，W. C. Dickinson & G. S. Pryde（eds), *New History of Scotland*, 2 vols（London, 1961–62）の宗教についての章も優れている。最初期から19世紀までのウェールズでの宗教は，Glanmor Williams の論文集 *The Welsh and Their Religion*（Cardiff, 1991）で取り上げられている。また，Rees Davies, Glanmor Williams & Geraint Jenkins（eds), *Oxford History of Wales*, 6 vols にも13世紀から19世紀にかけてのウェールズの教会について重要な資料が含まれている。イギリス宗教史へのケルトの影響を概観したものとして，J. P. Mackey の編纂になる論文集 *An Introduction to Celtic Christianity*（Edinburgh, 1989）がある。

女性がイギリスの宗教史に果たした役割については，近年いくつかの研究が出ている。なかでも，Patricia Crawford, *Women and Religion in England 1500–1720*（London, 1992), Gail Malmgreen（ed.), *Religion in the Lives of English Women, 1760–1930*（London, 1986), W. J. Sheils & Diana Wood（eds), *Women in the Church*（Oxford, 1990）が有益である。

イギリス宗教研究を支える雑誌としては，*Journal of Ecclesiastical History*（Cambridge University Press, 1953－）や 'Studies in Church History' シリーズ（London, Oxford など，1964－）があり，ウェールズやスコットランドについても，宗教史に関する雑誌があるし，特定宗派の歴史についての雑誌もある。

以下の章については，各章の著者が紹介する。

第１章　ローマン・ブリテンの宗教

紀元前1000年以前のブリテン島の宗教については，Aubrey Burl の *Prehistoric Avebury*（London, 1979), *Rites of the Gods*（London, 1981）および *The Stonehenge People: Life and Death at the World's Greatest Stone Circle*（London, 1987）で議論されている。

ローマ以前のケルトの宗教については，Anne Ross の影響力のある研究 *Pagan Celtic Britain:*

Studies in Iconography and Tradition（London, 1967）によって明らかにされた。また，より簡潔には，*The Pagan Celts*（London, 1986）も参照。Miranda Green, *The Gods of the Celts*（Gloucester, 1986）も広い範囲を扱う。ただ，いずれもローマの影響とローマによって伝統的宗教がこうむった変化については十分に扱っていないように思う。たしかにこれは難しい分野である。というのは，個々人はさまざまな文化的な基盤から同じような神性に向かっていたからである。Graham Webster, *The British Celts and their Gods under Rome*（London, 1986）は，ブリテンとローマの両世界に配慮しており，ローマ時代のブリテン島の民衆宗教についての最良の参考書である。

Martin Henig, *Religion in Roman Britain*（London, 1984）は，キリスト教以外の資料を明らかにすることを目指した。日常的な異教信仰に生じた変化や「神秘的」儀式の影響などである。このテーマは，いくぶん違った手法で，Charles Thomas, *Christianity in Roman Britain to AD 500*（London, 1981）でも扱われている。この本の大部分は，当然のことながら，大陸からの影響や半ローマ的なブリテン島西部を扱っている。この本では，逆説的だが，ローマ時代についてよりもある種の資料が充実している。学者が示す多くの教会についての資料（そのなかには，疑問に思われることなく受容されているシルチェスターの有名なものも含む）は，推測の域を出ない。しかし，トマス教授は，ローマ時代からのブリテン島でのキリスト教の継続性について証拠を示して自説を展開し，圧倒的である。また，Dorothy Watts, *Christians and Pagans in Roman Britain*（London, 1991）は，たくさんの資料を示すが，トマス教授の著作に比べると，資料解釈にいっそうの注意が必要である。

ローマ時代を扱う考古学者に宗教的な資料への関心が広く見られることは，二つの学会報告書からもわかる。Warwick Rodwell（ed.）, *Temples, Churches and Religion in Roman Britain*, British Archaeological Reports, British series, 77（Oxford, 1980）には，とくに神殿建築を扱った報告がいくつか見られる。Martin Henig & Anthony King（eds）, *Pagan Gods and Shrines of the Roman Empire*, Oxford University Committee for Archaeology Monographs, 8（Oxford, 1986）では，扱う範囲はもっと広いが，報告の 3 分の 1 以上がブリテン関係で，Ralph Merrifield がロンドンの狩猟神について，Valerie Hutchinson がバッカス神について扱い，M. Hening がローマ末期ブリテンの上層階級に見られる異教信仰の性格について議論を展開している。Ann Woodward, *Shrines and Sacrifices*（London, 1992）は，神殿や教会遺物についての概観をしている。特定の場所やそこでの奉納供物についての研究は，Barry Cunliffe & Peter Davenport, *The Temple of Sulis Minerva at Bath*, Oxford University Committee for Archaeology Monographs, 7（1985）を，また神泉からの発見物については，同シリーズの Barry Cunliffe, *Mount Batten, Plymouth: a prehistoric and Roman Port*, Oxford University Committee for Archaeology Monographs, 26（1988）が，それらがどのように扱われていたかを取り上げ，重要。Ann Woodward & Peter Leach, *The Uley Shrines: Excavation of a Ritual Complex on West Hill, Uley, Gloucestershire 1977–9*（London, 1993）は，マーキュリー神殿についての報告で，奉納した富がローマ時代のブリテン島の宗教を知るうえで重要であることを示す。

ロンドンのミトラ神殿からの彫刻など大型の遺物については，J. M. C. Toynbee, *The Roman Art Treasures from the Temple of Mithras*, London and Middlesex Archaeological Society Special Paper, 7（London, 1986）を参照。最後に，Catherine Johns & Timothy Potter, *The Thetford Treasure: Roman Jewellery and Silver*（London, 1983）は，ファウナ神と結びついた遺物の発見について扱い，重要である。

第2章　アングロ＝サクソン期イングランドの宗教

イングランド初期のキリスト教についての研究は，最古の著作がいまだに必須である。ベーダ『イギリス教会史』については，B. Colgrave & R. A. B. Mynors（eds), *Bede's Ecclesiastical History of the English People*（Oxford, 1969）か Leo Sherley Price（trans), *Bede: a History of the English Church and People*（Penguin Classics, 1968）。同じく，ペンギン叢書の J. F. Webb & D. H. Farmer, *The Age of Bede*（Harmondsworth, 1983）には，クスベルト，ウィルフリッド，ウェアマス＝ジャロウの修道院長たちの伝記が収められている。Dorothy Whitelock（ed.), *English Historical Documents*, vol. I（London, 1955）には原史料が抄録されている。

Frank Stenton, *Anglo-Saxon England*, 3rd edn（Oxford, 1971）は，標準的な概説。また，Dorothy Whitelock, *The Beginnings of English Society*（London, 1952), Peter Hunter Blair, *An Introduction to Anglo-Saxon England*（Cambridge, 1981）には宗教を扱った章がある。教会史を専門に扱ったものとしては，Henry Mayr-Harting, *The Coming of Christianity to Anglo-Saxon England*（London, 1972), William Bright, *Chapters of Early English Church History*, 3rd edn（Oxford, 1987), John Godfrey, *The Church in Anglo-Saxon England*（Cambridge, 1962), Margaret Deanesley, *The Pre-Conquest Church in England*, 2nd edn（London, 1963), Frank Barlow, *The English Church 1000–1066*（London, 1963）がある。古イングランドの異教信仰については，Brian Branston, *The Lost Gods of England*, 2nd edn（London, 1974）と Gale R. Owen, *Rites and Religions of the Anglo-Saxons*（Newton Abbot/London, 1981）を参照。ベーダについては，Peter Hunter Blair, *The World of Bede*（London, 1970), G. Bonner（ed.), *Famulus Christi: Essays in Commemoration of the Thirteenth Centenary of the Birth of the Venerable Bede*（London, 1976), J. M. Wallace-Hadrill, *Bede's Ecclesiastical History of the English People: A Historical Commentary*（Oxford, 1988), George Hardin Brown, *Bede the Venerable*（Boston, Mass., 1987), Benedicta Ward, *The Venerable Bede*（London, 1990）を参照。クスベルトについては，David W. Rollason（ed.), *Cuthbert: Saint and Patron*（Durham, 1987), G. Battiscombe（ed.), *The Relics of St Cuthbert*（Oxford, 1986), G. Bonner, David Rollason & Clare Stancliffe（eds), *St Cuthbert, his Cult and his Community to AD 1200*（Woodbridge, Suffolk, 1989）を参照。ウィルフリッドについては D. P. Kirby（ed.), *Saint Wilfrid at Hexham*（Newcastle upon Tyne, 1974）を，アルクィンについては Eleanor Duckett, *Alcuin, Friend of Charlemagne*（London, 1955）を参照。大陸へのイングランドからの伝道については，Wilhelm Levison, *England and the Continent in the Eighth Century*（Oxford, 1946), T. Reuter（ed.), *The Greatest Englishman*（Exeter, 1980), John C. Sladden, *Boniface of Devon: Apostle of Germany*（Exeter, 1980), C. H. Talbot（ed.), *The Anglo-Saxon Missionaries in Germany*（London, 1954）を参照。『レグラリス・コンコルディア』に関しては，David Parsons（ed.), *Tenth-Century Essays*（London/Chichester, 1975）を，アングロ＝サクソン期の書写については，E. A. Lowe, *Codices Latini Antiquiores*, part II: *Great Britain and Ireland*, 2nd edn（Oxford, 1972), E. A. Lowe, *English Uncial*（Oxford, 1960), T. A. M. Bishop, *English Caroline Minuscule*（Oxford, 1971）を参照。写本装飾については，Carl Nordenfalk, *Celtic and Anglo-Saxon Painting*（London, 1977), Janet Backhouse, *The Lindisfarne Gospels*（Oxford, 1981), George Henderson, *From Durrow to Kells: The Insular Gospel-books*（London, 1987）を参照。ラスウェルの十字架については，*The Ruthwell Cross: Papers from the Colloquium Sponsored by the Index of Christian Art, Princeton University, 8 December 1989*, Index of Christian Art, Occasional Papers I (Princeton, 1992）を参照。アングロ＝サクソン期の美術全般に関しては，David Talbot Rice, *English Art 871–1100*（Oxford, 1952), David M. Wilson, *Anglo-Saxon Art*（London, 1984), J. Back-

house, D. H. Turner & L. Webster (eds), *The Golden Age of Anglo-Saxon Art* (London, 1984) を参照。

ジャロウのセント・ポール教会で1958年以降毎年おこなわれているジャロウ講義は，初期ノーサンブリア研究に重要な貢献をしてきた。また，雑誌 *Anglo-Saxon England* (Cambridge, 1971–) は初期イングランド史全般をカバーしている。

第３章　ノルマン征服から黒死病まで

この時期の宗教史研究は，原史料から始めなくてはならない。近年は，良質なラテン語版が出版されている。*Councils and Synods*, vol. 1, ed. D. Whitelock, M. Brett and C. N. L. Brooke (Oxford, 1981), vol. 2, ed. F. M. Powicke & C. R. Cheney (Oxford, 1964) は，871–1313年の主要史料を収める。D. M. Smith (ed), *English Episcopal Acta*, 9 vols. (London, 1980–93) が British Academy によって刊行されている。司教記録に関しては，*Canterbury and York Society* および *the Lincoln Record Society* 刊行の史料集が必見。その他の重要ラテン語史料としては，*The Letters of John of Salisbury*, ed. W. J. Miller and C. N. L. Brooke (Oxford, 1979–86) と *Letters and Charters of Gilbert Foliot*, ed. A. Morey and C. N. L. Brooke (Cambridge, 1965–7) がある。以下の Oxford Medieval Texts シリーズには英訳も収載されている。*The Life of Ailred of Rievaulx*, ed. F. M. Powicke (1950), *The Monastic Constitutions of Lanfranc*, ed. D. M. Knowles (1951), *Eadmer's Life of St Anselm*, ed. R. W. Southern (1962), *The Magna Vita Sancti Hugonis*, ed. D. L. Douie & H. Farmer (1961), *The Ecclesiastical History of Ordericus Vitalis*, ed. M. Chibnall (1969–80), *The Book of St Gilbert*, ed. R. Foreville & G. Keir (1987)。伝記の英訳には，*Christina of Markyate*, ed. C. H. Talbot (Oxford, 1959) 収録のものや *Wulfric of Haselbury*, ed. M. Bell (Somerset Record Society, 1932) がある。

English Historical Documents, vol. 1, ed. D. Whitelock (London, 1955), vol. 2, ed. D. C. Douglas & G. W. Greenaway (London, 1953), vol. 3, ed. H. Rothwell (London, 1975), vol. 4, ed. A. R. Myers (London, 1969) のシリーズは，教会史に関する史料が抄録されており，刊行時までの参考文献も備えている。総説として重要なのは，R. W. Southern, *Western Society and the Church in the Middle Ages* (London, 1970)〔R. W. サザーン／上条敏子訳『西欧中世の社会と教会――教会史から中世を読む』八坂書店，2007年〕，R. & C. N. L. Brooke, *Popular Religion in the Middle Ages* (London, 1984), B. Hamilton, *Religion in the Medieval West* (London, 1986) である。修道院に関する基本的な研究書は，D. M. Knowles, *The Monastic Orders in England and The Religious Orders in England* (Cambridge, 1940–59)。

近年の刊行物は多いが，なかでも，R. W. Southern, *St Anselm and his Biographer* (Cambridge, 1963), M. Gibson, *Lanfranc of Canterbury* (Oxford, 1978), F. Barlow, *The English Church 1000–66* (London, 1962), Id., *The English Church 1066–1154* (London, 1979), Id., *Thomas Becket* (London, 1986), A. Squire, *Aelred of Rievaulx* (London, 1969), C. R. Cheney, *From Becket to Langton* (Oxford, 1956), Id., *Episcopal Visitation of Monasteries in the Thirteenth Century*, rev. edn. (Manchester, 1983), Id., *The Papacy and England from the Twelfth to the Fourteenth Century* (London, 1982), C. H. Lawrence, *St Edmund of Abingdon* (Oxford, 1960), R. W. Southern, *Robert Grosseteste* (Oxford, 1986), D. Owen, *Church and Society in Medieval Lincolnshire* (Lincoln, 1981), W. A. Pantin, *The English Church in the Fourteenth Century* (Cambridge, 1955), R. M. Haines, *The Administration of the Diocese of Worcester in the Fourteenth Century* (London, 1965), G. R. Owst, *Church and Pulpit in Me-*

dieval England（Oxford, 1961）が重要。より広範な領域を扱ったものとしては，A. B. Cobban, *The Medieval Universities*（London, 1975）, C. N. L. Brooke et al., *Church and Government in the Middle Ages*（Cambridge, 1976）, Benedicta Ward, *Miracles and the Medieval Mind*（London, 1982）がある。雑誌 *Journal of Ecclesiastical History* や 'Studies in Church History' にも有益な論文が載る。

第４章　中世後期の信心

最良の概説は，W. A. Pantin, *The English Church in the Fourteenth Century*（Cambridge, 1955）, J. C. Dickinson, *The Later Middle Ages, An Ecclesiastical History of England*, vol. 2（London, 1979）, C. Harper-Bill, *The Pre-Reformation Church in England, 1400–1530*（London, 1989）, Eamon Duffy, *The Stripping of the Altars: Traditional Religion in England 1400 to 1580*（New Haven, 1992）である。特定の地域についての研究としては，N. P. Tanner, *The Church in Late Medieval Norwich 1370–1532*（Toronto, 1984）がある。*English Historical Documents*, vol. 4, *1327–1485*, ed. A. Myers（London, 1969）は序文付きの優れた史料集である。L. Stephens & S. Lee（eds）, *Dictionary of National Biography*, 63 vols（London, 1885–1900; new edn, 60 vols., Oxford, 2004）, *New Catholic Encyclopedia*, 15 vols, New York, 1967, F. L. Cross & E. A. Livingstone（eds）, *The Oxford Dictionary of the Christian Church*, 4th edn（Oxford, 2005）には，個々の人物についての有益な項目が載る。イングランドを中世末キリスト教世界の概観というより大きな流れのなかでみた最良の書が，H. Jedin（ed.）, *History of the Church*, vol. 4（London, 1980）である。

教区，聖職者，修道院については，A. H. Thompson, *The English Clergy and their Organisation in the Later Middle Ages*（Oxford, 1947）, D. Knowles, *The Religious Orders in England*, 3 vols（Cambridge, 1948–59）（とくに２巻，３巻が古典的）, P. Heath, *The English Parish Clergy on the Eve of the Reformation*（London, 1969）がある。

職人ギルドやフラタニティについては，T. Smith（ed.）, *English Guilds*, Early English Text Society, vol. 40（London, 1870）と H. F. Westlake, *The Parish Guilds of Mediaeval England*（London, 1919）。聖史劇については H. Craig, *English Religious Drama of the Middle Ages*（Oxford, 1955）があり，劇の台本はさまざま刊行されている。礼拝の寄進については，K. L. Wood-Legh, *Perpetual Chantries in Britain*（Cambridge, 1965）と A. Kreider, *English Chantries: The Road to Dissolution*（Cambridge, Mass., 1979）を参照。隠修士や隠者については，R. Clay, *The Hermits and Anchorites of England*（London, 1914）と A. Warren, *Anchorites and their Patrons in Medieval England*（Berkeley, 1985）がある。巡礼については R. C. Finucane, *Miracles and Pilgrims: Popular Beliefs in Medieval England*（London, 1977）を参照。

祈りや神秘的な著作に関しては，D. Knowles, *The English Mystical Tradition*（London, 1962）を参照。Richard Rolle, Julian of Norwich, Walter Hilton の著作，および作者不明の『不知の雲 *The Cloud of Unknowing*』については，いくつかの刊本がある。教育に関しては，J. I. Catto & T. Evans（eds）, *The History of the University of Oxford*, vol. 2: *Late Medieval Oxford*（Oxford, 1992）, N. Orme, *English Schools in the Middle Ages*（London, 1973）および J. Coleman, *Medieval Readers and Writers, 1350–1400*（New York, 1981）。

ジョン・ウィクリフとロラード派については，K. B. McFarlane, *John Wycliffe and the Beginnings of English Nonconformity*（London, 1952）, A. Kenny, *Wyclif*（Oxford, 1985）, A. Hudson, *The Premature Reformation: Wycliffite Texts and Lollard History*（Oxford, 1988）がある。

この時代は近代的な伝記が登場するより前になるが，つぎの二作品は重要。*The Book of*

Margery Kempe にはいくつかの刊本がある。*The Paston Letters* については，J. Gairdner 編集のもの（London, 1904）および N. Davis 編集のもの（Oxford, 1971–）がある。*Dictionary of National Biography* も必須である。

近年の文献についての最良の概観は，P. Heath, 'Between Reform and Reformation: The English Church in the Fourteenth Centuries', *Journal of Ecclesiastical History*, 41（1990）, pp. 647–78である。

第５章　中世のウェールズと宗教改革

ウェールズでの初期教会史については，J. E. Lloyd, *A History of Wales*（London, 1948）, M. W. Barley & R. P. C. Hanson, *Christianity in Britain, 300–700*（Manchester, 1968）を参照。聖人とその崇敬については，G. H. Doble, *The Lives of the Welsh Saints*（Cardiff, 1984）と Siân Victory, *The Celtic Church in Wales*（1977）を，文芸と建築に関しては，Ifor Williams, *The Beginnings of Welsh Poetry*, trans. Rachel Bromwich（Cardiff, 1972）と V. E. Nash-Williams, *Early Christian Monuments in Wales*（Cardiff, 1950）を参照。時代背景については，Wendy Davies, *Wales in the Early Middle Ages*（Leicester, 1982）と R. R. Davis, *Conquest, Coexistence and Change: Wales 1063–1415*（Oxford, 1987）を参照。より宗教に特化したものとして Glanmor Williams, *The Welsh Church from Conquest to Reformation*（Cardiff, 1976），教会行政については J. Conway Davies, *Episcopal Acts Relating to Welsh Dioceses, 1066–1272*（Cardiff, 1946–8）がある。修道院に関しては，F. G. Cowley, *The Monastic Order in South Wales, 1066–1349*（Cardiff, 1977）と D. H. Williams, *The Welsh Cistercians*（Tenby, 1984）がある。宗教改革期の背景については，Glanmor Williams, *Recovery, Reorientation and Reform: Wales 1415–1642*（Oxford, 1987），Id., *Welsh Reformation Essays*（Cardiff, 1967）を参照。改革のもたらした文化的変化については，Glanmor Williams, 'Religion and Welsh Literature in the Age of the Reformation', *Proceedings of the British Academy*, 69（1983）があり，ウェールズ語訳聖書に関しては，Isaac Thomas, *Y Testament Newydd Cymraeg, 1551–1620*（Cardiff, 1976）を参照。

第６章　中世スコットランドの宗教生活

必須の参考文献が，I. B. Cowan & D. E. Easson, *Medieval Religious Houses: Scotland*, 2nd edn（London, 1976）で，施療院などについても扱う。また，I. B. Cowan, 'The Medieval Church in Scotland: A Select Critical Bibliography', *Records of the Scottish Church History Society*, 21, part i（1981）も参照。中世スコットランドの教会についての本格的な研究はたいへん少なく，有益な見解は概説書や論文集の当該章に見ることができる。そういった概説書として，G. W. S. Barrow, *Kingship and Unity: Scotland 1000–1306*（London, 1981）と A. Grant, *Independence and Nationhood: Scotland 1306–1469*（London, 1984）がある。また，'New History of Scotland' シリーズの第二巻，第三巻にも教会史関係の章があり，よく書けている。論文集としては，M. Ash と I. B. Cowan が教会史についての重要な論考を書いている。各々，N. Reid（ed.）, *Scotland in the Religion of Alexander III*（Edinburgh, 1990）と J. Brown（ed.）, *Scottish Society in the Fifteenth Century*（London, 1977）に収録されている。信仰についてはつぎの二作を参照。G. Donaldson, *The Faith of the Scots*（London, 1990）, D. Forrester & D. Murray（eds）, *Studies in the History of Worship in Scotland*（Edinburgh, 1984）。建築史の観点からは，S. Cruden, *Scottish Medieval Churches*（Edinburgh, 1986）。それ以外にも，*The Innes Review*［the Scottish Catholic Historical Association］掲載論文に有益なものが多い。1990年の40周年に刊行された総目録が役に立つ。この雑誌には，

David McRoberts や John Durkan の論考がたくさん掲載されている。McRoberts の論考のなかでも重要なのが，'The Fetternear Banner', 7–8（1956–7），'Scottish Medieval Chalice Veils', 15（1964），'Hermits in Medieval Scotland', 16（1965），'The Scottish Church and Nationalism in the Fifteenth Century', 19（1968），'The Rosary in Scotland', 23（1972），'The Glorious House of St Andrew', in a special issue of 1974（vol. 25）である。Durkan の重要な論文は，'William Turnbull, Bishop of Glasgow', 2（1951），'Education in the Century of the Reformation', 10（1959），'The Cultural Background in Sixteenth-Century Scotland', 10（1959），'Notes on Glasgow Cathedral', 21（1970），'The Observant Franciscan Province in Scotland', 35（1984）である。また，A. A. MacDonald, 'Catholic Devotion into Protestant Lyric: The Case of the *Contemplacioun of Synnaris*', 35（1984）も参照。それ以外には，D. McKay, 'Parish Life in Scotland, 1500–1560', 10（1959）や D. McRoberts, 'Scottish Sacrament Houses', *Transactions of the Scottish Ecclesiological Society*, 15, part 3（1965）が必読。

第７章　スコットランドの教会——宗教改革から教会分裂まで

教会の行政組織の活動についてはつぎの著作がある。*The Booke of the Universall Kirk, Acts and Proceedings of the General Assemblies of the Kirk of Scotland, 1000–1618*（1839），*Acts of the General Assembly MDCXXXVIII–MDCCCXLII*（1843）.

『規律の書』の現代版は，*The Book of Discipline, First Book*, ed. by J. K. Cameron（Edinburgh, 1972），*Second Book*, ed. by J. Kirk（Edinburgh, 1979）がある。重要な史料は，W. C. Dickinson & G. Donaldson, *Source Book of Scottish History*, vols 2 and 3（1952–4）および *Records of the Scottish Church History Society* の刊行物に収められている。なかでも重要なのが，James Kirk, 'The Scottish Reformation and Reign of James VI: A Select and Critical Bibliography', *Records of the Scottish Church History Society*, 23（1987），pp. 113–55と John F. McCaffrey, 'Scottish Church History in the Nineteenth Century: A Select Critical Bibliography', *Records of the Scottish Church History Society*, 25（1989），pp. 417–36である。現代におけるスコットランド宗教改革史研究は，G. Donaldson, *The Scottish Reformation*（Cambridge, 1960）に始まるが，それを継承するのが，I. B. Cowan, *The Scottish Reformation*（London, 1982）と J. Kirk, *Patterns of Reform: Continuity and Change in the Reformation Kirk*（Edinburgh, 1989）である。概観は，M. Lynch, 'Calvinism in Scotland 1559–1638', in M. Prestwich（ed.），*International Calvinism 1541–1714*（Oxford, 1985）がある。ジョン・ノックスの伝記としては，Jasper Ridley, *John Knox*（Oxford, 1968）がある。盟約を扱うのは，W. R. Foster, *The Church before the Covenants 1596–1638*（Edinburgh, 1975），Walter Makey, *The Church and the Covenant 1637–1651*（Edinburgh, 1979），D. Stevenson, *Revolution and Counter-Revolution in Scotland 1644–1651*（London, 1977），I. B. Cowan, *The Scottish Covenanters 1660–1688*（London, 1977）である。1688年以降を分析するのが，J. K. Cameron, 'The Church of Scotland in the Age of the Enlightenment', *Studies on Voltaire and the Eighteenth Century*, vol. 58（Geneva, 1967）と R. H. Campbell & A. S. Skinner（eds），*The Origins and Nature of the Scottish Enlightenment*（Edinburgh, 1982），pp. 116–30である。また，A. L. Drummond & J. Bulloch, *The Scottish Churches 1688–1843*（Edinburgh, 1973）や Richard B. Sher, *Church and University in the Scottish Enlightenment*（Edinburgh, 1985）も参照。初期の教会生活は G. D. Henderson, *Religious Life in Seventeenth Century Scotland*（Cambridge, 1937）を，礼拝については W. D. Maxwell, *A History of Worship in the Church of Scotland*（London, 1955）を参照。礼拝形式については G. Hay, *The Architecture of Scottish Post-Reformation Churches 1560–1843*（Oxford, 1957）がある。

第 8 章　イングランドの宗教改革　1520–1640年

現代におけるイングランド宗教改革史研究は，A. G. Dickens, *The English Reformation*（London, 1964; rev. edn 1989）の刊行に始まるといえる。本書はいくつかの地方史研究の出現を促すことになったが，なかでも C. Haigh, *Reformation and Reaction in Tudor Lancashire*（Cambridge, 1975）と D. MacCulloch, *Suffolk under the Tudors: Politics and Religion in an English County 1500–1600*（Cambridge, 1986）が代表的である。これらの研究の多くが示したのは，宗教改革がディケンズが示したよりも漸進的であったということである。この点については，J. J. Scarisbrick, *The Reformation and the English People*（Oxford, 1984），C. Haigh（ed.），*The English Reformation Revised*（Cambridge, 1986），Id., *English Reformations: Religion, Politics, and Society under the Tudors*（Oxford, 1993）を参照。伝統の力が持続していたことは，Eamon Duffy, *The Stripping of the Altars: Traditional Religion in England 1400–1580*（1992）が示した。より長期的な視点で宗教改革史の特定のテーマを扱ったのが，P. Collinson, *The Birthpangs of Protestant England*（London, 1988）であり，エリザベス時代やそれ以降の時期の改革についてのわれわれの理解を決定づけたのが彼の研究であった。なかでも，*The Religion of Protestants: The Church in English Society 1559–1642*（Oxford, 1982）と論文集 *Godly People*（London, 1983）が優れている。エリザベス体制の神学的・教会的な性格を論じた著作が，P. Lake, *Anglicans and Puritans? Presbyterianism and English Conformist Thought from Whitgift to Hooker*（London, 1988）である。レイクは教会におけるカルヴィニズムの役割を強調するが，この見解は N. R. N. Tyacke, *The Anti-Calvinists: The Rise of English Arminianism c.1590–1640*（Oxford, 1987）によって発展させられた。これに対して，P. White, ‘The Rise of Arminianism Reconsidered’, *Past and Present*, 101（1983）, pp. 34–54が批判を加え，同誌においてレイクの反論がなされ（104, pp. 34–76, 1984），その後論争となった（vol. 115, pp. 201–29, 1987）。さらに，G. Bernard, ‘The Church of England c.1529–c.1642’, *History*, 75（1990）, pp. 183–206も歴史家による教会秩序重視に疑問が出された。この論争は17世紀教会史にまで広がり，K. Fincham, *Prelate as Pastor: The Episcopate of James I*（Oxford, 1990）が必須文献である。また，論文集 Fincham（ed.），*The Early Stuart Church*（London, 1993）もある。D. Underdown, *Revel, Riot, and Rebellion: Popular Politics and Culture in England 1603–1660*（Oxford, 1985）は，地域による宗教の現れやその他の違いを考察したが，この点については J. S. Morrill と論争になった（*The Journal of British Studies*, 26, 1986, pp. 451–79）。J. S. Morrill, ‘The Religious Context of the English Civil War’, *Transactions of the Royal Historical Society*, 5th ser., 34（1984）, pp. 115–78と E. Duffy, ‘The Godly and the Multitude in Stuart England’, *The Seventeenth Century*, 1（1986）, pp. 31–55も，I. M. Green, ‘“For children in Yeeres and children in Understanding”: The Emergence of the English Catechism under Elizabeth and the Early Stuarts’, *Journal of Ecclesiastical History*, 37（1986）, pp. 397–425と同様に重要。礼拝の変化は，Horton Davies, *Worship and Theology in England from Cranmer to Hooker 1534–1603*（Princeton, 1970）で論じられている。また，イングランドでの事例を国際的な視野で見たのが，M. Prestwich（ed.），*International Calvinism 1541–1715*（Oxford, 1985）所載の Collinson の論文である。最後に，独学の職人のプロテスタント信仰の実態を見事に再現したのが，P. Seaver, *Wallington's World*（London, 1985）であり，Keith Thomas, *Religion and the Decline of Magic*（London, 1971）〔K. トマス著／荒木正純訳『宗教と魔術の衰退』法政大学出版局，1993年〕は，この時代の宗教について語る際にいまなお刺激的である。

第９章　ステュアート・ハノーヴァ朝イングランドのアングリカニズム

入門的な総説としてはつぎの四冊がお勧め。K. Fincham（ed.）, *The Early Stuart Church, 1603–1642*（London, 1993）所載の論文が良い。J. Spurr, *The Restoration Church of England, 1646–1689*（New Haven/London, 1991）は，王政復古後まで扱った優れた研究。G. Rupp, *Religion in England 1689–1791*（Oxford, 1986）は，18世紀の宗教や知識人についての地味だが穏当な概観。J. Walsh, C. Haydon & S. Taylor（eds）, *The Church of England c. 1689–c. 1837*（Cambridge, 1993）の長文の序論が有益。特定のテーマについてはK. Fincham, *Prelate as Pastor: The Episcopate of James I*（Oxford, 1990）があるが，扱う範囲は広い。アングリカン神学については，H. R. McAdoo, *The Spirit of Anglicanism*（London, 1965）を参照。16世紀末から17世紀の教義の大きな変化については，P. Lake, *Anglicans and Puritans? Presbyterianism and English Conformist Thought from Whitgift to Hooker*（London, 1988）とConrad Russell, *The Causes of the English Civil War*（Oxford, 1990）, N. Tyacke, *Anti-Calvinists: The Rise of English Arminianism c. 1590–1640*（Oxford, 1987）, H. Davies, *Worship and Theology in England*（3 vols）, vols 2 and 3（Princeton, 1975, 1961）, G. R. Cragg, *From Puritanism to the Age of Reason*（Cambridge, 1966）, C. F. Allison, *The Rise of Moralism*（London, 1966）を参照。宗教改革から17世紀末に至る教義の継続性については以下の作品が有益。S. Sykes & J. Booty（eds）, *The Study of Anglicanism*（London, 1988）所載のいくつかの論文，A. C. Clifford, *Atonement and Justification*（Oxford, 1990）, I. M. Green, *The Christian's ABC: Catechisms and Catechizing in England c. 1540–1740*（Cambridge, 1994）。イングランドのカルヴァン主義者の見解が一致せず，カルヴァンの思想そのままではなかったことは，R. T. Kendall, *Calvin and English Calvinism to 1649*（Oxford, 1979）, D. A. Weir, *The Origins of the Federal Theology in Sixteenth-Century Reformation Thought*（Oxford, 1990）, P. White, *Predestination, Policy and Polemic*（Cambridge, 1992）。ステュアート期の教会と国家の関係については，J. P. Sommerville, *Politics and Ideology in England 1603–1640*（London, 1986）と上掲のSpurr, *The Restoration Church of England* を参照。N. Sykes, *Church and State in England in the Eighteenth Century*（Cambridge, 1934）はいまだに価値のある研究だが，G. V. Bennett, *White Kennett*（London, 1957）と *The Tory Crisis in Church and State 1688–1730*（Oxford, 1975）を合わせて読む必要がある。J. C. D. Clark, *English Society 1688–1832*（Cambridge, 1985）は，「アンシャン・レジーム」期の宗教イデオロギーについて興味深い洞察を示すが，著者の不機嫌な調子はいただけない。ヨーロッパ史の文脈で描かれるのが，S. Gilley, 'Christianity and Enlightenment: An Historical Survey', *History of European Ideas*, 1（1981）。この時期刊行された宗教書の概観は，I. M. Green, *Religious Instruction in Early Modern England c. 1540–1740*（forthcoming）を参照。教区レベルでのアングリカニズムについての印象主義的な情報は，J. Wickham Legg, *English Church Life from the Restoration to the Tractarian Movement*（London, 1914）があるが，その後のA. Warne, *Church and Society in Eighteenth-Century Devon*（New York, 1969）, M. Chatfield, *Churches the Victorians Forgot*（Ashbourne, 1979）, D. A. Spaeth, 'Parsons and Parishioners: Lay-Clerical Conflict and Popular Piety in Wiltshire Villages, 1660–1740'（unpublished PhD thesis, Brown University, 1985）, B. Bushaway, *By Rite: Custom, Ceremony, and Community in England 1700–1800*（London, 1982）, F. C. Mather, 'Georgian Churchmanship Reconsidered', *Journal of Ecclesiastical History*, 36（1985）, V. Barrie-Curien, *Clergé et pastorale en Angleterre au XVIIIe siècle. Le diocese de Londres*（Paris, 1992）なども有益である。教区司祭の歴史のまた別の側面は，J. H. Pruett, *The Parish Clergy under the Later Stuarts: the Leicestershire Experience*（Urbana, 1978）, I. M. Green, 'The First Years of Queen Anne's Bounty', in R. O'Day and F.

Heal (eds), *Princes and Paupers in the English Church 1500–1800* (Leicester, 1981), G. F. A. Best, *Temporal Pillars* (Cambridge, 1964), Barrie-Curien, *Clergé et pastorale* (*op. cit.*), D. McClatchey, *Oxfordshire Clergy 1777–1869* (Oxford, 1960), P. Virgin, *The Church in an Age of Negligence* (Cambridge, 1989) などを参照。

第10章　急進派と非国教会　1600–1750年

二冊の名著が，M. Watts, *The Dissenters: From the Reformation to the French Revolution* (Oxford, 1978) と B. R. White, *The English Separatist Tradition from the Marian Martyrs to the Pilgrim Fathers* (London, 1971) である。非国教徒の起源についての有益な情報は，H. C. Porter, *Puritanism in Tudor England* (London, 1970) 所載の史料から得られる。ロンドンでの非国教徒の成長について跡づけたのが，M. Tolmie, *The Triumph of the Saints: The Separatist Churches of London, 1616–1649* (Cambridge, 1977)〔M. トルミー著／大西晴樹・浜林正夫訳『ピューリタン革命の担い手たち――ロンドンの分離教会1616–1649』ヨルダン社，1983年〕。個別の教派についてはいくつかの一級の研究がある。長老派については C. Gordon Bolam, Jeremy Goring, H. L. Short & Roger Thomas, *The English Presbyterians from Elizabethan Puritanism to Modern Unitarianism* (London, 1968)，独立派については R. Tudur Jones, *Congregationalism in England 1662–1962* (London, 1962) が，長期間を扱っていて圧倒的。内戦期については，George Yule, *The Independents in the English Civil War* (Cambridge, 1958) と G. F. Nuttall, *Visible Saints: The Congregational Way, 1640–1660* (Oxford, 1957) がある。独立派を理解するには，その主要神学者の著作を読むべきで，*The Correspondence of John Owen, 1616–1683 With an Account of his Life and Work*, ed. Peter Toon (Cambridge, 1970) がある。バプティストの歴史の概観としては，A. C. Underwood, *A History of the English Baptists* (London, 1947) が有益。ジョン・バニヤンについては，Anne Laurence, W. R. Owens & Stuart Sim, *John Bunyan and his England 1628–88* (London, 1990) が簡便な論文集。クウェイカーについては，Hugh Barbour, *The Quakers in Puritan England* (New Haven, 1964) と Richard T. Vann, *The Social Development of English Quakerism 1655–1755* (Cambridge, Mass., 1969) を選びたい。

ピューリタン革命が熱を帯びていた時期については，名著 Christopher Hill, *The World Turned Upside Down: Radical Ideas during the Revolution* (London, 1972) が生き生きと描いている。また，論文集 J. F. Macgregor & B. Reay, *Radical Religion in the English Revolution* (London, 1984) もある。当時の論客による厳しい見方としては，Thomas Edwards, *Gangraena* (The Rota at the University of Exeter, 1977) を参照。マイナーな千年王国論グループ「第五王国派」については，Bernard Capp, *The Fifth Monarchy Men: A Study in Seventeenth-Century English Millenarianism* (London, 1972) がある。Christopher Hill, Barry Reay & William Lamont, *The World of the Muggletonians* (London, 1983) は，もっと長続きしたセクトについての研究である。J. C. Davis, *Fear, Myth and History: The Ranters and the Historians* (Cambridge, 1986) は，この運動にまつわる懐疑論を扱っている。

ピューリタン革命の頂点と崩壊を見事に描いたのが，Austin Woolrych, *Commonwealth to Protectorate* (Oxford, 1982) である。敗北のなかでの古き良き大義については，Christopher Hill, *The Experience of Defeat: Milton and Some Contemporaries* (London, 1984) を参照。Richard L. Greaves の素晴らしい三部作 *Deliver Us from Evil: The Radical Underground in Britain, 1660–1663* (New York/Oxford, 1986), *Enemies under his Feet: Radicals and Nonconformists in Britain, 1664–1677*

(Stanford, 1990), *Secrets of the Kingdom: British Radicals from the Popish Plot to the Revolution of 1688–1689*（Stanford, 1992）は，王政復古後の急進派やピューリタンの見解の不一致の政治的な運命を考察する。また，Douglas R. Lacey, *Dissent and Parliamentary Politics in England, 1661–1689*（New Brunswick, 1969）も参照。Gerald R. Cragg, *Puritanism in the Period of the Great Persecution 1660–1688*（Cambridge, 1957）は，たいへん読みやすい簡明な叙述である。

800頁を越えるが，素晴らしい研究が，Anne Whiteman & Mary Clapinson（eds), *The Compton Census of 1676: A Critical Edition*（London, 1986）である。クラレンドン法がフルに活用された時期の非国教徒の様子を描いて比類ない。国教忌避については，Michael Mullett, *Sources for the History of English Nonconformity 1660–1830*（London, 1991）を参照。文献リストも付いている。Duncan Coomer, *English Dissent under the Early Hanoverians*（London, 1946）は18世紀初期を扱っているが，感性豊かで読みやすい。

第11章　イングランドでの理性的宗教

個々の著者や事例については素晴らしい研究はあるが，この時代の「理性的宗教」の概観となると乏しい。ふたつのかなり古い著作がいまだに重要である。John Tulloch, *Rational Theology and Christian Philosophy in England in the Seventeenth Century*（Edinburgh/London, 1874）（チャーベリのハーバートが含まれていないのは，いささか驚くが）と Leslie Stephen, *History of English Thought in the Eighteenth Century*（London, 1876）（包括的ではあるが，著者の不可知論的な立場が幾分反映されている）である。近年の研究としては，Gordon Rupp, *Religion in England 1688–1791*（Oxford, 1986）に多くの著述家の簡単な紹介がある。しかし，著者は，著述家の心に分け入るほどには理性的宗教をめぐる議論に共感していない。Gerald Cragg の *From Puritanism to the Age of Reason*（Cambridge, 1950）や *Reason and Authority in the Eighteenth Century*（Cambridge, 1964）は，有能に機知的に問題を取り上げている。また，Basil Willey, *Seventeenth Century Background*（London, 1934）や *Eighteenth Century Background*（London, 1940），それに Roland Stromberg, *Religious Liberalism in Eighteenth-Century England*（Oxford, 1954), John Redwood, *Reason, Ridicule and Religion: The Age of Enlightenment in England, 1660–1750*（London, 1976), John Hedley Brooke, *Science and Religion: Some Historical Perspectives*（Cambridge, 1991）は，重要人物や論点について有益な議論を含んでいる。イングランドでの議論をめぐる全体的な知的背景については，Ernst Cassirer の *The Philosophy of the Enlightenment*（Princeton, 1951）および *The Platonic Renaissance in England*（Edinburgh, 1953), Paul Hazard の *The European Mind, 1680–1715*（London, 1953）と *European Thought in the Eighteenth Century*（London, 1954), Peter Gay, *The Enlightenment: An Interpretation*（London, 1970）〔P. ゲイ著／中川久定ほか訳『自由の科学――ヨーロッパ啓蒙思想の社会史』全2巻，ミネルヴァ書房，1982–86年〕が重要で広がりのある研究である。

個別の問題についての研究は信仰の合理性についての議論に有益な貢献をしている。Jamie Ferreira, *Scepticism and Reasonable Doubt*（Oxford, 1986), R. M. Burns, *The Great Debate on Miracles from Joseph Glanvill to David Hume*（London/Toronto, 1981), D. P. Walker, *The Decline of Hell: Seventeenth-Century Discussions of Eternal Torment*（London, 1964）などである。Henning Graf Reventlow, *The Authority of the Bible and the Rise of the Modern World*（London, 1984）は大著で詳細な研究だが，むらがある。Peter Byrne, *Natural Religion and the Nature of Religion: The Legacy of Deism*（London, 1989）は，自然宗教の問題について有益な論文を含む。Isabel Rivers, *Reason, Grace, and Sentiment: A study of the Language of Religion and Ethics in England 1660–1780*

(Cambridge, 1991) の第一巻はこの時期の信仰論争についての鋭い洞察であり，続巻が待たれる。J. A. I. Champion, *The Pillars of Priestcraft Shaken: The Church of England and its Enemies 1660–1730* (Cambridge, 1992) は，国教会の信仰についての論争で取り上げられた歴史論に注目している。

個別の著述家についての研究では，Robert Sullivan, *John Toland and the Deist Controversy* (Cambridge, Mass./London, 1982), Stephen H. Daniel, *John Toland: His Methods, Manners and Mind* (Kingston/Montreal, 1984), R. D. Bedford, *The Defence of Truth* (Manchester, 1979) (チャーベリのハーバート研究), Robert Todd Carroll, *The Common-Sense Philosophy of religion of. . . Stillingfleet* (The Hague, 1975), John Yolton の *John Locke and the Way of Ideas* (Oxford, 1956) と *Locke and the Compass of Human Understanding* (Cambridge, 1970), T. L. Bushell, *The Sage of Salisbury: Thomas Chubb* (New York, 1967), Robert Holtby, *Daniel Waterland* (Carlisle, 1966), Terence Penelhum, *Butler* (London, 1985), J. C. A. Gaskin, *Hume's Philosophy of Religion* (London, 1978), Robert Orr, *Reason and Authority: The Thought of William Chillingworth* (Oxford, 1967), J. P. Ferguson, *Dr Samuel Clarke* (Kineton, 1976), A. R. Winnet, *Peter Browne* (London, 1974), M. L. Clarke, *Paley* (London, 1974), James E. Force, *William Whiston* (Cambridge, 1985) がある。しかし，当然のことながら，原著書を読むのが一番良い。主要著述家とされる人びと――ロック，バークリー，バトラー，ヒューム――については同時代の版を参照できるが，Gerald Cragg, *The Cambridge Platonists* (New York, 1968) などの抄録も有益である。近年の複製技術のおかげで，他の多くの著作も身近に見ることができるようになった。たとえば，ニューヨークの Garland Publishing Company は *The Garland British Philosophers and Theologians of the Seventeenth and Eighteenth Centuries* (101 volumes) を刊行している。17, 18世紀の刊本の価格が近年急上昇しているのは残念なことだ。最後に，合理的宗教についての議論が他の宗教に影響したり，影響されたりしたことを扱った研究に言及しても許されるだろう。David A. Pailin, *Attitudes to Other Religions: Comparative Religion in Seventeenth- and Eighteenth-Century Britain* (Manchester, 1984) である。ここで考察された問題のいくつかは，Peter Harrison, *'Religion' and the Religions in the English Enlightenment* (Cambridge, 1990) で補完されている。

第12章　宗教改革から解放までのカトリック信仰

国教忌避者の歴史について伝統的な見解を示すのが，D. Mathew, *Catholicism in England: The Portrait of a Minority, its Culture and Tradition* (London, 1948) である。エリザベス時代の状況についての学問的な研究としては，P. McGrath, *Papists and Puritans under Elizabeth I* (London, 1972) がある。地域研究として重要なのが，H. (later J. C.) Aveling, *Northern Catholics: The Catholic Recusants of the North Riding of Yorkshire* (London, 1966)。カトリックの宣教師については，G. Anstruther, *The Seminary Priests*, 4 vols (London, 1968–77) が年代順にまとめている。John Bossy, *The English Catholic Community 1570–1850* (London, 1975) の見解は，C. Haigh, 'The Continuity of Catholicism in the English Reformation', *Past and Present*, 93 (1981) や P. McGrath, 'Elizabethan Catholicism: A Reconsideration', *Journal of Ecclesiastical History*, 35 (1984) によって批判されており，宗教改革の地方史研究はいまなお論争が続いている。A. Dures, *English Catholicism 1558–1642* (London, 1983) は簡便な概説であり，J. C. Aveling, *The Handle and the Axe* (London, 1976) はより長い時間を扱っている。内戦期の事情は，R. Clifton, 'Popular Fear of Catholicism during the English Civil War', *Past and Present*, 52 (1971) や B. G. Blackwood, 'Plebeian

Catholics in the 1640s and 1650s', *Recusant History*, 18（1986）がある。後期ステュアート朝のカトリック信仰については，J. Miller, *Popery and Politics in England 1660–1688*（London, 1973）が検討している。Bossy も O. P. Grell, J. I. Israel & N. Tyacke（eds）, *From Persecution to Toleration*（Oxford, 1991）に収録された論文 'English Catholics after 1688' で革命の影響について書いている。18世紀のカトリック信仰について扱った論文集として，Eamon Duffy（ed.）, *Challoner and his Church*（London, 1981）がある。Duffy の論文 'Poor Protestant Flies: Conversions to Catholicism in Early Eighteenth-Century England', in 'Studies in Church History', vol. 15（Oxford, 1978）は，改宗者の社会的背景を考察している。ジョージ王朝期の地方のカトリックについては，J. A. Williams, *Catholic Recusancy in Wiltshire 1660–1791*（London, 1968）が扱う。The Catholic Record Society はこの時代の重要な史料を刊行しており，雑誌 *Recusant History* には重要な地方史研究が載る。また，Scolar Press は1970年代に国教忌避関係の文献をファクシミリ版で多数刊行している。

第13章　18世紀イギリスにおける福音主義の復活

筆者（W. R. Ward）は *The Protestant Evangelical Awakening*（Cambridge, 1992）で，プロテスタントの世界全体（とくにヨーロッパのプロテスタント世界）のなかにイギリスでの福音主義復活を位置づけようとした。これは，環大西洋圏という文脈で復活を取り上げ続けることが，そのままでは有効ではないということを意味するのではない。好例が Susan O'Brien, 'A Transatlantic Community of Saints: The Great Awakening and the First Evangelical Network, 1735–1755', *American Historical Review*, 91（1986）, pp. 811–32である。アメリカでの復活の研究は，イギリス以上に活発におこなわれており，Harry S. Stout や Michael Edwards の近年の研究のように，依然としてイギリスの事例にも光を当てている。また，Jon Butler, *Power, Authority and the Origins of American Denominational Order: The English Churches in the Delaware Valley, 1680–1730*, Transactions of the American Philosophical Society, 68, part 2（1978）は，イギリスとの明白で重要な関係を確認した。同様に，Marilyn J. Westerkamp, *The Triumph of the Laity: Scots-Irish Piety and the Great Awakening 1625–1760*（New York, 1988）はスコットランド・アイルランド関係について明らかにしている。モラヴィア兄弟団についての研究もイギリスの状況を明らかにしてくれる。とくに，C. J. Podmore の研究 'The Fetter Lane Society, 1738, *Proceedings of the Wesley Historical Society*, 46（1988）, pp. 125–53, 'The Fetter Lane Society', ibid., 47（1990）, pp. 156–80, 'The Bishops and the Brethren: Anglican Attitudes to the Moravians in the Mid-Eighteenth Century', *Journal of Ecclesiastical History*, 41（1990）, pp. 622–46と，Hermann Wellenreuther による研究 'Politische Patronage von John Fourth Duke of Bedford und die Stellung der Herrnhuter Brüdergemeine in dem Borough of Bedford, 1745–55', *Unitas Fratrum*, 4（1978）, pp. 85–93を参照。また，W. R. Ward, 'Zinzendorf and Money', in 'Studies in Church History', vol. 24（1987）, pp. 283–306も参照。ウェスレー研究は増えている。Henry D. Rack, *Reasonable Enthusiast: John Wesley and the Rise of Methodism*（London, 1989）は学問的にアプローチし，いくぶん脱神話化している。W. Stephen Gunter, *The Limits of 'Love Divine'*（Nashville, 1989）も，ウェスレー批判擁護論である。いずれの著作も，Randy L. Maddox（ed.）, *Aldersgate Reconsidered*（Nashville, 1990）といった「温情論」に打ち負かされはしなかった。大規模な *Bicentennial Edition of the Works of John Wesley*（Nashville, 1975–）はまだ完成には至ってない。そこには，W. R. Ward & R. P. Heitzenrater（eds）, *Journal and Diaries* が含まれているが，全七巻のうち五巻は完成している（1988–93）。三巻本の *The Unpublished Poetry of Charles Wesley*, ed. S. T. Kimborough, Jr & Oliver A. Beckerlegge（Nashville, 1988）もある。P. P. Streiff, *Jean Guillaume*

de la Flēchère 1729–1785: Ein Beitrag zur Geschichte des Methodismus（Frankfurt, 1984）も参照。また，Henry D. Rack, 'Survival and Revival: John Bennet, Methodism and the Old Dissent'とJohn Walsh, 'John Wesley and the Community of Goods'が，Keith Robbins（ed.）, *Protestant Evangelicalism: Britain, Ireland, Germany and America. Essays in Honour of W. R. Ward*（Oxford, 1990）に収載されている。また，Rack, 'Religious Societies and the Origins of Methodism', *Journal of Ecclesiastical History*, 38（1987）, pp. 582–95, Bennet, 'Religious Societies: Methodist and Evangelical, 1738–1800', in 'Studies in Church History', vol. 23（1968）, pp. 279–302もある。知的背景についての面白い研究が，Isabel Rivers, *Reason, Grace, and Sentiment: A Study of the Language of Religion and Ethics in England*, vol. 1: *Whichcote to Wesley*（Cambridge, 1991）である。福音主義非国教徒は，A. P. F. Sell, *Dissenting Thought and the Life of the Churches*（San Francisco, 1990）でも大きく扱われている。情報豊かなDerec Llwyd Morgan, *The Great Awakening in Wales*（London, 1988）は，雑な不正確さも目立つが読む価値はある。

第14章　1800年以降の教会と国家

この章で分析したことの多くは政治と国制の展開であるが，この領域の歴史研究について広範囲に及ぶ文献案内を示すのは適当ではないだろう。その理由は，現代の歴史家の心性は世俗的な傾向が強いため，それらの研究では宗教問題に充てられるスペースが小さいことが多いからである。それでも，宗教史や教会史を主に扱った研究で素晴らしいものがある。まず，この時期の教会史の概観として重要なのが，W. O. Chadwick, *The Victorian Church*（London, Part I, 1966; Part II, 1970）である。教会と国家の問題は，R. A. Soloway, *Prelates and People: Ecclesiastical Social Thought in England, 1783–1852*（London, 1969）, O. J. Brose, *Church and Parliament: The Reshaping of the Church of England, 1828–1860*（Oxford, 1959）, W. G. Addison, *Religious Equality in Modern England, 1714–1914*（London, 1944）, G. Kitson Clark, *Churchmen and the Condition of England, 1832–1885*（London, 1973）, Adrian Hastings, *A History of English Christianity, 1920–1985*（London, 1986）, Paul A. Welsby, *A History of the Church of England, 1945–1980*（London, 1984）でも論じられている。非国教徒と彼らによる体制教会批判については，W. R. Ward, *Religion and Society in England, 1790–1850*（London, 1972）, D. M. Thompson, *Nonconformity in the Nineteenth Century*（London, 1972）, D. W. Bebbington, *The Nonconformist Conscience, Chapel and Politics, 1870–1914*（London, 1982）, W. H. Mackintosh, *Disestablishment and Liberation: The Movement for the Separation of the Anglican Church from State Control*（London, 1972）。この問題の特定の領域をカバーする研究として優れているのが，H. McLeod, *Class and Religion in the Late Victorian City*（London, 1970）, G. I. T. Machin, *Politics and the Churches in Great Britain, 1832 to 1868*（Oxford, 1977）; *1869–1921*（Oxford, 1987）である。J. P. Parry, *Democracy and Religion: Gladstone and the Liberal Party, 1867 to 1875*（Cambridge, 1986）とP. M. H. Bell, *Disestablishment in Ireland and Wales*（London, 1969）も参照。

第15章　19世紀のイングランド国教会

標準的な概説は，Owen Chadwick, *The Victorian Church*, 2 parts（London, 1966 and 1970）である。また，Horton Davies, *Worship and Theology in England*, 5 vols（Princeton, 1961–75）, vol. 3: *From Watts and Wesley to Maurice, 1690–1850* and vol. 4: *From Newman to Martineau* も包括的叙述。やや古いが，Francis Warre Cornish, *The English Church in the Nineteenth Century*, 2 parts（London,

1910）も有益。G. I. T. Machin, *Politics and the Churches in Great Britain, 1832 to 1868*（Oxford, 1977）および *Politics and the Churches in Great Britain, 1869 to 1921*（Oxford, 1987）は公的な叙述。史料については，David Nicholls（ed.），*Church and State in Britain since 1820*（London, 1967）と R. P. Flindall, *The Church of England, 1815–1948: A Documentary History*（London, 1972）を参照。より全般的には，David L. Edwards, *Leaders of the Church of England, 1828–1944*（London, 1971），David L. Edwards, *Christian England*, vol. 3: *From the Eighteenth Century to the First World War*（London, 1984）．未改革の教会については，Peter Virgin, *The Church in an Age of Negligence: Ecclesiastical Structure and Problems of Church Reform 1700–1840*（Cambridge, 1989）を参照。教会改革については，Olive J. Brose, *Church and Parliament: the Reshaping of the Church of England 1828–1860*（Oxford, 1959）と Geoffrey Best, *Temporal Pillars: Queen Anne's Bounty, the Ecclesiastical Commissioners and the Church of England*（Cambridge, 1964）を参照。福音主義については，Charles Smyth, *Simeon and Church Order*（Cambridge, 1940），Arthur Pollard & Michael Hennell（eds），*Charles Simeon 1759–1836*（London, 1959），Hugh E. Hopkins, *Charles Simeon of Cambridge*（London, 1977），Michael Hennell, *John Venn and the Clapham Sect*（London, 1958），Ford K. Brown, *Fathers of the Victorians: The Age of Wilberforce*（Cambridge, 1961），E. M. Howse, *Saints in Politics: The 'Clapham Sect' and the Growth of Freedom*（Toronto, 1962），Ian Bradley, *The Call to Seriousness: The Evangelical Impact on the Victorians*（London, 1976），Michael Hennell, *Sons of the Prophets*（London, 1979），Doreen M. Rosman, *Evangelicals and Culture*（London, 1984）がある。高教会派については，Yngve Brilioth, *The Anglican Revival*（London, 1933）と A. B. Webster, *Joshua Watson: the Story of a Layman 1771–1855*（London, 1954）を参照。アングロ・カトリシズムについては，Geoffrey Rowell, *The Vision Glorious: Themes and Personalities of the Catholic Revival in Anglicanism*（Oxford, 1983），Alf Härdelin, *The Tractarian Understanding of the Eucharist*（Uppsala, 1965），Perry Butler（ed.），*Pusey Rediscovered*（Oxford, 1983）を参照。修道院については，Peter F. Anson, *The Call of the Cloister: Religious Communities and Kindred Bodies in the Anglican Communion*（London, 1955）。礼拝については，James F. White, *The Cambridge Movement: The Ecclesiologists and Gothic Revival*（Cambridge, 1962）。教会建築については，Paul Thompson, *William Butterfield*（London, 1971）と Stefan Muthesius, *The High Victorian Movement in Architecture 1850–1870*（London, 1972）。儀式重視主義については，James E. Bentley, *Ritualism and Politics in Victorian Britain*（Oxford, 1978）と Lida E. Ellsworth, *Charles Lowder and the Ritualist Movement*（London, 1982）。宗教思想については，Ieuan Ellis, *Seven against Christ: A Study of 'Essays and Reviews'*（Leiden, 1980），James R. Moore, *The Post-Darwinian Controversies*（Cambridge, 1979），B. M. G. Reardon, *From Coleridge to Gore: A Century of Religious Thought in Britain*（London, 1971），J. A. Carpenter, *Gore: A Study in Liberal Catholic Thought*（London, 1960），A. M. Ramsey, *From Gore to Temple*（London, 1960）を参照。社会問題については，George Kitson Clark, *Churchmen and the Condition of England, 1832–1885*（London, 1973），P. d'A. Jones, *The Christian Socialist Revival, 1877–1914*（Princeton, 1968），E. R. Norman, *Church and Society in England 1770–1970: A Historical Study*（Oxford, 1976）がある。宗教的実践については，Robert, Currie, Alan Gilbert & Lee Horsley, *Churches and Churchgoers: Patterns of Church Growth in the British Isles since 1700*（Oxford, 1977）と Jeffrey Cox, *The English Churches in a Secular Society: Lambeth, 1870–1930*（Oxford, 1982）を参照。

第16章　イギリスにおける工業化後の宗教生活　1830–1914年

おそらく，さまざまな統計的な研究や19世紀の宗教の社会的な分布に関する研究についての文献から読みはじめるのがもっとも適切だろう。R. Currie, A. Gilbert & L. Horsley, *Churches and Churchgoers: Patterns of Church Growth in the British Isles since 1700*（Oxford, 1977）, A. D. Gilbert, *Religion and Society in Industrial England*（London, 1976）, B. I. Coleman, *The Church of England in the Mid-Nineteenth Century*（London, 1980）, J. D. Gay, *The Geography of Religion in England*（London, 1971）, H. McLeod, ‘Class, Community and Region: The Religious Geography of Nineteenth-Century England’, in M. Hill（ed.）, *Sociological Yearbook of Religion in Britain*, 6（1973）and R. Gill, *Competing Convictions*（London, 1989）.

オーウェン・チャドウィックによって上品に描かれた *The Victorian Church*, 2 parts（London, 1966 and 1970）は，いまだにこの時代の宗教に関する――ほとんど無視されている国教会についての文献を含めて――もっとも基本的な概説書である。最近書かれた文献でもっともわかりやすいのは，H. McLeod, *Religion and Irreligion in Victorian England*（Bangor, 1993）である。

ヴィクトリア期の各都市についての研究書で重要なのは，シェフィールドについての E. R. Wickahm, *Church and People in an Industrial City*（London, 1957）, ロンドンについての H. McLeod, *Class and Religion in the Late Victorian City*（London, 1974）, レディングに関する S. Yeo, *Religion and Voluntary Organisations in Crisis*（London, 1976）, ロンドンのランベスについての J. Cox, *The English Churches in a Secular Society: Lambeth, 1870–1930*（Oxford, 1982）, ベルファストについての D. Hempton & M. Hill, *Evangelical Protestantism in Ulster Society 1740–1890*（London, 1992）である。また，H. J. Dyos & M. Wolff（eds）, *The Victorian City*, vol. 2（London, 1973）に収められた D. Mole，S. Gilley と J. Kent の各章も参照。都市の労働者階級の宗教に関する専門書では，K. S. Inglis, *Churches and the Working Classes in Victorian England*（London, 1963）が先駆的。最近のものでは H. McLeod, *Religion and the Working Classes in Nineteenth-Century Britain*（London, 1984）があり，長い参考文献リストが収められている。

この章で扱った個別のテーマをより包括的に議論しているのは，以下の文献である。T. W. Laqueur, *Religion and Respectability: Sunday Schools and Working Class Culture*（New Haven, 1976）, John Kent, *Holding the Fort: Studies in Victorian Revivalism*（London, 1978）, R. Carwardine, *Trans-Atlantic Revivalism*（London, 1978）, B. Harrison, ‘Religion and Recreation in Nineteenth-Century England’, *Past and Present*, 38（1967）, J. H. S. Kent, ‘The Role of Religion in the Cultural Structure of the Later Victorian City’, *Transactions of the Royal Historical Society*, 5th ser., 23（1973）, C. G. Brown, ‘The Costs of Pew-Renting: Church Management, Church-Going and Social Class in Nineteenth-Century Glasgow’, *Journal of Ecclesiastical History*, 38（1987）, J. Obelkevich, ‘Music and Religion in the Nineteenth Century’, in J. Obelkevich, L. Roper & R. Samuel（eds）, *Disciplines of Faith*（London, 1987）and H. McLeod, ‘New Perspectives on Working-Class Religion: The Oral Evidence’, *Oral History*, 14（1986）.

労働者階級の宗教と民衆政治との関係については論争が盛んだが，最重要文献は，W. R. Ward, *Religion and Society in England 1790–1850*（London, 1972）, J. Foster, *Class Struggle and the Industrial Revolution*（London, 1974）, P. Joyce, *Work, Society and Politics*（Brighton, 1980）, D. Hempton, *Methodism and Politics in British Society 1750–1850*（London, 1984）, T. Koditschek, *Class Formation and Urban Industrial Society: Bradford, 1750–1850*（Cambridge, 1990）である。

民衆宗教と労働者階級のコミュニティの関係については多くの研究がある。R. Colls, *The Col-*

lier's Rant（London, 1977）, R. Moore, *Pitmen, Preachers and Politics: The Effects of Methodism in a Durham Mining Village*（Cambridge, 1974）, D. M. Valenze, *Prophetic Sons and Daughters*（Princeton, 1985）, Open University, *Religion: Conformity and Controversy*（Milton Keynes, 1987）, J. Obelkevich, *Religion and Rural Society: South Lindsey, 1825–1875*（Oxford, 1976）は農村に関するもっとも基本的な研究であるが，都市の民衆宗教についても問題を提起しており，R. Swift and S. Gilley（eds）, *The Irish in the Victorian City*（London, 1985）, D. Hempton, '"Popular Religion" 1800–1986', in T. Thomas（ed.）, *The British: Their Religious Beliefs and Practices 1800–1986*（London, 1988）, D. G. Paz, *Popular Anti-Catholicism in Mid-Victorian England*（Stanford, 1992）などがある。Samuel Bamford, *Passages in the Life of a Radical*（London, 1841）は同時代に生きた人びとがこの問題をどのように理解していたのかを調べるために重要な文献である。

聖職者に関する文献については，Alan Haig, *The Victorian Clergy*（London, 1984）と K. D. Brown, *A Social History of the Nonconformist Ministry in England and Wales 1800–1930*（Oxford, 1988）がある。

都市の宗教を扱った雑誌論文は豊富にあり，H. McLeod, *Religion and The Working Class in Nineteenth-Century Britain*（London, 1984）はそれらを概観している。またつぎの四冊は注目に値する。J. Obelkevich, L Roper and R. Samuel（eds）, *Disciplines of Faith*（London, 1987）; D. Baker（ed.）, *The Church in Town and Countryside*, 'Studies in Church History', vol. 16（Oxford, 1979）, G. Parsons（ed.）, *Religion in Victorian Britain*, 4 vols（Manchester, 1988）. 都市化と世俗化の関係を論じたもっとも基本的な文献は，S. Bruce（ed.）, *Religion and Modernization: Sociologists and Historians Debate the Secularization Thesis*（Oxford, 1992）である。C. Brown, 'Did Urbanization Secularize Britain?', *Urban History Yearbook*（1988）はこの問題を刺激的な書き方で紹介している。いくつかの地域研究の論文が今後も出版される予定で，それらもこの議論を扱う。その論点は，H. MacLeod, *Religion and Irreligion in Victorian England*（Bangor, 1993）にもみられる。

第17章　イングランドの福音主義非国教徒と文化　1840–1940年

非国教徒の置かれた状況や文化，政治については，この時期の宗教を扱った概説書が最良の入門となる。A. D. Gilbert, *Religion and Society in Industrial England: Church, Chapel and Social Change 1740–1914*（London, 1976）, D. W. Bebbington, *Evangelicalism in Modern Britain: A History from the 1730s to the 1980s*（London, 1989）, H. Davies, *Worship and Theology in England from Newman to Martineau, 1850–1900*（London, 1962）Id., *Worship and Theology in England: The Ecumenical Century 1900–1965*（London, 1965）, G. I. T. Machin の *Politics and the Churches in Great Britain, 1832 to 1868*（Oxford, 1977）および1869年から1921年を扱った続編（Oxford, 1987）, A. Hastings, *A History of English Christianity 1920–1985*（London, 1986）。全体を包括しているのが，G. Parsons（ed.）, *Religion in Victorian Britain*, vol. 1: *Traditions*, vol. 2: *Controversies*, vol. 3: *Sources*, vol. 4: *Interpretations*（Manchester, 1988）である。

非国教徒の社会的な側面は，H. McLeod, *Class and Religion in the Late Victorian City*（London, 1974）, S. Yeo, *Religion and Voluntary Organisations in Crisis*（London, 1976）, J. Obelkevich, *Religion and Rural Society: South Lindsey 1825–1875*（Oxford, 1976）, J. Cox, *The English Churches in a Secular Society: Lambeth, 1870–1930*（Oxford, 1982）といった先駆的な地域研究がある。

完全に非国教徒の立場からは，M. R. Watts, *The Dissenters from the Reformation to the French Revolution*（Oxford, 1978）の続編が待たれる。史料については，D. M. Thompson, *Nonconformity*

in the Nineteenth Century（London, 1972）と J. H. Y. Briggs & I. Sellers, *Victorian Nonconformity*（London, 1973）の二作がいまなお優れており，さらに I. Sellers, *Nineteenth-Century Nonconformity*（London, 1977）が示唆に富む。エドワード期の高揚期（とその直後の余波）の良心については，D. W. Bebbington, *The Nonconformist Conscience: Chapel and Politics 1870–1914*（London, 1982），S. Koss, *Nonconformity in Modern British Politics*（London, 1975），M. D. Johnson, *The Dissolution of Dissent, 1850–1918*（London, 1987），J. Munson, *The Nonconformists: In Search of a Lost Culture*（London, 1991）がある。

Munson の著作は，D. Davie, *A Gathered Church: The Literature of the English Dissenting Interest, 1700–1930*（London, 1978），V. Cunningham, *Everywhere Spoken Against: Dissent in the Victorian Novel*（Oxford, 1975），C. Binfield, *So Down to Prayers: Studies in English Nonconformity 1781–1920*（London, 1977）につながってゆく。それらは，C. Binfield, *Pastors and People: The Biography of a Baptist Church: Queen's Road Coventry*（Gloucester, 1984）と Marjorie Reeves, *Sheep Bell and Ploughshare: The Story of Two Village Families*（London, 1978）に比べると特定のテーマに特化しているかもしれない。

ただ，W. Haslam Mills, *Grey Pastures*［*Manchester Guardian* 掲載のエッセイ。Albion, Ashton-under-Lyme をモデルとする］（London, 1924）もしくは G. Stowell, *The History of Button Hill*［Leeds の Newton Park Union Church, Chapeltown を想起させる小説］（London, 1929）以上にうまく描いたものはない。

研究者は有益な資料として 'Studies in Church History' シリーズ，およびその *Subsidia*（Oxford 他）掲載の論考を参照すべきである。最後に，もちろん最後だから価値が小さいというわけではないが，各教派の刊行する雑誌がある。*Baptist Quarterly*, *Congregational History Society*, *Journal of the Friends Historical Society*, *Journal of the United Reformed Church History Society*, *Proceedings of the Wesley Historical Society*, *Transactions of the Unitarian Historical Society*.

第18章　イングランドにおけるローマ・カトリック教会　1780–1940年

1890年までのカトリック信仰についての叙述としては，Bernard Ward と Wilfrid Ward による，Bernard Ward, *The Dawn of the Catholic Revival in England 1781–1803*, 2 vols, Id., *The Eve of Catholic Emancipation 1803–1829*, 3 vols, Id., *The Sequel to Catholic Emancipation 1830–1850*, 2 vols（London, 1909–15），Wilfrid Ward, *The Life and Times of Cardinal Wiseman*, 2 vols（London, 1897），Id., *The Life of John Henry Cardinal Newman*, 2 vols（London, 1912）が全体をカバーしている。近年の伝記的研究は，Meriol Trevor, Ian Ker, Sheridan Gilley のものがある。この時期をカバーする研究としては，G. A. Beck, *The English Catholics 1850–1950*（London, 1950）や，アングロ・ガリカニズムの立場からの J. Derek Holmes, *More Roman than Rome: English Catholicism in the Nineteenth Century*（London/Shepherdstown, 1978），それに素晴らしい Edward Norman, *The English Catholic Church in the Nineteenth Century*（Oxford, 1984）がある。トリエント公会議後のイングランドのカトリックについての総説は，E. I. Watkin, *Roman Catholicism in England from the Reformation to 1950*（London, 1957），J. C. H. Aveling, *The Handle and the Axe: The Catholic Recusants in England from Reformation to Emancipation*（London, 1976），Edward Norman, *Roman Catholicism in England from the Elizabethan Settlement to the Second Vatican Council*（Oxford, 1986）を参照。社会史については，John Bossy, *The English Catholic Community 1570–1850*（London, 1975）。イエズス会については，Bernard Basset SJ, *The English Jesuits from Campion to Martindale*（London,

1967）と Francis Edwards SJ, *The Jesuits in England: From 1580 to the Present Day*（London, 1985）がある。Athaniasius Allanson, 'History of the English Benedictine Congregation', MSS, Ampleforth Abbey はマイクロフィッシュで入手できる。レデンプトール会については，John Sharp, *Reapers of the Harvest: The Redemptorists in Great Britain and Ireland 1843–1898*（Dublin, 1989）を参照。フランスからの亡命者については，D. A. Bellenger, *The French Exiled Clergy in the British Isles after 1789: An Historical Introduction and Working List*（Downside Abbey, 1986）。宣教の歴史については，David Milburn, *A History of Ushaw College*（Ushaw, 1964）。アイルランドについては，Lynn H. Lees, *Exiles of Erin: Irish Migrants in Victorian London*（Manchester, 1979）, Roger Swift & Sheridan Gilley, *The Irish in the Victorian City*（London, 1985）, Roger Swift & Sheridan Gilley, *The Irish in Britain 1815–1939*（London, 1989）, M. Hickman & M. Hartigan, *The History of the Irish in Britain: A Bibliography*（London, 1986）, Frank Neal, *Sectarian Violence: The Liverpool Experience 1819–1914: An Aspect of Anglo-Irish History*（Manchester, 1988）がある。

ゴシック趣味については，Benjamin Ferrey, *Recollections of A. N. W. Pugin*（London, 1861）, Michael Trappes-Lomax, *Pugin: A Mediaeval Victorian*（London, 1932）, Phoebe Stanton, *Pugin*（London, 1971）, Kenneth Clark, *The Gothic Revival: An Essay in the History of Taste*（London, 1962）〔K. クラーク著／近藤存志訳『ゴシック・リヴァイヴァル』白水社，2005年〕。カトリックの建築については，Bryan Little, *Catholic Churches since 1623*（London, 1966）を参照。修道制については，J. N. Murphy, *Terra Incognita: or, The Convents of the United Kingdom*（London, 1873）および Susan O'Brien, '*Terra Incognita*: The Nun in Nineteenth-Century England', *Past and Present*, 121（1988）, pp. 109–40を参照。修道会と反カトリック主義については，Walter L. Arnstein, *Protestant versus Catholic in Mid-Victorian England: Mr Newdegate and the Nuns*（New York/London, 1982）がある。高等教育については，Vincent Alan McClelland, *English Roman Catholics and Higher Education 1830–1903*（Oxford, 1973）。思想史については，Wilfrid Ward, *William George Ward and the Catholic Revival*（London, 1893）, Maisie Ward, *The Wilfrid Wards and the Transition*, vol. 1: *The Nineteenth Century*（London, 1934）および vol. 2: *Insurrection versus Resurrection*（London, 1937）。自由主義的なカトリック運動については，Josef L. Altholz, *The Liberal Catholic Movement in England: The 'Rambler' and its Contributors 1848–1864*（London, 1962）と Josef L. Altholz, Damian McElrath & James C. Holland（eds）, *The Correspondence of Lord Acton and Richard Simpson*, 3 vols（Cambridge, 1971–5）。モダニズムについては，L. F. Barmann, *Baron Friedrich von Hügel and the Modernist Crisis in England*（Cambridge, 1972）と Nicholas Sagovsky, *'On God's Side': A Life of George Tyrrell*（Oxford, 1990）。ワイズマンに関しては，Richard J. Schiefen, *Nicholas Wiseman and the Transformation of English Catholicism*（Shepherdstown, 1984）を参照。マニングについては，V. A. McClelland, *Cardinal Manning: His Public Life and Influence 1865–92*（London, 1962）, Robert Gray, *Cardinal Manning: A Biography*（London, 1985）, John Fitzsimons（ed.）, *Manning: Anglican and Catholic*（London, 1951）がある。ヴォーンに関しては，J. G. Snead-Cox, *The Life of Cardinal Vaughan*, 2 vols（London, 1910）と McCormack MHM, *Cardinal Vaughan*（London, 1966）。スコットランドのカトリック信仰については，James E. Handley の *The Irish in Scotland*（Cork, 1943）, *The Irish in Modern Scotland*（Cork, 1947）, *The Celtic Story: A History of the Celtic Football Club*（London, 1960）, *The Navvy in Scotland*（Cork, 1970）, そして，David McRoberts（ed.）, *Modern Scottish Catholicism 1878–1978*（Glasgow, 1979）, Tom Gallagher, *Glasgow: The Uneasy Peace: Religious Tension in Modern Scotland*（Manchester, 1987）がある。統計については，Jean Alain

Lesourd, *Les Catholiques dans la Société Anglaise 1765–1865*, 2 vols（Lille, 1978）。現代の事情は，Adrian Hastings, *A History of English Christianity 1920–1985*（London, 1986）を参照。

第19章　1800年以降のスコットランドとウェールズにおける宗教と共同体

［総説］

E. Royle, *Modern Britain: A Social History 1750–1985*（London, 1987）の「宗教」の章が，イギリス史全体のなかでスコットランドとウェールズでの展開を論じ，入門書として有益。同様に，Keith Robbins, *Nineteenth-Century Britain: Integration and Diversity*（Oxford, 1988）も，イングランドの宗教事情との関係でスコットランドとウェールズの宗教を扱った章がある。また，Keith Robins, 'Religion and Identity in Modern British History', in S. Mews（ed.）, *Religion and National Identity*, 'Studies in Church History', vol. 18（Oxford, 1982）もある。この論文は他の論考と合わせて，K. Robbins, *History, Religion and Identity in Modern Britain*（London, 1993）に収録。統計情報は，R. Currie, A. D. Gilbert & L. Horsley, *Churches and Church-goers: Patterns of Church Growth in the British Isles since 1700*（Oxford, 1977）を参照。A. D. Gilbert, *The Making of Post-Christian Britain: A History of the Secularization of Modern Society*（London, 1980）も参照。

［スコットランド］

J. H. S. Burleigh, *A Church History of Scotland*（London, 1960）が標準的叙述。J. R. Fleming の *A History of the Church in Scotland 1843–1874*（Edinburgh, 1927）と *A History of the Church in Scotland 1875–1929*（Edinburgh, 1933）には，なおも興味深い素材がある。Norman Macleod, *Reminiscences of a Highland Parish*（London, 1867）はいまも読む価値がある。Callum Brown, *The Social History of Religion in Scotland since 1700*（London, 1987）は素晴らしい研究で，豊富な文献表が付く。また，Macleod, 'Religion and Social Change', in T. M. Devine & R. Mitchison（eds）, *People and Society in Scotland*, vol. 1: *1760–1830*（Edinburgh, 1988）も参照。T. C. Smout, *A Century of the Scottish People 1830–1950*（London, 1986）〔T. C. スマウト著／木村正俊監訳『スコットランド国民の歴史』原書房，2010年〕の「教会出席」に関する章が優れる。A. C. Cheyne, *The Transforming of the Kirk: Victorian Scotland's Religious Revolution*（Edinburgh, 1983）には多くの優れた洞察がある。A. L. Drummond & J. Bulloch, *The Scottish Church, 1688–1843*（Edinburgh, 1973）, *The Church in Victorian Scotland, 1843–1874*（Edinburgh, 1975）, *The Church in Late Victorian Scotland, 1874–1900*（Edinburgh, 1978）の三冊には豊富な情報がある。S. J. Brown, *Thomas Chalmers and the Godly Commonwealth*（Oxford, 1982）は，19世紀の卓越したスコットランドの教会人の優れた伝記。20世紀のスコットランド教会を扱った研究には良いものがない。ローマ・カトリックについては，D. McRoberts（ed.）, *Modern Scottish Catholicism 1878–1978*（Glasgow, 1979）が最良。M. Lochhead, *Episcopal Scotland in the Nineteenth Century*（London, 1966）は，これまであまり取り上げられなかった重要な問題を扱う。D. W. Bebbington（ed.）, *The Baptists in Scotland*（Glasgow, 1988）はこの少数派についての包括的な研究。M. Small, *Growing Together: Some Aspects of the Ecumenical Movement in Scotland, 1924–1964*（Edinburgh, 1975）は価値のある研究。T. Gallagher, *Glasgow: The Uneasy Peace*（Manchester, 1987）では，コミュニティ間の関係を変わった角度で考察している。G. Walker & T. Gallagher（eds）, *Sermons and Battle Hymns: Protestant Popular Culture in Modern Scotland*（Edinburgh, 1990）も参照。教会とコミュニティの関係のさまざまな局面を論じるのが，A. A. MacLaren, *Religion and Social Class: The Disruption Years in Aberdeen*（London, 1974）, O. Checkland, *Philanthropy in Victorian Scotland*（Edinburgh, 1980）, K.

Boyd, *Scottish Church Attitudes to Sex, Marriage and the Family, 1850–1914*（Edinburgh, 1980）, J. Springhall, B. Fraser & M. Hoare, *Sure & Stedfast: A History of the Boy's Brigade 1883 to 1983*（London & Glasgow, 1983）, A. P. F. Sell, *Defending and Declaring the Faith: Some Scottish Examples 1860–1920*（Exeter, 1987）.

［ウェールズ］

K. O. Morgan, *Wales: Rebirth of the Nation 1880–1980*（Oxford, 1981）が広い視野で宗教の展開を位置づける。Trevor Herbert & Gareth Elwyn Jones 編集の二冊，*Wales 1880–1914* と *Wales between the Wars*（Cardiff, 1988）には有益な章がある。Glanmor Williams の *Religion, Language and Nationality in Wales*（Cardiff, 1979）および 'Fire on Cambria's Altar', in his *The Welsh and their Religion*（Cardiff, 1991）は有益な考察。D. Smith（ed.）, *A People and a Proletariat*（London, 1980）所収の Ieuan Gwynedd Jones の論文と彼の *Explorations and Explanations: Essays in the Social History of Victorian Wales*（Llandysul, 1981）は重要。教会については，David Walker（ed.）, *A History of the Church in Wales*（Cardiff, 1976）〔D. ウォーカー編／木下智雄訳『ウェールズ教会史』教文館，2009年〕, P. M. H. Bell, *Disestablishment in Ireland and Wales*（London, 1969）, D. T. W. Price, *A History of the Church in Wales in the Twentieth Century*（Penarth, 1990）を参照。Price の 'Church and Society in Wales since Disestablishment', in P. B. L. Badham（ed.）, *Religion, State and Society in Modern Britain*（Lampeter, 1989）も参照。各教派の歴史は，たいていは教派自身の立場で書かれているが，本章にかかわる非国教徒全体についての歴史は良いものがない。

第20章　イギリスの宗教と世界――ミッションと帝国　1800–1940年

ミッションの近代史の出発点は，K. Scott Latourette, *A History of the Expansion of Christianity*, 7 vols（London, 1937–45）で，その四～六巻が本章に関わる。一冊にまとまったもので最良のものは，Stephen Neill, *A History of Christian Missions*, 2nd rev. ed. Owen Chadwick（Harmondsworth, 1986）で，優れた文献目録が載る。S. Neill, *A History of Christianity in India, 1707–1858*（Cambridge, 1985）も重要。T. E. Yates, *Christian Mission in the Twentieth Century*（Cambridge, 1994）は重要な情報を加えてくれる。S. Piggin, *Making Evangelical Missionaries, 1789–1858: The Social Background, Motives, and Training of British Protestant Missionaries to India*（Oxford, 1984）は宣教師の育成について扱う。

さまざまな伝道協会には各自の歴史書があるが，なかでも以下は重要。E. Stock, *History of the Church Missionary Society*, 4 vols（London, 1899–1916）, G. Hewitt, *The Problems of Success: A History of the Church Missionary Society*, 2 vols（London, 1971–7）, R. Lovett, *History of the London Missionary Society, 1795–1895*, 2 vols（London, 1899）, N. Goodall, *A History of the London Missionary Society, 1895–1945*（London, 1954）, L. Nemer, *Anglican and Roman Catholic Attitudes on Missions: A Historical Study of Two English Missionary Societies in the Late Nineteenth Century, 1865–1885*（Washington, 1981）, A. J. Broomhall, *Hudson Taylor and China's Open Century*, 7 vols（London, 1981–9）, B. Stanley, *History of the Baptist Missionary Society, 1792–1992*（Edinburgh, 1992）. Stanley の *The Bible and the Flag: Protestant Missions and British Imperialism in the Nineteenth and Twentieth Centuries*（Leicester, 1990）はこのテーマの総説。

C. P. Williams, *The Ideal of the Self-governing Church: A Study in Victorian Missionary Strategy*（Leiden, 1990）は現地教会育成の試みを検証する。これらの教会は違った地域の人びとへのミッションの影響が相反するものであったことを示している。この影響については多くの研究がある。

J. F. A. Ajayi, *Christian Missions in Nigeria, 1841–1891: The Making of a New Mission Elite*（London, 1965）と A. Ayandele, *The Missionary Impact on Modern Nigeria, 1842–1914: A Political and Social Analysis*（London, 1966）はアフリカ研究の先駆で，その後多くの研究が現われた。たとえば，J. McCracken, *Politics and Christianity in Malawi, 1875–1940: The Impact of the Livingstone Missions in the Northern Province*（Cambridge, 1977）, N. Etherington, *Preachers, Peasants and Politics in South East Africa, 1835–1880: African Christian Communities in Natal, Pondonland and Zululand*（London, 1979）, G. O. Tasie, *Christian Missionary Enterprise in the Niger Delta, 1864–1918*（Leiden, 1978）, M. L. Pirouet, *Black Evangelists: The Spread of Christianity in Uganda, 1891–1914*（London, 1978）, B. A. Gow, *Madagascar and the Protestant Impact: The Work of British Missions, 1818–95*（London, 1979）, T. O. Beidelman, *Colonial Evangelism: A Socio-historical Study of an East African Mission at the Grass Roots*（Bloomington, 1982）, J. K. Agbeti, *West African Church History: Christian Missions and Church Foundations, 1482–1919*（London, 1986）, H. J. Sindima, *The Legacy of Scottish Missionaries in Zimbabwe*（Lampeter, 1992）などである。これらの研究のテーマは，R. Gray, *Black Christians and White Missionaries*（New Haven, 1990）にまとめられている。世界の他地域との比較研究もある。たとえば，N. Gunson, *Messengers of Grace: Evangelical Missionaries in the South Seas, 1797–1860*（Oxford, 1978）, R. H. S. Boyd, *India and the Latin Captivity of the Church: The Cultural Context of the Gospel*（London, 1974）, J. C. B. Webster, *The Christian Community and Change in Nineteenth Century North India*（Delhi, 1976）, E. D. Potts, *British Baptist Missionaries in India, 1793–1837: The History of Serampore and its Mission*（Cambridge, 1967）, M. A. Laird, *Missionaries and Education in Bengal, 1793–1837*（Oxford, 1972）, G. A. Hood, *Mission Accomplished? The English Presbyterian Mission in Lingtung, South China: A Study of the Interplay between Mission Methods and their Historical Context*（Frankfurt, 1986）.

新興教会と関係のあった人物の伝記研究も多い。近代で最重要なものは，A. Ross, *John Philip (1775–1851): Missions, Race and Politics in South Africa*（Aberdeen, 1986）, T. E. Yates, *Venn and Victorian Bishops Abroad: The Missionary Policies of Henry Venn and their Repercussions upon the Anglican Episcopate of the Colonial Period, 1841–1872*（Uppsala, 1978）, E. A. Ayandele, *Holy Johnson: Pioneer of African Nationalism, 1836–1917*（London, 1970）, O. Chadwick, *Mackenzie's Grave*（London, 1959）, P. Chiocchetta, *Daniel Comboni: Papers for the Evangelization of Africa*（Rome, 1982）, P. Penner, *Robert Needham Cust, 1821–1898: A Personal Biography*（New York, 1987）, W. R. Shenk, *Henry Venn, Missionary Statesman*（Maryknoll, 1983）, E. J. Sharpe, *Not to Destroy but to Fulfil: The Contribution of J. M. Farquhar to Protestant Missionary Thought before 1914*（Uppsala, 1965）, P. R. Bohr, *Famine in China and the Missionary: Timothy Richard as Relief Administrator and Advocate of National Reform*（Cambridge, Mass., 1972）, H. Tinker, *The Ordeal of Love: C. F. Andrews and India*（Delhi, 1979）, D. O'Connor, *Gospel, Raj and Swaraj: The Missionary Years of C. F. Andrews, 1904–14*（Frankfurt, 1990）などである。

第21章　世俗主義者と合理主義者　1800–1940年

Susan Budd, *Varieties of Unbelief: Atheists and Agnostics in English Society, 1850–1960*（London, 1977）が広範囲に及ぶ最新の概説である。この著作には，著者の 'The Loss of Faith: Reasons for Unbelief among Members of the Secular Movement in England, 1850–1950', *Past and Present*, 36 (1967), pp. 106–25が組み込まれている。全国世俗協会の元会長による概説が，David Tribe, *100*

Years of Freethought（London, 1967）である。また，Jim Herrick, *Vision and Realism: A Hundred years of The Freethinker*（London, 1982）も100周年記念に出されたものである。

トマス・ペインから第一次世界大戦に至る世俗思想の発展は，Edward Royle の *Victorian Infidels: The Origins of the British Secularist Movement, 1791–1866*（Manchester, 1974）と *Radicals, Secularists and Republicans: Popular Freethought in Britain, 1866–1915*（Manchester, 1980）が取り上げる。同著者の *Radical Politics, 1790–1900: Religion and Unbelief*（London, 1971）は簡便な概説で，*The Infidel Tradition from Paine to Bradlaugh*（London, 1976）は史料集である。D. Nash, *Secularism, Art and Freedom*（Leicester, 1992）はもっとも成功したレスターの世俗協会の歴史。やや古いが，つぎの三編の論文はまだ価値がある。John Eros, 'The Rise of Organized Freethought in mid-Vicrotian England', *Sociological Review*, 2（1954）, pp. 98–120, F. B. Smith, 'The Atheist Mission', in R. Robson（ed.）, *Ideas and Institutions of Victorian Britain*（London, 1967）, F. H. Amphlett Micklewright, 'The Local History of Victorian Secularism' *Local Historian*, 8（1969）, pp. 221–7. 最後の論文はレスターシァのファイルズワース村を取り上げている。

ヴィクトリア時代の世俗主義の前史は，A. O. Aldridge, *Man of Reason: The Life of Thomas Paine*（London, 1960）, Iain McCalman, *Radical Underworld: Prophets, Revolutionaries and Pornographers in London, 1795–1840*（Cambridge, 1988）, Joel H. Wiener, *Radicalism and Freethought in Nineteenth-Century Britain: The Life of Richard Carlile*（Westport, 1983）, John F. C. Harrison, *Robert Owen and the Owenites in Britain and America: The Quest for the New Moral World*（London, 1969）が格好の入門書である。指導的な世俗主義者の詳細については，Lee Grugel, *George Jacob Holyoake: A Study in the Evolution of a Victorian Radical*（Philadelphia, 1977）, David Tribe, *President Charles Bradlaugh, MP*（1971）, Walter L. Arnstein, *The Bradlaugh Case: A Study in Late Victorian Opinion and Politics*（Oxford, 1965; 2nd edn 1984）, Anne Taylor, *Annie Besant, A Biography*（Oxford, 1992）を参照。

それ以外の自由思想運動については，Susan Budd の 'The Loss of Faith' と 'The Humanist Societies: The Consequences of a Diffuse Belief System', in B. R. Wilson（ed.）, *Patterns of Sectarianism: Organisation and Ideology in Social and Religious Movements*（London, 1967）, Colin B. Campbell, *Towards a Sociology of Irreligion*（London, 1971）, Ian MacKillop, *The British Ethical Societies*（Cambridge, 1986）, T. R. Wright, *The Religion of Humanity: The Impact of Comtean Positivism on Victorian Britain*（Cambridge, 1986）が概略を示してくれる。

これ以上の参考文献については，Gordon Stein, *Freethought in the United Kingdom and the Commonwealth: A Descriptive Bibliography*（Westport, 1981）や Gordon Stein（ed.）, *The Encyclopedia of Unbelief*, 2 vols（Buffalo, NY, 1985）を参照。

第22章　イギリスのユダヤ教徒

イギリスのユダヤ教徒コミュニティについて，世界中のユダヤ教徒の叙述の一部として簡潔に述べるのが，N. de Lange, *Atlas of the Jewish World*（Oxford, 1984）, pp. 168–71である。通史的にユダヤ教徒の歴史や宗教を扱った書物は多い。P. Johnson, *A History of the Jews*（London, 1987）〔P. ジョンソン著／石田友雄監修，阿川尚之・池田潤・山田恵子訳『ユダヤ人の歴史』全２巻，徳間書店，1999年〕が好例である。イスラエル建国に対し，支持者としてのイギリスの役割については，R. Samuel, *A History of Israel: the Birth, Growth and Development of Today's Jewish State*（London, 1989）の当該箇所を参照。

イングランドへのユダヤ教徒の定着に関する穏当で詳細な記述は，*Encyclopedia Judaica*（Jerusalem, 1972）の「イングランド」の項目があるが，「スコットランド」や「ウェールズ」の項目はそれほど良くはない。さらに詳しくイングランドのユダヤ教徒について知るには，C. Rothの*A History of the Jews in England*, 3rd edn（Oxford, 1964）と*The Rise of Provincial Jewry*（Oxford, 1948）がある。ただし，前者は1858年までしか扱っていないし，後者は18世紀を主対象としている。しかし，その後の歴史は，V. D. Lipman, *Social History of the Jews in England 1850–1950*（London, 1954）やH. Pollins, *Economic History of the Jews in England*（London, 1982），また後述のAldermanの書籍で参照できる。J. A. Romain, *The Jews of England: A Portrait of Anglo-Jewry through Original Sources and Illustrations*, 2nd edn（London, 1988）は，11世紀から20世紀までのユダヤ教徒生活に関する図版や文献抜粋が収載されて便利。

ウェールズやスコットランドのユダヤ教徒に焦点を合わせた研究はほとんどない。ウェールズに関しては，C. Holmes, 'The Tredegar Riots of 1911: Anti-Jewish Disturbances in South Wales', *Welsh History Review*, 11（1982），pp. 214–25が特定の事件を扱うが，より総合的な視点でウェールズのユダヤ教徒を地域の歴史全体の流れのなかで見たのがJohn Davies, *Hanes Cymru*（London, 1990）である。また，U. Henriques, *The Jews of South Wales: Historical Studies*（Cardiff, 1993）も参照のこと。スコットランドに関しては，A. Levyの*The Origins of Glasgow Jewry*（Glasgow, 1949）と'The Origins of Scottish Jewry', *Transactions of the Jewish Historical Society of England*, 19（1955–9），pp. 129–62がいまなお有益だが，補足としてH. L. Kaplan & K. E. Collins, *Aspects of Scottish Jewry*（Glasgow, 1987）やK. E. Collins, *Second City Jewry: The Jews of Glasgow in the Age of Expansion 1790–1919*（Glasgow, 1990）がある。

全般的に*Encyclopedia Judaica*掲載の項目は参考になるが，なかでも'United Synagogue', 'Board of Deputies of British Jews', 'Anti-Semitism', 'London'といった項目や人名については参考になる。S. Brook, *The Club: The Jews of Modern Britain*（London, 1987）とG. Alderman, *Modern British Jewry*（Oxford, 1992）は，情報が多くて読みやすく，たいへん役に立つ。実際，本章は少なからず両書の恩恵を得ている。前者は，一般向けのもので有名なユダヤ教徒へのインタビューを組み込んでいるが，現代イギリスにおけるユダヤ教徒内部の教派区分についての章や，主要組織の記述やロンドン，マンチェスター，グラスゴーでの現代のユダヤ教徒についての考察がある。それに比べると，Aldermanの著作はもっと分厚く，学術的であるが，過去150年にわたるイギリスのユダヤ教徒の社会史・思想史を時代順に検証している。最終章'A House Divided'にはイギリスでの主要ユダヤ教徒居住地区の人口統計を載せる。D. Wood（ed.），*Christianity and Judaism*（Oxford, 1992）所載の論文は，中世から近代に至るイギリスのユダヤ教徒のさまざまな局面を扱う学術的な研究である。

ユダヤ教について，歴史的にその性格や内容を知る必要がある場合には，まずN. de Lange, *Judaism*（Oxford, 1986）〔N. デ・ラーンジュ著／柄谷凜訳『ユダヤ教とはなにか』青土社，2004年〕やD. J. Goldberg & J. D. Rayner, *The Jewish People: Their History and their Religion*（London, 1987）を参照すること。同様に，正統派の儀式や進歩派の儀式を研究する場合は，各々S. Singer, *The Authorized Daily Prayer Book of the United Hebrew Congregations of the British Commonwealth of Nations*（London, 1962）やJ. D. Rayner, *Service of the Heart*（London, 1967）を参照のこと。最後にイギリスのユダヤ教徒が使う英訳聖書はJewish Publication Societyの*Tanakh – the Holy Scriptures*（New York, 1985）である。

第23章　両大戦間期の宗教生活　1920–1940年

この時期のイングランドの宗教研究の出発点として，Adrian Hastings, *A History of English Christianity 1920–90*（London, 1991）が不可欠。教会に関する統計は，Robert Currie, Alan Gilbert & Lee Horsley, *Churches and Churchgoers: Patterns of Church Growth in the British Isles since 1700*（Oxford, 1977）を参照。

教会の戦争と平和の経験は，Alan Wilkinson, *Dissent or Conform? War, Peace and the English Churches 1900–1945*（London, 1986）が格好の概説。Martin Ceadel, *Pacifism in Britain 1914–45*（Oxford, 1980）は，広い視野でキリスト教徒の証言をみる。Stuart Mews, 'The Hunger-Strike of the Lord Mayor of Cork, 1920: Irish, English and Vatican Attitudes', in W. J. Sheils & Diana Wood (eds), *The Churches, Ireland and the Irish*（Oxford, 1989）も参照。Keith Robbins, 'Britain, 1940 and Christian civilization', in D. E. D. Beales & Geoffrey Best (eds), *History, Society and the Churches*（Oxford, 1985）は，キリスト教社会としてのイギリスをイデオロギー的に守るという重要なテーマに目を向けている。また，Stuart Mews, 'The Sword of the Sprit: A Catholic Cultural Crusade of 1940', in W. J. Sheils (ed.), *The Church and War*（Oxford, 1983）も参照。David L. Edwards, *Leaders of the Church of England 1828–1944*（Oxford, 1971）は，Rendall Robinson, Cosmo Lang, William Templeについての洞察力のある研究。アングリカンの重要人物についての研究としては，Owen Chadwick, *Hensley Henson: A Study in the Friction between Church and State*（Oxford, 1983）とSheila Fletcher, *Maude Royden: A Life*（Oxford, 1989）がある。政府文書を用いた研究として，Thomas Maloney: *Westminister, Whitehall and the Vatican: The Role of Cardinal Hinsley 1935–43*（London, 1985）が優ている。

Owen Chadwick, *Michael Ramsey*（Oxford, 1990）は当時のケンブリッジや神学論争についての好著。Keith W. Clements, *Lovers of Discord: Twentieth Century Controversies in England*（London, 1988）は論争点のいくつかを扱う。

Alan Wilkinson, *The Community of the Resurrection: A Centenary History*（London, 1992）では，「アングロ・カトリック」という用語が丁寧に検証され，高教会派の伝統の戦間期における展開が跡づけられる。Stuart Mews, 'The Revival of Spritual Healing in the Church of England 1920–26', in W. J. Sheils (ed.), *The Church and Healing*（Oxford, 1982）も参照。クライド・ビンフィールドによるブラッドフォードの会衆派教会の代々の聖職者についての生き生きとした記録は，Stuart Mews (ed.), *Modern Religious Rebels*（London, 1993）を参照。同書には，Haddon WillmerがCanon John Collinsについて論じた論考も収められている。ジョン・ケント（John Kent）によるウィリアム・テンプル研究は，1993年にケンブリッジ大学出版局から刊行された。

国教会の社会教育については，John Oliver, *The Church and Social Order*（London, 1968）が良書。E. R. Norman, *Religion and Society 1770–1970*（Oxford, 1976）はより論争的である。John Peart-Binns, *Maurice B. Reckitt*（London, 1988）はキリスト教社会主義運動の啓発者の伝記。Gerald Studdert-Kennedy, *Dog-Collar Democracy: The Industrial Christian Fellowship, 1919–29*（London, 1982）は刺激的で客観的な研究。ゼネストへの教会の対応は，Stuart MewsがMargaret Morris (ed.), *The General Strike of 1926*（London, 1976）所収の論文で論じる。ダラムの鉱山町でのメソディズムの研究は，Robert Moore, *Pit-men, Preachers and Politics*（Cambridge, 1974）がある。Jeffrey Cox, *The English Churches in a Secular Society: Lambeth, 1870–1930*（Oxford, 1982）も重要な地方史研究で，世俗化についての通説を批判している。

Ross McKibbin, *The Ideologies of Class: Social Relations in Britain 1880–1950*（Oxford, 1991）に

収められた ‘Working-class Gambling in Britain, 1880–1939’ は教会人による告発を問題にしている。Jeffrey Weeks, *Sex, Politics and Society*（Harlow, 1981）の中心的関心は，その副題 ‘The Regulation of Sexuality since 1800’ によく表われている。Kenneth M. Wolfe, *The Churches and the British Broadcasting Association 1922–1956*（London, 1984）は総合的で信頼できる。

第24章　1945年以降のイングランドのキリスト教会――教会一致と社会的な関心

教会一致運動について，イギリスに重点を置いたもっとも読みやすい概説は，John Matthews, *The Unity Scene*（London, 1986）である。やや古いがより包括的なのは，Barry Till, *The Churches' Search for Unity*（London, 1972）。Leonard Hodgson, *The Ecumenical Movement*（Sewanee, 1951）は，世界教会協議会の設立を内側から明快に描いている。R. M. C. Jeffery, *Case Studies in Unity*（London, 1972）は1972年への地方の対応を描いた良書。

信仰や礼拝運動については，Horton Davies, *Worship and Theology in England, vol. 5: The Ecumenical Century, 1900–1965*（Oxford, 1965）が読みやすく，スタンダード。Alfred R. Shands, *The Liturgical Movement and the Local Church*（London, 1959）は入門書として役に立つ。礼拝に関する教会一致についての研究としては，Cheslyn Jones, G. Wainwright and E. Yarnold（eds）, *The Study of Liturgy*（London, 1978）を参照。礼拝研究の神学への影響については，Geoffrey Wainwright, *Doxology: A Systematic Theology*（London, 1980）に明らかである。

各教派の歴史では，Rupert Davies, ‘Since 1932’, in Rupert E. Davies, A. Raymond George and E. Gordon Rupp（eds）, *A History of the Methodist Church in Great Britain*, vol. 3（London, 1983）が有益。Paul A. Welsby, *History of the Church of England, 1945–1980*（Oxford, 1984）は思慮深い作品。国教会の指導力を社会がどう見たかについてもっとも総合的で興味深い解釈をおこなっているのが，E. R. Norman, *Church and Society in England, 1770–1970*（Oxford, 1976）. Adrian Hastings, *History of English Christianity 1920–1990*（London, 1991）はとりわけ情報豊かである。

第25章　現代イギリスにおける宗教の多元性

本章で引用した統計は大部分は English Church Census からで，Peter Brierley（ed.）, *Christian England*（London, 1991）か Paul Badam（ed.）, *Religion, State and Society in Modern Britain*（Lampeter, 1989）に拠る。後者には，キリスト教各宗派やその他の宗教についての専門家による現代イギリスの主要宗教各々についての章がある。本書での著者の叙述はこの本への寄稿者に多くを拠っていることがわかるだろう。とくに，Eileen Barker, Deirdre Green, George Moyser からの引用はこの書物からであり，無意識の世俗主義についての私の議論は，この本の私自身の担当章の資料に拠っている。私の歴史的な類推は，A. D. Gilbert, *Religion and Society in Industrial England 1740–1914*（London, 1976）に刺激されたものである。

English Church Census は Marc Europe と Bible Society によって継続刊行されているシリーズの一冊である。このシリーズは *Prospects for the Eighties* から始まり，*Prospects for Wales*, *Prospects for Scotland*, *Prospects for Nineties* と続いてきた。このグループは年刊の *UK Christian Handbook* も刊行している。これらには，キリスト教教会の状況についての史料が豊富にある。現在の状況に至った経緯を考察するには，Adrian Hastings, *A History of English Christianity*（London, 1991）と Alan Gilbert, *The Making of Post-Chiristian Britain*（London, 1980）が良い。世俗化に対する国教会の対応は，大主教の委員会報告である *Faith in the City*（London, 1985）と *Faith in the Countryside*（London, 1990）に見られる。John Habgood, *Church and Nation in a Secular Age*（London,

1983）は現代世界における教会の役割について妥当な分析をおこなっている。

より広い視野からの現状考察として有益なのが，Rabbi Dan Cohn-Sherbok（ed.）, *Canterbury Papers on Religion and Society*（London, 1990）, Terence Thomas（ed.）, *The British, their Religious Beliefs and Practices*（London, 1988）, Haddon Willmer（ed.）, *20/20 Visions*（London, 1992）。議論の多い新興教派に関する徹底した研究のモデルとしては，Eileen Baker, *The Making of a Moonie*（Oxford, 1984）やより広範な *New Religious Movements*（London, 1989）を参照。宗教的多元主義については，Dan Cohn-Sherbok（ed.）, *Many Mansions*（London, 1992）に主要な書き手が集っている。

第26章　世俗化と将来

世俗化の研究について不可欠の文献は章中で直接言及したが，より広い歴史的視点で見る場合には，K. Thomas, *Religion and the Decline of Magic*（London, 1971）〔K. トマス著／荒木正純訳『宗教と魔術の衰退』法政大学出版局，1993年〕, R. Currie, A. D. Gilbert and L. Horsley, *Churches and Churchgoers: Patterns of Church Growth in the British Isles Since 1700*（Oxford, 1977）, S. S. Acquaviva, *The Decline of the Sacred in Industrial Society*（Oxford, 1979）, Alan Gilbert, *The Making of Post-Christian Britain: A History of the Secularization of Modern Society*（London, 1980）を参照。D. Martin, *The Religious and the Secular*（London, 1969）は世俗化論に対するイギリスの指導的社会学者の答えである。現代イギリスの教会の概観や宗教に対する態度については，J. Cumming and P. Burns（eds）, *The Church Now: An Inquiry into the Present State of the Catholic Church in Britain and Ireland*（New York, 1980）, W. Oddie（ed.）, *After the Deluge: Essays Towards the Desecularization of the Church*（London, 1987）, *Prospects for the Eighties: From a Census of the Churches in 1979 Undertaken by the Nationwide Initiative in Evangelism*（London, 1980）, N. Webb and R. Wybrow（eds）, *The Gallup Report*（London, 1982）を参照。

年　表

61	ボウディッカ率いるイケーニー族がコルチェスターの神殿を破壊
166頃	グラストンベリに教会建設
304頃	聖オールバンの殉教
314	アルルの教会会議にブリテン島の司教が出席
432頃	聖パトリック，アイルランド司教となる
450頃	聖ニニアン，ピクト人に布教
429	聖ゲルマヌス，ブリテン島に来てペラギウス派と対峙
500頃	ティンタジェルに修道院
550頃	聖デイヴィッドのウェールズ布教。ギルダス『ブリテン史』
563	コロンバ，アイオナ島に定住，597年死去
597	聖アウグスティヌス，ケントで説教
617–54	ロンドン，キリスト教世界から外れる
627	聖パウリヌス，ヨークで王エドウィンに洗礼
630頃–47	聖フェリックスのイーストアングリア布教
635頃	リンディスファーンの聖エイダンによるノーサンブリア布教開始
657頃	聖ヒルドがウィトビー修道院設立。680年まで修道院長
664	ウィトビー教会会議でローマ式のイースター日程を受け入れる
669–90	テオドロス，カンタベリ大司教
681–6	南サクソンの王国，聖ウィルフリッドによって改宗
685	ウィンチェスターに教会設立
687	聖クスベルト死去
695頃	『リンディスファーンの福音書』製作
718	聖ボニファティウス，ライン地方への布教を始める
731	ベーダ『イギリス教会史』
782	アルクィン，カール大帝の宮廷へ
793	リンディスファーンにヴァイキングの襲撃
800頃	聖アンドルーの墓廟
807	アイオナ島，795年の襲撃の後，放棄される
866頃	ヨークの図書館，破壊される
871–900？	アルフレッド，ウェセックスでキリスト教を維持
943	聖ダンスタン，グラストンベリ修道院を設立。ヨーク大司教オズワルド（972–92年）とともに修道院復興を指導
973	エドガー，聖ダンスタンによってイングランド王に戴冠
993頃	エルフリック『聖者伝』
1014	ウスフスタン『イングランド人へのルプスの説教』
1062–95	聖ウルフスタン，ウスター司教
1070–93	聖マーガレット，スコットランドのマルカム３世の妻
1093	ダラム大聖堂再建

1093–1109	聖アンセルムス，カンタベリ大司教
1107	初のウェールズの司教，スランダフのウルバンがカンタベリへの忠誠を示す
1128	ウェイヴァリーにイングランド最初のシトー派修道院
1131頃	センプリンガムのギルバートがギルバート会を創設
1147–67	聖エルレッド，リーヴォー修道院長
1154	ニコラス・ブレイクスピアが教皇ハドリアヌス4世となる
1160	セント・アンドルーズに新しい大聖堂建設
1167頃	パリのイングランド人学者がオクスフォードへ移動
1170	ベケットの殉教
1190	リチャード1世が第3回十字軍に参加。ヨークでユダヤ人の大虐殺
1208–13	教皇とジョン王の対立
1209	オクスフォードの一部の学者がケンブリッジへ移る
1213	ジョン王が教皇に屈し，イングランドを教皇からの封土として受ける
1215	第4回ラテラノ公会議。マグナ・カルタ
1221	イングランドにドミニコ会の修道院
1224	イングランドにフランシスコ会の修道院
1250	スコットランド王妃マーガレットの列聖
1289	外国人がスコットランドの修道院長になることを禁じる教令
1290	イングランドからユダヤ教徒の追放
1312	聖堂騎士団がイングランドから追放
1326–49	リチャード・ロールがドンカスター近郊ハンポールで隠者として暮らす
1351	プロヴァイザス法
1373	ノリッジのジュリアンに啓示
1370年代	ジョン・ウィクリフがオクスフォードで説教，1381年引退，1384年死去
1393	プラエムニレ法
1400–15	オウェン・グリンダウァがウェールズで蜂起
1401	異端火刑法。ロラード初の火刑
1412	セント・アンドルーズに大学設立
1413–33	マージョリー・ケンプの巡礼
1437	ウォルター・バウア『スコットランド年代記』完成
1441	ケンブリッジのキングス・カレッジ創立
1455頃	スコットランドに厳格フランシスコ会（オブセルヴァンテス派）
1472	スコットランドに初めての大司教区（セント・アンドルーズ）
1480年代	スコットランドのドミニコ会とフランシスコ会がイングランドから独立
1494	司教エルフィンストンがアバディーンにキングス・カレッジ創立
1499	エラスムスの最初のイングランド訪問
1510	『アバディーン祈禱書』刊行
1525	ティンダルの英訳新約聖書
1527	ヘンリ8世，離婚を試みはじめる
1528	パトリック・ハミルトン，異端の罪でアバディーンで火刑
1531	トマス・ビルニー，異端の罪で処刑

1533	トマス・クランマー，カンタベリ大司教（–1556年）。ヘンリ8世離婚
1534	国王至上法
1535	トマス・モアとジョン・フィッシャー処刑
1536	小修道院解散。北部で「恩寵の巡礼」
1538	英訳聖書使用の王命。ヘンリ8世破門
1539	大修道院解散。6箇条法
1543	スコットランド議会，俗語での聖書購読を許可
1547	寄進礼拝堂解散
1549	第一共通祈禱書。イングランドで聖職者の結婚許可
1552	第二共通祈禱書
1553	メアリ・テューダー即位。ローマ・カトリックの復活
1553–8	多くのイングランドの指導的プロテスタントが亡命。多くはストラスブール，チューリヒ，ジュネーヴへ
1555	異端火刑法復活し，プロテスタント迫害復活。主教のフーパー，ラティマー，リドリー，それに多くの庶民が犠牲
1556	クランマーの火刑
1556–9	ジョン・ノックス，ジュネーヴへ亡命
1559	エリザベスの即位，国王至上法，統一法によりプロテスタント体制確立。ノックス，スコットランドに帰国。スコットランドでは改革者がスクーンの修道院を破壊
1560	スコットランドでカルヴァン派の教会。第一規律の書，イングランドで英訳聖書（ジュネーヴ聖書）刊行
1563	フォックス『殉教者の書』。39箇条（1571年に議会承認）
1566	大主教パーカー，聖職者の服装をめぐる対立を引き起こす
1567	ウェールズ語初の新約聖書。ロンドンのプランバーズ・ホールで分離派の集会。スコットランドの議会法で長老派体制が確立
1568	イングランド宣教のためのカトリックの神学校ドゥエイに設立
1569	北部反乱
1570	教皇ピウス5世，エリザベスを破門
1572	トマス・カートライト『議会への勧告』
1574	ローマ・カトリックの宣教師が初めてイングランドに入国。アンドルー・メルヴィル，ジュネーヴからスコットランドに帰国
1576	大主教グリンダル，改革派抑圧を拒否して1583年の死まで聖務停止
1577	カスバート・メインの処刑
1578	第二規律の書（1581年総会承認）
1581	司祭取締法。イエズス会士トマス・カンピオン処刑
1582	ロバート・ブラウン，初めての分離派の冊子を刊行。リームズでカトリック版英訳新約聖書を刊行（旧約は1609年）
1583	大主教ホイットギフト，反ピューリタン3箇条
1587	メアリ・ステュアート処刑
1588	スペイン無敵艦隊襲来

1588–91	ミッドランドでピューリタンのクラシス運動。高等宗務院により弾圧
1592	スコットランドで長老派体制の確立
1593	分離主義取締法。ジョン・ペンリー処刑。リチャード・フッカー『教会法理論』の最初 4 巻刊行
1595頃–1620年代	分離派教会，オランダに亡命
1598	最初のカトリックの長司祭任命
1603	イングランドとスコットランドの同君連合
1604	主教とピューリタンによるハンプトン・コート会議。大主教バンクロフト，教会法公布
1605	火薬陰謀事件
1606	アンドルー・メルヴィル，ロンドンで入牢，その後亡命
1610	スコットランドで監督制の復活
1611	欽定訳聖書
1616	ヘンリ・ジェイコブの半分離派教会，イングランドへ戻る
1618	ドルト教会会議。イングランドで「スポーツの書」発布。パースの 5 箇条，教会総会を通過
1620	メイフラワー号がピューリタンを新世界へ運ぶ
1623	イエズス会，イングランド管区を設立
1624	チャーベリのハーバート『真実について』刊行
1625頃	ジェネラル・バプティスト，イングランドで組織
1632	ジョージ・ハーバート『地方聖職者』刊行。ロンドンで王妃のためにカトリック礼拝堂が開設
1633	ウィリアム・ロード，カンタベリ大主教となる。「スポーツの書」再発布
1634	星室庁でウィリアム・プリンの取り調べ
1637	国王とロード，スコットランドへ祈禱書強制を図る
1638	スコットランドで「国民盟約」
1639	第一次主教戦争
1640	長期議会。根こそぎ請願。大主教ロード入獄
1641	高等宗務官廃止。議会から主教排除
1642	内戦勃発
1643	ウェストミンスター会議。厳粛なる同盟と盟約
1645	大主教ロード処刑
1646	イングランとウェールズの主教制廃止。ヴァヴァソール・パウエル，巡回説教を始める
1649	チャールズ 1 世処刑
1650	ジョージ・フォックスに初めて「クウェイカー」の呼称が使用される。瀆神法。姦通を死刑とする
1651	ホッブス『リヴァイアサン』
1652	ユダヤ教徒のイングランド入国許可
1653	指名議会
1656	リチャード・バクスター『牧師改革』

1660	王政復古。国教会復活
1661	主教と長老派のサヴォイ会議
1662	統一法。2,000人以上の聖職者が服従を拒み国教会を離れる
1664	秘密集会法
1665	五マイル法
1672	信仰自由宣言
1673	審査法
1674–81	ウェールズ福音普及トラスト
1675	セント・ポール大聖堂再建開始（1716年完成）
1678	ジョン・バニヤン『天路歴程』
1678–81	「教皇主義者の陰謀」。排除危機
1679	ボスウェル・ブリッジで盟約派敗退。セント・アンドルーズ大主教ジェイムズ・シャープ殺害
1682	ウィリアム・ペン，ペンシルヴァニアのチャーターを得る
1682–1700	2,000人以上のウェールズのクウェイカーがペンシルヴァニアへ移民
1685	ジェイムズ2世即位。イングランドのカトリック，司教総代理の管区に組織される
1687	第一信仰自由宣言
1688	七主教事件。ジェイムズ2世亡命
1689	寛容法。8人の主教を含む非臣従者ウィリアムとメアリに忠誠宣誓拒否
1690	ロック『人間悟性論』。スコットランドで代表者会議が長老派体制を確立
1698	キリスト教知識普及協会（SPCK）設立
1701	福音普及協会（SPG）設立
1704	アン女王基金創設
1707	イングランドとスコットランド合邦。アイザック・ワッツ『聖歌と霊歌』刊行
1709	ヘンリ・サッシュヴァレル弾劾
1712	イングランド最後の魔女裁判（スコットランドは1722年）。スコットランドで聖職推挙権法。
1713	便宜的国教徒防止法
1715	ジャコバイト反乱
1723	フランシス・アタベリ裁判
1726–9	ジョン・ウェスレー，オスクフォードで「ホーリー・クラブ」結成
1731	グリフィス・ジョーンズ，ウェールズで「巡回学校」
1733	スコットランド教会から分離独立する動き
1735	ジョン・ウェスレーとチャールズ・ウェスレー，ジョージア布教
1737頃	ウェールズでダニエル・ロウランドとハウエル・ハリスによる信仰復興運動
1738	ジョン・ウェスレーの福音主義への「回心」
1739	ジョン・ウェスレー，説教活動開始
1741	ウェスレー，俗人説教師を用いる。ジョージ・ホイットフィールド，ブリ

	ストルのムーアフィールドに礼拝所設立。カトリックのロンドン管区指導者としてリチャード・チャロナー
1742	カンバスラングとキルサイスでスコットランドの信仰復興運動。ヘンデル「メサイア」ダブリンで初演
1745–6	ジャコバイト反乱
1748	ヒューム『奇跡論』
1753	ハードウィック婚姻法
1761	スコットランドで救済法
1768	ハンティンドン女伯爵，トレヴェッカ・ハウスにメソディストの神学校設立
1778	最初のカトリック救済法
1779	ヒューム『自然宗教についての対話』死後出版
1780	グロスターで日曜学校運動。ロンドンで反カトリックのゴードン暴動
1784	ウェスレー，メソディストの年次会議の継続開催をはかる
1791	カトリック教徒に礼拝場所が認められる
1792	スコットランドでの監督制への規制廃止
1794	ウィリアム・ペイリー『キリスト教の証拠についての見解』
1794–5	トマス・ペイン『理性の時代』
1795	ロンドン伝道協会設立
1799	国教会伝道協会設立
1790–1830	クラパム派の活動
1800	イングランドとアイルランド合同法
1802	ウィリアム・ペイリー『自然神学』
1804	英国海外聖書協会設立
1807	奴隷貿易廃止法。モウ・カップでメソディスト野外集会
1808	ランカスター協会（のちの英国海外学校協会）設立
1809	ユダヤ教徒へのキリスト教普及のための協会（ロンドン）設立
1811	原始メソディスト結成。国教会による貧民教育普及協会
1813	ユニテリアン救済法
1815	ウィリアム・オブライアン，バイブル・クリスチャン運動
1816	セント・ビーズ神学校設立
1818	教会建築協会設立
1818・1824	教会建築法により150万ポンドの政府補助
1819	メソディスト伝道協会設立
1820	スコットランドで合同分離教会設立
1822	ランピーター・カレッジ設立
1826	ロンドン大学ユニヴァーシティ・カレッジ創設
1827	ジョン・キーブル『キリスト者の年』刊行。プロテスタント・メソディスト，ウェスレー派から分離
1828	審査法・地方自治体法廃止。庶民院，アフリカ人への平等を決議
1829	三次カトリック解放法。ロンドン大学キングス・カレッジ創設

1830	トーリー政権崩壊。ホイッグ政権へ
1831	エクセター・ホール開設
1831–2	ジャマイカで奴隷反乱
1832	第一改革法。エドワード・アーヴィングのカトリック使徒教会。ダラム大学設立
1833	キーブル「国民の背教」に関する説教。最初のトラクト刊行。奴隷解放法。ウィリアム・ウィルバーフォース死去
1835	教会委員会任命。ウェスレー派の分裂。ロバート・オーウェン，全国全階級協会設立。英国ユダヤ教徒代表委員会設立
1836	国教会法。民事婚法。十分の一税金納法。チャールズ・シメオン死去。リポン主教区創設
1838	聖職録兼務・不在任法
1839	ケンブリッジ・カムデン協会創設
1840	ニューマン「トラクト90」への批判。初の国教会の修道女。『ユダヤ教徒クロニクル』創刊
1843	スコットランド教会の聖職者の3分の1が離脱して，トマス・チャーマーズ指導の自由教会へ
1844	非国教徒礼拝所法によりユニテリアンの財産保護。W. G. ウォード『キリスト教会の理想』刊行。英国反国教会協会設立。ネイサン・アドラー，初のチーフ・ラビに
1845	ジョン・ヘンリ・ニューマン，ローマ・カトリックへ改宗
1845	エクセターで祭服騒動
1846	アイルランド飢饉，イングランドへの大量の移民
1847	合同長老教会設立。マンチェスター主教区創設。トマス・チャーマーズ死去
1848	デヴォンポートとワンテイジに女子修道院
1850	イングランド・ウェールズにローマ・カトリックの教会制度復活，ニコラス・ワイズマン枢機卿が初代ウェストミンスター大司教。「教皇の侵略」への反カトリック騒動
1850–1	ピムリコのセント・バルナバ教会で儀式主義に反対する暴動
1851	クリュワー女子修道院創設
1851	ヘンリ・エドワード・マニング，ローマ・カトリックに改宗（1865–92，ウェストミンスター大司教，1875–，枢機卿）
1851	宗教国勢調査
1852	カンタベリ聖職者会議復活
1853	F. D. モーリス，ロンドン大学キングス・カレッジを解雇
1854	ジョージ・アンソニー・デニソン訴追
1854・1856	オスクフォード・ケンブリッジ大学で学生の39箇条への署名廃止
1855	ユダヤ教徒カレッジ創設。イースト・グリンステッド女子修道院設立
1857	離婚に対する教会法規制廃止。中央アフリカ大学ミッション創設
1858	ユダヤ教徒の議会への受け入れ

1859	福音主義の復活。チャールズ・ダーウィン『種の起源』出版
1859–60	セント・ジョージ・イン・ザ・ウェスト教会で反儀式主義暴動
1860	『評論と批評』刊行。イングランド教会ユニオン創設
1861	ヨーク聖職者会議復活。国教会初の女性執事
1863	『チャーチ・タイムズ』創刊
1864	枢密院司法委員会，ローランド・ウィリアムズとH. B. ウィルソンの『評論と批評』の審判。サミュエル・クラウザ，伝道主教となる。ピウス9世，「謬説表」発布
1865	ウィリアム・ブース，救世軍創設。プロテスタント教会連合創設。コウリー・ファーザーズ創設。中国内陸部ミッション創設。ジャマイカ黒人反乱。枢密院司法委員会，ナタール主教コレンゾを審問
1866	ハーバート・ヴォーン，ミルヒル・ファーザーズ創設。チャールズ・ブラッドロー，全国世俗協会創設
1867	第1回ランベス会議（76名の主教が参加）
1868	教会税廃止法
1869	アイルランド国教会制廃止（1871年施行）
1869–70	第1回ヴァチカン公会議：教皇不可謬説を宣言
1870	フォスター教育法
1871	大学審査法廃止により，オクスフォード大学，ケンブリッジ大学，ダラム大学における大学当局の宗教審査廃止
1874	礼拝規制法
1878	ローマ・カトリック組織がスコットランドで復活
1879	ジョン・ヘンリ・ニューマン，枢機卿就任
1880	埋葬法改正法により教区教会墓地への非国教徒の埋葬が可能になる
1881	ジョージ・ウィリアム・フット，『自由思想家』創刊。ロシアのポグロム（反ユダヤ暴動）を逃れたユダヤ教徒がイギリスへ
1887	サミュエル・モンタギュー，シナゴーグ連合創設
1888	第3回ランベス会議において基本四原理承認
1889	『世の光 *Lux Mundi*』出版
1892	復活会（The Community of the Resurrection）創設
1894	聖心宣教協会創設
1900	合同長老教会と自由教会が自由連合教会を創設（自由教会の一部は参加せず）。W. エヴァンス＝ゴードンが反ユダヤ主義のイギリス兄弟連盟設立
1902	バルフォア教育法
1904–5	ウェールズでの信仰復興運動
1905	外国人移民法
1907	合同メソディスト教会設立
1910	エディンバラで第1回世界宣教会議
1911	ウェールズのトレディガーで反ユダヤ暴動
1917	バルフォア宣言（パレスチナをユダヤ人の地とすると約束）
1920	ウェールズ国教会制の廃止

1921	第1回国際宣教協議会
1924	バーミンガムでキリスト教政治・経済・市民権協議会
1925	ストックホルムで第1回「生活と実践」会議
1927	ローザンヌで「信仰と職制」会議
1928	エルサレムで第2回世界宣教会議
1929	自由連合教会とスコットランド教会の統合（自由連合教会の一部は統合に参加せず）
1932	ウェスリアン・メソディスト教会，統一メソディスト教会および原始メソディスト教会の統合。サー・オズワルド・モーズリー，ブリティッシュ・ファシスト連合設立
1937	オクスフォードで第2回「生活と実践」会議。エディンバラで第2回「信仰と職制」会議
1938	タンバラムで第3回世界宣教会議
1939	T. S. エリオット『キリスト教社会の理念』刊行
1942	イギリス教会協議会創設。ベヴァリッジ計画
1944	バトラー教育法
1946	グレゴリー・ディックス『礼拝の形式』刊行。国民健康保険法
1947	ロンドン，リヴァプール，グラスゴー，マンチェスターで反ユダヤ人暴動
1948	アムステルダムで第1回世界教会会議
1950	聖母被昇天の教義確定
1952	スウェーデンのルンドで「信仰と職制」会議
1954	イリノイ州エヴァンストンで第2回世界教会会議。ビリー・グラハム訪英
1955	サー・アイザック・ウォルフソン，ウォルフソン財団設立
1956	レオ・ベック・カレッジ創設
1957	E. R. ウィッカム『工業都市の教会と人びと』
1958	イギリスでの核軍縮運動始まる
1961	デリーで第3回世界教会会議
1962–5	第2回ヴァチカン公会議
1963	ジョン・ロビンソン『神に正直に』刊行，論議を引き起こす
1965	人種差別禁止法
1967	妊娠中絶法
1969	国教会，メソディストとの統合計画を拒否
1970	聖公会－ローマ・カトリック教会国際委員会（ARCIC）第1回会合
1972	国教会，メソディストとの統合計画を再度拒否。イングランド長老教会と会衆派教会が合同，合同改革派教会が成立
1974	教会一致委員会の設置
1976	人種平等委員会設置
1980	『代替祈禱書 *Alternative Service Book*』刊行
1992	国教会，女性司祭を承認
2010	教皇ベネディクト16世，イギリスを公式訪問